Gerhard Wehr · Rudolf Steiner

Gerhard Wehr

Rudolf Steiner

Leben · Erkenntnis Kulturimpuls

Kösel

Für Else, Gabriele und Matthias

CIP-Kurztitelaufnahme der Deutschen Bibliothek

Wehr, Gerhard:
Rudolf Steiner : Leben – Erkenntnis – Kulturimpuls / Gerhard Wehr. – Durchges. u. erw. Neuausg. – München : Kösel, 1987.
Frühere Ausg. im Aurum-Verl., Freiburg i. Br.
ISBN 3-466-34159-0

Durchgesehene und erweiterte Neuausgabe.

Gesamtherstellung: Kösel, Kempten.
Umschlag: Günther Oberhauser, München.
Umschlagfoto mit freundlicher Genehmigung des Philosophisch-Anthroposophischen Verlags am Goetheanum, Dornach.
ISBN 3-466-34159-0

Man vergilt einem Lehrer schlecht, wenn man immer nur der Schüler bleibt. Und warum wollt ihr nicht an meinem Kranze rupfen?

Ihr verehrt mich; aber wie, wenn eure Verehrung eines Tages umfällt? Hütet euch, daß euch nicht eine Bildsäule erschlage!

Ihr hattet euch noch nicht gesucht: da fandet ihr mich. So tun alle Gläubigen; darum ist es so wenig mit allem Glauben.

Nun heiße ich euch, mich verlieren und euch finden; und erst, wenn ihr mich alle verleugnet habt, will ich euch wiederkehren.

Friedrich Nietzsche

So interessant es ist, einem großen Geiste auf seinen Wegen zu folgen; ich möchte jedem nur so weit folgen, als er mich selbst fördert.

Rudolf Steiner

EINLEITUNG

Die Hoffnung auf eine neue Kultur oder die Tragik eines Verkannten?

Anthroposophie ist hochaktuell. Wenn immer nach praktikablen, gegenwartsgemäßen und zukunftweisenden Alternativen gefragt wird, ist das Steinersche Lebenswerk im Gespräch, und zwar auf vielen Sektoren unseres gesellschaftlichen und kulturellen Lebens: auf dem gesellschaftlich-pädagogischen Feld in Gestalt der weltweit anerkannten Waldorfschulen, im Blick auf die Gewinnung vollwertiger Nahrungsmittel durch die biologisch-dynamische Wirtschaftsweise, in den Bereichen von Heilpädagogik, Medizin und Heilmittelherstellung, nicht zuletzt im Zusammenhang vielfältiger künstlerischer Bestrebungen. Sie reichen von der Schauspielkunst, Malerei und Eurythmie bis hin zu den markanten Ausformungen anthroposophischer Architektonik.

Es ist nicht zu bezweifeln: Unter den Initiativen, die während der ersten Jahrzehnte dieses Jahrhunderts zu einer umfassenden Neugestaltung ergriffen wurden, können diejenigen eine besondere Beachtung in Anspruch nehmen, die von Rudolf Steiner und seiner anthroposophisch orientierten Geisteswissenschaft ihren Ausgang nahmen. Und ihre Bedeutung wächst. Rudolf Steiner, ein Universalgenie, der allseitiger Zustimmung sicher ist? – Damit ist bereits ein neuralgischer Punkt berührt; Widerspruch wird laut:

»Selten wohl ist ein Werk so mißverstanden und ein Mann so verkannt worden wie Rudolf Steiner. [...] Kein brennendes Fragen, keine tief bewegte Aussprache hin und her unter allen, die nach Wahrheit suchen! Nichts regt sich. Von den führenden Geistern der Kultur hat keiner einen Blick des Interesses für das, was dieser Mann tut. [...] In die eigentliche Kulturbewegung gehen seine Fragen gar nicht ein. [...] Niemand kam zu ihm und prüfte ihn, niemand wies die Aufmerksamkeit auf ihn, niemand widerlegte ihn, niemand warnte auch nur ernstlich vor ihm. [...] Es ist ein Schauspiel ungewöhnlicher Art, den Zusammenstoß eines solchen Mannes mit seiner Zeit mitanzusehen.«[1]

Diese nicht ohne Bitterkeit und Ernüchterung niedergeschriebenen Sätze finden sich in der Festschrift, die 1921 aus Anlaß von Steiners 60. Geburtstag in Form einer informativen Bestandsaufnahme vorgelegt wurde. Ihr Autor, zugleich Herausgeber des Sammelbandes, ist Friedrich Rittelmeyer, ein zu Jahrhundertbeginn als Prediger und Schriftsteller weithin bekannter bayrischer Theologe. Fünf Jahre später kommt Rittelmeyers Nürnberger Kollege Christian Geyer, Hauptprediger an Sankt Sebald, zu einem ähnlichen Ergebnis. Dieser Kenner des Steinerschen Werks schreibt zum Thema »Anthroposophie und Christengemeinschaft« unverblümt: »Es ist immer noch ein Wagnis, über dieses Thema vor einer größeren Öffentlichkeit zu sprechen. Ich habe vielfach die Erfahrung gemacht, daß man mit sonst ganz verständigen Menschen über alles andere, Politisches, Künstlerisches, Wissenschaftliches und Religiöses eine vielleicht zur Herausstellung sehr verschiedenartiger Überzeugungen führende Unterredung pflegen kann, daß sie aber ›hochgehen‹, wenn der Name Rudolf Steiners genannt wird.«[2] Und Christian Geyer fügt hinzu: »Nur zum Teil erklärt sich diese seltsame Erscheinung daraus, daß er von seinen Anhängern zum Träger einer alle Lebensgebiete aufhellenden Offenbarung gemacht und als das Person gewordene Weltgewissen gepriesen wird, so daß alle unsere Wissenschaften durch die anthroposophischen Erkenntnisse in Frage gestellt würden.«

Was liegt hier vor? Worin liegt die Ursache des hartnäckigen Verschweigens und Nichtbeachtens? – Der Basler Pädagoge und kulturphilosophische Schriftsteller Hans Erhard Lauer (1899-1979), ein Schüler von Karl Jaspers, stellt ein Jahr nach Steiners Tod (1925) fest: »Soviel die Anthroposophie von sich reden gemacht hat, über die Art, wie sie die Problematik unsrer Zeit zu lösen versucht hat, und über die Stellung, die sie dadurch innerhalb der geistigen Strömungen der Gegenwart einnimmt, ist bisher noch immer wenig Zutreffendes gesagt worden. Gewiß mag eine Ursache hierfür darin liegen, daß die Geisteswege, die sie beschreitet, für den heutigen Menschen [...] zunächst schwer zugänglich sind. Die Hauptursache liegt aber doch in dem Umstande [...], daß der Sinn für die großen Fragen und damit das Auffassungsvermögen für eine großzügige Weltanschauungsgestaltung heute weitgehend erstorben ist. So ist auch das Bild Rudolf Steiners und seiner Anthroposophie bisher fast nur aus der Eintagsperspektive einer journalistischen Kulturbetrachtung gezeichnet worden. Aber da es nun einmal von einem Formate ist, das von diesem Horizont nimmermehr umspannt werden kann, so ist es wohl nicht zu viel behauptet, wenn man sagt, daß über kaum eine Persönlichkeit unserer Zeit so unzulängliche Darstellungen gegeben und so widersprechende Urteile gefällt worden sind wie über Rudolf Steiner.«[3]

Wenngleich diese drei Stellungnahmen vor einigen Jahrzehnten niedergeschrieben wurden, so haben die damals gemachten Beobachtungen und die daraus abgeleitete Beurteilung des Phänomens an Gültigkeit kaum eingebüßt. Was die Aufgabe der Darstellung und der Präsentation des Steinerschen Werks betrifft, ist inzwischen wohl manche Lücke geschlossen worden. Beispielsweise liegt das schriftstellerische und Vortragswerk Steiners in mehr als dreihundert Bänden der Gesamtausgabe so gut wie vollständig vor. Zwar wird der Name des Begründers der Anthroposophie in den allgemeinen Nachschlagewerken behandelt. Auch kirchlich-theologische Handbücher und Lexika nennen Name und Leistung, bisweilen sogar ausführlich. Um so seltener begegnet man ihm aber in der übrigen Sach- und Fachliteratur oder im einschlägigen theologischen Schrifttum. Noch heute scheint es riskant zu sein, Rudolf Steiner in einem anderen als in einem apologetisch-abgrenzenden Sinn zu nennen. Rudolf Steiner ein Außenseiter?

Daran haben auch die ausführlichen, mitunter bemerkenswert positiven Würdigungen nur wenig geändert, wie sie etwa anläßlich seines 100. Geburtstags 1961 oder zu seinem 50. Todestag 1975 veröffentlicht worden sind. Ein bequemes Verschweigen heute wie einst ... Die »Hoffnung neuer Kultur«, die Friedrich Rittelmeyer im Untertitel des erwähnten Sammelbandes zum Ausdruck brachte, hat sich offensichtlich nicht erfüllt. Das klingt nach Eingeständnis eines Mißerfolgs. Sollte sich die »neue Lehre« mit ihren meditativen Schulungsmethoden und »Erkenntnissen höherer Welten« zu sehr am Rande des gängigen und allgemein verbindlichen Kulturkanons angesiedelt haben, um integriert werden zu können? Wollte und will Anthroposophie überhaupt integriert werden? Will sie das Bestehende nicht vielmehr nach ihrem eigenen Bilde umgestalten? Noch einmal Rittelmeyer: »Die neue Lehre schien sich hineinzustellen in eine üble Verwandtschaft, in eine sonderbare Sorte von unwissenschaftlicher Literatur, die man sich längst gewöhnt hatte, nicht ernst zu nehmen. Auch Steiners besondere Eigenart, mit mathematischer Trockenheit die außerordentlichsten Dinge vorzubringen, von ihm selbst mit Bewußtsein ausgebildet, hatte wohl für die Zukunft ihre unschätzbaren Vorzüge, aber für die Gegenwart ihre eigentümlichen Schwierigkeiten. Denen, die nach Wissenschaft fragten, waren seine Ergebnisse zu ›mystisch‹, und denen, die nach Religion suchten, war seine Redeweise nicht mystisch genug.«[4]

Was auch immer – Steiners Lebensleistung ist in der Tat vor einem tieferen Horizont zu betrachten. Anthroposophie erschöpft sich nicht in Problemlösungen, so aktuell sie sein mögen; Anthroposophie ist primär eine Methode, ein Erkenntnisweg, ein Weg zur Selbstverwandlung und zur Weltgestaltung. Denn in einem sind sich viele einig: Durch eine bloße äußere Veränderung, durch eine politisch-gesellschaftliche Revolutionierung läßt sich die heute notwendige Bewußtseinswandlung des Menschen nicht ersetzen. Veränderung beginnt innen; sie führt von innen nach außen.[5]

Erinnern wir uns: Als zu Beginn der Zeitwende Jesus von Nazareth die Zeichen des kommenden Gottesreiches auf Erden aufrichtete, da tat er es mit der im eigentlichen Sinne radikalen, das heißt, bei der Wurzel ansetzenden Losung: Ändert euren Sinn! – Diese urchristliche Botschaft von der »Umkehr und Wandlung« des Menschen beginnt die ihr innewohnende Brisanz heute erst voll zu entfalten. Allein die Bewußtseinslage großer Teile der Menschheit ist – und wird – eine andere. Was einst Missionare und Prediger, die Hüter von Dogma, Tradition und kirchlicher Institution, als ethische Normen autoritativ festsetzten und als Gebote jeglicher Art für verbindlich erklärten, das hat an innerer Überzeugungskraft verloren. Der Gott der alten Tafeln, der Ämter und Hierarchien ist *tot.* Aufzuerstehen beginnt ein Bewußtsein, das die Antriebe für ein sittliches, verantwortliches Handeln nicht mehr von außen oder von »oben« erhält, sondern aus den Tiefen des Menschseins selbst. Freilich kommt es entscheidend darauf an, daß der Mensch Struktur und Dynamik, Herkunft und Ziel seines Menschseins, erkennen und erfahren lernt, daß er es lernt, in freier, erkenntnisgetragener Entscheidung seine vollmenschliche Reifung selbst in die Hand zu nehmen: »Du sollst der werden, der du bist!« (Nietzsche). Keine der kollektiven Systeme, seien es Kirchen, Parteien, Ideologien oder Gesellschaften, auch keiner der ethischen Garanten, seien es Führer, Priester, Lehrer oder Gurus aller Art, können und dürfen die Initiative zur Selbstwerdung (Individuation) ersparen oder ersetzen.

Aber ist Rudolf Steiner – »der Herr Doktor« – nicht selbst ein solcher Guru geworden, auf dessen Wort eine gläubig-allzu gläubige Gemeinde schwört, statt den eigenen Weg zu beschreiten? Wie lassen sich Ausblicke in die Zukunft eröffnen, wenn – wie es mitunter den fatalen Anschein hat – Zitate des Meisters eigenes Denken und selbständiges (nicht bloß nachahmendes) Handeln ersetzen? Sollten die Rudolf Steiner zugedachten Verse Christian Morgensterns nur für gleichgültige Zeitgenossen und Gegner zutreffen?

Was die Menge beseelt
wider den großen Mann:

daß er sie quält,
daß sie ihn nicht begreifen kann.

Aber eben nicht nachgeahmt und geglaubt, sondern begriffen und geprüft wollte er sein. Und nochmals Morgenstern:

Du kannst keinen Großen mehr ruhig verehren,
mußt dich zugleich seiner Narren erwehren.

Freilich, nicht darum kann es gehen, menschliche Größe am Beispiel Steiners zu demonstrieren, um sie, beziehungsweise ihn, in entsprechender Weise »verehren« zu können. Wenn Anthroposophie gemäß dem Verständnis ihres Schöpfers ein Erkenntnisweg ist, »der das Geistige im Menschenwesen mit dem Geistigen im Weltall verbinden möchte«[6], und zwar bis hin zu ganz konkreten, heute und morgen wertvollen Erkenntnisfrüchten, dann kann auch der Weg, den dieser Mann gegangen ist, nicht gleichgültig sein. Wer Steiners Werk und Lebensweg überschaut, wie es hier – unbekümmert um Beifall oder Tadel der Anhänger und Gegner – versucht wird, der kann am ehesten die Gegenwarts- und Zukunftsbedeutung der Steinerschen Lebensleistung ermessen. Ermessen heißt jedoch nicht, die Vieldimensionalität oder auch die Vielgesichtigkeit und die Rätselhaftigkeit eines Menschen auf einen glatten Nenner zu bringen, um ihn dann nach bekannter Manier zu etikettieren. Im Gegenteil, zum Ertrag anthroposophischer Menschenkunde gehört gerade, den Blick zu öffnen für die vielfältige Verwandlungsfähigkeit des Menschen, die ihn als Erkennend-Handelnden bei der Gestaltung seiner Geschicke aktiv mitwirken läßt. Rudolf Steiner selbst hat tiefgreifende Wandlungsprozesse durchlaufen. Sicher geht es nicht an, einen Menschen allein von seiner Schattenproblematik oder gar von der Schattenproblematik eines Teils seiner Anhänger her deuten zu wollen. Es geht aber auch nicht an, unter dem Hinweis auf den »großen Eingeweihten« den Zeitgenossen in die erhabene Sphäre der Überirdischen zu entrücken und statt der Biographie eine Hagiographie zu entwerfen. Doch je ernster ein Biograph die Dynamik einer an Spannungen, Widerständen und Widersprüchen reichen Wirklichkeit nimmt, desto eher darf er hoffen, daß mit den Konturen einer geistigen Wesensgestalt das Relief menschlicher Schicksalhaftigkeit hervortritt: Streben und Scheitern, Leiden und Einsamkeit, die Tragik eines Verkannten, der nicht blinde Nachfolge erwartete, wohl aber praktikable Anstöße zur Eigeninitiative gegeben hat.

I

GRUNDLEGUNG

Herkunft

Die Vorfahren Rudolf Steiners stammen aus dem niederösterreichischen Waldviertel, dem sogenannten »Bandlkramerland«. Nach Steiners eigenen Angaben sei diese volkstümliche Bezeichnung darauf zurückzuführen, daß man die Leute »mit dem Bündel auf dem Rücken die dort verfertigten Bänder herumtragen sieht«. Es ist die bis ins 20. Jahrhundert herein abgelegene, ja verschlossen, bisweilen rätselhaft und hintergründig wirkende Landschaft von verhaltener Schönheit zwischen Donau und Thaya nordwestlich von Wien. Von diesem Land der österreichisch-ungarischen Donaumonarchie Kaiser Franz Josephs, der über zwei Menschenalter hinweg von 1848 bis 1916 regiert, weiß der »gelernte« – nicht gebürtige – Waldviertler, der österreichische Lyriker Wilhelm Szabo noch 1976 zu berichten: »Es wirbt nicht um dich, es versucht nicht, dich zu ihm zu überreden. Es läßt im Gegenteil um sich werben. Sein Anziehendes, sein Stimmungszauber sind heimlicher und verborgener Art und erschließen sich in der Regel erst bei längerem und anteilnehmendem Verweilen in ihm.«[7]

Und einer seiner größten Söhne, der von Steiner an mehreren Stellen seines Werks gewürdigte Dichter Robert Hamerling, stellt über seine Heimat folgende Überlegung an: »Ich weiß nicht, wieviel die Erbauung einer Eisenbahn, welche das ›Waldviertel‹ berührt, an der Weltabgeschiedenheit desselben geändert hat. Im Jahre 1867 war das Erscheinen eines Fremden dort noch ein Ereignis. Kam ein solcher zu Fuß oder zu Wagen des Weges, so blieben die pflügenden Rinder auf dem Felde stehen, um mit seitwärts gewendeten Köpfen die neue Erscheinung anzuglotzen. Der Bauer machte einige schwache Versuche, sie mit der Geißel anzutreiben – vergebens; am Ende tat er wie sie, und der Pflug rastete, bis der Fremde hinter dem nächsten Hügel oder Wäldchen verschwunden war.«

Was für die waldige Hügellandschaft an der Grenze nach Böhmen und Mähren hin gilt, das trifft mutatis mutandis auch auf die herbe, zurückhaltende, beinahe verschlossene Wesensart seiner Bewohner zu. »Daß der Waldviertler bei einer gewissen hintersinnigen Neigung eher nüchtern und praktisch als träumerisch und verschwärmt ist, bringt man mit der Kärglichkeit seines Heimatbodens und seinen wenig günstigen Lebensbedingungen in Zusammenhang«, meint Wilhelm Szabo. Heute noch macht der bäuerliche Spruch die Runde: »Schindn und rackern muaß si da Baua, Erdäpfel und Brotsupp'n ess'n, un wonn a stirbt, kimmt a in d'Höll ...« – Diese nicht gerade optimistische Weltsicht wird durch jenen anderen Spruch korrigiert, der besagt, daß im Waldviertel der Bauer mit seinem Peitschenstiel an den Himmel rühren könne.

Beide Eltern sind unter diesem Himmel aufgewachsen, Johann Steiner in Geras, die Mutter Franziska, eine geborene Blie, in dem benachbarten Städtchen Horn. »Meine Eltern« – so erinnert sich der Sohn – »liebten, was sie in der Heimat erlebt hatten. Und wenn sie davon sprachen, empfand man instinktiv, wie sie mit ihrer Seele diese Heimat nicht verlassen hatten, trotzdem sie das Schicksal dazu bestimmt hatte, den größten Teil ihres Lebens fern von ihr durchzumachen«.[8] Das kam so: Johann Steiner, der seine Kindheit und Jugend »im engsten Zusammenhange mit dem Prämonstratenserstifte in Geras« verlebt hatte und von Mönchen unterrichtet worden war, trat als Jäger in gräflich-Hoyos'sche Dienste ein. Besitzungen der Grafenfamilie gab es auch in Horn. So lernte er die aus einer Horner Familie stammende Franziska Blie kennen. Doch der Heirat versagte der feudale Dienstherr die erforderliche Einwilligung. Die Eheschließung fand dennoch am 16. Mai 1860 statt, doch nur um den Preis der Kündigung. Danach trat Johann Steiner als Telegraphist bei der österreichischen Südbahn ein. Das aber bedeutete den Wegzug aus der angestammten Heimat. Als Bahnbediensteter mußte sich Johann Steiner, wie man zu sagen pflegte, dorthin »transferieren« lassen, wohin es die Bahndirektion für erforderlich hielt. Die Loslösung aus den alten Bindungen der Ständegesellschaft hatte neue Abhängigkeiten zur Folge. Das jungvermählte Paar wurde in den kleinen Flecken Kraljevec, einer Station auf der Bahnlinie Preßburg – Ödenburg – Pettau an der österreichisch-ungarischen Grenze versetzt. Die kleine Ortschaft liegt auf der Mur-Insel, jenem Landstrich, der durch den Zusammenfluß von Mur und Drau gebildet wird. Heute gehört Steiners Geburtsort zu Jugoslawien. Wer die Signaturen eines Menschenlebens zu lesen und zu verstehen sucht, der sieht, wie die Existenz Steiners durch Herkunft und Geburtsort in eine Grenzsituation hineingestellt ist. In seinen im April 1912 vor russischen Zuhörern in Helsingfors (heute Helsinki) gehaltenen Vorträgen kommt er einmal darauf zu sprechen, wenn er bemerkt: »Diejenigen, die die äußeren Träger jenes Blutes waren, aus dem ich stamme, sie stammten aus deutschen Gegenden Österreichs; da konnte ich nicht geboren werden. Ich selber bin in einer slawischen Gegend, die vollständig fremd war dem Milieu und der Eigentümlichkeit, aus der meine Vorfahren stammen, geboren.«[9]

Und Marie Steiner-von Sivers, in deren Leben sich ebenfalls mitteleuropäische und osteuropäische Wesensart verbinden, spricht im Blick auf ihren Gatten von dem »in Slawentum getauchten Deutschtum«. Sie verbindet damit die Vorstellung: »So konnte die Ich-Entfaltung jene Beweglichkeit und jenes Feuer gewinnen, die sie brauchte, um in das Fremde, den andern, nicht nur liebend unterzutauchen, sondern es erkennend zu erlösen und seinen Aufgaben entgegenzuführen.«[10]

Verständlich werden derartige Hinweise freilich erst, wenn man sie in größeren Zusammenhängen betrachtet. An dieser Stelle ist nur anzumerken, daß Steiner der Beobachtung von Völkercharakteren – er spricht von »Volksseelen« – immer wieder besondere Aufmerksamkeit geschenkt hat. Gemeint ist, daß ein den Einzelmenschen übergeordnetes Seelisch-Geistiges wirksam sei, das einerseits für die Ausprägung und Entwicklung der Völker von Bedeutung ist und das andererseits den einzelnen »Volksseelen« einen ihnen gemäßen Auftrag, eine »Mission«, erteilt.[11] Viele Male wies Steiner darauf hin, daß es zur Aufgabe des mitteleuropäischen Menschen, namentlich des Deutschen gehöre, für einen Ausgleich zwischen West und Ost einzustehen, und zwar mit Konsequenzen, die bis in die Notwendigkeiten einer gesellschaftlichen Neugestaltung hineingehen. Unter einem anderen, in der Anthroposophie wichtigen Aspekt nannte er es die Harmonisierung, die innere Einheit von Religion, Kunst und Wissenschaft.[12] Steiners gesamtes Schaffen sollte diesem Auftrag gewidmet sein. Schon aus diesem Grunde maß er seinem Geburtsort wie der Tatsache seiner Volkszugehörigkeit eine symbolische Bedeutung bei.

Am 25. Februar 1861 wird Rudolf Steiner als das älteste von drei Kindern in Kraljevec geboren. Zwei Tage später empfängt das Kind, das den vollen Namen Rudolf Joseph Lorenz Steiner trägt, in der katholischen Kirche der benachbarten Ortschaft Draskovecz die heilige Taufe. Dieser Tauftag hat sich als der Geburtstag Steiners eingebürgert. Zu ihm bekennt sich Steiner in seiner Autobiographie, in der es heißt: »In Kraljevec bin ich am 27. Februar 1861 geboren.«[13] Dieser definitiven Mitteilung des etwa Zweiundsechzigjährigen geht ein undatiertes autobiographisches Fragment voraus, das mit dem Satz beginnt: »Meine Geburt fällt auf den 25. Februar 1861.«[14] Daß es sich dabei nicht etwa nur um ein persönliches Wissen oder um eine familiäre Überlieferung handelt, sondern um eine Zeitangabe, die zumindest in einem kleinen Kreis von Schülern bekannt war, läßt sich durch ein Gratulationsschreiben von Eugenie Bredow belegen, das diese »von Herzen ergebene Schülerin«, Mitglied des bis 1914 existierenden intimen Zirkels der sogenannten Esoterischen Schule Steiners, dem »verehrten Meister« am 25. Februar 1921 zu dessen sechzigstem Geburtstag verfaßte: »Heute, an dem Tage, der eigentlich der Geburtstag in dieser Verkörperung Ihrer Individualität gewesen sein soll, während wir bis dahin immer den 27. Februar dafür ansahen, möchte ich Ihnen in treuem Gedenken die wärmsten Wünsche für Ihr Wohlergehen aussprechen.«[15]

Wenngleich man nur Vermutungen über Steiners eigene wechselnde Bezeichnung seines Geburtstags anstellen kann, so entbehrt das Jahr seiner Geburt doch nicht der zeichenhaften Elemente. Steiners Landsmann und Schüler, der als Begründer der englischen Camphill-Bewegung bekannte Arzt und Heilpädagoge Karl König (1902-1966), hat die Phänomenologie des Jahres 1861 beleuchtet. »Man kann«, so schreibt König, »fast die gesamte Geschichte der zweiten Hälfte des 19. Jahrhunderts wie in einem Hohlspiegel in diesem Jahre 1861 konzentriert finden und von dort aus die Fäden verfolgen, die vergangenes und kommendes Geschehen miteinander verknüpfen.«[16] Golo Mann sah sich daher veranlaßt, seine Darstellung zur Geschichte des 19. und 20. Jahrhunderts im 6. Kapitel mit demselben Jahr beginnen zu lassen.[17] Mit dem Preußenkönig Friedrich Wilhelm IV., der am 2. Januar 1861 starb, ging die klassisch-romantische Epoche zu Ende. Nur wenige Monate vorher waren Arthur Schopenhauer und der dem mitteleuropäischen Kulturleben verpflichtete Naturphilosoph Gotthilf Heinrich Schubert, zuvor Alexander von Humboldt gestorben. Nur knappe dreizehn Jahre trennten von der Revolution von 1848. War sie auch gescheitert, so hatte sie doch Alarmzeichen gesetzt. Der an vielen Stellen aufflammende Nationalismus mit seinen rückwärtsgewandten Kräften breitete sich in Europa aus. In Österreich führte dieses Erwachen zur Auflösung des Vielvölkerstaates. Und wenn Zar Alexander II. Anfang 1861 46 Millionen russischer Bauern vom Joch der Leibeigenschaft »befreite«, wenn der Ende 1860 zum amerikanischen Präsidenten gewählte Abraham Lincoln daran ging, den Negersklaven in den Vereinigten Staaten die Menschenrechte zu erkämpfen, so war der in diesen und in ähnlichen Vorgängen sich manifestierende Freiheitsimpuls nicht länger zu übersehen, wie stark sich auch die an Vergangenheitskräften orientierten Mächte widersetzten. Der junge vierte Stand, das Revolutionspotential der Proletarier, begann seine Stärke zu erproben, und zwar gestützt auf die materialistische Weltanschauung seiner Ideologen, nachdem sich das herrschende Geistesleben und die auf ihre traditionelle Autorität pochende Kirche – die römische Kirche und die protestantischen Staatskirchen – als zu einer tiefgreifenden Erneuerung, wie sie das moderne Bewußtsein des Maschinenzeitalters gebieterisch forderte, unfähig erwiesen hatten. Karl Marx und Friedrich Engels erreichten um 1860 ihre Lebensmitte. Wesentliche Wirkstoffe des dialektischen und historischen Materialismus lagen im Druck vor. Die Generation wird geboren, der es im wesentlichen bestimmt ist, mit dem Rüstzeug dieser Weltanschauung diese Welt nicht nur zu interpretieren, sondern im Marxschen Sinne zu verändern.

Und was die Umwälzungen im Bereich des wissenschaftlich-technischen Lebens betrifft, die das Schicksal der Menschheit seit langem mitbestimmen, so hat ein Großteil dieser Revolutionäre bereits den irdischen Plan betreten, unter ihnen Max Planck (*1858), Rudolf Diesel (*1858), Pierre Curie (*1859), Hermann Hollerith (*1860). Nicht zu vergessen ist der Begründer der Psychoanalyse, Sigmund Freud, nur fünf Jahre älter als Rudolf Steiner. Und auch der ein knappes Jahr ältere Theodor Herzl, Autor der folgenreichen utopischen Schrift *Der Judenstaat,* darf hier als ein unmittelbarer Zeitgenosse und Landsmann erwähnt werden. Psychoanalyse und Zionismus haben von Wien ihren Ausgang genommen. Von Steiners Anthroposophie läßt sich immerhin sagen, daß die ersten methodischen Grundlagen dieser »modernen Geisteswissenschaft« während seiner Wiener Studien- und Arbeitsjahre gelegt wurden. So gehört es gewiß zur Signatur der Zeit, daß die Frühwerke dieser drei eigengeprägten Österreicher, von denen eine so nachhaltige Wirkung ausgegangen ist, in auffälliger zeitlicher Parallelität an die Öffentlichkeit gelangt sind: Steiners *Philosophie der Freiheit* erschien 1894 im Druck; Freuds gemeinsam mit Josef Breuer erarbeiteten *Studien über Hysterie*, die als das erste Werk der psychoanalytischen Literatur gelten, wurden 1895 publiziert; wieder ein Jahr später, 1896, folgte Herzls Grundschrift der zionistischen Bewegung, *Der Judenstaat.*

So ist das Lebenstableau dessen, der Ende Februar 1861 in dem abgelegenen Winkel an der kroatisch-ungarischen Grenze das Licht der Welt erblickt, von mancherlei Zeichen umstellt, Zeichen, die nicht nur der Deutung bedürfen, sondern die vor allem zum Umdenken und zur Erneuerung aufrufen. Es wird gerade in dieser Biographie zu zeigen sein, wie Steiner seine Lebensaufgabe darin sah, erkennend-handelnd, anregend und Impulse auslösend in einer

Weise wegbereitend zu sein, die das Konkrete über das Ideelle auch wirklich erreicht, um es nicht bei partiellen Reformen, Korrekturen oder oberflächlichen Schönheitsoperationen am Bestehenden zu belassen, sondern eine umfassende Neuordnung auf nahezu allen Gebieten menschlicher Gestaltung einzuleiten. Und so läßt sich vorweg sagen: Unter den Initiativen, die Ende des 19. Jahrhunderts vorbereitet, während der ersten Jahrzehnte dieses Jahrhunderts zu einer solchen Erneuerung des kulturellen Lebens ergriffen wurden, können bis heute diejenigen eine besondere Beachtung in Anspruch nehmen, die von Rudolf Steiner und von seiner »anthroposophisch orientierten Geisteswissenschaft« ihren Ausgang genommen haben.

Knappe vier Jahrzehnte fehlen bis zur Jahrhundertwende. In dieser Zeit hat Steiner die geistigen Fundamente für seine Anthroposophie zu legen. Damit verläuft der größte Teil seines Lebensgangs durch das Jahrhundert, das Martin Heidegger in Anlehnung an Nietzsche »das dunkelste aller bisherigen Jahrhunderte«[18] nannte. Weitere – man muß sagen: kurze, zu kurze – 25 Jahre stehen dem Begründer der neuen Erkenntniswissenschaft zur Verfügung. Es sind im besonderen die Jahre, die durch die Erschütterungen des Ersten Weltkriegs 1914-1918 und durch die leiblich-seelisch-geistigen, die individuellen und gesellschaftlich-wirtschaftlich-politischen Nöte der Nachkriegszeit gebrandmarkt sind. In dieser Zeit – und seitdem – hatte das Steinersche Werk auf vielen Feldern menschlicher Verwirklichung die Echtheitsprobe zu bestehen. Es war zugleich die Probe dessen, der sein Leben nicht nur im Rahmen dieser, seiner irdischen, durch Geburt und Tod begrenzten Existenz sah. In der einzelnen menschlichen Erscheinung erblickte Steiner vielmehr die Verkörperung und die Ausdrucksform einer ewigen Entelechie, die sich dieser Schicksalsgegebenheiten bedient; mit Goethe heißt das: sie folgt dem Gesetz, »wonach [...] [sie] angetreten«. Deshalb der Hinweis, man solle im Lebenslauf eines Menschen auf solche Impulse achten, »die gewissermaßen aus dem Unpersönlichen des seelisch-geistigen Erlebens heraufkommen. Dann, wenn wenigstens das geschieht, wird man schon sich zu dem Gefühl hinaufschulen, daß aus einer Biographie Karma sprechen muß.«[19]

Dieser Wink kann auch dann hilfreich sein, wenn man als Biograph und als Leser nicht im strengen Sinn des Wortes dem mit der Reinkarnationsidee verbundenen Karma-Gedanken Steiners folgt, sondern tiefenpsychologisches Erfahrungswissen auf sich selbst und auf andere anwendet. Eine Biographie, schon kleinere Lebensabschnitte, sind dann nicht nur die »zufällige« Aufeinanderfolge von Ereignissen. Es werden vielmehr Strukturen sichtbar, die das Erleben und Erleiden sinnvoll und deutbar erscheinen lassen.

Erste Stationen auf dem Lebensweg

Bedingt durch den Beruf des Vaters, sind die ersten Stationen im Leben Rudolf Steiners durch die Namen einiger Eisenbahnstationen auf den Streckenabschnitten der österreichischen Südbahn südlich von Wien markiert. Nur eineinhalb Jahre dauert Johann Steiners Dienst in Kraljevec, ehe er für ein halbes Jahr in die unmittelbare Nähe der Kaiserstadt nach Mödling bei Wien versetzt wird.

Die Erinnerungen Steiners an seine Kindheit gehen bis in die Zeit zurück, in der die Eltern vom Jahre 1863 an in dem wieder südlicher gelegenen Pottschach in Niederösterreich, unweit der Grenze zur Steiermark, wohnen. Es ist die Zeit vom zweiten bis zum achten Lebensjahr, die Rudolf hier in einer landschaftlich reizvollen Gegend verbringt. Gerne erzählte Steiner aus dieser Zeit:

> »Eine wundervolle Landschaft umschloß meine Kindheit. Der Ausblick ging auf die Berge, die Niederösterreich mit Steiermark verbinden: Der ›Schneeberg‹, Wechsel, die Raxalpe, der Semmering. Der Schneeberg fing mit seinem nach oben hin kahlen Gestein die Sonnenstrahlen auf, und was diese verkündeten, wenn sie vom Berge nach dem kleinen Bahnhof strahlten, das war an schönen Sommertagen der erste Morgengruß. Der graue Rükken des ›Wechsel‹ bildete dazu einen ernst stimmenden Kontrast. Das Grün, das von überall her in dieser Landschaft freundlich lächelte, ließ die Berge gleichsam aus sich hervorsteigen. Man hatte in der Ferne des Umkreises die Majestät der Gipfel, und in der unmittelbaren Umgebung die Anmut der Natur.«[20]

Aber nicht nur in diese von Nadelwäldern und Wiesen bedeckte, von den Elementarkräften kleiner Flußläufe und Quellen durchzogenen Landschaft hinein erwacht das Kind. Wenn es auch nur eine kleine Eisenbahnstation ist, in der der Vater als Telegraph Dienst tut, so gehört doch noch ein anderes Moment zur unmittelbaren Umgebung des Jungen, nämlich die Technik in der Gestalt von all dem, was mit dem Eisenbahnverkehr zusammenhängt. Die Semmering-Bahn gilt in den sechziger Jahren des vorigen Jahrhunderts ohnehin als eine besonders moderne Errungenschaft technischen Könnens. Eigens merkt Steiner in seinen autobiographischen Aufzeichnungen an, welche Rolle der Schienenverkehr in den Tagen seiner Kindheit spielte:

»Es verkehrten zwar damals in dieser Gegend die Züge nur in größeren Zeitabständen; aber wenn sie kamen, waren zumeist eine Anzahl von Menschen des Dorfes, die Zeit hatten, am Bahnhof versammelt, um Abwechslung in das Leben zu bringen, das ihnen sonst anscheinend eintönig vorkam. Der Schullehrer, der Pfarrer, der Rechnungsführer des Gutshofs, oft der Bürgermeister erschienen da.«[21]

An mitmenschlichem Kontakt fehlt es also nicht. Wenn er in diesem Zusammenhang die Zelebritäten des kleinen Dorfes erwähnt – vom katholischen Ortspfarrer weiß er mancherlei zu berichten –, so soll damit keineswegs der Schluß nahegelegt werden, daß Johann Steiner Anlaß gehabt hätte, sich diesen »besseren« Leuten zuzurechnen. Wenn der Sohn seinen Vater auch bisweilen einen »kleinen Eisenbahnbeamten«[22] nennt, so liegt der Ton unverkennbar auf dem Adjektiv. Denn nicht nur die junge Steiner-Familie lebt in sehr beengten wirtschaftlichen Verhältnissen; noch zwei Jahrzehnte später, als sich der Sohn bereits mitten im Studium befindet, nennt die Familie in Brunn am Gebirge (bei Wien) eine sehr bescheidene Wohnung ihr eigen, die den niedrigen gesellschaftlichen Status dieses »Beamten« eher noch unterstreicht. Und so spricht Steiner einmal vom »Ankämpfen gegen die schlechte Bezahlung solcher kleinen Eisenbahnbeamter«. Und er fährt fort:

»Die Eltern haben – das muß ausdrücklich hervorgehoben werden, damit nicht ein Mißverständnis entsteht – stets die Bereitschaft gezeigt, ihre letzten Kreuzer für das hinzugeben, was dem Wohle ihrer Kinder entsprach; aber es waren nicht sehr viele solcher letzten Kreuzer vorhanden.«[23]

Diese Feststellung ist offensichtlich frei von Bitterkeit ausgesprochen worden, denn in demselben Vortrag, den Steiner am 4. Februar 1913 in Berlin hielt, um über seine Herkunft Rechenschaft abzulegen, gelangt er zu dem bemerkenswerten Schluß:

»Wenn sich jemand zu einem ganz modernen Leben, zu einem

Leben in den modernsten Errungenschaften der gegenwärtigen Zeit hätte anschicken wollen und sich dazu hätte aussuchen wollen die entsprechenden Daseinsbedingungen der gegenwärtigen Inkarnation, so, scheint mir, hätte er diejenige Wahl treffen müssen, die Rudolf Steiner getroffen hat. Denn er war von allem Anfang an eigentlich umgeben von den allermodernsten Kulturerrungenschaften, war umgeben von der ersten Stunde seines physischen Daseins an vom Eisenbahn- und Telegraphenwesen.«[24]

Darüber vergißt der Autobiograph auch an dieser Stelle nicht, die tiefgehenden gemütbildenden Eindrücke zu erwähnen, die die anmutige Natur in der Umgebung von Pottschach auf den Knaben gemacht hat. Wir werden daher nicht fehlgehen, wenn wir annehmen, daß wir in Steiners Märchen vom Quellenwunder, wie wir ihm in dem zweiten seiner Mysteriendramen, *Die Prüfung der Seele,* Bild fünf, begegnen, eine Transformation solcher Eindrücke aus früher Jugendzeit vor uns haben. Da ist von einem Knaben die Rede, der teils mit den Sinnen, teils träumend all das in sich aufnimmt, was Wälder, Bäume, Blumen, Quellen mitzuteilen haben:

Geheimer Welten Wunderdinge
Erschlossen sich dem Knaben,
Wenn seine Seele sich besprach
Mit dem, was leblos nur
Den meisten Menschen gilt.
Da konnt' der Knabe stundenlang
Am Felsenquell verharren.
Und Formen, geisterhaft gebildet,
Erstanden vor dem Knabenseherblick
Im Wassertreiben und im Mondenlichtgeflimmer.[25]

Das Wort vom »Knabenseherblick« mag befremden. Zu groß erscheint die Distanz zwischen der nüchtern-sachlichen Welt neuzeitlicher Technik: die gigantische Dampflokomotive, die fremde Menschen aus einer fremden Ferne in eine fremde Ferne befördert; das Signalwesen im Bereich der kleinen Station; vor allem der Telegraphenapparat, der das wache Interesse des Jungen auf sich zieht, der ihn möglichst bald selbst bedienen können will. Kein Wunder, wenn der Vater später einen technischen Beruf für seinen Ältesten vorsieht. Mindestens Eisenbahningenieur soll er werden – vielleicht ein unverwirklichter Traum des Vaters. So lernt Rudolf früh all das kennen, was man auf einer kleinen Eisenbahnstation kennenlernen kann. Der Wartesaal des Bahnhofs und die winzige Kanzlei des Vaters werden seine bevorzugten Aufenthaltsorte. Und weil sich der Vater mit dem alten Schulmeister des Dorfs überworfen hat, kümmert sich Johann Steiner um die Anfangsgründe des Schreibens, Lesens und Rechnens bei seinem Sohn selbst, für eine geraume Zeit wenigstens. Ein Grund mehr für den Jungen, seinen Aufenthalt auf dem Bahnhof zu verlängern. Und der Autobiograph notiert: »Alle Interessen der Menschen, die ich sah, hingen mit dem Eisenbahnwesen, mit der in der Nähe befindlichen Spinnfabrik zusammen.« Alles in allem eine Welt, die für die Ausbildung schwärmerischer oder träumerischer Anlagen keine Anregung gibt. Selbst der öfter zu freundschaftlich zwanglosem Gespräch auftauchende Pfarrer aus dem benachbarten St. Valentin erweist sich als ein nüchterner Mann »mit etwas zynischem Anfluge in seinen Gesprächen, oft etwas wie ein Schalk«.[26]

Vor diesem Hintergrund ist nun ein Erlebnis zu sehen, das auf den kleinen »Steiner Rudolf«, wie ihn die Leute am Ort nennen, einen nicht minder nachhaltigen Eindruck gemacht hat, das er aber auffälligerweise in seiner für die breite Öffentlichkeit bestimmten Autobiographie unerwähnt läßt. Lediglich in einem internen Vortrag (1913) und in einem ebenfalls nicht für die Allgemeinheit bestimmten autobiographischen Fragment wird die Begebenheit geschildert, die sich um das siebente oder achte Lebensjahr abgespielt hat: Rudolf befindet sich wieder im Warteraum von Pottschach. Plötzlich sieht er vor sich eine Frau, die er noch nie gesehen hat, wenngleich diese einem Familienangehörigen – seiner Mutter – zu ähneln scheint.

> »Die Frauenspersönlichkeit trat zur Türe herein, ging bis in die Mitte der Stube, machte Gebärden und sprach auch Worte, die etwa in der folgenden Weise wiedergegeben werden können: ›Versuche jetzt oder später, soviel du kannst, für mich zu tun!‹ Dann war sie noch eine Weile anwesend unter Gebärden, die nicht mehr aus der Seele verschwinden können, wenn man sie gesehen hat, ging zum Ofen hin und verschwand in den Ofen hinein.«[27]

Nach Tagen stellt sich heraus, daß zu eben dieser Stunde eine entfernt wohnende Verwandte, nämlich die Schwester der eigenen Mutter, durch Selbstmord aus dem Leben geschieden ist. In dem erwähnten autobiographischen Fragment heißt es von derselben Begebenheit: »Ich sah, sitzend im Wartesaal des Bahnhofs im Bilde das ganze Ereignis [...]. Von dem tragischen Ereignis erfuhr ich erst nach Jahren.«[28]

Zwei Momente verdienen in diesem Zusammenhang besondere Beachtung, weil sie mit Steiners Weg und Lebensauftrag eng zusammenhängen: Zunächst ist das Kind allein mit seinem außerordentlichen Erlebnis. In dem internen Vortrag, in dem Steiner erstmals davon erzählt hat, sagt er in der dritten Person von sich selbst:

> »Der Knabe hatte niemanden in der Familie, zu dem er von so etwas hätte sprechen können, und zwar aus dem Grunde, weil er schon dazumal die herbsten Worte über seinen dummen Aberglauben hätte hören müssen, wenn er von diesem Ereignis Mitteilung gemacht hätte.«

Und dem Fragment ist zu entnehmen, daß die Eltern zu den ersten diesbezüglichen Andeutungen ihres Buben nur sagten: »Du bist a dummer Bua!« Und eben dadurch ist der Junge mit seiner ihn tief berührenden Erfahrung allein gelassen. Zu weit liegen die Alltagswirklichkeit, der Beruf des Vaters, die eigenen technischen Interessen und diese rätselhafte Begebenheit auseinander. Eine Faszination aber üben beide Bereiche auf den kleinen Rudolf Steiner aus. Zweifellos bezeichnet das Erlebnis von Pottschach ein individuelles Schicksalsmotiv: das Gegenüber von moderner Technik und übersinnlicher Wahrnehmung. Es erhebt sich die Frage, mit der der heranwachsende Rudolf Steiner zu ringen hat und auf die Anthroposophie eine Antwort geben möchte: Wie läßt sich Gewißheit über die Realität sinnlichkeitsfreier bzw. geistiger Erlebnisse gewinnen, ohne daß die Welt verleugnet werden muß, in der die Gesetzmäßigkeiten der neuzeitlichen Naturwissenschaft und Technik ihre Gültigkeit haben?

Damit ist schon das zweite Moment angesprochen, nämlich das des Zugangs zu jener Seite der Wirklichkeit, die normalerweise der äußeren Beobachtung entzogen ist. Es stellt sich somit das Problem: Gibt es einen Weg zur Erkenntnis jener anderen Dimension der Wirklichkeit, und zwar in voller Anerkennung des naturwissenschaftlich-technischen Denkens? Und wenn Steiner in jener oben erwähnten Dichtung (1911) das eigenartige Wort vom »Knabenseherblick« geprägt hat, dann wird es in dem geschilderten Zusammenhang verständlicher. Auch erinnert sich der Autobiograph, daß nun »für den Knaben ein Leben in der Seele anfing, welchem sich durchaus diejenigen Welten offenbarten, aus denen nicht nur die äußeren Bäume, die äußeren Berge zu der Seele des Menschen sprechen, sondern auch jene Welten, die hinter diesen sind. Und der Knabe lebte etwa von jenem Zeitpunkte ab mit den Geistern der Natur, die ja in einer solchen Gegend ganz besonders zu beobachten sind, mit den schaffenden Wesenheiten hinter den Dingen, in derselben Weise, wie er die äußere Welt auf sich wirken ließ.«[29]

Von jetzt ab gibt es für Rudolf Dinge, »die man sieht«, und solche, »die man nicht sieht«. Nun wird man freilich die Gabe der kindlichen Hellsichtigkeit nicht überbewerten dürfen. Diese Gattung eines übersinnlichen Wahrnehmungsvermögens, für das es bekanntlich nach wie vor viele Beispiele gibt, ist ja dadurch gekennzeichnet, daß es sich spontan einstellt, also ohne eine besondere spirituelle Schulung des Betreffenden. Gemäß anthroposophischer Deutung kann man von einem letzten Rest eines alten Hellsehvermögens sprechen, das in früheren Jahrhunderten weit verbreitet war und das als ein Erbstück der archaischen Menschheit gelten kann. Für Steiner, der diese Begabung gelegentlich als »atavistisches Hellsehen« bezeichnet, ist diese Fähigkeit allein noch keinesfalls charakteristisch. Viel wesentlicher ist für ihn und seinen weiteren Weg, wie er sich dieser Gabe gegenüber verhält und was er aus ihr macht. Und eben darin, in dem Bestreben, das rätselhafte Phänomen erkenntnismäßig zu durchdringen, es auch begrifflich zu erfassen, unterscheidet sich Rudolf Steiner von jenen Visionären, die ihre Schauungen mehr passiv hinnehmen, ohne sich jene gedankliche Klarheit verschaffen zu können, die ein naturwissenschaftlich orientierter Zeitgenosse auch angesichts des Übersinnlichen verlangen muß.

So wird das Erleben des Sieben- oder Achtjährigen zu einem Erkenntnisimpuls, der Steiners ganzes Leben leitmotivartig bestimmen sollte. Er weiß aber auch, »wie diese Interessen den Herzensanteil in der kindlichen Seele immer wieder verdunkeln wollten, der nach der anmutigen und zugleich großzügigen Natur hin ging, in die hinein in der Ferne diese dem Mechanismus unterworfenen Eisenbahnzüge doch jedesmal verschwanden«[30]. Und so wie die Polarität von Natur und Technik, von geistiger Welt und Technik Rätsel aufgibt, so stellt sich die umgebende Welt für den Knaben als eine Anhäufung von Erkenntnisproblemen dar, auch wenn er sich erst viel später der ganzen Tragweite dieser Tatbestände bewußt wird. Zu diesen ihn bewegenden Fragen veranlaßt beispielweise die benachbarte Textilfabrik. Das Kind Rudolf Steiner beobachtet aufmerksam, welches Rohmaterial eingeliefert wird und wie die fertigen Produkte aussehen, die den Betrieb verlassen. Der Blick ins Innere, in den Arbeitsprozeß als solchen, bleibt dem Jungen, der in den Augen der Erwachsenen ja nur »a dummer Bua« ist, verwehrt:

»Da waren die ›Grenzen der Erkenntnis‹. Und ich hätte diese Grenzen so gerne überschritten«, heißt es in *Mein Lebensgang*. Auch der Direktor der Firma, sein persönliches Gehabe, wirft Fragen auf. Und als einmal ein Waggon mit entzündbarem Material in Brand gerät, macht sich der wißbegierige Junge Gedanken, wie dergleichen geschehen könne. »Was mir meine Umgebung darüber sagte, war wie in ähnlichen Dingen, für mich nicht befriedigend. Ich war voller Fragen; und mußte diese unbeantwortet mit mir herumtragen.«[31]

Rudolf ist ungefähr acht Jahre alt, als der Vater aufs neue versetzt wird. Die Steiner-Familie besteht inzwischen aus fünf Personen. In Pottschach sind die beiden Geschwister, die drei Jahre jüngere Leopoldine Steiner (1864-1927) und der fünf Jahre jüngere Bruder Gustav Steiner (1866-1941) geboren. In den Erinnerungen werden Mutter, Bruder und Schwester nur während der Kindheit und frühen Jugend erwähnt, später kaum mehr. Wir erfahren zwar, daß der in Deutschland nach einer schwierigen Anfangszeit gesellschaftlich und wirtschaftlich zu Ansehen Gelangte in verschiedenen Testamenten (1907, 1910, 1914, 1915) Eltern und Geschwister ausdrücklich bedenkt und noch auf seinem letzten Krankenlager im März 1925 für das leibliche Wohl seiner fast erblindeten, in Horn lebenden Schwester Sorge trägt, aber es fehlt eine nähere Charakteristik seiner Angehörigen.

Die neue Umgebung ist zwischen 1868 und 1879 Neudörfl an der Leitha im (ungarischen) Burgenland, eine halbe Wegstunde von Wiener-Neustadt entfernt. Wieder schildert Steiner die Eigenart der Landschaft:

> »Die Alpengebirge, die ich in Pottschach ganz in der Nähe sah, waren nun nur noch in der Ferne sichtbar. Aber sie standen eben doch erinnerungweckend im Hintergrunde, wenn man auf die kleineren Berge blickte, die in kurzer Zeit von dem neuen Wohnorte meiner Familie zu erreichen waren. Mäßige Erhebungen mit schönen Waldungen begrenzten den einen Ausblick; der andere konnte über ebenes, mit Feld und Wald bedecktes Land nach Ungarn hineinschweifen.«[32]

Grenzland auch hier. Der Blick nach Ungarn – seit dem Vertrag von St. Germain 1919 gehört die Umgebung von Neudörfl zu Österreich –, etwa von jenem Berg aus, den Rudolf Steiner »unbegrenzt lieb« gewonnen und der eine Rosalienkapelle trägt, erinnert an die Zeit der Türkenkriege. Rief man die Heilige Rosalia einst an, als in diesem Landstrich die Pest wütete, so läßt die am Abhang des

Rosalienberges steil aufragende trutzige Burg Forchtenstein an die heranbrandenden Türkenheere im 16. Jahrhundert denken. Aber nicht die Trutzburg, sondern die liebliche Anhöhe mit der Kapelle der wundertätigen Heiligen wird zum Ziel vieler Spaziergänge der Steiner-Familie, sofern Johann Steiner nicht auch sonntags seines Amtes walten muß. Doch das zweistöckige Bahnhofsgebäude am Ende des Dorfs, ein wenig abseits, heute von stattlichen Lindenbäumen beschattet, mag – bei bescheidenen Wohnungsansprüchen – noch Raum für einen zweiten Mann geboten haben.

Rasch finden Rudolf und seine beiden Geschwister heraus, daß es gerade am Weg zur Kapelle reichlich Erdbeeren, Himbeeren und Brombeeren gibt. Geht man den anderen Weg der Bahnlinie entlang, so kommt man nach einer halben Stunde zum Sauerbrunnen, einer Quelle mit eisen- und kohlensäurehaltigem Wasser. Eine Selbstverständlichkeit ist es für die »geringen Leute«, zu denen nach wie vor die Steiners gehören, daß sie ihren Haustrank von dieser Quelle holen, vornehmlich eine Aufgabe für Rudolf:

> »Wenn Schulferien waren, ging ich jeden Tag ganz früh morgens dahin, beladen mit einem ›Blutzer‹. Das ist ein Wasserbehälter aus Ton. Der meinige faßte etwa drei bis vier Liter. Den konnte man ohne Entgelt an der Quelle füllen. Beim Mittag konnte dann die Familie das wohlschmeckende perlende Wasser genießen.«[33]

Dieser Bericht dürfte für die Zeit gelten, als Rudolf bereits die ersten Klassen der Realschule besucht, denn wir werden uns ein nicht allzu kräftiges Bürschchen vorzustellen haben, das mit einiger Mühe den gefüllten Blutzer nach Hause schleppt. Auf solchen Wegen pflegt man hin und wieder abzusetzen, um auszuruhen. Dazu geben schon die Dorfbewohner Anlaß, die den Steiner Rudi ansprechen und von ihrem Tun und Leben erzählen: »Und so wußte ich aus diesen Erzählungen eigentlich fast alles, was auch im Innern der Häuser des Dorfs vor sich ging.« Ein anderes Mal sind es Mönche vom nahe gelegenen Redemptoristenkloster, die der Junge auf seinen Wegen trifft. Der Autor des *Lebensgangs* weiß noch gut, wie gern er von diesen in sich gekehrten Männern im dunklen Mönchshabit angesprochen worden wäre, aber »sie taten es nie. Und so trug ich von der Begegnung nur immer einen unbestimmten, aber feierlichen Eindruck davon, der mir immer lange nachging. Es war in meinem neunten Lebensjahre, da setzte sich in mir die Idee fest: im Zusammenhang mit den Aufgaben dieser Mönche müssen wichtige Dinge sein, die ich kennen lernen müsse. Auch da war es wieder so, daß ich voller Fragen war, die ich unbeantwortet mit mir herumtragen mußte. Ja, diese Fragen über alles mögliche, machten mich als Knaben recht einsam«, lesen wir in *Mein Lebensgang*. Und als die fraglichen Abschnitte des Erinnerungsbuches schon geschrieben sind, kommt Steiner noch in einem seiner letzten internen Vorträge auf die große Bedeutung zu sprechen, die die Angehörigen von Mönchsorden – es ist im besonderen der im Raum von Wiener-Neustadt ziemlich verbreitete Zisterzienserorden – im Laufe seines Lebens gespielt haben. Ja, er bekennt, daß er bis in seine Weimarer Zeit, das heißt bis in die neunziger Jahre hinein, das Bild dieser Mönche vor sich gehabt habe:

> »Alles war eigentlich bei mir darauf veranlagt, nicht jenen Bildungsgang durchzumachen, den ich durchgemacht habe, durch die Wiener Neustädter Realschule hindurch, sondern durch das Gymnasium. Das war aber dazumal noch ein Zisterzienser-Gymnasium. Und es waren die Kräfte merkwürdig, die mich zugleich anzogen und fernhielten.«[34]

»Dem Gedenken an Rudolf Steiner, dem Begründer der anthroposophischen Geistesrichtung, gewidmet. In diesem Hause erwuchsen dem Kinde die Grundlagen seiner geistigen Welt, 1869-1879.« – Dieser Text auf der Gedenktafel am Stationsgebäude von Neudörfl nimmt Künftiges vorweg. Immerhin bedeutet die Übersiedelung von Pottschach nach Neudörfl die Wiederaufnahme eines geregelten Schulunterrichts. Verständlicherweise war der Vater doch nicht in der Lage, den Unterricht des unsympathischen Schulmeisters ganz zu ersetzen. Vor allem im Schreiben macht sich das bei dem kleinen Rudolf bemerkbar, der sich eine eigenwillige Art, die Buchstaben zu formen, angewöhnt hat und für den die Grundbegriffe der Rechtschreibung nicht eben eine Spezialität waren.

Vorzustellen haben wir uns eine österreichische Zwergschule einfachster Art. In einem Zimmer sind zumindest die ersten fünf Klassen zu unterrichten. Wer freilich – wie Johann Steiner – die Absicht hat, seinem Sohn so etwas wie einen qualifizierten Abschluß zu verschaffen und ihn auf die höhere Schule schicken möchte, der gibt dem Hilfslehrer monatlich einen Gulden für etliche »Extrastunden«. Bei Rudolf sind ja eben nicht nur die seit Pottschach entstandenen Lücken auszufüllen. Er muß auch imstande sein, das Pensum der Schule in der Stadt zu bewältigen. Da ist nun die Stube des Hilfslehrers von Neudörfl; er heißt Heinrich Gangl. Diesen Mann schildert der Schüler als einen »ganz ausgezeichneten Menschen«. Bei ihm entdeckt Rudolf ein Mathematik-Buch, nämlich *Močniks Geometriebuch*. Er darf es sich für einige Zeit mit nach

Hause nehmen. Und »mit Enthusiasmus« macht sich der angehende Autodidakt darüber her.

»Wochenlang war meine Seele ganz erfüllt von der Kongruenz, der Ähnlichkeit von Dreiecken, Vierecken, Vielecken; ich zergrübelte mein Denken mit der Frage, wo sich eigentlich die Parallelen schneiden; der pythagoreische Lehrsatz bezauberte mich.«

Und dann folgt der in seiner Art bemerkenswerte Satz: »Ich weiß, daß ich an der Geometrie das Glück zuerst kennengelernt habe.«[35]

Die innere Befriedigung, die Steiner im Umgang mit der Geometrie empfand, entstand aus der Einsicht, man könne »seelisch in der Ausbildung rein innerlich angeschauter Formen leben, ohne Eindrücke der äußeren Sinne«. Und denkt man an das Problem, das Steiner seit dem Pottschacher visionären Erlebnis mit sich herumträgt, dann versteht man, welche Bedeutung dieses andere, ganz anders geartete geistige Erlebnis seiner Begegnung mit der Geometrie für ihn nach und nach gewinnen mußte, auch wenn er die Tragweite seiner Entdeckung zu diesem Zeitpunkt noch nicht ermessen konnte. Später erblickt Rudolf Steiner in dieser frühen Beziehung zur Geometrie das erste Aufkeimen einer Anschauung, die sich anfangs mehr oder weniger unbewußt entwickelt hatte, um das zwanzigste Lebensjahr herum jedoch eine bestimmte und vollbewußte Gestalt annehmen sollte. Steht nicht schon über dem Eingang der Akademie Platons der mahnende Satz: »Niemand, der ungeometrisch ist, darf hier eintreten!« Und da schickt sich nun einer an, die elementaren Voraussetzungen zu erwerben, um später, viel später auf dem Weg über Naturwissenschaft und Philosophie zu »Erkenntnissen höherer Welten« aufzusteigen.

In *Mein Lebensgang* ist der Inhalt des damit verbundenen Erlebens so beschrieben:

»Ich sagte mir: die Gegenstände und Vorgänge, welche die Sinne wahrnehmen, sind im Raume. Aber ebenso wie dieser Raum außer dem Menschen ist, so befindet sich im Innern eine Art Seelenraum, der der Schauplatz geistiger Wesenheiten und Vorgänge ist. In den Gedanken konnte ich nicht etwas sehen wie Bilder, die sich der Mensch von den Dingen macht, sondern Offenbarungen einer geistigen Welt auf diesem Seelen-Schauplatz. Als ein Wissen, das scheinbar von dem Menschen selbst erzeugt wird, das aber trotzdem eine von ihm ganz unabhängige Bedeutung hat, erschien mir die Geometrie. Ich sagte mir [das] als Kind natürlich nicht deutlich, aber ich fühlte, so wie Geometrie muß man das Wissen von der geistigen Welt in sich tragen. Denn die Wirklichkeit der geistigen Welt war mir so gewiß wie die der sinnlichen.«[36]

Wenn damit auch noch lange nicht der Weg bezeichnet ist, der von den Dingen, »die man sieht«, zu jenen, »die man nicht sieht«, führt, so tut sich dem Suchenden doch eine Möglichkeit auf, nach einem solchen Weg Ausschau zu halten. Und – so dürfen wir fortfahren – der zu findende, auszubauende Erkenntnisweg führt bezeichnenderweise über die parapsychischen Phänomene hinaus. Er läßt all das hinter sich, was den Menschen zur Passivität verurteilt, wie sie etwa bei mediumistischen Erscheinungen vorliegt. Der von Steiner in den späteren Jahrzehnten auszubauende Erkenntnisweg setzt vielmehr in einer ähnlichen Weise beim Denken an, wie dies eben in der Mathematik der Fall ist. Und dieses Denken ist notwendigerweise ein diszipliniertes; es erschöpft sich nicht in beliebigen Gedankenverbindungen, die sich von außen her ergeben. Vielmehr läßt sich der also Denkende von einer Gesetzmäßigkeit leiten – er handhabt sie frei –, die selbst bereits »übersinnlicher« Natur ist. Seinem eigenen Zeugnis nach hätte Steiner die bloße, auf die äußeren Fakten und Prozesse reduzierte Sinnenwelt als eine »geistige Finsternis« empfinden müssen, hätte das im buchstäblichen Sinne erleuchtende Erlebnis an der Geometrie und ihren Operationsmöglichkeiten nicht stattgefunden. Von daher bekommt die erwähnte Inschrift auf der Erinnerungstafel des Neudörfler Stationsgebäudes ihre sachliche Berechtigung. Und Heinrich Gangl, der unscheinbare Hilfslehrer der kleinen Dorfschule, hat dem späteren Begründer der Anthroposophie eine allererste Rechtfertigung jener geistigen Welt vermittelt, deren Existenz als ein ahnendes Schauen in dem Jungen veranlagt war. Es bedurfte der Klärung, der Verstärkung und der Entfaltung im Sinne einer Intensivierung und qualitativen Erweiterung des Bewußtseins, wie sie die Anthroposophie heute anstrebt.

Zu den prägenden Eindrücken der Kindheit auf dem Lande inmitten der niederösterreichischen »Kleinhäusler-Leute« gehört die Anteilnahme am kirchlichen Leben. Während der Vater Johann Steiner der Kirche ostentativ fern bleibt und die Mutter nicht als ausgesprochen religiös geschildert wird – der Vater empfindet sich sogar als »Freigeist«, »Herrendienst« rangiert bei ihm »vor Gottesdienst« –, hat Rudolf reichlich Gelegenheit, in gottesdienstlichen Zusammenhängen mitzuwirken. In Neudörfl ist er »Kirchenbub«, das heißt er wird als Ministrant herangezogen. Schule und Kirche sind zu dieser Zeit, in der zudem das Erste Vatikan-Konzil von

1869/70 im Gespräch ist, eng verbunden. Der tägliche Schulweg führt ohnehin an der Kirche vorbei. Bahnhof, Kirche und Schule sind für die Steiner-Kinder die Orte, an denen sich ihr Alltag in der Hauptsache abspielt.

Vergleicht man nun die verschiedenen Aufzeichnungen, in denen Steiner von der Bedeutung kirchlich-religiöser Eindrücke während seiner Kindheit berichtet, so stößt man auf unterschiedliche Bewertungen. Aus seiner im Vortrag von 1913 gegebenen Darstellung ist es ihm darum zu tun, die Behauptung theosophischer Kreise, er sei Jesuitenzögling gewesen, zurückzuweisen. Dabei geht er so weit zu sagen, er sei in seiner frühen Jugend gar nicht besonders stark religiös beeinflußt worden: »Kurz, es waren Verhältnisse«, so heißt es da, »denen gegenüber es unmöglich war, daß sich etwas anderes entwickelte als das, was vielleicht nur Österreicher kennen: eine gewisse Selbstverständlichkeit gegenüber den Verhältnissen der religiösen Tradition, eine selbstverständliche Gleichgültigkeit.«[37] In der ältesten uns erhaltenen autobiographischen Aufzeichnung aus dem Jahr 1907, die Steiner für den französischen Schriftsteller und Theosophen Edouard Schuré verfaßt hat, liest man:

> »Den kirchlichen Kultus lernte ich zwar kennen, indem ich zu Kultushandlungen als sogenannter Ministrant zugezogen wurde, doch war nirgends, auch bei den Priestern nicht, die ich kennenlernte, eigentliche Frömmigkeit und Religiosität vorhanden. Dagegen traten mir fort und fort gewisse Schattenseiten des katholischen Klerus vor Augen.«[38]

Im auffallenden Gegensatz dazu stehen die anschaulichen Darstellungen im *Lebensgang* hinsichtlich seines Verhältnisses zur Kirche in diesem ersten Lebensabschnitt. Hier hebt Steiner ausdrücklich hervor, wie sehr er als »Kirchenbub« mit dem kirchlichen Leben »verwachsen« gewesen sei. »Das Feierliche der lateinischen Sprache und des Kultus war ein Element, in dem meine Knabenseele gerne lebte«, lesen wir da auf einmal. Und »intensiv« habe er, der kleine Ministrant, daran teilgenommen, bei der Feier der heiligen Messe, bei Nachmittagsgottesdiensten, Leichenbegängnissen und nicht zuletzt beim Fronleichnamsfest. Es ist der Kultusvollzug in seiner Verbindung mit der musikalischen Opferfeierlichkeit, dessen seelenformende Kraft er zu spüren bekommen habe, und zwar nicht allein als eine äußere Form, sondern als »tiefgehendes Erlebnis«. Der Gegensatz zu den vorausgegangenen zehn bis fünfzehn Jahre älteren Schilderungen ist nicht zu übersehen. Der Bibel- und Katechismusunterricht des Pfarrers, also das Lehrmäßige in der religiösen Unterweisung, sei weniger wirksam gewesen als alles das, was der Priester »als Ausübender des Kultus tat in Vermittlung zwischen der sinnlichen und der übersinnlichen Welt«[39]. Von weniger großem Gewicht dürfte der diesbezügliche Unterschied zu dem undatierten, wohl gegen 1920 verfaßten autobiographischen Fragment sein, in dem es von dem als Prediger wortgewaltigen Pfarrer von Neudörfl heißt: »Sein Katechismus- und Bibelunterricht freute alle Kinder wegen des Sympathischen seiner Persönlichkeit.«[40]

Die Darstellung im *Lebensgang* läuft offensichtlich darauf hinaus, die Aufmerksamkeit auf den religiös-spirituellen Erlebnisbereich zu lenken: »Mein Gemüt verließ das Leben, das ich mit dem Kultus aufgenommen hatte, auch nicht bei dem, was ich in meiner häuslichen Umgebung« – in der religiös eher gleichgültigen Familie – »erlebte. [...] Ich dachte, sann und empfand eigentlich fortwährend mit jener anderen Welt«, schreibt der Autobiograph.

Welche der angebotenen Schilderungen entspricht wohl am ehesten der Wirklichkeit? Ich meine, man muß den letzten Aufzeichnungen den Vorzug geben, denn ein Kind kann sich am allerwenigsten der tiefgehenden Einwirkung eines numinosen Erlebens entziehen. Andererseits haben die früheren Darstellungen, namentlich der Vortrag von 1913, ausgesprochen apologetischen Charakter. Um die Unterstellung, er sei Jesuitenschüler gewesen, bei seinen eigenen Anhängern zu beseitigen, ist die starke Relativierung kirchlicher Einflüsse erklärlich. Schließlich ist es denkbar, daß Steiner am Ende seines Lebens einen neuen Zugang zu seinen eigenen religiösen Früherlebnissen gefunden hat. Dabei ist zu berücksichtigen, daß der Niederschrift der Autobiographie die Stiftung des Kultus der *Christengemeinschaft* (im September 1922) unmittelbar vorausging. Diese Bewegung für religiöse Erneuerung empfing von Steiner unter anderem die Ritualtexte zur »Menschenweihehandlung«. Diese Wortlaute stellen zwar eine völlige sprachliche Neuschöpfung dar, die Anknüpfung an die kirchliche Tradition ist jedoch nicht zu leugnen. Evangelienlesung, Opferung, Wandlung und Kommunion dieser »Menschenweihehandlung« erinnern stark an den Aufbau der heiligen Messe, also an den Gottesdienst, den Steiner nicht nur aus den kirchenamtlichen Meßbüchern und Agenden, sondern aus eigenem Kindheitserleben kannte.[41]

Noch einer anderen Begebenheit, vom Pfarrer manche »Spezialunterweisung« empfangen zu haben, erinnert sich Steiner. Das geschah in dem kleinen Lehrerstübchen zusammen mit einigen »reiferen« Schülern. Einmal entfaltet der Pfarrer eine Zeichnung und demonstriert anhand der selbstgefertigten Skizze das kopernikanische Weltsystem, den Vorgang der Erdumdrehung und der

Planetenbewegung samt den jahreszeitlichen Folgeerscheinungen, die sich aus der Bewegung der Erde um die Sonne ergeben. Der etwa Zehnjährige kann zwar noch nicht orthographisch richtig schreiben, aber diese Erläuterungen faszinieren ihn ungemein:

> »Ich war ganz von der Sache hingenommen, zeichnete tagelang sie nach, bekam dann von dem Pfarrer noch eine Spezialunterweisung über Sonnen- und Mondfinsternisse und richtete damals und weiter alle meine Wißbegierde auf diesen Gegenstand.«[42]

Aus dem Gesagten wird dies deutlich: Es ist nicht das religiöse Element als solches, das dem Jungen Antwort auf seine Erkenntnisfragen zu geben vermag. Der Kultusvollzug, die unmittelbare Anwesenheit bei der Sakramentsfeier hinterläßt bei dem Knaben zwar nachhaltige Eindrücke, aber es ist nicht etwa ein theologisch-dogmatisches Wissen, das zur Beantwortung der Lebensprobleme herangezogen wird, wie man das beispielsweise im Hinblick auf das okkulte Ereignis, das sich in Pottschach zugetragen hat, vielleicht annehmen könnte. Das ist auch nicht sehr verwunderlich. Schließlich spielt in den besprochenen Lebensabschnitt das I. Vatikanische Konzil von 1869/70 in zeichenhafter Weise herein. Eine Synchronizität eigener Art ergibt sich aus der relativen Gleichzeitigkeit. Sie besteht darin, daß eben zu dem Zeitpunkt, in dem der Schüler Rudolf Steiner die Geometrie für sich entdeckt, das römische Konzil die offiziellen Entscheidungen des Papstes als des obersten kirchlichen Glaubens- und Sittenlehrers für unfehlbar erklärt. Bringt nun diese folgenschwere Lehrentscheidung der römisch-katholischen Kirche zum Ausdruck, welche hohe *Autorität* sie dem lebendigen Lehramt beimißt, einer Autorität, der sich alle Gläubigen bedingungslos zu unterwerfen haben, so bringt die Beschäftigung mit der Mathematik im Blick auf die von Steiner angestrebten Erkenntnisziele etwas grundlegend anderes zum Ausdruck: Dem Autoritätsprinzip stellt sich ein Prinzip entgegen, das der *Autonomie* des nach Erkenntnis Strebenden folgt, der zunächst keine andere Autorität als die des mathematisch-logischen Denkens anzuerkennen bereit ist. Der offensichtliche Gegensatz beider Haltungen macht für Steiner bereits hier eine Klärung seines Verhältnisses als Geistesforscher der religiösen Offenbarung gegenüber erforderlich. Er tut dies, wie in seinem letzten Lebensabschnitt ersichtlich, interessanterweise unter ausdrücklicher Berufung auf eine Lehrautorität der katholischen Kirche, auf Thomas von Aquin.[43] Das bedeutet freilich nicht etwa eine späte Rückkehr zu der Kirche, deren Taufe er einst empfangen hat, auch keine Annäherung an sie. Es handelt sich lediglich um die notwendige Verhältnisbestimmung von Religion und anthroposophischer Geistesforschung. Doch bis dahin ist, biographisch gesehen, eine jahrzehntelange Wegstrecke zurückzulegen.

Eine wichtige Durchgangsstation auf diesem individuellen Weg stellt zweifellos die Zeit des Hochschulstudiums dar. Die nach wie vor bestehenden naturwissenschaftlich-technischen Interessen des Sohns und die Vorstellungen des Vaters lassen das Studium an der Technischen Hochschule als zweckmäßig erscheinen. Aus diesem Grund wird Rudolf nicht auf das Gymnasium – etwa auf das von Zisterzienser-Mönchen geleitete und damit dem kirchlichen Einfluß ausgesetzte Gymnasium –, sondern auf die Realschule von Wiener-Neustadt geschickt. Man schreibt das Jahr 1872. Rudolf ist elf Jahre alt:

> »Nun mußte ich täglich den Weg von Neudörfl nach Wiener-Neustadt machen. Morgens konnte ich mit dem Eisenbahnzuge fahren, abends mußte ich zu Fuß zurückkehren, da ein Zug zur rechten Zeit nicht fuhr. Neudörfl lag in Ungarn, Wiener-Neustadt in Niederösterreich. Ich kam also täglich von ›Transleithanien‹ nach ›Cisleithanien‹. So nannte man offiziell das ungarische und das österreichische Gebiet.«[44]

Der Schüler wird über viele Jahre hinweg zum Grenzgänger. Im großen Lebens- und Schaffenszusammenhang entbehrt diese Tatsache nicht einer gewissen Symbolik. Und nicht zufällig erwähnt er noch in späten Vorträgen diese Tatsache, wenn er beispielsweise einmal im Dornacher Vortrag vom 1. November 1918 hervorhebt: »Von meinem neunten bis achtzehnten Jahre hatte ich jeden Tag zweimal über die Grenze zu gehen, welche die Leitha zwischen Österreich und Ungarn bildet.«[45]

Der Besuch der Realschule bedeutet für das Kind vom Dorf die Bekanntschaft mit der Stadt. »Das Stadtleben konnte ich in der Seele nicht in der gleichen Art mitmachen, wie das auf dem Lande. Ich stand verträumt dem gegenüber, was zwischen und in den aneinandergepferchten Häusern vorging.« Nicht ganz ohne Schwierigkeiten wird das erste auswärtige Schuljahr überstanden. Erst in der zweiten Hälfte des zweiten Jahres gelingt es ihm leichter, das Unterrichtsgeschehen zu verfolgen und sogar »ein guter Schüler« zu werden. Nach den Interessen und Fragestellungen, die Rudolf Steiner von Neudörfl her bereits mitbringt, ist es nur folgerichtig, wenn ihn hier mit zunehmendem Alter die naturwissenschaftlichen

Fächer in Atem halten. »Wir hatten ausgezeichnete Leute auf dem Gebiete der Mathematik, Physik, Chemie, vor allen Dingen auf dem Gebiete der darstellenden Geometrie«, erzählt er einmal.[46] Viel weniger günstig fallen die Beurteilungen für die Lehrer anderer Disziplinen aus. Das Zeichnen mit Lineal, Zirkel und Winkel wird für ihn zu einer Lieblingsbeschäftigung. Ganze Sonntagnachmittage bringt er mit konstruktivem Zeichnen zu. Einen starken Auftrieb empfängt diese Beschäftigung durch den Aufsatz seines Mathematik-Lehrers Heinrich Schramm, von 1868 bis 1874 Direktor an der Oberrealschule von Wiener-Neustadt. Der Text erscheint im Schulprogramm des Jahres 1873 unter dem Titel *Die Anziehungskraft, betrachtet als eine Wirkung der Bewegung.* Es zeigt sich, daß der knapp Zwölfjährige bei weitem überfordert ist. Noch fehlen ihm die notwendigen mathematischen Voraussetzungen. Auch ein Hinweis auf ein Buch desselben Autors über *Die allgemeine Bewegung der Materie als Grundursache aller Naturerscheinungen* hilft nicht sogleich weiter. Vor allem muß sich der angehende Mathematiker auf eigene Faust weiterbilden und die für den Kauf des Buches erforderlichen Geldmittel zusammensparen. So sind es die Auslagen der Buchhandlungen von Wiener-Neustadt, die Steiner regelmäßig beobachtet. Und wo immer er mathematische und physikalische Bücher auftreiben kann, sucht er deren Inhalt zu erfassen, und zwar in immer neuen Anläufen. Anknüpfend an seine mathematischen Interessen, sagt er sich, er müsse »an die Natur heran, um eine Stellung zu der Geisteswelt zu gewinnen, die in selbstverständlicher Anschauung vor mir stand. Ich sagte mir, man kann doch nur zurechtkommen mit dem Erleben der geistigen Welt durch die Seele, wenn das Denken in sich zu einer Gestaltung kommt, die an das Wesen der Naturerscheinungen herangelangen kann. Mit diesen Gefühlen lebte ich mich durch die dritte und vierte Realschulklasse durch. Ich ordnete alles, was ich lernte, selbst darauf hin an, mich dem gekennzeichneten Ziele zu nähern.«[47]

Als er wieder einmal vor einer Buchhandlung steht, entdeckt er ein schmales Reclam-Bändchen mit der Aufschrift *Kritik der reinen Vernunft.* Noch ahnt er nicht im entferntesten, welch ein Dokument der neuzeitlichen Geistesgeschichte er in Händen hält, als er zur Kant-Lektüre ansetzt. Daß auch diese Beschäftigung einem etwa Fünfzehnjährigen Schwierigkeiten bereiten kann, bedarf keiner besonderen Begründung. Dazu kommt noch, daß die Länge des Schulwegs, die Masse der Aufgaben und die bereits bestehenden mathematischen Interessen, abgesehen von mancherlei häuslichen Pflichten, nur wenig Zeit lassen für ein so spezielles Studium. Da bietet sich ein Ausweg an: Den im trockenen Vorlesestil gebotenen

Unterricht in Geschichte weiß Rudolf Steiner dadurch zu »verlebendigen«, daß er die einzelnen Bogen seines Kant-Büchleins herauslöst und sie in seinem Geschichtsbuch einfügt. Steiner liest Kant, während vom hohen Katheder herunter Geschichte »gelehrt« wird. Daraus ist jedoch nicht etwa ein Desinteresse an Geschichte als Tatsachenzusammenhang und als Fach zu schließen. Denn als der Junge in einem Antiquariat von Wiener-Neustadt ein Handbuch der Weltgeschichte entdeckt, noch dazu zu einem Preis, der seiner schmalen Börse entspricht, da wird auch Geschichte für ihn zu einer begeisternden Sache. Die Note »vorzüglich« in Geschichte ziert ohnehin sein Schulzeugnis.

Abgesehen von der Religionslehre, die er »mit wirklicher Hingebung« entgegennimmt, gewinnt der Realschüler auch ein lebendiges Verhältnis zur Literatur, namentlich zur deutschen Klassik. Doch das verdankt er nicht etwa dem Schulunterricht, sondern der Begegnung mit einem Mann, den er schon von Neudörfl her kennt. Es ist der Arzt Carl Hickl. Hatte einst Heinrich Gangl, der Hilfslehrer, den Weg zur Geometrie geebnet, so ist es jetzt der Arzt, der für Rudolf Steiner zum »Lehrer in dichterischer Literatur« wird. Lessing, Goethe, Schiller, bisher kaum dem Namen nach aus dem Lesebuch bekannt, gewinnen mit einem Male plastische Gestalt: »Ich lernte in der Atmosphäre des liebevollen, für alles Schöne begeisterten Arztes besonders Lessing kennen.«[48] Gelegentlich darf der Junge seinen Literatur-Lehrer besuchen. Er gestattet ihm auch, das eine oder andere Buch zu entleihen. Denn dem Bücherkauf sind auf Jahre hinaus allzu enge Grenzen gesetzt.

Daß Steiner dennoch nach und nach zu einer kleinen eigenen Bibliothek gelangt, die schon etwas von der Zielrichtung seines weiteren geistigen Entwicklungswegs verrät, verdankt er einem anderen Umstand: Vom fünfzehnten Lebensjahr an nützt er die Gelegenheit, schwächeren Mitschülern Nachhilfestunden zu geben.

> »Ich verdanke diesem Nachhilfeunterricht sehr viel. Indem ich den aufgenommenen Unterrichtsstoff an andere weiterzugeben hatte, erwachte ich gewissermaßen für ihn. Denn ich kann nicht anders sagen, als daß ich die Kenntnisse, die mir selbst von der Schule übermittelt wurden, wie in einem Lebenstraume aufnahm. Wach war ich in dem, was ich mir selbst errang oder was ich von einem geistigen Wohltäter, wie dem erwähnten Wiener-Neustädter Arzt, erhielt.«[49]

Wer sich selbst in das Abenteuer eines Autodidakten einließ und nicht nur da oder dort »dazulernte«, weiß, was gemeint ist. Für den jungen Steiner gilt das vor allem für jene Fächer, die er selbst nie schulmäßig zu bearbeiten hatte, beispielsweise für das Lateinische und Griechische; denn zu seinen Nachhilfeschülern gehören zeitweise auch Gymnasiasten. Um sie in der notwendigen Weise fördern zu können, muß er sich selbst erst in die Lage versetzen, die einen Nachhilfeunterricht ermöglicht. »Das beanspruchte viel Zeit; aber es legte auch den Grund dazu, daß ich doch noch später, zwar abnorm, aber ganz regelrecht das Gymnasium absolvierte.«[50]

Wie an anderer Stelle eingehender dargestellt, wurde das pädagogische Moment frühzeitig zu einem Leitmotiv, das sich auf seinem ganzen Lebensweg verfolgen läßt.[51] Es reicht vom *erlebenden* Erfassen mathematischer Zusammenhänge, über eine mehrjährige Hauslehrertätigkeit, über frühe Formen einer Mitwirkung in der Erwachsenenbildung im Rahmen der Berliner Arbeiterbildungsschulen, einer ausgedehnten Vortragstätigkeit bis hin zur Ausformung dessen, was als Waldorfpädagogik weltweite Beachtung und Anerkennung gefunden hat. In manchem Lebensrückblick findet man Überlegungen darüber, wieviel leichter, rascher oder problemloser diese oder jene Hürde genommen worden wäre, wenn das Schicksal ein anderes Angebot gemacht hätte. Bei einem Mann, dessen Bestimmung es war, den Weg der »anthroposophisch orientierten Geisteswissenschaft« zu begründen, läge es nahe, die durch den Vater getroffene Entscheidung bei der Schulwahl zu kritisieren: Wieviel leichter hätte es der künftige Geisteswissenschaftler und Erkenntnistheoretiker gehabt, wenn ihm in einem humanistischen Gymnasium der Weg dorthin geebnet worden wäre... – Doch dergleichen sucht man bei Steiner vergebens. Im Gegenteil, er hielt sich in seinem Lebensauftrag für »gut vorbereitet«. So findet sich einmal in den Vorträgen der Hinweis: »Innerhalb meiner eigenen Entwickelung« – gemeint ist das, was er später die Fortführung des »Goetheanismus« nennt – »halte ich es für sehr bedeutsam und durch mein Karma gut inszeniert, daß, während mein innerstes Interesse für die geistige Welt ganz früh da war, auch mein Leben ganz früh in der geistigen Welt verlief, ich nicht hingedrängt wurde durch die äußeren Verhältnisse zu dem, was Gymnasialstudium ist.«[52] Die Wahl der Realschule hielt er deshalb für so wichtig, weil sie ihn im Zusammenhang der naturwissenschaftlichen Fächer auf das »moderne Denken« vorbereitete. Und jene große Kulturbewegung, die durch die Namen Lessing, Herder, Goethe, Schiller und deren Schüler geprägt ist (»Goetheanismus«), mußte aus ihrer Isoliertheit herausgeholt werden, in der sie für die Intelligenz und für weite Kreise gefangen war – und ist. Und der Versuch zu einer solchen Unternehmung konnte nicht darin bestehen, daß man sich lediglich in die Goethe-Schiller-Zeit zurückträumt, sondern daß man die dem heutigen Bewußtsein gemäße Erkenntnisbasis zugrunde legt. Und diese ist ohne die naturwissenschaftliche Gesinnung – so Steiners Überzeugung – nicht zu denken. »Es gibt keine solide Weltanschauung in der Gegenwart, die nicht auf naturwissenschaftlichem Boden ruhen könnte.«[53] Im übrigen ist Goethe für Rudolf Steiner nicht nur der Dichterfürst und Olympier, sondern – wie sich anhand der allerersten Steinerschen Werke unschwer nachweisen läßt – der Naturwissenschaftler, freilich ein solcher, für den Naturanschauung und künstlerische Betätigung, das *qualitative,* nicht das messend-quantitative Erfassen der Phänomene im Vordergrund stehen.

Von alledem ahnt der Absolvent der Oberrealschule von Wiener-Neustadt noch nichts. Wichtig ist für ihn und für die Eltern, daß er im Sommer 1879 die Hochschulreife erlangt hat, und zwar »mit Auszeichnung«. Im Maturitäts- bzw. Abiturzeugnis findet sich neunzehnmal die Note »Vorzüglich«, außer im Deutschen, in dem er sich mit einem »Befriedigend« abfinden muß. Wörtlich heißt es: »Nazionale des Abiturienten Steiner Rudolf aus Kraljevec in Ungarn, geboren am 27. Februar 1861, Sohn des Joseph [sic!] Steiner, Stationsleiter an der Südbahn in Neudörfl, katholisch, hat die Studien im Schuljahr 1872/73 an der Landesoberrealschule in Wiener-Neustadt begonnen und bis 1878/79 in allen Klassen an derselben beendet, im sittlichen Betragen die Note ›Musterhaft‹ erlangt. Der Abiturient erhielt das Zeugnis ›Reife mit Auszeichnung‹.«

Studium und Erkenntnisdurchbruch

In zahlreichen anthroposophischen Vorträgen und Lehrmitteilungen Rudolf Steiners werden im Zusammenhang der Deutung geistig-geistesgeschichtlicher Prozesse während des 19. Jahrhunderts die siebziger Jahre – exakt: der Herbst des Jahres 1879 – als besonders bedeutsam ausgewiesen. Damit ist weniger an genau datierbare äußere Vorgänge oder Begebenheiten gedacht als an das, was gleichsam hinter den Kulissen geschichtlicher Ereignisse passiert, weil das Geschichtliche stets »eine Art Projektion« sei, »eine Art dessen, was in der geistigen Welt geschieht«. Steiner bedient sich der mythisch-religiösen Bildsprache, um das Gemeinte fassen und benennen zu können.[54] Die Rede ist dabei von dem apokalyptischen Kampf des Erzengels Michael mit dem Drachen, das heißt, es geht um die Auseinandersetzung mit der Verkörperung des Drachenhaften in der Gestalt des Materialismus, der die menschlichen Erkenntniskräfte ergreift, sie reduziert und damit das spirituell-ganzheitliche Erleben abzutöten sucht. Nicht nur die moralische Lebensführung, sondern auch die naturwissenschaftliche Denkweise sei in der Gefahr, von dieser Macht der »Geister der Finsternis« überwältigt zu werden. Das entspricht nicht zuletzt einem Wirklichkeitsverlust, weil die materielle Seite der Wirklichkeit nur eine Dimension darstellt. Das sinnlich Wahrnehmbare und das empirisch Erforschbare bedürfen einer Ergänzung. Ergänzung, nicht Ersatz. Denn Steiner bekämpft die materialistisch-naturwissenschaftliche Weltanschauung nicht dadurch, daß er ihr die Berechtigung völlig abspricht und durch einen (ebenfalls einseitigen) Spiritualismus ersetzt; »nicht dadurch bekämpft man sie, daß man nichts von ihr wissen will, sondern indem man sie womöglich in das Bewußtsein heraufbefördert, sie möglichst gut kennenlernt. Man kann Ahriman – dem Repräsentanten des Bösen – keinen größeren Dienst leisten, als die naturwissenschaftlichen Anschauungen ignorieren oder unverständig bekämpfen. Wer unverständige Kritik an den naturwissenschaftlichen Anschauungen übt, der bekämpft nicht, sondern der fördert Ahriman, weil er Täuschung, Trübnis ausbreitet über ein Feld, über das gerade Licht ausgebreitet werden sollte.«[55] Diese und ähnliche Erwägungen dienten Steiner nicht zur Erläuterung seiner Biographie. In den fraglichen Vorträgen geht es vielmehr darum, die Zeitproblematik und die Gegenwartsaufgaben zu beleuchten. Dabei fällt aber auch ein bezeichnendes Licht auf seine eigene Entwicklung. Denn in der angegebenen Zeit, im Herbst des Jahres 1879, finden wir Rudolf Steiner in Wien. Er hat das erste Semester an der dortigen Technischen Hochschule begonnen. Das Brotstudium, das er gewählt hat, soll ihn auf das Realschullehramt vorbereiten. Der ursprünglich vorgesehene Ingenieurberuf steht offensichtlich nicht mehr zur Debatte. Steiner läßt sich für die Fächer Mathematik, Naturgeschichte und Chemie einschreiben. Auf die darstellende Geometrie muß er aus finanziellen Rücksichten verzichten, weil er die dafür in Frage kommende Zeit für Nachhilfestunden braucht, um auf diese Weise ein Minimum an eigenen Einkünften zu haben. Ausdrücklich vermerkt er in *Mein Lebensgang,* daß die Mathematik auch während seines Hochschulstudiums ihre Bedeutung für sein »ganzes Erkenntnisstreben« behalten habe. Sie wird zwar nicht zum Selbstzweck, doch ein hervorragendes Mittel zum Zweck, nämlich zu Anschauungen und Begriffen zu gelangen, die unabhängig von der äußeren Sinneserfahrung gewonnen sind.

> »Und doch geht man, so sagte ich mir damals unablässig, mit diesen Anschauungen und Begriffen an die Sinneswirklichkeit heran und findet durch sie ihre Gesetzmäßigkeiten. Durch die Mathematik lernt man die Welt kennen, und doch muß man, um dies erreichen zu können, erst die Mathematik aus der menschlichen Seele hervorgehen lassen.«[56]

Welchen Stellenwert die mathematischen und naturwissenschaftlichen Wissenschaften für den jungen Steiner haben, wird deutlich, wenn man erfährt, wie er sich in der verbleibenden Zeit zwischen Abitur und Studienbeginn auf die Zeit an der Hochschule vorbereitet. Von seinem ersten Besuch in Wien hat er sich eine Reihe philosophischer Schriften mitgebracht. Schon von seiner Kant-Lektüre her ist ihm klar, daß das naturwissenschaftliche Forschen nur im Zusammenhang philosophischer und erkenntnistheoretischer Vorarbeit sinnvoll sei. Steiner macht sich mit Johann Gottlieb Fichtes *Wissenschaftslehre* bekannt. Und von da aus verschafft er sich Zugang zu anderen Werken dieses idealistischen Denkers. Damit tritt eine Realität in seinen Erkenntnishorizont, deren Evidenz ihm unmittelbar, das heißt intuitiv gewiß wird: das Ich. Steiner, dem es darauf ankommt, »das lebendige Weben der menschlichen Seele in der Form eines strengen Gedankenbildes auszudrükken«, sagt sich: »Wenn das Ich tätig ist und diese Tätigkeit selbst anschaut, so hat man ein Geistiges in aller Unmittelbarkeit im Bewußtsein. [...] Eine Welt der geistigen Wesen gab es für mich. Daß das Ich, das selbst Geist ist, in einer Welt von Geistern lebt, war für mich unmittelbare Anschauung. Die Natur wollte aber in die erlebte Geisteswelt nicht herein.«[57] Man könnte auch sagen: indem sich Steiner kraft eines erlebenden Denkens zum Ich hinarbeitet, verschafft er sich so etwas wie einen Archimedischen Punkt, von dem aus er erkennend Wirklichkeit zu ergreifen vermag. Es unterliegt keinem Zweifel, daß das, was der Achtzehnjährige im Spätsommer 1879 für sich erarbeitet, einen weiteren wichtigen Meilenstein in seinem Erkenntnisstreben darstellt. Und zieht man den erwähnten geistigen Hintergrund in Betracht, dann schickt sich Steiner an, die naturwissenschaftliche Arbeits- und Denkmethode von Grund auf, und zwar einschließlich ihrer materialistischen Implikationen, zu studieren. Gleichzeitig richtet er aber den Blick auf jene Dimension, die ein Transzendieren, einen geistigen Grenzübertritt, erforderlich macht, um die Fülle der Wirklichkeit zu erfassen. Es geht ihm auch darum, die von ihm als eine Gewißheit erfahrene geistige Welt auch begrifflich-gedanklich zu beschreiben. Schelling und Hegel, neben Fichte die anderen beiden Großen in der Geistesgeschichte des frühen 19. Jahrhunderts, helfen ihm, das philosophisch gewonnene Terrain zu vertiefen und zu erweitern. Wichtig werden ihm diese drei Denker, insofern sie ihm einen Weg bahnen helfen, die menschliche Erkenntnisfähigkeit in der Weise zu steigern, daß ein dem Sinnlichen zugrundeliegendes Übersinnliches wahrgenommen werden kann: bei Fichte von der Position des Ich aus, bei Schelling in einem phantasiegesättigten Denken, bei Hegel durch ein Höchstmaß an Abstraktionsvermögen. Ein Menschenalter später kommt Steiner auf die Tragik zu sprechen, die darin liege, daß diese drei großen Denker »doch eigentlich nicht bis zur Geistigkeit vordrangen. Das liegt daran, daß in der allgemeinen Zivilisation eben die Menschheit dazumal noch nicht reif war, die Tore in die geistige Welt wirklich zu öffnen. Fichte, Schelling und Hegel kamen eben bloß bis zum Gedanken. Aber was ist der Gedanke, der im Menschen im gewöhnlichen Bewußtsein lebt?«[58] – Das heißt doch, daß eine weitere Form des Transzendierens nötig ist. Erforderlich ist aber auch eine Mitwelt, die bereit, willens und fähig ist, den notwendigen Schritt über die Schwelle zu vollziehen. Freilich, nur Erkenntnisresultate können von einer Mehrheit angenommen (oder verworfen) werden. Das Erkennen als solches, das seelenaktive Beschreiten des Erkenntniswegs, bleibt nach wie vor der freien Entscheidung des einzelnen anheimgestellt.

Wer den fraglichen Lebensabschnitt des Wiener Studenten Rudolf Steiner betrachtet und außer den bereits genannten biographischen Quellen (z. B. *Mein Lebensgang)* auch noch die auf die verschiedensten Vortragsnachschriften verstreuten autobiographischen Hinweise und Anmerkungen mosaikartig zusammenfügt, der stößt auf das Bild eines jungen Mannes, dem ein erster Durchbruch zu einer höheren Erkenntnisart gelingt.[59] Steiner erfährt im Zusammenhang seiner Studien zur analytischen und zur synthethischen Geometrie den Unterschied zwischen dem sinnlichen Wahrnehmen und dem Schauen einer »übersinnlichen« Welt, die sich weder gegenständlich, noch halluzinatorisch der Sinnenwelt angliedert, sondern, analog einer mathematischen Operation, in gleicher Exaktheit und Klarheit, »geschaut« werden kann. Steiner gelangt zur »völligen Klarheit über die Vorstellung der Zeit«. Und er versucht, des Innegewordenen auch begrifflich präzise habhaft zu werden und durch eine dem heutigen naturwissenschaftlichen Bewußtsein angemessene Begriffssprache zu beschreiben. Doch das Gemeinte sagt sich nicht leicht hin; es läßt sich nicht auf eine knappe Formel bringen. Diese frühen Innenerlebnisse sind der Anfang jenes Erkenntniswegs, der Steiners Lebenswerk in seiner Gesamtheit zu sein beansprucht.

Daß es bei Denkerfahrungen, in denen das Denken selbst transparent wird für das, was als Erkenntnis aufleuchtet, zumal bei einem jungen Menschen, zu einer tiefen Erschütterung kommen kann, wie sie dem Mystiker geläufig ist, läßt sich unschwer begreifen. Etwa eine solche Erschütterung ist noch dem frühesten der erhalten gebliebenen Briefe zu entnehmen. Wenige Wochen vor seinem zwanzigsten Geburtstag, am 13. Januar 1881 um Mitternacht, schreibt Steiner an einen Freund von seinen philosophischen Problemen, die ihn Nacht für Nacht umtreiben, daß er von sich sagen muß: »Ich war außer mir – ungeheuer bewegt; was war zu tun, um beruhigt zu werden?« Und er berichtet:

> »Mein Bestreben war voriges Jahr, zu erforschen, ob es denn wahr wäre, was Schelling sagt: ›Uns allen wohnt ein geheimes, wunderbares Vermögen bei, uns aus dem Wechsel der Zeit in unser innerstes, von allem, was von außen hinzukam, entkleidetes Selbst zurückzuziehen und da unter der Form der Unwandelbarkeit das Ewige in uns anzuschauen.‹ Ich glaubte und glaube nun noch, jenes innerste Vermögen ganz klar an mir entdeckt zu

haben – geahnt habe ich es ja schon längst –; die ganze idealistische Philosophie steht nun in einer wesentlich modifizierten Gestalt vor mir.«

Und er fügt bedeutsam hinzu: »Was ist eine schlaflose Nacht gegen solch einen Fund!«[60]

So schreibt nicht, wer lediglich die Gedankenoperationen anderer nachvollzieht oder wer sich lediglich über philosophiegeschichtliche Tatbestände informiert. Hier kommt die Dimension geistiger Eigenerfahrung in Sicht. Fortan gilt es, die gewonnene Erkenntnisbasis so zu verbreitern, daß sie nicht nur individuelle Bedeutsamkeit erhält, sondern darüber hinaus als eine Antwort auf die Erkenntnisbedürfnisse des Zeitalters angesehen werden kann.

Aus der Fülle der Menschenbegegnungen, die dem jungen Philosophiestudenten während dieser Zeit auf dem Weg nach Wien und in Wien beschert wurden, ragen zwei sehr unterschiedliche Persönlichkeiten hervor: ein einfacher österreichischer Kräutersammler und ein Hochschullehrer, der Germanistik vertritt, also eine Fachrichtung, die abseits von Steiners eigentlichen beruflichen Interessen liegt. Beide Männer faszinieren ihn; beide haben je auf ihre Weise auf den Geistessucher großen Einfluß ausgeübt. – Werfen wir zuerst einen Blick auf den »Dürrkräutler Felix«.

Der Dürrkräutler Felix

Geht man den Spuren nach, die Rudolf Steiners frühen Denkweg markieren, und stellt man seinem intensiven philosophischen Streben die Tatsache gegenüber, daß der Wiener Student bescheidensten kleinbürgerlichen Verhältnissen entstammt, in denen bei Eltern und Geschwistern kaum Verständnis für die heimlichen Ambitionen des Sohnes und Bruders aufkommen konnte, dann könnte die Kluft zwischen Steiner und seiner Familie kaum größer sein. Und doch darf man nicht den Schluß ziehen, der angehende Philosoph, der sich mit subtilen Erkenntnisproblemen beschäftigt, habe die Brücken zu den einfachen Menschen abgebrochen; ihrer Art zu leben und in die Welt hineinzublicken, sei er entwachsen. Daß dies nicht geschieht, dafür sorgt schon die wirtschaftlich bedingte Notwendigkeit, zumindest in der ersten Zeit, täglich nach Wien fahren zu müssen. Dazu kommt folgende Begegnung mit einem »einfachen Manne aus dem Volke«:

In dem Eisenbahnzug, den Steiner zwischen Inzersdorf, dem damaligen Wohnort der Eltern, und dem Wiener Südbahnhof benützt, trifft er wiederholt mit einem Kräutersammler aus einem der benachbarten Dörfer zusammen. Es ist, wie später ermittelt werden konnte[61], Felix Koguzki, ein Mann Ende Vierzig, der seine im Lauf des Jahres gesammelten Kräuter in großen Bündeln in die Stadt trägt, um sie in Wiener Apotheken zu verkaufen. Beide Männer kommen miteinander ins Gespräch. Es entwickelt sich bald eine Freundschaft. Der schlichte »Dürrkräutler«, wie man in Österreich einen solchen Kräutersammler nennt, merkt, daß der Student ein lebendiges Interesse für seine volkstümliche Naturerkenntnis entwickelt. Und dieser wird mit Erstaunen gewahr, daß der Mann aus dem Volk über elementare geistige Erfahrungen verfügt. Derselbe Steiner, der in den Hörsälen der Hochschule die mathematisch-logischen Gedankenoperationen verfolgt, ist ganz Ohr, wenn »Felix« – so nennt er ihn fortan – von seinen individuellen Erlebnissen aus der Natur- und Geisteswelt spricht. Zweifellos liegt auch hier eine beträchtliche Diskrepanz vor, zwischen der akademisch-rationalen Forschungsart auf der einen und der volkstümlich-spirituellen Weise der Naturbetrachtung auf der anderen Seite. Doch Steiner erblickt in beiden Einstellungen Hinwege zu dem, was er zu diesem Zeitpunkt ein »erreichbares Ideal« nennt. »Ich verfolge ein ganz bestimmtes Ideal«, schreibt er am 27. Juli 1881 an einen ungenannten Freund, »ein ideales Ziel, die Erkenntnis der Wahrheit.«[62]

Diese Wahrheitserkenntnis ist für Steiner nicht nur eine Bewußtseins-, sondern – gerade wenn er Felix gegenübersteht oder wenn er ihn durch die Gassen Wiens begleitet – eine Seinserkenntnis. Für Steiner gibt es im Blick auf das, was dieser Mann zu berichten weiß, gleichsam von innen her eine Möglichkeit des Verstehens und des Austausches. Was Felix weiß, ist nicht bloß angelesenes Wissen über die Kräfte der Natur oder über verborgene Tatbestände der menschlichen Seele, sondern es ist ein Erfahrungswissen:

> »Wenn man mit ihm zusammen war, konnte man tiefe Blicke in die Geheimnisse der Natur tun. Er trug auf dem Rücken sein Bündel Heilkräuter; aber in seinem Herzen trug er die Ergebnisse, die er aus der Geistigkeit der Natur bei seinem Sammeln gewonnen hatte.«[63]

Nun ist es bemerkenswert, wie Steiner den einfachen Dürrkräutler einschätzt. Denn zu »lernen«, im landläufigen Sinn des Wortes, hat der Student der Philosophie nichts von dem ganz unakademischen Menschen. Die wenigen Bücher, über die er verfügt, handeln vornehmlich von »Haus- und Heilmitteln für Menschen und Vieh«, auf natürlicher und sympathetischer Grundlage. Der zu Heilzwekken angewandte »animalische Magnetismus« nach Franz Anton Mesmer spielt darin ebenso eine Rolle wie die Praktiken der sogenannten Besprechung oder der Herstellung von wirkkräftigen Amuletten. Keinem Geringeren als dem Albertus Magnus werden derartige Rezepturen in einem Bändchen zugeschrieben.[64] Steiner mag sich die von ihm im Vortrag erwähnte »mystisch-okkulte Literatur« selbst angesehen haben.[65] Und nicht nur im *Lebensgang* findet sich eine entsprechende Schilderung seiner Begegnung mit Felix Koguzki in dessen Familie in dem Dorf Trumau bei Wien. Jahrzehnte nach Steiners Tod fand Emil Bock im Zusammenhang seiner Nachforschungen knappe tagebuchähnliche Aufzeichnungen von Felix, der das Zusammentreffen exakt dokumentiert hat, ein Zeichen, wie wichtig er selbst die Aussprache mit dem jungen Mann nahm. Da stößt man u.a. auf die Eintragung: »Herr Steiner jun., Studiosus, in Inzersdorf wohnhaft, besuchte mich, Sonntag, den 21. August a.D.

1881; leider war ich nicht zuhause. – H[err] Ste[einer] war zum zweiten Mal auf Besuch bei mir Freitag, d. 26.d.Mo. un. J.«[66]

Was also ist es, das den Studierten zum Mann aus dem Volk zieht? Steiner nennt es »ein instinktives Wissen der Vorzeit. [...] Man konnte, wenn man selbst die Anschauung einer geistigen Welt hatte, in diese durch einen andern, in ihr ganz Feststehenden, tiefe Einblicke tun.«[67] Das ist das eine; bedeutsamer ist ein anderer Aspekt, den Steiner in seinen Erinnerungen nur andeutet, den er aber bei anderer Gelegenheit zumindest umschreibt: »Er [Felix Koguzki] offenbarte sich so, als ob er als Persönlichkeit nur das Sprachorgan wäre für einen Geistesinhalt, der aus verborgenen Welten heraus sprechen wollte.«[68] Im Vortrag von 1913 weist Steiner seinen »Felix« geradezu als den »Vorherverkünder einer anderen Persönlichkeit«[69] aus, die sich eben dieses schlichten Mannes bedient habe, um die Bekanntschaft mit der geistigen Welt zu vertiefen und auf diese Weise Steiners spirituelle Entwicklung voranzubringen. Und in den Aufzeichnungen von 1907 ist von der »Bekanntschaft mit dem Agenten d. M.«, des Meisters, die Rede. Diese Verschlüsselung soll wohl darauf hindeuten, daß Steiner »erhabene Wesenheiten» anerkennt, die, »als die großen Lehrer der Weisheit und des Zusammenklanges der Menschheitsempfindungen« das Leben des einzelnen, aber auch den Schicksalsgang der Menschheit beeinflussend, weiterführende Impulse vermitteln. Vor allem in Briefen und Vorträgen aus seiner theosophischen Zeit verwendet Steiner die Bezeichnung »Meister«, um diese impulsgebenden Kräfte zu benennen.

Was nun die Begegnung mit Felix Koguzki anlangt, so ist es bemerkenswert, daß die diesbezüglichen autobiographischen Schilderungen Steiners alsbald mit Hinweisen auf die philosophischen Interessen des Wiener Studenten fortfahren, mit denen der schlichte Dürrkräutler am allerwenigsten zu tun hatte, nämlich mit der Philosophie Fichtes und Hegels sowie mit erkenntnistheoretischen Untersuchungen. Für Steiner bleibt dieser Mann indes »seelennahe«. In der Gestalt des »Felix Balde« taucht dieser Träger eines instinktiven Naturwissens um 1910 in Steiners Mysteriendramen wieder auf. Erinnern wir uns jenes visionären Erlebnisses, das der Schuljunge einst im Wartesaal des Bahnhofs von Neudörfl gehabt hat, dann könnte man im Blick auf Felix Koguzki und die von ihm repräsentierte Geistesart sagen: Rudolf Steiner mußte in sich selber einen Entwicklungsweg zurücklegen, der vom atavistisch-instinktiven Wissen zu einer durch die Gedankenkraft getragenen klaren Erkenntnis hinführte. Und eben darin erblickte er das Gebot der Stunde und seine individuelle Lebensaufgabe. Im zweiten seiner

Mysteriendramen, *Prüfung der Seele*, das im Jahre 1911 im Münchner Gärtnerplatz-Theater uraufgeführt wurde, legt der Dichter dem Felix Balde die Worte in den Mund:

> Gehorsam folgte ich der Geistesführung,
> Die mir im Herzen spricht,
> Als sie zu schweigen mir gebot.
> Und jetzt, da sie mich reden heißt,
> Der Menschheit Wesen ändert sich
> Im Werdegang des Erdenseins.
> An einem Zeitenwendepunkte stehen wir.
> Es muß ein Teil der Geist-Erkenntnis
> Erschlossen werden allen Menschen,
> Die ihr Gemüt ihr öffnen wollen.

Doch diese alte, von einem Mann wie Felix Koguzki geübte Art, in die Geheimniswelt der Natur einzudringen, ist im Grunde unzeitgemäß geworden, selbst wenn hie und da noch derartige »Naturtalente«, zum Beispiel als Magnetiseure oder Naturheiler auftreten. Das Rad der Geschichte des menschlichen Bewußtseins läßt sich eben nicht beliebig zurückdrehen. Es geht daher nicht an, die oft faszinierenden Seelenmöglichkeiten von ehedem wiederbeleben zu wollen. Steiners Weg in die übersinnliche Welt ist somit keine bloße Verlängerung oder Übernahme jener alten Praktiken. Deshalb sein ausdrücklicher Hinweis auf den »Zeitenwendepunkt«, an dem die (zivilisierte) Menschheit angelangt ist. Deshalb Steiners Anthroposophie als eine bewußte Weiterentwicklung dessen, was einerseits die moderne Naturwissenschaft, andererseits der »deutsche Weltanschauungs-Idealismus« für die Ausarbeitung einer zeitgemäßen Erkenntnismethodik bieten.[70]

Karl Julius Schröer

Neben seinen Fachvorlesungen und Übungen an der Technischen Hochschule findet Steiner noch Zeit und Gelegenheit, auch einzelne Vorlesungen an der Universität zu hören, beispielsweise bei Robert Zimmermann (1824-1898), einem Vertreter der Herbartschen Philosophie. »Er las ›Praktische Philosophie‹. Ich hörte den Teil seiner Vorlesungen, in denen er die Grundprinzipien der Ethik auseinandersetzte.«[71] Der Autobiograph erinnert sich des disziplinierten Auftretens des dozierenden Professors, dessen strenge Gedankenfolge den jungen Zuhörer beeindruckt. Zum erstenmal hört Steiner den Begriff, den er für sein späteres Werk in Anspruch zu nehmen gedenkt: »Anthroposophie«. Zimmermanns gleichnamiges, Anfang der achtziger Jahre erschienenes Buch grenzt die von ihm gemeinte Anthroposophie gegenüber einer sogenannten Theosophie als auch gegenüber einer unkritischen Anthropologie ab. Auch darin folgt ihm Steiner, wenngleich unter anderen Voraussetzungen, auf anderen Wegen, mit anderem Ziel. Denn Anthroposophie ist für Robert Zimmermann »eine Philosophie, welche [...] anthropozentrisch, d.i. von menschlicher Erfahrung ausgehend und doch Philosophie, d.i. an der Hand des logischen Denkens über dieselbe hinausgehend sein will.«[72]

Ein anderer, für Steiner wichtigerer Denker ist sodann Franz Brentano (1838-1917), ein Neffe des Dichters Clemens Brentano, von Haus aus katholischer Theologe und Priester, bekannt als Aristoteles-Forscher. Auch von ihm zeichnet der Schüler ein prägnantes Charakterbild. Er hört aufmerksam auf das, was jener spricht, doch fasziniert ihn bereits die menschliche Erscheinung Brentanos als solche. Er muß »auf jeden Blick, jede Kopfbewegung, jede Geste seiner ausdrucksvollen Hände achten. [...] Er hielt mit der Hand lose das Manuskript, als ob es jeden Augenblick den Fingern entgleiten könnte; er streifte mit den Blicken nur die Zeilen. Auch diese Geste war nur für eine leise Berührung der Wirklichkeit, nicht für ein entschlossenes Anfassen. Ich konnte aus diesen ›Philosophenhänden‹ die Art seines Philosophierens noch mehr verstehen als aus seinen Worten.«[73]

Aber eben sie verfehlen ihre Wirkung noch weniger. Steiner fängt an, sich in Brentanos Schriften zu vertiefen, und zwar dauert die Auseinandersetzung noch über die Studienzeit hinaus. In zahlreichen Vorträgen Steiners finden sich später kürzere und längere Passagen, die sich vom Standort der Anthroposophie mit dem Denken Brentanos beschäftigen. Noch in dem für die Steinersche Menschenkunde wichtigen Buch *Von Seelenrätseln* setzt Steiner seinem Wiener Lehrer aus Anlaß dessen Todes (1917) einen Denkstein.

So lebhaft die Eindrücke sind, die Rudolf Steiner von einzelnen seiner Wiener Lehrer empfängt, an Bedeutung für seinen eigenen Erkenntnisweg überragt sie alle der aus Preßburg stammende Germanist und Goethe-Forscher Karl Julius Schröer (1825-1900). In dem schon angeführten ersten Brief vom 13. Januar 1881 hat Steiner seinem Freund auch von seinem Lehrer in jugendlichem Überschwang zu berichten:

> »Ich danke es Gott und einem guten Geschicke, daß ich hier in Wien einen Mann kennenlernte, der – nach Goethe selbstverständlich – sich als der beste Faustkenner rühmen darf, einen Mann, den ich hochschätze und verehre als Lehrer, als Gelehrten, als Dichter, als Menschen. Es ist Karl Julius Schröer.«[74]

Der Enthusiasmus, mit dem der knapp Zwanzigjährige diese Zeilen niederschreibt, wird durch die tatsächliche Bedeutung gerechtfertigt, die Schröer als Professor für deutsche Literaturgeschichte für Steiner gewinnen sollte. Die vielen Denksteine, die der Schüler seinem Lehrer und »väterlichen Freund« in zahlreichen Vorträgen, Abhandlungen und im *Lebensgang* setzte, sorgten dafür, daß Schröer und ein wesentlicher Teil seines Schaffens nicht in Vergessenheit gerieten. Mit ihm war ein Angehöriger der protestantischen Minderheit Österreichs (1894) als ordentlicher Professor an die Wiener Technische Hochschule berufen worden. Als Literaturhistoriker orientierte sich Schröer einerseits an der deutschen Klassik; er gab u.a. Goethes *Faust* sowie andere Goethe-Dramen heraus; in Wort und Schrift engagierte er sich im Wiener Goethe-Verein. Andererseits sorgte er für die Pflege mundartlicher Dichtung und Überlieferung. Indem er um 1860 *Deutsche Weihnachtsspiele in Ungarn* herausgab und Rudolf Steiner mit den Wortlauten der Oberuferer Weihnachtsspiele vertraut machte, schuf er die Voraussetzung dafür, daß diese gemüthaft-volkstümlichen Spiele seit Bestehen der Steinerschen Waldorfschulen Jahr für Jahr vor Tausenden von Zuschauern aufgeführt werden können.

Zunächst sind es Schröers Vorlesungen, die den mit naturwissenschaftlichen und erkenntnistheoretischen Fragen Beschäftigten interessieren. Er belegt die Vorlesungsreihen *Deutsche Literatur seit Goethe* sowie *Schillers Leben und Werke.* Steiner ist von Anfang an gefesselt. Bald ahnt er, daß das, was der Germanist zu bieten hat, zu dem geistigen Rüstzeug gehört, dessen ein moderner Naturwissenschaftler, der sich der geistigen Dimension öffnen will, bedarf.

> »Die Wärme seiner Behandlungsart, die begeisternde Art, wie er innerhalb der Vorlesungen aus den Dichtern vorlas, führten auf eine verinnerlichte Weise in die Dichtung ein [...]. Für mich boten diese Vorträge doch eine starke Anregung. Und die Verschiedenheit in der Auffassung Schröers und Zimmermanns interessierte mich tief. Ich verbrachte die wenige Zeit, die mir vom Anhören der Vorlesungen und dem Privatunterricht, den ich zu geben hatte, blieb, entweder in der Hofbibliothek oder in der Bibliothek der Technischen Hochschule. Da las ich denn, zum ersten Male, Goethes Faust. Ich war tatsächlich bis zu meinem neunzehnten Jahre, in dem ich durch Schröer angeregt worden bin, nicht bis zu diesem Werke vorgedrungen.«[75]

Übungen im mündlichen Vortrag und in schriftlicher Darstellung ergänzen die Studien unter der Anleitung Schröers. Als Steiner in einer Seminararbeit die gerade vielbesprochene Herbartsche Philosophie durchklingen läßt, mißfällt dies dem Professor. »Er war ganz an Goethes Geistesart hingegeben.« Doch schon bald kommt es zu freundschaftlichen Beziehungen zwischen dem Schüler und dem 36 Jahre älteren Lehrer. Steiner begleitet Schröer in dessen Wohnung in der Wiener Salesianergasse. Im kleinen Bibliothekszimmer erfährt er »aus seinem begeisterten Herzen« weitere Unterweisung.

> »In Schröers Erzählung war etwas, das eine unmittelbare Empfindung davon erregte, wie vor seiner Seele im Anblick der Spiele ein Stück Volkstum aus dem 16. Jahrhundert stand. Und er schilderte ja aus dem vollen heraus [...]. Zwei Gebiete waren der Gegenstand seines besonderen Studiums: dieses Volkstum und Goethe. Und wenn er über irgend etwas aus diesen beiden Gebieten sprach, dann teilte sich nicht ein Gelehrter mit, sondern ein ganzer Mensch, der sich der Gelehrsamkeit nur bediente, um auszusprechen, was ihn mit ganzem Herzen und intensivem Lebensinhalt persönlich damit verband.«[76]

Noch Jahrzehnte später erzählte Steiner, wie er neben den verschiedenen Büchern, die er ausleihen durfte, auch »ein Büchelchen« empfing, das Textbuch jener Weihnachtsspiele. Dabei war dem Besucher wichtig, daß der Philologe bis in Gebärde und Gesichtsausdruck hinein Angaben über die Darstellungs- und Überlieferungsart dieser volkstümlichen Spiele machen konnte.

Mit großer Sympathie nimmt der junge Steiner alles entgegen, was Schröer als Vortragender und als Autor, namentlich als Goethe-Kommentator zu geben hat. Dabei bleibt ihm jedoch nicht verborgen, daß er dem Lehrer nur ein Stück weit auf dem geistigen Weg zu folgen vermag. Schröer ist philosophisch gesehen seiner Grundhaltung nach Idealist, ein später Jünger Platos. Noch in seinen allerletzten, den sogenannten Karma-Vorträgen vom September 1924 geht Steiner darauf deutend ein, wenn er sagt:

> »Wir haben da ein glänzendes Beispiel für die Tatsache, daß in die Gegenwart herein nur unter gewissen Bedingungen die spirituellen Strömungen des Altertums getragen werden können. Und man möchte schon sagen: in Schröer zeigt sich das Zurückschrekken vor der Intellektualität. Hätte er die Intellektualität erreicht und sie vereinigen können mit der Spiritualität des Plato – Anthroposophie wäre gekommen.«[77]

Steiner muß darauf sehen, auch seinem verehrten Lehrer gegenüber die nötige geistige Unabhängigkeit zu bewahren. Seine eigene Aufgabe kann es nicht sein, lediglich eine platonisch-idealistische Goethe-Interpretation zu betreiben. Sein in dieser Frühzeit zumindest geahntes Ziel ist es, im Schaffen Goethes jene Grundlage zu finden, die die Basis für eine weitergehende Geist- und Wirklichkeitserkenntnis ist. Im Gegensatz zu Schröer (1825-1900), der noch sieben Jahre vor Goethes Tod geboren wurde, ist Steiner bereits »ein Sohn des heraufziehenden Zeitalters, dem Naturwissenschaft und Technik das Gepräge geben. Er sieht in der exakten Methode des naturwissenschaftlichen Denkens die wichtigste Errungenschaft des sich zur Freiheit durchringenden modernen Menschen. Aber er sieht auch mit unbestechlichem Blick, was die Gelehrten der Zeit sich nicht einzugestehen bereit sind: daß naturwissenschaftliche Erkenntnis und Methode zunächst nur die Welt des Leblosen, Mineralisch-Mechanischen erreicht und bereits vor dem Pflanzenreich auf seine Grenzen stößt, weil sich ihm die Erscheinungen des Lebendig-Organischen entziehen«[78] – Worin also gehen die Wege von Schröer und Steiner, von Platonismus und der als Zukunftsahnung vorweggenommenen Anthroposophie, auseinander?

Steiner fällt es anfangs schwer, die sich ergebende Divergenz zu benennen und gedanklich zu fixieren, sieht er doch noch ein Menschenalter später in seinem Lehrer »die Offenbarung des geistigen Österreichertums innerhalb der zweiten Hälfte des neunzehnten Jahrhunderts«, einen Mann, »der in jedes seiner Urteile einfließen ließ, was er aus der Weltanschauung des deutschen Idealismus allem Empfinden und Wollen seiner ganzen durchgeistigten Persönlichkeit einverleibt hatte«.[79] Dazu kommt die persönliche Anhänglichkeit, die an eine enge Vater-Sohn-Beziehung erinnert und die sich im Briefwechsel Steiners bis in die Mitte der neunziger Jahre hinein verfolgen läßt.[80] In *Mein Lebensgang* macht Steiner Andeutungen über die Unterschiede im Denken von Schröer und sich. Danach sei die Ideenwelt für Schröer die eigentlich treibende Kraft, durch die Mensch und Natur bestimmt werden, während er selbst in der Idee den »Schatten einer voll-lebendigen Geisteswelt« erblickt. Demnach liege das Leben des Geistes »hinter« den Ideen. Steiner bestimmt im gleichen Zusammenhang seine eigene philosophische Position als »objektiven Idealismus«, und er erläutert:

> «Ich wollte damit sagen, daß für mich das Wesentliche an der Idee nicht ist, daß sie im menschlichen Subjekt erscheint, sondern daß sie wie etwa die Farbe am Sinneswesen an dem geistigen Objekte erscheint, und daß die menschliche Seele – das Subjekt – sie da wahrnimmt, wie das Auge die Farbe an einem Lebewesen.«[81]

Für Steiner ist demzufolge die Erkenntnisfrage nicht von vornherein gelöst, etwa durch das idealistische Postulat. Vielmehr bleibt Erkenntnis für ihn eine immerwährende Aufgabe, insofern die menschliche Seele als Subjekt sich in den Stand setzt, mit dem physischen Objekt auch die geistige Dimension der Wirklichkeit, das »geistige Objekt«, wahrzunehmen. Diese Grundeinstellung läßt sich bis in die Methodik des anthroposophischen Erkenntnisweges hinein verfolgen. Es wird ein Weg innerer Erfahrung betreten, durch die die menschliche Seelenorganisation eben jene Kräfte bekommen soll, die nötig sind, um zum Spirituellen durchzustoßen. »Der Mensch soll«, sagt Steiner einmal, »aus sich selber ein anderes Wesen machen, wenn er sich der Geisteswissenschaft hingibt.«[82] Von alledem kann bei Schröer nicht die Rede sein. Und doch ist er für seinen Schüler Rudolf Steiner viel mehr als nur ein Interpret der Dichtungen Goethes. Es ist im besonderen Goethe als der Verfasser der naturwissenschaftlichen Schriften, der Schriften zur Farbenlehre und Optik, der Schriften zum Metamorphosegedanken, auf den

Steiner durch seinen Lehrer aufmerksam wird. Freilich vermag er seinen Schüler nur eben bis dahin zu begleiten. Das Problem selbst, das sich beispielsweise aus dem unversöhnlichen Gegenüber der Newtonschen und der Goetheschen Naturforschung ergibt, liegt – verständlicherweise – ganz außerhalb der Interessen des Literaturhistorikers, der schon zufrieden ist, wenn ein Physiker einmal ein freundliches Wort über Goethe verlauten läßt, im übrigen aber die qualitativ ausgerichtete Naturbetrachtung des Dichters zugunsten der quantitativ-messenden Naturwissenschaft auf sich beruhen läßt.

Steiner sieht sich einem Rätsel gegenüber, zu dessen Lösung er beitragen muß. Mittels der Anschauungen, die er in dieser Zeit über die physikalische Optik gewinnt, erhofft er sich einen Brückenschlag zur geistigen Welt hin. Mit den herkömmlichen physikalischen Versuchsanordnungen hat er sich im Laboratorium des Wiener Physikers Edmund Reitlinger (1830-1882) vertraut gemacht. Nun stellt er eigene Versuche an und nähert sich auf diese Weise immer mehr Goethes Experimentier- und Anschauungsweise, und zwar trotz der Einwände, die die Schulphysik erhebt:

> »Ich war abgeneigt, über diese Dinge mich bloß in philosophischen Denkvorgängen zu bewegen. Aber ich hielt sehr viel darauf, die Tatsachen der Natur richtig zu lesen. Und da wurde mir immer klarer, wie das Licht selbst in den Bereich des Sinnlich-Anschaubaren nicht eintritt, sondern jenseits desselben bleibt, während die Farben erscheinen, wenn das Sinnlich-Anschaubare in den Bereich des Lichtes gebracht wird [...]. Goethes Naturanschauung stellte sich mir als eine geistgemäße vor die Seele.«[83]

Aber es ist niemand da, mit dem der angehende Goethe-Forscher über diesen Problemzusammenhang sprechen kann. Und diejenigen, mit denen er eine Klärung versucht, meinen, es handle sich ausschließlich um eine rein philosophische Operation, während er »aus einer vorurteilsfreien Erfahrungserkenntnis« heraus spricht. Auch Schröer kann mit Steiners Darlegungen nichts anfangen. Um das teils Geforderte, teils Geahnte, teils Gefundene tiefer zu gründen, bedarf es eines weiteren Anstoßes von außen oder sagen wir: vom Schicksal. Immerhin ist es wieder Karl Julius Schröer, der das Seine dazu beiträgt, daß Rudolf Steiner zu einem vertieften Goethe-Verständnis gelangt. Damit ist ein wichtiger Ausgangspunkt für Steiners Geisteserkenntnis bezeichnet. Und so spielt das Schicksal.

Goethes Naturanschauung als Ausgangsbasis

»Ich habe einstmals mich ganz in die mechanistisch-materialistische Naturauffassung hineingelebt, hätte auf ihre Wahrheit ebenso geschworen, wie es viele andere der Jetztzeit machen; aber ich habe auch die Widersprüche, die sich aus derselben ergeben, selbst durchlebt. Was ich vorbringe, ist daher nicht bloße Dialektik, sondern eigene innere Erfahrung.«[84]

Diese Sätze finden sich in einem Brief, mit dem der einundzwanzigjährige Rudolf Steiner am 20. Juni 1882 dem Philosophen Friedrich Theodor Vischer (1807-1887) einen Aufsatz übersendet, der unmittelbaren Einblick in sein philosophisches Fragen und Ringen gewährt. Betitelt ist er: *Einzig mögliche Kritik der atomistischen Begriffe.*[85] Biographisch gesehen liegt die Bedeutung der zitierten Sätze darin, daß sie nochmals Thema und Zeitpunkt der Begründung der Steinerschen Erkenntnisarbeit markieren: nämlich die Auseinandersetzung mit der geltenden zeitgenössischen Naturauffassung, die Erfahrung ihres Ungenügens und den eigenen Versuch, die darin gezogenen Grenzen der Erkenntnis zu überschreiten. Im Brief selbst spielt die »Korrektur des Zeitbegriffs« eine Rolle. Geht man nun diesem Motiv in der Weise nach, wie es Hella Wiesberger im Rahmen ihrer Studien zum Werk Steiners getan hat, und stellt man den Gedanken in den großen sachlichen und biographischen Zusammenhang hinein, dann kommt man zu dem Schluß, daß die drei Jahre zwischen 1879 und 1882 »als eigentliche Geburtszeit der anthroposophischen Geisteswissenschaft« angesehen werden müssen.[86] Gerade das zeigt die Tatsache, daß schon der junge Steiner das Wesen der Zeit durchschauen und in dem Gedanken der Metamorphose eine Grundkomponente für das Erfassen des Organischen und später – über Goethe hinausgehend – auch für das Seelisch-Geistige realisieren lernt. Der zugrunde liegende Tatbestand ist für ihn, den mathematisch Erlebenden, so sehr Eigenerfahrung geworden, daß er in seinem *Lebensgang* angibt, ganz unabhängig von Goethe zur Anschauung der Metamorphosenvorstellung gelangt zu sein und sie somit gleichsam wiederentdeckt zu haben.

Wie dem auch sei: Fest steht, daß Steiner zum fraglichen Zeitpunkt eben auch und gerade mit dem naturwissenschaftlichen Werk Goethes bekannt geworden ist. Und dieser Umstand hat ihn später zu dem Hinweis veranlaßt, sein eigenes Schaffen – in baulich-plastischer Form durch das Dornacher Goetheanum zur Darstellung gebracht – sei als eine Fortbildung und als ein Ausbau der Goetheschen Weltanschauung zu betrachten. Denn:

»Wer den Gedanken der Umbildung [Metamorphose] nicht nur der sinnlich anschaulichen Formen – bei denen Goethe in Gemäßheit seines besonderen Seelencharakters stehengeblieben ist –, sondern auch des seelisch und geistig Erfaßbaren sich zugänglich macht, der ist bei der Anthroposophie angelangt.«

Daß diese erst im Jahre 1923 niedergeschriebene Überzeugung auf viel früheren Einsichten basiert, läßt sich u.a. durch eine Briefnotiz aus dem Jahre 1891 belegen. Darin heißt es:

»Dort stehenbleiben wollen, wo Goethe stand, ist unsinnig, aber ohne ihn im Leibe zu haben und mit den von ihm in die Welt gesetzten Triebfedern sich ganz durch und durch auszuspannen, ist kein Fortschritt möglich.«[87]

So sehr es verlockt, die hier nur knapp zu skizzierenden Sachverhalte im einzelnen darzustellen, um ihnen durch konkrete Details eine größere Überzeugungskraft zu verleihen, sei auf das bereits erwähnte biographisch-schicksalhafte Ereignis eingegangen: Als Steiner an Vischer schreibt, weiß er noch nicht, daß sein Name in einem anderen Briefwechsel in einen bedeutsamen Zusammenhang gerückt wird, nämlich in dem Briefwechsel zwischen Karl Julius Schröer und Joseph Kürschner.

Joseph Kürschner (1853-1902), bekannt geworden als Herausgeber der auf rund 200 Bände gediehenen *Deutschen Nationalliteratur,* die zwischen 1883 und 1901 erschien, hatte sich schon im Frühjahr 1882 an Schröer gewandt, um ihn als Goethe-Herausgeber für sein großes publizistisches Unternehmen zu gewinnen. Schröer am 13. Mai 1882 an Kürschner: »Was die Farbenlehre anlangt, habe ich meine eignen Gedanken. Hier könnte Großes geschehen! Unsere Physiker werden erzogen dazu, sie nicht zu verstehen, alle ihre Instrumente sind danach eingerichtet, und Goethe hatte doch recht! Wenn sich da ein Kundiger fände!« – Kürschner greift die Anregung unverzüglich auf, indem er sich erkundigt, ob der Wiener Professor etwa einen »philosophischen Kopf« wisse, dem man diese Aufgabe anvertrauen könne. Schröers Rückantwort enthält eine knappe Charakteristik des von ihm in Aussicht Genommenen: »Ein Student in höheren Semestern, der Physik, Mathematik und Philosophie betreibt, bei mir aber auch seit Jahren Vorlesungen hört, befaßt sich eingehend mit Goethes naturwissenschaftlichen Schriften. Ich gab ihm die Anregung, sich in einem populären Aufsatz über Goethe und Newton zu versuchen und denselben Ihrem Journal zuzusenden. Wenn dieser Aufsatz gelänge, da hätten wir den rechten Mann [...].« – Schröer ist vorsichtig genug, dem Betroffenen von seiner Absicht nichts zu verraten. Steiner ahnt also nicht, was von der inhaltlichen und von der literarischen Gestaltung dieses einen Aufsatzes abhängt. Und der Verleger geht seinerseits auf Numero Sicher, wenn er Schröer beauftragt, den Studenten im Blick auf das Projekt »noch mehr [zu] prüfen« und für die schwierige Arbeit bzw. für den ausersehenen Arbeiter zu bürgen.

Schröer, der darauf eingeht, fällt es offenbar nicht schwer, seinen Studenten gleich nach der erstmöglichen Zusammenkunft Ende September für den Plan zu gewinnen. Und als Steiner selbst am 28. September 1882 mit Kürschner in Verbindung tritt, hat er bereits deutliche Vorstellungen vom Umfang und von der Art der zu bearbeitenden Materie. Es ist daran gedacht, Einführungen zu den einzelnen naturwissenschaftlichen Schriften zu verfassen sowie ins Detail gehende Erläuterungen zu Goethes Text zu liefern. Steiner will, wie er am 21. Oktober an Kürschner schreibt, »in den Einleitungen stets die Punkte in den Vordergrund treten lassen, von welchen aus man in das Ganze Goethescher Forschungen bequem eingeführt wird. Es soll – mit möglichster Vermeidung alles Polemischen – die Goethesche Anschauungsweise erklärt werden.«

Der junge Steiner ist ganz bei seinem Thema! Wohl bedurfte es des äußeren Anstoßes, den die Empfehlung Schröers bewirkte, um ihn an die erste zur Veröffentlichung bestimmte Werkeinheit des angehenden Goethe-Forschers heranzuführen. Die intuitive Gewißheit, auf diesem Gebiet Wesentliches leisten zu sollen und auch leisten zu können, muß Steiner aber schon gehabt haben, ehe die Übereinkunft zwischen Kürschner und Schröer getroffen worden war. Das geht jedenfalls aus einem undatierten Freundesbrief hervor, den Steiner vermutlich noch vor seinem 21. Lebensjahr geschrieben hat. Darin heißt es stolz: »Ich fühle mich berufen, über einen Teil Goetheschen Geistes Aufklärung zu verbreiten.«[88]

Der angehende Goethe-Kommentator dürfte die an ihn herangetragene Aufgabe unverzüglich begonnen haben, denn bereits Mitte

Februar 1883, also knappe vier Monate später, kann er Kürschner berichten, daß der erste Band der wissenschaftlichen Schriften Goethes zur Morphologie abgeschlossen sei. Lediglich das von Schröer in Aussicht gestellte Vorwort läßt einige Zeit auf sich warten. In der 1884 erschienenen Originalausgabe ist es ein Band von 472 Seiten Goethe-Text mit zahlreichen kommentierenden Fußnoten und einer 60 engbedruckte Seiten umfassenden Einführung des Herausgebers. Zusammen mit dem einführenden Wortlaut der vier weiteren Bände, die bis 1897 erscheinen, hat diese Arbeit als Steiners erstes Werk zu gelten.

Was berechtigt nun, in diesen Beiträgen zu Goethes Naturanschauung die Grundlage zu seiner eigenen Lebensleistung, der Anthroposophie, zu erblicken?

Bei der Vertiefung in älteres Schrifttum besteht bisweilen die Gefahr, historisierend zu verfahren, indem man bestenfalls zu den betreffenden Texten und Vorstellungsgehalten von einst zurückkehrt, ohne sich viel um Gegenwartsbezüge zu kümmern. Steiner sucht dieser Gefahr vom Ansatz her zu entgehen. »Nicht um Neues zu entdecken, sondern um das Entdeckte nach meiner Art anzusehen«, lautete einst ein Grundsatz Goethes. Steiner ist es eben um diesen »neuen Gesichtspunkt« zu tun; die heute noch praktikable Methodik des Sehens ist ihm wichtiger als die einzelnen Ergebnisse, die früher einmal im Forschen Goethes eine Rolle gespielt haben, denkt man beispielsweise an die Entdeckung des Zwischenkieferknochens und der Wirbeltheorie des Schädels in der Osteologie oder an die der Identität aller Pflanzenorgane mit dem Stammblatt in der Botanik. Es ist die Goethesche Betrachtungsart als solche, die Anwendung der »anschauenden Urteilskraft«, die Steiner beachtet. Statt einen Organismus in seine »Bestandteile« zu zerlegen, gilt es, seine Ganzheit intuitiv zu erfassen. So liegt – um ein Beispiel zu nennen – das Bedeutsame der Pflanzenmetamorphose für Steiner »nicht in der Entdeckung der einzelnen Tatsache, daß Blatt, Kelch, Krone etc. identische Organe seien, sondern in dem großartigen gedanklichen Aufbau eines lebendigen Ganzen durcheinander wirkender Bildungsgesetze«. Und nun zeigt Steiner bereits in der Einleitung zu Goethes morphologischen Schriften, daß die »Größe dieses Gedankens« einem nur dann aufgehe, wenn man ihn nachzudenken versuche, indem man das außen wahrgenommene konkrete Lebendige in sich selbst denkerisch-schauend oder anschauend-denkend belebt.

»Man wird dann gewahr, daß es die in die Idee übersetzte Natur der Pflanze selbst ist, die in unserem Geiste ebenso lebt wie im

Objekte; man bemerkt auch, daß man sich einen Organismus bis in die kleinsten Teile hinein belebt, nicht als toten, abgeschlossenen Gegenstand, sondern als sich Entwickelndes, Werdendes, als die stetige Unruhe in sich selbst vorstellt.«[89]

Mit anderen Worten heißt das: Steiner richtet – von Goethe geleitet – sein Augenmerk auf das Wesen des Lebendigen selbst, und er wird sich der Notwendigkeit bewußt, eine ihm gemäße Erkenntnisart zu entwickeln und diese schließlich auch philosophisch zu begründen. Wohl hat das naturwissenschaftliche Zeitalter, das im 19. Jahrhundert immer neue Höhepunkte der Forschung erklomm, Methoden entwickelt und erfolgreich angewandt, die der leblosen Welt angemessen sind. Dagegen reicht eine mechanistisch-physikalische Denkart nicht aus, um der Besonderheit des Biologischen voll gerecht zu werden. Steiner sagt sich:

»Im Erkennen des Anorganischen wird Begriff an Begriff gereiht, um den Zusammenhang von Kräften zu überschauen, die eine Wirkung in der Natur hervorbringen. Dem Organischen gegenüber ist es notwendig, einen Begriff aus dem andern so hervorwachsen zu lassen, daß in der fortschreitenden lebendigen Begriffswandlung Bilder dessen entstehen, was in der Natur als gestaltete Wesen erscheint.»[90]

Der frühe Steinersche Beitrag zur Goethe-Forschung, der – prinzipiell gesehen – bis heute an Gültigkeit nichts eingebüßt hat, besteht in dem Versuch zu zeigen, wie sich bei Goethe die Ideen »belebt« haben, wie sie zu »Ideengestaltungen« geworden sind. So gesehen wird Goethe zum eigentlichen Begründer der Organik oder, wie Steiner sagt, zum »Galilei (bzw. Kepler) der Organik«.

Steiner kommt im weiteren Verlauf seiner Untersuchungen im Rahmen dieser Kommentare zu einer Verhältnisbestimmung von Sinnesbeobachtung und Denken, wobei sich ihm zeigt, daß der Erkennende ein Bild schafft, das »wesentlich mehr enthält, als was die Sinne, die doch Vermittler aller Erfahrung sind, liefern können«[91]. Oder anders gesagt:

»Wer dem Denken seine über die Sinnesauffassung hinausgehende Wahrnehmungsfähigkeit zuerkennt, der muß ihm notgedrungen auch Objekte zuerkennen, die über die bloße sinnenfällige Wirklichkeit hinausliegen. Die Objekte des Denkens sind aber die Ideen. Indem sich das Denken der Idee bemächtigt, verschmilzt es mit dem Urgrunde des Weltendaseins; das, was außen wirkt, tritt in den Geist des Menschen ein: er wird mit der objektiven Wirklichkeit auf ihrer höchsten Potenz eins. Das Gewahrwerden der Idee in der Wirklichkeit ist die wahre Kommunion des Menschen.»[92]

Die Bedeutung dieser Einsicht für Steiners eigenes Erkenntnisbemühen liegt auf der Hand, kommt es ihm doch seit dem ersten Auftauchen der Problematik darauf an, zu einem zuverlässigen Wissen auch und gerade dessen zu gelangen, was die herkömmliche naturwissenschaftliche Forschungsmethode prinzipiell nicht mehr bzw. noch nicht zu fassen vermag. Und weil immer wieder die Frage gestellt wird, wann Steiner eigentlich »zum Anthroposophen« geworden sei, darf man nicht erst die einschlägigen Schriften und Vortragstexte aus seiner »anthroposophischen Zeit«, also nach 1900, zu Rate ziehen; man findet vielmehr Bausteine zu dem Erkenntnisweg, der in »höhere Welten« hineinführen will, bereits in seinen Einleitungen zu den naturwissenschaftlichen Schriften Goethes.

Bausteine dieser Art sind noch weitere Schriften und Aufsätze, in denen Rudolf Steiner das Programm seines anthroposophischen Forschens bereits entwirft. In engem Zusammenhang mit den *Einleitungen* sind daher Veröffentlichungen wie *Grundlinien einer Erkenntnistheorie der Goetheschen Weltanschauung* (1886) und *Goethes Weltanschauung* (1897) zu sehen, weil zumindest die erste Schrift zeitlich zwischen der Herausgabe des ersten und zweiten Bandes der Kürschnerschen Ausgabe steht und weil beide sachlich eine wesentliche Ergänzung darstellen. Notwendig wurde das Buch *Grundlinien,* weil Steiner darauf kam, daß Goethe wohl die »anschauende Urteilskraft« betätigte, als anschauender Denker von den Phänomenen der Natur zum sinnlich-übersinnlichen »Urphänomen« weiterschritt, jedoch auf eine theoretische Ausarbeitung seiner Anschauungen – Schiller sagte lieber »Ideen« – ganz verzichtet hatte. Überhaupt:

»Goethes Ansichten waren nie Ausgangspunkt wissenschaftlicher Untersuchungen, sondern stets nur Vergleichungsobjekt. Die sich mit ihm beschäftigten, waren selten Schüler, sondern zumeist Kritiker, die über ihn zu Gericht saßen.«

Goethe war ohnehin kein Philosoph im gewöhnlichen Sinne des Wortes. Wer sich aber in seine Art einer ganzheitlichen – statt einer nur analysierenden – Naturbetrachtung vertieft, »der wird, wenn er philosophische Anlagen mitbringt, jenen philosophischen Sinn loslösen und ihn als Goethesche Wissenschaft darlegen können. Er muß aber von Goethe ausgehen und nicht mit einer fertigen Ansicht an ihn herantreten.«[93]

Ohne diesen Gedanken hier weiter zu verfolgen, sei nur eines angemerkt: Die von Steiner apostrophierte »Goethesche Wissenschaft«, die in den genannten Arbeiten erkenntnistheoretisch geklärt wird, wurde von ihm auch als »Goetheanismus« bezeichnet. Soweit er aus der Goetheschen Naturbetrachtung und Erkenntnistheorie zu gewinnen ist, ist dieser Goetheanismus der Wegbereiter der von Steiner begründeten »anthroposophisch orientierten Geisteswissenschaft«. Er wagte seinen »Goetheanumgedanken« in die Kulturkrise der Gegenwart hineinzustellen[94], weil er nicht etwa ein nur historisierend-ästhetisierendes Goethe-Schiller-Lessing-Studium zu propagieren hatte, sondern weil es ihm darauf ankam, die in Goethes Weltanschauung liegenden impulsgebenden Gedankenkräfte in einer Weise wirksam zu machen, die ihre bildungsbürgerliche Unverbindlichkeit aufhob, um bis ins geistig-kulturelle und gesellschaftliche Leben der Gegenwart hineinwirken zu können. So ist es kein Zufall, daß Steiner an vielen Stellen seines Vortragswerks, an denen er auf die geistesgeschichtlichen Wurzeln seines Schaffens zu sprechen kommt, Goethe als Ausgangspunkt seines eigenen Tuns würdigt, und zwar stets so, daß eine rückwärtsgewandte, nur museale Goethe-Verehrung vermieden wird und das noch kaum ausgebildete Verständnis für den »Goethe-Impuls« wachsen kann.[95]

Der pädagogische Auftrag

Ein Leitmotiv, das sich wie ein roter Faden durch Steiners ganzes Leben hindurchzieht, ist das Erzieherische. Wie wir gesehen haben, spielt die Pädagogik als eigentliches Berufsziel gar keine Rolle. Zu lernen und das Erlernte an andere weiterzugeben, ist jedoch seit der Schulzeit in Wiener-Neustadt eine Selbstverständlichkeit im Leben Rudolfs. Wir erinnern uns der autodidaktischen Bemühungen mit der Geometrie, die frühe Glückserlebnisse auszulösen vermag; dann an den unablässigen Versuch, sich weiter in die Mathematik und in die verschiedenen Denkbezirke der Philosophie einzuarbeiten. Der Schüler gibt Nachhilfestunden für jüngere Kameraden. In Wien ist diese »nebenberufliche« Tätigkeit Grundlage für die wirtschaftliche Existenz des mittellosen Studenten. Um seine akademischen und sodann seine außerakademischen Studien vorantreiben zu können, ist ein Großteil seines Schaffens während der Wiener Jahre – also von 1879 bis gegen 1890 – mit der Betätigung als Privatlehrer ausgefüllt. Steiner unterrichtet Studenten und Doktoranden, vor allem in Mathematik.

Und greifen wir voraus: Dieses Leitmotiv des Erzieherischen begleitet ihn in mancherlei Abwandlung bis an sein Lebensende: In Berlin in der Funktion eines Lehrers an der marxistischen Arbeiterbildungsschule, nebenher und in deutlichem gesellschaftlichen Kontrast dazu ist er Referent in den verschiedensten bürgerlichen Gruppierungen; in der Theosophischen Gesellschaft fungiert er mehrere Jahre als esoterischer Lehrer; er ist das bis an sein Lebensende in der von ihm geleiteten Anthroposophischen Gesellschaft. Er ist der Lehrer der Anthroposophie schlechthin. Und das wichtigste, kulturell-gesellschaftlich wirksamste Resultat seines anthroposophischen Schaffens ist zweifellos die von ihm begründete Waldorfschulbewegung, in der er als der Initiator und als der Lehrer seiner Lehrerschaft eine Tätigkeit entfaltet hat, die über den engeren Rahmen der anthroposophischen Bewegung in alle gesellschaftlichen Schichten hineinstrahlt – seit mehr als zwei Menschenaltern.[96]

Einen wichtigen Abschnitt seiner für diese Schulbewegung notwendigen Erfahrungen stellt die Wiener Zeit dar.

Wesentliche für die Schulgründung notwendige Erfahrungen kann Steiner während seiner Wiener Jahre durch die Übernahme eines pädagogischen Auftrags gewinnen. Wieder ist es sein Literaturprofessor K. J. Schröer, der vermittelnd einspringt. Er empfiehlt den geschätzten Privatlehrer in eine jüdische Kaufmannsfamilie, an Ladislaus und Pauline Specht in Wien. Diesmal geht es nicht allein um die übliche Unterrichtsbegleitung für die vier Söhne. Otto, das Sorgenkind der Familie, ist etwa zehn Jahre alt, als Steiner im Sommer 1884 seinen Dienst aufnimmt. Das Kind leidet unter Hydrocephalie (Wasserkopf) und ist körperlich wie seelisch arg zurückgeblieben. Schon geringe schulische Anstrengungen erzeugen Kopfschmerz und eine Verschlechterung des Gesundheitszustandes. Steiner ist sich darüber im klaren, daß hier mehr gefordert ist als die bloße Vermehrung des kaum vorhandenen Elementarwissens im Lesen, Schreiben und Rechnen. Er, der auch im philosophischen Seminar wie im freundschaftlichen Gedankenaustausch jeglichem Pessimismus die Stirn bietet, ist optimistisch genug, diese ausgesprochen heilpädagogische Aufgabe zu übernehmen. Die Eltern fassen Vertrauen und überlassen dem Dreiundzwanzigjährigen die gesamte Erziehung ihres Kindes. Steiner resümiert:

> »Ich mußte den Zugang zu einer Seele finden, die sich zunächst wie in einem schlafähnlichen Zustande befand und die allmählich dazu zu bringen war, die Herrschaft über die Körperäußerungen zu gewinnen. Man hatte gewissermaßen die Seele erst in den Körper einzuschalten.«[97]

Dabei ist er überzeugt, daß das Kind trotz der erheblichen Behinderung über große geistige Fähigkeiten verfüge. Wichtig für Steiner selbst ist es nun, daß er eine besondere Methode der Menschenführung und der Unterrichtsgestaltung findet, die das Kind gerade noch verkraftet und die gleichzeitig therapeutisch wirkt. Der spätere Inaugurator der Waldorfpädagogik hebt hervor, wie diese Erziehungsaufgabe für ihn selbst eine »reiche Quelle des Lernens« und der »Erkenntnis der Menschenwesenheit« geworden sei.

> »Es eröffnete sich mir durch die Lehrpraxis, die ich anzuwenden hatte, ein Einblick in den Zusammenhang zwischen Geistig-Seelischem und Körperlichem im Menschen. Da machte ich mein eigentliches Studium in Physiologie und Psychologie durch. Ich

wurde gewahr, wie Erziehung und Unterricht zu einer Kunst werden müssen, die in wirklicher Menschen-Erkenntnis ihre Grundlage hat.«

Bei näherem Hinsehen erkennt man, wie diese kurze autobiographische Notiz bereits eine Reihe von Faktoren aufführt, die in der späteren Waldorfpraxis eine wesentliche Rolle spielen sollten. Denn Steinersche Pädagogik erhebt den Anspruch, »Erziehungskunst« zu sein. Sie richtet sich nicht primär nach »Lernzielen« aus, die weitgehend aus Zweckmäßigkeitserwägungen von außen her an den Schüler herangetragen werden, sondern sie faßt eine aus einer ganzheitlichen Menschenkenntnis geschöpfte Methodik und Didaktik ins Auge.

Und das praktische Resultat? – Im Verlauf von etwa zwei Jahren hat der Junge das Pensum des Volksschülers nachgeholt. Die starke Hydrocephalie bildet sich merklich zurück. Gleichzeitig verbessert sich die allgemeine gesundheitliche Verfassung. Aus dem Pflegling ist ein Gymnasiast geworden, den Steiner noch bis zur Unterprima begleiten kann; schließlich wurde Otto Specht Arzt. Er fiel im Ersten Weltkrieg.

Auch in menschlicher Hinsicht gestaltet sich die Beziehung zum Hause Specht zum Vorteil des erfolgreichen Hauslehrers. Er gehört wie selbstverständlich zur Familie. Und das heißt, er lernt die großbürgerlichen Verhältnisse kennen und schätzen. »In der Familie«, so berichtet Steiner, »habe ich durch mehrere Jahre eine Art von Heim gefunden, von dem aus ich bei anderen Familien der Erzieher- und Unterrichtstätigkeit oblag.« Kolingasse 19 im IX. Bezirk, unweit der neugotischen Votivkirche gelegen, ist somit für einige Zeit sein Wiener Domizil. Jeden Sommer verbringt er die Ferien mit der Specht-Familie am Attersee im Salzkammergut. Er bekommt aber auch Einblick in die berufliche Situation des Großkaufmanns Ladislaus Specht. Die um ihre vier Söhne besorgte Mutter Pauline Specht belohnt den Einsatz des Hauslehrers mit ihrem vollen Interesse für die philosophischen Fragestellungen Steiners – für ihn, der gerade in dieser Hinsicht wiederholt das Gefühl der Vereinsamung äußert, eine wichtige Feststellung. Deshalb der Hinweis im *Lebensgang:*

»Durch das freundschaftliche nahe Verhältnis zu der Mutter dieses Knaben, kam es so, daß ich Freuden und Leiden dieser Familie völlig mitmachte. Mir stand in dieser Frau eine eigenartig schöne Menschenseele gegenüber. Ganz hingegeben war sie der Sorge um die Schicksalentwickelung ihrer vier Knaben. Man konnte an ihr geradezu den großen Stil der Mutterliebe studieren. In Erziehungsfragen mit ihr zusammen arbeiten, bildete einen schönen Lebensinhalt. [...] Meinen wissenschaftlichen und sonstigen Arbeiten brachte sie die größte Aufmerksamkeit entgegen. Es war eine Zeit, wo ich das tiefste Bedürfnis hatte, alles, was mir nahe ging, mit ihr zu besprechen.«[98]

Selbst Erfahrungen seines geistigen Schauens kann er erwähnen, wenngleich die Gesprächspartnerin eine gewisse nüchterne Zurückhaltung bewahrt.

Diese harmonische Hauslehrertätigkeit gestaltet sich für Steiner auch in wirtschaftlicher Hinsicht so, daß er gegen Ende der achtziger Jahre immer mehr freie Hand bekommt, um sich seinem eigentlichen Vorhaben zu widmen. Dazu gehört nicht zuletzt der Abschluß seiner akademischen Studien durch das philosophische Doktorat, das er als Absolvent einer Realschule freilich nicht in Wien erlangen kann. Die Promotion zum Doktor der Philosophie hat ihm die Universität Rostock im Jahre 1891 erteilt.

Für die Intensität der Freundschaft mit der Familie Specht sprechen nicht zuletzt die zahlreichen Briefe, namentlich zwischen ihm und Pauline Specht sowie mit dem ältesten Sohn Richard Specht, die bis Ende der neunziger Jahre reichen. Richard Specht (1870-1932), der knapp vierzehn Jahre alt war, als Steiner die Erzieherstelle antrat, später Journalist und Schriftsteller war und von 1925 an als Professor an der Wiener Akademie für Musik und darstellende Kunst arbeitete, stellt dem Freund seiner Jugend das Zeugnis aus, daß Steiner seiner Familie bis zum Ende seines Lebens die Treue bewahrt habe. Und auch wenn Memoiren nicht in jedem Fall historische Zuverlässigkeit beanspruchen können, so halten sie doch bisweilen Eindrücke fest, die zeigen, wie der Zeitgenosse den Beschriebenen gesehen hat. Eine solche Persönlichkeitsschilderung aus der Sicht des neun Jahre jüngeren Schülers und Freundes hat Richard Specht unmittelbar nach Steiners Tod im Jahre 1925 aufgezeichnet. Es ist nicht nur das Bild »von dem weltberühmten Anthroposophen, der mir fremd geworden und geblieben ist«, sondern vor allem »von dem Freunde meiner Jugend«: »Er sah damals schon ganz so aus wie in späteren Jahren, hatte damals schon – mit 23 Jahren – das blasse, ein wenig faltige Asketengesicht mit den braunen Augen hinter scharfen Brillengläsern. Das lange, straffe, schwarze Haar, den hageren Hals mit dem großen Adamsapfel, die hochgewachsene, vom langen Schoßrock umflatterte Erscheinung, in der etwas vom Geistlichen, etwas vom Philosophen und etwas vom rechthaberischen Pedanten war. Und damals schon die ihm eigene, seither von Tausenden und Abertausenden erlebte Redeweise mit den grell aufschlagenden Akzenten der niemals volltönenden, immer ein wenig predigthaft dozierenden und dabei kindlich fragenden Stimme. Es war eine seltsame Mischung von Gelehrtenernst, von Knabenhaftigkeit und von Rodomontade in ihm, dazu etwas unerhört Willensstarkes, etwas Pedantisches und zeitweise sogar etwas Lässig-Bequemes, das freilich immer wieder in einen Fanatismus der Arbeit umschlug. Körperlich war er so schwächlich, daß er sofort zu Boden stürzte, wenn sich einer von uns Buben in einem Anfall von Liebe oder von Übermut an seinen Hals hängen wollte. Geistig aber war er von größter Energie. Wie oft habe ich ihn, wenn auch ich des Nachts ihm gegenüber am Schreibtisch saß, beobachten können, wie er mit dem Schlaf kämpfte und ihm auch oft erlag. Niemals aber gab er nach, ließ sich niemals von mir überreden, zu Bett zu gehen, half mit schwarzem Kaffee, oft auch durch den Zwang mechanischen Abschreibens einiger ganz uninteressanter Grammatikseiten nach, um sich um jeden Preis wach zu erhalten. [...] Sein Wissensdrang war ebenso intensiv wie sein geistiges Mitteilungsbedürfnis. Ich erinnere mich, daß ein andeutendes Wort meiner Mutter – die ihm besonders zugetan war und für die er die höchste Verehrung empfand – genügte, um ihn zu veranlassen, ihr und mir einen ganzen Winter lang Vorträge über Ästhetik zu halten. Ich sehe ihn noch vor uns sitzen, eifrig perorierend mit den lebhaften Fisteltönen seiner Redeweise, die Beine gleichsam zu einem Zopf verschlungen oder unter unablässigem, enervierenden Wippen übereinandergeschlagen, funkelnden Auges, jeden Widerspruch und jede Frage in eine Formulierung auflösend. Die Einzelheiten dieses Kurses sind mir kaum mehr gegenwärtig; wohl aber weiß ich noch, in welches Staunen uns sein Wissen um alle ästhetischen Arbeiten und Forscher von Schelling und Hegel an bis Friedrich Vischer versetzte, und daß ich damals halbbewußt eine Beobachtung machte, die mir späterhin evident wurde und die mir manches in seiner nachherigen Laufbahn erklärte. Das war die Art, mit der er alles vergewaltigte, um seinem Gedankeneinfall zum Recht zu verhelfen: er sprach eine Idee als Axiom aus und bog seine Beweise hinterher so lange zurecht, bis alles zu stimmen schien [...]. Er war ein Fanatiker seiner Ideen. Damals schon.«[99]

Wer sich schließlich die Frage vorlegen sollte, ob der Freund und Lehrer der Familie, seine Stellung nutzend, ihr etwa auch zum »Lehrer« der Anthroposophie geworden sei, dem antwortet Richard Specht mit dem ausdrücklichen Hinweis, daß Steiner auch als Berühmtheit die Familie aufgesucht und mit ihr über alles gesprochen habe, »nur über sein Eigentliches, die Anthroposophie, wollte er niemals sprechen, noch weniger diskutieren. ›Wenn Sie es innerlich brauchen werden‹, sagte er mir zuletzt, ›dann werden Sie zu mir kommen, und ich werde versuchen können, Ihnen zu helfen. Früher nicht. Aber zum Gesprächsthema sind mir diese Dinge zu ernst.‹ Er hatte recht.«

Nicht anders könnte und dürfte ein heutiger Waldorflehrer seinen Schülern gegenüber verfahren, wenn er seinen eigenen pädagogischen Auftrag ernst nimmt.

»Ich lechzte nach Geselligkeit«

Wien, die Weltstadt der alten österreichisch-ungarischen Donaumonarchie Kaiser Franz-Josephs, die Metropole einer heiter-lässigen Gemütsart, die den Österreicher vor anderen Mitteleuropäern auszeichnet, ist ohne den besonderen Typus einer unbeschwert-beschwingten, einer weltmännisch-geistvollen Geselligkeit nicht zu denken. Es ist die Stadt des Walzers und des Theaters, eine geradezu national-internationale Institution. Es ist die Stadt der sprichwörtlichen Kunst des Fin de siècle und der nicht minder sprichwörtlichen Literaten-Cafés, in denen sich vor der Jahrhundertwende und darüber hinaus ein Gutteil deutsch-österreichischer Literatur ereignete. Wer dieses Kaffeehaus-Wesen antastet, greift diese Literatur an.

Und Rudolf Steiner, der naturwissenschaftlich, mathematisch und philosophisch Forschende, der bis in die Nacht hinein hart zu arbeiten gewohnt ist, wie paßt er zu dieser pulsierenden Stadt? Geht er auf kritische Distanz, um dieses »Capua für Geister« (Franz Grillparzer) und damit die ganze K.-und-k.-Kultur einer radikalen Analyse zu unterziehen? Antwortet er mit persönlicher Isolation oder mit Faszination? Eine derartige Entlarvung des »Unbehagens in der Kultur« und an ihr überläßt er eher seinem Landsmann Sigmund Freud, der bald nach Steiners Abschied von Wien und von der Kolingasse 19 in der nahegelegenen Berggasse 19 (1891) seine ärztliche Praxis eröffnet. Im übrigen ist auch Steiner in seinen zwanziger Jahren ganz Wiener. Seinem eigenen Zeugnis nach »lechzt« auch er nach Geselligkeit.

In der Tat gibt es viele enge Jugendfreundschaften, die teils bis in die Realschulzeit, teils in die ersten Wiener Studentenjahre zurückreichen.[100] Vor allem tun sich dem Studenten, dem Privatlehrer und angehenden Goethe-Forscher die Türen zum gesellschaftlichen Leben der Kaiserstadt auf. Und das sagt viel. Denn man muß bedenken, aus welchen dürftigen kleinbürgerlichen Verhältnissen er kommt. So verweisen eine Reihe von Briefen, die zwischen Sommer

1882 und 1887 geschrieben wurden, auf einen längeren Aufenthalt Steiners in der kleinen Ortschaft »Brunn am Gebirge bei Wien«. Und weil sich in keiner der autobiographischen Aufzeichnungen ein deutlicher Hinweis findet, weiß man dank der intensiven Nachforschungen von Ludwig Müllner[101] erst seit Ende der fünfziger Jahre dieses Jahrhunderts, daß die Steiner-Familie bis zur Pensionierung Johann Steiners dort wohnte, im sogenannten Gliedererhaus, heute Brunn, Feldgasse 17. Die Wohnung bestand im wesentlichen aus dem Wohn- und Schlafraum der Eltern und der beiden Kinder Leopoldine und Gustav Steiner sowie aus einem Stübchen, in dem »der Rudl«, wie ihn die Nachbarn vertraulich nannten (oder respektvoll »der Herr Professor«) arbeitete. Auch nach der Renovierung des aus dem 15. Jahrhundert stammenden, baulich arg heruntergekommenen unscheinbaren Hauses kann man sich ein Bild von der bedrückenden Enge, ja von der Erbärmlichkeit machen, in der der »Vorstand am Frachtenbahnhof«, Johann Steiner, wohnte. Und in diesem Stübchen wurden wesentliche Teile von Steiners *Einleitungen* und der *Grundlinien* sowie Aufsätze und Briefe niedergeschrieben – räumlich gesehen, die Wiege, nein; die Krippe der Steinerschen Anthroposophie.

Gemessen daran ist der Kontrast zur Wiener Wohnung der Familie Specht und zur Wiener Geselligkeit beträchtlich. Auffällig ist sicher, daß wir kaum von einer Mädchenbekanntschaft hören. Eher kommt es vor, daß ein Freund seine diesbezüglichen Probleme dem philosophierenden Freund Rudolf beichtet. Und wenn Frauen in Steiners Leben auftauchen, dann sind es oft gereifte Ehefrauen, die sich eher freundschaftlich-fürsorglich um den jungen Mann kümmern, zumal er augenscheinlich solche Fürsorge nötig hat. »Wenn ich Ihnen allen sagen wollte«, schreibt Steiner Ende September 1890 von Weimar aus an das Ehepaar Specht, »wie tief gewurzelt das Gefühl des Dankes ist, das sich während der sechs Jahre, die ich in Ihrer Mitte verbringen durfte, in mein Inneres eingepflanzt hat: ich fände nicht die Worte. [...] Nicht minderen Dank schulde ich Ihrer jederzeit hilfsbereiten Freundschaft, die dem unerfahrenen Büchermenschen oft so nottat.«[102]

Derselbe »unerfahrene Büchermensch« rühmt schon dreieinhalb Jahre zuvor einem Freund gegenüber: »Die Frau des Hauses gehört zu den besten Frauen, die ich überhaupt je kennengelernt habe. Du brauchst Dir also mein Sein nicht gerade als herabwürdigendes Frondienstleisten vorzustellen [...].«[103] Und welchen Eindruck der Sohn dieser Frau, nämlich Richard Specht, bezüglich Steiners Einstellung zum weiblichen Geschlecht gewonnen haben will, geht aus dessen Erinnerungen an seinen ehemaligen Freund und Lehrer hervor, in denen es u.a. heißt: »Er war nie ein ›junger Mensch‹ wie andere; war immer irgendwie abseits und auch mit Frauen hatte er im erotischen Sinn nie zu schaffen; selbst seine beiden Ehen sollen ja auf reinste Kameradschaft gestellt gewesen sein [...].«[104] – Was ist das für ein junger Mann, in dessen Leben der Faktor des Erotischen ausgespart – oder »verdrängt« – zu sein scheint? – Nur einmal lesen wir im *Lebensgang*, zart angedeutet, von einer flüchtigen Liebe zu einem jungen Mädchen. Was auch immer, wer nach Geselligkeit »lechzt«, dem hat Wien vor Ende des 19. Jahrhunderts reichliche Angebote zu machen. Und so finden wir den jungen Privatlehrer, den Goethe-Forscher und angehenden Publizisten, der einige Monate lang (bis Juli 1888) als Redakteur der Wiener *Deutschen Wochenschrift* arbeitet, in den verschiedensten geselligen Verbindungen. Immer sind es Kreuzungspunkte des persönlichen und des kulturellen Lebens. Die Schauplätze sind typisch wienerisch: das Kaffeehaus und der Salon.

Da ist das Café Griensteidl, Herrengasse 3, am Michaeler Platz, also unweit der Hofburg, bis in die neunziger Jahre Treffpunkt der »modernen« Literaten, der Künstler und Musiker. Schon Franz Grillparzer war hier ein- und ausgegangen. Zu Steiners unmittelbaren Zeitgenossen, die im Griensteidl Hof halten, gehören Arthur Schnitzler, Richard Beer-Hofmann, Felix Salten, vor allem aber Hermann Bahr als einer der Wortführer der Wiener Modernen in den achtziger und neunziger Jahren. Wenig später, im März 1891, wird der erst siebzehnjährige »Loris«, d.i. Hugo von Hofmannsthal, im Griensteidl auftauchen. Und als das Literaten-Café im Jahre 1896 der Spitzhacke zum Opfer fällt, widmet der gerade erst zweiundzwanzigjährige Karl Kraus seinem Stamm-Café in der *Wiener Rundschau* eine geistreiche Persiflage: *Die demolierte Literatur.* Und in der Tat, wer zu dieser Zeit ein Café schließt oder gar niederreißt, der trifft die Literatur in Person! »Um dies zu verstehen«, so erläutert der Wiener Stefan Zweig in seiner *Welt von Gestern,* »muß man wissen, daß das Wiener Kaffeehaus in der Tat eine Institution besonderer Art darstellt, die mit keiner ähnlichen der Welt zu vergleichen ist. Es ist eigentlich eine Art demokratischer, jedem für eine billige Schale Kaffee zugänglicher Klub, wo jeder Gast für diesen kleinen Obolus stundenlang sitzen, diskutieren, schreiben, Karten spielen, seine Post empfangen und vor allem eine unbegrenzte Zahl von Zeitungen und Zeitschriften konsumieren kann [...].«[105]

Eines Tages taucht ein bartloser blasser Jüngling auf; eine mittelgroße Gestalt, schlank, elastisch, tiefschwarzes, glatt gekämmtes, glänzendes Haar. »Eine scharfe Brille gab seinem Blick etwas

Stechendes, und mit seinem langen, bis über die Knie reichenden schwarzen Tuchrock, der hochgeschlossenen Weste, der schwarzen Lavallière und dem ganz altmodischen Zylinderhut, machte er durchaus den Eindruck eines schlecht genährten Theologiekandidaten«, so erinnert sich Friedrich Eckstein seines Jugendfreundes Rudolf Steiner.[106] Auch er bedient sich dieser Institution österreichischer Literatur: Einen Freund läßt er Mitte Februar 1887 wissen: »Wenn Du mir in den nächsten Tagen schreibst, adressiere mir: Rudolf Steiner, Café Griensteidl, Herrengasse 3, Wien.«[107] Zum Kartenspiel hat Steiner freilich kaum Zeit, er redet lieber. Bald zeichnen sich Fronten ab, zum Beispiel mit dem wortgewaltigen Hermann Bahr. Der wirft einen Fehdehandschuh hin: »Rudolf Steiner ist nicht fähig, meinen Gedanken zu folgen, denn er ist in seinen gänzlich überlebten, primitiven Ideen unbeweglich eingerostet.« – Steiner gibt zurück: »Ganz im Gegenteil! Nichts leichter für mich, als gerade Hermann Bahr zur verstehen. Dazu habe ich nur nötig, mich ganz in jene Zeit zurückzuversetzen, da ich noch gar nichts gelernt hatte.«

Schallendes Gelächter begleitet das Wortgefecht. Ist dagegen im Café konzentrierte Arbeit möglich, sieht man Steiner an einem Manuskript schreiben. Es trägt die Überschrift *Grundlinien einer Erkenntnistheorie der Goetheschen Weltanschauung*. Auch Anton Bruckner erscheint mit ziemlicher Regelmäßigkeit im Griensteidl, und zwar bevor er um vier Uhr nachmittags nebenan in der Michaelerkirche Orgel spielt, und danach nochmals. Manchmal ist Steiner einer der Gesprächspartner des etwa sechzigjährigen Meisters.

Andere Verabredungen werden getroffen, etwa: »An diesem Tag um halb neun in dem Gasthaus zur Pfeife« oder »am Samstag in Währing«. Ein andermal geht man »zu Pfarrers«, das heißt zu dem evangelischen Pfarrersehepaar Alfred und Marie Formey in der Dorotheagasse, oder man trifft sich mit dem einen oder anderen Freund in der bescheidenen Stube eines Gleichgesinnten, der seinerseits zu den verschiedenen Kreisen Kontakt hat. Die besagten Währinger Zusammenkünfte sind aus Steiners geselligem Leben in der Wiener Zeit nicht wegzudenken. Karl Julius Schröer ist auf die Dichtungen einer jungen Autorin aufmerksam geworden. Begeistert berichtet er Steiner davon. Robert Zimmermann, der Wiener Philosophieprofessor, meint gar, die Dichterin sei das einzige wirkliche Genie, das er in seinem Leben kennengelernt habe. Es ist Marie Eugenie delle Grazie, eine aus dem südlichen Ungarn stammende Deutsche, Jahrgang 1864, demnach drei Jahre jünger als Steiner.[108]

Jour fix ist jeweils am späten Samstagnachmittag. Rudolf Steiner begleitet Professor Schröer und dessen Frau beim Gang nach Währing, das nördlich der Stadt liegt. Auch Steiner ist begeistert. Er liest die Dichtungen M. E. delle Grazies »in einem Zuge«, aber nicht etwa, weil er ihre Anschauungen teilt. Die pessimistische Grundstimmung, die im Gedicht und Drama immer wieder durchbricht, bleibt ihm fremd. Das fordert seinen Widerspruch heraus. Es ist ein Widerspruch, der Bewunderung offen eingesteht. Steiner verfaßt ein Feuilleton über die Dichterin und wird so ein gern gesehener Gast:

»Im Hause Marie Eugenie delle Grazies verlebte ich schöne Stunden meines Lebens. Sie hatte jeden Sonnabend Besuchsabend. Es waren Persönlichkeiten vieler Geistesrichtungen, die sich da einfanden. Die Dichterin bildete den Mittelpunkt.«[109]

Der wenig ältere Wiener Schriftsteller Fritz Lemmermayer, den Steiner im Währinger Landhaus erstmals trifft und mit dem ihn eine herzliche Jugendfreundschaft verbindet, erinnert sich: »Ich sehe das malerische Bild nach Jahrzehnten noch in jedem Detail deutlich vor mir: die jugendliche blonde Dichterin, mit festlich farbenfrohem Kleide aus roter Seide angetan, hoch aufgerichtet, schlank, im roten Salon stehend neben einem Abguß der schönen Büste des Apoll vom Belvedere, lesend mit feierlichem Pathos. – Und vor allem mein Heimgang mit dem Freund Rudolf Steiner! Wir hatten ein gutes Stück den gleichen Weg [...].«[110]

Was nun den Kreis betrifft, der sich um M. E. delle Grazie versammelt, so ist da zuerst der katholische Theologe Laurenz Müllner zu nennen, Professor für christliche Philosophie an der Universität Wien, der Lehrer und väterliche Freund der jungen Dame.

»Er hatte nicht nur das Gesicht, sondern die ganze Gestalt im Ausdrucke der Ergebnisse einer seelisch-asketisch verbrachten geistigen Entwickelung. Ein Skeptiker in philosophischen Dingen, gründlich durchgebildet nach allen Seiten der Philosophie, der Kunstanschauung, der Literatur [...]. Die pessimistische Welt- und Lebensauffassung der Dichterin sprach stets auch aus seinem Munde.«[111]

Da ist sodann Wilhelm Neumann, ebenfalls Theologieprofessor und Zisterzienserpriester, ein Mann großer Gelehrsamkeit, dem sich Steiner gern anschließt. Aber wie merkwürdig:

»Es unterredeten sich damals eigentlich drei. Professor Neumann und ich und ein dritter Unsichtbarer, die Personifikation der katholischen Dogmatik, die sich wie drohend, dem geistigen Auge sichtbar, hinter Professor Neumann, diesen begleitend, zeigte, und die stets ihm verweisend auf die Schulter klopfte, wenn die feinsinnige Logik des Gelehrten mir zu weit zustimmte [...].«[112]

Steiner ist sich bewußt, daß er in Wilhelm Neumann der »katholischen Lebensart in einem ihrer besten Vertreter« gegenübersteht. Sehen wir einmal von weiteren Sonnabend-Besuchern ab – von dem Philosophen Adolf Stöhr, dem Komponisten Alfred Stroß, den Schriftstellerinnen Goswine von Berlepsch und Emilie Mataja (Pseudonym: Emil Marriot) –, so ist es neben den genannten katholischen Theologen die Gastgeberin selbst, die die geistige Atmosphäre bestimmt. Steiner ist fasziniert:

»Es waltete ein wahrer Zauber über diesen Sonnabend-Zusammenkünften. Wenn es dunkel geworden war, dann brannte die mit rotem Stoff umhüllte Deckenlampe, und wir saßen in einem die ganze Gesellschaft feierlich machenden Lichtraume. Dann wurde delle Grazie oft, namentlich, wenn die etwas ferner Stehenden weggegangen waren, außerordentlich gesprächig, und man bekam manches Wort zu hören, das wie Lebensseufzer im Nachgefühle schwerer Schicksalstage klang [...].«[113]

Und wenn sich Steiner dort heimisch fühlt, dann einzig und allein wegen der »für Geistiges empfänglichen Menschlichkeit«, der er hier begegnet. Denn die weltanschauliche Position der Dichterin, ihres Mentors Laurenz Müllner und anderer Besucher machen das Haus in Währing zu einer Stätte des Pessimismus, zu einer »Stätte des Anti-Goetheanismus«. Während sich Schröer aus eben diesem Grund bald distanziert, wählt Steiner den Weg der Auseinandersetzung. Im Grunde empfängt er gerade in diesem Freundeskreis einen nicht unwesentlichen Impuls für sein eigenes philosophisches Schaffen. Und das kommt so:

In einem Gespräch legt sie Steiner ihren Plan vor, unter dem Titel *Satanide* das Gegenbild Gottes als ein Urwesen darzustellen, das in der grausamen, ideenlosen, zermalmenden Natur die für den Menschen sich offenbarende Macht ist. Ein Abgrund des Seins tut sich auf. Erschüttert geht der junge Goethe-Forscher von der Dichterin weg. Aber »die Größe, mit der sie gesprochen hatte, stand vor mir; der Inhalt ihrer Ideen war das Gegenbild alles dessen, was mir als Anschauung von der Welt vor dem Geiste stand«[114]. Aus einer

Bewunderung heraus tritt er in die Auseinandersetzung ein. Er meint sogar – und dies zum Schmerz seines Lehrers Schröer –, daß diese Gegensätze »irgendwo doch ihre Harmonie« in der Welt finden müssen. Steiner läßt auf das erwähnte Feuilleton einen Aufsatz folgen, betitelt *Die Natur und unsere Ideale*. Er läßt ihn nur in einem kleinen Privatdruck an seine Freunde gelangen. Dieses »Sendschreiben an die Dichterin [...]« ist deshalb besonders zu erwähnen, weil der fünfundzwanzigjährige Rudolf Steiner in ihm eine Art Bekenntnis ablegt, das gleichzeitig Licht auf sein philosophisches Schaffen dieser und der nächsten Jahre wirft:

»Jawohl, sie sind vorüber, jene Zeiten, da der leichtfertige, flache Optimismus, der in dem Glauben an unsere Gotteskindschaft besteht, den Menschen über jenen Zwiespalt der Natur und des Geistes hinwegführte«, so heißt es einleitend. Unsere Ideale seien nicht mehr flach genug, um von dieser oft so schalen, so leeren Wirklichkeit befriedigt zu werden. Dennoch kann Steiner an der »Erhebung aus dem tiefen Pessimismus« nicht zweifeln. Diese Erhebung wird dann möglich,

> »wenn ich auf die Welt unseres Innern schaue, wenn ich an die Wesenheit unserer idealen Welt näher herantrete [...]. Wir sollten doch endlich zugeben, daß ein Wesen, das sich selbst erkennt, nicht unfrei sein kann! [...] Wir besitzen in unserem Erkennen die Macht, die Gesetzlichkeit der Naturdinge aus ihnen loszulösen und sollten darnach die willenlosen Sklaven dieser Gesetze sein? [...] Ein erkennendes Wesen kann nicht unfrei sein. Es bildet die Gesetzlichkeit zuerst in Ideale um und gibt sich diese selbst zum Gesetze. Wir sollten endlich zugeben, daß der Gott, den eine abgelebte Menschheit in den Wolken wähnte, in unserem Herzen, in unserem Geiste wohnt. Er hat sich in voller Selbstentäußerung ganz in die Menschheit ausgegossen. Er hat für sich nichts zu wollen übrigbehalten, denn er wollte ein Geschlecht, das frei über sich selbst waltet. Er ist in der Welt aufgegangen [...]. Es gibt einen ›Gott in der Geschichte‹ nicht; er hat aufgehört zu sein um der Freiheit der Menschen willen, um der Göttlichkeit der Welt willen [...]. Die Menschheit ist die Lenkerin ihres eigenen Geschickes.«[115]

Steiner ist bei seiner Sache. Das große Thema hat ihn demnach bis in die Wiener Geselligkeit hinein verfolgt. Man schreibt das Jahr 1886. Acht Jahre später liegt sein philosophisches Hauptwerk, die *Philosophie der Freiheit* (1894), im Druck vor. Indem er den Aufsatz über die Natur und die Ideale niederschreibt, formuliert er Sätze, die er noch in seinem *Lebensgang* (1924/25) als »die Urzelle dieses Buches« ausweisen kann. Doch bis dahin ist noch ein weiter Weg zurückzulegen. Eine Fülle anderer Einflüsse und Eindrücke formen an dem jungen Mann, der »um der Freiheit des Menschen« willen dem traditionellen Gottesglauben, dem »Gott über den Wolken«, ebenso absagt wie einer pessimistischen Lebenseinstellung. Gefunden, zumindest genannt ist »der Gott, der in unserem Herzen, in unserem Geiste wohnt«. Diese frühe Erfahrung des jungen Steiner ist es, die ihm die Zuversicht gibt, auf diesem Weg der Erkenntnis geistige Freiheit gewinnen zu können.

»Heimatlose Seelen« Erster Kontakt mit der Theosophie

Eine besondere Note bekommt das gesellschaftliche Leben für Rudolf Steiner während seiner Wiener Jahre durch eine kleine Gruppe von Menschen, die auf ihre Weise den geistigen Horizont erweitern möchten. Das, was die zeitgenössische Dichtung und Philosophie – um von der Religion bzw. Kirche ganz zu schweigen – zu bieten haben, reicht allein nicht aus zu einer Neuorientierung. Dabei spricht Steiner in seinen Erinnerungen, aber auch an vielen Stellen seiner Schriften und der späteren Vorträge mit großer Anerkennung von manchen Poeten und Schriftstellern, die er vielfach persönlich kennenlernen konnte, teilweise durch Vermittlung seines Freundes Fritz Lemmermayer, z. B. Johann Kleinfercher, der sich als Autor Fercher von Steinwand nannte:

> »Ich betrachte die Tatsache, daß ich Fercher von Steinwand habe kennenlernen dürfen, als eine der wichtigen, die in jungen Jahren an mich herangetreten sind. Denn seine Persönlichkeit wirkte wie die eines Weisen, der seine Weisheit in echter Dichtung offenbart [...].«[116]

Eine besondere Art, in der sich der Geist der Zeit, genauer: das geistige Bedürfnis vieler Zeitgenossen manifestierte, erblickte er in der zumindest literarischen Begegnung mit Robert Hamerling. Dieser eher rückwärts- als vorwärtsgerichtete Dichter aus dem österreichischen Waldviertel, der Heimat von Steiners Eltern, beeindruckte ihn, wenngleich Hamerling als »Träger des deutschen Weltanschauungs-Idealismus« nach Steiners Meinung dort stehen blieb, wo der »geistverfinsternde Materialismus« am Ende des 19. Jahrhunderts dominierte. Hamerlings Epos *Homunculus* spiegelte nur den Zustand der modernen Zivilisation; gestaltende Anstöße gingen von ihm nicht aus. Und doch: »Zeigte er nicht, wie man in die geistige Welt eindringt, so stellte er doch dar, wohin man kommt, wenn man sich allein in einer geistlosen bewegen will.«[117]

Wie aber dringt man in die geistige Welt ein? Wie erweitert man und wie intensiviert man die Kräfte seines Bewußtseins? – Es zeigt sich, daß Steiner mit diesen und ähnlichen Fragen gar nicht allein steht. Noch Ende der achtziger Jahre kommt er in Wien mit Menschen in Berührung, die aus einer inneren Sehnsucht heraus die engen Grenzen einer materialistisch-positivistischen Weltanschauung überschreiten möchten – alles suchende Menschen, alles Menschen, die, ohne revolutionär gestimmt zu sein, nicht gewillt sind, den allgemeinen Trend der Zeit mitzumachen. Steiner spricht von »heimatlosen Seelen«: »Ich saß in einem Kreise von solchen heimatlosen Seelen.« Noch nach dreieinhalb Jahrzehnten kommt Steiner in einem seiner Dornacher Vorträge über die Geschichte der anthroposophischen Bewegung darauf zu sprechen, und er gibt dort ein Beispiel:

> »Da kam einer später [zur geselligen Zusammenkunft], der eben länger zu tun hatte als die anderen [...], beschäftigt mit seinen eigenen Gedanken, und fing nun an, von Dostojewskis *Raskolnikoff* zu sprechen, redete von dem *Raskolnikoff* in einer solchen Weise, daß es in die Gesellschaft wie ein Blitz einschlug. Eine neue Welt war da, eine Welt – ja, wie wenn man ungefähr plötzlich auf einen anderen Planeten versetzt würde. So empfanden sich diese Seelen [...].«[118]

Steiner erzählt, wie er mit Menschen zusammentraf, die bei aller beruflichen und individuellen Verschiedenheit nach spiritueller Vertiefung verlangten. Und dabei beriefen sie sich auf die erst vor knapp eineinhalb Jahrzehnten gegründete theosophische Bewegung. Es handelt sich um die anglo-indische Theosophische Gesellschaft. Die Deutschrussin Helena Petrowna Blavatsky hatte sie zusammen mit dem Amerikaner Henry Steel Olcott im Herbst 1875 in New York gegründet, ein dreifaches Ziel vor Augen: die Bildung einer universellen Bruderschaft aller Menschen, ohne Rücksicht auf Rasse, Hautfarbe und Weltanschauung; das Studium der heiligen Schriften der Weltreligionen und schließlich die Erforschung der verborgenen Naturkräfte, im besonderen der geistig-seelischen (spirituellen) Kräfte, die dem Menschen innewohnen und der Entfaltung fähig sind.

Die verhältnismäßig rasche Ausbreitung dieser Art von »Theosophie« ist einerseits auf die außerordentliche mediale Begabung H. P. Blavatskys zurückzuführen, die u.a. in ihren umfangreichen Hauptwerken *Die entschleierte Isis (Isis unveiled)* und *Geheimlehre (Secret doctrine)* Niederschlag fand. Auf der anderen Seite entsprachen die Zielsetzungen der Bewegung dem Bedürfnis solcher Zeitgenossen, die mit der gängigen materialistischen Weltdeutung nicht zufrieden waren und dem traditionellen Kirchenglauben den Abschied gegeben hatten. Der buddhistisch-hinduistische Einschlag der Bewegung und die Propagierung parapsychologischer Phänomene schienen derartigen Bedürfnissen entgegenzukommen. Was freilich diese merkwürdigen Erscheinungen anlangte, so hatte die Begründerin der Theosophischen Gesellschaft Anfang der achtziger Jahre selbst die Skepsis ihrer Kritiker genährt. Es waren sogenannte »Meisterbriefe« aufgetaucht, Briefe, die von hohen Eingeweihten, eben von bestimmten »Meistern« stammen sollten, offensichtlich jedoch die rührige Hand des Mediums H. P. B. verrieten. Madame Blavatsky hatte Grund, den entstandenen Vertrauensschwund zu tilgen. Sie bereiste Europa, kam auch nach Deutschland, und im Frühjahr 1886 traf ein junger Österreicher die geheimnisumwitterte Theosophin in Ostende. Ausgezeichnet mit einem goldenen Rosenkreuz und zum Generalsekretär der österreichischen Sektion ernannt, kehrte dieser Vorsitzende der Wiener Theosophen-Loge zurück: Es ist Friedrich Eckstein, zu diesem Zeitpunkt selbst nicht älter als Rudolf Steiner, nämlich erst 25 Jahre alt. Beide jungen Männer treffen im Kreis der Wienerin Marie Lang zusammen, die ihrerseits wiederum mit der Frauenrechtlerin und Schriftstellerin Rosa Mayreder eng befreundet ist.

Auf diese Weise lernt Steiner die anglo-indische Bewegung lange vor dem Zeitpunkt kennen, da er sich entschließt, selbst im organisatorischen Rahmen dieser theosophischen Bestrebungen tätig zu werden. Was hält eigentlich Steiner davon ab, selbst Theosoph zu werden? Und weshalb zieht es ihn dennoch zu dem Wiener Theosophenzirkel, der sich im Hause des Rechtsanwalts Edmund Lang in der Belvederegasse trifft? – Offensichtlich ist es nicht das, was sich Theosophie nennt, noch weniger die Art, wie sie sich in Wort und Schrift präsentiert. Es sind die Menschen, die sich als »heimatlose Seelen« zum Gespräch und geistigen Austausch zusammenfinden, in ihrer Mitte die Wienerin Marie Lang. Friedrich Eckstein schildert sie als »ein ungewöhnlich reizvolles junges Wesen mit kastanienbraunem Haar und ebenso gefärbten Augen, von denen ein Strom von Wärme ausging. Das frische blühende Kolorit ihres Gesichtes, der außerordentliche Wohlklang ihrer Stimme und ihr silberhelles Lachen nahmen mich sogleich gefangen. Vortrefflich kleidete sie eine enganliegende karminrote englische Flanellweste mit Goldknöpfen und einer weißen Krawatte.«[119] Steiner hat die »mystisch-theosophische Seelenverfassung« hervorgehoben, die auf alle Teilnehmer der Zusammenkünfte, nicht am wenigsten auf ihn selbst einen tiefen Eindruck gemacht habe. Gemeint ist damit die Innerlichkeit geistig suchender Menschen, aber nicht so sehr die Art und Weise, in der sich diese Innerlichkeit im theosophischen Rahmen artikulierte. Die ersten theosophischen Schriften kommen in seine Hand, beispielsweise *Esoterischer Buddhismus* von A. P. Sinnet, *Licht auf dem Weg* von Mabel Collins sowie die Bücher des aus Donauwörth stammenden Arztes und entschiedenen Parteigängers von H. P. B.: Franz Hartmann. Bedenkt man, welchen Erkenntnisweg Steiner seit Jahren beschritten hat, dann wird verständlich, was er über diese theosophische Literatur zu sagen hat:

> »Die Art, sich zur geistigen Welt zu verhalten, die sich in den Schriften Franz Hartmanns darlebte, war meiner Geistesrichtung völlig entgegengesetzt. Ich konnte ihr nicht zugestehen, daß sie von wirklicher innerer Wahrheit getragen ist. Mich beschäftigte weniger ihr Inhalt, als die Art, wie sie auf Menschen wirkte, die doch wahrhaft Suchende waren.«[120]

Ähnlich ablehnend fällt das Urteil über Sinnet aus, während er zu Jahrhundertbeginn die Schrift von Mabel Collins zum Gegenstand seiner Interpretationen gemacht hat.[121]

Jedenfalls lernt Steiner »auch äußerlich historisch die ganze Richtung genau kennen«, ohne bereits jene Beziehung zur Theosophie herstellen zu können, von der noch zu sprechen sein wird. Zwei Persönlichkeiten aus dem Wiener Kreis bedeuten dem jungen Steiner viel, nämlich Rosa Mayreder und der schon genannte Friedrich Eckstein. Die Schriftsellerin und künstlerisch vielseitig begabte Gattin des Wiener Architekturprofessors Karl Mayreder ist dem jungen Rudolf Steiner wichtig, weil sie zu den wenigen Menschen gehört, mit denen er seine philosophischen und erkenntnistheoretischen Probleme besprechen kann. Dazu bekennt er sich auch öffentlich, zum Beispiel im Vorwort zur Buchausgabe seiner philosophischen Dissertationsschrift *Wahrheit und Wissenschaft,* Anfang Dezember 1891. Mancher in diesem »Vorspiel einer Philosophie der Freiheit« ausgesprochene Gedanke habe durch die anregenden Gespräche mit der »hochgeschätzten Freundin« eine letzte Abrundung erfahren. Wir werden in erster Linie an Gegenargumente zu denken haben, die Rosa Mayreder seinen Gedankengängen erwidert haben mag; »denn meine Weltanschauung und noch mehr meine Empfindungsrichtung waren nicht diejenigen Rosa Mayreders [...].« – Und was Steiners *Philosophie der Freiheit* (1894) anlangt, so gesteht er dieser ersten Empfängerin seines Buches die erforderliche Urteilskompetenz ausdrücklich zu:

»Ich weiß nur, daß Sie mein liebster Kritiker sind und daß ich auf Ihr Urteil mit größter Spannung warte [...]. Wenn man so allein steht, dann weiß man eine Gesinnungsähnlichkeit wie die mit der Ihrigen erst recht zu schätzen. Das Zusammentreffen aller Ihrer Seelenkräfte gibt eine Resultierende, die kennengelernt zu haben ich als einen der größten Glücksfälle meines Lebens betrachten muß [...].«[122]

Steiner verrät der Freundin, die er im Brief meist betont distanziert mit »geschätzteste, gnädige Frau« tituliert, daß er manche Stellen seines Buches mit dem Gedanken geschrieben habe, was Rosa Mayreder wohl dazu sagen werde. Es handelt sich – ähnlich bei Marie Eugenie delle Grazie – auch hier nicht um die volle Gleichgerichtetheit des Denkens und der Lebenseinstellung, wohl aber um »eine Gesinnungsähnlichkeit«, die Steiner bei der knapp drei Jahre Älteren wahrnimmt. Jahrelang währt der briefliche Kontakt zwischen den beiden Menschen. Steiner setzt sich für die Publikationen der Freundin ein, nicht immer mit Erfolg. Und er selbst ist mitteilsam, was seine persönliche Situation und sein Vorhaben betrifft, nachdem er Wien längst verlassen hat. Die im Brief beschworene »Gesinnungsähnlichkeit« vermag die Befreundeten nur eine begrenzte Zeit zu begleiten. Zu groß wird die geistig-weltanschauliche Distanz zwischen beiden – eine Beobachtung, die sich auch bei anderen Jugendfreundschaften Steiners machen läßt. Immerhin gedenkt er solcher Begegnungen im *Lebensgang* ausführlich:

»Ich betrachte es als einen schönen Gewinn meines Lebens, manche Stunde in der Zeit, die ich hier schildere, mit Rosa Mayreder in den Jahren ihres Suchens und seelischen Ringens verbracht zu haben.«[123]

Darüber vergißt Steiner nicht, daß seine Art, »aus der gegenwärtig anerkannten Wissenschaftlichkeit zum Erleben des Geistigen« aufzusteigen, einer Persönlichkeit wie Rosa Mayreder »unmöglich sympathisch« sein könne.

Das trifft in einem noch höheren Maße für Steiners Freund Friedrich Eckstein zu. Auch er ist eine von jenen »heimatlosen Seelen«, die sich nach einer tragenden Weltanschauung umsehen und daher von einer zeitgenössischen Kulturströmung zur anderen überwechseln. Gerade bei Eckstein wird das deutlich. Der vielseitig begabte, wirtschaftlich gut situierte jüdische Fabrikantensohn war zeitenweise Famulus von Anton Bruckner und – wie übrigens auch

Rosa Mayreder – persönlicher Freund und Förderer des in geistiger Umnachtung früh verstorbenen Hugo Wolf. Einundzwanzigjährig war »Eck«, wie ihn die Freunde nannten, als enthusiastischer Wagnerianer zu Fuß nach Bayreuth gepilgert, um im Sommer 1882 im neuerbauten Festspielhaus der Uraufführung des *Parsifal* beizuwohnen. In der Folge seiner anfänglichen okkultistisch-spiritistischen Studien avancierte Eckstein zum Oberhaupt der Theosophen Österreichs, aber nur für wenige Jahre. Bald finden wir den unsteten Sucher und Allerweltkundigen in den Reihen der Wiener Psychoanalytiker, wenngleich er in späteren Jahren dort als Autor nur eine Nebenrolle gespielt hat.[124]

Als Steiner dem gleichaltrigen Friedrich Eckstein in den Wiener Zirkeln begegnet, schätzt er in ihm vor allem den »intimen Kenner alter Geist-Erkenntnis«. Gemeint ist ein reiches Symbolwissen, ein Wissen um die spirituelle Überlieferung, sei es östliche Philosophie oder Kabbala, westliche Theosophie oder – und das ging Steiner im besonderen an – die esoterische Seite im Schaffen Goethes. Denn während Karl Julius Schröer den jungen Steiner an den Dichter des *Faust* heranführte und er sich selbst in die Eigenart der Goetheschen Naturwissenschaft einarbeitet, über den Schlüssel zur Geheimniswelt im Schaffen Goethes verfügte kein anderer als Friedrich Eckstein. Steiner ist fasziniert. Selbst er, der doch bestrebt ist, seine Geistessuche auf eine tragfähige erkenntnistheoretische Basis zu stellen, taucht ganz »in das mystische Element« unter. Eine scheinbar beiläufige Bemerkung in einem Brief aus Weimar vom 21. März 1891, also erst wenige Monate nach seinem Abschied von Wien geschrieben, läßt aufhorchen, denn da heißt es von diesem »mystischen Element«, daß er (Steiner) in ihm »eine Zeitlang in Wien fast besorgniserregend geschwommen« sei.

Neben Belegen aus dem Briefwechsel zwischen Steiner und Eckstein, die sich auf diese esoterisch-spirituelle Seite in den Dichtungen Goethes beziehen, gibt es jene gewichtige Briefstelle, in der Steiner die außerordentliche Bedeutung des gleichaltrigen Freundes für seinen eigenen Weg hervorhebt. Da heißt es:

> »Ich möchte Ihnen aber doch einmal eines sagen, was mich drängt, Ihnen zu sagen: Es gibt zwei Ereignisse in meinem Leben, die ich so sehr zu den allerwichtigsten meines Daseins zähle, daß ich überhaupt ein ganz anderer wäre, wenn sie nicht eingetreten wären. Über das eine muß ich schweigen; das andere aber ist der Umstand, daß ich Sie kennenlernte. Was Sie mir sind, das wissen Sie wohl noch besser als ich selbst; daß ich Ihnen unbegrenzt zu danken habe, das weiß ich [...].«[125]

Dieser Brief Steiners an Eckstein, im November 1890 abgefaßt, ist an den »lieben, verehrten Freund« gerichtet, und er schließt mit der Versicherung »treuer Anhänglichkeit« – eine Wertschätzung, die einer Steigerung kaum fähig ist.

Bald bricht der persönliche und briefliche Kontakt ab. Die Wege der beiden Männer gehen weit auseinander. Denn als Steiner zu Beginn des Jahrhunderts seitens der Theosophischen Gesellschaft in und für Deutschland eine ähnliche leitende Funktion übernimmt, wie sie Eckstein für Wien und Österreich Jahre zuvor innehatte, da hat sich dieser von der theosophischen Bewegung bereits zurückgezogen. Er, der sich noch viele Jahre nach der Trennung in Sachen des okkulten Wissens als der einstige Lehrer Rudolf Steiners versteht, nimmt von dessen Schaffen kaum mehr Notiz. »Ich kann nicht sagen, daß ich Anthroposophie ablehne«, läßt er einmal einen Freund wissen. Dieser Freund, Edmund Schwab, berichtet in seinen Erinnerungen[126] von Eckstein:

»Als er etwa 1905 Steiner nach Jahren wieder getroffen und einen öffentlichen Vortrag von ihm gehört habe, sei er entsetzt gewesen; Steiner sei ihm zeitweise nicht mehr normal vorgekommen; er habe phantastischen Unsinn vorgetragen! Dann sei erst etwa 1912 oder 1913 eine Gelegenheit gewesen, wieder mit Steiner, wie vor vielen Jahren, allein zu sprechen. Sie hätten sich getroffen und über ein Thema, das Steiner mit ihm zu erörtern Lust zeigte, ein Zusammenkommen im Café Landmann nächst dem Burgtheater vereinbart.« Die Aussprache kam zustande, doch sie verlief offensichtlich so, daß die tiefe Kluft sichtbar wurde, die die beiden Jugendfreunde voneinander trennte. Auf eine Frage Ecksteins, Goethes Dichtung *Geheimnisse* betreffend, konterte Steiner: »Sag mir, glaubst du an die Meister [die die Künstler inspirierenden Esoteriker]?«, und als nun Eckstein antwortete: »Du bist doch einst mein Schüler gewesen und hast doch selbst einige ›Meisterinspirationen‹ als Humbug erfahren«, habe Steiner ihm erwidert: »Schade, dann kann ich dir auch nichts darüber mitteilen [...].« Nach Ecksteins Meinung habe Steiner in seiner kurzen Antwort sagen wollen: Wer an die Meister nicht glaubt, dem dürfe man solche Mitteilungen gar nicht machen [...]. Eckstein habe sein Interesse für Steiners Persönlichkeit deshalb aber nicht verloren, sondern insbesondere seine Mysteriendramen mit Interesse verfolgt, ohne allerdings dazu eine überzeugte positive Einstellung gewinnen zu können [...].«

Geht man der Frage nach, was die Distanz verursacht haben mag, dann lassen sich Momente anführen, die mit Steiners Geisteshaltung und Zielsetzung zu tun haben, somit von Anfang an bestanden: Als »Goetheanist« wendet sich Steiner schon in seinen ersten größeren

Arbeiten gegen »einen ungesunden Kant-Glauben«,[127] während Eckstein zeit seines Lebens Kantianer gewesen ist. Emil Bock charakterisiert den Freund Steiners daher als einen Okkultisten, der keinen Wert auf die Erlangung geistiger Fähigkeiten durch Meditation legt, sondern statt dessen auf »lauter akrobatische, magische Übungen, aber das nicht macht, was den mystischen Weg betreten läßt. [...] Er hat keinen Wert darauf gelegt, den Intellekt durch Steigerung und innere Erkraftung zum Organ realer Geisterkenntnis zu machen.«[128] So gesehen deutet vieles darauf hin, daß Eckstein die Goethe-Arbeiten des jungen Rudolf Steiner, soweit sie sich mit Goethes Erkenntnistheorie beschäftigten, entweder nicht zur Kenntnis nahm oder aber ablehnte. – Auf der anderen Seite nahm Steiner wohl vieles aus dem okkulten Wissen seines Freundes an. Doch auch da werden Unterschiede deutlich:

> »Friedrich Eckstein vertrat energisch die Meinung, man dürfe die esoterische Geist-Erkenntnis nicht wie das gewöhnliche Wissen öffentlich verbreiten. Er stand mit dieser Meinung nicht allein; sie war und ist die fast aller Kenner der ›alten Weisheit‹ [...]. Ich mußte mich, sollte ich eine öffentliche Tätigkeit für Geist-Erkenntnis entfalten, entschließen, mit dieser Tradition zu brechen. Ich sah mich vor die Bedingungen des geistigen Lebens der Gegenwart gestellt. Denen gegenüber sind Geheimhaltungen, wie sie in älteren Zeiten selbstverständlich waren, eine Unmöglichkeit [...].«[129]

Wie schwer sich Eckstein tat, Steiners Erkenntnisweg zu verfolgen, geschweige denn nachzuvollziehen, geht aus einer Äußerung hervor, die er tat, als er einmal den Text eines Steinerschen Vortragszyklus zu Gesicht bekam. Erstaunt soll er gefragt haben: »Woher weiß er das?« Stimmen könne dergleichen nicht, denn – wäre das von Steiner Mitgeteilte bloße Wiedergabe traditioneller Lehren – dann wären ihm diese nicht fremd. Daß eine originäre Geistesforschung neben oder gar ohne Quellenstudium möglich sei, lag offenbar außerhalb von Ecksteins Überlegungen.

Doch all das hinderte den Wiener Freund aus »alten unnennbaren Tagen« nicht, ein ehrendes Gedenken zu bewahren. Als Eckstein hört, daß Steiner schwer erkrankt sei, widmet er ihm seine *Erinnerungen an Anton Bruckner*. Das Buch, das im Sterbemonat, März 1925, in Dornach ankommt, trägt die handschriftliche Widmung: »Dr. Rudolf Steiner mit vielen herzlichen Grüßen! Zur Erinnerung an längst vergangene Tage der Geistesfreude.«[130]

Von Wien nach Weimar

Am Ende der achtziger Jahre kündigt sich im Leben Rudolf Steiners eine erste Wende an. Am 27. Februar 1889 wird er 28 Jahre alt. Der Übergang vom vierten zum fünften Lebensjahrsiebt entspricht nach Steiners in Siebenjahresabschnitten gegliederten Menschenkunde eine wichtige Aufgabenstellung. Er selbst nennt sie die Entfaltung der »Verstandesseele«. Gemeint ist ein Durchgangsstadium im Prozeß der leiblich-seelisch-geistigen Reifung des Menschen angesichts der Lebensmitte.[131]

Äußerlich gesehen ist Steiner noch Privatlehrer in der Familie von Ladislaus und Pauline Specht. Die Redaktionstätigkeit an der Ende 1883 von dem österreichischen Historiker Heinrich Friedjung begründeten *Deutschen Wochenschrift* stellt nur ein kurzes Intermezzo von wenigen Monaten dar. Steiners politische Wochenberichte aus dieser Zeit reichen vom 30. Dezember 1882 bis zur Liquidierung des Blattes im Juli 1883.[132] Die kommenden Aufsätze aus der gleichen Zeit verraten gewisse Sympathien für die alldeutsche Bewegung in der Donaumonarchie, Bewunderung für die Politik Bismarcks und für den soeben an die Macht gelangten jungen Kaiser Wilhelm II. Der Kommentator, den »das unwürdige Parteiengezänke [...] mit tiefem Abscheu« erfüllt, meint beispielsweise:

> »Die Deutschen besitzen jenen wahrhaft konservativen Sinn, der, hohlem Radikalismus abgeneigt, auf die gesunde, im Bereiche der Möglichkeit liegende Weiterentwicklung des Bestehenden geht [...]. In des deutschen Kaisers Geist muß der Volkswille zum Regierungsgrundsatze werden, nicht der Parteigeist [...].«[133]

Spiegelungen des politischen Zeitgeistes, die nicht überzubewerten sind.

Daß der Deutschösterreicher Rudolf Steiner hoffnungsvoll nach Deutschland blickt, gründet jedoch vor allem in der Tatsache, die das geistige Leben Deutschlands, namentlich das des Idealismus und der deutschen Klassik darstellt. Noch ein Menschenalter später erläutert Steiner die Situation:

»Es ist in diesen Jahrzehnten das Bedeutsame gerade für den nach Geist strebenden Deutsch-Österreicher gewesen, daß er gewissermaßen herausgehoben aus der Volksgemeinschaft, in der Lessing, Goethe, Herder usw. gestanden haben, über die Grenze hinüber in ein ganz fremdes Milieu hineinversetzt [wurde], da [man] das lebendige Anschauen Goethes, Schillers, Lessings, Herders usw. bekam. Man bekam alles andere nicht mit [...]. So lebte man zusammen mit etwas, das man nach und nach eigentlich als sein eigenes Wesen fühlte, das aber herausgerissen war aus seinem Entstehungsboden und das man selber in der Seele trug [...].«[134]

Dieses deutsche Geistesleben ist für den jungen Goethe-Forscher längst nicht mehr nur eine innerseelische Tatsache. 1883 konnte der erste von ihm kommentierte und herausgegebene Band mit Goethes naturwissenschaftlichen Schriften erscheinen, vier Jahre später Band zwei, der dritte befindet sich in der fraglichen Zeit in Vorbereitung. Zuvor, 1886, hatte Steiner die *Grundlinien einer Erkenntnistheorie der Goetheschen Weltanschauung [...]* veröffentlicht. Steiners Mentor Karl Julius Schröer fällt es daher nicht schwer, seinen Schüler nach Weimar zu empfehlen, also dorthin, wo man im neugegründeten Goethe- und Schiller-Archiv die große Weimarer Sophien-Ausgabe erarbeitet. Walter von Goethe (1818-1885), der letzte Nachkomme des Dichters, hatte den Nachlaß der Großherzogin Sophie Luise von Sachsen-Weimar testamentarisch vermacht. Die Weimarer Sophien-Ausgabe trägt daher ihren Namen.

Die Zusage aus Weimar eröffnet Steiner ganz neue Perspektiven: einerseits die Aussicht, seine Goethe-Forschung aufgrund unmittelbarer Quellenstudien und neuer Materialien zu vertiefen, wodurch auch die noch zu bearbeitenden Bände der zuerst begonnenen Ausgabe in Kürschners Nationalbibliothek profitieren sollten. Ein Vortrag über *Goethe als Vater einer neuen Ästhetik,* am 9. November 1888 im Wiener Goetheverein gehalten, setzt einen weiteren Akzent: Die Art, wie Goethe die »anschauende Urteilskraft« betätigt, eröffnet auch dem künstlerischen Schaffen und Erleben neue Dimensionen. Das Schöne ist demnach nicht bloße Nachbildung des in der Natur Vorgegebenen, sondern Sichtbarmachung der Tendenz, die zunächst unsichtbar in der Natur liegt. »In diesem Hinausgehen des Gegenstandes über sich selbst, aber doch nur auf Grundlage dessen, was in ihm schon verborgen ist, liegt das Schöne [...].«[135]

Auf der anderen Seite faßt Steiner die Möglichkeit einer Dozentur ins Auge. Um aber Professor, etwa in Jena, zu werden, ist die philosophische Promotion Voraussetzung. So ist Steiners Schaffen während der Wiener Jahre zum einen gekennzeichnet durch seine Goethe-Interpretations- und Editionsarbeit; zum anderen treibt er seine erkenntnistheoretisch-philosophischen Studien voran. Sie sollen in der beabsichtigten Dissertationsschrift und in der daran anschließenden *Philosophie der Freiheit* ihre Abrundung erfahren.

Und was die innere Verfassung des jungen Gelehrten betrifft, so darf seine Teilnahme an der Vielfalt der Wiener Geselligkeit nicht über das hohe Maß an geistiger Konzentration hinwegtäuschen, das ihm in diesen Jahren abverlangt wird. In seinen autobiographischen Aufzeichnungen kommt er darauf zu sprechen:

> »In meinem Innern ergab sich durch die ausführliche Einleitung, die ich zum zweiten Bande der von mir herauszugebenden naturwissenschaftlichen Werke Goethes zu schreiben hatte, die Nötigung, meine Anschauung von der geistigen Welt in die Form einer gedanklich durchsichtigen Darstellung zu bringen. Das erforderte eine innere Abgezogenheit von allem, womit ich durch das äußere Leben verbunden war. Ich verdanke dem Umstande viel, daß mir diese Abgezogenheit möglich war. Ich konnte damals in einem Kaffeehause sitzen, um mich herum das lebhafteste Treiben haben, und doch im Innern ganz still sein, die Gedanken darauf gewandt, im Konzept niederzuschreiben, was dann in die erwähnte Einleitung übergegangen ist. So führte ich ein inneres Leben, das in gar keinem Zusammenhange stand mit der Außenwelt, in die meine Interessen doch wieder intensiv verflochten waren.«[136]

Das kulturell-geistige Leben, mit dem er als Redakteur, oder ganz allgemein als Zeitgenosse in Berührung kommt, bleibt ihm im Grunde fremd. Jedenfalls gehen von dem, was sich da begibt, keine erneuernden Impulse aus. Entsprechend fallen seine Urteile über die »theoretisierenden Sozialisten« – Karl Marx, Friedrich Engels, den Österreicher Viktor Adler u.a. – aus. Alles in allem ein Sieben- oder Achtundzwanzigjähriger, der voller Fragen und Rätsel ist, was die Realität der äußeren Welt angeht, in der er lebt. Sein ganzes Bemühen ist auf Innenerfahrung gerichtet, die Steiner so umschreibt:

> »Durch die Anschauung des Wahren wollte ich den Geist *erleben*, der sich in seinem eigenen Wesen offenbart, dessen geistiger

Abglanz die sittliche Tat ist, und zu dem das künstlerische Schaffen durch das Gestalten einer sinnlichen Form hinstrebt.«[137]

Bei aller Begeisterung für das deutsche Geistesleben fällt Steiner die Übersiedlung von Wien nach Weimar nicht leicht. Der Briefwechsel aus den ersten der neunziger Jahre zeigt das. Man wird an die Lösungsproblematik erinnert, mit der ein Heranwachsender fertig werden muß; hier sind es nicht nur die Eltern, sondern im weiteren Sinn die österreichische Mentalität, die Freundschaft, das Einverwobensein in der Seelenhülle des »Mutter«-Landes.

Mitte Juli 1889 reist Steiner nach Weimar. Es handelt sich zunächst um einen befristeten Besuch von etwa vier bis fünf Wochen. Der künftige Mitarbeiter hat sich persönlich vorzustellen, seine Aufgabe kennenzulernen und Vorschläge für die ihm zu übertragende Editionsarbeit zu machen. Darauf bereitet sich Steiner schon in Wien gründlich vor, um, wie er sagt, seinen ersten Weimar-Aufenthalt nicht zu lange ausdehnen zu müssen. Ein außerordentliches Erlebnis steht ihm bevor: Zum ersten Mal betritt er deutschen Boden. »Es ist ein ganz eignes Gefühl, den Boden unter den Füßen zu haben, der die größten deutschen Meister getragen hat«, heißt es in einem der ersten Briefe aus der Musenstadt. Schreibt so nicht einer, der das lange ersehnte Ziel einer Pilgerfahrt erreichte? Und dabei geht es nicht allein um die Goethe-Stadt. Der »Katholik« Steiner steigt zur Wartburg hinauf und betritt das Luther-Zimmer:

> »Es war, als empfand ich den Geist in seiner Unmittelbarkeit, der sich wie der belebende Saft in unsere ganze deutsche Entwicklung in den letzten Jahrhunderten ergossen hat. Es wird wohl wenige Punkte in Deutschland geben, die auf uns so wirken wie die Wartburg, die so viel historische Erinnerung in sich schließt.«[138]

Er schreibt dies seinem Freund und Schüler Richard Specht. Der Deutschland-Begeisterte bedauert nur, daß er nicht genug Zeit hat, sich diesen Eindrücken lange genug hinzugeben. Die Arbeit im Archiv ist ihrem quantitativen Ausmaß nach kaum zu übersehen. Es gilt, ein vorläufiges Arbeitsprogramm zu erstellen, das außer dem Archivdirektor Bernhard Suphan auch »Serenissima«, der an der Goethe-Forschung ganz persönlich interessierten Großherzogin Sophie, vorzulegen ist.

Der wissenschaftliche Nachlaß Goethes erweist sich als beträchtlich, jedenfalls als noch »reichhaltiger, als ich mir habe denken können«, schreibt Steiner an Friedrich Lemmermayer. Er ahnt, daß eine »anstrengende Arbeit« auf ihn warte. Aber was die Sache selbst betrifft, so sieht er sich in seinen Vermutungen voll bestätigt. Er hofft daher, durch die nun möglichen Textausgaben den Beleg für seine bisherige Goethe-Interpretation liefern zu können. Und er fährt fort:

> »Ich gestehe Dir, es ist ein Gefühl ganz eigener Art, wenn man auf dem Boden Weimars herumwandelt. Es ist, als ob sich plötzlich alles, was wir über die größten Geister unserer Nation gedacht und gesonnen haben, neu belebte, als ob wir es jetzt besser fühlten, tiefer empfänden [...].«[139]

Sein Quartier unmittelbar hinter dem Goethe-Haus gibt ihm täglich Gelegenheit, auf seinem Gang zum Archiv am Haus der Frau von Stein vorüberzugehen – »das alles sind mir liebe Verhältnisse [...]«. Goethes Gartenhaus »mit seiner lieblichen Umgebung« – Steiner kommt leicht ins Schwärmen. Das Goethe-Schiller-Standbild findet er gar »überwältigend«. Und überhaupt, die Eindrücke, die Steiner in Norddeutschland gewinnt, lassen ihn die Distanz zu Österreich deutlich sichtbar werden; alles »trägt den Stempel eines selbst- und zielbewußten einheitlichen Volkes in sich«. Der vom Vielvölkerstaat bekannte Partikularismus scheint ihm »wenigstens bei einem großen Teil des Volkes überwunden«. Mit einem Wort, Rudolf Steiner ist begeistert.

Im ganzen gestaltet sich diese erste Deutschlandreise Rudolf Steiners durchaus ertragreich. Zu den vielfältigen kulturellen und künstlerischen Eindrücken während des etwa achtwöchigen Aufenthalts gehört auch der Besuch bei dem Philosophen Eduard von Hartmann (1842-1906) in Berlin. Noch während seiner Wiener Studienzeit hatte sich Steiner in die Schriften Hartmanns vertieft. Als Herausgeber der Naturwissenschaftlichen Schriften Goethes und als Autor der *Grundlinien* hatte der Dreiundzwanzig- bzw. Fünfundzwanzigjährige mit dem in Berlin wohnenden Denker Kontakt aufgenommen. Manchen förderlichen Hinweis verwertete er. In Anknüpfung an Hartmanns *Philosophie des Unbewußten* hoffte Steiner, nachweisen zu können, »daß sich bei Goethe mancher bedeutsame Ansatz zur Ansicht vom Unbewußten findet«[140]. Und wenn sich Steiner noch in den neunziger Jahren als »ein treuer Anhänger« der Hartmannschen Philosophie erklärt, so übersieht er doch nicht, daß seiner eigenen monistisch ausgerichteten Erkenntnistheorie die dualistische Hartmanns gegenübersteht.[141] Die pessimistische Grundeinstellung Hartmanns führt Steiner auf eine »ganz falsche Fragestellung an das menschliche Leben« zurück. Und was das Unbewußte (im philosophischen Sinne) betrifft, so ist es für

Steiner »etwas, das durch die Anstrengungen des Seelenlebens immer mehr in das Bewußtsein heraufgehoben werden kann«[142]. So beeindruckt Steiner in den Augusttagen des Jahres 1889 von Eduard von Hartmann Abschied nimmt, die innere Distanz zu ihm muß er sich offen eingestehen. Was in den Briefen jener Jahre noch kaum ins Gewicht fällt, das gibt der Autobiograph dreieinhalb Jahrzehnte später um so deutlicher zu verstehen:

> »Ich fühlte, wie weit ich weg war von der zeitgenössischen Philosophie. Wenn ich auf der Weiterreise im Eisenbahnwagen saß, meinen Gedanken und den Erinnerungen an den mir doch so wertvollen Besuch hingegeben, so wiederholte sich das seelische Frösteln. Es war etwas, das in mir lange nachwirkte.«[143]

Dabei hatte Steiner gehofft, zumindest von den Philosophen seiner Zeit in gewisser Weise akzeptiert zu werden. Daß die zeitgenössische Naturwissenschaft, ja nicht einmal die Repräsentanten der offiziellen Goetheforschung das gewünschte Interesse zeigten, dessen war sich der Erkenntnistheoretiker bewußt. Nicht ohne Grund wies er in Briefen gelegentlich darauf hin, daß seine Erstlingsschrift *Grundlinien einer Erkenntnistheorie der Goetheschen Weltanschauung* weniger als Beitrag zur Goetheforschung, denn zur Erkenntnistheorie verstanden werden solle.

Wie auch immer Rudolf Steiners Schaffen um 1890 von seiner Mitwelt eingeschätzt wurde, durch die übliche Etikettierung war er nicht festzulegen. Wohl war er von seinem Studiengang her mit der Naturwissenschaft in der zweiten Hälfte des 19. Jahrhunderts vertraut, jedoch war und wollte er nicht in diesem Sinne Naturwissenschaftler sein. Was die Goetheforschung betraf, so ging er wohl aus der Schule des in Fachkreisen wenig ernstgenommenen Karl Julius Schröer hervor, aber dessen idealistisch-platonisierende Sichtweise konnte ihn nicht beirren. Schließlich kam es ihm als Naturwissenschaftler wie als Interpret der naturwissenschaftlichen Schriften Goethes darauf an, eine philosophisch-erkenntnistheoretische Grundlage zu schaffen, von der aus die Grenzen der beiden Bereiche überschritten werden können. Dabei ist es von besonderer Bedeutung, daß sich schon der Dreiundzwanzigjährige einer Vokabel bedient, die in der späteren Anthroposophie eine spezielle Bedeutung erlangen sollte; es ist der Begriff der »Erweiterung«. Noch in der letzten, gemeinsam mit der Ärztin Ita Wegman erarbeiteten Schrift *Grundlegendes für eine Erweiterung der Heilkunst nach geisteswissenschaftlichen Erkenntnissen* (1925) wird die programmatische Bedeutung des Wortes »Erweiterung« deutlich. Doch Steiners diesbezügliche Zielsetzung klingt schon in jenem ersten, an den Philosophen Eduard von Hartmann gerichteten Brief vom 4. September 1884 an, in dem es zur Goethe-Thematik heißt:

> »Eine wahre Erklärung des Organischen wird gewiß nicht erreicht, wenn man es leugnet, sondern wenn man unser Begriffssystem erweitert, so daß wir zu Begriffen gelangen, die uns das Organische ebenso begreiflich erscheinen lassen, wie dies bezüglich des Unorganischen mit den mechanischen, physikalischen etc. Gesetzen der Fall ist [...].«[144]

Mit dieser Zielsetzung und mit dem geistigen Rüstzeug zweier, ja dreier Disziplinen ausgestattet, ist Rudolf Steiner im Begriff, den Schritt von Wien nach Weimar zu tun.

Als Goethe-Herausgeber in Weimar

Man kann nicht sagen, daß es Steiner bei allem Goethe- und Deutschland-Enthusiasmus leicht gefallen wäre, sich von Wien zu lösen und in Weimar einen neuen Lebensabschnitt zu beginnen. Darüber können auch die begeisterten Schilderungen nicht hinwegtäuschen, die aus der Zeit der ersten Deutschlandreise Steiners erhalten sind. »Sie werden gewiß erstaunt, vielleicht auch ungehalten darüber sein, daß ich mit der Übernahme meiner Verpflichtungen in Weimar so lange zögere«, heißt es in einem Brief vom 18. Mai 1890 an Bernhard Suphan, den Direktor des Goethe-Schiller-Archivs. Steiner verweist auf »unabänderliche Privatverhältnisse«. Dabei dürfte es sich um die Erzieher- und Hauslehrertätigkeit bei der Familie Specht handeln. Offiziell lief diese Verpflichtung am 28. September 1890 ab, also erst knapp vier Monate später. Doch Steiner stellt sein Eintreffen »in der deutschen Musenstadt« bereits in wenigen Wochen in Aussicht.

Etwa fünf Wochen später verspricht der bereits Angemahnte seine Ankunft für Anfang Juli. Doch auch daraus wird nichts. Steiner sagt sein Kommen für spätestens Mitte September zu. Zur fraglichen Zeit weilt er jedoch mit der Familie Specht zur Sommerfrische in Unterach am Attersee und ist danach wieder in Wien. Allerdings ist er Tag und Nacht vollauf beschäftigt: Abzuschließen ist die Hauslehrertätigkeit bei der Specht-Familie. Seit Monaten arbeitet er an den für die Weimarer Goethe-Ausgabe notwendigen Vorbereitungen. Sie sind so weit, beinahe so weit gediehen, daß er mit der Redaktion des ersten Bandes bereits im Juli fertig zu sein gedenkt – auch ein viel zu früh gesetzter Termin übrigens. Und daneben findet Steiner noch Zeit, seinen Freunden, zum Beispiel seinem »lieben Eck«, Friedrich Eckstein, und Rosa Mayreder in ihren schriftstellerischen Bemühungen zur Verfügung zu stehen. Alles in allem kein leichter Abschied von Wien, welche Gründe auch die Verzögerungen verursacht haben mögen. Daß die persönliche enge Verbundenheit mit den vielen Wiener Freunden dabei stark ins Gewicht fällt, verraten die zahlreichen Briefe, die in der Folgezeit zwischen Weimar und Wien gewechselt werden.

Der erste, unmittelbar nach der Ankunft geschriebene Brief datiert vom 30. September 1890 und ist an Steiners Gönner, das Ehepaar Specht gerichtet. Steiner fühlt sich in Weimar freundlich aufgenommen. Direktor Suphan hofft, in Steiner die lange entbehrte Stütze zu finden. Dabei legt Steiner Wert auf den Hinweis, »von keinem äußeren Berufe umklammert« zu sein. An eine Lebensstellung ist nicht gedacht. Er zählt als freier Mitarbeiter. Im zwölften Band des Goethe-Jahrbuchs für das Jahr 1890 findet sich die Notiz: »Den ständigen Arbeitern hat sich seit dem Herbst 1890 Rudolf Steiner aus Wien zugesellt. Ihm ist (mit Ausnahme der osteologischen Partie) das gesamte Gebiet der ›Morphologie‹ zugeteilt, fünf oder voraussichtlich sechs Bände der ›zweiten Abteilung‹, denen aus dem handschriftlichen Nachlaß ein hochwichtiges Material zufließt.«

Steiner bewohnt eine aus einem Wohn- und Schlafzimmer bestehende kleine Wohnung in der Prellerstraße. Sein morgendlicher Weg zum Dienst führt, wie schon berichtet, am Haus der Frau von Stein vorüber zum großherzoglichen Schloß. In dem nach der Ilm gelegenen Flügel ist zu diesem Zeitpunkt, das heißt vor Fertigstellung des neuen Archiv-Gebäudes, das Goethe- und Schiller-Archiv untergebracht. Die Arbeit selbst bezeichnet der Neuankömmling als »bis auf kleine Reste schön und befriedigend«. Doch das sind erste Eindrücke, zumal er in den Goethe-Papieren immer wieder auf Neues stößt. Wenn er sich, gemessen an der Wiener Geselligkeit, »recht vereinsamt« fühlt, so gibt er sich im Brief an Ladislaus Specht doch zuversichtlich:

> »Ich bin durch meine bisherigen Goethestudien so weit, diese Schätze aus dem Nachlaß dem Gesamtbilde Goethes einzufügen, so daß ich nicht der Unbescheidenheit geziehen zu werden fürchte, wenn ich hoffe: die wissenschaftlichen Arbeiten Goethes werden durch meine hiesigen Arbeiten zu einer entsprechenden Einheit gestaltet werden [...].«[145]

Aber es gibt viele Schwierigkeiten grundsätzlicher und organisatorischer Art. Steiner ist überzeugt, die von ihm zu leistende Edition der Goethe-Texte erfordere eine andere Verarbeitung als der dafür bereits vorliegende Plan festlegt, über dessen Einhaltung ein Herausgeber-Komitee wacht. Steiner ist entschlossen, seine Ansichten durchzusetzen, obwohl bereits rund zwanzig Bände der Sophien-Ausgabe vorliegen. »Die Leute um mich herum mögen mich verstehen oder nicht, ich folge meinem eigenen Lichte«, läßt er seinen einstigen Schüler Richard Specht wissen. Und zu jenen Leuten gehören neben Direktor Suphan und den Herren vom Komitee, unter ihnen Wilhelm Grimms Sohn Herman Grimm, Steiners eigentliche Kollegen Eduard von der Hellen und der aus Wien stammende Julius Wahle, Serenissimus, der Großherzog Karl Alexander, und seine aus den Niederlanden stammende Frau Sophie kümmern sich persönlich um den Fortgang der Editionsarbeiten. Dazu kommen häufig fremde Archivbesucher, die einerseits Leben in die einförmige Arbeit an den Manuskripten bringen, andererseits aber das Sichten und Entziffern der Papiere nicht gerade fördern.

Und zu sichten gibt es unerhört vieles. Schon in den ersten Wochen stößt Steiner auf die Tatsache, daß Goethe 1824 die Bhagavadgita gelesen habe. Andere Aufzeichnungen liefern dem Goethe-Forscher den Beleg für seine früheren, zunächst nur auf Vermutungen gestützten Deutungen, beispielsweise von Goethes Märchen *Von der grünen Schlange und der schönen Lilie.* Ein Jahrzehnt später wird Steiner auf diese rätselhafte Märchendichtung zurückkommen[146], um, an Goethes esoterische Anschauungen anknüpfend, seine eigenen vorzutragen. Goethe erscheint ihm – so in einem Brief an Rosa Mayreder – immer mehr »wie der Brennpunkt, in dem sich die Strahlen der abendländischen Weltanschauung vereinigen«. Und er fügt bedeutsam hinzu: »Wir verstehen ihn freilich nur dann, wenn wir uns selbst zu ähnlichem Denken und Anschauen emporgearbeitet haben.«[147] Und an diesem erlebenden Emporarbeiten liegt ihm viel, bedenkt man, daß er neben seiner »beruflichen« Tätigkeit philosophische Studien treibt, um zu promovieren. Er beabsichtigt, ein Buch mit dem Titel *Goethe-Philosophie* zu schreiben. Auch faßt er die Möglichkeit einer akademischen Lehrtätigkeit ins Auge, ein Plan, der nicht erst in Weimar gereift zu sein scheint. Jedenfalls wird er schon in den ersten Briefen erwähnt, die er den Wiener Freunden schickt. Steiner ist noch keine zwei Monate in der Musenstadt, um nach Wien zu berichten, daß allein die Arbeit ihn aufrecht erhalte. Da wird über immer neuen »Anlaß zu Verdruß und Verstimmung« geklagt. Der an die Wiener Geselligkeit Gewöhnte vermißt die Möglichkeit des Gesprächs. »Überfluß an nicht anregendem Umgang« hat er freilich. Direktor Suphan wird in seinen Augen immer mehr zu einem bloßen »Goethe-Papst«, der Archivalien verwaltet, Reliquien eines toten Goethe. Pauline Specht gesteht Steiner »einen unbeschreiblichen Ekel vor den hölzernen Menschen, ohne Kern und Seele«. Und ein Brief an Friedrich Eckstein endet mit dem Lamento:

»Wie allein und unverstanden ich mich hier fühle, davon können Sie sich schwerlich einen Begriff machen. Seit ich von Wien fort bin, konnte ich noch mit niemanden ein vernünftiges Wort sprechen.«[148]

Und an seinen väterlichen Mentor, Karl Julius Schröer, der ihm wenige Jahre zuvor den Weg ins Goethe-Schiller-Archiv bahnte, schreibt er im April des folgenden Jahres:

»In Weimar ist leider kaum jemand, mit dem man sich über Goethe aussprechen könnte. Suphan hat weder Verständnis noch Interesse für Goethe. Er wirft uns Wienern vor, daß wir Goethe ›singen‹, weil ihm unsere Hingabe an die Sache eigentlich zuwider ist.«[149]

Sollte der Weimarer »Gral« den »Gralshütern« völlig entschwunden sein? Es herrscht die Philologie – für jemanden, dem es um »Goethes Geistesart« zu tun ist, eher Ausdruck der Profanierung eines Heiligtums. Die Enttäuschung Steiners ist unverkennbar. Die Verhältnisse könnten kaum deprimierender sein. Denn statt eines lebendigen Goethe und eines geistige Impulse gebenden »Goetheanismus« findet er einen archivarisch eingesargten Goethe.

Inwiefern trifft das zu? – Man muß sich klarmachen, daß die vom Ansatz her materialistisch und agnostizistisch eingestellte Naturwissenschaft des 19. Jahrhunderts in Goethe ebenfalls einen Dichter erblickte, der ihr jedoch als Autor der Naturwissenschaftlichen Schriften, der Farbenlehre, des Metamorphosegedankens, der Urpflanze u. ä. nichts zu sagen hatte. Die quantitative Forschungsmethode vermochte mit der »anschauenden Urteilskraft« nichts anzufangen. Und die mit dem philologischen Rüstzeug ausgestattete Weimarer Goethe-Forschung war offensichtlich nicht in der Lage, Goethe so zu präsentieren, daß von seiner besonderen Wissenschaftsmethodik her weiterführende Anstöße hätten ausgehen können. Denn so völlig unmöglich war bzw. ist eine Korrespondenz zwischen ihm und der Naturwissenschaft als solcher gar nicht, haben doch beide – nach C. F. von Weizsäcker zu urteilen – »einen gemeinsamen Grund, der ihr Gespräch ermöglicht. [...] Wir heutigen Physiker sind in unserem Fach Schüler Newtons und nicht Goethes. Aber wir wissen, daß diese Wissenschaft nicht absolute Wahrheit, sondern ein bestimmtes methodisches Verfahren ist. Wir sind genötigt, über Gefahr und Grenzen dieses Verfahrens nachzudenken.«[150]

Doch bleiben wir bei Steiner und seiner Situation in den achtziger und neunziger Jahren im Blick auf Goethe: Wohl kann er sich die platonisierenden, ästhetisierenden Anschauungen seines eigenen Lehrers K. J. Schröer nicht zu eigen machen, der sich mit einer abseits des kulturell-geistigen Lebens seiner Zeit zelebrierten Goethe-Verehrung zufrieden gibt, nicht zuletzt, weil ihm die naturwissenschaftliche wie die erkenntnistheoretische Problematik verschlossen ist. Aber Steiner ist klar, und zwar schon zu Beginn seiner für Josef Kürschner besorgten *Einleitungen*, daß es nicht damit getan sein kann, die alten Goetheschen Texte lediglich herauszugeben und beziehungslos neben die Ergebnisse moderner Forschung zu stellen. Denn »es gibt keine solide Weltanschauung in der Gegenwart, die nicht auf naturwissenschaftlichem Boden ruhen könnte«[151]. Und gerade deshalb bedurfte es einer Herausarbeitung der erkenntnistheoretischen Grundlagen und, was nicht weniger wichtig ist, einer Weiterführung des in der Goetheschen Weltanschauung Veranlagten. Steiners Weimarer Erfahrungen sind für ihn deshalb so niederschmetternd, weil er sehen muß, daß die Hüter des Goetheschen Vermächtnisses nur ein museales Interesse zu haben scheinen.

> »Die Leute haben kein Verhältnis zu dem, wovon sie vorgeben, daß sie geistig gespeist werden [...] Diese Goethe-Impulse sind eigentlich in den allerweitesten Kreisen vollständig unbekannt, unbekannt insbesondere aber, total unbekannt bei den Professoren der Literaturgeschichte [...].«[152]

Steiner wendet sich nicht nur gegen eine einseitige philologische Behandlung des Goetheschen Vermächtnisses. Als einer, der für eine Erweiterung der Naturwissenschaft Anregungen gewinnen und vermitteln möchte, muß er jene seiner Zeitgenossen einer Kritik unterziehen, die Goethes Natursicht an dem messen, was sie »Beobachtung« und »Erfahrung« oder »Empirie« nennen. In seinen *Gedanken zu dem handschriftlichen Nachlasse Goethes*, einem Aufsatz aus dem ersten Weimarer Jahr (Frühjahr 1891), geht Steiner nochmals auf die Beurteilung der naturwissenschaftlichen Denkweise Goethes ein, indem er zeigt, von welcher grundsätzlichen Wichtigkeit die präzise Beantwortung ist, was eigentlich »Beobachtung« und »Erfahrung« seien. Natürlich billigt der naturwissenschaftlich denkende Steiner die von der Disziplin erhobene Forderung nach Zuverlässigkeit und Exaktheit. Er bleibt jedoch nicht dabei stehen, sondern er erweitert den Begriff der Erfahrung, wenn er an der genannten Stelle schreibt:

»Das Prinzip der Erfahrung verlangt, daß ich alles, was an mir ist, den Objekten entgegenhalte, um allseitig ihr Wesen zu erforschen. Das sinnliche Auffassungsvermögen ist aber nur eine Seite im Wesen des Menschen.«[153]

Empiriker im Sinne wahrhafter Forschung ist demnach nur, wer sich nicht auf die Sinnesbeobachtung allein beschränkt, sondern darüber hinaus auch »mit den Sinnen des Geistes« beobachtet. Deshalb erschließe sich uns nach Goethes Ansicht das Wesen der Dinge nur aufgrund der »Entfaltung aller unserer Erkenntniskräfte«. Anders ausgedrückt, heißt das:

»Wem es nicht gelingt, die Dinge in der Weise auf sich wirken zu lassen, daß die Welt in seinem Innern so lebendig, so tätig und durch und durch wirksam ist wie die Welt außer uns, wo kein Teil ist, an dem nicht unzählige Kräfte angreifen, der hat im Sinne Goethes dem Grundsatze der Erfahrung nicht genug getan.«[154]

Damit ist die Forderung einer Erkenntnishaltung erhoben, die den Menschen von der nur oberflächlichen, quantitativen »Erfahrung« in die Tiefe qualitativer Erfahrung führt. Damit ist jedoch nicht etwa einer wie auch immer gearteten Innerlichkeit das Wort geredet, für die sich die äußeren »Meßdaten« verflüchtigen sollen. Vielmehr lassen sich Wert und Aussagekraft äußerer Erfahrung erst dann voll würdigen, »wenn der Geist die Kundgebungen ihrer ideellen Bedeutung nach versteht, die sie ihm bringen [...]«. Steiner schließt freilich seinen Aufsatz mit dem – isoliert gesehen – nicht ganz unmißverständlichen Satz: »Suche den Grund nicht in den Dingen dieser Welt, sondern in dir!«[155]

Auch wenn man bedenkt, daß der Verfasser solcher Zeilen zum gleichen Zeitpunkt an der Grundlegung seiner philosophisch-erkenntnistheoretischen Position arbeitet, stellt er sich damit doch selbst die Forderung, auch die für die Erweiterung unserer Selbst- und Welterkenntnis notwenige Methodik zu entwickeln. Sie muß der Steiner der Weimarer Zeit vorerst schuldig bleiben. Was er aus seiner Kenntnis des schriftlichen Goethe-Nachlasses jedoch zu zeigen vermag, das tut er. Und dazu gehört der Nachweis, daß der Dichter nicht etwa nur dank eines glücklichen Zufalls oder einer spontanen Intuition zu den Resultaten seiner Schau gelangt ist. Vielmehr kann Steiner anhand der Papiere zeigen, mit welch strenger Methodik des Beobachtens, des Vergleichens und der Reflexion Goethe die »anschauende Urteilskraft« anwandte und als Naturwissenschaftler einbezog, mag sich seine Betrachtungsweise noch so sehr von der der Zunft unterscheiden. Und Steiner kann sich in seinem Bemühen auf die Großherzogin berufen, die ihm gestattet hat, die Ergebnisse seiner Archivarbeit auch außerhalb der Weimarer Sophien-Ausgabe zu verwerten. In einigen Aufsätzen haben diese Resultate ihren Niederschlag gefunden, ehe Steiner seine Weimarer Goethe-Studien mit dem Buch *Goethes Weltanschauung* (1897) abrunden konnte.

Sieht man sich genauer an, welche Inhalte in diesem Goethe-Buch als Bausteine zur Darstellung der Goetheschen Weltanschauung verwendet werden, dann fällt auf, daß es sich dabei ausschließlich um solche der Natursicht Goethes handelt. Auf andere, von Goethe nicht minder ernstgenommene, in sein dichterisches Schaffen einbezogene Elemente ist ganz verzichtet. So sucht man vergeblich Esoterisches, das heißt Themen und Inhalte, wie sie etwa im *Faust*, im *Märchen*, in dem rosenkreuzerischen Gedichtfragment *Die Geheimnisse* sowie in manchem anderen Werk anzutreffen sind, ja dort die wichtigste Rolle spielen. Kein Wort im übrigen von Goethes Geistesanschauung, von seinen Gedanken, etwa zur Wiederverkörperungslehre (Reinkarnation). Die Bereiche der Mysterien, die den Dichter lebenslang intensiv beschäftigt haben, scheinen von Steiner ganz bewußt ausgespart zu sein, und das ausgerechnet bei einem Interpreten, der nur wenige Jahre nach *Goethes Weltanschauung* selbst als Esoteriker und als »Theosoph« an die Öffentlichkeit zu treten gedenkt, seine Goethe-Studien und seine Philosophie lediglich als methodische Grundlegung der Anthroposophie benutzend.

Über seine Absichten läßt Steiner indes keine Unklarheit aufkommen. So schreibt schon der Fünfundzwanzigjährige, also Jahre vor seinem Dienstantritt in Weimar:

> »Von Goethes Weltanschauung waren für mich nicht dessen positive Aufstellungen maßgebend, sondern die Tendenz seiner Weltbetrachtungsweise. Goethes und Schillers wissenschaftliche Darlegungen sind für mich eine Mitte, zu der Anfang und Ende zu suchen ist. Der Anfang durch Darstellung der prinzipiellen Grundlage, von der wir uns diese Weltansicht getragen denken müssen; das Ende: durch Auseinandersetzung der Konsequenzen, die diese Betrachtungsweise für unsere Anschauung über Welt und Leben hat.«[156]

Im Vorwort zu *Goethes Weltanschauung* – also elf Jahre nach dieser Briefstelle – geht Steiner auf die Frage ein, warum er, der an esoterischen Tatbeständen sehr wohl Interessierte, Goethes Weltanschauung mit dessen *Natur*anschauung geradezu gleichsetzt:

»Die Geheimnisse, die er dem Wesen und Werden der Schöpfung abgelauscht hat, leben in seinen künstlerischen Erzeugnissen und werden nur demjenigen offenbar, der hinhorcht auf die Mitteilungen, die der Dichter über die Natur macht. Der kann nicht in die Tiefen der Goetheschen Kunst hinuntertauchen, dem Goethes Naturbeobachtungen unbekannt sind.«

Demnach sind Goethes naturwissenschaftliche Schriften geradezu Übungsstoff und unerläßliche Vorbereitung für das nachfolgende Werk. Nicht anders sind Steiners eigene Schriften aus der Wiener und Weimarer Zeit im Blick auf seine spätere Anthroposophie zu werten.

Wenn Steiner in den verschiedenen Entwicklungsphasen seiner ersten Lebenshälfte bis in die Weimarer Jahre, das heißt bis in die Lebensmitte hinein immer wieder klagt, es sei kaum jemand da, mit dem er die ihn bewegenden Erkenntnisfragen besprechen könne, so bedeutet der siebenjährige Aufenthalt an der »Leichenstätte deutscher Größe« doch nicht den Verzicht auf künstlerisch-geistige Anregung und geselligen Umgang. Seiner natürlichen Neigung gemäß verlebte er diese Zeit vielmehr »intensiv dem äußeren Leben zugewendet«. Wenn Weimar auch keinen vergleichbaren Ersatz zum Wiener Café Griensteidl, zu den verschiedenen Freundeskreisen oder gar zur Familie Specht zu bieten hat, so gibt es doch große Abwechslung in der Vielfalt menschlicher Begegnungen:

Da sind zunächst die zahlreichen Besucher des Archivs, in dem im zunehmenden Maße auch Nachlässe anderer Schriftsteller untergebracht werden. Goethe-Verehrer und Sachkundige stellen sich ein. Einen besonderen Eindruck macht Herman Grimm: »Es ist ein Mann, der durchaus die Dinge von hohen Gesichtspunkten aus ansieht, und das zu vernehmen, ist eine Wohltat«, berichtet Steiner nach Wien.[157] Er schätzt diesen vor allem als Kunsthistoriker bekannten Autor als eine Art geistigen Nachkommen Goethes. Seiner Meinung nach hat Grimm noch einen Anschluß an die lebendige Tradition des Dichters, während andere, etwa der Literaturhistoriker Wilhelm Scherer, eher die philologische Betrachtungsweise vertreten, in der er diese Beziehung vermißt. »Wenn Herman Grimm in Weimar und im Archiv erschien, dann fühlte man die Nachlaßstätte wie durch geheime geistige Fäden mit Goethe verbunden. [...] Der ganze Mann war die Offenbarung eines einheitlichen Stiles«, heißt es im *Lebensgang*.[158]

Da ist die »bezaubernde Persönlichkeit« Ernst Haeckels, den er aus Anlaß seines 60. Geburtstags am 16. Februar 1894 in Jena kennenlernt. Eine über Jahre sich erstreckende Beziehung zu diesem, in Steiners Augen »äußerst bedeutenden Naturforscher« kommt zustande. Es ist vor allem der von Haeckel vertretene Evolutionsgedanke, der für Steiners frühes Werk in der Tat von großer Bedeutung werden sollte. Zehn Jahre nach dieser Begegnung urteilt Steiner – inzwischen Generalsekretär der deutschen Sektion der Theosophischen Gesellschaft geworden – über den Zoologen und Philosophen:

> »Er zeigt uns den großen Überblick über die Entwicklung unserer Rasse, er zeigt uns, daß der Darwinismus nur eine Phase ist, die zu dem Begriffe des Lebens führen wird, zur Anwendung des Begriffes der Seele und des Geistes. Wie wir heute eine mechanistische Wissenschaft haben, so werden wir eine Lebens-, eine Seelen- und Geisteswissenschaft in Zukunft haben [...].«[159]

Steiner hat Haeckel in Wort und Schrift große Aufmerksamkeit geschenkt und sich deshalb manchem Mißverständnis ausgesetzt. Rein episodischen Charakter haben dagegen für ihn eher zufällige Begegnungen wie jene mit dem Historiker des 19. Jahrhunderts, Heinrich v. Treitschke, oder mit dem Mythenforscher Ludwig Laistner, der als literarischer Berater der Cottaschen Verlagsbuchhandlung als Archivbesucher mit Steiner Kontakt aufnahm.

> »Mit Ludwig Laistner konnte ich wie mit wenigen andern Menschen über den Idealismus der deutschen Philosophen Fichte, Hegel, Schelling sprechen. Er hatte den lebendigen Sinn für die Realität des Ideellen, die in diesen Philosophen lebte.«[160]

Alles in allem aber muß Steiner auch und gerade in Weimar jener Einsamkeit standhalten, die ihn – wie jeden anderen auch – heimsucht, seitdem er den Erkenntnisweg betreten hat. Deshalb findet sich in den autobiographischen Aufzeichnungen auch für die Zeit der Lebensmitte der Hinweis:

> »Ich mußte, was mit meinen Anschauungen vom Geistigen zusammenhing, ganz allein mit mir abmachen. Ich lebte in der geistigen Welt; niemand aus meinem Bekanntenkreis folgte mir dahin.«[161]

So wird sein Verkehr mit Kollegen, mit Schriftstellerfreunden zu einer Art von Exkursion, und zwar »in die Welten der andern«. Und wer sind diese anderen? Oder zunächst, von wo aus wurden diese Exkursionen unternommen? – Der »unerfahrene Büchermensch«, der einst in Wien im Hause Specht jahrelang wie ein Mitglied der Familie versorgt wurde, entbehrte in der ersten Weimarer Zeit eine derartige menschliche Beziehung. Von 1892 an aber fand der alleinstehende Untermieter Dr. Rudolf Steiner bei Anna Eunike eine neue Bleibe. Diese neununddreißigjährige Frau, Mutter von fünf Kindern, war seit zehn Jahren verwitwet. Seinem persönlichen Bedürfnis gemäß entwickelt sich bald eine »innige« Freundschaft. Anna Eunike besorgt offensichtlich nicht nur die alltäglichen Dinge ihres Untermieters. Denn als sich beispielsweise ihm anvertraute Schriften von Rosa Mayreder nicht auffinden lassen, kann Steiner (im März 1893) seiner Hauswirtin auftragen, seine »sämtlichen Sachen« daraufhin durchzusehen. Und das geschieht auch, und zwar hat Anna Eunike »mit einer wahrhaft rührenden Sorgfalt jedes Stückchen meiner Papiere durchspäht, jedes Buch um- und umgekehrt«.[162] Steiner kann sich für die gute Betreuung revanchieren, indem er der alleinstehenden Frau bei der Erziehung ihrer Kinder hilft – eine Aufgabe übrigens, mit der ihn auch der ebenfalls verwitwete Archivdirektor Suphan betraut, wenn er verreist ist. Seinem eigenen Zeugnis zufolge bildete das Leben in der Familie Eunike »eine ungestörte Grundlage für ein innerlich und äußerlich bewegtes Leben«.

So ist es nur natürlich, daß sich Steiner hier mit Kollegen und Freunden trifft. Dazu gehören noch einige Ehepaare, zum Beispiel der Schriftsteller Hans Olden, der an der Tiefurter Allee wohnt. Eine besonders enge Freundschaft ergibt sich mit dem Autor Otto Erich Hartleben. Nicht zu vergessen ist Gabriele Reuter, die in diesen Jahren gerade an ihrem vielbeachteten Roman *Aus guter Familie* schreibt. In diesem kleinen Freundeskreis weht vor allem eine andere Luft als im Archiv. In ihren Erinnerungen *Vom Kinde zum Menschen* hat Gabriele Reuter (1921) einige Momentaufnahmen und Stimmungsbilder aus jenen Weimarer Tagen festgehalten: »Jeder von uns« – so berichtet sie – »war Herr der Welt und Mittelpunkt des Seins, und die Souveränität des Einzigen wurde mit den groteskesten Gründen und den gewagtesten Schlußfolgerungen bestätigt. Vorzüglich Rudolf Steiner, der die Naturwissenschaftlichen Schriften Goethes für die Sophien-Ausgabe redigierte, war groß darin, barocke, unerhörte Prämissen aufzustellen und sie dann mit einem erstaunlichen Aufwand von Logik, Wissen, kühnen Einfällen und Paradoxen zu verteidigen. Was konnte er amüsant sein, wenn er so in Eifer geriet, der damalige Freidenker, mit dem schmalen Mönchskopf, der hohen strahlenden Stirn, wie ereiferte er sich, wenn Hans Olden sein liebenswürdiges Faunlächeln aufsetzte und ihm seinen witzigen Zynismus entgegenhielt. Ganze schöne

Sommernachmittage stritten wir über die Frage, ob es dem selbstherrlichen Individuum erlaubt sei, ein anderes Individuum aus dem Wege zu räumen, wenn die Antipathie gegen dieses andere Individuum uns zum Beispiel hinderte, unser Lebenswerk zu tun. Steiner nahm als Beispiel für diese These einen nebenan wohnenden Dichter, der ihm wegen seines wohlgepflegten Vollbartes und seines öligen Wesens höchst unangenehm war, und wenn es diesem Herrn gefallen hätte, hinter seiner Gartenhecke zu spazieren, hätte er sich beim Duft des Jelängerjeliebers zu allen möglichen furchtbaren Todesarten verurteilt hören können. Denn Steiner war radikal und scheute vor kräftigen Äußerungen seines Temperaments nicht zurück. Einmal erzählte er verwundert, ein Bekannter habe ihn nicht mehr gegrüßt. ›Nun, was haben Sie denn da angestellt?‹ fragte Frau Olden, worauf er harmlos in seiner österreichischen Klangfarbe antwortete: ›Ich habe ihn nur einen Abschaum der Menschheit genannt – und das ist er doch wirklich!‹«[163]

Gabriele Reuter versäumt auch nicht hinzuzufügen, wieviel sie »diesem hervorragenden Geiste und seinem unglaublich ausgebreiteten Wissen« an Anregungen auf philosophischem Gebiet verdankt. Und Steiner revanchiert sich, indem er im *Lebensgang* die mit Gabriele Reuter und dem Freundeskreis verlebten Stunden »zu den schönsten« seines Lebens zählt. Das will viel heißen. Dabei ist der deutliche Kontrast zu der eintönigen Archivarbeit mitzubedenken. Der durch die Wiener Geselligkeit verwöhnte Steiner braucht diesen menschlichen Ausgleich. Vieles spricht dafür, daß er sich von Goethes Maxime leiten läßt: »Tages Arbeit, Abends Gäste, saure Wochen, frohe Feste [...].«

Zu manchem Spiel aufgelegt, zögert er auch nicht, in einer Art Gesellschaftsspiel einen ihm vorgelegten Fragebogen auszufüllen. Darin gibt er nicht nur zu Protokoll, wer seine Lieblingsschriftsteller, Künstler, Musiker und Helden sind – er nennt die Namen: »Nietzsche, Hartmann, Hegel; Michelangelo, Beethoven, Attila, Napoleon I., Cäsar und Katharina von Rußland.« Steiner verrät auch seine Vorlieben und Schwächen. So zeigt er eine unüberwindliche Abneigung gegen Pedanterie und Ordnungssinn – freilich keine besondere Qualität für einen philologisch exakt arbeitenden Goethe-Herausgeber! Vor »Pünktlichkeit« fürchtet er sich; als sein Temperament bezeichnet er »Wandelbarkeit«. An der Stelle, wo Lieblingsspeise und -trank aufzuführen sind, nennt er »Frankfurter Würste und Cognac« sowie schwarzen Kaffee. Diese und ähnliche Geständnisse tragen als Datum: »Weimar, 8. Februar 1892«, also kurz vor dem 31. Lebensjahr. Und als Motto steht über dem Fragebogen: »An Gottes Stelle den freien Menschen!« Daß diese

Freiheit nicht nur philosophisch gemeint ist, davon wissen jene auswärtigen Freunde Steiners zu sagen, die ihn in Weimar besucht haben. Und zwar habe es damals »wüscht« bei ihm ausgesehen. So berichtet jedenfalls der etwa gleichaltrige württembergische protestantische Theologe Max Christlieb, der Steiner in Weimar wiederholt aufgesucht hat.[164] Derlei Äußerungen deuten auf die Zeit der ersten Weimarer Jahre, als sich der Einfluß der fürsorglichen Frau Eunike noch nicht auswirken konnte, wenngleich auch Max Halbe von Steiners »unregelmäßiger Lebensweise« während der ersten Berliner Jahre zu berichten hat.[165]

Während Steiner in vielen Briefen über seine »bis ans Krankhafte gehende Schreibunlust« klagt, so findet er doch immer wieder Gelegenheit, ausführlich an die Wiener Freunde zu schreiben, vor allem an die Familie Specht und an das Ehepaar Mayreder. Dagegen fällt der Briefwechsel mit Eltern und Geschwistern vergleichsweise spärlich aus. Wohl ist er sich seiner Fürsorgepflicht bewußt – Johann Steiner ist mittlerweile 65 Jahre alt. Aber er muß auch auf den Dienst mit seinen Anforderungen verweisen. »Trotzdem der Monat September eigentlich Ferienmonat ist« – so heißt es im Brief vom 10. September 1892 –, »muß ich den Direktor Suphan, der selbst nicht da ist, fortwährend vertreten, was bei den vielen Fremdenbesuchen, die jetzt Weimar durchschwärmen, nicht leicht ist. Ich bringe manchmal den ganzen Tag auf den Füßen zu und komme todmüde nach Hause.« Und im übrigen, was die wirtschaftliche Leistungsfähigkeit des ältesten Sohns betrifft, so gibt dieser zu bedenken: »Man verlangt hier viel und gibt wenig.«[166] Eher vertröstenden Charakter hat wohl die Zuversicht, »es nun auch bald durchzusetzen, eine entsprechende Stellung in Eurer Nähe zu bekommen«. Aber davon kann ernstlich kaum die Rede sein, denn Steiner trägt sich gerade zu diesem Zeitpunkt mit dem Gedanken, in Deutschland die akademische Laufbahn anzutreten – trotz aller Sehnsucht nach der Heimat. Dazu kommen die vielseitigen Verpflichtungen, die Steiner in den frühen neunziger Jahren auf sich genommen hat, sei es, weil es sich um die Zeit einer beachtlichen Schaffensfreude handelt, sei es, weil die freiberufliche Tätigkeit am Archiv zusätzliche Einkünfte erfordert.

Machen wir uns klar, welches Arbeitspensum Steiner während seiner sieben Weimarer Jahre zu bewältigen hat, dann ist zunächst der Zweck seiner Anstellung, nämlich die »ständige Mitarbeit« im Goethe- und Schiller-Archiv zu nennen, und zwar verbunden mit der Herausgabe jener naturwissenschaftlichen Schriften Goethes, die sich in den Bänden 6 und 7 mit Morphologie, 9 und 10 mit Mineralogie und Geologie sowie 11 und 12 mit Allgemeiner Naturlehre beschäftigen. Es handelt sich jeweils um die von Bernhard Suphan redigierte zweite Abteilung der im Auftrag der Großherzogin Sophie von Sachsen erstellten Werkausgabe. Steiner zeichnet jeweils als »Bearbeiter« verantwortlich. – Unabhängig davon ist die 1882/83 begonnene und bis zum dritten Band gediehene historisch-kritische Ausgabe von Goethes Naturwissenschaftlichen Schriften im Rahmen der von Joseph Kürschner herausgegebenen *Deutschen Nationalliteratur* mit zwei weiteren Bänden zu Ende zu führen.[167]

Parallel zu diesen herausgeberischen Arbeiten laufen die ebenfalls in Wien begonnenen philosophischen Studien. 1891 wird Steiner zum Doktor der Philosophie promoviert; die Buchhandelsausgabe seiner Dissertation ist mit *Wahrheit und Wissenschaft* (1892) betitelt. Und so wie das Buch *Goethes Weltanschauung* (1897) die frühen Goethe-Studien zu Ende führt, findet Steiners philosophisch-erkenntnistheoretische Arbeit mit *Die Philosophie der Freiheit* (1894) ihren Abschluß.

Sehen wir von zahlreichen meist kleineren Aufsätzen zur Literatur sowie zur Kultur- und Geistesgeschichte ab, die in Zeitschriften und in Jahrbüchern erschienen sind, so sind neben den bereits genannten Nietzsche-Studien (*Friedrich Nietzsche, ein Kämpfer gegen seine Zeit,* 1895) noch zwei herausgeberische Tätigkeiten zu erwähnen. Gemeint ist eine Ausgabe von Arthur Schopenhauers Sämtlichen Werken in zwölf Bänden (1894) und Jean Pauls Ausgewählte Werke in acht Bänden (1897). Für beide durch J. G. Cotta in Stuttgart vorgelegte Editionen hat Steiner je eine Kurzbiographie über Schopenhauer bzw. über Jean Paul verfaßt. Der Mythenforscher Ludwig Laistner (*Das Rätsel der Sphinx*) hatte Steiner diese Auftragsarbeit der Cottaschen Verlagshandlung vermittelt. Im XV. Kapitel seines *Lebensgangs* kommentiert Steiner:

> »Und so hatte ich in meine damaligen weimarischen Aufgaben die vollständige Durcharbeitung des pessimistischen Philosophen und des genial-paradoxen Jean Paul einzugliedern. Beiden Arbeiten unterzog ich mich mit dem tiefsten Interesse, weil ich es liebte, mich in Geistesverfassungen zu versetzen, die der meinigen stark entgegengesetzt sind.«[168]

Will man sich daher ein Bild von Steiners sich über sieben Jahre erstreckende Weimarer Tätigkeit machen, hat man bei weitem nicht nur an seine Goethe-Studien zu denken. Es ist die Zeit, in der er sein philosophisches Hauptwerk abschließt, das heißt die methodischen Grundlagen der Anthroposophie. Dazu kommt die Auseinandersetzung mit Friedrich Nietzsche und Ernst Haeckel.

»Die Philosophie der Freiheit«

Die ersten drei in Österreich verbrachten Jahrzehnte seines Lebens empfand Steiner als einen in sich geschlossenen Abschnitt. Die Übersiedelung nach Weimar und die Anstellung am Goethe- und Schiller-Archiv bezeichneten den äußeren Einschnitt in seinem Lebensweg. Im Blick auf sein Schaffen, namentlich auf seine erkenntnistheoretischen Arbeiten, galt es, während dieser ersten Jahrzehnte den Grund für die spätere Anthroposophie zu legen. Das hatte in einer zweifachen Weise zu geschehen: einmal wollte er durch die Anknüpfung an Goethe zu einer »geistgemäßen Naturanschauung« gelangen; zum anderen ging es ihm darum, »die Idee der Freiheit zum Ausdrucke zu bringen«.[169] Damit sind zwei Aufgaben genannt, die bei Rudolf Steiner eine Einheit bilden. In beiden Fällen handelt es sich um die auch literarisch nachweisbaren Äußerungen seines Arbeitens, einerseits in Gestalt der frühen Goethe-Editionen und -Studien, andererseits in der Form seiner Dissertationsschrift sowie seines philosophischen Hauptwerks *Die Philosophie der Freiheit.* Aus welchen inneren Erlebnissen sind diese Resultate herausgewachsen? Eine der Antworten erinnert an jene geistig-seelische Entwicklung, die einst als spontanes übersinnliches Schauen des Kindes zutage trat, vor allem aber aus der Beschäftigung des Schülers mit der Geometrie hervorging.

Am Ende des genannten Lebensabschnitts ergibt sich für den nunmehr etwa Dreißigjährigen folgendes Bild, das Steiner in seinem *Lebensgang* eingehend geschildert hat: Ihn beschäftigt das Problem von Wahrnehmung und Denken, von Natur und Geist. Damit verknüpft ist das auch in der zeitgenössischen Wissenschaft lebhaft diskutierte Problem der »Grenzen der Erkenntnis«. Aufgrund seiner bisherigen geistig-seelischen Entwicklung stellt sich für Steiner die Beziehung von Mensch und Welt so dar, daß der Mensch als Denkender inmitten des geistigen Wesens der Welt steht. Die sinnlich wahrnehmbare Welt ist für ihn noch nicht die wahre Wirklichkeit, obwohl die naturwissenschaftliche Schulung, die er durchlaufen hat, ihm diese Auffassung nahelegt. Die Sinneswelt bedarf erst der Erschließung, und zwar durch die Anwendung eines »sinnlichkeitsfreien Denkens«. Steiner versteht darunter eine seelische Betätigung bzw. die eines Denkens, »das sie [die Seele] nicht aus der Sinneswelt schöpft, sondern in freier, über die Sinneswahrnehmung hinausgehender Tätigkeit entfaltet [...].«[170] Das Geistige in Welt und Natur ist für Steiner nicht irgendwie »hinter« ihr verborgen, sondern in der Sinneswelt selbst. Freilich bietet sich dieser Geist nicht etwa als Ding neben den Dingen einer äußeren Wahrnehmung dar. Man müsse, so sagt sich Steiner, »in das Innere des Menschen« tauchen, um die angeblichen, von ihm jedoch geleugneten Erkenntnisgrenzen zu durchbrechen. Gemeint ist keine bloße logische Schlußfolgerung, die vom Sinnlichen auf ein Übersinnliches schließt, sondern gemeint ist eine Fortentwicklung der Wahrnehmung »zum Erleben des sinnlichkeitsfreien Denkens« hin. Auf die Erlebnisfähigkeit des Denkens legt demnach Steiner den besonderen Akzent. Das Denken, *dieses* Denken wird zum Angelpunkt seines Philosophierens.

Steiner fühlt sich in der fraglichen Zeit zu einer Erlebnisweise hingezogen, die an die des Mystikers erinnert. Der Schwerpunkt der Aufmerksamkeit ist nach innen verlegt. Er selbst spricht daher von einem »persönlichen Umgang mit der geistigen Welt«. Die Anschauung des Geistigen erscheint ihm »viel sicherer als diejenige des Sinnenfälligen«. Und doch legt er Wert darauf, daß das von ihm intendierte »sinnlichkeitsfreie Denken« nicht einfach mit »Mystik« gleichgesetzt wird, vor allem nicht mit einer auf die Region eines bloßen Fühlens beschränkten Mystik. Indem er zu einem erlebenden Umgang mit der Ideenwelt kommt, möchte er, daß klares Erkennen nicht durch undurchschaute Gefühle verschleiert wird. Deshalb sein ausdrücklicher Hinweis, »daß man zu der gleichen Art des inneren Erlebens kommt, wenn man mit dem vollen, klaren Inhalt der Ideenwelt in die Untergründe der Seele sich versenkt, statt diesen Inhalt bei der Versenkung abzustreifen. Ich wollte das Licht der Ideenwelt in die Wärme des inneren Erlebens einführen.«[171] Der Mystiker – und dies ist zweifellos eine recht abstrakte Wesensbestimmung, die der Überprüfung bedürftig wäre – ist für Steiner ein Mensch, dem die Ideenwelt verschlossen bleibt. Deshalb seine Ablehnung der »Mystik«. Schon in der Einleitung zum zweiten Band von Goethes Naturwissenschaftlichen Schriften aus dem Jahr 1888 findet sich die geradezu programmatische Feststellung, die Steiners Position markiert. Dort heißt es:

»Das Gewahrwerden der Idee in der Wirklichkeit ist die wahre

Kommunion des Menschen. Das Denken hat den Ideen gegenüber dieselbe Bedeutung wie das Auge dem Lichte, das Ohr dem Ton gegenüber. Es ist Organ der Auffassung.«[172]

Es käme demnach darauf an zu zeigen, wie sich die geistige Welt im Spiegel der Sinneswelt im Menschen offenbart. Und, was noch wichtiger ist, es wäre eine Methode zu entwickeln, die den Menschen zu einer in diesem Sinne »höheren« Wahrnehmung befähigt. Eine Frage für sich ist die, in welche gedanklichen und sprachlichen Ausdrucksformen der Betrachter des Geistigen seine Wahrnehmungen und Einsichten zu kleiden habe, damit auch der Nichtschauende von der Existenz des Geistigen wissen kann – ein Problem, das sich jedem stellt, der vor der Aufgabe steht, geistig-seelische Erfahrung mitzuteilen, das heißt: das letztlich Nichtsagbare sagbar zu machen. Mit diesem Problem muß – um dies vorweg anzudeuten – im besonderen der Leser geisteswissenschaftlicher Mitteilungen im Sinne Steiners fertig werden, will er das durch Begriff und Gleichnisbild Ausgedrückte nicht mit Objekten der Gegenstandswelt verwechseln.

Es bedarf demnach einer Erkenntnistheorie, das heißt einer besonderen Wissenschaft des Erkennens. Im letzten Jahrzehnt des 19. Jahrhunderts ist bei der Lösung dieser Aufgabe ein einseitiger Empirismus ebenso zu vermeiden wie ein einseitiger Rationalismus, und dies angesichts jenes Erkenntnisverzichts, den Emil Du Bois-Reymond (1872) auf die einprägsame Formel brachte: »Ignoramus ignorabimus« (Wir wissen nicht, und wir werden nicht wissen). Steiners philosophische Grundhaltung ist erkenntnisoptimistisch. Sie gründet auf der Überzeugung, daß Welt- und Wirklichkeitserkenntnis möglich seien. Seine Untersuchung der Erkenntnismittel und des Erkenntnisprozesses bestärkt ihn in der hohen Einschätzung des (schöpferischen) Denkens und der »Bedeutung der reinen Ideenwelt und ihrer Beziehung zum Gebiet der Sinneswahrnehmung«. Steiner gelangt zu dem Ergebnis, daß die Wahrheit – entgegen der gewöhnlichen Annahme, bloße Abspiegelung irgendeiner Realität zu sein – als »ein freies Erzeugnis des Menschengeistes [existiert], das überhaupt nirgends existierte, wenn wir es nicht selbst hervorbrächten. Die Aufgabe der Erkenntnis ist nicht: etwas schon anderwärts Vorhandenes in begrifflicher Form zu wiederholen, sondern die: ein ganz neues Gebiet zu schaffen, das mit der sinnenfällig gegebenen Welt zusammen erst die volle Wirklichkeit ergibt. Damit ist die höchste Tätigkeit des Menschen, sein geistiges Schaffen, organisch dem allgemeinen Weltgeschehen eingegliedert. Ohne diese Tätigkeit wäre das Weltgeschehen gar nicht als in sich abgeschlossene Ganzheit zu denken [. . .].«[173] Diese Sätze schreibt Steiner zwar erst Anfang Dezember 1891 nieder, er ist also schon seit mehr als einem Jahr Mitarbeiter am Goethe-Schiller-Archiv. Aber es handelt sich dabei um die Vorrede zu seiner philosophischen Dissertationsschrift, die er bereits ausgearbeitet nach Weimar mitbrachte. Sie trägt den ursprünglichen Titel *Die Grundfrage der Erkenntnistheorie mit besonderer Rücksicht auf Fichtes Wissenschaftslehre. Prolegomena zur Verständigung des philosophischen Bewußtseins mit sich selbst.* Diese Vorrede gehört bereits zur Buchhandelsausgabe, die, unter dem bereits genannten Titel *Wahrheit und Wissenschaft, Vorspiel einer Philosophie der Freiheit*, 1892 die Druckerpresse verläßt. Das kleine Buch ist dem »Philosophen des Unbewußten«, Eduard von Hartmann gewidmet. Die Promotion selbst vollzog sich, wie Steiner am 20. Mai nach Wien berichtet, »in aller Stille«. Der Doktorand hatte sich Anfang Mai 1891 für einige wenige Tage bei Direktor Suphan abgemeldet, um nach Rostock zu fahren. Dort hatte Heinrich von Stein, Professor an der philosophischen Fakultät der Universität, Steiners Dissertation angenommen. Die Promotionsurkunde selbst ist auf den 26. Oktober 1891 datiert.

Aber nicht allein das *Vorspiel* einer Philosophie der Freiheit ist noch während der Wiener Zeit entstanden. Bis zu einem gewissen Grade trifft dies auf Steiners Freiheitsphilosophie als solche zu. Sie gehört zum unmittelbaren Ertrag seiner ebenfalls in Wien begonnenen Goethe-Forschungen, wenngleich die endgültige Niederschrift für die nachfolgende Buchausgabe in Weimar erfolgte. Anläßlich der Neuausgabe im Jahre 1918 hebt der Autor diesen Zusammenhang eigens hervor, wenn er in einem Dornacher Vortrag sagt:

> »Im Grunde genommen hatte sich mir die Idee zur *Philosophie der Freiheit* gebildet beim Durchgehen, das ich ja seit langen Jahren zu pflegen hatte, durch die Goethesche Weltanschauung. Dieses Durchgehen der Goetheschen Weltanschauung und meine Publikationen auf dem Gebiete der Goetheschen Weltanschauung führten ja auch dazu, daß ich dann nach Weimar gerufen wurde zur Herausgabe und Mitarbeit an der großen Goethe-Ausgabe [. . .].«[174]

Aus gleichem Anlaß macht Steiner deutlich, um was es ihm in seinem philosophischen Hauptwerk zu tun ist. Es kommt ihm ganz wesentlich darauf an, sich den »Impuls der Freiheit« klarzumachen und gerade an der Schwelle vom 19. zum 20. Jahrhundert voll zur Geltung zu bringen. Daran hat Steiner zeitlebens festgehalten, auch wenn dieses Buch, seinem eigenen Geständnis zufolge, gegenüber seinen »eigentlich geisteswissenschaftlichen Schriften [eine] völlig abgesonderte Stellung«[175] einzunehmen scheint. Daß *Die Philosophie der Freiheit* sich eng an die Steinersche Anthroposophie anschließt, kann auch schwerlich bestritten werden, beachtet man, mit welcher Konsequenz der in der philosophischen Grundschrift entfaltete Freiheitsgedanke sich wie ein roter Faden durch alle weiteren Aktivitäten zieht, angefangen mit dem anthroposophischen Erkenntnisweg, dem methodischen Herzstück der »Geisteswissenschaft«, bis hin zu den notwendigen konkreten Folgerungen, die Steiner für die Verwirklichung eines »freien Geisteslebens« gezogen hat, etwa im Rahmen seiner Dreigliederungsbewegung. Steiner geht es dabei um folgendes: Er will den Freiheitsbegriff »als Weltbegriff« entwickeln. Er will zeigen, »daß nur derjenige die Freiheit verstehen kann und sie auch nur in der richtigen Weise erfühlen kann, der einen Sinn dafür hat, daß im menschlichen Inneren sich nicht etwas abspielt, was nur irdisch ist, sondern daß der große kosmische Weltprozeß hindurchflutet durch das menschliche Innere und aufgefaßt werden kann im menschlichen Inneren [...].«[176] Und nur der könne zu einer solchen Freiheitsphilosophie gelangen, dem es gelingt, sein naturwissenschaftlich geschultes Denken von der äußeren Sinnenfälligkeit loszureißen, und der zu Anschauungen gelangt, in denen der Freiheitsimpuls in allem menschlichem Handeln dominiert, in allen menschlichen Gestalten, nicht zuletzt im sozialen Leben. Was Rudolf Steiner gleichsam leitmotivartig bewegt, hat er einst selbst einen »ethischen Individualismus« genannt. Seine Ethik orientiert sich am individuellen Ich, dessen Freiheit die reife Ichhaftigkeit des Menschen erst begründet. Deshalb lehnt er ethische Normen ab, die etwa das menschliche Handeln als naturgesetzlich notwendig ausweisen oder die als Spiegelbild der gerade herrschenden bürgerlichen Moral hingestellt werden, einer Moral, der sich der einzelne – ob als Naturwesen, ob als Bürger – anzupassen hätte. Und wenn Steiner schon in *Wahrheit und Wissenschaft* über Kant hinausstrebt, ohne dort bereits die Inhalte seines Strebens genauer angeben zu können – in *Die Philosophie der Freiheit* gibt er seinen Forderungen entsprechend deutlichere Konturen. Er charakterisiert die Grundmaxime des freien Menschen als »Leben in der Liebe zum Handeln und [im] Lebenlassen im Verständnisse des fremden Wollens«.[177] Darin liegt eine klare Absage an die Kantsche Pflicht-Ethik. Naturgesetz und Sittengesetz sind nicht etwa um eines ethischen Anarchismus willen verworfen, sondern im Blick auf das spezifisch Menschliche, nämlich durch Liebe und durch die Kraft des Vertrauens. Abgelehnt ist lediglich ein von außen an den Menschen herangetragenes Sollen. An dessen Stelle tritt das Prinzip der individuellen Freiheit und die Idee eines freien menschlichen Zusammenlebens.

So liefert Steiners philosophisches Hauptwerk zweifaches: im ersten Teil eine Grundlegung der Wissenschaft der Freiheit, im zweiten Teil eine Darlegung dessen, was er als die Wirklichkeit der Freiheit schildert. In jedem Fall stützt er sich auf die voraussetzungslose Selbsttätigkeit des Denkens. Indem der Denkende in der Weise seelenaktiv wird, daß er den Denkprozeß selbst denkend beobachten lernt, stellt er sich jenseits von Subjekt und Objekt, zumal er diese und alle weiteren Begriffe erst bildet. Und wie schon in den vorausgegangenen Schriften zur Erkenntnisfrage ist für Steiner dann von dem Erkennen zu sprechen, wenn dessen synthetischer Charakter voll berücksichtigt wird. Gemeint ist die Synthese von Anschauen und Denken. Denn erst wenn der Mensch die Inhalte seiner Wahrnehmung denkend ergreift und durchdringt, wird volle Wirklichkeitserkenntnis möglich. Die Kluft zwischen Subjekt und Objekt wird überbrückt. Carl Schneider ergänzt hierzu: »Die Grundtendenz des Werks richtet sich gleichermaßen gegen den Agnostizismus, den Materialismus und den starren Subjekt-Objekt-Dualismus. Steiners Untersuchung der Denktätigkeit stößt nicht bis zum radikalen erkenntnistheoretischen Zweifel Descartes' vor und trifft in ihrer Kritik in erster Linie die Inkonsequenz bestimmter philosophischer Systeme des 19. Jahrhunderts, etwa Eduard von Hartmanns [...].«[178]

Angesichts dieser Frontstellung bedeutet *Die Philosophie der Freiheit* eine starke Herausforderung für die Zeitgenossen – und nicht nur für sie. Die Feststellung Steiners, Erkennen sei kein bloßes Abbilden eines Wesenhaften, sondern »innerhalb des Bewußtseins« vollziehe sich das Fortschreiten von der noch unwesenhaften Sinnenwelt zu dem Wesenhaften, stößt auf Unverständnis oder auf Ablehnung. Abgelehnt oder verkannt wurde der Hinweis Steiners, daß »im subjektiv Erlebten das objektiv Geistige aufleuchtet und wahrer Bewußtseinsinhalt wird«.[179] Und so muß der Autor in seinem Rückblick eingestehen, es seien nur »einzelne Menschen« gewesen, die seine Intention aufgenommen haben. Teils wohlwollende, teils kritisch würdigende Besprechungen, so zum Beispiel in der *Frankfurter Zeitung* oder durch den Philosophen Arthur Drews in *Die Gegenwart*[180], trugen kaum dazu bei, das ohnehin in kleiner Auflage gedruckte Buch dem Leser näherzubringen. Mit anderen Worten: Es sei »außerordentlich schwierig gewesen und eigentlich gar nicht gegangen, irgendwie die Zeitgenossen für das gestimmt zu finden, was in der *Philosophie der Freiheit* geschrieben war. Zwar schrieb dazumal – aber das sind eben vereinzelte Vögel geblieben –

ein Mann in der *Frankfurter Zeitung* von diesem Buche: Klar und wahr, das sei die Devise, die man diesem Buche auf die erste Seite schreiben könnte. Aber die Zeitgenossen verstanden wenig von dieser Klarheit und Wahrheit.«[181]

Auch in persönlicher Hinsicht enttäuschend fällt die Resonanz auf dieses Werk aus. Denn Steiner hat unmittelbar nach dem Erscheinen seine Freiheitsphilosophie an Eduard von Hartmann geschickt, der seit einem Jahrzehnt die Arbeiten des jungen österreichischen Autors mit Interesse begleitete. »Mir lag damals viel an einer wissenschaftlichen Auseinandersetzung mit diesem Manne über die grundlegenden Anschauungen, auf denen der Ideenbau meines Buches ruhte«, bemerkt Steiner in einem Aufsatz aus dem Jahre 1917[182]. Und in der Tat waren seine Erwartungen nicht ganz unberechtigt, bedenkt man, daß gerade dieser Berliner »Philosoph des Unbewußten« infolge seiner genauen Kenntnis der Steinerschen Ansätze seit Jahren auf das nunmehr vorliegende Resultat seiner Gedankengänge vorbereitet war.

> »Eduard von Hartmann war stets geneigt, in wirklich liebevoller Art auf Anschauungen einzugehen, die den seinigen entgegengesetzt waren; und sein Eingehen führte zu denjenigen fruchtbaren Auseinandersetzungen, die auf dem Gebiete des Weltanschauungsstrebens wünschenswert sind. Außerdem lag mir auch schon damals nichts ferner, als die Schätzung des Wertes einer Persönlichkeit davon abhängig zu machen, inwieweit ich Gegner oder Bekenner von deren Ideen sein konnte.«[183]

E. von Hartmann schickt das ihm dedizierte Exemplar an den Autor zurück, und zwar Abschnitt für Abschnitt mit zahlreichen Entgegnungen versehen. Das Gesamturteil hätte kaum ablehnender ausfallen können: Statt zentrale Erkenntnisprobleme Humes, Berkeleys, Hegels und selbst Goethes einer Lösung näherzuführen, sei Steiner in der Gefahr, mit seiner *Philosophie der Freiheit* dem Solipsismus (bzw. Subjektivismus), ja dem Illusionismus und selbst dem Agnostizismus Tür und Tor zu öffnen. Weist Eduard von Hartmann mit diesem Urteil nicht gerade in die entgegengesetzte Richtung dessen, was Steiners Grundanliegen von Anfang an gewesen ist? Und wenn der Autobiograph für die fragliche Zeit immer wieder von Erlebnissen großer Einsamkeit berichtet, Eduard von Hartmanns Votum konnte diese Gefühle des totalen Aufsichgestelltseins nur noch verstärken. Doch von einer an sich verständlichen Resignation kann bei Rudolf Steiner im Blick auf den Fortgang seiner Erkenntnisbemühungen nicht die Rede sein. Vielmehr geht er auf dem betretenen Weg weiter. Die ersten Goethe-Studien, *Wahrheit und Wissenschaft* sowie *Die Philosophie der Freiheit* sind lediglich Meilensteine, gilt es doch, eine Erkenntnismethodik zu entwickeln, die über das in dieser ersten Phase seines Schaffens betätigte Denken zu dem »inneren Denk-Erlebnis« führt, zu einem in die geistige Welt eindringenden »schauenden Bewußtsein«.

Dieser so begonnene Weg sollte Steiner an zwei anderen Zeitgenossen vorbei und durch ihr Werk hindurchführen, nämlich an das Friedrich Nietzsches und an das Ernst Haeckels. Steiner bekennt sich zu der Überzeugung, seine Auseinandersetzungen mit der Weltanschauung Nietzsches und Haeckels, die in den neunziger Jahren sein eigenes Schrifttum geradezu beherrschen, lägen »in geradem Fortgang auf dem Wege [...], der von meiner *Philosophie der Freiheit* zu der von mir vertretenen ›Geisteswissenschaft‹ oder ›Anthroposophie‹«.[184] Doch damit ist bereits auf eine Problematik – im Sachlichen wie im Persönlichen – hingewiesen, die Rudolf Steiner mit einer überaus kritischen Durchgangsphase in der Mitte seines Lebensgangs konfrontiert.

Ein Zeugnis aus der Zeit der Lebensmitte ist das nicht näher datierte *Credo – Der Einzelne und das All*.[185] Es faßt in knapper Form zusammen, was Rudolf Steiner in diesem wichtigen Lebensabschnitt für das Richtungsweisende auf seinem Weg ansieht. Dieses Glaubens- und Gedankenbekenntnis beginnt:

> »Die Ideenwelt ist der Urquell und das Prinzip alles Seins. In ihr ist unendliche Harmonie und selige Ruhe. Das Sein, das sie mit ihrem Lichte nicht beleuchtete, wäre ein totes, wesenloses, das keinen Teil hätte an dem Leben des Weltganzen. Nur, was sein Dasein von der Idee herleitet, das bedeutet etwas am Schöpfungsbaume des Universums. Die Idee ist der in sich klare, in sich selbst und mit sich selbst sich genügende Geist. Das Einzelne muß den Geist in sich haben, sonst fällt es ab, wie ein dürres Blatt von jenem Baume, und war umsonst da.«

Wenn auch manches in diesen Sätzen an die Philosophie und Ideenlehre Platons erinnert, von der Gesamtheit seines Schaffens her interpretierend, kann man wissen, daß Steiners Denken und Tun eher an Aristoteles orientiert war. Alles kommt bei ihm darauf an, das Erkannte zu konkretisieren, die Idee in der Realität des Lebens aufleuchten zu sehen. Das ist das eine; zum anderen fehlt in diesem *Credo* aber auch nicht die mystische Komponente, wenn er an der gleichen Stelle von der »Ertötung aller Selbstheit« spricht und diese als die »Grundlage für das höhere Leben« betrachtet.

»Denn wer die Selbstheit abtötet, der lebt ein ewiges Sein. Wir sind in dem Maße unsterblich, in welchem Maße wir in uns die Selbstheit ersterben lassen. Das an uns Sterbliche ist die Selbstheit. Dies ist der wahre Sinn des Ausspruches: ›Wer nicht stirbt, bevor er stirbt, der verdirbt, wenn er stirbt.‹«

So bleiben für Steiner vier Sphären menschlicher Selbstverwirklichung, nämlich Erkenntnis als »Hingabe an das Universum in Gedanken«, die Kunst, die Religion und schließlich die »Liebe mit der Summe aller Geisteskräfte an etwas, was uns als ein für uns schätzenswertes Wesen des Weltganzen erscheint [...].« Und schließlich gipfelt dieses Bekenntnis in der Maxime:

»Lasse die Wahrheit zum Leben werden; verliere dich selbst, um dich im Weltgeiste wiederzufinden!«

Von Goethe zu Nietzsche und Haeckel

»Als ich neulich an Naumburg vorüberfuhr, kam mir lebhaft die Erinnerung an Nietzsche.« Diese Bemerkung im Nachsatz zu einem an Richard Specht gerichteten Brief vom 30. November 1890 deutet an, daß der Goethe-Forscher seit geraumer Zeit neben Hegel, Schelling und Fichte eine andere bedeutende Gestalt der deutschen Geistesgeschichte ins Auge gefaßt hat. Dabei ist Friedrich Nietzsche insofern »Geschichte«, als er zum Zeitpunkt der Briefnotiz seit mehr als einem Jahr in geistiger Umnachtung dahinvegetiert, betreut von seiner Mutter, dann von seiner Schwester Elisabeth Förster-Nietzsche. Nietzsches literarisches Werk ist demnach abgeschlossen. Seit etwa einem Jahr vertieft sich Steiner in die Schriften des »Philosophen mit dem Hammer«. *Jenseits von Gut und Böse* war das erste Buch, das Steiner in die Hand bekam. Es faszinierte ihn wie ungezählte andere Nietzsche-Leser. Aber da gab es auch ein Element, das ihn befremdete, ja abstieß. Den Widerstreit, den die Lektüre in ihm auslöste, charakterisiert Steiner in seinen Erinnerungen so:

> »Ich konnte schwer mit Nietzsche zurechtkommen. Ich liebte seinen Stil, ich liebte seine Kühnheit; ich liebte aber durchaus die Art nicht, wie Nietzsche über die tiefsten Probleme sprach, ohne im geistigen Erleben mit der Seele bewußt in sie unterzutauchen. Nur kam mir wieder vor, wie wenn er viele Dinge sagte, die mir selbst im geistigen Erleben unermeßlich nahe standen. Und so fühlte ich mich seinem Kämpfen nahe und empfand, ich müsse einen Ausdruck für dieses Nahestehen finden. Wie einer der tragischsten Menschen der damaligen Gegenwart erschien mir Nietzsche. Und diese Tragik, glaubte ich, müsse sich der tiefer angelegten Menschenseele aus dem Charakter der geistigen Verfassung des naturwissenschaftlichen Zeitalters ergeben.«[186]

Die in diesen Sätzen spürbare Empfindung bezieht der Autobiograph auf die Zeit der ersten literarischen Begegnung mit dem siebzehn Jahre älteren Philosophen. Mehr und mehr wird ihm deutlich, worin die Tragik Nietzsches eigentlich besteht. Er erblickt in ihm nicht nur einen »Kämpfer gegen seine Zeit«, wie er ihn in einer gleichnamigen kleinen Schrift apostrophiert, sondern auch eine Symbolfigur seiner Zeit. Eine Krise menschlicher Moral, eine Krise abendländischer Religiosität und eine Bewußtseinskrise personifizieren sich in Friedrich Nietzsche. Dabei wollte der kühne, der provozierende Bürger- und Kirchenschreck das »Vorspiel zu einer Philosophie der Zukunft« intonieren – so der Untertitel von *Jenseits von Gut und Böse*. Die Ausschau nach der »Morgenröte«, die Sehnsucht nach dem »Übermenschen« wird dem Autor des *Antichrist* zu einem Lebensauftrag, seitdem ihm der »Tod Gottes« zur Gewißheit geworden ist. Aber gelang Nietzsche der Durchbruch zum Neuen? Gelang ihm die Bewältigung der Zeitalter-Problematik? – Jedenfalls ist es verständlich, daß der ebenfalls als Kämpfer gegen seine Zeit angetretene Rudolf Steiner sich gerade mit einer Persönlichkeit wie Nietzsche auseinandersetzen muß. Eine innere, eine schicksalhafte Nötigung liegt vor, und dies offensichtlich zur selben Zeit, in der Steiner im Begriffe ist, seine Goethe- Forschungen abzurunden und seine philosophische Grundlegung in der *Philosophie der Freiheit* auszuarbeiten. Der Gang von Goethe zu Nietzsche ist für Steiner jedoch nicht etwa die Vertauschung zweier Positionen, sondern eher ein Grenzgang. Hier muß einer in einem bestimmten Lebensabschnitt mehrmals die Grenze wechseln, ehe er endgültig die eigene Position findet, die Position jenseits von Goethe und Nietzsche, übrigens auch jenseits von Ernst Haeckel, dem führenden Vertreter des zeitgenössischen Monismus. Auch ihn hat Steiner schon in jungen Jahren beachtet, ehe er sich seiner persönlichen Zuneigung versicherte. Von Weimar aus schreibt der einunddreißigjährige Steiner Ende 1892 an den in Jena lebenden Ernst Haeckel:

> »Ich kämpfe, seitdem ich schriftstellerisch tätig bin, gegen allen Dualismus und sehe es als die Aufgabe der Philosophie an, durch eine streng positivistische [sic!] Analyse unseres Erkenntnisvermögens den Monismus wissenschaftlich zu rechtfertigen, also den Nachweis zu führen, daß die in der Naturwissenschaft gewonnenen Ergebnisse wirkliche Wahrheiten sind. Deshalb mußte ich mich ebenso gegen den Kantianismus mit seinen zweierlei Wahrheiten wie gegen das moderne ›Ignorabimus‹ wenden [...].«[187]

Doch erst zu Nietzsche: Für Steiner ist die Feststellung wichtig, daß er seine eigenen Ideen bereits ausgebildet hatte, ehe er, achtundzwanzigjährig, also noch in Wien, mit der Nietzsche-Lektüre begann, die er in Weimar nicht nur intensiv fortsetzte; er kam dort in eine enge Beziehung zum Nietzsche-Haus in Naumburg, trat vor das Krankenlager des geistig Umnachteten und, was noch wichtiger ist, er sah sich zur gründlichen Auseinandersetzung mit dem umstrittenen Philosophen herausgefordert – ein Vorgang, der nicht ohne Komplikationen verlaufen konnte.

Zunächst ist es verständlich, daß Rudolf Steiner deshalb auf Nietzsche zugeht, weil er eine Geistesverwandtschaft wittert, und zwar eine solche, die eine Verbindungslinie zwischen dem Steinerschen Freiheitsgedanken und der Lebensverherrlichung Nietzsches zuläßt. Eigene Empfindungen meint Steiner gerade in solchen Sätzen ausgesprochen, die er später hinsichtlich ihrer Gefährlichkeit durchschauen lernt. Und so stark Steiner durch die Nietzsche-Lektüre fasziniert ist – es fehlt nicht an Widerständen; sei es, daß er sich zu kritischen Analysen aufschwingt, sei es, daß er die zeitgenössischen Nietzsche-Fanatiker mit ironischen Unfreundlichkeiten bedenkt. Er, der bald selbst als »Nietzscheaner« gebrandmarkt wird und den der Kieler Soziologe Ferdinand Tönnies als »Nietzschenarr« beschimpft, nimmt seinerseits die Nietzscheaner aufs Korn, etwa anläßlich einer Rezension zum vierten Teil des *Also sprach Zarathustra*. Es sei »das tiefsinnigste aller oberflächlichen Bücher«, heißt es da auf einmal, und ihr Autor figuriere als »neuer Götze«. Nicht ohne bei eben diesem Zarathustra-Autor Anleihen zu machen, fährt der Rezensent oder Pamphletist fort:

> »Verzeiht mir, ihr Anhänger eines neuen Götzen, daß ich dergleichen Frevelworte ausspreche! Aber ihr werdet auch zu schwerfällig, wenn von Nietzsche die Rede ist. Wo bleiben die leichten Beine, die Tanzbeine, die euch Nietzsche anzüchten wollte! Tanzet doch vor diesem Zarathustra, statt vor ihm zu knien! Ich habe keinen Weihrauch für Nietzsche. Ich weiß auch, daß er Opfergerüche nicht leiden kann. Lieber sind ihm die lachenden Gesichter als die betenden. Und lachen mußte ich oft, während ich diesen Zarathustra las. [...] Die Tat Zarathustras, von der uns dieser vierte Teil des Buches erzählt, ist eine arge Dummheit [...].«[188]

Steiner meint offensichtlich die unbedingten Bewunderer, denen er sich selbst nicht zurechnet. Seine Sympathie gilt eher jenen, die sich eine kritische Distanz bewahren, die Nietzsche Widerstand leisten, ihn korrigieren, ja, ihn bei aller Anerkennung seiner Genialität als einen psychopathologischen Fall diagnostizieren. So ist es in einer anderen Rezension nachzulesen, die einem Beitrag Kurt Eisners gewidmet ist. Dieser aus dem Jahr 1892 stammenden, 1893 gedruckten Besprechung entnehmen wir, wie es dem Rezensenten mit Nietzsches Ideen selbst erging:

»Ihr Inhalt erschien mir zumeist nicht neu. Ich hatte ihn in mir schon ausgebildet, bevor ich Nietzsche kennenlernte. Beim Durchgange durch Nietzsches Geist kamen mir aber diese Ideen verzerrt, karikiert vor. Ein an sich gesunder Gedankenfluß mußte sich durch eine Felsenge durchdrängen, die seinem ruhigen Laufe Gewalt antat. Nietzsche war mir nie ein philosophisches, sondern immer ein psychologisches Problem.«[189]

Kein Wunder, hat sich der so charakterisierte Denker nicht selbst als »Psychologe und Seelenerrater« verstanden und betätigt?[190] Und was Steiner in der Eisner-Rezension nur eben andeutet, das finden wir sieben Jahre später in der *Wiener Klinischen Rundschau* (1900) weiter ausgeführt. Steiner schreibt dort über *Die Philosophie Friedrich Nietzsches als psycho-pathologisches Problem*[191]. Und das Resultat:

»Man kann Nietzsches Geisteskonstitution nicht mit den Begriffen der Psychologie verstehen; man muß die Psycho-Pathologie zu Hilfe rufen. [...] Das Genialische erscheint bei ihm durch ein pathologisches Medium hindurch. Nicht die Genialität Friedrich Nietzsches soll aus seiner kranken Konstitution erklärt werden. Nietzsche war Genie, trotzdem er krank war.«[192]

Diese und ähnliche Erwägungen hindern Steiner nicht, das schon erwähnte Nietzsche-Buch zu schreiben und sich darin auf seine Weise für den Dichterphilosophen einzusetzen. Ganz unmotiviert ist das nicht. Und wie auch immer seine Nietzsche-Charakteristik zu bewerten sein mag, »Steiner benutzt die Aussagen Nietzsches dazu, seine eigenen Ansichten vorzubringen«[193]. Nach Belegen hierfür muß man nicht lange suchen. Hier nur zwei Beispiele, die zeigen, wie Steiner überall dort anschließt, wo er seine eigenen Überzeugungen ausgesprochen findet. Dazu gehört für ihn – vor der Jahrhundertwende – die Ablehnung »jeder Art von Glauben an ein Jenseits«, das heißt an eine andere Welt als die ist, in der der Mensch lebt. Im Nietzsche-Buch heißt es daher:

»Man kann sich keiner größeren Verirrung hingeben, als wenn man hinter den Erscheinungen dieser Welt Wesenheiten annimmt, die der menschlichen Erkenntnis unzugänglich sind, und die als der eigentliche Urgrund, als das Bestimmende alles Daseins gelten sollen. Durch eine solche Annahme verdirbt man sich die Freude an dieser Welt. [. . .] Aus dem Leiden und der kranken Sehnsucht ist der Glaube an das Jenseits geboren. Aus dem Unvermögen, die wirkliche Welt zu durchschauen, sind alle Annahmen von ›Dingen an sich‹ erwachsen.«[194]

Die Zielrichtung ist klar: hier führt der Schreiber des Nietzsche-Buches einen Zwei-Fronten-Krieg, einerseits mit der traditionellen Religiosität, andererseits mit der Philosophie Immanuel Kants. Hier mag die Frage offenbleiben, ob Steiner mit der traditionellen Kirchlichkeit nicht das Christentum und die Religiosität als solche in Frage stellt. Darauf wird zurückzukommen sein, wenn später die Krise der Lebensmitte zu besprechen ist. – Und wenn Nietzsche an anderer Stelle schreibt: »Hinter deinen Gedanken und Gefühlen, mein Bruder, steht ein mächtiger Gebieter, ein unbekannter Weiser – der heißt Selbst. In deinem Leibe wohnt er, dein Leib ist er«[195], dann kommentiert Rudolf Steiner:

»Wer einen Sinn hat für das Wirkliche, der sucht den Geist, die Seele in und an dem Wirklichen, er sucht die Vernunft in dem Wirklichen; nur wer die Wirklichkeit für geistlos, für ›bloß natürlich‹, für ›roh‹ hält, der gibt dem Geiste ein besonderes Dasein [. . .]. Einem solchen fehlt der Sinn für die Wahrnehmung des Geistes selbst.«[196]

Aber statt Nietzsches Intentionen zu folgen, geht er seine eigenen Wege; »Steiner interpretiert Nietzsche also nicht. Er deutet ihn um«[197]. Denn statt dem Denker »am Leitfaden des Leibes« zu folgen, dem »Seele nur ein Wort für ein Etwas am Leibe ist«, gilt Steiners leidenschaftliches Plädoyer dem »freien Geist [der] jenseits dessen [steht], was das Herkommen als gut und böse ansieht. Er schafft sich selbst sein Gut und Böse [. . .].«[198] – Man sieht, Verwandtes und Gegensätzliches vermischen sich für Steiner. Nicht immer sind die Fronten klar, jedenfalls nicht für die beobachtende Mitwelt. Denn als im Spätsommer 1896 Nietzsches literarische Hinterlassenschaft, seine Bücher und Manuskripte von Naumburg nach Weimar gebracht werden, wo sie später dem Goethe-Schiller-Archiv einverleibt werden sollen, da geht eine Nachricht durch etliche Zeitungen. Steiner sei an einer von Elisabeth Förster-Nietzsche und Fritz Koegel zu erstellenden Nietzsche-Gesamtausgabe beteiligt. Steiner dementiert in zwei ähnlich lautenden Erwiderungen, in der *Allgemeinen Zeitung*, München, sowie im *Hamburger Fremdenblatt*; seine eigenen Nietzsche-Arbeiten stünden »in keinem Zusammenhange mit den Publikationen des ›Nietzsche-Archivs‹«[199].

Daß Vermutungen dieser Art nahelagen oder entstehen konnten, geht nicht allein auf die diversen Artikel zurück, die Steiner in einer Reihe von Zeitschriften publizierte. Von Weimar aus ist er Mitte der neunziger Jahre mehrmals Gast im Nietzsche-Haus. Frau Förster-Nietzsche, die Rudolf Steiner schon vor Abfassung des Nietzsche-Buches im Goethe-Schiller-Archiv aufgesucht hat, engagiert den Verehrer ihres Bruders. Nietzsches Bibliothek ist zu ordnen und zu katalogisieren. Das geschieht, und so empfängt Steiner zusätzliche Einblicke in dessen Denken, wie es sich beispielsweise in Form von Marginalien in den von Nietzsche benutzten Büchern niedergeschlagen hat. Schon allein diese Tätigkeit erforderte wiederholte Aufenthalte in Naumburg. Sie sind an dem Besucher und zeitweiligen »Mitarbeiter« nicht spurlos vorübergegangen. Jedenfalls hat er Anlaß, von »schönen Stunden [...] im Nietzsche-Archiv in Naumburg und Weimar« zu berichten, wiewohl später schwere Konflikte zwischen der Nachlaßverwalterin und Rudolf Steiner eintraten. Die Aufzeichnungen im *Lebensgang* stimmen versöhnlich:

> »Aber ich bin Frau Förster-Nietzsche doch dankbar, daß sie mich bei dem ersten der vielen Besuche, die ich bei ihr machen durfte, in das Zimmer Friedrich Nietzsches führte. Da lag der Umnachtete mit der wunderbar schönen Stirne, Künstler- und Denkerstirne zugleich, auf einem Ruhesofa. Es waren die ersten Nachmittagsstunden. Diese Augen, die im Erloschensein noch durchseelt wirkten, nahmen nur noch ein Bild der Umgebung auf, das keinen Zugang zur Seele mehr hatte. Man stand da, und Nietzsche wußte nichts davon. Und doch hätte man von dem durchgeistigten Antlitz noch glauben können, daß es der Ausdruck einer Seele wäre, die den ganzen Vormittag Gedanken in sich gebildet hatte, und die nun eine Weile ruhen wollte. Eine innere Erschütterung, die meine Seele ergriff, durfte meinen, daß sie sich in Verständnis für den Genius verwandle, dessen Blick auf mich gerichtet war, mich aber nicht traf.«[200]

Dieser Schilderung in seinem *Lebensgang* fügt Steiner auch eine Charakteristik bei, wie sich Nietzsche seinem inneren Blick zeigte und wie er sich auf diese Weise mit Nietzsches Geistesart mehr und mehr vertraut machen konnte. Und als man Steiner (1892) in einem geselligen Kreis fragt, wer er wohl sein möchte, wäre er nicht

Rudolf Steiner, da lautete seine Antwort: »Friedrich Nietzsche vor dem Wahnsinn.«

Nicht weniger eindeutig fällt schließlich das Urteil aus, das Steiner über Nietzsches Schwester und Nachlaßverwalterin ausspricht und im Jahr 1900 im Sinne einer Enthüllung ins Licht der Öffentlichkeit stellt. Biographisch ist dies von Belang, weil Steiner in seinen zeitweise allwöchentlichen Besuchen im Nietzsche-Haus Frau Förster-Nietzsche »Privatstunden über die Philosophie ihres Bruders« zu geben hatte. So war er auch in der Lage, sich ein Bild von den fragwürdigen intellektuellen Voraussetzungen dieser Dame zu machen, die er anfangs als »sehr bedeutend« einstuft.[201] In der im *Magazin für Literatur* publizierten *Charakteristik der Frau Elisabeth Förster-Nietzsche* heißt es wörtlich:

> »Das was ich vorbringe, ist geeignet zu zeigen, in welchen Händen Nietzsches Schriften sind. Und darüber etwas zu erfahren, hat man heute ein Recht, da Friedrich Nietzsches Lehre einen so großen Einfluß in der Gegenwart ausübt. Die Privatstunden, die ich Frau Förster-Nietzsche zu geben hatte, belehrten mich vor allen Dingen über das Eine: daß Frau Förster-Nietzsche in allem, was die Lehre ihres Bruders angeht, vollständig Laie ist. Sie hat nicht über das Einfachste dieser Lehre irgend ein selbständiges Urteil. Die Privatstunden belehrten mich noch über ein anderes. Frau Elisabeth Förster-Nietzsche fehlt aller Sinn für feinere, ja selbst gröbere logische Unterscheidungen; ihrem Denken wohnt auch nicht die geringste logische Folgerichtigkeit inne; es geht ihr jeder Sinn für Sachlichkeit und Objektivität ab [...].«[202]

Bedenkt man, daß nahezu ein halbes Jahrhundert vergehen mußte, ehe die moralische Problematik der Nietzsche-Schwester vollends »enthüllt« werden konnte, und zwar bis hin zu den textlichen Fälschungen an den Aufzeichnungen ihres Bruders, dann ist es doch bemerkenswert, daß Steiner bereits zu Beginn dieses Jahrhunderts entsprechende Alarmzeichen gesetzt hat. Erich F. Podach hat seitens der modernen Nietzsche-Forschung diese Priorität Steiners ausdrücklich bestätigt.[203] Aber Prioritäten haben ihren Preis, namentlich wenn sie von »unzeitgemäßen« Betrachtern und Akteuren des geistigen Lebens vertreten werden. Es ist der Preis der Einsamkeit derer, die gegen ihre Zeit kämpfen. Wie ein Kommentar zu diesem Tatbestand mutet daher der Satz an, mit dem das XIX. Kapitel des *Lebensgangs* beginnt:

> »Wie einsam ich damals mit dem stand, was ich im stillen als

meine ›Weltanschauung‹ in mir trug, während meine Gedanken auf Goethe einerseits und Nietzsche andererseits gelenkt waren, das konnte ich auch empfinden an dem Verhältnis zu mancher Persönlichkeit, mit der ich mich freundschaftlich verbunden fühlte, und die doch mein Geistesleben energisch ablehnte.«[204]

Diese Feststellung trifft freilich für große Teile des Steinerschen Lebenslaufs zu, im besonderen für dessen erste Hälfte, in der – in gewissem Gegensatz zur zweiten – Freundschaften oder doch die geistige und persönliche Beziehung oder Auseinandersetzung eine wichtige Rolle spielten. Eduard von Hartmann wurde schon genannt. Von Ernst Haeckel ist noch zu sprechen, ganz zu schweigen von den vielen Bekannten, Freunden oder Kollegen, die jeweils eine begrenzte Zeit den äußeren Lebensweg Steiners begleiteten, ohne ihm jedoch auf seinem inneren Weg folgen zu können oder zu wollen. Bei Steiners Kontaktaufnahme zu Ernst Haeckel, dem späteren Autor der weitverbreiteten *Welträtsel*, liegen nochmals besondere Tatbestände vor. Der auf dem Weg zu seinem eigenen Werk Befindliche, von dem wir heute wissen, daß der weitaus größere Teil seines Lebens noch ins 19. Jahrhundert fällt, konnte nicht an jenen prägenden Gestalten vorübergehen, die in diesem Jahrhundert gelebt haben oder dort zu wirken begannen. Dabei fällt ein bezeichnendes Licht darauf, welche Persönlichkeiten das sind und welche Anregungen Steiner durch sie aufzunehmen hatte. Es sind deren drei:

Da ist zunächst Goethe, der als anschauender Denker und Naturforscher das Recht der Sinneserfahrung fordert und auf seine Weise konsequent anwendet. Diesen Goetheschen Empirismus hat Rudolf Steiner aufgenommen und nicht minder folgerichtig zur Geltung gebracht, und zwar ausgehend bei seinen frühen Goethe-Studien bis hin zur anthroposophischen Erkenntnismethodik, in der die Erfahrung gegenüber der Lehre dominiert.

Da ist sodann Friedrich Nietzsche – unter anderem Aspekt auch Max Stirner –, dessen Impulse er durch seine Freiheitsphilosophie auf eine erkenntnistheoretisch tragfähige Grundlage zu stellen hatte und somit weiterführen wollte.

Und da ist der Entwicklungsgedanke, der ebenfalls in der *Philosophie der Freiheit* aufleuchtet. Unter Steiners Zeitgenossen wird er, in unmittelbarer Nachfolge Darwins, durch keinen energischer vertreten als durch Ernst Haeckel. Auch diese Idee sollte in der »anthroposophisch orientierten Geisteswissenschaft« ihre Vertiefung bzw. ihre qualitative Erweiterung erfahren, und zwar bis in die Bereiche des Übersinnlichen hinein.

Als nun der dreiunddreißigjährige Rudolf Steiner dem siebenundzwanzig Jahre älteren Ernst Haeckel erstmals persönlich begegnet, anläßlich der Jenaer Feier zu Haeckels 60. Geburtstag (1894), bestehen bereits rege briefliche und gedankliche Kontakte. Beide Männer haben Aufsätze und Bücher ausgetauscht, eine Praxis, die sie noch etliche Jahre weiterpflegen. Und so wie sich Steiner durch Ferdinand Tönnies den »Nietzsche-Narren« zugezählt findet, sieht er sich gleichzeitig als Haeckel-Anhänger »geradezu öffentlich verleumdet«. Doch was diese Anhängerschaft betrifft, bekennt sich Steiner zu ihr, zumal er seit Beginn seiner schriftstellerischen Tätigkeit »gegen allen Dualismus« und somit an der Seite des Monisten kämpft. »Ich bin deshalb auch ein entschiedener Anhänger Ihrer Behauptung«, so heißt es im Brief vom 4. Dezember 1892 an Haekkel, »daß [...] eine vernünftige Weltanschauung bereits sicher gewonnen ist« und daß es »keine prinzipiell unlösbaren ›Welträtsel‹« gebe. Der Zustand des Nichtwissens werde mehr und mehr in den des Wissens verwandelt.[205]

Steiner wurde es später immer wieder übelgenommen, daß er sich mit dem Monismus verbunden und für Ernst Haeckel Partei ergriffen hat. Um sich zu rechtfertigen, weist Steiner darauf hin, daß er ja nicht dem Monismus in seiner materialistisch-positivistischen Ausprägung zuneige, sondern einem »geistigen Monismus«. Und in der Tat findet er noch bis in die theosophisch-anthroposophische Zeit seines Schaffens hinein positive Einschätzungen eines – nun freilich »erweiterten« – Haeckelianismus. Im übrigen habe man als naturwissenschaftlich denkender Mensch in der zweiten Hälfte des 19. Jahrhunderts mit Haeckel als einem geistigen Faktor rechnen müssen. Philosophisch gesehen sei der Entdecker bzw. Ausgestalter des biogenetischen Grundgesetzes allerdings recht naiv.[206]

Diese aus der Retrospektive geübte Verteidigung steht – wie so manches in *Mein Lebensgang* Gesagte – in einem bemerkenswerten Gegensatz zu dem zwei Jahrzehnte früher Ausgesprochenen. Denn da ist Haeckel in Steiners Augen einer, der »mit seltenem Denkermute die folgenschweren Gedanken Darwins über die Entstehung der Lebewesen zur umfassenden Weltanschauung ausgebildet hat«, nämlich in dem zu Jahrhundertbeginn publikumswirksamen Buch *Die Welträtsel*.[207] In der kleinen Schrift *Haeckel und seine Gegner* (1900) dekoriert Steiner diesen »monumentalen Vertreter der naturwissenschaftlichen Denkweise« mit dem Attribut eines »Naturphilosophen«, der »die menschliche Erkenntnisforderung erfüllt [habe], die Schiller aus der Beobachtung des Goetheschen Geistes gewonnen hat [...]«. In der gleichen Weise lobt Steiner im nämlichen Zusammenhang »die tiefe philosophische Natur Haeckels«

und immer wieder seinen »philosophischen Enthusiasmus«.[208] Doch der rühmende Anhänger muß dann doch zugeben, daß sein Idol als Naturforscher »den philosophischen Begriffen zuweilen Gewalt antut, wenn er sie verwendet« – und er verwendet sie.[209]

Wie reimt sich all das zusammen? – Keine Frage, seinen Schülern und wohlwollenden Interpreten hat es Steiner mit der Deutung der Haeckel-Episode nicht eben leichtgemacht.[210] Dazu kommt noch folgendes: Auch gegenüber den zeitgenössischen theologisch-kirchenhistorischen Kritikern meint er Haeckel in Schutz nehmen zu sollen. Da ist beispielsweise der englische Freidenker William Steward Ross (Pseudonym: Saladin). Auf dessen Buch *Jehovas Gesammelte Werke* hat sich Haeckel anläßlich seiner eigenen Bewertung bzw. Verurteilung des Christentums gestützt. Der Hallenser protestantische Kirchenhistoriker Friedrich Loofs (1858–1928) hatte »Saladins« Schrift als übles Machwerk entlarvt, das jeglicher wissenschaftlichen Qualität entbehre. Haeckel schickt Steiner das Buch seines englischen Gewährsmannes zu, wie wir aus dem Brief vom 8. April 1900 wissen. Und dieser geht auch alsbald auf das »Werk des englischen Denkers« – wieder eines »Denkers«! – ein, um Haeckel zu entlasten. Doch diese Entlastung fällt – gelinde gesagt – merkwürdig aus: Der »ehrliche Wahrheitssucher« (Ross-Saladin) verdiene nach Steiners Überzeugung die »tiefste Sympathie«, wenn dieser »auch vom Standpunkte der zufällig jetzt für richtig geltenden kirchengeschichtlichen Meinungen« [sic] her irre.[211]

Diese Episode wäre nicht der Erwähnung wert, wäre Rudolf Steiner nicht in der Lage gewesen, schon nach knapp ein bis zwei Jahren seine beiden Vortragsreihen über die christliche Mystik sowie über *Das Christentum als mystische Tatsache* zu halten, Vorträge, die auf einer ganz anderen Grundeinstellung basieren als das Buch, das er gegen den Einspruch des Kirchengeschichtlers zu verteidigen sucht. Daß sich Mathilde Ludendorff, die Gattin des vielgenannten Weltkriegs-Generals, in ihren fragwürdigen antichristlichen Veröffentlichungen ausgerechnet auf denselben William Steward Ross-Saladin berufen sollte, sei an dieser Stelle wenigstens angemerkt.[212] – Doch damit ist, was Steiners innere Entwicklung anlangt, bereits jene Lebensphase berührt, die als eine Zeit der Krise, ja der Lebenswende, ein besonderes biographisches Problem darstellt. Steiner hat Weimar nach siebenjähriger Tätigkeit den Rücken gekehrt; er befindet sich bereits in Berlin, von wo aus der Ertrag seines geistigen Ringens in ganz neuer Gestalt an die Öffentlichkeit treten sollte. – Doch zuvor ist es nötig, den Blick auf die Krise der Lebensmitte in der Biographie Rudolf Steiners zu lenken.

Von Weimar nach Berlin

Gegen 1897 ist die Rudolf Steiner aufgetragene Mitarbeit bei der Herausgabe der Naturwissenschaftlichen Schriften Goethes so gut wie abgeschlossen. Der letzte von ihm zu bearbeitende Band der Weimarer Sophien-Ausgabe, betitelt *Allgemeine Naturlehre* (Abt. 2, 11.12) liegt 1896 vor. Zum literarischen Ertrag der sieben Weimarer Jahre gehört neben den schon erwähnten Schriften zur Philosophie, über Nietzsche und Haeckel sowie zahlreichen Beiträgen in Zeitschriften, die zeitaufwendige Edition von zwei großen Textausgaben bei dem traditionsreichen Stuttgarter Verlag Cotta: 1894 erscheinen *Arthur Schopenhauers Sämtliche Werke* in zwölf Bänden; 1897 liegen *Jean Pauls Ausgewählte Werke* in acht Bänden vor. Dem Briefwechsel ist zu entnehmen, daß Steiner infolge ständiger Überarbeitung einen Ablieferungstermin nach dem anderen versäumt, so daß er fürchten muß, der Verleger werde einen anderen Herausgeber für seinen »Jean Paul« verpflichten: »Da aber dieses Manuskript so weit vorgeschritten ist, daß ich es in wenigen Tagen bestimmt abliefern kann«, heißt es beispielsweise im Brief vom 25. Dezember 1896, »und ich viele Mühe und Zeit auf dessen Herstellung verwendet habe, so möchte ich Sie bitten, sich jetzt nicht an jemand andern zu wenden, sondern mir noch wenige Tage Zeit zu geben [...].« – Diese wenigen Tage werden gewährt, aber sie reichen bei weitem nicht. Es werden nochmals mehrere Wochen daraus, ehe Steiner am 11. März 1897 »endlich in der Lage ist«, den Schluß der Einleitung zu Jean Pauls Ausgewählten Werken nach Stuttgart zu senden. Offensichtlich ist der »freie« Schriftsteller Dr. Rudolf Steiner auf derartige Brotarbeiten dringend angewiesen.

Und blickt Steiner auf die sieben Weimarer Jahre zurück, so scheinen die »unsäglichen Widerwärtigkeiten« in mancher Hinsicht zu überwiegen. Jedenfalls will der Ton der Resignation, der Enttäuschung, ja der Empörung über die Verhältnisse im Archiv nicht verstummen. War er einst mit den größten Hoffnungen in die reichsdeutsche Musenstadt gereist, Weihnachten 1895 meldet er nach Wien:

»Ich weiß jetzt, daß ich in dem Augenblicke, als ich hierherging, verraten und verkauft war. Ich muß die Weimarer Jahre einfach für verloren geben. Nur wer die Dinge in der Nähe gesehen hat, weiß, welche ekelerregende Atmosphäre ein kleiner Fürstenhof um sich verbreitet.«[213]

Auch aus der angestrebten Dozentur in Jena ist nichts geworden. Dabei ist dem Briefschreiber gewiß, »daß nach dem, was ich geleistet, diese Privatdozentur ein Pappenstiel sein mußte von seiten derer, die sie mir zu gewähren haben«. Aber Direktor Suphan, so heißt es im selben Weihnachtsbrief weiter, lasse seinen anfangs so freundschaftlich begrüßten Mitarbeiter »als Null erscheinen«. Das ist freilich keine Empfehlung. Ob er aufgebe oder »energielos« erscheine? Dem wird heftig widersprochen, nämlich in der Gewißheit: »Ich werde mein Ziel doch erreichen. Ich muß es eben ohne Weimar. Wie, das wird sich finden.« Nachzulesen im Brief vom 23. Dezember 1895 an Pauline und Ladislaus Specht in Wien.

Und es findet sich ein Weg. Am 18. April 1897 kann Steiner Rosa Mayreder mitteilen, daß er am 1. Juli die Herausgabe und Redaktion des *Magazins für Literatur* übernehme. Das bedeutet eine berufliche Wende. Sie ist verbunden mit der Übersiedelung nach Berlin. Aber Steiner bricht nicht etwa seine Goethe-Arbeit ab, wie es zunächst den Anschein geben könnte. Was er im Laufe mehrerer Jahre erarbeitet hat, faßt er in einem neuen Goethe-Buch zusammen, unter dem Titel *Goethes Weltanschauung*. War es seinem Autor darum gegangen, »nach den Offenbarungen zu sehen, welche die Natur über die Wesen und ihre Gesetze den feinen Sinnes- und Geistesorganen Goethes gemacht hat«[214], zieht er in diesem letzten Weimarer Buch Bilanz. Ihm ist klar geworden, daß nur der in der Lage ist, den Dichter zu verstehen, der in Goethes Erkenntnisart, namentlich in seine Art der Naturbeobachtung eingedrungen ist. Und nicht nur das: »In Goethes Denken sind Keime, welche die moderne Naturwissenschaft zur Reife bringen sollte«, heißt es in der Einleitung. Kennzeichnend ist aber noch manche andere Feststellung, die hier ausgesprochen wird und die ein bezeichnendes Licht auf seinen Autor wirft. Die eine Feststellung, die in ähnlicher Form an anderer Stelle später wieder auftritt, lautet: »Ich darf diesen Inhalt erlebt im vollsten Sinne des Wortes bezeichnen.« Hier spricht der Empiriker, der sich selbst um die »anschauende Urteilskraft« bemüht, die sich zum »schauenden Bewußtsein« steigern läßt. – Und die andere Feststellung gibt Antwort auf die Frage, welchen Stellenwert Gestalten wie Goethe, Nietzsche, Haeckel für ihn haben. Denn »je mehr ich meine eigene, selbst erkämpfte Weltanschauung ausbildete, desto mehr glaubte ich Goethe zu verstehen.« Gewiß, Steiner sucht die »Kräfte seines Geistes« zu erkunden. Dabei läßt er jedoch niemals die »eigene, selbsterkämpfte Weltanschauung« aus dem Blick – so wenig, »daß ich eine fremde Persönlichkeit nur so ansehen will, wie sie mir nach meiner eigenen Wesenheit erscheinen muß [...]. So interessant es ist, einem großen Geiste auf seinen Wegen zu folgen; ich möchte jedem nur so weit folgen, als er mich selbst fördert.« Das ist ein klares Wort, und überhaupt, auch das ist ein Ertrag der Steinerschen Goethe-Studien, nämlich »daß nach meiner Ansicht die Goethesche Denkweise Grenzen hat. Daß es Erkenntnisgebiete gibt, die ihr verschlossen geblieben sind«[215]. – Und doch gilt es, gerade diese Errungenschaft Goethes herauszustellen, seine »Fähigkeit, in dem Sinnlichen ein Übersinnliches unmittelbar anzuschauen. [...] Dasjenige Anschauungsvermögen, welches nur das Wesen der unorganischen Erscheinungen erkennt, ist mit seinen Hilfsmitteln an der Grenze angelangt, die überschritten werden muß, um das Lebendige zu erfassen [...]. Goethe sieht das Sinnliche von einem Übersinnlichen durchdrungen, wie eine gefärbte Fläche von der Farbe.«[216] Der Ton liegt zweifellos auf »überschreiten«; später heißt es »erweitern« – alles Vokabeln, die Steiners eigene Erkenntnisart und Zielsetzung programmieren.

Wenngleich durch berufliche und wirtschaftlich-existentielle Faktoren mitbestimmt, bedeutet der Ortswechsel von Weimar nach Berlin keine eigentliche Distanzierung von der Sache, um die es Steiner seit den Anfängen seiner wissenschaftlich-publizistischen Arbeit geht. Und diese Sache ist eben nicht allein die der Goethe-Forschung oder der Goethe-Interpretation, sondern vielmehr deren Weiterführung und Vertiefung im »Goetheanismus«. Bezeichnenderweise handelt es sich hierbei nicht allein um den Leitbegriff der späteren Anthroposophie, der auch für die Benennung des Dornacher Zentrums »Goetheanum« richtungsweisend werden sollte. Bereits in einem frühen Aufsatz aus dem Jahre 1884 *(Ein freier Blick in die Gegenwart)* hatte der erst Dreiundzwanzigjährige vom Goetheanismus gesprochen[217], wenngleich die damit gemeinte Sache erst im Laufe der folgenden vier Jahrzehnte durch manche Metamorphose hindurch ihre endgültige Ausformung erfahren hat. Die innere Kontinuität aber ist zweifellos gewährleistet, wenngleich die tiefe Zäsur nicht zu übersehen ist, die jener Krisenzeit kurz vor der Jahrhundertwende ihr besonderes schicksalhaftes Gepräge gibt. Und in der Tat ruht das, was Steiner später als anthroposophische Geisteswissenschaft vertreten hat, auf der Basis der Goetheschen Weltanschauung. Man muß in diesem Zusammenhang nur im Blick behalten, daß dabei nicht eine museale Beschäftigung mit einem Ideengebäude der Vergangenheit gemeint sein kann. Steiner versteht unter Goetheanismus impulsgebende, in das Leben der Gegenwart und Zukunft hineinwirkende Kräfte. Von dem so verstandenen Goetheanismus ist freilich zu sagen, daß er nach Steiners eigenem Eingeständnis völlig isoliert, weil völlig unbekannt sei.

»In den breiten Massen wurde nicht einmal der Versuch gemacht, Lessingsche, Schillersche, Goethesche Ideen irgendwie gangbar zu machen. [...] Die Leute haben kein Verhältnis zu dem, wovon sie vorgeben, daß sie geistig gespeist werden. [...] Und so konnte eben die bemerkenswerte Tatsache auftreten, daß eine ganz gewaltige geistige Welt, die mit dem Goetheanismus aufgeworfen war, eigentlich vollständig unverstanden geblieben ist [...].«[218]

Diese unmittelbar vor der Beendigung des Ersten Weltkriegs ausgesprochenen Gedanken deuten darauf hin, daß Steiner fest entschlossen ist, diesen von ihm vertretenen Goetheanismus einer Bewährungsprobe zu unterziehen, wie sie die Jahre des Zusammenbruchs und des wirtschaftlich-gesellschaftlich-kulturellen Niedergangs für Millionen von Menschen in Europa darstellen. Denn, so heißt es im selben Vortrag vom 1. November 1918:

»Goetheanismus könnte walten in jedem wissenschaftlichen Zweige, könnte walten in sozialen Ausgestaltungen des menschlichen Zusammenlebens, Goetheanismus könnte walten im politischen Leben, überall könnte der Goetheanismus walten.«[219]

Daß aus dem Konjunktiv der Möglichkeiten der Indikativ kulturerneuernder Tatsachen wurde, das stellte Steiner innerhalb weniger Jahre unter Beweis.

Von solchen Möglichkeiten, geschweige denn von solchen Tatsachen kann um das Jahr 1900 noch nicht die Rede sein. Steiner ist vielmehr nüchtern genug, sich einzugestehen, daß er in Weimar und von Weimar, das heißt von den Hütern des historischen Goethe-Erbes nichts zu erhoffen habe. Seit seiner Freiheitsphilosophie fühlt er sich »völlig kaltgestellt«. Um dem Leitmotiv seines Lebens und Schaffens treu zu bleiben, ist daher ein Neuanfang unter gänzlich veränderten äußeren Verhältnissen unerläßlich.

Der Schritt von Weimar nach Berlin bedeutet für Rudolf Steiner zunächst einmal die Abkehr von der Provinzstadt, die trotz ihrer großen kulturellen Tradition nicht jene Voraussetzungen bietet, die ein erklärter »Freigeist« für sein Leben und Schaffen benötigt.

Dagegen Berlin; es ist die Metropole des wilhelminischen Deutschland in der Zeit der sogenannten Gründerjahre, nach London und Paris die drittgrößte Hauptstadt Europas, durchpulst von den sehr verschiedenen kulturellen Strömungen der Zeit, eine Stadt moderner Industrie und eines in alle Bereiche sich ausdehnenden Geschäftslebens. Gegen Ende des Jahrhunderts arbeitet etwa die Hälfte der Bevölkerung in den Fabriken und Werkhallen der Zwei-Millionen-Stadt. Und auch das ist nicht zu übersehen: Der größte Teil der Steuerzahler – im Jahre 1896 sind es 425000 von 560000 – muß sich mit einem Jahreseinkommen zwischen 750 und 1200 Mark begnügen. Das ist kaum mehr als das (kärgliche) Durchschnittseinkommen eines Arbeiters in den sechziger Jahren des 19. Jahrhunderts. Was sich auf dem relativ engen Raum zwischen Rathaus und Schloß, zwischen Zeughaus, Oper, den großen Theatern, Unter den Linden und angesichts des Brandenburger Tors abspielt, das ist eine andere Welt als die von Heinrich Zille und von Käthe Kollwitz geschilderte, dokumentierte! Die Realitäten der Zeit suchen eine naturalistische Kunst und Literatur in den Griff zu bekommen, begreiflich zu machen. Gerhart Hauptmann, der in den achtziger Jahren in Erkner bei Berlin, dann in Berlin-Charlottenburg und Grunewald wohnt, ehe er nach Agnetendorf übersiedelt, erlebt in rascher Folge die Berliner Uraufführungen seiner Stücke *Die Weber, Der Biberpelz, Hanneles Himmelfahrt* (sämtlich 1893), *Florian Geyer, Die versunkene Glocke* (1896), *Fuhrmann Henschel* (1898). Es ist im besonderen die *Freie Bühne*, die sich in den neunziger Jahren künstlerisch der »Natur« anzugleichen sucht und so zum Herold der naturalistischen Bewegung in Deutschland wird. Der Ruf nach mehr Wirklichkeit, nach Unmittelbarkeit des real Erlebbaren artikuliert sich in lyrischer und epischer Form. Es gilt, die Scheinkonventionen eines dekadenten Bürgertums zu überwinden, zumindest zu entlarven. Reform, neue Form, neue Gemeinschaft, neues Leben – dies alles sind Leitmotive in den Gruppenbildungen und Bewegungen der Zeit.

Was also ist Berlin? »Berlin ist gar keine Stadt«, so schrieb einst Heinrich Heine im Jahre 1828, »sondern Berlin gibt bloß den Ort dazu her, wo sich eine Menge Menschen, und zwar darunter viele Menschen von Geist, versammeln, denen der Ort ganz gleichgültig ist; diese bilden das geistige Berlin.«

Seit dem Sommer 1897 gehört Rudolf Steiner dazu, als Schriftleiter und Herausgeber des *Magazins für Literatur*. Dieses im Todesjahr Goethes (1832) von Joseph Lehmann gegründete, zuletzt, das heißt im Sommer 1897 von Steiners Freund Otto Neumann-Hofer (1857–1941) redigierte Wochenblatt, bietet dem Goetheanisten und

Autor der Freiheitsphilosophie eine Möglichkeit, sich von der Weltstadt aus an die literarisch Interessierten und vor allem an die kulturell Schaffenden zu wenden. Er hofft es jedenfalls. Die erste von Rudolf Steiner als Schriftleiter verantwortete Nummer ist die vom 1. Juli (Nr. 26, 66. Jahrgang) 1897. Der früh verstorbene Otto Erich Hartleben (1864–1904), der an der redaktionellen Verantwortung etwa drei Jahre lang teilhat, schreibt am 1. Mai 1897 an Hans Heilmann: »Das Magazin geht an Steiner und mich über [...]. Ich traue Steiner zu, daß er was draus macht.« Beide Männer kennen sich von Weimar her. Geht es O. E. Hartleben darum, eine eigene Zeitschrift zu haben, die ein Feuilletonist benötigt, so bemerkt Steiner rückblickend:

»Ich war nach Berlin gekommen, vielleicht naiverweise, um zu beobachten, wie durch solch eine Tribüne wie das *Magazin* sich Zukunftsideen einleben könnten bei einigen Menschen, wenigstens solange die materiellen Mittel vorhielten, die das *Magazin* zur Verfügung hatte, und solange das alte Ansehen, das ich allerdings gründlich untergrub, vorhielt.«[220]

Was nun das »gründliche Untergraben« anlangt, ist beispielsweise an Steiners offene Parteinahme in dem vieldiskutierten Dreyfus-Prozeß zu denken. Der französische Offizier im Generalstab, Alfred Dreyfus, ein Jude, 1894 wegen angeblichen Landesverrats unschuldig verurteilt und auf die Teufelsinsel verbannt, war ein Opfer antisemitischer Verleumdung geworden. Noch bevor Emile Zola 1898 in der *Aurore* seinen flammenden Protest *J'accuse* veröffentlicht und für die Unschuld des französischen Hauptmanns eintritt, bekundet Steiner in einigen *Magazin*-Aufsätzen seine Überzeugung von der Unschuld des Alfred Dreyfus. Steiner betont in einem Artikel über *Die Instinkte der Franzosen*, daß es im Falle dieses Unrechts Aufgabe eines jeden Publizisten sei, »so deutlich wie möglich gegen die Stimme eines ganzen Volkes sein Urteil frei herauszusagen. Es handelt sich um eine Angelegenheit, welche die ganze gebildete Menschheit interessiert. Wer lebhaft empfindet, kann seine Empfindungen auch gegenüber einem Franzosen nicht zurückhalten; selbst wenn er wollte.«[221]

Sich für die Unschuld eines Juden einsetzen und dessen Verteidiger (Zola) grüßen, das heißt im Jahre 1897 offensichtlich, die nationalen Gefühle verletzen und ein deutsches Literaturmagazin »untergraben«. – Und da ist noch ein anderes Ereignis, das ins Jahr 1897 fällt und das –, wenn nicht ursächlich, so doch anlaßgebend mit dem Pariser Dreyfus-Prozeß zusammenhängt: nämlich der erste

Zionistenkongreß in Basel, geleitet von Theodor Herzl, der als Korrespondent der Wiener *Freien Presse* an Ort und Stelle den Prozeß beobachten konnte. Als langjähriger Leser dieser Wiener Zeitung kennt Steiner seinen Landsmann, den Feuilletonredakteur und Theaterautor Herzl zumindest dem Namen nach. Während er für die Unschuld von Dreyfus plädierte, kommt er jedoch zu einer Bewertung der jungen Zionistischen Bewegung und Herzls, die durch den Gang der Geschichte nicht bestätigt wurde. Mit anderen Worten, Steiner urteilt über die Initiative wie ungezählte Zeitgenossen, Juden wie Nichtjuden. Für den Redakteur des *Magazins* ist Herzls *Judenstaat* nichts als eine Sammlung »banaler Phrasen«. Und was die Vorgänge auf dem Basler Zionistenkongreß anlangt, von denen Herzl damals schon überzeugt ist, daß sie die Begründung des zukünftigen Staates Israel bedeuten, bemerkt Rudolf Steiner:

> »Ob die Herren Herzl und [Max] Nordau wirklich daran glauben, daß das palästinensische Reich errichtet werden könne, vermag ich nicht zu entscheiden. Ich nehme zu Ehren ihrer Intelligenz hypothetisch an, daß sie nicht daran glauben. [...] Die Zionistische Bewegung ist ein Feind des Judentums. Die Juden täten am besten, wenn sie die Leute, die ihnen Gespenster vormalen, sich genau ansähen [...].«[222]

Genau ein halbes Jahrhundert später hat die Geschichte selbst die nötige Antwort gegeben und Theodor Herzl bestätigt.

Krise und Wandlung

Wir haben die Entwicklung Rudolf Steiners bis in die Lebensmitte hinein verfolgt. Schicksalsgegebenheiten und Einflüsse vielfältiger Art, Menschenbegegnungen und Aufgabenstellungen traten in unser Blickfeld. Aber in dem, was sich chronologisch aufzählen läßt, erschöpft sich menschliches Leben nicht. Das Wesentliche, Einmalige eines Menschenlebens scheint sich verbergen und entziehen zu wollen. Wer daher den Lebensspuren eines Menschen von der Geistesart eines Rudolf Steiner nachgeht, der wird immer wieder, vor allem in den entscheidenden Phasen seiner Selbstentfaltung, mit der Tatsache konfrontiert, die sich etwa folgendermaßen umschreiben läßt:

Dieser Mensch, dessen äußere Biographie sich mehr oder weniger genau rekonstruieren läßt, ist noch ein ganz anderer, als er sich seinen Zeitgenossen gegenüber darstellt. Es ist, als ob sich nur eine Teilpersönlichkeit manifestiere, während der Kern seiner Individualität im Dunkeln bleibt. Vom Alltag eines solchen Menschen wissen, von seinen Eigenarten und auch Unarten wissen – sie mögen biographisch noch so aufschlußreich sein –, heißt noch lange nicht, ihn kennen. Steiner selbst hat wiederholt darauf aufmerksam gemacht, daß er gezwungen gewesen sei, eine Art Doppelleben zu führen: Da ist das eine Leben, das er mit Kollegen und Freunden teilt; er selbst nimmt lebhaften Anteil an dem Ergehen der Menschen in seinem unmittelbaren Umkreis. Und doch ist er inmitten der Geselligkeit einsam und alleingelassen. So heißt es beispielsweise – ähnlich wie für die Wiener Jahre – auch für die Weimarer Jahre:

> »Das war meine ›Einsamkeit‹ damals in Weimar, wo ich in einem so ausgebreiteten geselligen Verkehre stand. [...] Ich mußte, was mit meinen Anschauungen vom Geistigen zusammenhing, ganz allein mit mir abmachen. Ich lebte in der geistigen Welt; niemand aus meinem Bekanntenkreise folgte mir dahin. Mein Verkehr

bestand in Exkursionen in die Welten der anderen. Aber ich liebte diese Exkursionen.«[223]

Aber »Exkursionen« sind es doch; die Geselligkeit, die Hinwendung zu den Mitmenschen ist noch nicht das eigentliche, das ureigene Leben. Nun liegt hier keineswegs etwa eine singuläre Erscheinung vor. Mit ihr muß im Grunde jeder schöpferische, im Geistigen wirkende, seines Selbst bewußte Mensch fertigwerden. Die Art dieses unumgänglichen Doppellebens kann so weit gehen, daß der betreffende – wie C. G. Jung zum Beispiel – geradezu von zwei Personen spricht, die er ist. Das Wort von den beiden Seelen in der Brust ist mehr als nur eine dichterische Metapher. Sie bezeichnet offenbar einen anthropologischen Tatbestand.

Folgen wir Steiners eigenen Schilderungen, bisweilen sind es nur Andeutungen, dann stellt sich die innere Entwicklung bei ihm um die Lebensmitte in folgender Weise dar:

Als einer, der seit früher Jugend mit Fragen der Erkenntnis ringt, mit Dingen, die man sieht und mit Dingen, die man nicht sieht – als ein solcher hat sich Rudolf Steiner mit den Forschungsmethoden der zeitgenössischen Naturwissenschaft und Philosophie bekannt gemacht. Er setzt auf das Prinzip der Erfahrung, sei es innere, seien es äußere Wahrnehmung und Erfahrung; sei es die Innenanschauung, die dem Jungen die Beschäftigung mit Geometrie und Mathematik vermittelt, sei es die »anschauende Urteilskraft«, die der spätere Goethe-Forscher erkenntnistheoretisch zu klären und darzustellen sucht. Aber da hat der Autobiograph von einer Eigentümlichkeit zu berichten, die auf eine besondere Lebens- und Erkenntnisproblematik hindeutet, wenn Steiner von den Schwierigkeiten spricht, mit dem Physisch-Sinnlichen der Realität vertraut zu werden. Er muß sich trotz der vielseitigen Kontakte eingestehen, wie wenig er bis zur Lebensmitte hin in der Außenwelt tatsächlich gelebt hat:

> »Wenn ich mich von dem lebhaften Verkehre zurückzog, dann wurde ich gerade damals immer wieder gewahr, daß mir eine vertraute Welt bis dahin nur die geistige, die ich im Innern anschaute, gewesen ist. Mit dieser Welt konnte ich mich leicht verbinden. Und meine Gedanken gingen damals oft nach der Richtung, mir selbst zu sagen, wie schwer mir der Weg durch die Sinne zur Außenwelt während meiner ganzen Kindheit und Jugendzeit geworden ist.«[224]

Bei Steiner wirkte sich das so aus, daß er Schwierigkeiten hatte, sich beispielsweise äußere Daten einzuprägen. Um ein Naturobjekt zu klassifizieren und sich über seine Zuordnung klarzuwerden, war es nötig, sich mehrmals dem Natureindruck auszusetzen. Die Dingwelt schien ihm eher schattenhaft zu sein und weniger »wirklich« als das, was sich – gleichsam von innen her – als eine Gewißheit darstellte. Ein derartiger Hinweis Steiners ist um so wichtiger zu nehmen, als er – gemessen an seiner späteren Tätigkeit als »Geistesforscher« – verhältnismäßig selten von übersinnlicher Erfahrung spricht. Vor allem für die Jahrzehnte zwischen Kindheit und anthroposophischer Wirksamkeit (nach der Jahrhundertwende) fallen derlei Angaben sehr spärlich aus.

Bedenkt man, daß dieser Hinweis auf die Besonderheit Steiners für die Zeit zutrifft, in der sich der Materialismus in der Naturwissenschaft und im allgemeinen Bewußtsein immer stärkere Geltung verschaffte, dann konnte ein Mensch, der sich in dieser Weise mit Erkenntnisproblemen beschäftigte, an der vorherrschenden materialistischen Weltanschauung nicht vorübergehen. Und offenbar bringt ein Mensch mit der psychischen Ausstattung eines Rudolf Steiner zur Zeit seiner Lebensmitte eine besondere Sensibilität mit, um den Materialismus in seiner ganzen Tragweite und Tiefe zu erfassen. Das heißt nicht, daß der so Erlebende selbst zum Materialisten oder – im Falle Ernst Haeckels – zum materialistisch orientierten Monisten werden müsse. Freilich ist die Gefahr durchaus gegeben, daß diese Lebensentscheidung mit allen ihren ethischen und individuell-existentiellen Konsequenzen getroffen wird. Was nun Haeckel anlangt, so legt Steiner in späteren Schilderungen Wert auf die Feststellung, daß er nicht von sich aus Verbindung mit Haeckel gesucht habe, sondern daß Haeckel seinerseits an Steiner herangetreten sei. Fest steht aber – wie wir gesehen haben –, daß sich Steiner recht bereitwillig auf Haeckel und seine Weltanschauung eingelassen hat, und eben nicht nur als früher und gründlicher Leser seiner Bücher.

»Auch ich bin ganz und gar ein Kind des neunzehnten Jahrhunderts«, gesteht Ernst Haeckel im Vorwort zu seinen »gemeinverständlichen Studien über monistische Philosophie«, die er unter dem Titel *Die Welträtsel* unmittelbar vor der Jahrhundertwende (1899) hinausgehen läßt. Zwar verwahrt sich Haeckel darin, wie auch in seinen vorausgegangenen wissenschaftlichen Werken, gegen den Vorwurf, Materialist zu sein. Aber es ist für ihn keine Frage, daß die Selektions- und die Deszendenztheorie Darwins, und damit das Biologische, über dem Geistigen stehe. Es dominiert demnach das »allgemeine Kausalprinzip«. Gerhard Heberer bemerkt hierzu: »Das Freiheitsproblem wird aufgrund des allgültigen Kausalitätsprinzips als gegenstandslos betrachtet, und indem er der Seele die

Unsterblichkeit abspricht, ordnet Haeckel auch den Geist unter die Phänomene des rein biologischen Lebens ein.«[225]

Wenn man sich vor Augen hält, daß sich Steiner nicht nur demselben Haeckel angeschlossen und ihn gegen dessen Gegner in Schutz genommen hat, von dem er als späterer »Geistesforscher« doch sagen mußte, daß der Autor der *Welträtsel* »überhaupt nichts von wirklichem Geist wußte«, dann wirft das eine Reihe ernster Fragen auf. Denn nicht genug damit; Steiner bekennt sich nicht nur zu dem Naturforscher Haeckel, sondern – wie wir ebenfalls gesehen haben – auch zu dessen gründlicher (Fehl-)Einschätzung des Christentums. Mehr noch: Steiner läßt sich jahrelang von Nietzsche faszinieren, und auch hier wiederum nicht nur von dem Philosophen und von dem brillanten Meister der deutschen Sprache, sondern auch von den Antichrist-Phantasien des vom Wahnsinn Gezeichneten, der im Christentum »das bisher größte Unglück der Menschheit« erblickt. Daher noch einmal: Wie paßt dergleichen zu Steiners Christusverkündigung, die bald nach der Jahrhundertwende zentraler Inhalt der Anthroposophie wird? – Widersprüche über Widersprüche, die alle aus Steiners Feder stammen!

Da schreibt der dreiunddreißigjährige Steiner Weihnachten 1894 an Pauline Specht:

> »Ist Ihnen Nietzsches *Antichrist* vor Augen gekommen? Eines der bedeutsamsten Bücher, die seit Jahrhunderten geschrieben worden sind? Ich habe meine eigenen Empfindungen in jedem Satze wiedergefunden. Ich kann vorläufig kein Wort für den Grad der Befriedigung finden, die dieses Werk in mir hervorgerufen hat [...].«[226]

Ein Menschenalter später spricht derselbe Rudolf Steiner in Arnheim vor Anthroposophen über denselben *Antichrist*, dessen Kapitel einen »oftmals so teuflischen Inhalt« haben: »Ahriman hat sie geschrieben, seine Herrschaft über das ausübend, was in Buchstaben auf Erden durch die Druckkunst seiner Herrschaft unterworfen werden kann!«[227]

Wie wird »eines der bedeutsamsten Bücher« nach drei Jahrzehnten zum Inbegriff des Satanischen, noch dazu eines, das die »eigenen Empfindungen« des Lesers »in jedem Satz« ausdrückt? Sollte die in jenem eher als Gesellschaftsspiel aufzufassenden Fragebogen ausgedrückte Charakterbestimmung der »Wandelbarkeit« doch viel ernster zu nehmen sein als es zunächst den Anschein hatte? – Wir stehen vor einem biographischen Rätsel besonderer Art, zu dessen Aufhellung Steiner selbst nicht allzu viel beigetragen hat. Seine

Schüler versuchen sich in einer Lösung der Frage, ob eine tiefgreifende Wandlung, eine Art Umwertung aller Werte um die Jahrhundertwende mit Steiner vorgefallen sei oder ob man Steiners Behauptung, es liege eine durch keine Äußerung zu erschütternde innere Kontinuität vor, die die »voranthroposophische« Lebensphase und die spätere anthroposophische verbinde.[228] Kritiker, um nicht zu sagen Gegner Steiners, vermuten einen tatsächlichen Bruch, sieht man einmal von jenen ab, die darauf abzielen, Steiners Christus-Anschauung als solche als Täuschungsmanöver zu entlarven.

Was also liegt hier vor? – Will man möglichst alle Gesichtspunkte berücksichtigen, die ein Licht auf diese wichtige Frage werfen, ist es erforderlich, Steiners frühe Äußerungen über Religion und Christentum zu überdenken, um sie dann in einem größeren Zusammenhang zu interpretieren.

Elf Jahre vor Haeckels *Die Welträtsel* – Steiner ist noch in Wien – heißt es in einem Aufsatz zur geistigen Signatur der Gegenwart (1888), es gehe darum, »in die tiefsten Geheimnisse des Welträtsels einzudringen, ohne Offenbarung«. Der »blinde Offenbarungsglaube der Religionen« beruhe letztlich nur darauf, »daß uns Wahrheiten fertig überliefert werden, die wir hinnehmen müssen, ohne daß wir die Gründe in unserem Denken abwägen sollen.« Der Mensch müsse Glück und Befriedigung aus sich selbst schaffen und nicht von außen an sich herankommen lassen.

Diese bei Steiner schon früher beginnende Gedankenlinie eines ethischen und erkenntnistheoretischen Individualismus setzt sich fort. Drei Jahre später, 1891, äußert sich Steiner dezidierter zur Frage des Christentums; so in einer Würdigung Eduard von Hartmanns. Zustimmend referiert er:

> »Das Christentum ist keine absolute Religion, sondern nur eine Phase in der religiösen Entwicklung der Menschheit, und schon sind Anzeichen genug vorhanden, von welcher neuen Anschauung es abgelöst wird.«[229]

In der Einleitung zum vierten Band von Goethes Naturwissenschaftlichen Schriften mißt Steiner dem Christentum geradezu pathologische Züge bei, wenn er für ein »gesundes Erkenntnisbedürfnis« eintretend, schreibt:

> »Das Christentum findet den Quell alles Geistigen, also auch der Begriffe und Ideen in Gott. Es hat den Glauben an etwas nötig, das nicht von dieser Welt ist. Ein gesundes menschliches Denken hält sich aber an diese Welt. Es kümmert sich um keine andere.«[230]

Warum sollte sich auch der so Denkende um anderes kümmern als um das jeweils in Natur und Geschichte Vorgegebene? Schrieb nicht schon der Sechsundzwanzigjährige in der Vorrede zum zweiten Band:

»Es ist allein des Menschen würdig, daß er selbst die Wahrheit suche, daß ihn weder Erfahrung noch Offenbarung leite. Wenn das einmal durchgreifend erkannt sein wird, dann haben die Offenbarungsreligionen abgewirtschaftet. Der Mensch wird dann gar nicht mehr wollen, daß Gott sich ihm offenbare oder Segen spende.«[231]

Dabei steht außer Frage, daß Steiner in allen diesen Aussagen immer auch den »Christengott« meint. Das ergibt sich aus dem jeweiligen Textzusammenhang.

Nein, Steiner macht weder in den achtziger noch in den neunziger Jahren den Versuch, seine Weltanschauung und sein Geistesverständnis in irgendeiner Weise mit christlichen Vorstellungen in Einklang zu bringen. Vor dem Jahre 1900 ist Rudolf Steiner als erklärter »Freidenker« bekannt. Ganz im Sinne Ludwig Feuerbachs ist der persönliche Gott »nur der in ein Jenseits versetzte Mensch«[232]. Dem Verteidiger Haeckels und Nietzsches ist klar, der Mensch der Zukunft wird »nicht mehr glauben, daß Gott seinen eingeborenen Sohn gesandt hat, ihn von sündiger Schmach zu befreien, er wird aber einsehen, daß unzählige Himmel da sind, um ihn zuletzt hervorzubringen und sein Dasein genießen zu lassen«[233]. Daß unter diesen »Himmeln« nichts im Sinne der traditionellen Religion gemeint ist, bedarf keiner zusätzlichen Belege. Ohne besonderes Suchen stößt man bei der Lektüre des Steinerschen Frühwerks auf derartige Stellen und Kontexte. Deshalb nur noch folgendes Zitat:

Aus Anlaß von Henrik Ibsens 70. Geburtstag (1898) weist Steiner darauf hin, daß es ja Darwin gewesen sei, der den Menschen »das Evangelium, das sie brauchten«, verkündigt habe. Gemeint ist die Erkenntnis von der »rein natürlichen, einheitlichen Wesenheit, welche den toten Stein, die stille Pflanze, das unvernünftige Tier hervorgebracht hat und die auch den Menschen ins Dasein gerufen hat, und neben der es nichts Göttliches im Menschen gibt. Als das vollendetste Naturwesen gilt ihm der Mensch. Die Natur hat die Kraft, auf ihrem Gipfelpunkt das vernünftige Tier hervorzubringen; kein göttlicher Odem braucht diesem vernünftigen Tiere eingeblasen zu werden.«[234] – Nun ist es interessant zu sehen, daß die Herausgeber des Steiner-Frühwerks (Edwin Froböse und Werner

Teichert) es für nötig gehalten habe, durch Marie Steiner eine erläuternde Fußnote beifügen zu lassen. Diese ist erstaunlich, weil Steiners Witwe behauptet, »daß Dr. R. Steiner hier nicht seine eigenen Anschauungen wiedergibt, sondern diejenigen einer Zeit, die durch Darwins Brille Dinge anschaute, welche auch tiefer angeschaut werden können [...]«. – Ja, »können«, und Steiner konnte – nur eben nicht in der fraglichen Lebensphase! In ihr ist für Steiner jegliche religiöse Erfahrung bzw. Offenbarung des Menschen unwürdig, gerade weil ja »die Offenbarungsreligionen abgewirtschaftet« haben. Der Mensch gründet demnach auf sich selbst, in sich selbst. Und um jeden Zweifel auszuschließen, fügt er hinzu:

»Ob irgend eine höhere Macht unsere Geschicke zum Guten oder Bösen lenkt, das geht uns nichts an, wir haben uns selbst die Bahn vorzuzeichnen, die wir zu wandeln haben. Die erhabenste Gottesidee bleibt doch immer die, welche annimmt, daß Gott sich nach der Schöpfung des Menschen ganz von der Welt zurückgezogen und den letzteren ganz sich selbst überlassen habe.«[235]

Seinen, sagen wir, schonenden Interpreten hat es Rudolf Steiner in der Tat nicht leicht gemacht, denn auch ein 1898 im *Magazin für Literatur* veröffentlichter bekenntnishafter Satz mußte in den Veröffentlichungen aus dem literarischen Frühwerk Aufnahme finden: »Wir wollen Kämpfer sein für unser Evangelium, auf daß im kommenden Jahrhundert ein neues Geschlecht erstehe, das zu leben weiß, befriedigt, heiter und stolz, ohne Christentum, ohne Ausblick auf das Jenseits.«[236] – Sollte etwa eine derartig proklamierte Lossagung vom Christentum nur Wiedergabe der Anschauungen anderer sein?

Dies alles könnte man auf sich beruhen lassen und als eine Gegebenheit respektieren, träte nicht derselbe Rudolf Steiner schon zwei Jahre nach der Niederschrift dieses Satzes vor theosophisch interessierte Menschen hin, um über christliche Mystik – ausgerechnet über Mystik! –, dann über die mystische Tatsache des Christentums ganze Vortragszyklen zu halten, die seine anthroposophische Christusdeutung in Wort und Schrift einleiten. Der Schluß liegt nahe: Also muß sich eine tiefgreifende Persönlichkeits- und Weltanschauungswandlung vollzogen haben, und zwar in denkbar kurzer Zeit. Wir werden auf das Jahr 1900 als Datum dieses Ereignisses verwiesen. Aber statt dem biographisch Forschenden die autobiographische Bestätigung zu geben, nach der er sucht, hebt Steiner einen ganz anderen Gesichtspunkt hervor, nämlich nicht etwa den der Wandlung, sondern den der Kontinuität. So beweist ein Brief vom 22. September 1903 an Johanna Mücke, wie sehr ihm daran liegt, daß bereits damals aufgetauchte Probleme in einem anderen Sinn gedeutet werden, als sie im Blick auf die »Wandelbarkeit« Rudolf Steiners verstanden werden können. Derselbe Steiner, der Wissenschaft und Glaube für unvereinbar hielt, kann auf einmal nur sagen: »Es ist dieselbe Erfahrungsart, die mich die Wahrheit in der Wissenschaft, und dieselbe, die mich die ›mystische Tatsache‹ im Christentum gelehrt hat.« Und was die Rückfragen von Freunden, Kollegen und zeitgenössischen Gegnern bezüglich der Wandlung anlangt, so fügt der Briefschreiber hinzu: »Wer mich genauer kennt, der weiß auch, daß ich mich in meinem Leben nicht sonderlich verändert habe [...].«[237]

Wie also lassen sich diese stark divergierenden biographischen Fakten und ihre Deutung durch Steiner in Einklang bringen? Hatte er wirklich nur die »Jenseitslehre, die in den christlichen Bekenntnissen wirkte« im Blick, wie er später in seiner Autobiographie beteuert? Immerhin räumt er dort ein, »gewisse allzu radikal erscheinende Ausführungen« gemacht zu haben. Doch dadurch ist noch nicht das Eigentliche geklärt.[238] Es wirken zweifellos verschiedene Faktoren zusammen, persönlich-schicksalhafte und überpersönlich-schicksalhafte. Da ist einerseits die Krisensituation, die die Menschen des 19. Jahrhunderts zu durchstehen haben, denen die traditionellen Normen fragwürdig geworden sind: Industrielle Revolution, soziale Frage, heraufdämmerndes »Gott-ist-tot«-Bewußtsein, geistig-religiöse Emanzipationsbewegung des vom Fortschrittsglauben erfüllten Menschen u. ä.

Auf der anderen Seite ist da ein einzelner, der an diesem Umbruch bewußten Anteil nimmt, indem er, ausgehend von der dominierenden Wissenschaft der Zeit (Naturwissenschaft), sich jenen anschließt, die wie Nietzsche den »Tod Gottes« verkünden, die »alten Tafeln zerbrechen« und den »Übermenschen« proklamieren oder die wie Ernst Haeckel zu einer Einheitsschau der Wirklichkeit (Monismus) streben, und zwar unter betont materialistischem Vorzeichen. Goethe ist übrigens für den auf die Lebensmitte zusteuernden Rudolf Steiner längt nicht mehr der Garant des Zukünftigen, wie er das in den ersten Jahren der erkenntnistheoretischen Bemühung war. Ja, der junge, der prometheische Goethe ist nun für Steiner allein das Leitbild kommender Generationen. So meint der Weimarer Goethe-Forscher geradezu, Goethe habe die »Tendenzen seiner Jugend aufgegeben. [...] Aus dem ›freien Geiste‹, der den Halt des Lebens in sich selbst findet, ist ein Geist der Ergebenheit geworden, der von der göttlichen Gnade das Heil des Daseins erwartet.«[239] Als Beleg dafür führt Steiner die von ihm im eigentlichen Sinn des Wortes »modernen« Verse des Prometheus-Gedichtes an:

> Hier sitz ich, forme Menschen
> Nach meinem Bilde,
> Ein Geschlecht, das mir gleich sei,
> Zu leiden, zu weinen,
> Zu genießen und zu freuen sich,
> Und dein nicht zu achten,
> Wie ich!

Dagegen brandmarkt Steiner als »demutsvoll«, das heißt in einem abwertenden Sinn, und als Ausdruck einer »nunmehr abgestorbenen Epoche« die Verse aus Faust II:

> Wer immer strebend sich bemüht,
> Den können wir erlösen.
> Und hat an ihm die Liebe gar
> Von oben teilgenommen,
> Begegnet ihm die selge Schar
> Mit herzlichem Willkommen.

Man sieht es deutlich, auch hinsichtlich seiner Goethe-Deutung unterliegt Steiner gegen die Mitte seiner dreißiger Jahre einer Wandlung, wenn diese auch anderer Art und bei weitem nicht so gravierend ist wie in der Frage nach Religion und Christentum. Denn Goethe wird ihm während der Zeit seines anthroposophischen Schaffens – von neuem – immer wichtiger. Die Stätte, an der in zentraler Weise künftig Anthroposophie gepflegt werden soll, bekommt die Bezeichnung »Goetheanum«. Goethes *Faust,* gerade auch der Zweite Teil mit den inkriminierten Passagen, wird Gegenstand zahlreicher Vorträge Steiners, kommt es ihm doch gerade darauf an, den »Goetheanumgedanken« inmitten der Kulturkrisis der Gegenwart wirksam werden zu lassen. Und wie immer sich Goethe einem Unternehmen wie der Anthroposophie gegenüber verhalten haben mochte – Steiner gelangt schließlich (1923) zu der Überzeugung: »Die Goethesche Weltanschauung läuft ohne Künstelei in die Anthroposophie ein.«[240]

So gibt es mancherlei Hinweise auf ein Wandlungsgeschehen, das Steiner in den ersten Berliner Jahren zu bestehen hatte. Er selbst hat diesen als eine »intensivste geistige Prüfung« empfundenen Lebensabschnitt mit einer »Höllenfahrt« verglichen, der er nicht ausweichen durfte. Und so sehr Steiner großen Wert auf die Feststellung einer inneren Kontinuität legte, diese tiefgreifende Wandlung hat er nie geleugnet. Sein Schicksal sei es gewesen, in die »Haut des Drachens« zu schlüpfen, um gleichsam von innen her einen Neuansatz zu finden – für eine Vertiefung des Erkenntnishorizonts und für eine umfassende kulturelle Erneuerung. Denn, so ließ er den französischen Theosophen und Schriftsteller Eduard Schuré (1907) wissen:

> »Man gelangt nicht zur Erkenntnis, wenn man den eigenen Standpunkt absolut durchsetzen will, sondern durch Untertauchen in fremde Geistesströmungen [...].«[241]

Es ist daher wohl kein Zufall, daß sich Steiner wiederholt der Metapher des »Untertauchens« bedient, um zu zeigen, wie sich das Gesetz der Metamorphose bei ihm selbst ausgewirkt hat. Diese »starke geistige Prüfung« bezog sich im besonderen auf Steiners Christus-Anschauung während der fraglichen Zeit.

> »Ich fand das Christentum, das ich suchen mußte, nirgends in den Bekenntnissen vorhanden. Ich mußte mich, nachdem die Prüfungszeit mich harten Seelenkämpfen ausgesetzt hatte, selber in das Christentum versenken, und zwar in der Welt, in der das Geistige darüber spricht.«[242]

Gefragt wird daher nicht primär, was die Dokumente, etwa das Neue Testament, über das Christus-Ereignis sagen oder die Tradition des kirchlichen Christus-Verständnisses. Entscheidend wird für Steiner vielmehr, welchen Zugang er aus der Geistesunmittelbarkeit heraus zu Christus findet, und das heißt konkret: als einer, der die besondere Problematik des naturwissenschaftlich-erkenntniskritisch eingestellten Zeitgenossen aus eigenem Erleben kennt.

In dem gleichen Zusammenhang spricht Steiner von dem, was sich keimhaft als »innere Erkenntnis-Erscheinung« vor dem inneren Blick entfaltet, denn: »Auf das geistige Gestanden-Haben vor dem Mysterium von Golgatha in innerster ernstester Erkenntnis-Feier kam es bei meiner Seelen-Entwicklung an.«[243] So untraditionell, um nicht zu sagen, individualistisch diese Kennzeichnung des Steinerschen Wegs zu Christus auf den ersten Blick erscheinen mag, das Motiv als solches ist im Grunde doch urchristlicher Herkunft. Es verweist auf den Apostel Paulus, der eigenem Zeugnis zufolge sein Christsein nicht der apostolischen Überlieferung verdankt, sondern einer unmittelbaren Christus-Offenbarung (Gal. 1). Und nimmt man andere Zeugnisse Steiners hinzu, zum Beispiel auch seine

Deutung eigener philosophischer Arbeiten, dann liegt es nahe, bei ihm von einem neuzeitlichen Damaskus-Erlebnis zu sprechen. Dieses Erlebnis ist um so bedeutsamer, als – einige Menschenalter nach Steiner – ungezählte Zeitgenossen dem traditionellen Christentum entfremdet sind und nach einer religiösen Urerfahrung fragen, die äußere Stützen, Autoritäten oder Institutionen entbehren kann. Im übrigen sind eine latente und eine manifeste Christlichkeit zu unterscheiden, will man noch mehr Licht in die Lebensproblematik Rudolf Steiners bringen.[244]

Unter Literaten, Künstlern und Arbeitern

In seinem *Lebensgang* hat Rudolf Steiner selbst darauf hingewiesen, wie gewisse Ideale, Zielvorstellungen oder Leitgedanken durch sein ganzes Leben hindurch nach ihrer Konkretisierung und Entfaltung suchen. Das künstlerische Element stellt einen großen Wirklichkeitszusammenhang dar, in dem dieses Streben bei Steiner sichtbar wird, und zwar angefangen bei den noch während der Wiener Jahre sich bildenden Vorstellungen zum Wesen des Ästhetischen (»Goethe als Vater einer neuen Ästhetik«), bis hin zu den künstlerischen Schöpfungen in Steiners anthroposophischer Zeit.

In diesem biographisch-sachlichen Kontext sind auch die einzelnen Situationen und Lebensweisen zu sehen, die sein Tun und Lassen in Berlin bestimmen. Die Herausgabe des *Magazins für Literatur*, verbunden mit der Redaktion der *Dramaturgischen Blätter*, dem Organ des deutschen Bühnenvereins, führt den kontaktfreudigen Steiner an zahlreiche gesellschaftliche Kreise und Zirkel heran. Statt sich aber jenen Persönlichkeiten näher anzuschließen, die er von Weimar aus nur gelegenlich oder besuchsweise treffen konnte, etwa an den Philosophen Eduard von Hartmann oder den Germanisten und Goethe-Kenner Herman Grimm, knüpft er in den ersten Berliner Jahren zu Literaten, Schauspielern und Künstlern Beziehungen. Er selbst wird für einige wenige Jahre zu einer mitagierenden Figur der Berliner Boheme, das heißt ziemlich außerhalb oder sogar hart am Rande der bürgerlichen Existenz. Der »Philosoph der Freiheit« ist unter die Allzufreien und Vogelfreien, in die Nachbarschaft von Anarchisten und Utopisten, Nachtschwärmern und Alkoholikern, in die Nähe von Randexistenzen recht unterschiedlicher Couleur geraten. Zwar geht es ihm nicht gerade so wie Hartlebens Freund, dem Dichter Peter Hille, der notfalls auf einer Parkbank im Tiergarten übernachtet, wenn ihm Wohlgesonnene einmal kein Nachtasyl bieten können. Steiner, der bisweilen über »das ganze Elend des Wohnens« in der Großstadt lamentiert, hat in der ersten Berliner Zeit am Karlsbad 33, nahe der Potsdamer

Brücke eine Unterkunft gefunden, ehe er Anna Eunike heiratet. Am 31. Oktober 1899 wird die seit den Weimarer Tagen währende »Freundschaft mit Anna Eunike [...] in eine bürgerliche Ehe umgewandelt«. Als Trauzeuge vor dem Standesamt in Berlin-Friedenau ist Steiners Freund John Henry Mackay zugegen. Bis kurz nach der Jahrhundertwende wohnt Steiner im Stadtteil Friedenau, Kaiser-Allee 95.

Aber die meiste Zeit, namentlich zwischen Sommer 1897 und Herbst 1899, verbringt Steiner in der Boheme, wenn ihn nicht die redaktionelle Arbeit, die Fron des freien Publizisten, an den Schreibtisch zwingt. Denn Woche für Woche ist das jeweils samstags erscheinende *Magazin* samt den *Dramaturgischen Blättern* für den Druck fertigzustellen, wobei der Herausgeber zahlreiche Beiträge selbst schreibt – und nicht nur fürs *Magazin*, das dem freien Schriftsteller nur ein kärgliches Honorar abwirft. Dazu kommt freilich auch, daß Freund Otto Erich Hartleben als Mitredakteur, wenn er nicht gerade in Italien weilt, statt am Schreibtisch, viel lieber am »Verbrechertisch« nächtigt. So nennt man den Stammplatz in der Kneipe »Der stramme Hund« in der Dorotheenstraße. Steiner ist mit von der Partie. Und die Atmosphäre in der von Rauch- und Bierdünsten vernebelten Berliner Kneipe ist eine ganz andere als etwa im Wiener Café Griensteidl... – Walter Harlan, von Steiner als stiller Beobachter, als geistreich und witzig charakterisiert, auch ein »Dichter«-Kollege, erinnert sich an einen solchen Abend:

»Heute fühlte ich nun, daß ich ganz ungewöhnlich gefährdet war, denn ich und Rudolf Steiner waren die einzigen, die am Verbrechertisch mitsaßen und Rudolf Steiner eignete sich für Morgensitzungen im ›Strammen Hund‹ sicher noch weniger als ich. Er war drei Jahre älter als Hartleben, hatte damals eben *Goethes Weltanschauung* in einem innigen Buch geschildert. [...] Steiner war ein freischweifender und unbesoldeter Gottesgelehrter. Auf einer naturwissenschaftlichen Grundlage. Und hatte ein mildleuchtendes Gesicht mit schwarzen Locken [sic]. Er liebte Hartleben bis zur Kritiklosigkeit, wahrscheinlich liebte er ihn als ein wandelndes, gottlob noch sichtbares Beispiel des genialen Menschen [...].«[245]

Und der seine Trinkfestigkeit immer wieder erprobende Hartleben versteht es, die weniger Geübten am Ort des Geschehens, dem »Verbrechertisch«, festzuhalten. Immer wieder findet er einen Trick, eine neue, besonders tieflotende Debatte vom Zaun zu brechen. Und daß Steiner alle Register der Argumentation zu ziehen weiß, hat der Freund einberechnet. »Wohl sah ich dieses verfluchte, gönnerhafte Faunslächeln auf Hartlebens Gesicht«, so berichtet Harlan weiter. »Da blickte Hartleben auf seine Uhr und sagte: ›So, Dein letzter Stadtbahnzug ist jetzt vor zwei Minuten abgefahren.‹« Und wohl auch der von Rudolf Steiner. – Freundschaft verpflichtet, und seien die Charaktere, die Menschenwege, die Lebensaufgaben noch so verschieden wie die von Hartleben und Steiner. Was er ihm verdankt?

> »Durch meine Freundschaft mit Otto Erich Hartleben kam ich dann eigentlich mit allen oder wenigstens mit einer großen Zahl der jung aufstrebenden Literaten, die zum großen Teil jetzt [1918] schon wieder abgewirtschaftet haben, gerade in der damaligen Zeit zusammen. Ob ich nun in diese Gesellschaft hineinpaßte oder nicht, das habe ich nicht zu entscheiden.«[246]

Dabei ist nicht zu vergessen, daß es sich bei Steiner um jenen Lebensaugenblick unmittelbar vor der Jahrhundertwende handelt, den er als »eine starke Prüfung« bezeichnet hatte. »Solche Prüfungen sind die vom Schicksal (Karma) gegebenen Widerstände, die die geistige Entwicklung zu überwinden hat.«[247] Die Diskrepanz zwischen dem, was der werdende Geistesforscher im Innersten zu bestehen hat, und dem mitmenschlich-geselligen Erleben könnte gerade jetzt kaum größer sein. Ein Vierteljahrhundert sollte vergehen, bis Steiner in seinen Karma-Vorträgen von 1924 die Seelen- und Schicksalsfigurationen jener Zeitgenossen nachzuzeichnen suchte, die ihm da begegnet sind. Es handelt sich um Begebenheiten, die er als »schicksalgewobene Tatsachen« empfand. »Es lag an meinem Drinnenstehen in der geistigen Welt, daß ich diese Verhältnisse, in die ich da eintrat, wirklich ganz innerlich mitmachte«, heißt es hierzu im *Lebensgang*.[248]

In die Textur jener »schicksalgewobenen Tatsachen« gehören Namen wie der von Paul Scheerbarth, dem Steiner einen »Kultus des Phantastischen« und »Formen des gesucht Grotesken« nachsagt. Da sind die Literaten, die sich in der »Freien literarischen Gesellschaft« treffen, zum Beispiel Frank Wedekind oder Julius Bierbaum. Der genaue Beobachter der Gebärdensprache notiert:

> »Mein Schauen war wie gefesselt von dieser wahrhaft seltenen Menschengestalt. Ich meine hier ›Gestalt‹ ganz im physischen Sinne. Diese Hände! Wie aus einem vorigen Erdenleben, in dem sie Dinge verrichtet haben, die nur von Menschen verrichtet werden können, welche ihren Geist bis in die feinsten Fingerverzweigungen strömen lassen. Mag das dann, weil Energie verarbeitet worden ist, den Eindruck von Brutalität gegeben haben; das

höchste Interesse wurde angezogen von dem, was diese Hände ausstrahlten. Und dieser ausdrucksvolle Kopf – ganz wie eine Gabe dessen, was aus den besonderen Willensnoten der Hände kam [...]. Ein der Gegenwart fremder Geist sprach aus diesem Kopfe.«[249]

Im Hause von Clara Viebig, einer naturalistischen Erzählerin, lernt Steiner im Februar 1898 den Lyriker und Publizisten Ludwig Jacobowski kennen. Wie aus dessen Tagebucheintragungen zu entnehmen ist, entwickelt sich zwischen beiden Männern bald eine enge Freundschaft, die Steiner dem dreiunddreißigjährig Verstorbenen noch über dessen Tod hinaus bewahrt. Jacobowski hat zum Zeitpunkt der Begegnung die 1885 von Michael Georg Conrad in München begründete Zeitschrift *Die Gesellschaft* übernommen. Der Redakteur des *Magazins für Literatur* liefert alsbald auch der »Gesellschaft« verschiedene Beiträge; darunter befinden sich die drei Folgen des Aufsatzes *Haeckel und seine Gegner* (1899). Was Steiner aus dem Schaffen des knapp sieben Jahre Jüngeren anspricht, das hat er in einer Reihe von Rezensionen, schließlich in Nachrufen, Geleitworten und Interpretationen zum Ausdruck gebracht: Er schreibt Jacobowski u.a. die Fähigkeit zu, »in dem einzelnen Erlebnis die tieferen Zusammenhänge des Daseins zu sehen«. Diese Fähigkeit mache es dem Dichter möglich, auch das Poetische zu gestalten, »was sich uns im Leben als Zufall, als blinde Notwendigkeit offenbart. In solcher poetischen Schöpfung erscheint dann das sinnlose Ungefähr als der Ausdruck einer sinnvollen Führung in den Weltereignissen«.[250] – Und an anderer Stelle heißt es:

»Jacobowskis Dichtung wird die höchste Probe bestehen, die es für den Dichter gibt: gleich anziehend zu sein für den Mann, der morgens an die körperliche Arbeit geht und nur sonntags die Feieraugenblicke verwenden kann, um das heitere Reich der Kunst auf sich wirken zu lassen, und den wahren Philosophen, der mit den ewigen Rätseln des Seins auf du und du steht. Wie der Philosoph ein Weltdenker, ist Jacobowski ein Weltempfinder.«[251]

Wodurch sich Jacobowski einen Namen gemacht hat, das ist vor allem der von ihm begründete, von ihm selbst bis zu seinem Tod am 2. Dezember 1900 geleitete Club, der sich den verheißungsvollen Namen »Die Kommenden« gegeben hat. Regelmäßig fanden die Zusammenkünfte im Nollendorf-Casino statt, in der Berliner Kleiststraße 41. Bald treffen wir Rudolf Steiner in diesem Kreis an, der sich aus Schriftstellern, Künstlern, Wissenschaftlern und entsprechend Interessierten zusammensetzt:

»Da versammelte man sich jede Woche einmal. Dichter brachten ihre Dichtungen vor. Vorträge über die mannigfaltigsten Gebiete des Erkennens und Lebens wurden gehalten. Ein zwangloses Zusammensein schloß den Abend. Ludwig Jacobowski war der Mittelpunkt des sich immer mehr vergrößernden Kreises. Jeder liebte die liebenswürdige, ideenerfüllte Persönlichkeit, die in dieser Gemeinschaft sogar feinen, edlen Humor entfaltete.[252]

Zum Kommenden-Kreis kam man, um Literatur und Kulturelles aller Art zu diskutieren. Mitglieder und Freunde brachten Proben ihres Schaffens zu Gehör. Es gab Dichterlesungen und Vorträge. So sprach Steiner hier u. a. über Nietzsche. Unter den Anwesenden finden sich der Komponist Hans Pfitzner, der Autor Paul Ernst, die Schriftstellerinnen Else Lasker-Schüler, Ilse Stach von Goltzheim und Marie Stona, die Autoren Ernst von Wolzogen, Peter Hille, sodann der Essayist und spätere S. Fischer-Lektor Moritz Heimann, nicht zu vergessen der bekannte Kultursoziologe Leo Frobenius. Eines Tages taucht von Wien kommend der junge Stefan Zweig auf, der schon als Student zum Mitarbeiterkreis von Jacobowskis »Gesellschaft« gehört. Ihm verdanken wir ein Stimmungsbild. Es dürfte aus der Zeit unmittelbar nach dem Tod des Begründers stammen, als Steiner eines der leitenden Mitglieder ist:

»In dieser der Pariser ›Closerie des Lilas‹ nachgebildeten riesigen Runde drängte sich das Heterogenste zusammen, Dichter und Architekten, Snobs und Journalisten, junge Mädchen, die sich als Kunstgewerblerinnen oder Bildhauerinnen drapierten, russische Studenten und schneeblonde Skandinavierinnen, die sich in der deutschen Sprache vervollkommnen wollten. Deutschland selbst hatte aus allen seinen Provinzen Verteter zur Stelle, starkknochige Westfalen, biedere Bayern, schlesische Juden: all das mengte sich in wilden Diskussionen und mit voller Ungezwungenheit. Ab und zu wurden Gedichte oder Dramen vorgelesen, die Hauptsache aber war für alle das gegenseitige Kennenlernen. Inmitten dieser jungen Menschen, die sich bewußt als Boheme gebärdeten, saß rührend wie ein Weihnachtsmann ein alter, graubärtiger Mann, von allen respektiert und geliebt, weil ein wirklicher Dichter und wirklicher Bohemien: Peter Hille. Dieser Siebzigjährige mit seinen blauen Hundeaugen, blickte gutmütig und arglos in diese sonderbare Kinderschar, immer in seinen grauen Wettermantel gehüllt, der einen ganz zerfransten Anzug und sehr schmutzige Wäsche verdeckte;

gerne ließ er sich jedesmals von unserem Drängen verleiten, aus einer seiner Rocktaschen ganz zerknüllte Manuskripte hervorzuholen und seine Gedichte vorzulesen.«[253]

Stefan Zweig, der sich aufgemacht hat, die sprichwörtliche »Berliner Moderne« zu studieren, hat auch den spiritus rector dieses Literaten- und Künstlerzirkels porträtiert: Rudolf Steiner. »In seinen dunklen Augen wohnte eine hypnotische Kraft, und ich hörte ihm besser und kritischer zu, wenn ich nicht auf ihn blickte, denn sein asketisch-hageres, von geistiger Leidenschaft gezeichnetes Antlitz war wohl angetan, nicht nur auf Frauen überzeugend zu wirken [...]. Es war aufregend, ihm zuzuhören, denn seine Bildung war stupend und vor allem gegenüber der unseren, die sich allein auf Literatur beschränkte, großartig vielseitig; von seinen Vorträgen und manchem guten privaten Gespräch kehrte ich immer zugleich begeistert und etwas niedergedrückt nach Hause zurück. Trotzdem – wenn ich mich heute frage, ob ich damals diesem jungen Manne eine derartige philosophische und ethische Massenwirkung prophezeit hätte, muß ich es zu meiner Beschämung verneinen [...]. Einem Mann solcher magnetischen Kraft gerade auf jener frühen Stufe zu begegnen, wo er noch freundschaftlich undogmatisch sich Jüngeren mitteilte, war für mich ein unschätzbarer Gewinn. An seinem phantastischen und zugleich profunden Wissen erkannte ich, daß die wahre Universalität, derer wir uns mit gymnasiastischer Überheblichkeit schon bemächtigt zu haben meinten, nicht durch flüchtiges Lesen und Diskutieren, sondern nur in jahrelanger, brennender Bemühung erarbeitet werden kann.«[254]

Von dem Kreis der Kommenden gibt es noch Verbindungslinien zu anderen Konventikeln und Einzelgestalten im literarischen Berlin um die Jahrhundertwende, die je auf ihre Weise den Lebenslauf Steiners tangieren. Die Gruppe der sogenannten Friedrichshagener mit den Brüdern Julius und Heinrich Hart, Bruno Wille und Wilhelm Bölsche ist da. Eine Clique von Schriftstellern und reformerischen Volksbildnern, die eine »neue Gemeinschaft« propagieren, ein kaum weniger heterogenes Gebilde als »Die Kommenden«, denkt man, daß so gegensätzliche Naturen wie einerseits der Anarcho-Sozialist Gustav Landauer[255], ein Freund des jungen Martin Buber, oder Erich Mühsam, andererseits der Jugendstilmaler Hugo Höppener, genannt Fidus[256], ein neues Jahrhundert ersehnen. Friedrichshagen, vor der Jahrhundertwende »eine sehr schöne Ortschaft, an einer Seenkette, den Müggelseen gelegen, von Hügeln, den Müggelbergen umgeben, in weite, schöne Kiefernwälder eingebettet, so daß man jedes Haus fast für eine Försterei hätte halten können. [...] Dieses Friedrichshagen war zu jener Zeit gewissermaßen ein literarisches Programm«, so resümiert der polnische Dichter und Erzähler Stanislav Przybyszewski, ein Freund Richard Dehmels, in seinen Erinnerungen an das literarische Berlin.[257]

Aber soll man etwas »ein Programm« nennen, das eher den Charakter einer bürgerlich-unbürgerlichen Fluchtbewegung angenommen hat? Die geistvolle Lou Andreas-Salomé, mal an der Seite Nietzsches, dann Rilkes, dann Freuds, konstatiert 1898 in einem Heft des *Pan*, wie viele »in heutiger Zeit« sich »von dem ganzen äußeren Lebensgetriebe abwenden«, um ihr individuelles Dasein zu retten. »Es ist ein Suchen und Langen nach Einsamkeit in den vorgeschrittensten Menschen, in allen, die etwas in sich tragen, was nicht auf dem Markt geboren werden kann, in allen, die in sich Hoffnung und Zukunft tragen und heimlich fürchten, daß ihnen diese entheiligt werden könnten [...].«

Steiner nennt dies Votum »eine schöne psychologische Studie«, die einen großen Teil der gegenwärtigen Lyrik treffend beschreibe.[258] Und doch geht es ihm selbst um mehr und um anderes, als die großstadtmüden dichtenden Kolonisten von Friedrichshagen im Sinne hatten, da sie – allen voran der baumlange Bruno Wille und haeckelbegeisterte Wilhelm Bölsche – ihre weltabgeschiedene Idylle gestalteten. Und in der Tat, »der Ort hatte vielerlei Reize«, so schildert Bölsche: »Der Blick aus dem Fenster schweifte über ländliche Gemüsegärten, bis ein Kornfeld, auf dem die scheidende Sonne mit rotem Reflex lag oder die schwärzliche Kiefernsilhouette des Waldes den Horizont abschnitten. Bei Wille sah man in ein kleines Grundstück mit hohen kerzengeraden Sonnenblumen; zwischen den Sonnenblumen war eine leere Tonne in den Acker eingelassen, die der Regen unter dem Himmel füllte; in der Sonntagsfrühe spannte der brave Besitzer, ein alter Handwerkermeister, zwischen den vier nächsten Sonnenblumen vier Bettlaken aus und sprang als Diogenes zum Bad in seine Tonne. Hier konnte man ausruhen, wenn auch alles etwas primitiv war. Manchmal ist mir das ganze Friedrichshagen wie ein solches Fäßchen erschienen. Aber es standen doch vier goldene Sonnenblumen um das Faß und in ihrem Ausschnitt lachte der blaue Himmel. Unter diesem frischen Naturhauch packte uns beide das Ästhetische nun selbst [...].«[259]

Der für das Ästhetische in seinen verschiedenen Spielarten immer ansprechbare Rudolf Steiner hat auch zu den Friedrichshagenern Kontakt, wenngleich er in seinem *Lebensgang* von »weniger engen, aber immerhin eine Zeitlang bedeutsamen Beziehungen« spricht.

»Bruno Wille ist ja der Verfasser einer Schrift über *Philosophie der Befreiung durch das reine Mittel*. Nur der Titel hat den

Anklang an meine *Philosophie der Freiheit*. Der Inhalt bewegt sich auf einem ganz anderen Gebiete. In weitesten Kreisen bekannt wurde Bruno Wille durch seine sehr bedeutenden *Offenbarungen des Wacholderbaumes*. Ein Weltanschauungsbuch aus dem schönsten Natursinn heraus geschrieben, durchdrungen von der Überzeugung, daß Geist aus allem materiellen Dasein spricht.«[260]

Und was den durch seine populär-naturwissenschaftlichen Schriften bekannten Wilhelm Bölsche betrifft, fallen Steiners Urteile weniger freundlich aus, wenn er nicht gerade für die breite Öffentlichkeit schreibt oder spricht. Dann ist der Autor des *Liebeslebens in der Natur* ganz einfach »der dicke Bölsche« mit dem mehr oder weniger sachgemäßen Prädikat »Bierphilister«; »es spielte ja schließlich in alles ein wenig Bölsche hinein, [...] ich meine die ganze Bölscherei, die ja in der Philisterwelt unserer Zeit eine außerordentlich breite Rolle spielt. [...] Diese Bölscherei ist so recht ein Leckerbraten für das in dieser Zeit heraufkommende Philistertum geworden.«[261]

Darüber sei aber nicht vergessen, daß sich Steiner sehr wohl der Tribüne bedient, die Bölsche und dessen Kreis aufgebaut haben. Dazu gehören die »Freie Hochschule« und der durch Steiners Aktivität 1902 entstandene »Giordano-Bruno-Bund«. Er wirkt als Lehrer und Vortragender mit, indem er Unterricht in Geschichte erteilt. Beide Institutionen sind ihm eine willkommene Plattform – der Giordano-Bruno-Bund vom Oktober 1902 an –, um behutsam überzuleiten, von dem monistisch-freigeistigen Gedankengut zu einem spirituellen Wirklichkeitsverständnis; Steiner selbst nennt es zu diesem Zeitpunkt aus gegebenem Anlaß noch »Theosophie«, ehe er sich konsequent für den endgültigen Terminus »Anthroposophie« entscheidet, um seine eigene Lehre vorzutragen.

Zu den zahlreichen Vereinigungen, die sich auf dem kulturellen Sektor in den Dienst der »neuen Zeit« stellen möchten und die sich mit dem Prädikat »frei« gegenüber anderen, konservativeren abzugrenzen suchen, gehört sodann die zeitenweise ebenfalls von Friedrichshagen aus geleitete »Freie Volksbühne«. Zu nennen sind in diesem Zusammenhang der theatererfahrene Herausgeber der *Zukunft* Maximilian Harden neben Otto Brahm, sodann Carl Hauptmann und vor allem der im nahen Erckner wohnende Gerhart Hauptmann, dessen erste Stücke bereits die Bedeutung des großen Dramatikers begründet haben; weiter zu nennen sind der Lyriker Arno Holz, Richard Dehmel, die in Schmargendorf bei Berlin lebende Lou Andreas-Salomé, die gerade ihren Roman *Im Kampf um Gott* vollendet hat. August Strindberg taucht gelegentlich in diesem Zirkel auf, wenn er nicht gerade in seinem Stammlokal »Schwarzes Ferkel« residiert. In seinen *Unpolitischen Erinnerungen – Namen und Menschen* kommt Erich Mühsam auf manche dieser Begebenheiten zu sprechen. Und schließlich ist der Rudolf Steiner viel näher stehende Deutsch-Schotte John Henry Mackay auch an dieser Stelle zu erwähnen. Er ist als Außenseiter eigener Prägung mutig genug, der »ungenannten Liebe« der Homoerotik seinen literarischen Tribut zu zollen. Was Steiner, abgesehen von der erwähnten zeitweiligen persönlichen Freundschaft, mit Mackay verbindet, das ist vor allem dessen auf einen betont individualistischen Anarchismus ausgerichtete Gedankenwelt. Mackay, den Hermann Hesse einen »freien, kühnen und ritterlichen Geist« gerühmt hat, den Stefan Zweig »in aufrichtiger Dankbarkeit für sein eigenwilliges, freies und unabhängiges Werk« grüßte und in dem Thomas Mann eine Verkörperung des »lebendig Geistigen, des Modernen« erblickte, hat sich vor allem als Biograph Max Stirners einen Namen gemacht[262], so daß er geradezu als dessen Wiederentdecker tituliert wird. Es ist die Kategorie des Einzelnen, die Stirner – in radikalem Gegensatz zu seinem dänischen Zeitgenossen Sören Kierkegaard – nicht aus dem Gegenübersein zu Gott, also von der Transzendenz her, gewinnt, sondern aus der absoluten verabsolutierten Immanenz. Er wird zum Philosophen des Egoismus – Egoismus als eine ethisch-philosophische Position verstanden. »Der Weg, auf dem Stirner zu seiner Anschauung des Einzelnen gelangt ist, kann als universale Kritik aller das Ich unterdrückenden allgemeinen Mächte bezeichnet werden. Die Kirchen, die politischen Systeme (der politische Liberalismus, der soziale Liberalismus, der humane Liberalismus), die Philosophien, sie alle haben solche allgemeine Mächte über den Einzelnen gesetzt«, so referiert Steiner 1899 in seinem Aufsatz *Der Individualismus in der Philosophie.*[263]

Wie nahe Rudolf Steiner dieser betont individualistischen Geistes- und Lebenshaltung steht, geht aus mehreren Aufsätzen hervor, die er Ende der neunziger Jahre seinem *Magazin für Literatur* anvertraut. So schildert er beispielsweise in dem gleichen Jahr 1899 John Henry Mackays Entwicklungsweg als Schriftsteller: »Denn durch ihn hat die Weltanschauung [des Anarchismus] ihren dichterischen Ausdruck gefunden.« Und nicht nur das; Steiner geht so weit zu sagen: von allen erdenkbaren Anschauungen sei allein diese fähig, »den Menschen aus den Fesseln zu erlösen, die ihm jahrtausendelang Vorurteil und Gewalt auferlegt haben«. – Steiner ein Anarchist? – Er selbst bejaht diese Frage zum genannten Zeitpunkt (1898/99) rückhaltlos, ebenso, wie er sie als der Autor der *Philoso-*

phie der Freiheit bejahen kann und muß. Aber damit stellt er sich nicht etwa auf die Seite »jener unglücklichen und unklaren Gesellen, welche die Gesellschaftsordnung mit Gewalt zu überwinden trachten [...] Der wahre Anarchist ist Gegner aller Gewaltmaßregeln, auch derjenigen, die sich frech den Titel ›Anarchismus‹ anmaßen [...].«[264]

Eines wird aus den verschiedenen Stellungnahmen zum Anarchismusproblem deutlich: Steiner bekennt sich ebenso ausschließlich wie nachdrücklich zu einer solchen Ausprägung des Anarchismus, der die ungehinderte Entfaltung der menschlichen Fähigkeiten gestattet. Das Individuum solle »in völlig freiem Konkurrenzkampfe sich zur Geltung bringen« können. Einem Staat jedoch, dem – nach einem vielzitierten Wort Wilhelms II. – »die ganze Richtung nicht paßt«, setzt Steiner in seinen Artikeln energischen Widerstand entgegen. Im gleichen Zusammenhang dieser noch vor der Jahrhundertwende niedergeschriebenen politischen Konfession des Magazin-Herausgebers und Mackay-Freundes taucht ein anderes, in Steiners Lebensgang wichtiges Motiv erneut auf, nämlich das der Erziehung. Natürlich glaubt er nicht, daß es »übermorgen keine Taschendiebe mehr gäbe, wenn man morgen den Staat abschaffen würde. Aber er weiß, daß man nicht durch Autorität und Gewalt die Menschen zur Freiheit erziehen kann. Er weiß dies eine: man macht den unabhängigen Menschen dadurch den Weg frei, daß man jegliche Gewalt und Autorität aufhebt. Auf die Gewalt und die Autorität aber sind die gegenwärtigen Staaten gegründet. Der individualistische Anarchist steht ihnen feindlich gegenüber, weil sie die Freiheit unterdrücken [...].«[265]

Immerhin, die Parole ist ausgegeben, der der Sozialpädagoge Rudolf Steiner zu folgen haben wird. Sie lautet »Erziehung zur Freiheit«, und sie wird niedergeschrieben zwei Jahrzehnte bevor die staatsfreie Waldorfschule Steiners im Jahre 1919 konkrete Gestalt annehmen kann. Sie wird aber auch zu dem Zeitpunkt als eine Forderung erhoben, da der Steglitzer Wandervogel eine Bewegung zu werden verspricht, die die »freie Schulgemeinde« eines Gustav Wyneken bereits im ersten Jahrzehnt des neuen Jahrhunderts mitbestimmen sollte. Für den noch nicht vierzigjährigen Rudolf Steiner zeichnen sich in diesem Augenblick noch keine praktikablen Möglichkeiten ab, seiner Vorstellung von einer »Erziehung zur Freiheit« klarere Konturen zu verleihen. Denn statt nur eine auf sich gestellte oder die Staatsschule reformierende »Reformschule« zu kreieren, bedarf sein Konzept einer besonderen geistigen und menschenkundlichen Grundlegung, für die er selbst und die Zeit noch nicht reif sind.

Noch ehe sich Steiners Kontakte zu den Literaten und Künstlern zu lockern beginnen und schließlich ein »natürliches« Ende finden, knüpft er zu einem ganz anderen Menschenkreis Beziehungen. Es ist das Berliner Proletariat, die im Rahmen der Sozialdemokratischen Partei organisierte Arbeiterschaft. Und so wie einst Steiner nach seiner Ankunft in der Goethe-Stadt Weimar bald enttäuscht einsehen mußte, daß er in einer museal-sterilen Umgebung nichts von den Lebenskeimen eines kulturell befruchtenden Goetheanismus würde erwecken können, blieben ihm auch in der Reichshauptstadt ernüchternde Erfahrungen nicht erspart. »Sie, der Sie selbst genug Erfahrungen über Berliner Literatenverhältnisse haben« – schreibt er am 4. Mai 1900 an Maximilian Harden –, »werden mich verstehen, wenn ich sage, daß ich heute diese Verhältnisse eben besser kenne als vor ein paar Jahren, da ich zwar nicht mehr jung, aber doch noch unerfahren in diese Berliner Literatur hineinkam.«[266] Offensichtlich ist nicht allein die zu einer literarischen Fehde ausgeartete Kontroverse mit Elisabeth Förster-Nietzsche gemeint, auf die sich dieser Brief an den Herausgeber der *Zukunft* bezieht. Diese Feststellung ist von allgemeinerer Bedeutung.

Steiner, dem es darum zu tun ist, jene aus einer *Philosophie der Freiheit* geschöpften Impulse im kulturellen und sozialen Leben zur Wirksamkeit zu verhelfen, muß einsehen, »daß man der durchbölschten Bourgeoisie nicht leicht das beibringen kann«, was als Zeitforderung vor aller Augen liegen sollte.[267] Ohne sogleich alle Brücken abzubrechen – die herausgeberische und redaktionelle Verantwortung für das *Magazin für Literatur* endet mit der letzten Septembernummer 1900 –, betritt Steiner eine neue Tribüne. Als ihm die Leitung der Berliner Arbeiterbildungsschule angetragen wird und die Möglichkeit, dort in kursorischer Weise als Lehrer und Vortragender zu wirken, nimmt er diese Aufforderung an. Es handelt sich um die von Wilhelm Liebknecht begründete Einrichtung, mit der die Führer der sozialdemokratischen Arbeiterbewegung das geistige Niveau ihrer Mitglieder heben und die Voraussetzung für eine Bewußtseinsbildung schaffen wollten.

Steiners Aufgabe ist es zunächst, beginnend mit dem 13. Januar 1899, allwöchentlich einen Abendvortrag über deutsche Geschichte zu halten, und zwar ausgehend von den Entwicklungen im 16. Jahrhundert bis zur Gegenwart. Dem zehnteiligen Kursus schließt sich im April ein weiterer über deutsche Literatur der letzten fünfzig Jahre an.

»Mich interessierte zunächst der sozialistische Zusammenhang, in dem die Schule stand, wenig. Ich sah die schöne Aufgabe vor mir, gereifte Männer und Frauen aus dem Arbeiterstande zu belehren. Denn junge Leute waren wenige unter den ›Schülern‹.«[268]

Immerhin, eine pädagogische Aufgabe, und zwar eine solche, die nicht der staatlichen Schulaufsicht unterworfen ist. Ursprünglich war der Dichter Cäsar Flaischlen (»Hab Sonne im Herzen [...]«) angesprochen worden, doch der winkte ab und empfahl »seinen Freund Rudolf Steiner«. Johanna Mücke, eine Teilnehmerin dieser ersten Arbeitervorträge und spätere Mitarbeiterin Rudolf bzw. Marie Steiners erinnert sich: »Die Schule hatte damals noch keine ständigen Räume zur Verfügung, wie später im Gewerkschaftshause; so war es ein kleiner Saal einer Wirtschaft im Südosten Berlins (in der Annenstraße), wo Rudolf Steiner zum ersten Male zu uns sprach. Durch die vorherigen Versuche ermutigt, waren wohl wenig mehr als fünfzig Zuhörer anwesend. Ein schlanker, dunkler Herr trat vor uns hin, eine für uns Norddeutsche etwas fremdartig klingende, aber machtvolle Stimme ertönte, und alles lauschte mit größter Spannung. Nach Schluß des Vortrags hörte man lebhaft und angeregt die Schüler untereinander sprechen. Einer von ihnen, ein besonders tätiger Genosse, ein sehr geweckter Mensch, trat auf mich zu und sagte mit einer gewissen Freude: ›Na, materialistische Geschichtsauffassung war das ja nicht, aber interessant war es.‹«[269]

Die Unterrichtstätigkeit an der Berliner Arbeiterbildungsschule ist für Rudolf Steiner insofern von Bedeutung, als er auf diese Weise Kontakt mit arbeitenden Menschen bekommt und deren persönliche Nöte, ihre wirtschaftlichen und gesellschaftlichen Probleme kennenlernt – ein notwendiges Gegengewicht zum Literaten- und Künstlertum der diversen Zirkel, in denen Steiner seit Jahren verkehrt. Völlig neu ist ihm die Thematik freilich nicht, denn schon seine kurze Tätigkeit als Redakteur an Friedjungs *Deutscher Wochenschrift* (1888) in Wien hatte Steiner mit den österreichischen Sozialisten, zum Beispiel mit ihrem Führer Viktor Adler oder mit Engelbert Pernstorfer, in Berührung gebracht. Damals sah sich der junge Goethe-Forscher veranlaßt, auch die Schriften von Marx, Engels und Rodbertus zu lesen. Freilich ist es zweierlei, marxistische Ideologie zu studieren oder auf die von dieser Ideologie erfaßten, mit ihren besonderen Lebens- und Existenzfragen konfrontierten Menschen einzugehen.

»Ich mußte in Ausdrucksformen sprechen, die mir bis dahin ganz ungewohnt waren. In die Begriffs- und Urteilsformen dieser Leute mußte ich mich hineinfinden, um einigermaßen verstanden zu werden.«[270]

Und wenn der neu angestellte Geschichtslehrer dieser Abendschule nicht einfach die Geschichtsdeutung des historischen Materialismus übernehmen wollte – für Steiner ohnehin völlig undiskutabel –, dann hatte er sich um eine Darstellung zu bemühen, die einerseits die geistigen Triebkräfte in der Menschheitsgeschichte hervortreten ließ, die aber andererseits auch der konkreten Lebenswirklichkeit seiner Zuhörer angemessen war.

»Ich ging deshalb von einer auch für meine Zuhörer zu begreifenden Wahrheit aus. Ich zeigte, wie bis zum sechzehnten Jahrhundert von einer Herrschaft der wirtschaftlichen Kräfte, so wie dies Marx tut, zu sprechen, ein Unding sci. Wie vom sechzehnten Jahrhundert an die Wirtschaft erst in Verhältnisse einrückt, die man marxistisch fassen kann; wie dieser Vorgang dann im neunzehnten Jahrhundert seinen Höhepunkt erlangt. So war es möglich, für die vorangehenden Zeitalter der Geschichte die ideell-geistigen Impulse ganz sachgemäß zu besprechen und zu zeigen, wie diese in der neuesten Zeit schwach geworden sind gegenüber den materiell-wirtschaftlichen.«[271]

Zum Geschichtsunterricht treten bald weitere Lehrverpflichtungen hinzu. Man überträgt Rudolf Steiner die Durchführung von Übungen in der freien Rede – für den arbeitenden Menschen, der lernen will, seine Sache als lohnabhängiger Sozialpartner zu vertreten, überaus wichtig. Daß der studierte Naturwissenschaftler mit den Arbeitern schließlich auch Fragen der Evolution und des naturwissenschaftlichen Weltbildes in weiteren Kursen bespricht, versteht sich fast von selbst. Es ist die Zeit, in der Haeckels *Welträtsel* (1899) ein vieldiskutierter Bestseller ist. Und Steiner ist Haeckelianer! Aber auch zu außerschulischen Veranstaltungen läßt sich Steiner einladen. Da inseriert beispielsweise die Arbeiterbildungsschule Spandau mal einen »Dichterabend«, mal einen »Unterhaltungsabend«: »Herr Dr. Steiner wird Ferdinand Freiligrath und andere Dichter behandeln. Daran schließt sich ein geselliges Beisammensein mit Concert und Tanz an [...] Billets à 20 Pf[ennig].« – Als am 17. Juni 1900 Gutenbergs 500. Geburtstag gefeiert wird, steht Steiner in einem Berliner Zirkus und hält vor etwa 7000 Setzern und Druckern den Festvortrag »Gutenbergs Tat als Markstein der Kulturentwicklung«. Die Buchdruckerkunst wird gewürdigt als »die berufene Verbündete des menschlichen Fortschritts. [...] Die Buchdruckerkunst ist nicht nur eine eifrige Mitarbeiterin an aller Kultur, sie ist auch die beste, die treueste Bewahrerin der Schätze der Vergangenheit, die der Mensch so notwendig für die Zukunft braucht.«[272] Bemerkenswert an dem Vortragstext ist, daß der Festredner zu diesem Zeitpunkt seiner eigenen inneren Entwicklung dem religiösen Leben, im besonderen der Mystik des zwölften, dreizehnten und vierzehnten Jahrhunderts, eine epochale, zukunftsweisende Bedeutung zuzuerkennen vermag, und zwar in aller Öffentlichkeit! In seinem Lebensrückblick bemerkt Rudolf Steiner:

> »Ich habe den Eindruck, wenn damals von Seite einer größeren Anzahl unbefangener Menschen die Arbeiterbewegung mit Interesse verfolgt und das Proletariat mit Verständnis behandelt worden wäre, so hätte sich diese Bewegung ganz anders entfaltet. Aber man überließ die Leute dem Leben innerhalb ihrer Klasse und lebte selbst innerhalb der seinigen. Es waren bloß theoretische Ansichten, die die eine Klasse der Menschen von der andern hatte. [...] Aber alles Tauchen dieser weltbewegenden Fragen in eine geistige Sphäre fehlte.«[273]

Unnötig zu sagen, daß Rudolf Steiner in dem angedeuteten Sinne zu diesem Zeitpunkt selbst noch nicht viel unternehmen kann. Zwar lassen ihn die sozialistischen Parteioberen einige Jahre gewähren, zumal er bei dem bis zu 200 Zuhörern angewachsenen Schülerkreis beliebt ist. Aber für eigene sozialpolitische Initiativen, etwa in der Art der späteren Dreigliederungsbewegung, ist die Zeit noch nicht reif. Wer wollte auch dergleichen erwarten, beispielsweise als Steiner am 12. Januar 1902 als Vortragender bei der Eröffnungsfeier in Berlin-Spandau mitwirkt – übrigens zusammen mit Rosa Luxemburg. Immerhin sind in diesem Augenblick schon ganz neue Verbindungen geknüpft. Bereits seit mehreren Monaten ist Rudolf Steiner nicht minder fest engagierter Mitarbeiter eines ganz anderen Kreises, nämlich dem der Theosophen, zu denen er am Tag vor der Spandauer Eröffnungsfeier über »Das Christentum als mystische Tatsache« sprach ... Und damit hat ein Lebensabschnitt begonnen, in dem sich dem Vierzigjährigen ganz neue Horizonte auftun.

II

AUFBAU

Der Übergang zur Esoterik und zur Theosophie

Der 150. Geburtstag Goethes am 28. August 1899 bietet dem Herausgeber des *Magazins für Literatur* die Gelegenheit, auf eine Seite in Goethes Schaffen hinzuweisen, über die Steiner bis dahin noch nichts mitgeteilt hat, sieht man einmal von ausgesprochen privaten Äußerungen, etwa Friedrich Eckstein gegenüber ab, nämlich über *Goethes geheime Offenbarung.* Es handelt sich um das *Märchen von der grünen Schlange und der schönen Lilie.* Es bildet den Schluß der *Unterhaltungen deutscher Ausgewanderten* (1795). Steiner stellt diese kleine Dichtung Schillers *Briefen über die ästhetische Erziehung des Menschengeschlechts* (1794) an die Seite. Für sein eigenes Werden und Schaffen aber ist seine Bemerkung wichtig, er sei erst jetzt in der Lage, seinen Auslegungsversuch zum Goetheschen *Märchen* zu veröffentlichen. Er habe damit warten wollen, um die in vergangenen Jahren errungene Erkenntnis in sich »durch längere Zeit reifen zu lassen«.[274]

Eine solche Notiz, im August 1899 von dem nunmehr achtunddreißigjährigen Rudolf Steiner niedergeschrieben, deutet darauf hin, daß manches, ja Wesentliches von dem, das erst nach der Jahrhundertwende der Öffentlichkeit zugänglich gemacht werden kann, seine bis dahin verschwiegene Vorgeschichte hat. Jetzt erst kann ausgesprochen werden, was zuvor durch Widersprüchlich-Gegensätzliches verdeckt war. Steiner selbst spricht von karmischen Notwendigkeiten. Und auch wenn das Esoterische, das heißt das innen Erlebte, Erfahrene, Erkannte in seiner Eigengestalt und Wandlungsmacht selbst errungen bzw. empfangen werden muß, also nicht beliebig weitergegeben werden kann, so ist es doch ein bedeutsames Zeichen, daß Steiner an der Schwelle zum neuen Jahrhundert mit seinen esoterischen Mitteilungen wiederum dort ansetzt, wo schon sein naturwissenschaftliches und erkenntnistheoretisches Schaffen Anfang der achtziger Jahre begann: bei Goethe.

Beachtenswert ist auch, daß der von Haeckel und Nietzsche herkommende Autor des Goethe-Gedenkartikels zu der Einsicht gelangt, das Höchste könne nur durch selbstlose Hingabe erreicht werden. Steiner bekennt sich hier ausdrücklich zu den Innenerfahrungen der Mystik, namentlich zu derjenigen Jakob Böhmes, wenn er an der bezeichneten Stelle fortfährt: »Der Mensch, der seine Alltagspersönlichkeit absterben läßt, um den idealischen Menschen in sich zu erwecken, erreicht das Höchste. Was ein Mystiker wie Jakob Böhme mit den Worten ausgesprochen hat: ›Der Tod ist die Wurzel alles Lebens‹[275] – das hat Goethe mit der sich opfernden Schlange zum Ausdruck gebracht. Wer nicht loskommen kann von seinem kleinen Ich, wer nicht imstande ist, das höhere Ich in sich auszubilden, der kann nach Goethes Ansicht nicht zur Vollkommenheit gelangen. Der Mensch muß als einzelner absterben, um als höhere Persönlichkeit wieder aufzuleben ...«[276] Goethes Verse vom »Stirb und werde!«, Böhmes Worte zum Sterben »eh man stirbt« werden zitiert. Werden sie nur zitiert, als »Goethes Ansicht«, als Böhmes Erfahrung? Oder kann sich Steiner bereits damit voll identifizieren?

Diese Rückfrage ist insofern berechtigt, als sich Steiner nach wie vor im Stirnerschen Sinne zum »Individualismus in der Philosophie« bekennt und zum gleichen Zeitpunkt »eine göttliche Weltordnung« ebenso in Frage stellt wie »den Christengott«.[277] Und indem er auf den »Übermenschen« in Nietzsches *Also sprach Zarathustra* anspielt, läßt Steiner diesen Aufsatz ausklingen: »Dieser ist der von allen Normen befreite Mensch, der nicht mehr Ebenbild Gottes, Gottes wohlgefälliges Wesen, guter Bürger und so weiter, sondern er selber und nichts weiter sein will – der reine und absolute Egoist.«[278] – Haben wir es »nur« mit einem Zitat, nur mit einem Referat der Stirner-Nietzscheschen Position zu tun? Oder will der Autor zu erkennen geben, daß er im Jahre 1899 immer noch nicht den entscheidenden Schritt getan hat?

Was den erwähnten Aufsatz über *Goethes geheime Offenbarung* anlangt, so steht er zunächst vereinzelt da. Ehe wir davon hören, daß Steiner einem Menschenkreis nähertritt, der für das Spirituelle und Esoterische aufgeschlossen ist, vergeht mehr als ein Jahr. Diesmal bietet eine andere von Steiner gewürdigte Geistgestalt den Anlaß für eine Publikation: Am 25. August 1900 stirbt Friedrich Nietzsche in Weimar. Drei Wochen später, am 13. September hält Steiner im Kreis der »Kommenden« im Nollendorf-Casino eine Gedächtnisrede über *Die Persönlichkeit Nietzsches,* die er später auch im Druck erscheinen läßt.[279] Der Text mutet wie ein Abschied von seiner eigenen Vergangenheit an. Da ist gleich eingangs vom »tiefen Widerspruch« die Rede, der »zwischen der Art dieses Geistes und den Ideen und Empfindungen derer besteht, die sich wie Bekenner seiner Weltanschauung gebärden«. Ihnen kann sich der Redner nicht – nicht mehr? – zuzählen. Acht Tage darauf wird Steiner in einen so ganz anders gearteten, großbürgerlichen Kreis gebeten, um seinen Nietzsche-Vortrag ein zweites Mal zu halten: Nämlich in die Kaiser-Friedrich-Straße zum Grafen Brockdorff. Kaiser-Friedrich-Straße 54a, nahe am Bahnhof Charlottenburg gelegen, beherbergt zu dieser Zeit die Theosophische Bibliothek. Theosophen, die sich an H.P. Blavatsky und an Annie Besant orientieren, sind es also, die Rudolf Steiner hören wollen. Dabei hatte der Redakteur des *Magazins* erst drei Jahre zuvor eine eher abfällige Notiz *Über die Theosophen* in seinem Blatt eingerückt.

Bei dem Nietzsche-Vortrag bleibt es nicht. Steiner wird gleich zum nächsten Vortragsabend der Theosophen-Loge, also eine Woche darauf, gebeten. Auf dem Programm steht Goethes *Märchen.* Berücksichtigt man, daß Steiner seine Art, diese Goethe-Dichtung zu interpretieren, mit seinem okkulten Schauen in Zusammenhang brachte[280], mag es verständlich sein, daß der *Magazin*-Herausgeber, der Vortragende im Kreis der »Kommenden« und der Lehrer an der Arbeiter-Bildungsschule nun gleich einen ganzen Zyklus von Vorträgen vor den Berliner Theosophen zu halten verspricht und auch hält, und zwar beginnend am 6. Oktober 1900 bis Ende April 1901, insgesamt 27 Folgen zum Thema der mittelalterlichen Mystik. Welch ein Wandel!

Als Steiner noch im selben Jahr den Text dieser in der theosophischen Bibliothek gehaltenen Vorträge in Buchform unter dem Titel: *Die Mystik im Aufgange des neuzeitlichen Geisteslebens und ihr Verhältnis zur modernen Weltanschauung* herausgibt, sieht sich der Autor zu einer nicht unwesentlichen Vorbemerkung veranlaßt: Zehn Jahre früher habe er derartiges noch nicht wagen dürfen.

> »Nicht als ob damals die Ideenwelt, die ich heute zum Ausdruck bringe, noch nicht in mir gelebt hätte. Diese Ideenwelt ist schon ganz in meiner *Philosophie der Freiheit* enthalten. Um aber diese Ideenwelt so auszusprechen, wie ich es heute tue, und sie so zur Grundlage einer Betrachtung zu machen, wie es in dieser Schrift geschieht, dazu gehört noch etwas ganz anderes, als von ihrer gedanklichen Wahrheit felsenfest überzeugt zu sein. Dazu gehört ein intimer Umgang mit dieser Ideenwelt, wie ihn nur viele Jahre des Lebens bringen können.«[281]

Bemerkungen wie diese beleuchten schlaglichtartig, daß für den äußeren Betrachter verborgen – mit einer geistig-seelischen Entwicklung zu rechnen ist, die gleichsam unterhalb der öffentlichen Wirksamkeit des Schriftstellers, Lehrers und Vortragenden verläuft. Dabei kann offenbleiben, mit wie vielen Jahren Rudolf Steiner in diesem Zusammenhang tatsächlich rechnet. Immerhin ist es der Zeitraum, in dem jenes »geistige Gestandenhaben vor dem Mysterium von Golgatha« innerstes Erleben gewesen sein wird. Es ist auch der Zeitabschnitt, von dem der Autobiograph sagt, daß sich bei ihm das Bedürfnis einer regelrechten meditativen Betätigung eingestellt habe – »Meditieren als seelische Lebensnotwendigkeit«. Die erwähnte persönliche Bemerkung im Vorwort zum Steinerschen Mystik-Buch weist damit noch einmal auf die »Innenseite« seiner Biographie zurück, das heißt chronologisch in die letzte Weimarer und in die erste Berliner Zeit. Es handelt sich um den erwähnten, von einer tiefen Lebens- und Erkenntniskrise begleiteten Umschwung in seinem Seelenleben. Und gerade weil sich dem Betrachter seiner Biographie die Frage stellt, wie aus dem an Nietzsche, Stirner und Haeckel orientierten Naturforscher der Esoteriker und »Theosoph« wurde, der auf einmal der mystischen Tatsache des Christentums eine zentrale Menschheitsbedeutung beimißt, ist eine kurze Rückblende von Wichtigkeit. Naturgemäß entziehen sich derartige Innenvorgänge einer sinnenfälligen Darstellung, um so bedeutsamer die Frage, inwiefern für den von Kindheit an mit übersinnlichem Erleben Vertrauten sich die Erkenntnisproblematik darstellte. Was zur Erscheinung und Klärung drängt, das sind bei Rudolf Steiner drei Arten des Erkennens, nämlich zunächst das an der Sinnesbeobachtung gewonnene begriffliche Erkennen; sodann jene Erkenntnisart, »bei der nicht an der Sinnesbeobachtung Begriffe erworben, sondern diese unabhängig von den Sinnen im Innern erlebt werden«. Der Mensch, der dieser Erfahrung teilhaftig wird, wird der Wirklichkeit der geistigen Welt gewiß. Äußerer »Beweise« oder Bestätigungen bedarf er nicht; weder die sinnliche Anschauung noch die rationale Begründung können einen Ersatz für die innere Gewißheit liefern. Charakteristisch für dieses ideell-geistige Erkennen ist es, daß man das innerlich Empfangene lediglich mit dem Gedächtnis »festhält«. »Man muß den Aneignungsvorgang zu einem fortdauernden machen.« Die Meditation bietet die Möglichkeit, diesen Prozeß aufrecht zu erhalten beziehungsweise ihn Mal für Mal aufs neue in Gang zu setzen. Steiner bemerkt, er sei schon vor seinem »Seelenumschwung«, also schon vor der Lebensmitte, dieses Tatbestandes inne geworden.

Was nun aber als die dritte Art eines intensivierten Erkennens an sich betrifft, das hängt mit dem lebensnotwendigen Meditieren aufs engste zusammen:

»Sie führte nicht nur in weitere Tiefen der geistigen Welt, sondern gewährte auch ein intimes Zusammenleben mit dieser. Ich mußte, eben aus innerer Notwendigkeit, eine ganz bestimmte Art von Vorstellungen immer wieder in den Mittelpunkt meines Bewußtseins rücken.«[282]

Frucht dieser Bemühungen, deren methodische Seite Rudolf Steiner in seinen späteren Schulungsbüchern (z. B. *Wie erlangt man Erkenntnisse der höheren Welten?* oder *Die Geheimwissenschaft im Umriß* u. a,) aufzeigt, sind das Bewußtsein und die unmittelbare Wahrnehmung von einem »inneren geistigen Menschen, der in völliger Loslösung von dem physischen Organismus im Geistigen leben, wahrnehmen und sich bewegen kann [...] das Ich des Menschen als dessen ureigenste innere Wesenheit.«[283] Dieses »Ich« darf nicht mit dem Ego des alltäglichen Bewußtseins verwechselt werden, mit dem sich der Mensch in den sozialen Raum hineinstellt und mit dem er aktiv wird. Dieses »höhere Ich« ist eher als »das wahre Selbst« anzusprechen.

Gewicht und Tragweite solcher »Selbst«-Erfahrung sind kaum zu überschätzen, am wenigsten im Lebenslauf Rudolf Steiners. Denn auf diese angedeutete Weise bekommt der Naturwissenschaftler, der Goethe-Forscher und der Erkenntnistheoretiker endlich den Boden unter die Füße, von dem aus er erst im vollen Sinn des Wortes als »Geistesforscher« und kulturschöpferisch impulsgebend tätig werden kann. Die selbsterrungene Geist-Unmittelbarkeit macht ihn daher zu einem geistig Unabhängigen. Als solcher tritt er vor die Theosophen hin, die zwar von alten, vornehmlich östlichen Traditionen angetan sind und sich durch parapsychologische Phänomene der mannigfachsten Art faszinieren lassen, jedoch nicht in jedem Fall über die erforderlichen Urteilsgrundlagen verfügen, über die ein heute hier lebender, das heißt naturwissenschaftlich denkender Geistesforscher verfügen sollte. Schaut man sich auch unter diesem Gesichtspunkt jenen kritischen *Magazin*-Artikel[284] über die Theosophen aus dem Jahr 1897 an, wird deutlich, daß Steiner von einer geistigen Position aus kommentiert und kritisiert, die mit einem »dunklen Gerede vom Erleben der Gottheit im Innern« und mit einer oberflächlichen Morgenland-Schwärmerei nicht zu verwechseln ist. Wohl schätzt Steiner das »tiefsinnige indische Gedicht *Bhagavad-Gita«*, das er bei dieser Gelegenheit in der von Franz Hartmann besorgten Übertragung ins Deutsche zu rezensieren hat; aber »es wäre vergebens, wenn wir Abendländer es ihnen [den Morgenländern] nachmachen wollten. Unsere Natur ist von der ihrigen verschieden; und deshalb muß auch der Weg ein anderer sein, auf dem wir zum Gipfel der Erkenntnis und zur Höhe einer freien Lebensführung gelangen.« Deshalb blickt Steiner geringschätzig auf jene sich so nennenden »Theosophen«, die die ganze westliche Wissenschaft und Philosophie verachten und durch billige Phrasen, die östlichen Schriften entlehnt sind, ihren eigenen Mangel an Geist-Erfahrung vertuschen.

So gesehen, hat Steiner kein Wort seiner kritischen Glosse aus dem Jahr 1897 zurückzunehmen, als er wenige Jahre später den Einladungen zu Vorträgen schließlich zu leitender Mitarbeit in der Theosophischen Gesellschaft folgt. So gesehen, hat er auch keinen »Wandel« mehr nötig, um in die neuen Lebensverhältnisse hineinzufinden. Er folgt inneren Notwendigkeiten, wenn er in diesen Jahren in Schriften und Briefen immer wieder betont, er müsse schon seinen eigenen Weg gehen und dürfe sich von keiner Seite her in seinen Intentionen beirren lassen. Er möchte – wie er im Vorwort zur ersten Auflage des Mystik-Buches ebenfalls hervorhebt – zeigen, »daß man ein treuer Bekenner der naturwissenschaftlichen Weltanschauung sein und doch die Wege nach der Seele aufsuchen kann, welche die richtig verstandene Mystik führt. [...] Nur wer den Geist im Sinne der wahren Mystik erkennt, kann ein volles Verständnis der Tatsachen in der Natur gewinnen.«[285] Von diesem Gegenwartsaspekt her wollen deshalb auch die Gestalten und Strömungen beurteilt werden, die Steiner in seinen Mystik-Vorträgen über Meister Eckhart, die Gottesfreunde, Nikolaus von Kues, Agrippa von Nettesheim und Paracelsus, Valentin Weigel und Jakob Böhme, Giordano Bruno und Angelus Silesius behandelt. Steiners erstes, die theosophisch-anthroposophische Schaffenszeit eröffnende Buch klingt aus mit den Worten:

> »Unsere Gegenwart kann über die Tatsache der Natur nicht sprechen, wie Jakob Böhme über sie gesprochen hat. Aber es gibt einen Gesichtspunkt auch in dieser Gegenwart, der die Anschauungsweise Jakob Böhmes einer mit der modernen Naturwissenschaft rechnenden Weltanschauung nahebringt.«[286]

»Theosophie« – Grundlegung anthroposophischer Geisteswissenschaft

Was als »Theosophie« im letzten Viertel des 19. Jahrhunderts als eine Gründung der Deutsch-Russin Helena Petrowna Blavatsky (kurz: H.P.B.) und des amerikanischen Obersten Henry Steel Olcott an die Öffentlichkeit trat, was im Laufe weniger Jahrzehnte eine weltweite Verbreitung fand, das hebt sich von der christlichen Theosophie vergangener Jahrhunderte in charakteristischer Weise ab.[287] Während diese christlichen Theosophen – unter ihnen Männer wie Valentin Weigel, Jakob Böhme, Johann Valentin Andreae, Friedrich Christoph Oetinger und viele andere[288] – seit den Tagen der Reformation ein Erkenntnischristentum vertreten und das Ziel einer spirituellen Durchdringung aller Lebensbereiche anstrebten, ist die am 17. November 1875 in New York ins Leben gerufene, dann mit ihrer Zentrale nach Adyar/Indien verlegte »Theosophical Society« eine ganz anders geartete Institution. In ihr dominiert von vornherein die östlich-fernöstliche Spiritualität, vornehmlich buddhistische und hinduistische Vorstellungen, vermengt mit Okkultismen verschiedenster Art. Man braucht nur einen Blick in H.P.B.s Hauptwerk, die dreibändige voluminöse *Geheimlehre* zu werfen, um zu sehen, wie wenig Verständnis die geistige Initiatorin der sogenannten theosophischen Bewegung für die Evangelien und die Erscheinung Christi übrig hat; ihre unverhüllte Aversion gegen Judentum und Christentum ist nicht zu verkennen. Ihre Nachfolgerin, die Engländerin Annie Besant, nimmt zwar in ihrem Buch *Esoterisches Christentum* (1901; deutsch 1903) den »Sinn Christi« gemäß I.Kor.2,14f für sich in Anspruch, um so einen inneren Zugang zur Christus-Tatsache zu gewinnen; den historischen Jesus von Nazareth jedoch verwechselt sie bezeichnenderweise mit einem »vorchristlichen« Jesus aus dem Umkreis der palästinischen Essäergemeinde. Schon diese und ähnliche Indizien, etwa auch die Abhängigkeit von bestimmten, um nicht zu sagen obskuren östlichen »Meistern«, können für eine sachgerechte Einschätzung der christlich-abendländischen Esoterik durch die »Theosophie« nicht ohne

Folgen bleiben. Um so merkwürdiger erscheint es aber, wenn sich Steiner selbst zwar auf seine innere Christus-Erfahrung, eben auf »das geistige Gestandenhaben vor dem Mysterium von Golgatha« beruft, sich aber andererseits eben diesen Theosophen anschließt – und dies in klarer Kenntnis der dort vertretenen Anschauungen. Daß er nicht nur die erwähnte »Theosophen«-Glosse verfaßt hat, sondern schon in Wien in einem theosophischen Zirkel verkehrte, sich als Leser der ersten theosophischen Schriften bekannte und den Generalsekretär der österreichischen Sektion dieser Gesellschaft, nämlich Friedrich Eckstein, zum Freund hatte, wurde berichtet.

Was also liegt hier vor? – Mindestens zwei Gesichtspunkte sind zu bedenken, ein persönlich-schicksalhafter und ein überpersönlicher, die Zeit um die Jahrhundertwende betreffender Aspekt: Mehr als einmal hat sich Rudolf Steiner die Frage gestellt: »[...] muß man verstummen?« Wir wissen von seinen verschiedenen Versuchen, eine geeignete »Tribüne« für die ihm vorschwebende Lebensaufgabe zu finden. Aber abgesehen von der tatsächlichen editorischen Arbeit im Rahmen der großen Sophien-Ausgabe der Werke Goethes, erweist sich der Weimarer Aufenthalt in den Augen Steiners als ein Fehlschlag; zu der angestrebten Professur in Jena kommt es nicht; die Hoffnung, durch die Übernahme des *Magazins der Literatur* eine geeignete neue Plattform für seine geistigen Zielsetzungen zu finden, wird ebenso wenig erfüllt wie die, ins Berliner Kulturleben »goetheanistische« Impulse einfließen zu lassen. Und so wichtig ihm die Tätigkeit im Zusammenhang der Arbeiterbildungsschule ist, so unterliegt doch keinem Zweifel, daß zur Grundlegung einer modernen Geisteswissenschaft hier nicht das geleistet werden kann, was Steiner für erforderlich hält. Und wenn auch nicht jeder einzelne, ja nur sehr wenige der Berliner Theosophen die für eine geistige Grundlagenarbeit erforderlichen Voraussetzungen mitbringen, so nimmt Steiner doch die Einladung zu den genannten Vorträgen an. Er tut es, weil er seinem eigenen Geständnis zufolge geradezu darauf angewiesen war, »innerhalb der theosophischen Bewegung diejenigen Menschen zu finden, welche Herz und Sinn hatten« für eine geisteswissenschaftliche Methodik, und zwar für eine solche, die sich von den in diesen Kreisen ebenfalls vorhandenen spiritistisch-mediumistischen Tendenzen freizuhalten vermag.[289]

Dabei ist nicht zu verkennen, daß die Anfänge der theosophischen Bewegung in den USA durch ihre Begründer selbst mit dem von Steiner energisch abgelehnten »atavistischen Hellsehen« und Spiritismus zusammenhängt. Madame Blavatsky, deren Biographie zu manchen kritischen Rückfragen Anlaß gibt, gerade auch, was die

Quellen ihrer Lehrmitteilungen anlangt (Meisterbriefe), war eine überaus begabte mediale Persönlichkeit; Oberst Olcott war überzeugter Spiritist. Und doch erwies sich H.P.B. nach Steiners Einschätzung als ein »geeignetes Instrument«, Anstöße aus der geistigen Welt heraus zu empfangen und als »die Bringerin einer Art von Morgenröte eines neuen Lichtes« aktiv zu werden.[290] Damit ist auf den überpersönlichen, die Zeitsituation betreffenden Aspekt aufmerksam zu machen. Ganz allgemein kann man mit Henry F. Ellenberger sagen: »Je mehr sich das Jahrhundert seinem Ende zuneigt, desto mehr trat an die Stelle der Beschäftigung mit dem ›fin de siècle‹ die Betonung des ›Großen Jahres‹, das das Jahrhundert abschließen und den Weg in eine neue, unbekannte Ära erschließen sollte. Das Jahr 1900 wurde Symbol; es bedeutete das Ende eines Jahrhunderts und die Geburt eines neuen.«[291] Ernst Haeckel prophezeite den Untergang der alten, auf Aberglauben gegründeten Religionen und das Erscheinen einer neuen Religion, der Monistischen Kirche, auf wissenschaftlicher Grundlage errichtet, aber mit ästhetischen Riten nach dem Vorbild der früheren religiösen Zeremonien versehen. So fehlte es nicht an kühnen Visionen und gewagten Projektionen für die Zukunft, für ein sozialistisches Paradies, für das »Jahrhundert des Kindes«, das die Schwedin Ellen Key (1899) proklamierte, für neue Dimensionen des Fortschritts, nicht zuletzt für eine Erweiterung und Vertiefung der Wissenschaft vom Menschen, namentlich auf dem Gebiet der Seelenforschung. So erklärt Henri Bergson im Jahre 1901: »Das Unbewußte zu erforschen, mit besonders angemessenen Methoden im Untergrund der Psyche zu arbeiten, das wird im kommenden Jahrhundert die Hauptaufgabe der Psychologie sein. Ich zweifle nicht daran, daß großartige Entdeckungen dabei herauskommen werden, vielleicht ebenso bedeutend, wie in den vorangegangenen Jahrhunderten die Entdeckungen der Physik und der Naturwissenschaft gewesen sind.«[292] Hatte nicht Sigmund Freud auf seine Ende des 19. Jahrhunderts verfaßte Grundschrift der modernen Tiefenpsychologie *Die Traumdeutung* die Säkularziffern 1900 setzen lassen?

Dazu kommt, daß der Zeitalterfrage in der Esoterik seit alters besondere Aufmerksamkeit und Deutung geschenkt wurde. Sieht man einmal von jenen ebenfalls heraufdämmernden Ahnungen ab, das 20. Jahrhundert werde durch eine folgenschwere apokalyptische Dramatik gekennzeichnet werden, fehlt es in der westlichen wie in der östlichen Esoterik nicht an bestimmten Charakteristiken, die auf einen bedeutsamen Schwellenübergang hindeuten. Nach indischer Überlieferung geht im Jahre 1899 ein großer Zeitenkreis, das Kali Yuga, das finstere Zeitalter, zu Ende, und mit ihm nehmen die

Kräfte und Möglichkeiten einer alten Spiritualität ab. Der westliche Okkultismus, u. a. vertreten durch den Abt und Humanisten Johannes Trithemius von Sponheim (1462–1516), kennt eine mystische Chronologie, nach der sieben kosmische Intelligenzen, verkörpert durch die sieben Erzengel, je ein Zeitalter beherrschen, indem sie Möglichkeiten für eine bestimmte, dem jeweiligen Planeten zugeordnete Geistigkeit eröffnen. Und nach der Rechnung des Trithemius löst im Jahre 1879 für einen Zeitraum von knapp vier Jahrhunderten ein Michael-Zeitalter die vorausgegangene Gabriel-Epoche ab; an die Stelle der (spirituellen) Dominanz des Mondes tritt die der Sonne. Wenngleich Rudolf Steiner nicht allein auf den alten okkulten Traditionen fußt, hat er doch wiederholt auf die Tatsache aufmerksam gemacht, die sich hinter dieser traditionellen Betrachtungsweise der Zeitalter verbirgt. Hier muß der Hinweis genügen, demzufolge das am Ende des 19. Jahrhunderts begonnene Michael-Zeitalter der Gegenwart eine spezielle Erkenntnisaufgabe stellt. Sie bestehe darin, vom naturwissenschaftlichen Denken und seiner materialistischen Bewußtseinsart herkommend, nun auch der übersinnlichen Welt erkennend gegenüberzutreten und für jene Dimensionen der Wirklichkeit ein Verständnis zu entwickeln, die über die sinnliche Anschauung bzw. über das analytisch-rationale Begreifen hinausreichen. Damit ist freilich kein bloßes Theoretisieren über den Geist gemeint, auch keine bloße Wiederholung idealistischer Gedankengänge der Vergangenheit, sei es in Anknüpfung an Plato oder an Fichte und Hegel, so groß die Bedeutung auch sein mag, die Rudolf Steiner diesem zur Jahrhundertwende erschienenen philosophiegeschichtlichen Buch *Welt- und Lebensanschauungen im neunzehnten Jahrhundert* (später: *Die Rätsel der Philosophie)* beimißt. Steiner sagt sich: Solange man die Seelenerlebnisse nimmt, wie sie sich dem gewöhnlichen Bewußtsein darbieten, solange kommt man nicht in die Tiefen der Seele – solange bleibt man noch außerhalb der geistigen Welt. Man müsse vielmehr die vorgegebenen Seelenfähigkeiten in einer angemessenen Methodik derart steigern, intensivieren, daß die geistige Welt erlebt und erfahren werden kann, und zwar mit derselben Zuverlässigkeit und Exaktheit, mit der der naturwissenschaftlich Forschende sich seinen Aufgaben im einzelnen stellt.

Auf den besonderen Zeitcharakter, den Kairós, bezogen, bemerkt daher der Autobiograph:

> »Mir schwebte damals vor, wie die Jahrhundertwende ein neues geistiges Licht der Menschheit bringen müsse. Es schien mir, daß die Abgeschlossenheit des menschlichen Denkens und Wollens

vom Geiste einen Höhepunkt erreicht hätte. Ein Umschlagen des Werdeganges der Menschheitsentwicklung schien mir eine Notwendigkeit.«[293]

Erfahrungsgemäß trifft nicht jede aus der Rückschau getroffene Feststellung für die Zeit zu, für die das in der Memoirenliteratur Niedergelegte gelten soll. Auch Rudolf Steiner macht da keine Ausnahme, wie beispielsweise eine Zusammenschau der brieflichen Zeugnisse und der am Lebensende niedergeschriebenen Erinnerungen zeigt. Aber für diese Thematik und für den zu besprechenden Lebensabschnitt liegen übereinstimmende Wortlaute vor:

»Wer die Zeichen der Zeit versteht, dem kann es nicht entgehen, daß wir vor einer neuen Geistesepoche stehen, daß sich eine neue Wende vorbereitet, die ebenso wichtig und bedeutsam ist, wie die zu Zeiten Augustins oder etwa des 16. Jahrhunderts, ein Wandel, in dem speziell Deutschland zu etwas ganz Großem berufen ist; der deutschen Wissenschaft fällt dem Materialismus gegenüber die wichtigste Aufgabe zu. Nur Hand in Hand mit ihr werden wir wirken können.«[294]

Dieses Diktum entspricht der zusammenfassenden Berichterstattung über eine Ansprache Rudolf Steiners, gehalten am 19. Oktober 1902 in der Theosophischen Bibliothek nahe am Bahnhof Berlin-Charlottenburg, in der Kaiser-Friedrich-Straße 54a. Die Zuhörer sind eine Anzahl Abgesandter von theosophischen Gruppierungen aus verschiedenen Städten Deutschlands. Es handelt sich um die Gründungsversammlung der deutschen Sektion der Theosophischen Gesellschaft in den Tagen vom 18. und 21. Oktober 1902. Rudolf Steiner fungiert als Generalsekretär dieser in Deutschland aufzubauenden Bewegung, die zum Zeitpunkt des Zusammenschlusses in Gesamtdeutschland nicht mehr als etwa zweihundert Mitglieder in zehn Logen zählt.

Was diese neue Aufgabe anlangt, so sind die Würfel dafür freilich schon mehrere Monate zuvor gefallen, und zwar so, daß Steiner die Verbindungen zu bisherigen Kreisen vorerst aufrecht erhielt, z. B. zum Giordano-Bruno-Bund, zum Klub der »Kommenden«, vor allem aber zur Arbeiterbildungsschule. Daß es für ihn nicht allein bei den vom Grafen Brockdorff arrangierten Vorträgen in der Theosophischen Bibliothek blieb, das ist verschiedenen Umständen zu verdanken: Der Eindruck, den die Darstellung esoterischer bzw. mystischer Zusammenhänge hinterließ, das heißt vor allem seit dem Vortrag über Goethes *Märchen* und seit dem darauf folgenden großen Zyklus über die deutsche Mystik, veranlaßte den Hausherrn, Steiner für die theosophische Sache zu gewinnen. Steiner lehnte zunächst ab. Und dabei schien es vorerst zu bleiben. Nun tauchte aber eines Tages – im Spätherbst 1900 – unter den Zuhörern auch eine junge Frau auf, die baltendeutsche, in Rußland lebende Marie von Sivers, eine Schauspielerin. Ein Jahr später, anläßlich eines Teeabends kamen Rudolf Steiner und Marie von Sivers miteinander ins Gespräch. Es sollte eine lebensentscheidende Bedeutung bekommen. Fräulein von Sivers fragte, ob es nicht notwendig sei, in Europa eine geistige Bewegung ins Leben zu rufen. Und Rudolf Steiner?

»Im Verlaufe des Gespräches sagte ich klar die Worte: ›Gewiß, notwendig ist es, eine geisteswissenschaftliche Bewegung ins Leben zu führen; ich werde mich aber nur finden lassen für eine solche Bewegung, die an den abendländischen Okkultismus und ausschließlich an diesen anknüpft und diesen fortentwickelt.‹ Und ich sagte in dieser Beziehung, daß angeknüpft werden müsse an Plato, an Goethe und so weiter. Ich wies hin auf das ganze Programm, das dann auch ausgeführt worden ist.«[295]

Hier ist anzumerken, daß Anfragen wie diese in der Entfaltung von Steiners späterem Werk jeweils gleichsam so etwas wie eine schöpferische Initialzündung ermöglicht haben. Manche der künstlerischen und kulturellen Impulse in seinem Schaffen, und zwar bis hin zur Begründung der Waldorfschulbewegung, der Begründung der Christengemeinschaft oder der biologisch-dynamischen Wirtschaftsweise, gehen auf ähnliche Anstöße fragender Zeitgenossen zurück. In Erinnerung an jenes Gespräch mit Marie von Sivers, seiner späteren Ehefrau, bemerkte Rudolf Steiner bei anderer Gelegenheit: »Damit war mir die Möglichkeit gegeben, dort in dem Sinne zu wirken, der mir vorschwebte. Die Frage war mir gestellt, und ich konnte, nach den geistigen Gesetzen beginnen, auf eine solche Frage die Antwort zu geben.«[296] Als daher die an Steiners intensiver Mitarbeit Interessierten weiter in ihn dringen und ihn auffordern, an die Spitze der zu schaffenden deutschen Sektion der Theosophischen Gesellschaft zu treten, da macht er seine Zusage von der aktiven Beteiligung Fräulein von Sivers' abhängig: »Wenn sie mitmacht, kann man es wagen.« Und so geschieht es: Am Anfang der Geschichte der Theosophischen Gesellschaft in Deutschland, aus der nach einem Jahrzehnt ihres Bestehens die Anthroposophische Gesellschaft herauswuchs, stehen somit zwei Persönlichkeiten: Rudolf Steiner und Marie Steiner-von Sivers.

Rückblickend auf diese Anfänge schreibt Marie Steiner in einem Brief vom 25. Januar 1946:

»Er [Rudolf Steiner] entschloß sich erst, den Bitten der Theosophischen Gesellschaft, sich ihrer anzunehmen, nachzugeben, als er einen Menschen als Hilfskraft fand, der keine Veranlagung zum Sektiererischen hatte und seinen weit überragenden Absichten Verständnis entgegenbrachte. Diese Seelenhaltung war also gar nicht so leicht in den Zeitgenossen zu finden. Es mußte erst ein in Rußland heimatloser Mensch nach Deutschland kommen, auf das Land seiner Sehnsucht, das ihm eben Möglichkeiten für geistige Arbeit geboten hatte, auf Italien, verzichten und in das fremde Berlin sich begeben, wo ein Kreis von suchenden Menschen behauptete, ohne das nicht weiter zusammenhalten zu können.«[297]

Damit war das Eis gebrochen. Steiner ließ sich nicht nur für einen zweiten großen Vortragszyklus über *Das Christentum als mystische Tatsache* (1901/02) verpflichten. Auf Bitten von Graf und Gräfin Brockdorff trat er an die Spitze der bereits seit 1894 bestehenden Deutschen Theosophischen Gesellschaft in Berlin-Charlottenburg und wurde damit deren Mitglied. Das war am 17. Januar 1902. Steiner hatte zugesagt, weil dies seinem Dafürhalten nach »die einzige ernst zu nehmende Institution [zu sein schien], in der reales Geistesleben vorhanden war«. Zum anderen vollzog er diesen Schritt in der Einsicht, im geistigen Leben müsse an bestehende Überlieferung angeknüpft werden, auch wenn inhaltlich Neues zu schaffen sei. »Er konnte noch hoffen« – so Marie Steiner –, »durch den neuen Einschlag auch die Theosophische Gesellschaft der dogmatischen Erstarrung zu entreißen, ihr frische Kräfte zuzuführen und das mangelnde Verständnis für die Mysterien des Christentums zu erwecken.«[298]

In der ersten Julihälfte des Jahres 1902 begleitet Marie von Sivers Rudolf Steiner nach London, wo der Kongreß der Theosophischen Gesellschaft tagt. Es gilt, nun auch den persönlichen Kontakt mit den prominenten Theosophen der internationalen Theosophical Society zu knüpfen, namentlich mit H. S. Olcott und Annie Besant, denn erst nach Vorliegen der Stiftungsurkunde, die der Zustimmung Olcotts als derzeitigem Präsidenten bedarf, kann die deutsche Sektion die Arbeit aufnehmen. Noch zuvor, nämlich am 20. September 1902, übernimmt Marie von Sivers ihre Aufgabe als Sekretärin und als Verwalterin der Theosophischen Bibliothek in Berlin. Vor allem obliegt ihr die Organisation der aufzubauenden Gesellschaft.

Der Übergang zu den Theosophen bedeutet keinesfalls einen abrupten Abbruch seiner bisherigen Beziehungen und Verpflichtungen. So dauert Steiners Lehr- und Vortragstätigkeit im Rahmen der

Arbeiterbildungsschule – wie erwähnt – bis zum Jahr 1904 fort. Zuvor stellt er seine Beziehungen zu den literarischen Zirkeln sowie zu den Monisten im Giordano-Bruno-Bund ein. Doch einstweilen laufen eine Reihe von Vortragsveranstaltungen nebeneinander. Und für die aus dem jeweiligen Milieu sich ergebenden Kontraste war gesorgt, wenn man bedenkt, daß sich die Teilnehmer der theosophischen Veranstaltungen vornehmlich aus Angehörigen des Bildungs- und Besitzbürgertums zusammensetzten, angefangen bei der Grafenfamilie Brockdorff bis hin zu der wohlhabenden Marie von Sivers. Und es gab genug Anlaß zur Brüskierung; Bekannte und Freunde aus dem Proletariat und aus der Boheme machten ihrer Enttäuschung Luft: Der, den man für einen Freigeist, für einen Anarchisten, für einen Monisten und Entlarver eines unklaren Mystizismus halten konnte, der entpuppt sich nun selbst als »Mystiker« und »Theosoph«! Daß zwischen Mystik und Mystizismus nicht minder klar zu unterscheiden ist, blieb – und bleibt oft – unerörtert. Jedenfalls fragte man sich, in welchen Weltanschauungszusammenhang Steiner wirklich gehört und für welchen Menschenkreis tatsächlich sein Herz schlägt. Seine Vortragsthemen aus jenen Jahren – z. B. über Theosophie und Monismus, aber auch über Theosophie und die soziale Frage – zeigen sein Bemühen, die von Außenstehenden empfundene Kluft zu überbrücken. Dennoch ist eine gewisse Entfremdung nicht zu vermeiden. Freunden oder noch nahen Bekannten Steiners fallen gewisse Veränderungen an dem »Herrn Doktor« auf, Veränderungen, die bis ins Äußerliche gehen. Da ist etwa Alwin Alfred Rudolph, ein Mitglied der Arbeiterbildungsschule. Er hatte ähnlich wie Johanna Mücke und viele andere erlebt, wie Rudolf Steiner nicht nur die vielen Abendstunden als Vortragender seinen Schülern widmete, sondern bisweilen auch seine Sonntagnachmittage. Man hatte gelegentlich Tagesausflüge gemacht. »Ohne besonders eingeladen oder aufgefordert zu sein, beteiligte sich auch Dr. Rudolf Steiner nebst Frau (Anna, verwitwete Eunike) und deren Tochter daran.« Das Bild, das Rudolph von der stets im Hintergrund bleibenden Anna Steiner zeichnet, ist das einer mütterlich fürsorgenden Frau, die bescheiden und »in weiser Zurückhaltung« dem vielbeschäftigten Publizisten das ihm gemäße Arbeiten ermöglicht und für nötige Ordnung garantiert, für die Steiner wenig talentiert zu sein scheint. A. Rudolph berichtet weiter: »Nach einem Fußmarsch auf einsamen Waldwegen wurde gemeinsam ein vorbestelltes Mittagsmahl eingenommen, nach dem das in den dortigen Gartenwirtschaften allgemein gebräuchliche Selbst-Kaffeekochen der Gäste begann, wozu Frau Steiner regelmäßig ein ansehnliches Paket des Jacobowskischen Dichterkuchens beisteuerte. Dann lagerten wir im Walde im hohen Grase bis zur hereinbrechenden Dunkelheit [...]. Steiner lagerte dann mitten unter uns. Wir unterhielten uns oder wir fragten ihn aus über Bücher und Theater, über alte, neue und neueste Literatur. Es mochten die griechischen Dichter und Philosophen sein, Ägypter, Chinesen, Inder, die Weisheiten des Kungfutse und des Laotse oder der im Pergamon-Museum aufgebaute Altar aus Kleinasien, Emile Zola oder Stefan George. Er erklärte uns die Blüten im Grase, die Farnkräuter, die herumschwirrenden Insekten.«[299] – Sommerliche Idylle am Rande der großen Stadt zu Füßen eines Orakels, das mit sich reden läßt ...

Und dann die plötzliche Wendung, die die Zusammenarbeit mit den Theosophen mit sich bringt. Da ist der Londoner Theosophen-Kongreß im Juli 1902. Für Alwin Rudolph und seine Freunde wird die sich an ihrem Lehrer abzeichnende Veränderung augenfällig: »Bei seiner Rückkehr war es uns, als stünden wir einem ganz anderen Dr. Rudolf Steiner gegenüber. Unsere fast nie getrübte Verehrung wußten wir kaum noch anzubringen. In acht Jahren der engsten Bekanntschaft war mir das Bild bis dahin völlig gleich geblieben. Nun war schon das Äußere ein anderes. Der schmale spärliche schwarze Haarwuchs auf der Oberlippe war abgetan. Ein noch immer schwarzer Anzug hatte einen andern Zuschnitt, einen, den man sonst nicht sah. Der weiche, eigentlich formlose Hut war einem steifen Halbzylinder [einem sogenannten Bowler] gewichen, wie ihn sonst überhaupt niemand trug.«[300] Aber auch der weitere Bericht Rudolphs spiegelt etwas von der einsetzenden Distanz wider. Die sonst gewohnte Herzlichkeit im persönlichen Umgang nimmt ab. Anna Steiner gibt sich »merkwürdig verschlossen« – was immer die Gründe dafür sein mögen. »Eine enge Bekanntschaft, die fast Freundschaft war, hatte mich mit Steiner verbunden [...] diese Verbundenheit stellte sich nicht wieder ein. Das bewegte mich tief und stark. Ich konnte nicht auf die Ursache dieser Veränderung kommen.« Auch zwischen Rudolf und Anna Steiner kommt es zu einer Entfremdung. Das ungleiche Paar lebt in der Zeit vor Anna Steiners Tod im Jahre 1911 getrennt, ohne daß die Ehe offiziell geschieden worden ist. Daß der Anschluß an die Theosophen und die Begegnung mit Marie von Sivers in mehrfacher Hinsicht eine Zäsur für Rudolf Steiner bedeuten, die gleichzeitig einen Neuanfang markiert, steht außer Frage. So gesehen muten die bisherigen vier Jahrzehnte seines Lebens wie das Vorspiel an, das dem eigentlichen Opus voranging, wenngleich der Schöpfer dieses Werks die methodischen Grundlagen für das zu Schaffende längst gelegt hat.

Anzumerken ist an dieser Stelle, daß Steiners endgültige Entscheidung, sich mit ganzer Kraft für die Theosophen einzusetzen, erst im Sommer dieses Jahres, vermutlich kurz vor Teilnahme am Londoner Kongreß gefallen sein wird. Denn noch im Juni, also nur wenige Tage vor der Abreise nach England, trägt er sich mit dem Gedanken – nach Aufgabe seiner Herausgebertätigkeit beim *Magazin für Literatur* –, sich um eine Stellung als Feuilleton-Redakteur zu bewerben. Dies geht jedenfalls aus einem Brief vom 10. Juni an seinen Jugendfreund und Journalisten-Kollegen Moritz Zitter hervor, dem er berichtet, wie er einen gewissen Dr. Heinrich Kanner, Mitherausgeber der Wiener Tageszeitung *Die Zeit,* in einem Berliner Hotel mindestens zweimal aufgesucht habe, um seine diesbezüglichen Vorstellungen als zukünftiger Feuilleton-Redakteur vorzutragen. Ohne Erfolg übrigens. Wie sehr Rudolf Steiner an einer solchen Tätigkeit noch zu diesem Zeitpunkt gelegen sein mußte, geht daraus hervor, daß er den diversen Wünschen Kanners entsprach und seine Anschauungen auch noch schriftlich fixierte. Und nicht nur das, Steiner stürzte sich in beträchtliche Unkosten. Die Briefstelle sagt gleichzeitig etwas aus über die immer noch beengten wirtschaftlichen Verhältnisse des »freien« Schriftstellers, wenn er an Moritz Zitter schreibt:

> »Ich habe auch alles Äußere getan, was Du mir aufgetragen hast, das heißt einen solchen Anzug erstanden, wie Du sagtest, einen steifen Hut, Handschuhe. Es schien mir, daß Du damit ganz recht hattest.« Und in Klammern ist der Satz hinzugefügt: »Es hat die Taschen völlig geleert.«[301]

Nachdem klar ist, daß auch dieser Versuch scheitert, eine »Tribüne« zu betreten, von der aus er sagen kann, was er zu sagen hat, wendet sich Steiner voll der Vorbereitung seiner neuen Arbeit zu, und zwar nicht allein im Zusammenhang der Vortragsarbeit in der Theosophischen Bibliothek. Es ist jedenfalls bezeichnend für die innere Linie, die er jetzt auch im Kreis der »Kommenden« zu ziehen beginnt: So eröffnet er nach der Sommerpause am 6. Oktober 1902 einen neuen großen Vortragszyklus, der allwöchentlich, jeweils Montag abends, stattfindet unter dem Titel *Von Zarathustra bis Nietzsche.* Bemerkenswert daran ist, daß er diese Betrachtungen zur Weltanschauungsgeschichte der Menschheit im Untertitel »Eine Anthroposophie« nennt. Zu einem Zeitpunkt also, da die Begründung der Sektion noch gar nicht erfolgt ist, benennt Steiner den Inhalt dessen, was er – auch als »Theosoph« – zu geben hat, bereits mit dem Terminus seines späteren Werks. Damit steht die Zielrichtung fest, auch wenn er auf Jahre hinaus wieder einmal in Anschauungen »untertaucht«, die nicht unbedingt die seinen sind, ja die er sich zu eigen macht, um sie gleichsam von innen her zu überwinden oder um über sie hinauszugehen. Dazu gehört das Studium der theosophischen Literatur, obwohl er später einmal bemerkt, er habe »immer einen kleinen Horror« davor gehabt und sie »mehr oder weniger amtlich« gelesen. Aber ein Werk wie H. P. Blavatskys *Secret Doctrine,* die ihm Marie von Sivers besorgt hat, liegt auf seinem Schreibtisch, »auf dem sie mir gerade jetzt große Dienste tut, da ich sie bei meinen einschlägigen Studien fortwährend nachschlagen muß«, meldet er am 20. August an seine Mitarbeiterin. Am 8. Oktober ist der Bürgersaal des Berliner Rathauses dicht besetzt. Rudolf Steiner spricht erstmals in aller Öffentlichkeit über die neue Thematik. Auf dem Programm steht der Vortrag *Monismus und Theosophie.* Alwin A. Rudolph hat seine persönlichen Eindrücke von dieser Veranstaltung festgehalten.[302]

Gleichsam hinter den Kulissen ist in diesen Monaten zwischen Juli und Oktober mit den Vertretern der deutschen Theosophenschaft, an ihrer Spitze Wilhelm Hübbe-Schleiden (1846–1916), einem ehemaligen Kolonialpolitiker, der Weg abzustecken, den die theosophische Bewegung künftig zu gehen haben wird. Über Hübbe-Schleiden, der die viel beachtete theosophisch-okkultistische Monatsschrift *Sphinx* (1886–1896) herausgegeben hatte, heißt es in einem der frühen Briefe an Marie von Sivers:

> »Es ist für mich die allergrößte Befriedigung, mit Hübbe-Schleiden in Einklang arbeiten zu können. Ich finde bei ihm hinsichtlich der wichtigsten Punkte der inneren Gestaltung der deutschen Bewegung vollkommenes Einverständnis [...]. In Hübbe-Schleiden lebt eine wirkliche geistesentwicklungsgeschichtliche Potenz [...].«[303]

– ein Urteil übrigens, das der Briefschreiber nicht sehr lange aufrechterhalten sollte. Vorerst ist für Steiner wichtig, daß er mit diesem Vertreter der »alten Schule« über einige ihm wichtige Punkte Einigkeit zu erzielen vermag. Dazu gehört die Absicht, daß die von H. P. B. und Annie Besant eingeleitete Bewegung weitergeführt und vertieft werden solle. Vor allem macht er seine eigentliche Intention deutlich, die über den gegebenen Anlaß hinaus beachtet zu werden verdient. Rudolf Steiner schreibt: »Ich will auf die Kraft bauen, die es mir ermöglicht, ›Geistesschüler‹ auf die Bahn der Entwicklung zu bringen. Das wird meine Inaugurationstat allein bedeuten müssen.«[304] Ein gewichtiges Wort! – Theosophie, Anthroposophie oder wie immer die zu begründende neue Geisteswissenschaft heißen mag, kann demnach nicht allein darin bestehen, bestimmte spirituelle Anschauungen zu vertreten oder gar esoterische Dogmen zu verkünden. Vielmehr ist ein Prozeß in Gang zu setzen, der den Menschen auf dem Erkenntnisweg voranbringt. Damit ist von vornherein die Frage nach der Methode gestellt, die zur Erfassung von »Erkenntnissen der höheren Welten« anzuwenden ist.

Was nun die Sektionsgründung als solche betrifft, handelt es sich um folgende äußere Daten: In Erwartung des erforderlichen »Charters« (d. h. der Stiftungsurkunde), den Annie Besant überreichen soll, trifft sich am Sonnabend, den 18. Oktober 1902 in der Theosophischen Bibliothek ein kleiner Kreis zu Vorbesprechungen. Am Sonntag, den 19. Oktober hält Rudolf Steiner seine Ansprache zur konstituierenden Generalversammlung der Deutschen Sektion der Theosophischen Gesellschaft. (Darüber versäumt er nicht, die für Sonntagvormittag angesetzten Redeübungen für Fortgeschrittene in der Arbeiter-Bildungsschule durchzuführen.) Am Spätnachmittag holt man die gerade in Berlin eingetroffene Annie Besant am Bahnhof Friedrichstraße ab. Nun kann am Montag, den 20. Oktober, die eigentliche Sektionsgründung mit Übergabe der Beauftragungsurkunde an Rudolf Steiner erfolgen. Die aus diesem Anlaß erschienenen rund fünfzig Personen vertreten die zehn theosophischen Logen von Berlin, Charlottenburg, Düsseldorf, Hamburg, Hannover, Kassel, Leipzig, Lugano, München und Stuttgart.

Nun ist es zweifellos bemerkenswert, daß der soeben zum Generalsekretär berufene Rudolf Steiner die noch im Gang befindliche Gründungsveranstaltung für kurze Zeit verläßt, um im Klub der »Kommenden« den ebenfalls für diesen Tag vereinbarten dritten Vortrag der Reihe *Von Zarathustra zu Nietzsche* mit dem Untertitel *eine Anthroposophie* zu halten, während Marie von Sivers die stattliche Anzahl der Gäste in ihrer Wohnung bewirtet. Aber nicht nur durch diesen »anthroposophischen« Vortrag ist signalisiert, daß Rudolf Steiner gesonnen ist, aus dem ihm zugänglichen eigenen Erkenntnisgut zu schöpfen. Der Tag klingt mit einem zweiten, nun wieder den Theosophen gewidmeten Vortrag aus, betitelt *Praktische Karma-Übungen.* Auch hierin drückt sich ein Charakteristikum aus, denn die letzte große Vortragsreihe seines Lebens ist die der sogenannten Karma-Vorträge *(Esoterische Betrachtungen karmischer Zusammenhänge)* von 1924.

Am Dienstag, dem 21. Oktober, ergreift Annie Besant selbst das Wort. Im Hotel Prinz Albrecht hält sie vor etwa vierhundert Zuhörern auf Englisch einen öffentlichen Vortrag über Ziel und Inhalte der Theosophie, den Steiner auf Deutsch zusammenfaßt. Als die geistige Repräsentantin der Theosophical Society ist sie es auch, die Rudolf Steiner und Marie von Sivers in die noch von H.P.B. gestiftete »Esoterische Schule« (E.S.) einführt. Es handelt sich dabei um den inneren Kreis derer, die sich eidlich verpflichten, an ihrer Selbstverwirklichung zu arbeiten und sich in den Dienst der großen spirituellen Menschheitsaufgabe zu stellen. Emil Bock kommentiert in seinen *Studien* zu Steiners Werk und Lebensweg: »Die Zugehörigkeit Rudolf Steiners zur E.S. ergab sich aus seiner Aufgabe als Generalsekretär. Zwei Jahre danach begann Rudolf Steiner im Einverständnis mit Mrs. Besant eine selbständige aktiv-leitende Wirksamkeit innerhalb der E.S. Und noch ein Jahr später, am 24. Oktober 1905, hielt er in Berlin die erste der E.S.-Stunden, die in der Stille (bis Juli 1914) einen starken Strom völlig unabhängiger schöpferischer neuer Geistigkeit bildeten.«[305] – Diese Worte weisen auf die Notwendigkeit hin, der jede spirituelle wie geistig-religiös wirkende Gemeinschaft entsprechen muß: Sie kann nur in dem Maß und in der Intensität nach außen aktiv werden, in dem sie nach innen (meditativ) an ihre Inspirationsquellen angeschlossen bleibt. Sammlung und Sendung sind aufeinander bezogen, und zwar unumkehrbar. Hier sei nur darauf hingewiesen, daß die esoterische Arbeit, auch die in einem kultischen (nicht sakramentalen) Sinn, in der Steinerschen Gründung eine wichtige Rolle spielte. Eine Neubegründung dieser Innen-Arbeit wurde von ihm Ende 1923 ins Auge gefaßt, konnte aber nicht mehr realisiert werden.

Überblickt man vorausschauend, wie sich die anthroposophische Grundlegung in den nächsten zweieinhalb Jahrzehnten zu gestalten hatte, dann werden folgende Konturen sichtbar:[306]

Es handelt sich um drei Siebenjahreskreise, in denen sich Anthroposophie entwickelt. Die erste Siebener-Epoche umspannt die Jahre 1902 bis 1909. Es ist die Zeit, in der sich Steiners Wirksamkeit – im engeren Sinn des Wortes – im Rahmen der Theosophischen Gesellschaft vollzieht. Denn spätestens anläßlich des theosophischen Kongresses von 1909 in Budapest wird deutlich, daß sich eine innere Lösung der deutschen Sektion aus dem Gefüge der anglo-indischen Gesellschaft bereits vollzogen hat, wenngleich die organisatorische Trennung von ihr erst drei Jahre später erfolgt. Während dieser ersten Phase beginnt eine ausgedehnte Reise- und Vortragstätigkeit Rudolf Steiners, durch die die theosophisch-anthroposophische Sache über die bestehenden kleinen Kreise hinaus weit bekannt wurde. Es erscheint eine Reihe seiner ersten grundlegenden Veröffentlichungen, z.B. *Das Christentum als mystische Tatsache und die Mysterien des Altertums* (1902); *Reinkarnation und Karma* (1903), eine Schrift, in der diese von den Theosophen aus der östlichen Überlieferung übernommene Idee vom Standpunkt der modernen Naturwissenschaft als eine »notwendige Vorstellung« erwiesen wird; 1904 erscheinen zwei klassische Schulungsbücher: *Wie erlangt man Erkenntnisse der höheren Welten?* (zunächst in Form einer Aufsatzreihe in der ebenfalls neu begründeten, von Steiner redigierten Zeitschrift *Luzifer* bzw. *Luzifer-Gnosis)* und das Buch *Theosophie.* Der Untertitel verrät etwas mehr vom tatsächlichen Inhalt, das heißt, es geht hier um eine systematische Einführung »in übersinnliche Welterkenntnis und Menschenbestimmung«, im besonderen um Elemente der anthroposophischen Menschenkunde. Weitere Veröffentlichungen meist kleineren Umfangs schließen sich 1906 an, u. a. *Die Stufen der höheren Erkenntnis,* eine Fortführung des anthroposophischen Schulungswegs. Ein wichtiger Bestandteil des ersten Jahrsiebts sind schließlich die Vortragszyklen, die der Evangelien-Erkenntnis gewidmet sind. Gerade Rudolf Steiners christologische Lehrmitteilungen zeigen, inwiefern er sich von der Religions- und Christusauffassung H. P. Blavatskys, Annie Besants oder Charles W. Leadbeaters grundlegend unterscheidet.

Im zweiten Schaffensjahrsiebt, das von 1909 bis 1916 reicht, kommt es aus diesem Grunde (1912/13) zur erwarteten organisatorischen Trennung und zur Begründung der eigentlichen Anthroposophischen Gesellschaft. Vor allem aber ist dieses Jahrsiebt durch den weiteren inneren wie äußeren Aufbau der anthroposophischen Bewegung gekennzeichnet. Mehr und mehr wird sichtbar, daß und wie Rudolf Steiner eine Synthese von Wissenschaft, Kunst und Religion anstrebt, und zwar gegründet auf ein die Dimensionen des Leiblichen, Seelischen und Geistigen umspannenden Menschen- und Wirklichkeitsbildes. Zu den größeren Werken dieses Abschnittes gehören u. a. *Die Geheimwissenschaft im Umriß* (1910) und die erweiterte Neuausgabe seiner beiden zu Jahrhundertbeginn erschienenen Bücher zur Philosophiegeschichte, neu betitelt *Die Rätsel der Philosophie* (1914). Zur Behandlung der Erkenntnisproblematik tritt im gleichen Zeitraum ein starker künstlerischer Einschlag hinzu. Er manifestiert sich beispielsweise in den zwischen 1910 und 1913 entstandenen und erstmals aufgeführten vier Mysteriendramen. In ihnen hat Rudolf Steiner geistig-seelische Wandlungs- und Reifungsvorgänge in szenischen Bildern gestaltet. Um nun diesen Mysteriendramen, den Faust-Aufführungen, aber auch anderen künstlerischen sowie gesellschaftlich-kulturellen Aktivitäten der Bewegung die ihnen gemäße Behausung zu schaffen, entsteht 1913 auf dem Dornacher Hügel bei Basel der ursprünglich für München vorgesehene Goetheanum-Bau, später der Sitz der Freien Hochschule für Geisteswissenschaft.

Der dritte Siebenjahreszyklus (1916–1923) ist durch die tiefen Erschütterungen des Ersten Weltkriegs und seiner problemreichen Folgezeit geprägt. Das heißt, es gilt nun, das in den ersten beiden Entwicklungsabschnitten geistig Begründete auch – und zwar nicht nur auf künstlerischem Gebiet – der Außenwelt zugänglich zu machen. Anthroposophie tritt in die erste Phase ihrer praktischen Bewährung ein. Anknüpfend an zahlreiche Kurse zu naturwissenschaftlichen, medizinischen, künstlerischen, pädagogischen, religiösen und ökonomisch-sozialwissenschaftlichen Fragen, wird der Versuch unternommen, einen Beitrag zur besonders brennenden sozialen Frage zu leisten. Es entstehen zahlreiche Institutionen, Schulen, heilpädagogische Heime, erste Kliniken und Laboratorien zur Herstellung von Arzneimitteln. Am bekanntesten, folgenreichsten ist die Begründung der Waldorf-Schulbewegung.

Die Fülle dieser Aktivitäten ruft nicht nur eine aus zahlreichen kontroversen Interessen bestehende Gegnerschaft auf den Plan. Auch erhebliche gesellschaftsinterne Spannungen nötigen Rudolf Steiner zu einer geistigen wie organisatorischen Neukonstituierung. Weihnachten 1923 wird in Dornach die Allgemeine Anthroposophische Gesellschaft gegründet. Das im Zusammenhang dieser sogenannten »Weihnachtstagung« von 1923 durch Rudolf Steiner Veranlagte und Projektierte mußte jedoch aufs ganze gesehen Fragment bleiben. Denn Steiner hatte Bewegung und Gesellschaft stärker als zuvor an seine Person gebunden. Der völlige Zusammenbruch seiner Gesundheit im Herbst 1924 und sein baldiger, wie sich zeigen sollte, allzu früher Tod am 30. März 1925 bedeuten eine tiefe Zäsur und stellten die Repräsentanten der inzwischen weltweit verbreiteten Anthroposophie vor erhebliche innere wie äußere Probleme.

Damit ist, gleichsam von Steiners Lebensmitte aus, ein vorausschauender Überblick gegeben über die knapp zweieinhalb Jahrzehnte seines weiteren Lebens und Schaffens. Sehen wir demnach, wie sich der bereits angekündigte Übergang von der Theosophie zur Anthroposophie im einzelnen darstellt.

Von der Theosophie zur Anthroposophie

»Wollt ihr über mich urteilen, so müßt ihr nicht mit mir, sondern in mir sein!«

An dieses Wort des polnischen Dichters Adam B. Mickiewicz ist man erinnert, will man den von seinen Freunden und Bekannten, nicht zuletzt von seinen kritischen Zeitgenossen attackierten Rudolf Steiner verstehen, der den von ihm eingeschlagenen Weg konsequent weiterzugehen sucht. Für ihn heißt das, bald in die eine, bald in die andere Lebensanschauung »unterzutauchen«, doch niemals bereit, sich dort anzusiedeln oder Hütten zu bauen; immer bestrebt, aus dem Eigenen zu schöpfen; immer deutlicher der eigenen Sendung bewußt. Dies gilt auch, wenn man bedenkt, daß der mit irdischen Gütern nicht Gesegnete bis tief in die Lebensmitte hinein eine Fülle von Arbeiten auf sich nehmen muß, um die elementarsten wirtschaftlichen Voraussetzungen für sein eigentliches Schaffen zu sichern. Auch wenn man die Vielseitigkeit der Interessen wie der Kenntnisse Rudolf Steiners voll in Rechnung stellt, ist doch das Vielerlei seiner publizistischen Betätigungen ohne die wirtschaftliche Nötigung zu außerordentlichem Fleiß nicht zureichend zu erklären.

Was nun den Anschluß an die Theosophische Gesellschaft betrifft, so hat er bis in die allerletzte Lebenszeit hinein Anlaß zu dem Hinweis, nicht er habe diese Gesellschaft gesucht, geschweige denn deren Mitglied zu werden verlangt, sondern die Theosophen wollten das hören, was er zu geben hatte, beispielsweise seine ersten Vorträge über die deutsche Mystik und über *Das Christentum als mystische Tatsache*. Wichtig war ihm nur, daß sich die Theosophen, auch die spätere Präsidentin (ab 1907) Annie Besant, darüber im klaren waren, aus welchen Quellen er schöpfte. So heißt es noch in einem Stuttgarter Vortrag vom 6. Februar 1923:

»Ich fand keine Veranlassung, nicht nachzukommen der Aufforderung, innerhalb der Theosophischen Gesellschaft das zu vertreten, was ich selber aus der geistigen Welt heraus zu vertreten habe. Daß es aber als Anthroposophie vertreten worden ist, mag eben daraus hervorgehen, daß in derselben Zeit, und zwar in denselben Stunden, als die deutsche Sektion der Theosophischen Gesellschaft in Berlin gegründet worden ist, ich – abgesondert davon – meinen damaligen Vortragszyklus über Anthroposophie gehalten habe, der auch so benannt war. [...] Also es hat sich darum gehandelt, von Anfang an nicht irgend etwas anderes zu vertreten als Anthroposophie. [...] Sie hatte innerhalb dieser ersten Phase ihre ganz besondere Aufgabe: [...] demjenigen, was in der Theosophischen Gesellschaft vorlag – und das war die traditionelle Aufnahme uralter orientalischer Weistümer – entgegenzusetzen die Spiritualität der abendländischen Zivilisation mit dem Mittelpunkt des Mysteriums von Golgatha.«[307]

Diese Worte enthalten etwa nicht eine religiös-bekenntnishafte Aussage im üblichen Sinn. Und schon gar nicht sind sie ein Rückverweis auf die kirchliche Überlieferung als solche (wiewohl auch keine Absage an sie). Rudolf Steiner faßt vielmehr den Gang der Menschheitsgeschichte in den Blick und fragt jeweils, ob eine Handlungsweise bzw. eine Geisteshaltung der inneren Zielrichtung entspricht, der die Menschheit folgt, oder ob dadurch entgegengesetzte Tendenzen zur Auswirkung kommen. Die Geschichte der Menschheit stellt sich ihm dar als ein einziger großer Entfaltungsprozeß des menschlichen Bewußtseins. Dieser Prozeß zielt hin auf die volle Selbstwerdung und auf die Ausbildung des (höheren) Ich. Was er das *Mysterium von Golgatha* nennt, die Erscheinung Christi auf Erden, das entspricht zugleich der vollen Realisierung dieses Ich in dem Menschen Jesus von Nazareth. Daran können alle Menschen teilhaben. Anders ausgedrückt:

»Dadurch, daß die Christus-Wesenheit gewohnt hat in einem Menschenleib, der durch den Tod gegangen ist, dadurch hat sich innerhalb der Erdenentwickelung etwas wie ein Ruck vollzogen. Alles in dieser Erdenentwickelung hat einen neuen Sinn bekommen [...].«[308]

Und wenn man auch einmal dahingestellt sein läßt, ob dem Autor der Freiheitsphilosophie und dem erklärten Vertreter eines ethischen Individualismus, selbst dem individuellen Anarchismus (Stirner; Mackay) vor der Jahrhundertwende ein derartiger Christus-Bezug deutlich war – von seiner anthroposophischen Christus-Verkündigung her erscheint jedenfalls dieses »voranthroposophische« Schaffen in diesem Licht!

Nachträgliche Interpretation oder gar Umdeutung eines ursprünglich ganz anders Gemeinten? – Wer eine klare Antwort auf diese Frage im geistigen Lebenslauf Rudolf Steiners verlangt, sollte sich die Texte ansehen, in denen er sich als »Theosoph« mit den Theosophen auseinandersetzt. Und diese Auseinandersetzung hat für ihn bereits begonnen, bevor er zum Generalsekretär berufen wird. In diesem Sinne aufschlußreich sind schon die Briefe, die Steiner in den Monaten vor der Sektions-Gründung (z. B. August und September 1902) an Hübbe-Schleiden geschrieben hat. Der Briefschreiber ist sich jedenfalls im klaren darüber, daß eine spirituelle Bewegung wie die der angloindischen Theosophie aus lauter Respekt vor den östlichen Traditionen vergißt, daß die durch den Christus-Impuls tingierte abendländische Menschheit sich sinnvollerweise nicht in eine vergangene und insofern »vor«-christliche Geisteswelt versetzen darf. Und so heißt es – bezeichnenderweise in einer Rezension einer Schrift von Annie Besant (1904) –, die Theosophie suche den tiefen, okkulten Gehalt des Christentums erst voll ans Tageslicht zu fördern. So könne man erst durch Theosophie »wieder ein guter Christ werden. Möchte doch das verstanden werden, und möchten die falschen Ansichten schwinden, als ob es im Wesen der Theosophie läge, für fremde Religionssysteme Propaganda zu machen; etwa den Buddhismus in Europa verbreiten zu wollen.« Das mag alles wie ein Dementi für jene klingen, denen sich Rudolf Steiner verbunden hat, und dazu gab es offenbar allen Grund! Andererseits läßt es Steiner auch nicht an der nötigen Entschiedenheit fehlen, wenn er hinzufügt: »Der wahre Theosoph weiß nur zu gut, was er dem Europäer nehmen würde, wenn er ihn zum Buddhisten machen wollte [...].«[309]

In dem erwähnten Briefwechsel steht freilich noch anderes, so zum Beispiel der anscheinend nicht realisierbare Wunsch: »Das Beste wäre ja zweifellos etwas ganz Neues, ohne Anlehnung an Bestehendes.«[310] Aber Steiner gibt sich hoffnungsvoll: »Vielleicht, so meint er, läßt sich doch im Rahmen der Theosophical Society das von der Zeit Geforderte durchführen.« Und im selben Brief, in dem der zukünftige Generalsekretär seine alleinige »Inaugurationstat« in lapidarer Kürze formuliert, steht auch: »Ich glaube, daß die Bewegung, die H.P.B. und A. Besant eingeleitet haben, über H.P. Blavatsky und Annie Besant hinausschreiten kann [...].«[311]

Was heißt hier »hinausschreiten«? – Es heißt zunächst, daß der »Weg ins spirituelle Reich des Geistes heute durch das intellektuelle Reich führt«. Das ist eine These Wilhelm Hübbe-Schleidens; Rudolf Steiner stimmt ihm rückhaltlos zu, geht es ihm ja darum, Naturwissenschaft »in die Theosophie einmünden [zu lassen], und zwar ganz bewußt«.[312] Wie das gemeint ist, kann man den ersten beiden Büchern entnehmen *Die Mystik im Aufgang* ... und *Das Christentum als mystische Tatsache,* mit denen er die Einladungen der Berliner Theosophen in Wort und Schrift beantwortet hat.

Praktisch heißt das: Wer naturwissenschaftlich zu denken gewohnt ist – und wer ist das nicht? –, wer mitten in dem großen Bewußtseinszusammenhang steht, den man gemeinhin die Kultur der Neuzeit nennt, der kann diese Tatsache nicht dadurch ungeschehen machen, daß er gleichsam geistig emigriert und mit Hilfe einer orientalisierenden Theosophie gen Osten pilgert. Freilich, ein Dilemma besteht, und Steiner zeigt gerade anhand seiner Äußerungen, die aus der fraglichen Zeit des Jahrhundertanfangs stammen, daß er dieses Dilemma genau kennt: Denn einerseits hat die moderne Bewußtseinsart den Menschen immer mehr von den alten Traditionen und religiösen Bindungen losgelöst. Sie hat ihn emanzipiert, zum Erleben seiner Ich-Wesenheit gebracht und autonom gemacht. Der Preis war groß. Er bedeutete, daß die naturwissenschaftlich-technische Eroberung der Außenwelt einen Verlust an lebendiger Spiritualität zur Folge hatte. Materialismus und Nihilismus, Selbstentfremdung, Sinnverlust und Verlust der Tiefendimension der Wirklichkeit sind weitere Konsequenzen dieser Entwicklung.

Auf der anderen Seite bahnte sich in der theosophischen Bewegung Ende des 19. Jahrhunderts wohl eine Möglichkeit an, die Geist-Verfinsterung des Materialismus zu überwinden, doch deren erste Vertreter versuchten dies auf einem Weg, der selbst nicht unproblematisch war. Fragwürdig war er teils infolge der spiritistisch-mediumistischen Praktiken des Westens, teils weil man an einen östlichen Okkultismus anknüpfte, der aus alten, atavistischen Bewußtseinsarten schöpfte. Wenn es aber im Wesen der Menschheitsentwicklung liegt, zur vollen Ich-Reife und Selbstwerdung zu gelangen, dann sind solche spirituellen Aktivitäten als unzeitgemäß zu betrachten, die gleichsam hinter den bereits zurückgelegten Wegstrecken liegen. Faszinierende, jedoch undurchschaute psychische Phänomene spiritistischer Art müssen daher durch eine Geistesforschung ersetzt werden, die das weiter voranschreitende Ich-Bewußtsein voll respektiert. Rudolf Steiner kann Hübbe-Schleiden nur deshalb zustimmen, weil auch er mit seiner Freiheitsphilosophie den Weg längst betreten hat, der »durch das intellektuelle Reich führt«, das heißt, der beim Denken ansetzt. Für ihn ist die naturwissenschaftliche Denkungsart »die mächtigste Gewalt im Geistesleben der Neuzeit. Und wer von den geistigen Interessen der Menschheit spricht, darf an ihr nicht achtlos vorübergehen. Aber zweifellos ist es auch, daß die Art, wie sie zunächst die geistigen Bedürfnisse befriedigt, eine oberflächliche und flache ist. Es wäre trostlos, wenn diese Art die rechte wäre.«[313]

Damit hat derjenige, der die moderne Denkungsart für ein zeitgemäßes geistiges Streben empfiehlt, die damit verflochtene Problematik deutlich gemacht. Und doch weiß er als studierter Naturwissenschaftler und als promovierter Erkenntnistheoretiker auch, daß der spirituell Forschende sehr wohl von eben dieser Naturwissenschaft zu lernen hat, was die strenge Gesetzmäßigkeit und zuverlässige Exaktheit ihrer Methodik (im Bereich ihrer Zuständigkeit) betrifft. Der geistig Forschende darf sich nur nicht die Methoden und Kriterien vorschreiben lassen, die lediglich auf dem naturwissenschaftlichen Feld Gültigkeit haben. Aber:

> »Man handelt nur im Sinne der Naturwissenschaft, wenn man den geistigen Werdegang des Menschen ebenso unbefangen betrachtet, wie der Naturforscher die sinnliche Welt beobachtet. Man wird dann allerdings auf dem Gebiete des Geisteslebens zu einer Betrachtungsart geführt, die sich von der bloß naturwissenschaftlichen ebenso unterscheidet wie die geologische von der bloß physikalischen, die Untersuchung der Lebensentwicklung von der Erforschung der bloßen chemischen Gesetze. Man wird zu höheren Methoden geführt, die zwar nicht die naturwissenschaftlichen sein können, aber doch ganz in ihrem Sinne gehalten sind.«[314]

Das Insistieren Steiners hinsichtlich der Bedeutsamkeit des naturwissenschaftlichen Elements für ein zeitgemäßes Geistesstreben wird noch durch einen anderen, nicht weniger wichtigen Faktor ergänzt – durch das, was er gelegentlich als »Theosophie in Deutschland vor hundert Jahren« bezeichnet hat. Gemeint sind nicht einfach die idealistische und die romantische Philosophie in den Jahrzehnten um die Wende vom 18. und 19. Jahrhundert, wohl aber gewisse »Unterströmungen«, aus denen sich zahlreiche Denker und Dichter jener Zeit beeinflussen ließen, unter ihnen Hegel und Schelling, Novalis und Franz von Baader, nicht zuletzt Goethe und Schiller; Steiner selbst zählt Herder, Fichte, sodann Lorenz Oken, Karl von Eckartshausen, Henrik Steffens, Gotthilf Heinrich Schubert, Joseph Ennemoser u.a. hinzu. Er tut es deshalb, weil er dartun möchte, wie sie alle je auf ihre besondere Weise Impulse der älteren Mystik in sich aufgenommen haben. Es ist der Geist der Mystik und Pansophie, wie er in Paracelsus, Valentin Weigel, Jakob Böhme oder Angelus Silesius (Johann Scheffler) lebte und weiterpulsiert.

»Die Art und Weise, wie zum Beispiel Jakob Böhme seine großen Geisteserlebnisse zum Ausdruck gebracht hatte, stand nicht mehr im Vordergrunde der tonangebenden literarischen Diskussion, aber der Geist dieser Erlebnisse wirkte lebendig fort.«[315]

Man könne sagen, daß so mancher dieser Mystiker und Theosophen vergangener Jahrhunderte einem der großen Denker »unbewußt« die Feder geführt habe. »Hat man vergessen, daß die neue Philosophie bei alten Mystikern, bei Jakob Böhme namentlich, in die Schule gegangen ist!« – so gab schon Friedrich Theodor Vischer zu bedenken, an den sich einst der junge Steiner von Wien aus gewandt hatte.

Mit einem Wort: Wer als Mitteleuropäer Theosophie bzw. Anthroposophie treiben will, der hat es nicht nötig, einzig und allein bei den fernöstlichen Gurus in die Schule zu gehen. Er braucht sich nur auf die eigene, freilich vergessene, vernachlässigte und verdrängte Geistestradition zu besinnen. Hier gibt es eine eigenständige Esoterik, und zwar herausgewachsen aus dem christlichen Menschheitsimpuls. So liegt eine gewisse Folgerichtigkeit darin, daß der Goethe-Forscher Rudolf Steiner zu Jahrhundertbeginn mit einem Vortrag über *Goethes geheime Offenbarung* an die Berliner Theosophen herantritt und einen ganzen Zyklus über deutsche Mystik folgen läßt. In demselben Zusammenhang sind auch diverse Hinweise im Briefwechsel mit Wilhelm Hübbe-Schleiden zu sehen, wenn er ihm beispielsweise nahelegt, Schillers Briefe *Über die ästhetische Erziehung des Menschen* in seine Überlegungen einzubeziehen. Grund: »Durch solche Nachweise bringt man die Dinge unseren Zeitgenossen näher.«[316] Der Briefschreiber weiß, wieviel ohnehin jetzt daran liegt, »so zu wirken, daß man uns durch den Anschluß an die theosophische Bewegung nicht kompromittiert findet«. Und wenig später in einem Bericht über einen Vortrag vor dem Giordano-Bruno-Bund: »Ich kam den Leuten mit echt deutscher Theosophie« – konkret ist ein Gedanke von Immanuel Hermann Fichte gemeint[317] – aus dessen Buch über *Selbsterkenntnis* (1833).

Bei alledem handelt es sich keinesfalls nur um ein taktisches Vorgehen oder um eine Art Geheimabkommen mit Hübbe-Schleiden. Rudolf Steiner informiert auch Annie Besant, damit sie von Anfang an über Weg und Ziel »unserer Tätigkeit« im Bilde ist. Eine Art Rückmeldung aus der Feder A. Besants liegt vor. Sie ist an Hübbe-Schleiden gerichtet und datiert vom 6. Juni 1907. Sie darf demnach den Anspruch erheben, die zurückliegende knapp fünfjährige Tätigkeit des deutschen Generalsekretärs zu charakterisieren. In dem Brief heißt es:

»Dr. Steiners okkulte Schulung ist von der unsrigen sehr verschieden. Er kennt den östlichen Weg nicht, daher kann er ihn auch nicht lehren. Er lehrt den christlich-rosenkreuzerischen Weg, der für manche Menschen eine Hilfe, aber von unserem verschieden ist. Er hat seine eigene Schule und trägt auch selbst die Verantwortung dafür. Ich halte ihn für einen sehr guten Lehrer in seiner eigenen Richtung und für einen Mann mit wirklichen Erkenntnissen. Er und ich arbeiten in vollkommener Freundschaft und Harmonie, aber in verschiedenen Richtungen.«[318]

Schließlich bekommt die Gesamtgesellschaft wiederholt Gelegenheit, Rudolf Steiners Lehrweise und geistige Orientierung kennenzulernen, z. B. 1904, als er auf dem internationalen Kongreß in Amsterdam über *Mathematik und Okkultismus* referiert, 1905 in London über *Die okkulte Grundlage in Goethes Schaffen,* 1906 in Paris über *Theosophie in Deutschland vor hundert Jahren.*[319] Allein diese Aufeinanderfolge läßt, wie der Text selbst, die zunehmende Intensität der von ihm zu vertretenden Position hervortreten.

Bei alledem, was mit Steiners geistiger Grundeinstellung zusammenhängt, soll nicht unerwähnt bleiben, daß er sich in den ersten Jahren durchaus der aus dem Sanskrit stammenden theosophischen Terminologie bedient. Im Laufe der Zeit, also auch in späteren Auflagen seiner Bücher, ersetzt er sie durch deutsche Benennungen. So wird z. B. aus dem indischen »Chela« der Geheimschüler, aus dem »Linga sharira« der Astralleib; statt »Kundalinifeuer« liest man in *Wie erlangt man Erkenntnisse der höheren Welten?* die Bezeichnung »geistige Wahrnehmungskraft« usw.[320] So ist anfangs eine gewisse Zweisprachigkeit unerläßlich, vor allem wenn man bedenkt, daß innen Erfahrenes – Steiners geistiges Schauen – bestenfalls durch annähernde, bereits vorhandene Ausdrucksformen und Wortprägungen umschrieben oder benannt werden kann. Die Schwierigkeit: »Wir leiden doch alle darunter, daß wir für Vorstellungen, die wir neu prägen, schon geprägte Worte anwenden müssen. Der konservative Sinn der Menschen kritisiert unsere Vorstellungen nach der historischen Wortbedeutung. Dem können wir nicht entgehen.«[321]

Doch die Entscheidung auf dem Feld des Spirituellen fällt nicht dort, wo man über Begriffe streitet, sondern wo spirituelle Erfahrungen gemacht werden. An dem innerlich Erlebten gemessen, ist die jeweilige Benennung von sekundärer Bedeutung. Deshalb Steiners Betonung des »eigenen mystischen Erlebens«. Deshalb auch seine Forderung, »daß nur der ein Recht habe, über diesen Begriff etwas zu entscheiden, der die [in] ihm schlummernden Kräfte entwickelt hat, die es ihm möglich machen, nachzuleben, was diejenigen

Mystiker erlebt haben, welche ›übersinnliche Offenbarungen‹ verkündet haben«.[322] Statt nur in Worten zu kramen oder aus alten, und seien es noch so ehrwürdige, Überlieferungen zu zitieren, geht es Rudolf Steiner um die Begründung eines neuen empirischen Prinzips – um den Grundsatz spiritueller Erfahrung. Denn »das Leben im Geiste kann nur begriffen werden, wenn der Mensch es nicht nach dem äußerlichen Verstande kritisieren, sondern wenn er sich in seinem Innern dazu entwickeln will«.[323] Die Betonung liegt auf »entwickeln«. Aus diesem Grund bedarf es, um auch hier den Grundsatz einer Wissenschaft vom Geist (Anthroposophie) anzuwenden, eines klar beschreibbaren Wegs und einer praktikablen Erkenntnismethode. Steiner geht es primär ja darum, »Geistesschüler auf die Bahn der Entwicklung zu bringen«.

Wohl hat der Generalsekretär der deutschen Sektion der Theosophical Society in dieser seiner Eigenschaft mancherlei Kompromisse zu machen, auch solche, die über das Terminologische hinausgehen. Wie weit sie reichen, aber auch wie begrenzt sie sind, mag man beispielsweise einzelnen Rezensionen entnehmen, die in der von ihm begründeten und herausgegebenen Zeitschrift *Luzifer* (später *Luzifer-Gnosis)* enthalten sind. Dazu gehören u.a. Empfehlungen der Bücher von Annie Besant, von der er sagt: »In allem, was von dieser Frau ausgeht, lebt die Kraft, von der die Gesellschaft gelenkt sein muß, wenn sie ihre Mission erfüllen soll.« Die Mission der Theosophischen Gesellschaft drücke sich »ganz und gar« in allem aus, was Annie Besant tue und äußere.[324] – Diese im Jahre 1904 niedergeschriebenen Zeilen finden noch im *Lebensgang* Bestätigung, wo Rudolf Steiner Mrs. Besant als eine interessante Persönlichkeit schildert: »Ich bemerkte an ihr, daß sie ein gewisses Recht habe, von der geistigen Welt aus ihren eigenen inneren Erlebnissen zu sprechen. Das innere Herankommen an die geistige Welt mit der Seele, das hatte sie.«[325] Und gewiß gebot schon die Loyalität eine achtunggebietende Einstellung. Doch was die erwähnten Kompromisse anlangt, so fanden sie für Steiner dort ihre Grenze, wo seine innerste Überzeugung tangiert war, nämlich in der Frage, wie Geisteswissenschaft heute begründet sein müsse. Und was diese Grundüberzeugung anlangt, so vertrat Steiner allem äußeren Anschein zum Trotz auch in der allerersten Zeit als Generalsekretär der theosophischen Bewegung in Deutschland das, was er selbst als Anthroposophie bezeichnete. Der Schritt von der »Theosophie« zur Anthroposophie ist – wie zu zeigen sein wird – eher ein Schritt, der in den Ereignissen der ersten zehn Jahre zu sehen ist. Daß Steiner selbst und sein Werk nach der Jahrhundertwende eine Entwicklung zu durchlaufen hatten, bleibt von diesem Faktum unberührt.

Als Generalsekretär

Über ein Jahrzehnt stand Rudolf Steiner an der Spitze einer Bewegung, die sowohl in quantitativer als auch in qualitativer Hinsicht aus einem unscheinbaren Keimzustand heraus zu entwickeln war. Zum Zeitpunkt der Begründung der deutschen Sektion der Theosophischen Gesellschaft gab es kaum ein Dutzend örtlicher »Logen« (später »Zweige« genannt) mit durchschnittlich je einem Dutzend Mitgliedern. Neben dem geringen Mitgliederbestand problematisch waren die unterschiedlichsten Interessen und Anschauungen, die sich in den Logen, in den dort erörterten Fragen und in der dort gelesenen Literatur artikulierten. Die einen scharten sich um ein Medium oder veranstalteten spiritistische Seancen, um auf diese Weise Botschaften »von drüben« zu erhalten; andere trugen mystisch-okkultistische Überlieferungen aller Art zusammen; wieder andere gaben der östlichen Spiritualität hinduistischer und buddhistischer Prägung den Vorzug. Dies war von H.P.B., Olcott und Besant her der maßgebliche Trend dieser anglo-indischen Theosophie. Und doch zog Steiner den Schluß: »Man fand in dieser Bewegung diejenigen Herzen, die sich sehnten nach einer Erkenntnis der geistigen Welt. [...] Sie hatten eine ehrliche Sehnsucht.«[326] Aber damit ist noch nichts darüber ausgesagt, wie man als »Theosoph« seine geistigen Bedürfnisse zu befriedigen suchte. Steiner hatte oft genug Anlaß, die Fragwürdigkeit und die Unzuverlässigkeit spiritistisch-mediumistischer Praktiken darzustellen. Und diejenigen, die mit allerlei Okkultismen den zeitgenössischen Materialismus zu überwinden hofften, machten sich meist nicht klar genug, in welchem Maße ihre Methoden selbst materialistisch waren und somit zu erheblichen Mißdeutungen des Übersinnlichen führen mußten.

Steiners Aufgabe als Generalsekretär stellte sich bei Antritt seiner Tätigkeit in einer zweifachen Weise dar: Einmal waren ein Wirklichkeitsbild zu entwerfen und ein Erkenntnisweg zu zeigen, die als geistgemäß und als zeitgemäß gelten konnten. Zum anderen war durch Lehrmitteilungen und durch spirituelle Schulung in Wort und Schrift eine umfassende Bildungsarbeit zu treiben. Sie mußte ihrerseits in einer doppelten Blickrichtung erfolgen, nach innen und nach außen; nach innen, um die geistigen Grundlagen zu legen, nach außen, um die Öffentlichkeit von der Notwendigkeit einer Bewußtseinserweiterung durch eine zeitgemäße Geisteswissenschaft zu überzeugen. Beide Male ging es immer auch darum, den Mitgliederbestand zu vergrößern und die örtlichen Zweige zu vermehren. Sieht man einmal von den bis zu Jahrhundertbeginn bereits vorliegenden Arbeiten Steiners ab, handelt es sich bei dieser Aufgabenstellung um die Schaffung der anthroposophischen Grundlagenliteratur. In der heutigen Gesamtausgabe der Werke Steiners wird dieser Doppelaspekt in der Weise sichtbar, daß sich das umfangreiche Vortragswerk an die Bücher und Aufsatzsammlungen Steiners anschließt, wobei die Vorträge teils internen, teils öffentlichen Charakter haben. Seine Bücher waren ohnehin durchwegs für Mitglieder wie für Nichtmitglieder geschrieben. Lediglich bei den gesprochenen, nachgeschriebenen, jedoch vom Autor nicht überprüften Zyklen für die Mitglieder suchte man in den ersten Jahren (bis 1923) eine gewisse Arkandisziplin zu wahren – ein Versuch, der sich Indiskretionen zufolge nicht aufrechterhalten ließ.

Aufschlußreich ist in diesem Zusammenhang ein Blick auf das Vortragswerk Steiners, wie es sich in den Übersichten zu seiner Bibliographie[327] darstellt. Danach ist Berlin (ab Dezember 1897) – vor Dornach (ab 1913) und Stuttgart (ab 1904) – jener Ort, wo er die meisten Vorträge und Lehrveranstaltungen abhielt. Die Termine liegen in der Berliner Schaffensperiode (d.h. um 1900) bereits ziemlich dicht. Für das Jahr 1901 sind mehr als einhundert Veranstaltungen nachgewiesen, ein Jahr später sind es beinahe zweihundert. Nach dem Ersten Weltkrieg verdoppelt sich diese Zahl, da in dieser Zeit oft einige Vorträge, Kurse oder Ansprachen pro Tag zu halten sind …

Sieht man sich Steiners Terminplan nach der Sektionsgründung im Herbst 1902 an, dann ergeben sich für den Generalsekretär folgende Verpflichtungen: Am Montag finden wir ihn im Kreis der Kommenden im Café am Nollendorfplatz. Das Thema des Vortragszyklus lautet: *Von Zarathustra bis Nietzsche. Entwicklungsgeschichte der Menschheit an der Hand der Weltanschauungen von den ältesten orientalischen Zeiten bis zur Gegenwart – oder Anthroposophie.* Der 27teilige Zyklus reicht bis zum März 1903. Am Dienstag läuft der zehnteilige Kursus im Rahmen der Arbeiter-Bildungsschule im Gewerkschaftshaus am Engel-Ufer; Thema: *Die Entwicklung des Weltalls und das soziale Leben der Tiere.* Am Mittwoch finden wir Steiner in der Freien Hochschule mit einem ebenfalls zehnteiligen Kurs zur deutschen Geschichte, von der Völkerwanderung bis ins 12. Jahrhundert. Am Freitag hält er in der Arbeiter-Bildungsschule Redeübungen ab und unterrichtet die Werktätigen im schriftlichen Ausdruck. Fortgeschrittenen steht er am Sonntag in einem weiteren zehnteiligen Kurs zur Verfügung. Eigens zu nennen sind die regulären Veranstaltungen für die Theosophen. Es handelt sich einerseits um fortlaufende Vorträge in der Theosophischen Bibliothek über das Gesamtgebiet der Theosophie, ferner um je ein *Theosophisches Konservatorium* am Dienstag und am Samstag. Daraus ergibt sich, daß der Redner an manchen Tagen vor recht unterschiedlichen Zuhörern steht, vor Theosophen und vor Proletariern beispielsweise. Vom Frühjahr 1903 an beginnen die öffentlichen Vorträge im sogenannten Architektenhaus, Wilhelmstraße 92/93. Marie von Sivers, die unmittelbare Mitarbeiterin Rudolf Steiners, der vor allem die Organisation dieser Veranstaltungen oblag, berichtet hierüber:

»Im Frühjahr 1904 wurden im Architektenhause Themen behandelt, die den Keim enthalten zu den späteren bahnbrechenden Arbeiten Rudolf Steiners auf pädagogischem und sozialem Gebiet. Sie sind zusammengefaßt unter dem Titel *Theosophische Seelenlehre*.[328] Eine andere Vortragsserie fand statt im Vereinshaus, Wilhelmstraße 118, Berlin. Rudolf Steiner versuchte darin, Aufklärung zu geben über jene Grenzgebiete zwischen sinnlicher und übersinnlicher Welt, welche die Aufmerksamkeit der Wissenschaft auf sich richteten und für Unwissende so viel Gefahren bergen. Er sprach dort über Theosophie und Spiritismus, Theosophie und Somnambulismus, Geschichte des Spiritismus, Geschichte des Hypnotismus und des Somnambulismus. Diese Themen waren auch Gegenstand von Vorträgen, die vom April an jeden zweiten Montag im Monat im Architektenhaus gehalten wurden. – Die im Herbst 1904 im Architektenhaus gehaltenen Vorträge[329] sind vor allem dazu bestimmt, die wissenschaftliche Grundlage der Anthroposophie auszubauen. Es folgte im Frühjahr 1905 die Auseinandersetzung mit den Fakultäten. Im Oktober 1905 begann die Vortragsreihe mit einem Vortrag über Haeckel, die Welträtsel und die Theosophie.[330] – Die Themen der weiteren Jahrgänge[331] bilden ein umfassendes Gefüge konsequenten Weiterdringens auf dem Gebiete einer bewußtseinsmäßig erkämpften, geistgetragenen Weltanschauung.«[332]

Im 31. Kapitel von *Mein Lebensgang* hat Steiner die Wichtigkeit dieser theosophisch-anthroposophischen Öffentlichkeitsarbeit eigens hervorgehoben und gezeigt, inwiefern ihm diese für ein allgemeines Publikum eingerichteten Vortragsreihen und Einzelvorträge kaum weniger bedeutungsvoll erschienen als die interne Arbeit in den Logen und Zweigen:

> »So war es, nicht etwa die in der Theosophischen Gesellschaft vereinigte Mitgliedschaft, auf die Marie von Sivers und ich zählten, sondern diejenigen Menschen überhaupt, die sich mit Herz und Sinn einfanden, wenn ernst zu nehmende Geist-Erkenntnis gepflegt wurde. Das Wirken innerhalb der damals bestehenden Zweige der Theosophischen Gesellschaft, das notwendig als Ausgangspunkt war, bildete daher nur einen Teil unserer Tätigkeit. Die Hauptsache war die Einrichtung von öffentlichen Vorträgen, in denen ich zu einem Publikum sprach, das außerhalb der Theosophischen Gesellschaft stand und das zu meinen Vorträgen nur wegen deren Inhalt kam.«[333]

Was diese Inhalte anlangt, so kann man sich aufgrund der Vortragsnachschriften, wie sie in mehreren Bänden der Gesamtausgabe dokumentiert sind, ein ziemlich gutes Bild machen. Man stößt dabei auf die ganze Vielfalt, die das von Rudolf Steiner zu enthüllende Wirklichkeitsbild darstellt. Da ist – in echt theosophischer Manier – vom »Weisheitskern in den Religionen« ebenso die Rede wie von dem Gedanken der weltweiten Bruderschaft aller geistig Strebenden, von Wiederverkörperung und Karma ebenso wie von den Weisheitslehren des Christentums, von spiritueller Psychologie wie von den großen Gestalten der Geistesgeschichte. Aber auch die soziale Frage ist einbezogen, die »Frauenfrage« wird erörtert. Die Feste und Jahreszeiten werden in ihrer symbolischen Bedeutsamkeit nahegebracht. Aktuelle weltanschauliche Themen, etwa die der Evolution und der Zukunft des Menschen, kommen vor. Geisteswissenschaft, wie Steiner sie vertritt, wird als Lebensgut dargestellt, und zwar vor allem in den späteren Zyklen der öffentlichen Vorträge, die während der Zeit des Ersten Weltkriegs gehalten worden sind. Immer wieder ist es dem Vortragenden darum zu tun, nicht nur weltanschauliche Zusammenhänge zu schildern oder so etwas wie eine theosophisch-anthroposophische Dogmatik abzuhandeln. Ein »inneres Erfassen der lebendigen Wahrheit« soll angeregt und das Sensorium seiner Zuhörer für die geistig-seelische Wahrnehmung geweckt werden. Deshalb immer wieder auch meditative Anregungen und Hinweise auf den Erkenntnisweg. Vorträge dieser Art ergänzen diesbezügliche Arbeiten in Zeitschriftenaufsätzen und in Büchern *(Wie erlangt man Erkenntnisse der höheren Welten?* u. ä.)

In diesem Vortragsschaffen geht es Steiner jedoch nicht allein um die Vielfalt theosophischer Themen und Gesichtspunkte, sondern auch und nicht weniger um deutliche Konturierung und Zielrichtung. Dem Generalsekretär liegt wesentlich daran, die von ihm zu betreuende deutsche Sektion der Theosophischen Gesellschaft nicht etwa zum bloßen Träger gewisser Dogmen zu machen, sondern zu einer »Stätte selbständiger geistiger Forschung«. Das ist zweifellos ein hohes, schwer zu erreichendes Ziel, wenn man bedenkt, was für ein Sammelsurium von Anschauungen, Interessen und Bestrebungen unter der Flagge der Theosophie segelt. Die Trivialität und der Dilettantismus, die ihm dort begegneten, stießen ihn ab. »Nur innerhalb der englischen Theosophen fand ich inneren Gehalt, der noch von Blavatsky herrührte und der damals von Annie Besant und anderen sachgemäß gepflegt wurde. Ich hätte nie in dem Stile, in dem diese Theosophen wirkten, selber wirken können [...].«[334] – Er hat den geistigen Impressionen Gestalt zu verleihen, die sich ihm in dieser Weise seit Jahrhundertbeginn einstellen. »Für Anthroposophie ist nie etwas anderes angestrebt worden, als daß sie den Fortgang nehme, der aus ihrer inneren, ihr aus dem Geiste gegebenen Kraft möglich ist. [...] Da war vor allem die Frage nach der Rechtfertigung der Geist-Erkenntnis vor der ›wissenschaftlichen‹ Denkart der Zeit. [...] Ich nahm die Denkart, die in der Natur-Erkenntnis mit Recht als ›wissenschaftlich‹ galt, und bildete diese für die Geist-Erkenntnis aus«, heißt es im autobiographischen Rückblick.[335] Von daher ergeben sich freilich ganz andere Intentionen und Konturen, als sie in der theosophischen Bewegung vorhanden waren.

Steiner geht in der Durchsetzung seiner Vorhaben behutsam, aber auch zielstrebig zu Werk. Nicht ohne Grund hielt man ihm schon zu seinen Lebzeiten vor, er habe die Theosophische Gesellschaft lediglich als Sprungbrett benutzt, um seiner eigenen Geist-Erkenntnis den Weg zu ebnen. In *Mein Lebensgang* distanziert er sich ausdrücklich von dieser Annahme. Dabei läßt er keinen Zweifel darüber aufkommen, daß die theosophische Bewegung zur fraglichen Zeit »die einzige ernst zu nehmende Institution« gewesen sei, in der ein reales Geistesleben vorhanden war. Steiner spricht geradezu von einem »geistigen Zentrum, an das man würdig anknüpfen durfte, wenn man die Verbreitung der Geist-Erkenntnis im tiefsten Sinne ernst nahm«.[336]

Daß es sich bei diesen und ähnlichen Ausführungen nicht allein um eine nachträgliche Deutung der tatsächlichen Vorgänge um die Jahrhundertwende handelt, ergibt sich aus den Fakten selbst. Wohl bedient sich Rudolf Steiner ausgiebig des theosophischen Vokabulars, und die Schriften theosophischer Autoren wie die A. Besants,

C.W. Leadbeaters u.a. werden von ihm eher rückhaltlos empfohlen als kritisch gewürdigt. Doch es wird ebenso deutlich, wo er lehrmäßige Schwerpunkte setzt: Statt den östlichen Überlieferungen den Vorzug zu geben, lenkt Steiner in seinen Vorträgen die Aufmerksamkeit u.a. auf die esoterischen Bezüge in der griechischen und germanischen Mythologie. So finden im Oktober 1904 beispielsweise vier Vorträge über Prometheus, die Argonauten, den Trojanischen Krieg und die Siegfriedsage statt.

Noch wichtiger wird für Steiner eine andere Thematik – das Rosenkreuzertum. Ähnlich wie der Gral kann das Rosenkreuz bzw. die Symbolfigur des Christian Rosenkreuz als ein besonderer Ausdruck christlich-abendländischer Esoterik bezeichnet werden. Am Anfang dieser geistesgeschichtlichen überaus wirksamen spirituellen Bewegung stehen die rosenkreuzerischen Manifeste des schwäbischen Theologen und Pansophen Johann Valentin Andreae (1586–1654) *Fama Fraternitatis* (1614); *Confessio Fraternitatis* (1615) und *Chymische Hochzeit Christiani Rosenkreutz* (1616), die am Vorabend des Dreißigjährigen Kriegs überaus impulsgebend gewirkt haben. In seiner Fragment gebliebenen Dichtung *Die Geheimnisse* hat Goethe die rosenkreuzerische Idee aufgenommen.[337] Steiner spricht von einem »Lichtblitz«, der auf »eine seiner [Goethes] tiefsten Schöpfungen« hindeutet. Und auch das von Steiner mehrfach interpretierte *Märchen von der grünen Schlange und der schönen Lilie* stelle eine der »tiefsten Schriften der Weltliteratur« dar. Wer sie richtig zu lesen vermöge, der wisse viel von der rosenkreuzerischen Weisheit. Ohne sich selbst als Rosenkreuzer zu verstehen oder die Rosenkreuzerei weiterführen zu wollen, knüpft er doch an sie an, wie er dies mit der Theosophie als solcher getan hat.

Sich auf Christian Rosenkreuz berufen, heißt beispielsweise für ein Mysterienwesen eintreten, das ältere Formen der spirituellen Einweihung ablöst, und ein freies Verhältnis zum geistigen Lehrer gewinnen. Sieht man einmal davon ab, daß Steiner den Christian Rosenkreuz der Andreaeschen Dichtung für eine einstmals verkörperte Individualität hält, dann ist die rosenkreuzerische Theosophie für ihn etwas, das »unabhängig von seiner Geschichte wahr ist«.[338] Das heißt doch, daß der so Betrachtende auf einen etwaigen historischen Christian Rosenkreuz verzichten können müßte ... Denn entscheidend ist nicht, ob ein Mann dieses Namens und dieser Geistesart gelebt hat, den Andreae in der Weise seiner eigenen Jugendideale charakterisierte. Entscheidend ist allein die »rosenkreuzerische Weisheit« selbst und wie sie heute realisiert werden kann. Eben dieser Aufgabe stellt sich Rudolf Steiner, wenn er in seinen Münchner Vorträgen über *Die Theosophie des Rosenkreuzers* (1907) u. a. sagt:

»Wer die rosenkreuzerische Weisheit nicht mit dem Denken begreifen kann, der hat nur seinen logischen Verstand noch nicht weit genug ausgebildet. [...] Der Rosenkreuzer-Lehrer will nicht anders zu seinem Schüler stehen als der kundige Mathematiker zu dem Mathematikschüler. [...] Der Lehrer ist der Freund, der Ratgeber, der die okkulten Erlebnisse vorlebt und sie den Schüler leben läßt. [...] Rosenkreuzerweisheit muß nicht nur in den Kopf gehen, auch nicht bloß in das Herz, sondern in die Hand. [...] Es ist ein Sich-Erarbeiten der Fähigkeiten, innerhalb des allgemeinen Menschheitsdienstes zu wirken. [...] Auf die werktätige Erkenntnis, auf die Möglichkeit, aus der Erkenntnis heraus einzugreifen in das Leben, darauf kommt es an.«[339]

Ist das, was Steiner hier typisch rosenkreuzerisch nennt, nicht bereits in seinem philosophischen Erkenntniswerk angelegt, wo der aus Erkenntnis Handelnde zum Freiheitserleben gelangt? Jedenfalls bekommt der (östliche) Karma-Gedanke auf diese Weise eine neue Dimension. Auch die bis heute in der östlichen Spiritualität verankerte Autoritätsgläubigkeit (Abhängigkeit vom Guru) erfährt hier eine wichtige Korrektur. In diesen Zusammenhang gehört eine Äußerung aus dem Jahre 1911, in der es heißt:

»Alle Dinge werden so gesagt im Rosenkreuzertum, daß sie von der Vernunft nachgeprüft werden können. Durch den gesunden Menschenverstand können alle diese Sachen geprüft werden. Glauben Sie mir auf Autorität hin gar nichts, sondern betrachten Sie alles, was ich sage, nur als Anregung und prüfen Sie dann selbst. [...] Je weniger Autoritätsglauben desto mehr Verständnis für Christian Rosenkreuz.«[340]

Schließlich muß ein weiterer, ein zentraler Gesichtspunkt genannt werden, an dem deutlich wird, daß Steiner sich gegenüber der orientalisierenden Theosophie mehr und mehr unabhängig macht, und das ist die Betonung des Christus-Impulses. Christian Rosenkreuz ist daher in Steiners Augen »der große Diener des Christus«, und zwar des Christus, der sich in diesem Jahrhundert aufs neue von der geistigen Welt her offenbaren wolle. Es kann daher nicht verwundern, wenn angesichts der rosenkreuzerisch-christlichen Orientierung Steiners (man sollte exakt sein und Okzidentierung sagen) der ideologische Widerstand der anglo-indischen Theosophen vorprogrammiert war und die Trennung zwischen Theosophen und Anthroposophen in absehbarer Zeit erfolgen mußte.

Um die über Deutschland verstreute Theosophenschaft zusammenzuhalten und den Interessenkreis zu vergrößern, wird eine eigene Zeitschrift erforderlich, obwohl es den in Leipzig erscheinenden *Vâhan* gibt, laut Verlagsankündigung bislang das »einzige theosophische Fachblatt deutscher Zunge, welches die Interessen der ca. 700 Logen umfassenden Theosophischen Gesellschaft vertritt«. Die Notwendigkeit einer eigenen Zeitschrift ergibt sich aus der besonderen Position der von Steiner zu vertretenden Theosophie bzw. Anthroposophie. Als Herausgeber gibt Rudolf Steiner dieser jeweils anfangs des Monats erscheinenden *Zeitschrift für Seelenleben und Geisteskultur – Theosophie* den Titel *Luzifer*. Die erste im Juni 1903 in Berlin erscheinende Nummer erläutert in einem gleichnamigen Beitrag den Titel der kleinformatigen, grau gebundenen Hefte: Luzifer – zu deutsch: Lichtträger – ist demnach der Inbegriff der Weisheit, »die uns durch Forschung gegeben wird. [...] Kinder des Luzifer sind alle, die nach Erkenntnis, nach Weisheit streben.« Und weil sich der Verfasser gegenüber der zeitgenössischen Theologie eines Adolf von Harnack *(Das Wesen des Christentums)* abgrenzt, fügt er hinzu: »Es heißt das Herz mit dem Kopfe entzweien, wenn man Gott zum Gegner des Luzifer macht. Und es heißt, den Enthusiasmus des Herzens lahmlegen, wenn man es macht, wie unsere Gebildeten, welche die Erkenntnis des Kopfes nicht erhebt zur religiösen Hingabe.«[341] Deshalb soll der so verstandene Luzifer kein Teufel sein, der den strebenden Faust zur Hölle führt: »Er soll ein Erwecker derer sein, die an die Weisheit der Welt glauben und sie in das Gold der Gottesweisheit wandeln wollen. Luzifer will Kopernikus, Galilei, Darwin und Haeckel frei ins Auge schauen; aber auch den Blick nicht senken, wenn die Weisen von der Heimat der Seele sprechen.«[342]

Anzumerken ist nur, daß Steiner später unter Luzifer und luziferischen Wesenheiten solche versteht, die im Gegenüber zu dem Ahrimanisch-Satanischen eine gewisse Repräsentanz des Bösen und des Antichristlichen darstellen. Demnach stehe Christus ausgleichend zwischen diesen beiden Tendenzen von Luzifer und Ahriman.

Weitere Beiträge der ersten Hefte des *Luzifer* stammen von Marie von Sivers, die Annie Besant als »eine Führerin in die Höhen und in die Tiefen der Seele« feiert. Annie Besant selbst äußert sich über den Nutzen der Theosophischen Gesellschaft, Hübbe-Schleiden über Lebensideale. Bald erweist es sich als zweckmäßig, *Luzifer* mit einer in Wien erscheinenden *Gnosis* zu *Luzifer-Gnosis* zu vereinen. Wichtig werden die einzelnen Folgen insbesondere dadurch, daß Steiner *Luzifer-Gnosis* dazu benutzt, sein Schulungsbuch *Wie erlangt man Erkenntnisse der höheren Welten?* und seine kosmologischen Aufsätze *Aus der Akasha-Chronik* zunächst (d.h. von 1904 ab) in der Zeitschrift zu veröffentlichen. »Marie von Sivers hat das alles dadurch möglich gemacht, daß sie nicht nur nach ihren Kräften materielle Opfer gebracht, sondern auch ihre gesamte Arbeitskraft der Anthroposophie gewidmet hat«, betont Steiner im *Lebensgang*.[343] Und im Grunde hängt alles an diesen beiden Menschen. Steiner schreibt bald den größten Teil der Luzifer-Beiträge selbst. Marie von Sivers besorgt die Korrespondenz und überhaupt alles Organisatorische. Und immer wenn eine Nummer von der Druckerei kommt, machen beide die Hefte versandfertig und tragen sie in einem großen Wäschekorb zur Post.

So nimmt die Verbreitung der in kleiner Auflage hergestellten *Luzifer-Gnosis* einen guten Fortgang. Manche Nummern müssen nachgedruckt werden. Und doch zeigt sich, daß die regelmäßige Herstellung und Auslieferung nicht möglich ist. Schon nach wenigen Jahren muß auf die weitere Herausgabe der Hefte ganz verzichtet werden. Hauptgrund für diese Maßnahme sind die zahlreichen stetig zunehmenden Vortragsverpflichtungen. Denn nicht nur die verschiedenen Berliner Kreise rechnen mit Steiners internen Kursen und öffentlichen Veranstaltungen. Ein Blick auf die Übersicht der Reiserouten[344] zeigt, wie sehr sich Steiners Schaffen im Laufe der Jahre auch in geographischer Hinsicht ausweitet. 1904 gibt es nur zwei mehrtägige Vortragsreisen: im April nach Stuttgart, München, Zürich und Lugano, d.h. erstmals in die Schweiz; im November nach Nürnberg, Regensburg, München, Stuttgart, Karlsruhe, Heidelberg, Köln und Düsseldorf. 1905 ist bereits von zehn längeren Reisen zu berichten, die in deutsche Städte, aber auch in die Schweiz sowie nach Kolmar und Straßburg führen. Stuttgart und München werden zu Brennpunkten anthroposophischer Arbeit. Hinzu treten Vorträge in europäischen Großstädten: im Mai 1906 ein 18teiliger Zyklus in Paris, dann Einzelvorträge in Prag und Wien, in Holland, Schweden, Dänemark und Norwegen. Es ist die Zeit der großen Vortragszyklen, namentlich derjenigen über die Evangelien: 1907 in Basel, 1908 in Hamburg, beide Male über das Johannesevangelium, im gleichen Jahr über die Johannes-Offenbarung in Nürnberg, 1909 über das Johannesevangelium in Kassel, über das Lukasevangelium in Basel, 1910 über die biblische Schöpfungsgeschichte in München und in Bern über das Matthäusevangelium, 1912 über das Markusevangelium in Basel; zwischenzeitlich und nachfolgend weitere Vortragszyklen sowie Einzelvorträge aus dem Bereich einer anthroposophisch vertieften Christologie. In all diesen Vorträgen werden in erster Linie die Mitglieder angesprochen, die ihrem »Lehrer« oftmals »nachreisen«. Jedenfalls darf die geographische Breitenwirkung nicht darüber hinwegtäuschen, daß diese Vortragsreihen zugleich Ausdruck intensiver anthroposophischer Lehrtätigkeit sind. Man wird nicht fehlgehen, wenn man Ort, Zeit und Menschenkreis, d. h. wenn man die besondere Schicksalskonstellation mitberücksichtigt, in der diese Vorträge gehalten worden sind. Denn die im Druck erschienenen, oft nur bruchstückhaften und somit nicht immer völlig authentischen Nachschriften dürfen mit dem geschriebenen Werk Steiners nicht gleichgesetzt werden.

Wie sehen nun die Verhältnisse konkret aus, unter denen der Generalsekretär für seine Sache tätig ist? – Berücksichtigt man, wie klein die Zahl und die Mitgliederstärke der theosophischen Logen sind, die den Ausgangspunkt für Steiners Tätigkeit bilden, dann ist bereits der engbegrenzte Rahmen abgesteckt. Darüber hinaus gibt es Memoiren, die in die ersten Jahre zurückreichen. Hierfür zwei Beispiele aus dem Jahr 1904:

Da ist Nürnberg. Seit Jahrhundertbeginn lebt hier der aus dem Oberfränkischen gebürtige Volksschullehrer Michael Bauer, ein philosophisch geschulter und naturkundlich gebildeter Theosoph, der bereits verschiedene spirituelle Wege erprobt hatte, bevor er zu Rudolf Steiner stieß. Ihn lud er zu Vorträgen in die Stadt an der Pegnitz ein. Und weil sich der Nürnberger *Veranstalter* besorgt zeigt, der aus Berlin anreisende Redner könne über den allzu kleinen Kreis enttäuscht sein, läßt ihn Steiner wissen, er komme nach Nürnberg, ganz gleich ob fünf oder fünfzig Zuhörer erscheinen würden. Und so geschieht es. Begegnung und Vortrag spielen sich in einer durchaus familiären Atmosphäre ab. Für das Plenum der Zuhörer ist ein kleines Nebenzimmer eines Nürnberger Cafés unweit der Frauenkirche gerade groß genug. Steiner ist Gast von Mathilde und Michael Bauer, die am Rechenberg, vor den Toren der Altstadt wohnen, eben dort, wo der Philosoph Ludwig Feuerbach einst sein letztes, bescheidenes Domizil gefunden hatte. Am Mittagstisch in der ehemaligen Gelehrtenstube des Philosophen sitzen nur wenige Menschen: das Ehepaar Bauer mit Rudolf Steiner, ferner eine mit Bauers befreundete Nürnbergerin und ihr neunjähriger Sohn. Es ist Rudolf Rißmann, der seine Eindrücke festgehalten hat: »Nach dem Essen ging meine Mutter mit ihm zu Fuß in die Altstadt, ich blieb bei Bauers. Wir schauten alle den beiden nach. Rudolf Steiner wie immer in dunkler Kleidung. Und so sagte Frau Bauer: ›Schaut, da steigt er wie ein Pfäfflein!‹ Das ist das erste Wort über ihn, das ich behalten habe.«[345] – Bei dieser eher flüchtigen Begegnung bleibt es nicht. Steiner, der sich von seinem »Nürnberger Aufenthalt tief befriedigt« zeigt, kommt in einigen privaten Briefen auf seine dortigen Gespräche zurück. Aus Berlin kommt eine Sendung mit Heften der *Luzifer-Gnosis*. Im Brief vom 14. August findet sich der Satz: »Die Theosophie als Leben aufgefaßt, wird ja die größten Aufgaben in der Zukunft zu erfüllen haben, und wir, die ihr heute dienen, wollen zu dieser ihrer Sendung unser Scherflein beitragen.« Es folgt ein Hinweis auf eine Vortragsreise von Annie Besant, die, von Steiner und Marie von Sivers begleitet, in Berlin, Hamburg, Weimar, München und Köln spricht. Die Nürnberger Freunde mögen doch gegebenenfalls nach München zum Vortrag kommen, weil sich Nürnberg nicht einplanen lasse. Das ist auch kein Wunder, denn als es zur Begründung eines eigenen theosophischen Albrecht-Dürer-Zweigs kommt, finden sich nicht mehr als sieben Personen, allen voran Michael Bauer. Bezeichnend für den intim-familiären Rahmen ist eine Erinnerung des Berichterstatters Rudolf Rißmann: Als Steiner wieder einmal in jenen Anfangsjahren in Nürnberg weilt, zögert er, mit seiner Ansprache zu beginnen. Schließlich sagt er: »Es fehlt noch einer.« Und endlich kommt auch er, auf den der Generalsekretär gewartet hat; es ist ein junger Nürnberger Flickschuster.

In dasselbe Jahr 1904 reichen Erinnerungen zurück, die Ludwig Kleeberg, damals Student der klassischen Philologie an der Universität München, aufgezeichnet hat. Er ist dabei, die »Akademische Theosophische Vereinigung« als eine Studentenverbindung zu gründen. Mit seinen Fragen, auch mit den ganz persönlichen, wendet er sich an Rudolf Steiner, der ihm bereitwillig antwortet, wie ein väterlicher Freund berät und ihn in der Familie seiner Eltern in Kassel besucht. Da auch andere Studenten Interesse an der theosophischen Sache zeigen, spricht Steiner persönlich beim Rektor der Universität, dem Mathematiker Lindemann, vor, um etwaige amtliche Widerstände zu beseitigen. Doch von derartigen Hindernissen kann nicht die Rede sein, Theosophie wird geduldet. Nicht einmal diesbezüglich befragte Theologen scheinen Einwände anzumelden. So steht auch öffentlichen Bekanntmachungen am Schwarzen Brett der Universität nichts entgegen – eine Erfahrung, die man auch an der Universität Marburg gemacht hat. Steiners Vortrag zum Thema *Der Begriff des Geistigen in der deutschen Philosophie* wird als eine gleichberechtigte Veranstaltung betrachtet. Es scheint, als wolle sich die akademische Welt der anthroposophischen Weltanschauung öffnen – eine Vermutung, die sich letztlich doch nicht bewahrheitete. Steiners Publikum bleibt zunächst die an Spirituellem interessierte Öffentlichkeit und der kleine Kreis der Mitglieder oder Freunde.

Der erste öffentliche Vortrag in München findet am 21. November 1904 im sogenannten Prinzensaal des ehemaligen Café Luitpold, Briennerstraße 8, statt; Thema: *Die Wahrheit in der Theosophie und ihre Bedeutung für den Menschen.* Ludwig Kleeberg hat seinen ersten persönlichen Eindruck festgehalten: »Ich stellte ihn mir vor wie einen Brahmanen mit großem, dunklem Bart und mit langem, weiten Mantel. [...] Statt dessen ein Mann, der eher einem Humanisten wie Erasmus von Rotterdam glich. Er hatte Mittelgröße, schien aber groß zu sein. Sein Gesicht war bartlos, mit charakteristischer, den Denker auszeichnender Bildung, mit scharf geschnittener, etwas gebogener Nase, – im ganzen edel. Das glänzend schwarze Haar war lang nach hinten gekämmt, eine Strähne hatte immer das Bestreben, auf der linken Stirnseite abzugleiten. Unter dem Kragen trug er einen wallenden Schlips. So stand er jetzt im Saal, überschaute mit seinem Blicke die überaus zahlreiche Zuhörerschaft und bestieg die Rednerbühne. Er begann seinen Vortrag. Der Blick, zuerst nach außen gewendet, schien mitunter nach innen gekehrt. Er sprach aus einer inneren Anschauung heraus. Die Sätze formten sich unter dem Sprechen. Es war Kraft in seinen Worten. Eine unverkennbar österreichische Färbung der Sprache gab dieser etwas Ursprüngliches, Urkräftiges, Erdgewachsenes und sogar Liebenswürdiges. Gegen den Schluß, wogegen der Anfang langsam, fast zögernd war, als spreche er wie aus einem Traum, steigerte sich seine Rede zu symphonischer Macht, bis er die Krönung in einer siegreichen Schlußkadenz fand.«[346] Einige weitere Vorträge folgen, nicht zuletzt ein interner in der Schwabinger Adalbertstraße 49, wo Sophie Stinde und Pauline von Kalckreuth der Münchner Loge vorstehen – für die bayerische Metropole eher ein familiärer Kreis. Denn eine Mitgliederliste aus dem Jahre 1905 verzeichnet nur 23 Namen, meist Frauen und darunter auffallend viele Adelige. Daß diese familiär-intimen Zusammenkünfte der Münchner Theosophen auch jungen Menschen von Bildung und geistigem Profil etwas zu bieten vermochten, ergibt sich aus der Tatsache, daß sich 1905 Persönlichkeiten wie der gerade zwanzigjährige Romano Guardini, der spätere katholische Theologe und Religionsphilosoph, regelmäßig in der Adalbertstraße einfanden. Nach einem Vortrag Steiners berichtet Sophie Stinde an Kleeberg: »Guardini war von dem Moment an Theosoph. Er ist ein reiner, strebsamer, guter Mensch wie nicht viele junge Leute seines Alters [...]«; und wenige Wochen später, unter dem 25. Mai 1905: »Guardini kommt oft zu uns, meist dreimal wöchentlich [...].«[347]

Zu den vielfältigen Aufgaben des Generalsekretärs gehörten schließlich noch Verpflichtungen des geistigen Austausches und der

Repräsentation in dem immer größer werdenden Verband der übrigen theosophischen Bewegung auf europäischem Boden, sowie die der Konzentration auf die Pflege des spirituellen Lebens im esoterischen Kreis und die persönliche Anleitung spirituell Übender. Besonderer Anlaß zu Begegnungen waren vor allem die Kongresse, die die Föderation der Europäischen Sektionen der Theosophischen Gesellschaft einberief. Der erste Kongreß dieser Art fand im Juni 1904 in Amsterdam statt. Steiners ausführlicher Bericht in *Luzifer-Gnosis* schildert nicht nur die Vorgänge selbst, sondern deutet auch etwas von den Zielsetzungen an, denen er dienen möchte. Da wird zunächst noch viel Rühmendes über die Person von Annie Besant gesagt. Auch versäumt er nicht, darauf hinzuweisen, daß die Theosophie nicht zufällig entstanden sei, sondern daß sie sich »von der Brüderschaft der großen Führer der Menschheit« ableite. Es seien dies Wesen, die einen hohen Grad an Vollkommenheit erreicht haben, »vorgeschrittene Brüder des Menschengeschlechts« – bisweilen auch »Meister« genannt. Sie seien es, die von Zeit zu Zeit ihre Sendboten in die Welt schicken, um entsprechende Kulturimpulse zu geben. Letztlich gehe die von H.P. Blavatsky und H.S. Olcott (zu diesem Zeitpunkt lebt er noch) begründete Gesellschaft auf einen solchen Impuls zurück. Steiners Kongreßbeitrag beschäftigt sich mit *Mathematik und Okkultismus.*[348] Mag diese Thematik noch allgemeinerer Natur sein, so gibt doch der Berichterstatter den orientalisierenden Mitgliedern zu verstehen, daß Theosophie in undogmatischer Weise spirituelles Leben anregen möchte: »Buddhistische Formeln und orientalische Dogmen dürfen nicht mit theosophischer Gesinnung verwechselt werden.«[349]

Sehr viel deutlicher als auf dem Amsterdamer Kongreßvortrag wird Steiner auf den folgenden Jahreskongressen. Denn 1905 in London knüpft Steiner bewußt an *Die okkulte Grundlage in Goethes Schaffen*[350] an. 1906 in Paris bringt er *Theosophie in Deutschland vor hundert Jahren*[351] in Erinnerung. Darin gibt er den Hinweis, man solle »bis zu den Unterströmungen« vorstoßen, die das geistige Leben begleiten bzw. befruchten. Als Vertreter solcher Unterströmungen nennt Steiner die Werke der großen deutschen Mystiker, sodann Paracelsus, Jakob Böhme und Angelus Silesius. Und er fährt fort:

> »Wie eine verborgene Kraft war dieses Leben enthalten in den Gedankenwelten, welche Lessing, Herder, Schiller, Goethe, Fichte, Schelling, Hegel vorfanden. Die Art und Weise, wie zum Beispiel Jakob Böhme seine großen Geisteserlebnisse zum Ausdruck gebracht hatte, stand nicht mehr im Vordergrunde der

tonangebenden literarischen Diskussion, aber der Geist dieser Erlebnisse wirkte lebendig fort [...].«

Und auf Goethe bezogen: »Man könnte sagen, daß, ihm selbst unbewußt, Jakob Böhme und Angelus Silesius die Feder führten.«[352] Weitere »Theosophen« bzw. theosophisch Orientierte in des Wortes ursprünglicherer Bedeutung werden aufgeführt, so Novalis, Carl von Eckhartshausen, Joseph Ennemoser, Gotthilf Heinrich Schubert, Carl Gustav Carus und andere. Schließlich solle man auch einmal die Philosophie Hegels in das theosophische Licht stellen oder einen Denker wie J.P.V. Troxler der Vergessenheit entreißen. Und – so darf man fortfahren – wer wollte bestreiten, daß die anglo-indische Theosophengesellschaft dem Begriff »Theosophie« usurpiert hat, der im deutschen und mitteleuropäischen Geistesleben der vergangenen Jahrhunderte verankert ist?[353]

Als im Jahre 1907 der IV. Jahreskongreß der Föderation Europäischer Sektionen der Theosophischen Gesellschaft zusammentritt und München als Konferenzort ausersehen wird, ist es nur konsequent, daß Steiner den beschrittenen Weg auch vor den Augen der ausländischen Gäste weitergeht. Vor rund 600 Teilnehmern aus zahlreichen Ländern eröffnet Rudolf Steiner in der Tonhalle, Türkenstraße 5, den Kongreß mit einem Vortrag über *Die Einweihung des Rosenkreuzers.*[354] Der Saal ist mit roten Stoffen ausgekleidet. Vor der Bühne sind die Büsten von Schelling, Hegel und Fichte aufgestellt. Annie Besant, die »stattliche alte Frau im weißen Seidengewande und silbernen Haaren« (L. Kleeberg) gibt wohl ihrer Genugtuung Ausdruck, diesmal in einem Lande großer Denker und Künstler, großer Dichter und Mystiker zusammen gekommen zu sein. Beobachtern aber ist aufgefallen, daß die nunmehrige Präsidentin – Olcott war kurz zuvor gestorben – an H.P. Blavatsky anknüpfte, während Rudolf Steiner mit einem Hegel-Wort begann und mit einem Goethe-Wort schloß. Und nicht nur das: Um den rosenkreuzerischen Akzent noch mehr zu betonen, läßt er den Kongreß zu einem 14teiligen Zyklus über die *Theosophie des Rosenkreuzers* überleiten. In die gleiche Richtung zielt ein ebenfalls 14teiliger Zyklus, den er in der zweiten Maihälfte 1907 in Kassel folgen läßt.

Nach alldem besteht längst kein Zweifel mehr, welche Richtung Steiners weiteres Schaffen als geistiger Lehrer nehmen wird, bedenkt man, daß die bereits erwähnten großen Evangelien-Zyklen (1906–1912) und Apokalypse-Zyklen (1908/09) in diesem Zusammenhang zu sehen sind. Theosophie ist nicht länger an östlicher Spiritualität orientiert; sie »okzidentiert«, d.h. sie richtet sich am

Christus-Ereignis aus und baut auf mitteleuropäischer Geistigkeit auf. Als sich daher – nach zweijähriger Pause – die Europäischen Sektionen Ende Mai 1909 zum V. Kongreß in Budapest zusammenfinden, kann es nicht überraschen, daß Steiner seinen Beitrag *Von Buddha zu Christus* betitelt, eine Überschrift, die als ein Signal und als ein Wegweiser aufgefaßt werden soll: Wer gesonnen ist, geistig-religiös zu emigrieren und nach Osten zu pilgern, dem wird der Weg zur Begegnung mit Christus gezeigt. In den gleichen sachlichen wie zeitlichen Zusammenhang gehört der anschließende, ebenfalls in Budapest gehaltene zehnteilige Vortragszyklus *Theosophie und Okkultismus des Rosenkreuzers.* Im Grunde ist es daher nur eine Frage der Zeit oder eines äußeren Anlasses, daß die von Rudolf Steiner geführte deutsche Sektion auch in organisatorischer Hinsicht als »Anthroposophische Gesellschaft« eigene Wege geht und sich von der Adyar-Gesellschaft lossagt. Es mögen nicht nur äußere Gründe gewesen sein, daß Steiner in seiner Eigenschaft als Generalsekretär wohl in London und am Sitz anderer europäischer Sektionen aufgetreten ist, jedoch niemals eine Reise ins »Hauptquartier« nach Adyar angetreten hat, wo der Sitz der Theosophical Society seit Ende der achtziger Jahre bestand und wo Annie Besant oft jahrelang weilte.

Esoterische Arbeit

Zwei Sätze sind es, mit denen Rudolf Steiner die innere Zielsetzung seines Schaffens und das Wesen seines gesamten Werks umreißt. Der eine stammt aus den letzten Jahren seines Lebens – es ist der Erste Anthroposophische Leitsatz – und lautet: »Anthroposophie ist ein Erkenntnisweg, der das Geistige im Menschenwesen zum Geistigen im Weltall führen möchte.« Er korrespondiert mit dem zwei Jahrzehnte zuvor niedergeschriebenen Satz: »Ich will auf die Kraft bauen, die es mir ermöglicht, Geistesschüler auf die Bahn der Entwicklung zu bringen. Das wird meine Inaugurationstat allein bedeuten müssen.«[355]

Diese beiden Sätze stellen gleichsam die Pole dar, zwischen denen sich anthroposophisches Leben – als spirituelle Übung und als eine Erkenntnismethodik verstanden – entfalten soll. Es ist die geistige Schulung selbst, die in freier Entscheidung des einzelnen zu vollziehen ist. Die damit verbundene Arbeit ist esoterischer Natur, das heißt, sie geschieht »innen«. Durch äußere Aktivität läßt sie sich nicht ersetzen. Eher ist sie die spirituelle Voraussetzung für schöpferische Aktivität. Wer ein aus Erkenntnis Handelnder sein will, der muß sich um den geeigneten Erkenntnisweg bemühen. Es entspricht daher einer inneren Gesetzmäßigkeit im Lebensgang Steiners, wenn die Erkenntnisfrage bereits in seiner »voranthroposophischen« Zeit, eigentlich schon von seiner Jugend an, eine richtungweisende Rolle zu spielen hat. Wer sein Werk und seine Lebensleistung beurteilen will, kann sich vielleicht darauf beschränken, über das informiert zu sein, »was die Anthroposophen lehren«, oder die konkreten Ergebnisse anthroposophischer Arbeit zu betrachten. Doch darüber wird das spezifisch Anthroposophische, Anthroposophie als Prozess der Erkenntnis, vernachlässigt. Es ist freilich einfacher, lediglich die Früchte des Steinerschen Schaffens mit anderen weltanschaulichen oder kulturellen Erscheinungen zu vergleichen, statt den Weg zu erproben, der zu den inzwischen vieldiskutierten Hervorbringungen der Anthroposophie führte. Und das Esoterische, d. h. das selbst zu

Erfahrende, entzieht sich naturgemäß einer Darstellung von außen her. Entsprechendes gilt von dieser Innenseite jeder menschlichen Biographie; es gilt von der Einsamkeit, von dem inneren Erleben und Erleiden, von dem Erfahren und dem Erkennen eines Menschen, das keiner Darstellung fähig ist und das keine Stellvertretung duldet. Jeder Versuch, das Unsäglich-Unsagbare in Worte zu fassen, verfehlt letztlich sein Ziel. Echte Esoterik hat daher nichts mit gekünstelter Geheimnistuerei zu schaffen; leider ist dieser Begriff durch die Hypothek der vielen möglichen Mißdeutungen belastet. Wenn sich esoterisch Strebende, um Innenerfahrung und um die Wesenswandlung Bemühte zu eben diesem Zweck (und nur für ihn) zeitweise zurückziehen oder eine besondere Gemeinschaft pflegen, so nur deshalb, weil dazu eine gewisse Sammlung nötig ist und weil nur Menschen mit vergleichbaren Erfahrungen einander Weggefährten sein können. Und über einen Weg diskutiert man nicht, um voranzukommen, sondern man geht ihn. Schon eher ist es möglich, daß Menschen miteinander ins Gespräch kommen, die auf durchaus verschiedenen Wegen Erfahrungen gemacht haben, als solche, die lediglich theoretisch-dogmatische Wertungen diskutieren möchten.

Hier wird etwas von der Eigenart der anthroposophisch orientierten Geisteswissenschaft deutlich. Denn Steiner hat sich nicht allein darauf beschränkt, lediglich das mitzuteilen, was sich ihm als Erkenntnis ergab. Er wendet sich nicht an bloße Konsumenten seiner Schriften und Vorträge, sondern an »Geistesschüler«, also an Praktiker des Spirituellen, denen an einer qualitativen Erweiterung ihres Bewußtseins gelegen ist. Ihnen schreibt er – zuerst in einer Aufsatzfolge in *Luzifer-Gnosis* (1904/05), dann (ab 1909) in Buchform –, wie man »Erkenntnisse der höheren Welten« erlangen kann. Darin geht er von der Überzeugung aus, daß in jedem Menschen Fähigkeiten schlummern, die zu dieser Erweiterung des Erkenntnishorizontes befähigen. Die Sprache, in der der Verfasser spricht, ist noch weitgehend die traditionelle, wie sie in den theosophischen Kreisen jener Zeit üblich ist. In Texten, aber auch in Vorträgen namentlich des ersten Jahrzehnts stößt man immer wieder auf die Anmerkung, mehr könne an der fraglichen Stelle »noch nicht« eröffnet werden; es müsse einer späteren Mitteilung oder einer mündlichen Kundgabe vorbehalten bleiben. Steiner trägt offenbar jenen bis zu einem gewissen Grade Rechnung, die – sofern überhaupt – nur ein schrittweises Bekanntmachen mit spirituellen Tatbeständen befürworten. Auch ist es wohl kein Zufall, daß Steiner sein umfangreichstes Schulungsbuch – noch im Jahre 1909 – *Geheimwissenschaft* betitelt; der Anklang an H. P. Blavatskys *Geheimlehre* (Secret Doctrine) ist offenkundig, so verschieden die Inhalte beider Werke sind.

Was die traditionelle Sprache und Terminologie der ersten Schulungsliteratur betrifft, so ist beispielsweise anfangs noch vom Chela oder »Geheimschüler«, vom Guru, dem »Geheimlehrer« oder »Meister des höheren Wissens« die Rede. Damit wird ein neuralgischer Punkt berührt, nämlich die Frage, ob der bezeichnete Erkenntnisweg mit seinen meditativen Übungen von jedem einzelnen allein beschritten werden kann oder ob die Autorität eines spirituellen Gurus erforderlich ist. Vergleicht man die früheren mit den späteren Verlautbarungen des Geisteslehrers, dann ist eine gewisse Schwerpunktverlagerung nicht zu übersehen. Ursprünglich unterstreicht Steiner die hohe Einschätzung des »Geheimlehrers« im Blick auf die Anleitung dessen, der den Erkenntnisweg beginnen möchte. Seine ebenfalls in *Luzifer-Gnosis* (1905/08) zuerst veröffentlichten Aufsätze *Die Stufen der höheren Erkenntnis* tragen dort den Untertitel *Der Schüler und sein »Guru«.* Marie Steiner, deren Initiative zufolge diese Aufsätze 1931 erstmals als Buch erschienen, fühlte sich aus gegebenem Anlaß zu der Frage gedrängt: »Wie ist es zu verstehen, daß Rudolf Steiner, der uns auch auf dem Gebiete der Esoterik zur Freiheit führte, auch hier uns auf uns selber stellte und nur unserm eigenen höhern Ich uns geloben ließ, was sonst der Schüler dem Lehrer als Gelöbnis zu leisten hatte, daß Rudolf Steiner hier in diesen Aufsätzen noch von der Notwendigkeit des strengen Anschlusses an den Führer spricht, den Schüler gleichsam in die Abhängigkeit des Lehrers stellt.«[356]

Marie Steiner vermutet, es handle sich hierbei um nichts anderes als um die »Beschreibung eines Vertrauensverhältnisses«. Aber ob damit schon die ganze Wahrheit getroffen ist? Ob wir es nicht eher mit einer Akzentverschiebung zu tun haben, die in Steiner selbst vor sich gegangen ist? In diese Richtung weisen Äußerungen, die sich in der Vorrede zur fünften Auflage des – überarbeiteten – Buches *Wie erlangt man Erkenntnisse der höheren Welten?* finden. So habe man auch seinen Hinweis auf »mündliche Mitteilung« bisweilen mißverstanden, »man könnte etwa in dem persönlichen Verhältnis zu diesem oder jenem Lehrer bei dem nach Geistesschulung Strebenden etwas viel Wesentlicheres sehen«. Doch dem sei gar nicht so. Denn wichtiger als ein Verhältnis zur Persönlichkeit eines spirituellen Lehrers sei »ein völlig unmittelbares Verhältnis zur objektiven Geisteswelt« selbst. Ein Lehrer sei auf diesem Feld in erster Linie ein Helfer. Seine Autorität und der Glaube an ihn sollten in der geistigen Schulung keine andere Rolle spielen als auf irgendeinem anderen Gebiet des Wissens und Lebens.[357] Völlig überflüssig sei der Guru nicht, so geht es aus dem ersten, 1906 in Stuttgart gehaltenen Zyklus *Vor dem Tore der Theosophie* hervor. Doch man müsse unterscheiden: Der östliche Mensch verläßt sich streng auf seinen Guru. In der christlichen Entwicklung tritt Christus an dessen Stelle. »Aber man muß durch einen irdischen Guru erst zu ihm hingeführt werden. Auch da ist man in gewisser Weise abhängig vom Guru auf dem physischen Plane.« Am unabhängigsten ist man in der rosenkreuzerischen Schulung, in der der Guru zum Ratgeber geworden ist, »denn den besten Guru erzieht man sich selbst in der eigenen Vernunft. Man braucht natürlich den Guru auch hier, weil er die Ratschläge geben muß, wie man selbst zur freien Entwicklung kommt.« [358] Damit wird für Steiner die Freiheit zum leitenden Prinzip geistiger Schulung überhaupt. Suggestion jeglicher Art, Appelle an unterbewußte Seelenregungen sind von vornherein auszuschalten. Aus dem gleichen Grund müssen Meditationsinhalte möglichst klar überschaubar sein. Und ebenfalls aus diesem Grund setzt der anthroposophische Erkenntnisweg[359] nicht sogleich beim Fühlen oder beim Wollen an, sondern beim Denken, und zwar beim reinen Denken, beim schauenden Denken, in dem sich der Mensch denkend erleben kann. Denn erst, wenn es gelingt, das Denken zu »denken«, ohne an sinnliche Wahrnehmungen oder an Erinnerungen irgendwelcher Sinneswahrnehmungen gebunden zu sein, wird der Bezirk dieses reinen Denkens betreten. Damit ist zugleich der Ausgangspunkt markiert, von dem aus zu »höheren« Stufen der sinnlichkeitsfreien Wahrnehmung aufgestiegen werden kann. Und wenn von Akzentverlagerungen bei Steiner zu sprechen war, so ist an dieser Stelle andererseits auch festzuhalten, daß sich an jener Zielbestimmung, wie sie bereits im Mystik-Buch von 1901 zum Ausdruck kommt, im Grunde nichts geändert hat. Dort heißt es von der inneren Erfahrung, die mit der naturwissenschaftlichen Betrachtungsweise voll zu vereinbaren sei:

»Wer den Weg der inneren Erfahrung betritt, in dem erlangen die Dinge eine Wiedergeburt, und das, was an ihnen für die äußere Erfahrung unbekannt bleibt, das leuchtet dann auf. So klärt das Innere des Menschen sich nicht nur über sich selbst, sondern es klärt auch über die äußeren Dinge auf. Von diesem Punkte aus öffnet sich eine unendliche Perspektive für die menschliche Erkenntnis. [...] Aus der Selbsterkenntnis heraus wird die Welterkenntnis geboren. Und unser eigenes beschränktes Individuum stellt sich geistig in den großen Weltzusammenhang hinein, weil in ihm etwas auflebt, was übergreifend ist über dieses Individuum, was alles das mit umfaßt, dessen Glied dieses Individuum ist.«[360]

Man sieht, daß Steiner um ein klares Konzept für seine Tätigkeit als esoterischer Lehrer rang. Und die anthroposophische Memoirenliteratur enthält mannigfache Zeugnisse dafür, daß er von Frage- und Bittstellern aller Art geradezu belagert wurde, wo immer er zu öffentlichen und zu internen Veranstaltungen auftrat. Fragen der geistigen Schulung, praktisch-methodische Fragen des anthroposophischen Erkenntniswegs spielten dabei eine erhebliche Rolle. Der eine möchte einen individuell abgestimmten Meditationsspruch[361] empfangen, andere berichten von ihren Schwierigkeiten, mit dem Meditieren zurechtzukommen, wieder andere erwarten Ratschläge für die Bewältigung von konkreten Lebensproblemen. Und wie immer die Motive im einzelnen ausgesehen haben mögen, aus denen heraus Steiner von Schülern, Interessenten und Fragestellern aufgesucht wurde – wie von selbst entstand unter der Hand eben jene Abhängigkeit vom dem »Herrn Doktor«, die er gerade vermeiden wollte, weil es ja galt, »Geistesschüler« auf ihre eigenen Füße zu stellen. Wie von selbst entstand im Laufe der Jahre eine Schülerschaft, die aus lauter »Anhänglichkeit und Treue« ihrem Lehrer gerade dadurch das Leben schwermachte, daß sie gesonnen war – bewußt oder unbewußt –, im Status des Schülers zu verharren ...

Einen Grundstein für die Bildung eines inneren Kreises stellte zweifellos Steiners Aufnahme in die sogenannte »Esoterische Schule« (E. S.) dar. Dies war schon unmittelbar nach den Gründungsverhandlungen der deutschen Sektion, am 23. Oktober 1902, durch Annie Besant geschehen. Marie von Sivers wurde gleichfalls aufgenommen. Emil Bock berichtet: »Dieser streng ordensmäßige Zusammenhang war von H. P. Blavatsky gestiftet worden. Die derzeitige Leitung lag nicht bei Olcott, dem Präsidenten der Theosophical Society, sondern bei A. Besant, die bisher unbestrittenermaßen die geistige Führung der theosophischen Bewegung innehatte. Die Zugehörigkeit Rudolf Steiners zur E. S. ergab sich aus seiner Aufgabe als Generalsekretär. Zwei Jahre danach begann Rudolf Steiner im Einverständnis mit Mrs. Besant eine selbständige aktivleitende Wirksamkeit innerhalb der E. S. Und noch ein Jahr später, am 24. Oktober 1905, hielt er in Berlin die erste der E. S.-Stunden, die in der Stille (bis Juli 1914) einen starken Strom völlig unabhängiger schöpferischer neuer Geistigkeit bildete.«[362]

Betrachtet man die nur bruchstückhaften Aufzeichnungen solcher »esoterischen Stunden« – nur eine einzige Aufzeichnung daraus stammt von Steiners eigener Hand[363] –, dann fällt der ganz andere Duktus der hier gepflegten Lehrart auf. Statt des bekannten Vortragsstils gibt Steiner seinen Ausführungen einen betont meditativen Charakter. Nicht allein Gedanken sind aufzunehmen und denkend zu bewegen. Es muß gleichsam ein neues Element seelischer Aktivität hinzukommen, denn »erst dann hat der Mensch ein Ding begriffen, wenn er es mit dem Herzen erfaßt hat. Verstand und Vernunft sind bloß Vermittler für die Auffassung des Herzens. Durch Verstand und Vernunft dringt man zu den Gottesgedanken. Aber wenn man so den Gedanken hat, dann muß man ihn lieben lernen.«[364] Überhaupt komme es nicht darauf an, über viele Sätze zu meditieren, sondern darauf, »daß man Weniges immer wieder in der ruhig gewordenen Seele leben läßt«. Statt bloßer Wissensvermittlung zielt diese esoterische Arbeit auf inneres Erleben hin. Diesem Zweck dienen auch diverse Vorschläge für die persönliche Innenarbeit. Anfangs greift Steiner auf theosophische Texte zurück (z.B. auf Blavatskys *Die Stimme der Stille* oder auf Mabel Collins *Licht auf dem Weg*); später treten eigene Spruchdichtungen *(Wahrspruchworte)* an deren Stelle. In ihnen erfährt ein Erkenntnisinhalt seine größtmögliche Verdichtung. Einen weiteren Schritt stellen schließlich die vier Mysteriendramen dar, in denen Rudolf Steiner (1910/13) gewissen Erkenntnisprozessen auch eine bühnenfähige, dramatische Form verlieh. »Geistige Erkenntnis war von Menschen auf der Bühne dargelebte Gestaltung geworden. Das aus dem Innern der Seele zum Geiste drängende Streben sollte nun durch handelnde Personen ausgedrückt werden.«[365]

Und weil der Mensch ein Zeitenwesen ist, das bald mehr, in neuerer Zeit immer weniger bewußt an den Rhythmen in Natur und Kosmos teilhat, läßt sich Steiner zu einer Folge von Spruchdichtungen inspirieren, die der Pflege eines solchen Erlebens der Zeitqualität dienen können. Es handelt sich um den *Anthroposophischen Seelenkalender*, der zunächst für das Jahr 1912/13 ausgegeben wurde, und zwar beginnend mit der Osterwoche als dem Zeitpunkt, da Tod und Auferstehung Christi gefeiert, das »Mysterium von Golgatha« vergegenwärtigt wird. Diese 52 Wochensprüche bringen jahreszeitliche Rhythmen und Stimmungen in eine Beziehung zum seelischen Erleben. Der Verfasser denkt an ein »fühlendes Selbsterkennen«. Es ist jeweils abgestimmt auf die betreffende Jahreszeit bzw. auf die Stellung der Sonne im Tierkreis. Auch hierin kommt Esoterik zur Geltung und so, daß Selbsterkenntnis und Welterkenntnis zusammenklingen. Ausdrücklich heißt es im Vorwort:

> »Es ist damit eine Möglichkeit eines Selbsterkenntnisweges gedacht. Nicht ›Vorschriften‹ nach dem Muster theosophischer Pedanten sollen gegeben werden, sondern vielmehr auf das lebendige Weben der Seele, wie es einmal sein kann, wird hingewiesen. Alles, was für Seelen bestimmt ist, nimmt eine individuelle Färbung an [...].«[366]

Alles in allem: Wortgeleit auf dem inneren Weg.

Kehren wir noch einmal zu dem inneren Zirkel zurück, der innerhalb der Theosophischen bzw. der Anthroposophischen Gesellschaft von Rudolf Steiner zu betreuen war, dann ist neben der in drei Abteilungen oder Klassen geführten Esoterischen Schule eine weitere interne Einrichtung zu nennen, die Mysteria Mystica Aeterna oder kurz: Mystica Aeterna, die sich freimaurerischer Formen bediente, wie sie in der Logenarbeit der Hochgradzusammenhänge üblich sind. Steiner selbst spricht von der »symbolisch-kultischen Abteilung der Anthroposophischen Gesellschaft«. Um eine »Geheimgesellschaft« habe es sich zu keinem Zeitpunkt gehandelt, wenngleich bei Aufnahme und Höhergraduierung von Mitgliedern entsprechende Riten vollzogen wurden. Steiner kam es darauf an, auch dann an kultisch-esoterische Traditionen anzuknüpfen, wenn das von ihm zu Vertretende etwas ganz Neues zum Inhalt hatte, wie die in der Anthroposophie sich darstellende Geistigkeit. Im 36. Kapitel seines *Lebensgangs* wird in einer nur knapp andeutenden, eher verhüllenden Sprache von den zugrundeliegenden Tatbeständen gesprochen. Notwendig war dies geworden, weil »verleumderische Ankläger« aufgetreten waren, die zu einer Stellungnahme zwangen. Einer solchen Stellungnahme hatte sich nach seinem Tod auch Marie Steiner als Mitbeteiligte bzw. als unmittelbare Augenzeugin des Geschehenen zu unterziehen, als (1934) behauptet wurde, Steiner sei Freimaurer oder Hochgradbruder gewesen. In ihrer Erklärung heißt es u. a.: »Rudolf Steiner hat tatsächlich nie eine Beziehung zu Freimaurer-Orden gehabt. Er steht diesen Gemeinschaften vollkommen fremd gegenüber und wird sogar von ihnen stark bekämpft, denn er hatte ja vom Anfang seiner theosophisch-anthroposophischen Wirksamkeit an in seiner Lehre das enthüllt, was jene als ihre Geheimnisse betrachten, die ihnen Gewicht und Ansehen geben. [...] Um in berechtigter Weise in einem an die historische Strömung anknüpfenden und formell konstituierten Arbeitskreise die alten Symbole mit neuem Leben zu erfüllen, vollzog er einen äußeren Kontakt und stand ganz abseits von dem Verkehr mit irgend welchen Freimaurer-Brüdern. So ist das Wort Hochgradbruder, mit dem die Feinde gern herumwerfen, seitdem es ihnen nicht mehr möglich ist, ihn zum Juden zu machen, de facto irreführend. [...] Rudolf Steiner hat aus der Erkenntnis, daß die heutige seelische Verfassung der Menschen das Geheimwissen nicht mehr innerlich bejahen kann und daß das Geheimnis offenbar werden muß, seine Geisteswissenschaft in voller Öffentlichkeit dargelegt [...].«[367]

So zutreffend diese Charakteristik der Anthroposophie ist und so sehr Marie Steiner hervorhebt, daß »keine einzige gemeinsame Arbeit« mit irgendwelchen maurerischen Logenbrüdern erfolgt sei – das Faktum bestimmter Kontakte mit Persönlichkeiten aus geheimen Verbindungen ist nicht aus der Welt zu schaffen. Es wird auch weder von Rudolf Steiner noch von seiner Frau geleugnet, sondern eher bestätigt. Worin bestehen diese Kontakte?

Es ist nur natürlich, daß spirituell Tätige auf Gruppierungen unterschiedlichster Provenienz eine gewisse Affinität ausüben. Steiner ist davon nicht ausgenommen gewesen, im Gegenteil. Wie man aus einer Reihe seiner internen Vorträge von 1904/06 wissen kann, hat er sich um diese Zeit intensiv mit Fragen der Hochgradfreimaurerei, mit geheimen Logenverbindungen und deren Traditionen auseinandergesetzt. In dem Berliner Vortrag vom 16. Dezember 1904 spricht sich Steiner dahingehend aus, daß die »gewöhnliche Johannesmaurerei« insofern das demokratische Prinzip anwende, als man hier über Meinungen aller Art diskutiere.[368] Dieses Prinzip könne aber dort keine Geltung haben, wo es um Wahrheit und um Erkenntnis geht. Die Devise lautet: »Wer erkannt hat, kann nicht mehr verschiedener Meinung sein.« Gleichzeitig sind innere Qualitäten gefordert, die die gewöhnlichen bürgerlichen Tugenden übersteigen. Von daher gesehen gehe die Hochgradfreimaurerei weit über die populäre Theosophie hinaus. Die Theosophische Gesellschaft habe eigentlich nur vorbereitenden Charakter. – An dieser Stelle seines Vortrags lenkt Steiner die Aufmerksamkeit seiner Zuhörer auf den Misraim- und Memphisritus, an dessen Spitze in Amerika »der ausgezeichnete Maurer John Yarker« steht und als dessen deutscher Repräsentant ein gewisser Theodor Reuß fungiert. Er gehört seinerseits in das schwer durchschaubare Geflecht geheimer bzw. irregulärer maurerischer Verbrüderungen hinein. Ihn scheint Steiner zum Zeitpunkt seines Vortrags persönlich noch nicht zu kennen. Aber schon binnen Jahresfrist erlangt er zusammen mit Marie von Sivers die Einweihung, durch die sie Mitglieder jener Logenverbindung der »Yarker-Einrichtung« werden, der übrigens auch H. P. Blavatsky angehört hatte. Dies geschieht am 24. November 1905. Tags darauf schreibt Steiner von Nürnberg aus an Marie von Sivers:

«Nun hast Du gestern selbst gesehen, wie wenig noch übrig geblieben ist von den einstigen esoterischen Institutionen, die doch einmal ein physiognomischer Abdruck waren höherer Welten. In Wahrheit sollten die drei symbolischen Grade: Lehrling, Geselle, Meister die drei Stufen ausdrücken, auf denen der Mensch im Geiste sich selbst, d. h. sein Selbst innerhalb des

Menschentypus findet. Und die Hochgrade sollten die Erhebung stufenweise andeuten, durch die der Mensch ein Bauer [sic] am Menschheitstempel wird [...].«[369]

Nun geht es Steiner offensichtlich nicht darum, Mitglied einer Verbindung zu sein, die an ihrer ursprünglichen geistigen Bedeutung eingebüßt hat. Ihm liegt allein an der Legitimation, zwar aus eigener Erkenntnis schöpfend, aber doch an die alte Tradition anknüpfend, selbst als Bevollmächtigter symbolisch-kultisch zu agieren, eben im Rahmen der »Mystica Aeterna«. Es bedarf daher noch einer formellen Bevollmächtigung bzw. Graduierung. Daß der Vorgang im Blick auf Theodor Reuß nicht unproblematisch ist, ist Steiner alsbald klar. Denn schon fünf Tage später, am 30. November 1905 rät er, in der »Freimaurer-Sache« wolle man nur ja bedächtig sein und nichts überstürzen. Reuß sei nicht zu trauen, Vorsicht dringend geboten. Deshalb könne man im Moment noch nichts Bestimmtes sagen. »Bemerken wir bei der nächsten Unterredung mit Reuß etwas Unrichtiges, dann können wir noch immer das Angemessene tun.«[370] Und angemessen erscheint ihm – trotz begründeter Bedenken –, Anfang Januar 1906 die angestrebte Bevollmächtigungsurkunde aus der Hand von Theodor Reuß zu empfangen.[371] Noch am 2. Januar, dem Tag vor seiner Abreise, spricht er über die »Königliche Kunst« der Freimaurerei, und zwar sind – entgegen früherem Brauch – diesmal Männer und Frauen gemeinsam zugegen. Die Rede ist vom Wesen der Freimaurerei als einer Mysterienvereinigung, deren »Mitglieder einige Jahrhunderte die Ereignisse vorherdenken, die die Welt voranbringen sollen; daß sie die hohen Ideale der Menschheit in ganz bewußter Weise ausarbeiten, so daß diese Ideale nicht bloß abstrakte Ideen sind«.[372] Und weiter:

«So wahr es ist, daß große Taten in der Vergangenheit aus der Maurerei herausgeholt worden sind, so wahr ist es, daß die künftigen großen praktischen Taten aus den Tiefen der zukünftigen maurerischen Ideen herausgeholt werden müssen.«[373]

Im erwähnten 36. Kapitel seiner Autobiographie kommt Rudolf Steiner aus gegebenem Anlaß nochmals auf die Vorgänge zurück, indem er die Entgegennahme des »Diploms der angedeuteten Gesellschaft« (eine Namensnennung unterbleibt) bestätigt.

«Daß man später in Bescheinigungen, die von Marie von Sivers und mir bei der Anknüpfung an die historische Yarker-Einrichtung unterschrieben worden sind, hat die Ausgangspunkte für allerlei Verleumdungen nehmen wollen, ist etwas, das, um solche Verleumdungen zu schmieden, das Lächerliche mit der Grimasse des Ernstes behandelt. Unsere Unterschriften waren unter ›Formeln‹ gegeben. Das Übliche war eingehalten worden. Und während wir unsere Unterschriften gaben, sagte ich mit aller Deutlichkeit: das alles ist Formalität, und die Einrichtung, die ich veranlasse, wird nichts herübernehmen von der Yarker-Einrichtung [...].«[374]

So weit, so gut. Der heutige Leser der fraglichen Texte aus dem *Lebensgang* u. ä. mag sich dennoch fragen, warum es sein Autor geflissentlich vermeidet, im nachhinein den genauen Logenzusammenhang und auch den Namen von Theodor Reuß sowie anderer zu nennen, die mit Steiner in Sachen Mysteria Mystica Aeterna in irgendeiner Weise in Beziehung traten. Auch Marie Steiner gibt sich in ihrer »Antwort« seltsam verschwiegen. Und die Herausgeber des angeführten Briefwechsels setzen ein mysteriöses »X«, wo im Brief-original »Reuß« steht. Die Gründe sind freilich schwerwiegend, denn aus der »singulären« Verbindung mit Reuß als dem Bevollmächtigten von Hochgrad-Logen innerhalb des O. T. O. (Ordo Templi Orientis, Östlicher Templerorden) erwuchsen Rudolf Steiner später Schwierigkeiten. Als er, der österreichische Staatsbürger, sich in der Schweiz naturalisieren lassen wollte, versagte man ihm die Staatsbürgerschaft. Einerseits war der persönliche Lebenswandel von Theodor Reuß anstoßerregend; andererseits führte man dies auf rituelle Praktiken im O. T. O. zurück, in der tantrische (Sexual-) Symbolik, ja Sexualmagie im Spiele war. Und wenn eine Frage zu dem nur sehr schwer erhellbaren Komplex übrig bleibt, die für Steiners Biographie von Belang ist, dann diese: Inwiefern bedarf eine Geistesbewegung von der Eigenart der Anthroposophie einer »Anknüpfung« an (scheinbar) alte Traditionen, wenn doch das im esoterischen Kreis zu Pflegende seinem Inhalt nach letztlich geistunmittelbar und somit an keine Sukzession oder äußere Bevollmächtigung gebunden ist?[375] Übrigens hat Steiner das 1906 erworbene Zertifikat zerrissen. Die kultische Arbeit, während der Rudolf Steiner zusammen mit Marie von Sivers am Altar der Loge agierte, nahm im Sommer 1914, also mit Ausbruch des Ersten Weltkriegs, ein Ende. Was ein knappes Jahrzehnt später in einem anderen Zusammenhang und in ganz neuer Weise beginnen sollte – mit dem Inkrafttreten der »Weihnachtstagung« von 1923 –, blieb, wie noch zu zeigen sein wird, Fragment.

So befremdlich Steiners freimaurerische Aktivitäten vor 1914 auf den ersten Blick erscheinen mögen – auf ein Motiv ist in diesem Zusammenhang besonders aufmerksam zu machen, weil es in der Sache selbst begründet ist und weil es in den angeführten Texten wiederholt besprochen wird: Es ist das Motiv des Tempelbaues. Für den Begründer der Anthroposophie ist es nun charakteristisch, daß er zwar diese uralte religionsgeschichtliche Imagination aufnimmt, daß er jedoch nicht im Allegorisch-Formalistischen verharrt. Wohl spricht auch er von dem von der Maurerei »in Weisheit, Schönheit und Stärke zu errichtenden Tempel« als Abbild einer »inneren mikrokosmischen Seelen-Weisheit, Seelen-Schönheit und Seelen-Stärke«; und so weit deutet er allegorisch. Aber im selben Brief vom 25. November 1905, der auf jenen Aufnahmeritus Bezug nimmt, wird auf die Notwendigkeit hingewiesen, »Formen zu schaffen als Ausdruck des inneren Lebens«, soll der zu vergegenwärtigende Geist nicht blasse Abstraktion bleiben. Deshalb solle es in der zukünftigen Arbeit darum gehen, »religiösen Geist in sinnlich-schöner Form zu gestalten«.[376] Wenn daher später von einem anthroposophischen Kunstimpuls und, weitergreifend, von einem anthroposophischen Kulturimpuls gesprochen werden darf, dann haben wir mit dieser Briefstelle den zu realisierenden Gedanken in keimhafter Form vor uns. Was anfangs wie ein – vielleicht sogar zweifelhafter – Anachronismus anmutet, das enthüllt sich im Laufe der beiden folgenden Jahrzehnte im Lebenslauf Rudolf Steiners als Vorspiel späterer Konkretisierung. Der Goetheanum-Bau, zunächst durchaus als Tempelbau aufgefaßt, kann als Manifestation dieser frühen Intentionen verstanden werden.

Doch streng genommen stellen alle Akte der bildenden Kunst, ja selbst die im sogenannten »esoterischen« Kreis vollzogenen Symbolhandlungen und lehrmäßigen Erläuterungen esoterische Akte dar. Das heißt: das im geistig-seelischen Bereich Empfangene oder zu Empfangende, das Esoterische, wird in Bild und Gestik, in Form und Handlung umgesetzt. Rudolf Steiner ist nicht deshalb Esoteriker, weil er außer den regulären Mitgliedern noch interne Zirkel um sich bildete und allein ihnen vorbehaltene Mitteilungen machte.[377] Seine Wirksamkeit ist vielmehr insofern esoterisch, als er durch Wort, Schrift und Symbolhandlung »Geistesschüler auf die Bahn der Entwicklung zu bringen« hatte. Mit anderen Worten heißt das: Esoterik ereignet sich allein dort in des Wortes eigentlicher Bedeutung, wo der Erkenntnisweg übend begangen wird und wo Menschen zu eigenen geistig-seelischen Erfahrungen gelangen. Alles andere, auch Steiners Schulungsliteratur, die darauf zielt, hat nur vorbereitenden Charakter.

Eines jener Mitglieder, die an Steiners »Esoterischen Stunden«

teilnahmen und Angaben darüber machten, ist der russische Schriftsteller Boris N. Bugajev, der unter dem Pseudonym Andrej Belyj (d. h. der Weiße) veröffentlichte und zusammen mit seiner Lebensgefährtin Assja Turgenieff zwischen 1912 und 1916 mit nur wenigen Unterbrechungen in der Nähe Rudolf Steiners gelebt hat. In seinen aufschlußreichen Erinnerungen *Verwandeln des Lebens* berichtet er, daß man nicht ohne weiteres an den Esoterischen Stunden teilnehmen konnte, »die Aufforderung sprach der Doktor persönlich aus«. Der äußeren Form nach handelte es sich ebenfalls um Vorträge. Von ausschlaggebender Wichtigkeit aber war, wie, in welcher geistig-seelischen Verfassung man das Wort des Lehrers aufnahm. Es ist von einem »Zustand meditativer Scharfsichtigkeit« die Rede. Man mußte sich also auf das Entgegenzunehmende durch schweigende Meditation vorbereiten. Man mußte gleichsam das Instrument geistiger Wahrnehmung erst in sich übend erbilden. »Lange bevor der Doktor erschien, versenkten wir uns in tätiges Schweigen, um das Höchstmaß an Wachheit zu erreichen; wenn man unmittelbar von der Straße in diesen stillen Raum hereingeschneit kam, konnte man sich die Stirn an dem ›donnernden‹ Schweigen wundstoßen; es hing in der Luft – für die Zerstreuten; für die Konzentrierten war das anders – ein Entspannen der Atmosphäre. Der Doktor trat in diese Atmosphäre ein, ebenso vorbereitet durch Schweigen. Seine ersten und seine letzten Worte bildeten gleichsam einen Rahmen, der sich um uns legte und uns von dieser Welt schied, erstaunliche Worte, mit einer schwer zu beschreibenden Stimme rhythmisch gesprochen, die aus dem Kosmos zu kommen schien und einen ›Zusammenklang‹ ansprach; überhaupt war der ›Zusammenklang‹, der inspirative (nicht bildhafte) Eindruck eine notwendige Bedingung für die Verwandlung des Was der Worte des Doktors. Ohne das geübte ›zweite Ohr‹ war eine Teilnahme an den ›Esoterischen Stunden‹ sinnlos; ein solcher Teilnehmer störte durch seine Anwesenheit. [...] Während wir in den ›Esoterischen Stunden‹ lernten, den Sinn hinter den Worten Steiners zu vernehmen, lernten wir in diesen Stunden, auf Legendensymbole zu achten, als auf eine kosmische [astrale] Realität in den kultischen Gebärden des Menschen«.[378]

Diese und ähnliche Schilderungen Belyjs zeigen, daß das Esoterische letztlich nicht von der Lehrmitteilung, weder vom Lehrer noch vom Stoff oder Thema allein abhängig ist, sondern in der Hauptsache von der Intensität und der seelischen Aktivität, mit der der geistige Schüler bei der Sache ist und mit der er erlebt. Damit ist auf eine Qualität geistig-seelischer Teilnahme hingewiesen, die sich von der bloßen Entgegennahme von Wissensinhalten deutlich abhebt.

Auf die Persönlichkeit Rudolf Steiners bezogen, gelangt Belyj schließlich zu dem Urteil: In ihm »trat ein Pädagoge vor uns hin, der seine Schüler unmerklich zur Freiheit und Vorurteilslosigkeit beflügelte; hier traf sich der Pädagoge mit dem Denker; der Autor der *Philosophie der Freiheit* bewies seinen Schülern in den Jahren des Umgangs mit diesen Schülern, daß der Prozeß des Sich-Einlebens in eine Philosophie der Freiheit nicht mehr nur Philosophie, sondern unser Weg zur Freiheit selbst ist; dieser Weg fällt mit einem Einweihungsweg zusammen; mehr noch: in unserer Zeit ist der Einweihungsweg ein Einweihungsweg zur Freiheit; in seinen christologischen Kursen zeigte er anschaulich, daß die wahrhaft menschliche Freiheit zum ersten Mal in der Person Jesu als Freiheit vom Karma Wirklichkeit geworden ist.«[379]

Begegnungen

Schon allein die überaus vielfältige Vortragstätigkeit innerhalb Deutschlands und im europäischen Raum führte zu nicht minder vielfältigen Begegnungen, mit Zeitgenossen, mit Kritikern und bald auch mit Schülern. An erster Stelle – und nicht nur in der zeitlichen Reihenfolge – ist Marie von Sivers zu nennen, die seit der Begründung der deutschen Sektion zur engsten Mitarbeiterin, zur Freundin und zu Weihnachten 1914 zur Ehefrau wurde. In Marie Steiners Lebensrückblick findet sich die lapidare Feststellung: »Mein Weg mußte mich zu ihm führen, da er der einzige war, der auf die unsere Generation in dem Zeitalter des intellektualistischen Materialismus bestürmenden Lebensfragen Antwort geben konnte.«[380]

Sieht man einmal von den zahlreichen Zusammenkünften mit Mitgliedern der theosophischen Bewegung ab – neben Annie Besant und H. S. Olcott wären u. a. die Engländer Bertram Keightley sowie der bekannte Gnosis-Forscher G. R. S. Mead zu nennen[381] –, dann war es Marie von Sivers, die auch die Verbindung mit dem französischen Schriftsteller und Okkultisten Edouard Schuré herstellte. Als Übersetzerin einiger seiner Werke (*Die großen Eingeweihten*; *Die Kinder des Luzifer*) hatte sie mit ihm jahrelang in regem Briefwechsel gestanden, bevor es im Jahre 1906 zur ersten persönlichen Begegnung zwischen Steiner und Schuré kam. Den äußeren Anlaß dazu bot der III. Jahreskongreß der Föderation Europäischer Sektionen der Theosophischen Gesellschaft, der im Juni dieses Jahres in Paris abgehalten wurde und dem der greise Gründerpräsident Colonel Olcott vorstand. Schuré, der einst in Italien durch die Griechin Marghérita Albana-Mignaty zu seinem literarischen Schaffen inspiriert worden war und der das Werk Richard Wagners begeistert aufgenommen hatte, erzählte, welchen Eindruck Rudolf Steiner auf ihn machte:

»Als er dann in der Türe stand und mich ansah mit den Augen, die ein Wissen von unendlichen Tiefen und Höhen der spirituellen Entwicklung verrieten, mit seinem fast asketischen Gesicht, das zugleich Güte und unbegrenztes Vertrauen ausdrückte und einflößte, da machte er mir einen erschütternden Eindruck [»une impression foudroyante«], wie ich ihn nur zweimal noch in meinem Leben, und teilweise weniger stark, empfunden hatte: bei Richard Wagner und bei Marghérita Albana-Mignaty. Zwei Dinge waren mir da mit einem Male sehr klar, bevor Rudolf Steiner noch gesprochen hatte: Zum allerersten Male war ich gewiß, einen Eingeweihten vor mir zu haben. Lange hatte ich im Geiste mit den Eingeweihten des Altertums gelebt, deren Geschichte und Entwicklung ich habe aufzeichnen dürfen. Und hier stand nun endlich einer vor mir auf dem physischen Plane. – Und noch ein zweites war mir klar in diesem Augenblick, da wir zunächst stumm blieben, gegenseitig alles um uns herum vergaßen und nur in uns hineinschauten: Ich war gewiß, daß dieser Mensch, der da vor mir stand, eine große Rolle in meinem Leben spielen würde.«[382]

Schuré betrachtete den zwanzig Jahre Jüngeren fortan als seinen spirituellen Meister. Als von nichtkompetenter Seite einmal die Vermutung geäußert wurde, Steiner habe bei dem französischen Autor mancherlei Anleihen gemacht, da widersprach Schuré energisch. Doch all das bewahrte ihn nicht davor, knapp zehn Jahre nach der ersten Begegnung mit seinem »Meister« zu brechen, für wenige Jahre jedenfalls. Der Haß zwischen Deutschen und Franzosen hatte 1916, im dritten Weltkriegsjahr, ein Ausmaß erreicht, dem selbst diese enge geistige Verbundenheit nicht gewachsen war.

Rudolf Steiner nützte den mehrwöchigen Pariser Aufenthalt, zwischen dem 25. Mai und 14. Juni 1906, um eine achtzehnteilige Vortragsfolge aus dem Gesamtbereich der Theosophie zu halten. Ursprünglich waren diese Vorträge für Rußland vorgesehen. Sie sollten auf einem Landgut nahe bei Kaluga stattfinden. Aber die Nachwirkungen der Revolution von 1905 ließen es Marie von Sivers und den zahlreichen, teils in den Westen emigrierten russischen Freunden nicht ratsam erscheinen, eine Rußlandreise dieser Art zu unternehmen. Die russische Künstlerin Margarita Woloschin, die zu dem kleinen, meist aus Damen bestehenden Kreis gehörte, der Steiner nach Paris gefolgt war, schildert in ihren Lebenserinnerungen eine Episode jener privaten Vorträge, die Steiner in seinem Quartier in Passy, Rue Renoir, hielt, zu der außer Schuré noch andere Kongreßteilnehmer kamen. Auch Mereschkowskij, der mit seiner Frau Synaida Hippius und mit seinem Freunde Philosophow gerade in der französischen Hauptstadt weilte, lud man zusammen mit anderen Russen ein. Die Zuhörer saßen eng gedrängt im Salon und im Schlafzimmer. M. Woloschin erinnert sich:

»An diesen Abend, der für uns ein Fest hätte werden können,

denke ich heute noch mit Entsetzen, denn Mereschkowskij kam geladen mit Vorurteilen gegen Rudolf Steiner. Synaida Hippius kauerte sich auf die Couch und beobachtete Steiner auf eine arrogante Art durch ihr Lorgnon wie einen kuriosen Gegenstand. Mereschkowskij selbst, sehr erregt, stellte wie ein Inquisitor eine Art Verhör mit ihm an: ›Wir sind nackt und arm und durstig (rief er) und lechzen nach Wahrheit!‹ Man hatte dabei aber das Gefühl, daß sie sich durchaus nicht so arm fühlten, sondern überzeugt waren, die Wahrheit zu besitzen. ›Sagen Sie uns das letzte Geheimnis!‹ schrie Mereschkowskij, worauf Rudolf Steiner antwortete: ›Wenn Sie mir das vorletzte sagen.‹ – ›Und ohne Kirche kann man sich retten?‹ hörte ich Mereschkowskij außer sich rufen. Darauf führte Rudolf Steiner einen bekannten mittelalterlichen Mystiker, der von der Kirche verdammt wurde, als Beispiel an für einen Menschen, der ohne Kirche den Weg zu Christus fand. [...] Schließlich ging Rudolf Steiner in Begleitung seiner empörten Damen weg.«[383] – Ob er tatsächlich »die Freude hatte« – so im *Lebensgang* –, Persönlichkeiten wie Mereschkowskij unter seinen Zuhörern zu haben, darf somit bezweifelt werden.

Mereschkowskijs aggressive Haltung Steiner und der Anthroposophie gegenüber war jedoch nicht gerade repräsentativ für russische Intellektuelle. Der Philosoph Nikolaij Berdjajew, der sich seinerseits distanziert kritisch verhielt – »Steiner machte auf mich den Eindruck eines komplizierten Menschen [...] nicht den Eindruck eines Scharlatans« –, machte Steiners Bekanntschaft anläßlich der Vorträge über *Die okkulten Grundlagen der Bhagavadgita*, die Ende Mai/Anfang Juni 1913 in Helsingfors (Helsinki) stattfanden. Was die im zaristischen Rußland um diese Zeit zu kurzer Blüte sich entfaltende anthroposophische Bewegung betraf, so gelangt Berdjajew in seiner Autobiographie (1940) zu dem Ergebnis: »Die eigentlich kultivierten Menschen waren von ihr begeistert.« Und doch ist Berdjajews Urteil über das Werk Steiners, soweit es in seinen Gesichtskreis trat, und über dessen Person niederschmetternd. Im Grunde interessiert er ihn nicht, nicht einmal seine Freiheitsphilosophie. Dazu kommt die Erfahrung: »Gläubige Anthroposophen sind viel dogmatischer, viel autoritätsgebundener als die orthodoxesten Orthodoxen und Katholiken [...].«[384] Sein Landsmann Andrej Belyj , dem der Autobiograph im gleichen Zusammenhang das Zeugnis hoher Begabung bis hin zur Genialität[385] ausstellt, machte eine bemerkenswerte Beobachtung: »Das äußere Leben Steiners ist ein Beispiel: ein aufrüttelndes Beispiel; die Erschütterung lebte sich in den zwei Extremen aus: Begeisterung und Haß; in unseren gemäßigten Gefühlen schlafen wir; er weckte uns. [...] Haß, – das waren durch das Dasein Steiners bloßgelegte seelische Defekte [...].«[386] Belyj, der zusammen mit seiner künstlerisch tätigen Frau Assja Turgenieff zwischen 1912 und 1916 mit nur wenigen Unterbrechungen in der unmittelbaren Nähe Rudolf Steiners gelebt und seine Erinnerungen an diese Zeit anschaulich protokolliert hat, wurde selbst von Haßgefühlen seinem »Meister« gegenüber übermannt, ehe er, sich ihrer erwehrend, zur Steiner-Verehrung zurückkehren konnte. – Nochmals zu Edouard Schuré: Wie wichtig Steiner das Zusammentreffen mit ihm nahm, geht aus der Tatsache hervor, daß er das von Marie von Sivers übertragene Eleusinische Drama Schurés selbst für die Aufführung vorbereitete und dann in den Mittelpunkt jenes Münchner Kongresses (1907) stellte, bei dem die christlich-rosenkreuzerische, zugleich die künstlerische Komponente in der Theosophischen Gesellschaft zur Geltung gebracht werden sollte. Und ehe Steiners eigene Mysteriendramen vorlagen, brachte er Schurés Drama *Die Kinder des Luzifer und die Brüder Christi* in München auf die Bühne. Vor allem kam es zu weiteren Begegnungen zwischen den beiden Männern. Als sich Steiner Ende August des arbeitsreichen Jahres 1907 zu einigen Tagen der Erholung zurückzog, reiste er mit Marie von Sivers nach Barr ins Elsaß, wo Schuré zusammen mit seiner Frau ein Landhaus bewohnte. Von hier aus unternahmen die beiden Paare Spaziergänge in die Umgebung und bestiegen den nahen Odilienberg. Auf die Intimität der Freundschaft deuten vor allem die sogenannten Barrer Papiere.[387] Dabei handelt es sich um Aufzeichnungen Rudolf Steiners, gedacht, seinem französischen Freund eine Reihe von vertraulichen Informationen an die Hand zu geben, die dieser für die Einleitung zu seiner Übersetzung von Steiners Schrift *Das Christentum als mystische Tatsache* verwenden konnte. Der erste Teil dieser Papiere stellt den ersten autobiographischen Entwurf aus der Feder Rudolf Steiners dar, wobei dem esoterischen Aspekt hier besondere Aufmerksamkeit geschenkt ist; der kürzere zweite Teil erläutert die mysteriengeschichtliche Rolle des Christian Rosenkreuz; Teil drei beschäftigt sich mit der theosophischen Bewegung, wie sie einerseits mit H.P. Blavatsky ins Leben gerufen wurde und andererseits durch das Christusprinzip eine völlig neue Ausrichtung zu erhalten hatte. Christliche Esoterik im Westen könne demnach nur die rosenkreuzerisch-christliche sein, »weil diese auch das westliche Leben geboren hat, und weil durch ihren Verlust die Menschheit der Erde ihren Sinn und ihre Bestimmung verleugnen würde. Allein in dieser Esoterik kann die Harmonie von Wissenschaft und Religion erblühen, während eine jede Verschmelzung westlichen Wissens mit östlicher Esoterik nur solche unfruchtbare Bastarde erzeugen kann, wie Sinnets ›Esoterischer Buddhismus‹ einer ist [...].«[388]

Sehr viel wirksamer als Steiners Schriften waren – um 1910 – seine öffentlichen Vorträge, namentlich jene Reihen, die er jeweils im Winterhalbjahr im Berliner Architektenhaus abhielt. Ende Februar 1907 sitzt auch ein junger Schweizer Student im Auditorium. Es ist der spätere Dichter und Schriftsteller Albert Steffen. Nach dem Vortrag hat er Gelegenheit, dem bis dahin Unbekannten gegenüberzutreten: »Er sprach über die Lehr-, Wander- und Meisterjahre. Ich sah von ihm auf mich zurück und sagte mir mit unerbittlicher Selbsterkenntnis: Dort ist der Meister, und hier der Lehrling [...]. Ich ging nach dem Vortrage still weg, auf die Gefahr hin, ungezogen zu erscheinen. Arbeit an mir selbst war mehr als jemals meine Losung.«[389] – Diese aus der Rückschau niedergeschriebenen Worte sind durch die weiteren Stationen im Leben Albert Steffens gerechtfertigt. Nach der eher zufälligen Begegnung in Berlin kommt es zu weiteren, intensiveren Kontakten, von 1908 ab in München: im Sommer 1910, Eintritt in die Theosophische Gesellschaft und damit Teilnahme an dem regen gesellschaftlichen und künstlerischen Leben in der Isarmetropole, die das eigentliche Zentrum der anthroposophischen Arbeit zu werden verspricht; dann im Juli 1914 erster Besuch in Dornach, wo sich der junge Autor zur Mitarbeit beim Aufbau des Goetheanum-Baues entschließt und ungewohnte Schnitzarbeiten übernimmt. Von 1916 an setzt sich Steffen in Wort und Schrift öffentlich für »Rudolf Steiners Weltanschauung« ein. Sein Eindruck: »Rudolf Steiner will seine Weltanschauung allen teilhaftig machen. Er nimmt ein Schöpferisches in jedem Menschen an. Man kann seine Erkenntnisse nur dann ganz eigentlich verstehen, wenn man sie – anwendet, das heißt, wenn man sein Inneres entwickeln will. Dies ist jedermann gegeben, dem einfachsten und kompliziertesten Menschen. Jedoch es ist zugleich auch jedem nicht gegeben. Der Entschluß entscheidet. Die innerliche Tat ist nötig. Man muß ein geistiger Wikinger sein.«[390] Im Sommer 1921 bestellt Rudolf Steiner den mehr und mehr bekannt werdenden Romancier zum Redakteur der neu gegründeten Wochenzeitung *Das Goetheanum*, dessen Schriftleitung Steffen bis zu seinem Tod (1963) behielt. Schließlich beruft er ihn Weihnachten 1923 in den Vorstand der Allgemeinen Anthroposophischen Gesellschaft. Ein Wort hoher Wertschätzung sandte Rudolf Steiner noch von seinem letzten Krankenlager an den eben Vierzigjährigen: »Mein Herz ist in bewundernder Anerkennung bei Steffens Lebenswerk; und es ist voll warmer Geistesfreude davon erfüllt, daß wir ihn den Unsern nennen dürfen [...].«[391]

Als Steiner Ende März im Berliner Architektenhaus über Sonne, Mond und Sterne spricht, auf das Wesen der Farbe und auf Goethes Arielszene in Faust II eingeht, da ist jener Künstler unter den Zuhörern, der dem Geistigen in der modernen Malerei den Weg bahnen half und der zum maßgeblichen Begründer der abstrakten Malerei werden sollte: Wassily Kandinsky. Der gerade Zweiundvierzigjährige vertiefte sich einerseits in das Wissen der alten Kulturvölker, andererseits in die Schriften von H. P. Blavatsky. Für die intensive Auseinandersetzung mit dem Werk Rudolf Steiners spricht der Hinweis, daß solche Erkenntnisse neuerdings »in eine verhältnismäßig präzise Form« gebracht worden seien. Kandinskys Gewährsmann ist Rudolf Steiner, namentlich dessen Elementarbuch *Theosophie*, ferner dessen Aufsätze in der Zeitschrift *Luzifer-Gnosis*. Die Städtische Galerie im Lenbach-Haus in München, die die Werke Kandinskys, Marcs und Klees in besonderer Weise betreut, besitzt in der Gabriele-Münter-Stiftung u. a. Kandinskys Exemplar von Steiners *Theosophie*, das entsprechende Randnotizen und Unterstreichungen des Künstlers aufweist.[392] Wie Rudolf Eppelsheimer gezeigt hat, läßt sich durch die Zusammenschau des künstlerischen Werks, der theoretischen Schriften und Aufzeichnungen nachweisen, daß die Begegnung mit Rudolf Steiner (1908) einen wesentlichen Einschnitt in der Laufbahn Kandinskys bedeutet. Die Devise des Künstlers, »Kunst ist das Sprechen vom Geheimen durch Geheimes«, wird erst von dem Tatsachenhintergrund her zu beleuchten sein, den Kandinskys Beschäftigung mit Anthroposophie ausmacht.

Wieder ein Jahr später, im Januar 1909, gehört Christian Morgenstern zum Vortragspublikum im Berliner Architektenhaus. Ihn begleitet seine Braut Margareta Gosebruch von Liechtenstern. Während sich Margareta schon in Berlin zum Eintritt in die Theosophische Gesellschaft entschließt, wartet Morgenstern den Düsseldorfer internen Zyklus über *Die geistigen Hierarchien und ihre Widerspiegelung in der physischen Welt* ab, an dem teilzunehmen ihm Rudolf Steiner eigens gestattet hatte. Der Eindruck dieser Vorträge veranlaßt nun auch ihn, Mitglied der Gesellschaft zu werden. Der Dichter der *Galgenlieder* und Humoresken, der Übersetzer Ibsens, Strindbergs, Hamsuns und Björnsons, der auch der Protokollant mystischer Ahnungen ist, findet in der Anthroposophie den längst gesuchten »Pfad« (*Wir fanden einen Pfad*). Der bereits von der Lungenkrankheit gezeichnete Dichter nimmt beschwerliche Auslandsreisen auf sich, um noch weitere große Vortragsreihen hören zu können: im Mai 1909 die Reise nach Kristiania (Oslo), wo Steiner zwölf Vorträge über *Theosophie anhand der Apokalypse* hält; im Juni nach Budapest, wo im Rahmen des V. Internationalen Kongresses der Föderation der Europäischen Sektionen *Theosophie und Okkultismus des Rosenkreuzers* auf dem Programm steht. »Steiner bin ich noch nicht wesentlich nähergekommen«, schreibt er aus Kristiania an seine in Florenz weilende Verlobte. »Er zeichnet mich zwar leicht aus, aber ich fühle immer noch nicht Vertrauen. Und so entfernt er mich auch immer wieder innerlich von sich. Ich möchte mit ihm frei und rücksichtslos über hundert Dinge reden, aber er hält mich im Konventionellen zurück.«[393] Aber schon innerhalb weniger Tage ändert sich die Beziehung. In dem, was er erlebt, meint er, »endlich neues Leben«, das Leben »im größten tiefsten Sinne als Zukunftsbewegung«, zu erblicken. Die Auslegung der Apokalypse erscheint ihm »grandios«; freilich ist angesichts der Neuartigkeit der Deutungsweise noch vieles zu klären. Steiner und Marie von Sivers laden den Aufnahme- und Kontaktbereiten zu sich zu Tisch: »Er sprach sehr bedeutend über Nietzsche und Lagarde«, heißt es im Brief vom 15. Mai. Und tags darauf, ebenfalls an Margareta: »Er [Dr. Steiner] ist immer von größter Güte zu mir und bittet mich fast jeden Abend, mich noch bis zu den letzten Tagen zu gedulden. Gestern sprach er besonders hinreißend. [...] Er ist wirklich ein großer Führer, und es ist keine Schande, sich ihm anzuschließen. Eine unendliche reine Geistigkeit und geistige Reinheit geht von ihm aus.«[394] Am 18. Mai an den nahen Freund Friedrich Kayssler, der Morgensterns Anschluß an Steiner und die Anthroposophie mißbilligt, die lapidare Mitteilung: »Vita nuova. Endlich!« Es ist sein Wunsch, alle seine Freunde »in diese tiefe grandiose Welt mit hineinzunehmen. [...] Es bedeutet etwas, einem so Seltenen im Leben zu begegnen und ihm als reifer Mensch freiwillig und liebend in einem gewissen Maße helfen zu dürfen.«[395] Dieses »Helfen« manifestiert sich im Spätwerk Morgensterns, mit dem sich der Dichter ganz in den Dienst des anthroposophischen Denkens und Erlebens stellt. Dazu gehört die völlig neue Bewertung des Irdisch-Kosmischen, wie sie nicht zuletzt von Steiners kosmischer Christologie her verständlich wird. Aber auch Rudolf Steiner selbst und – als Rezitatorin Marie Steiner – schenken dem bereits 1914 verstorbenen Dichter gebührende Aufmerksamkeit, so sehr, daß Morgensterns Urne in der Krypta des Dornacher Goetheanums Aufnahme findet. Da sich ein wesentlicher Teil der Wirksamkeit Rudolf Steiners zwischen 1904 und 1918 in München abspielte, kam es dort zu vielfältigen Kontakten mit Künstlern und Schriftstellern. Doch die Art dieser Begegnungen ist – gemessen an Steiners erster Berliner Zeit – eine andere. Steiner taucht nicht ein in das Leben, wie es einst die Berliner Boheme bot, nun die

Schwabinger Boheme bietet; er ist jetzt der »Lehrer«, der Impulse gebende »Menschenführer«. Maria Strakosch-Giesler, die Schülerin Kandinskys, die einst ihren Lehrer auf Steiner aufmerksam machte, spricht davon, daß in den Kreisen um Baronin Marianne Werefkin und Jawlensky, wo auch Emil Nolde gelegentlich auftauchte, »ein gewisses spontanes Interesse« für Anthroposophie festzustellen gewesen sei. »Mir schien es aber«, so schreibt sie, »daß sie durch alle Impulse und Hinweise, die Rudolf Steiner sowohl in seinen Büchern wie auch in seinen Vorträgen zum Ausdruck brachte, in umwandelnder Weise ergriffen waren, aber nicht den Mut hatten, sich dieser anthroposophischen Geisteswelt hinzugeben oder auch aus anderen Gründen es nicht taten«.[396] Kandinsky ist wohl eine bemerkenswerte Ausnahme. Denn in seinem Bemühen, das, wie er es selbst nannte, »Geistige in der Kunst« bewußt zu machen, ging er so weit, sich für die Methode einer Farbtherapie zu interessieren. Der Münchner anthroposophische Arzt Felix Peipers wandte sie in seinem Sanatorium nach Richtlinien Steiners an.

Schließlich muß Alexander von Bernus, der Dichter, Übersetzer, der Publizist und der spätere alchymistische Praktiker (*Alchymie und Heilkunst*) genannt werden. Melchior Lechter, der Freund und Illustrator aus dem Umkreis Stefan Georges, hatte den Baron um 1909 mit den Schriften von H. P. Blavatsky bekannt gemacht. Damit war er auf die Spur gesetzt, die den Dichter zu Rudolf Steiner führte und den er als Dreißigjähriger im Herbst 1910 in München kennenlernte. Wie nachhaltig sich diese Begegnung auswirken sollte, drückt A. von Bernus an seinem 85. Geburtstag, nur wenige Wochen vor seinem Tode (1965), im Bayrischen Rundfunk so aus: »Entscheidend für mich war Rudolf Steiner in seiner ganzen geistigen Schau und Bedeutung.« Am 13. Februar und Ende September 1913 besuchte Steiner die Bernus-Familie auf Stift Neuburg bei Heidelberg. Mit einem Handschreiben vom 7. August des gleichen Jahres hatte der begüterte Baron Bauland in der Nachbarschaft des Stifts für die Errichtung des seit langem projektierten »Johannesbaues« (Goetheanum), dem in München die Baubewilligung versagt worden war, angeboten. Doch zu diesem Zeitpunkt waren bereits die Würfel gefallen und Dornach als Standort ausersehen. »Ich habe eine unbedingte Verehrung für ihn gewonnen wie für keinen Zweiten, der heut lebt«, so in einem Brief an Melchior Lechter im Juli 1913. »Alles, was gegen ihn gedruckt und gearbeitet wird, ist äußerst ungerecht und diktiert von persönlicher Gehässigkeit. Dieser Mann trägt in sich eine so rührende und tiefe Liebe und Güte, daß man ihm jedes Opfer bringen möchte. Und dann ist er tatsächlich einer der ganz wenigen jetzt lebenden großen Seher.«[397]

Im April 1916 begründet Alexander von Bernus die Zeitschrift *Das Reich*, eine Vierteljahresschrift für Geisteswissenschaft und Kunst. Neben den zeitgenössischen Autoren wie Rilke, Hasenclever, Theodor Däubler, Else Lasker-Schüler, Hermann Kasack, Max Pulver, Regina Ullmann, Richard Benz, Hans Johst und dem unglücklichen J. J. Haringer gehört auch Rudolf Steiner zu dem illustren Mitarbeiterkreis. Eine Reihe wichtiger Aufsätze, unter ihnen Steiners Deutung der *Chymischen Hochzeit des Christian Rosenkreutz*[398] konnten hier erstmals erscheinen. Hinzu traten Beiträge anthroposophischer Autoren wie Carl Unger, Ernst Uehli, Hans Wohlbold, E. Wolfram, Albert Steffen u. a. Schließlich öffnete Alexander von Bernus Steiner sein »Kunsthaus« in der Königinstraße 23 zu Vorträgen. Mit einer Gedächtnisausstellung für den an einer Kriegsverletzung 1916 verstorbenen, erst 28jährigen Karl Thylmann begann im November 1917 die Arbeit. Thylmann hatte sich kurz nach 1910 aus dem George-Kreis gelöst und den Weg in die anthroposophische Bewegung gefunden.

In seinen Erinnerungen an Rudolf Steiner notiert Albert Steffen einmal: »Es hatte einen allzu schmerzlichen Eindruck auf mich gemacht, als ich bei meinem Besuche die lange Reihe der Ratbegehrenden erblickte. Ach, diese Menschenschar lagerte eigentlich fast immer von morgens früh bis abend spät vor seinem Arbeitsraume.« In diese Schar der meist namenlosen Fragesteller und Ratsuchenden reiht sich eines Tages auch jemand ein, der längst eine zentrale Gestalt in der Literaturgeschichte geworden ist: Franz Kafka. Rudolf Steiner weilt im März 1911 in Prag, um dort seinen achtteiligen Vortragszyklus über *Okkulte Physiologie* zu halten. Im zweiten Stock des Viktoria-Hotels in der Prager Jungmannstraße sucht Kafka den Vielbeschäftigten auf. In seinen Tagebüchern findet sich ein detaillierter Bericht über diese Begegnung: »Eine Frau wartet schon, bittet mich aber dringend, vor ihr hineinzugehen. Wir warten. Die Sekretärin kommt und vertröstet uns. In einem Korridordurchblick sehe ich ihn. Gleich darauf kommt er mit halb ausgebreiteten Armen auf uns zu. Die Frau erklärt, ich sei zuerst dagewesen. Ich gehe nun hinter ihm, wie er mich in sein Zimmer führt. Sein an Vortragsabenden wie gewichst schwarzer Kaiserrock – nicht gewichst, sondern nur durch sein reines Schwarz glänzend – ist jetzt bei Tageslicht (drei Uhr nachmittag) besonders auf Rücken und Achseln staubig und sogar fleckig [. . .].« – Nachdem der Besucher seinen Hut in betonter Demut auf einem niedrigen Gestell abgelegt hat, das zum Stiefelschnüren dient, schaut er sich im Hotelzimmer um. Auf dem Tisch in der Mitte ein Stoß mit Büchern, darauf ein Heft *Annalen für Naturphilosophie*. Papiere mit Zeichnungen liegen da, die an die Vorträge über okkulte Physiologie erinnern. Kafka hat demnach die Veranstaltungen besucht. Er hat im übrigen den Eindruck, daß Steiner ihn mit seinem Blick zu halten versuche. »Tut er es einmal nicht, so muß man auf die Wiederkehr des Blickes aufpassen. Er beginnt mit einigen losen Sätzen: ›Sie sind doch der Dr. Kafka?‹« Und statt auf die Frage, ob er sich schon länger mit Theosophie beschäftige, zu antworten, bringt der Besucher das vor, was er sich für diese Aussprache zurechtgelegt hat: »Ich fühle, wie ein großer Teil meines Wesens zur Theosophie hinstrebt, gleichzeitig aber habe ich vor ihr die höchste Angst. Ich fürchte nämlich von ihr eine neue Verwirrung, die für mich sehr arg wäre, da eben schon mein gegenwärtiges Unglück nur aus Verwirrung besteht.« Und nun berichtet Kafka, wie er, der siebenundzwanzigjährige, seit knapp drei Jahren bei der Arbeiter-Unfall-Versicherungsanstalt beschäftigte Jurist seine eigentlichen Fähigkeiten und Möglichkeiten im Literarischen erblicke. »Und hier habe ich allerdings Zustände erlebt (nicht viele), die meiner Meinung nach den von Ihnen, Herr Doktor, beschriebenen hellseherischen Zuständen sehr nahestehen, in welchen ich ganz und gar in jedem Einfall wohnte, aber jeden Einfall auch erfüllte und in welchen ich mich nicht nur an meinen Grenzen fühlte, sondern an den Grenzen des Menschlichen überhaupt. Nur die Ruhe der Begeisterung, wie sie dem Hellseher wahrscheinlich eigen ist, fehlte doch jenen Zuständen, wenn auch nicht ganz. Ich schließe dies daraus, daß ich das Beste meiner Arbeiten nicht in jenen Zuständen geschrieben habe.« Weshalb Kafka darauf zu sprechen kommt? – Es ist der (lebenslange) Widerstreit zwischen Beruf und Berufung. Die literarischen Hauptwerke des Schriftstellers sind zum Zeitpunkt des Besuchs bei Steiner noch nicht geschrieben. Aber die Not, aus der heraus sie zu schreiben sind, »dieses Hinundher wird immer ärger. Im Bureau genüge ich äußerlich meinen Pflichten, meinen innern Pflichten aber nicht, und jene nichterfüllte innere Pflicht wird zu einem Unglück«. Deshalb die Frage, ob er angesichts dieses Widerstreits eine weitere Aufgabe, die Theosophie, auf sich nehmen könne. Und der Fragesteller ist bereit, sich von vornherein dem Urteil Steiners zu beugen. »Denn ich ahne, daß, wenn Sie mich dessen für fähig halten, ich es auch wirklich auf mich nehmen kann. [–] Er hörte äußerst aufmerksam zu, ohne mich offenbar im geringsten zu beobachten, ganz meinen Worten hingegeben. Er nickte von Zeit zu Zeit, was er scheinbar für ein Hilfsmittel einer starken Konzentration hält.«[399] – Wie eine Lebensbeichte, die keiner Absolution bedarf, bricht Kafkas Tagebuchaufzeichnung ab. Die Begegnung des Schriftstellers mit Rudolf Steiner bleibt Episode.

Einer der ersten, der seine Lebensbegegnung mit Rudolf Steiner in einer gleichnamigen Schrift[400] sorgfältig protokolliert hat, ist der zwischen 1902 und 1916 in Nürnberg tätige evangelische Theologe Friedrich Rittelmeyer. Sein Votum ist deshalb von Gewicht, weil Rittelmeyer zum Zeitpunkt des ersten Zusammentreffens, am 28. August 1911, mit einem gründlichen Studium der Anthroposophie in Theorie und meditativer Praxis begonnen hat und, philosophisch geschult, als Prediger und Seelsorger und bereits weithin bekannter Theologe aus kritischer Distanz heraus an Steiner herantrat, stets seinen besonderen Lebensauftrag im Blick: »Dem Ringen um religiöse Erneuerung hatte mein innerstes Interesse gegolten.« Rittelmeyers Begegnung fand im theosophischen Zweig in München statt: »Als ich in den Saal trat, überraschte mich die Stimmung. Die Menschen empfand ich großenteils als recht fremd. Ein gewisser Typus von passiver, genußsüchtiger Geistigkeit machte mir sehr zu schaffen. Besonders wenn ich Männer mit langen Haaren sah, war es mir zum Davonlaufen. [...] Was mir sympathisch auffiel, war eine gewisse festliche Andacht. [...] Ich saß in meiner Saalferne, entschlossen, unter keinen Umständen mich in eine Massensuggestion hineinreißen zu lassen, aber ebenso auch völlig frei für jeden Eindruck zu sein, und fragte mich immer wieder: Für was würdest du den Mann wohl halten, wenn du ihm auf der Straße begegnetest? Am ersten noch für einen katholischen Geistlichen, sagte ich mir. Aber da hatte ich nur den schwarzen Rock gesehen, gegen den ich als Pfarrer eine besondere Abneigung hatte, und noch nicht das Gesicht. Froh war ich, unter dem Schutz einer völligen Fremdheit recht ungestört prüfen zu können. Auch für die Frage, ob sich bei dem Vielverehrten menschliche Schwächen zeigen, die auf seine Verkündigung ihre Schatten werfen, hatte ich als einer, der viel unter Predigtberühmtheiten gelebt und gelitten hat, ein besonders scharfes Auge. Mit aller Sicherheit sage ich, daß die Vorwürfe, die Rudolf Steiner solche Alltagsschwächen wie Eitelkeit oder Effekthascherei andichten, völlig in die Irre gehen. Sie beruhen auf flüchtigen, ungeprüften Ersteindrücken und sanken in der wirklichen Nähe seiner Persönlichkeit völlig wesenlos zu Boden. Wenn es ein gerades Gegenteil von persönlicher Eitelkeit gibt, so war es Rudolf Steiner. Und für Effekthascherei war er nicht nur viel zu gewissenhaft, sondern schon zu klug.«[401] – So bleiben für den kritischen Beobachter und den später kaum weniger kritischen Gesprächspartner zunächst alle Möglichkeiten offen. Die rühmenden Worte, die Rittelmeyer schließlich formuliert, als er Rudolf Steiner nach dessen Tod als ein »Ereignis in der Geschichte des Christentums«[402] apostrophiert, sind erst nach jahrelanger ernsthafter Prüfung möglich gewesen. Allein von daher ist auch zu verstehen, daß der gefeierte Kanzelredner noch als Fünfzigjähriger seine kirchliche Karriere beendet, um an die Spitze der 1922 begründeten »Christengemeinschaft« als einer Bewegung für religiöse Erneuerung zu treten und um in schwerer Nachkriegszeit auf jenes Ziel hinzuarbeiten, dem schon sein Wirken innerhalb des Protestantismus seit Beginn des Jahrhunderts gegolten hatte.

Was die Beziehung zwischen Steiner und Rittelmeyer betrifft, so ließe sich das Wort anwenden, das einst Albert Schweitzer (1951) über seine eigene Begegnung mit Rudolf Steiner ausgesprochen hat: »Unser beider Ziel ist das gleiche, unsere Wege sind scheinbar verschieden. Während Rudolf Steiner als Geistesforscher auf dem Weg der Übung, des Denkens und der Mystik zum Christuserlebnis vordringt, habe ich versucht, durch denkerisches Erkennen dem Christus Jesus im eschatologischen Inhalt seiner Lehre zu begegnen.« Steiner selbst hielt übrigens seine erste Zusammenkunft im Jahre 1906 mit dem späteren Urwalddoktor fest.[403] Und noch als Fünfundachtzigjähriger schrieb dieser am 5. November 1960 in einem seiner Rundbriefe aus Lambarene über sein erstes Zusammentreffen: »Einer von dem anderen erfuhren wir, daß wir uns als Lebensaufgabe dasselbe vornahmen, sich um das Aufkommen der wahren, vom Humanitätsideal beherrschten Kultur zu bemühen und die Menschen dazu anzuhalten, wahrhaft denkende Wesen zu werden. In diesem Bewußtsein der Zusammengehörigkeit verabschiedeten wir uns. [...] Das Leben Rudolf Steiners habe ich fort und fort in herzlicher Teilnahme verfolgt. [...] Bei meiner Begegnung mit ihm hat sein Antlitz mit den wunderbaren Augen einen unvergeßlichen Eindruck auf mich gemacht.«[404]

Die Trennung angesichts der Christusfrage

Führt man sich vor Augen, mit welcher schicksalhaften Hypothek Steiners Beziehung zu den Theosophen von Anfang an belastet war, dann kann man den Eindruck gewinnen, eine Beendigung dieser Beziehung sei geradezu vorprogrammiert und lediglich eine Frage der Zeit gewesen. Tatsächlich vollzog Steiner den Schritt von der (anglo-indischen) Theosophie zur Anthroposophie nicht erst in einem Augenblick, in dem ihn äußere Ereignisse dazu veranlaßten. Er wurde eigentlich bereits mit seinem Eintritt in die Verantwortung für die deutsche Sektion der Theosophischen Gesellschaft mitvollzogen. Dies gilt es festzuhalten, auch wenn die ersten Jahre das Bild einer weitgehenden Übereinkunft zwischen Rudolf Steiner und der »Seele der Theosophischen Bewegung«, Annie Besant, bieten, sieht man einmal von internen, hinter den Kulissen der Öffentlichkeit ausgetragenen Differenzen ab, die es übrigens auch innerhalb der deutschen Theosophenschaft gegeben hat. Rudolf Steiner war bemüht, die von ihm seit Jahrhundertbeginn intendierte Anthroposophie im Laufe der Jahre auch auf den internationalen Kongressen der Theosophischen Gesellschaft immer deutlicher hervortreten zu lassen. Der in der Hauptsache von ihm vorzubereitende und auszugestaltende Münchner Kongreß von 1907 setzte einen weiteren Akzent dieser Art, nämlich durch die Betonung der rosenkreuzerischen Esoterik, und zwar bis hin zu dem künstlerischen Einschlag, den die Veranstalter dem Kongreß gaben.[405] Eben dieser Faktor der Kunst hatte der theosophischen Bewegung bis dahin gefehlt. Und die von führenden Mitgliedern der Bewegung geäußerte Ablehnung einer künstlerischen Durchdringung des Spirituellen konnte nicht ohne Konsequenzen bleiben, weil dadurch eine ganz andere innere Haltung sichtbar wurde, als sie in der Theosophischen Gesellschaft bis dahin lebte. Sein Fragment gebliebener *Lebensgang* bricht mit der Feststellung unvermittelt ab:

»In dieser inneren Haltung lag der wahre Grund, warum die

anthroposophische Gesellschaft nicht als ein Teil der theosophischen weiterbestehen konnte. Die meisten legten aber den Hauptwert auf die Absurditäten, die im Laufe der Zeit in der Theosophischen Gesellschaft sich herausgebildet haben und die zu endlosen Zänkereien geführt haben.«[406]

Doch zunächst scheint es, als handle es sich lediglich um beiläufige »Zänkereien«, wie sie in jeder weltanschaulichen Vereinigung vorkommen können. Rudolf Steiner und Annie Besant kommen überein, daß jeder für sich, wenngleich im theosophischen Rahmen, seiner eigenen Methodik folgen solle. Das heißt, daß Steiner die Kompetenz, den christlich-rosenkreuzerischen Weg zu gehen, ausdrücklich zugestanden wird. Das schon zitierte Handschreiben Annie Besants vom 7. Juni 1907 an W. Hübbe-Schleiden bestätigt diese Übereinkunft zusätzlich.[407] In der Eröffnungssitzung des Budapester Kongresses von 1909 überreicht die Präsidentin dem deutschen Generalsekretär sogar die goldene Suba-Row-Medaille, um ihre Anerkennung für Steiners Schaffen öffentlich zu bekunden. Beide Exponenten scheinen weiterhin eine gewisse Übereinkunft aufrechterhalten zu wollen. Dies geht auch aus Steiners Bericht über die Tage in Budapest hervor. Und doch hat sich inzwischen gefährlicher Sprengstoff angesammelt – gefährlich für den Fortbestand der 1902 einsetzenden Gemeinsamkeit. In einer Erinnerung Marie Steiners, die in den Aussprachen mit der Präsidentin jeweils als Dolmetscherin gedient hat, heißt es hierzu:

»Die Unvereinbarkeit der in Adyar eingeschlagenen Wege und der dabei geübten Methoden mit dem Wege der christlich-rosenkreuzerisch-abendländischen Esoterik wurde von Dr. Steiner deutlich präzisiert. Die einst getroffene Vereinbarung der Unabhängigkeit seiner geistigen Arbeit, die er als Bedingung seines Wirkens innerhalb der Theosophischen Gesellschaft gefordert hatte, wurde ins Gedächtnis zurückgerufen und als verpflichtend für die Zukunft wieder anerkannt. Damals [d. h. in Budapest im Mai 1909] ging die Unterredung noch im Sinne eines gütlichen Vergleiches aus.«[408]

Zur fraglichen Zeit nun, in der Annie Besant in Europa weilt, ereignen sich in Adyar, dem Ort des theosophischen Hauptquartiers, Dinge, die die weiteren Abläufe wesentlich mitbeeinflussen: Der englische Theosoph Charles Webster Leadbeater, ein enger Mitarbeiter der Präsidentin, trifft in Indien ein, wo er mit zwei Hindu-Jungen bekannt wird, nämlich mit Krishna und Nitya. Dabei macht der hellsichtige Leadbeater die »Entdeckung«, daß der etwa vierzehnjährige Krishna (später Krishnamurti) – »sofern nicht alles trügt« (»unless something went wrong«)[409] – Lord Maitreya, der zu erwartende Weltenlehrer sei. Die außergewöhnliche Aura des Knaben deute darauf hin. Und nicht nur dies, es sei der Wille der »Meister«, daß er, Leadbeater, die Erziehung beider Kinder, insbesondere Krishnamurtis, übernehme. Das geschieht, und zwar gegen den Willen der Eltern. Der Vater Narayaniah (Narianiah) ist gebürtiger Brahmane, Mitglied der Theosophischen Gesellschaft sowie deren esoterischer Sektion (E. S.), also des inneren Kreises.

Die Dinge entwickeln sich dank der ausdrücklichen Billigung und nachdrücklichen Unterstützung durch Annie Besant so, daß Leadbeater großen Einfluß auf Krishnamurti gewinnt, dem man den Namen »Alcyone« beilegt und dessen zwanzig bzw. dreißig frühere irdische Verkörperungen Leadbeater »erforscht«. Die Resultate dieser Karma-Forschung werden im April im *Theosophist*, dem Organ der Adyar-Gesellschaft, publiziert. Krishnamurti-Alcyone hatte durch seinen Lehrer und der »Meister« Betreiben seine erste spirituelle Initiation am 11. Januar 1910 empfangen. Im Dezember des gleichen Jahres liegt eine kleine Schrift vor, die der erst Fünfzehnjährige auf Veranlassung der »Meister« verfaßt haben soll: *At the Feet of the Master* (Zu den Füßen des Meisters). Des Meisters Denken habe sich in des Schülers Worte gekleidet, erklärt Annie Besant im Vorwort.[410] Und damit die Vorgänge um Krishnamurti einen überpersönlich-allgemeinverbindlichen Charakter annehmen, wird am 11. Januar 1911 durch den mitbeteiligten Theosophen George Arundale der Orden der aufgehenden Sonne *Order of the Rising Sun* begründet, der spätere internationale östliche Stern-Orden *Order of the Star in the East*, eine hierarchisch gegliederte Einrichtung. Ein Jahr darauf wird in Indien eine spezielle Vierteljahresschrift (*Herald of the Star*) erstmals herausgegeben. Kurz, alles geschieht – nicht zu vergessen eine weltweite Agitationsarbeit, die Annie Besant persönlich betreibt –, um den künftigen »Weltenlehrer« bzw. dessen Instrument (»vehicle«), eben Krishnamurti, aufzubauen und der Theosophischen Gesellschaft als solchen zu präsentieren. Vor allem wartet man darauf, daß »er selbst« sich in und durch Krishnamurti als der Maitreya Buddha bzw. als der wiedergekommene Christus bekunde.[411] Für Steiner und die ihm verbundene deutsche Sektion, die im Jahre 1910 2000 Mitglieder zählt, sind die Nachrichten aus Adyar, die Aufstellung des Stern-Ordens, vor allem aber die Kunde von der angeblichen bzw. zu erwartenden Wiederverkörperung Jesu Provokation und Aufforderung zur Stellungnahme, mit der Konsequenz, die bis dahin getroffenen Kompromisse außer Kraft zu setzen. Jedenfalls ist der Gedanke an eine Reinkarnation Christi mit der von Steiner vertretenen Christologie ebensowenig vereinbar wie mit derjenigen der kirchlichen Tradition.

»Nur wenn man nicht weiß, daß der Christus der Repräsentant des ganzen Weltalls ist, und man sich nicht durchringen kann zu dieser Christus-Idee, zu der durch die Geisteswissenschaft die Elemente gegeben werden, nur dann kann man behaupten, daß der Christus mehrmals auf Erden erscheinen könne.«[412]

Was in dem Buch *Das Christentum als mystische Tatsache* (1902) in dieser Form noch nicht dargestellt worden war, das wurde in den großen christologischen Vortragszyklen, namentlich in denen über die Evangelien um so deutlicher herausgearbeitet. Während sich die zeitgenössische (protestantische) Theologie in erster Linie mit dem historischen Jesus beschäftigt, erscheint für Steiner der »Wandel des Christus Jesus als der irdische Ausdruck eines bestimmten Verhältnisses des Kosmos zu den Kräften des Menschen. [...] Und als das Mysterium von Golgatha sich vollzog, ging das, was aus dem Kosmos eingestrahlt war, in die geistige Substanz der Erde über und ist seit jener Zeit mit dem Geiste der Erde verbunden.«[413]

Das heißt: Steiner knüpft an die kosmische Christologie der paulinischen Briefe (z. B. des Kolosser- und Epheserbriefes) an. Und noch in einem anderen Sinn wird ihm Paulus zu einem wichtigen Gewährsmann, nämlich im Blick darauf, daß man diesen Christus-Geist, die Christus-Gegenwart ohne Vermittlung einer Institution oder Tradition erleben könne[414], vor allem daß im 20. Jahrhundert Menschen auftreten, die das Christus-Ereignis in solch neuer Weise an sich erfahren werden, so wie einst Paulus vor Damaskus. Hier ist an Steiners eigenes Erleben um die Jahrhundertwende zu denken! Steiner spricht in diesen Zusammenhängen von der Entfaltung »neuer Seelenfähigkeiten«. Christus werde in neuer Weise in der Erdenatmosphäre sichtbar. Es ist die Rede vom »Wiedererscheinen Christi im Ätherischen«. Und angesichts der zeitgenössischen Bibelkritik, in deren Verlauf die bisherige Gläubigkeit und die Beziehung zu Christus selbst in kirchlichen Kreisen viel eingebüßt haben, werden neue Möglichkeiten lebendiger Christus-Erfahrung erschlossen werden. Steiner ist überzeugt: »Je mehr die historischen Zeugnisse an Gewalt für die Menschen verlieren werden, desto mehr wird in den Menschen die Fähigkeit heranwachsen, durch die der Christus gesehen werden kann.«[415] Und die besondere Aufgabe der anthroposophisch orientierten Geisteswissenschaft solle es sein, sich in den Dienst dieser Christus-Erfahrung, dieser Christus-Vergegenwärtigung zu stellen. Denn nicht nur eine historische Gestalt namens Jesus ist gefragt, sondern der heute sich erst voll auswirkende »Christus-Impuls« ist aufzunehmen, und zwar auf allen Gebieten des Lebens und auch des wissenschaftlichen Forschens. »Die Materie ist aufgebaut in dem Sinne, wie der Christus sie nach und nach angeordnet hat!« – Gedanken wie diese sind somit länger als ein Menschenalter vor Teilhard de Chardin ausgesprochen und niedergeschrieben; und nicht nur das: von diesem christozentrischen Wirklichkeitsverständnis her wollen alle konkreten anthroposophischen Kulturimpulse verstanden werden.[416] Mit anderen Worten: die Unvereinbarkeit der beiden Sichtweisen, des Besantschen und des Steinerschen Christusverständnisses, duldeten keine weiteren Kompromisse. Steiner spricht sogar einmal davon, man habe ihm 1909 in Budapest das Angebot gemacht, ihn zum »wiederverkörperten Johannes« ernennen zu wollen[417], damit er die besagten Reinkarnationsideen Besants und Leadbeaters gutheiße. Seine Absage ist eindeutig und unwiderruflich. Marie Steiner kommentiert hierzu: »Annie Besant wurde zum Werkzeug einer gegenchristlichen Strömung. Im Sommer 1909 in Budapest mußte Rudolf Steiner ihr sagen, daß ihre Wege sich innerlich geschieden hätten. Dies Gespräch war der Ausgangspunkt der später erfolgten Trennung. Ein Kampf für und gegen Christus hat hier stattgefunden. ›Eine Theosophie, welche nicht die Mittel hat, das Christentum zu begreifen, ist für die gegenwärtige Kultur völlig wertlos.‹ 1910 hat Rudolf Steiner dies Wort gesprochen. Sein Wirken innerhalb der theosophischen Bewegung hatte den Zweck, die Menschen fähig zu machen, auf eine neue Art die Wahrheit zu gewinnen, weil die alte abgestorben war.«[418]

Aus eben diesem Grund intensiviert Steiner seine christologische Arbeit. Zum ersten Mal spricht er am 12. Januar 1910 in einem Vortrag in Stockholm von der in diesem Jahrhundert zu erwartenden Christus-Erscheinung. Eine ganze Reihe von Vorträgen über *Das Ereignis der Christus-Erscheinung in der ätherischen Welt* hält er allein in diesem Jahr in zahlreichen deutschen und ausländischen Städten.[419] Selbst in dem ersten seiner Mysteriendramen, *Die Pforte der Einweihung*, das im August 1910 in München uraufgeführt wird, spricht die Gestalt der Seherin Theodora dieses Gegenwartsmysterium aus. In dem in Bern abgehaltenen Zyklus über das Matthäusevangelium findet sich unter den zahlreichen Hinweisen zum Thema auch jener: Den Christusboten der Gegenwart werde man gerade daran erkennen, daß er sich nicht für den Christus ausgibt. Es könne aber sein, daß man die Christustatsache dieses Jahrhunderts verschlafe. Oder der Appell in den Berliner Vorträgen über den Christusimpuls:

»Schreiben Sie das in Ihr Herz: was Anthroposophie sein soll: eine Vorbereitung für die große Epoche der Menschheit, die uns bevorsteht. [...] Anthroposophie wird es sein, die aus der Geistesforschung heraus die Menschen den Christus in jener Gestalt, in der er lebendig ist, lehren wird.«[420]

Was könnte ferner liegen als die Erwartung einer irdischen Verkörperung Christi und deren Propagierung?

Zu den wichtigen Veranstaltungen des Jahres 1911 gehört der Vierte Internationale Philosophenkongreß, der im April in Bologna abgehalten wird und auf dem sich Steiner die Gelegenheit bietet, *Die psychologischen Grundlagen und die erkenntnistheoretische Stellung der Anthroposophie* darzustellen.[421] So wurde ein philosophisches Publikum mit der Eigenart der Erlebnisse eines Geistesforschers in ihrer Beziehung zur Erkenntnistheorie bekannt gemacht.

Im Juni spricht Steiner in Kopenhagen über *Die geistige Führung des Menschen und der Menschheit*. Was er hier über geisteswissenschaftliche Ergebnisse, über die Menschheitsentwicklung darlegt, das bekommt durch die Adyar-Ereignisse, mehr noch durch sein eigenes Thema einer sich ankündigenden Christus-Offenbarung besondere Bedeutung.[422] Für den Vortragenden Grund genug, diese Vortragsnachschriften – entgegen seiner Gepflogenheit – alsbald zu überarbeiten und noch im selben Jahr in Buchform erscheinen zu lassen. Angesichts der sich abzeichnenden Auseinandersetzungen mit Annie Besant und ihrer Agitation für den gerade gegründeten *Stern des Ostens* wird Steiners Drängen auf die sofortige Drucklegung der kleinen Schrift verständlich. Mitte August sind gegen achthundert Besucher in München eingetroffen, um die Aufführung der ersten beiden Steinerschen Mysteriendramen sowie die von Schurés Eleusis-Drama zu erleben. Steiners Absicht ist es, nach einem weiteren Vortragszyklus von München aus zu dem seit langem angekündigten Kongreß der Europäischen Sektionen nach Genua zu reisen. Doch da kommt im letzten Moment Annie Besants Absage. Der Kongreß, der unter dem Thema *Von Buddha zu Christus* stehen soll, findet nicht statt. Nach dem bis dahin Vorgefallenen freilich keine Überraschung, für Steiner und den Großteil seiner Sektion eher ein Hinweis darauf, daß nun auch nach einem äußeren Rahmen für die längst geübte innere Eigenständigkeit gesucht werden müsse. In München erwägt man bereits, ein geeignetes Zentrum für die anthroposophische Arbeit zu errichten. Doch solange die Sektion noch der Theosophical Society angehört, also keinen eigenen Rechtsträger darstellt, kann an die Inangriffnahme eines Bauvorhabens nicht gedacht werden. Der Gedanke als solcher aber wird bereits lebhaft diskutiert.

Was nun die Trennung von der Theosophischen Gesellschaft und die Begründung der Anthroposophischen Gesellschaft betrifft, so handelt es sich hierbei um Etappen eines über einige Jahre sich erstreckenden Prozesses. Zu den ersten Schritten, die zur organisatorischen Selbständigkeit führen, gehört die Bildung eines Bundes für anthroposophische Arbeit, während der Berliner Generalversammlung Mitte Dezember 1911. Neun Monate später kann von der »Geburt der Anthroposophischen Gesellschaft« gesprochen werden. »Denn in diesen Tagen vom 1. bis 7. September [1912] fanden unter den zahlreichen, aus vielen Ländern und Zweigen zusammengekommenen Mitgliedern gründliche Verhandlungen statt [...], ›als deren Ergebnis wir die neu ins Leben tretende Anthroposophische Gesellschaft zu begrüßen hatten‹, wie der Bericht vermeldet; und er bekräftigte es mit den Worten: ›Ein freudiges Gefühl durchpulste uns alle, als nach langen Verhandlungen das entscheidende Wort über Art und Charakter dieser anthroposophischen Gesellschaft gefallen und die Namengebung durch Dr. Steiner vollzogen war.‹«[423] – In den Weihnachtstagen des Jahres 1912 kommt es zum ersten offiziellen Zusammenschluß auf dem Weg zur Anthroposophischen Gesellschaft. Marie Steiner spricht dabei von den »Anhängern einer theosophischen Geistesrichtung, die nicht gewillt waren, in eine dogmatisierende indische Strömung unterzutauchen, sondern mit den Errungenschaften des Geisteslebens der neueren Zeit und dem radikalen Einschlag rechnend, der dem Erdengeschehen durch das Christus-Ereignis gegeben worden war [...].«[424] Und um weitere Urteilsgrundlagen für die west-östliche Polarität zu liefern, wie sie in spiritueller Hinsicht besteht, spricht Steiner über *Die Bhagavad-gita und die Paulusbriefe* – ein bemerkenswertes Indiz dafür, daß mit der Absage an die anglo-indische Bewegung nicht etwa die Brücken für das Verständnis der Traditionen Asiens abgebrochen sind. Der Vortragende versucht eher deutlich zu machen, inwiefern die Gita die »reife Frucht vieler vorangehender Zeitalter« sei, während in den Paulusbriefen, die sich an die gesamte Menschheit wenden, »die ersten Keime zu einem nächsten, allerdings vollkommeneren, umfassenderen Weltenalter« sind.[425] Der 28. Dezember gilt als Datum der Konstituierung der Anthroposophischen Gesellschaft. Damit hat der am 16. Dezember des Vorjahres ins Leben gerufene *Bund* deutlichere Konturen gewonnen. Auch von der anderen Seite erfolgt die zu erwartende Reaktion: Am 7. März 1913 nimmt der General Council in Adyar die 1902 ausgestellte Stiftungsurkunde zurück und erklärt die selbständig gewordene deutsche Sektion, an ihrer Spitze Rudolf Steiner, für ausgeschlossen. Ein letztes Mal war die bisherige Deutsche Sektion der Theosophischen Gesellschaft am 2. Februar 1913 in Berlin zusammengekommen.

Tags darauf eröffnete Rudolf Steiner die erste Generalversammlung der Anthroposophischen Gesellschaft, und zwar mit dem Hinweis, daß die nunmehr zu leistende Arbeit gar nicht neu sei, sondern daß alle Anstrengungen »zur Befestigung und Erweiterung der alten Arbeit« erfolgen sollen. Thema des anschließenden vierteiligen Vortragszyklus sind *Die Mysterien des Morgenlandes und des Christentums* – also nochmals der Versuch, den Gedanken des polaren Gegenübers sichtbar zu machen und – so im abschließenden Vortrag – das Wiederauftauchen des morgenländischen Mysterienwesens in der Gestalt des heiligen Grals zu bezeugen – neben der Rosenkreuzer-Symbolik ein zentraler Bestandteil der christlich-abendländischen Esoterik. Damit sind – nochmals – die Orientierungspunkte der neu entstandenen Anthroposophischen Gesellschaft gesetzt.

Für die Biographie Rudolf Steiners ist von Belang, daß er dieser Gesellschaft nicht eigentlich als Leiter vorsteht. Die Aufgaben des Vorstands teilen sich vielmehr der durch seine philosophisch-erkenntnistheoretische Arbeit bekannte Ingenieur Dr. Carl Unger, der Nürnberger Lehrer Michael Bauer und Marie von Sivers. Steiner, der nicht einmal formell Mitglied wird, fällt die Aufgabe des Lehrers und Beraters zu, eine Funktion bzw. Beschränkung seiner Aufgaben, die er bis zur sogenannten Weihnachtstagung von 1923 beibehält.

III

VERWIRKLICHUNG

Goetheanum im Werden

Anthroposophie will nicht nur eine Lehre sein, die sich an den Lebens- und Erkenntnisbedürfnissen der Menschen orientiert. Sie ist »zugleich eine Kraft, eine geistig-lebendige Kraft, die den ganzen Menschen in allen seinen Fähigkeiten durchdringen und befruchten kann.[...] So ist anthroposophisches Leben ein Faktor auf den verschiedenen Gebieten des menschlichen Daseins.«[426]

Nicht erst in dem Londoner Vortrag vom 15. April 1922 wird – neben vielen anderen Äußerungen – dieser kulturschöpferische Aspekt im Lebenswerk Rudolf Steiners herausgestellt. Schon im November 1905 schreibt er an Marie von Sivers:

> »Dies sollte unser Ideal sein: Formen zu schaffen als Ausdruck des inneren Lebens. Denn einer Zeit, die keine Formen schauen und schauend schaffen kann, muß notwendigerweise der Geist zum wesenlosen Abstraktum sich verflüchtigen. [...] So muß die Arbeit in der Zukunft dahingehen: religiösen Geist in sinnlich-schöner Form zu gestalten.«[427]

Berücksichtigt man jeweils den Kontext solcher Aussagen – die eben erwähnte Briefstelle steht im Zusammenhang mit der Freimaurer-Sache und den internen Vorträgen über das Arbeiten am Menschheitsbau[428] –, dann vereinigen sich hier zwei Gedankenlinien, die ihrerseits zum Grundbestand anthroposophischer Verwirklichung gehören: zum einen ist es der Faktor des Künstlerischen (anstelle einer bloßen theosophischen Allegorie), zum andern ist es der aufs engste damit verbundene Gedanke eines Tempelbaus (später weitgreifend der »Goetheanumgedanke« genannt). Eben diese Verknüpfung läßt sich mit Steiners Worten als die Gestaltung »religiösen Geistes in sinnlich-schöner Form« benennen. Und wenn vom anthroposophischen Kunstimpuls gesprochen wird, sollte klar sein, daß er nicht nur Anstöße für eine bestimmte Ästhetik meint. Dieser Impuls läßt sich mit den gängigen ästhetischen Kategorien allein nicht zureichend erfassen, weil jeweils gleichzeitig ein »religiöses«, genauer, ein ganzheitliches Erfassen des Menschen und seiner Welt gemeint ist.

Als man nun zu Pfingsten 1907 daranging, mit dem Münchner Kongreß in dem bezeichneten Sinn einen ersten Akzent zu setzen, traten – trotz der formal-künstlerischen Unzulänglichkeiten dieses Versuchs – die für die Weiterarbeit benötigten Bausteine erstmals in Erscheinung: Die roten Vorhänge, mit denen die Wände des Saals ausgeschlagen waren, deuteten darauf hin, daß die Farbe in ihrer »sinnlich-sittlichen« Qualität für die Raumgestaltung eine wesentliche Rolle zu spielen habe. Man stellte auf Karton gemalte Säulen auf, dazwischen sieben Darstellungen aus der Johannes-Offenbarung, die sogenannten Siegel, wie sie – von einer gewissen Besonderheit abgesehen – übrigens auch bei Eliphas Levi in *Lehre und Ritual der hohen Magie* (1857) zu finden sind. In dieser auf die Tempelsymbolik hindeutenden Zusammenstellung durfte auch das urbildliche Säulenpaar Jachin und Boas nicht fehlen. In München fand es auf der Bühne Platz. Dieses Säulenpaar erinnert nicht allein an freimaurerische Bezüge, sondern unmittelbar an den Salomonischen Tempel, der seinerseits als Archetypus des Tempelbaues anzusprechen ist. In diesem Rahmen, dem »Haus des Wortes«, kam Schurés Drama von Eleusis zur Aufführung. Rudolf Steiner hatte das von Marie von Sivers verdeutschte Werk für die Bühnenaufführung sprachlich eingerichtet als ein Mysterienspiel, das zum Menschen sprechen will, der einen inneren Wandlungsprozeß zu durchlaufen hat.

Der in mancher Hinsicht noch als ein Provisorium empfundene Charakter jener Münchner Versuche löste eine Diskussion aus, in der es darum ging, ob der nur eben angedeutete Tempel durch einen tatsächlichen Bau ersetzt werden könnte. Dieses aus dem Mitglieder- und Mitarbeiterkreis heraus laut gewordene Bedürfnis wurde in den darauffolgenden Jahren dringlicher. Denn als von 1910 an in München Steiners eigene vier Mysteriendramen zur Aufführung gelangten, teils im Schauspielhaus, teils im Münchner Theater am Gärtnerplatz, teils im Volkstheater, da empfand man die Notwendigkeit eines geeigneten Baues. Schon im April 1911 konstituierte sich in München ein Bauverein, der die notwendigen Schritte einleiten sollte: der Johannesbau-Verein, benannt nach der zentralen Figur aus den Mysteriendramen. Am 12. Dezember hielt er in Berlin seine erste Generalversammlung ab. Und was die Ziele dieses Vereins anlangte, gab Rudolf Steiner die Losung aus:

»Dazu ist unser Zeitalter da, daß es den Anfang macht mit einer Tempelkunst, die laut zu den Menschen der Zukunft sprechen kann: ›Der Tempel, das ist der Mensch, der in seiner Seele den Geist empfängt.‹«[429]

Was nun die Lage dieses künftigen Joahnnesbaues anlangt – Weimar war als Standort vorgeschlagen worden –, so gibt Steiner zu bedenken, daß ein derartiges Bauwerk nicht dorthin gehört, wo bereits eine Kulturblüte gewesen ist und wo jetzt (etwa in Gestalt der Archivarbeit) eher die Kräfte der Vergangenheit walten – sieht man einmal von den negativen Erinnerungen des ehemaligen Mitarbeiters im Goethe-Archiv ab. Dagegen spricht um das Jahr 1910/11 vieles für München, das zu einer Metropole so vieler kultureller und künstlerischer Bestrebungen geworden ist und wo sich einem Zentrum der anthroposophischen Arbeit große Chancen zu eröffnen scheinen. Hatte nicht schon Richard Wagner seinem *Bühnenweihfestspiel* in München einen Bau errichten wollen, ehe er sich für Bayreuth entschied?

Das Risiko eines derartigen Unternehmens ist für die rund zweitausend Mitglieder der deutschen Sektion zu diesem Zeitpunkt nicht nur ein finanzielles. Vor allem die zu bewältigende künstlerische Aufgabe ist kaum zu ermessen, bedenkt man, daß die für das zu schaffende »Haus des Wortes« erforderlichen Bauformen nicht einfach aus der Tradition oder von den gerade herrschenden Stilrichtungen übernommen werden können. Das, was entstehen soll, darf weder nur an alte Vorbilder angelehnt erscheinen, noch soll man es verstandesmäßig konstruieren wollen. Der anthroposophisch orientierten Geisteswissenschaft komme man nur dann näher, wenn man den Weg einschlägt, der sich aus den Forderungen der neueren Zeit ergibt und wenn man den Blick in die Zukunft richtet. Und was das Künstlerische betrifft, das zur Geltung gebracht werden soll, so müsse es gleichsam aus der geistigen Welt heraus empfangen werden. Ohne Zuhilfenahme einer vordergründigen Allegorie oder eines modischen Symbolismus soll es als eine Offenbarung des Geistigen in der physischen Welt, in Farbe und Form, erscheinen.[430]

Wer anders als Steiner selbst konnte dieses große Werk in Angriff nehmen?

Schon die Vorbereitung der Mysteriendramen hatte an Rudolf Steiner ganz neue Anforderungen gestellt. Vor allem, wer den jungen Steiner als lebensunpraktischen »Büchermenschen« kannte, also seine Freunde Friedrich Eckstein oder Richard Specht, in dessen Wiener Familie Steiner viele Jahre als Hauslehrer fungierte, waren verblüfft, als sie viel später Dornach erlebten: Der Mann, den Richard Specht als einen unkünstlerischen Menschen schilderte, »nicht imstande, einen Vers zu schreiben und zeichnerisch nicht mäßig begabt, sondern unmäßig unbegabt«[431], derselbe Steiner soll den Goetheanum-Bau bis in alle Einzelheiten hinein entworfen und mitgestaltet haben?

Welche Entwicklungen muß allein der Schöpfer der Mysteriendramen und dann all der weiteren künstlerischen Aktivitäten einschließlich der Eurythmie durchlaufen haben! Fred Poeppig spricht im Blick auf den »Künstler Rudolf Steiner« die Vermutung aus, »daß er in seinem Wesen viel mehr das Urbild eines Forschers verwirklicht hat. Gerade darum konnte er aus seiner geistigen Schau die Wege erkennen, die für die Weiterentwicklung der Kunst notwendig sind. Seine künstlerischen Fähigkeiten wuchsen ihm aus dieser zentralen Quelle seiner geistigen Forschung hinzu, durch die er miteinbezogen wurde in übersinnliche Schaffensbereiche und schöpferische Lebensquellen. Seine eigene überraschende Entwicklung auf diesem Gebiete ergibt sich, wenn man seine ersten Entwürfe zum Rosenkreuzermysterium *Die Pforte der Einweihung* mit der späteren Gestalt, wie sie heute vorliegt, vergleicht.«[432]

Es muß nicht eigens hinzugefügt werden, daß diese Forschungsart einer Seelenhaltung entspricht, in der der Mensch ein geistig Empfangender ist. Im Grunde ist nicht *er* der »Macher«, der Schöpfer, sondern er ist eher das Medium, durch das hindurch das imaginativ, inspirativ Empfangene hindurchgeleitet wird, ehe es in Farbe und Ton, in Gestik und Gestalt künstlerisch in Erscheinung treten kann. Bisweilen sind es unscheinbare Nuancen oder Indizien, die das Gemeinte andeuten. So läßt Steiner auf das Titelblatt seines ersten Dramas (1910) die Worte »Ein Rosenkreuzermysterium *durch* Rudolf Steiner« setzen. Und weil das zweite Mysteriendrama *Die Prüfung der Seele* (1911) als Nachspiel zur *Pforte der Einweihung* verstanden wird, heißt es abermals – statt »von« – *»durch* Rudolf Steiner«. Soll damit nicht zum Ausdruck gebracht werden, daß sich durch ihn eine bestimmte Spiritualität manifestieren will und daß er nur in einem äußeren Sinne der Autor dieser Dichtungen ist?

Die Intensität, mit der sich Rudolf Steiner in den Sommerwochen (Juli/August) der Jahre 1910 bis 1913 der Inszenierung und Aufführung gewidmet hat, ist erstaunlich. Darauf deutet eine Reihe von Erinnerungen der Mitbeteiligten hin. Marie von Sivers, der schon aufgrund ihrer schauspielerischen Ausbildung und als geschulter Rezitatorin in den Gründerjahren der Anthroposophie zusätzlich ein eigener Tätigkeitsbereich zugewiesen war, erzählt, daß Rudolf Steiner einen Großteil der Dramentexte erst in den Nächten vor den

Proben niederschreiben konnte. In jener Zeit wohnte er bei den beiden führenden Münchner Anthroposophinnen Sophie Stinde und Pauline Gräfin Kalckreuth in der Adalbertstraße. Die fertigen Blätter pflegte er in den Hausbriefkasten zu werfen, wo sie dann in der Frühe vom Drucker abgeholt wurden. »Am Tage probten wir [...]. Dazwischen leitete und überwachte er die verschiedenen Werkstätten, in denen nach seinen Angaben geschreinert, gezimmert, gemalt, modelliert, genäht und gestrickt wurde. Für alles hatte er neue Gedanken; überall konnte er zugreifen. Schnell entstand unter seinen geschickten Fingern das Modell, nach dem der ausführende Künstler sich richten konnte [...]. Da lagen sie, in den großen Speichern der Schrannenhallen in München, die Riesenleinenstücke, aus denen unsere Kulissen wurden; da gab er sie an, die Maße und Ornamente der Säulen der Sonnentempel, der unterirdischen Tempel, die Wolkengebilde des Geistgebietes, die Kluften, Felskegel und Kristalle aus Ahrimans Reich, die Zaubergebilde aus Luzifers Landen. Da gab es die Landschaften mit [Felix] Baldes rundem Häuschen, mit Hilarius' ovalem Haus, jenen Formen, die später am Bauplatz des Goetheanums ihre Verwendung fanden; da standen die Möbel, die in ihren schönen geschwungenen Linien und in ihren Farbtönen angepaßt waren den Individualitäten, denen sie die äußere Umrahmung gaben, und auch den Farben der Wandflächen. Immer farbig leuchtend, diese Flächen, ob blau, ob rot oder lila. Wir führten diese wandauflösenden oder zur Initiative anregenden, zur Sammlung auffordernden Farbtönungen nachher auch in unsere anthroposophischen Arbeitsräume und Kunstzimmer ein«, so bemerkt Marie Steiner in ihrem Bericht über die Münchner Mysterienspiele.[433] – Aus manchen Erinnerungen spricht auch die Klage, daß die Zeit zum Memorieren der erst kurz zuvor entstandenen Texte oft allzu kurz gewesen sei. »Es stellte sich ja erst während der Proben heraus, daß noch kein einziges [Szenen-]Bild niedergeschrieben war. [...] Am Vormittag erschien Dr. Steiner und las uns jeweils aus seinem Heft das neuentstandene Bild vor. Manchmal schrieben wir uns aus diesem Heft selbst unsere Rollen ab. [...] ›Nicht wahr‹, sagte Dr. Steiner, ›es wäre ja Unsinn, ein Drama zu schreiben, bevor es sich um eine Aufführung handelt. Es ist das erste Drama, worin die Reinkarnationsidee in wahrer künstlerischer Form erscheint.‹ – Er las mit zurückgehaltenem Pathos, aber deutlicher Charkterisierung. Während der Proben gab er sparsame Winke. Selten machte er es uns auf der Bühne vor. Dann aber bekam man den Eindruck einer konkreten Persönlichkeit.«[434] – Eine andere Beobachtung an dem vielseitig Beschäftigten hält Oskar Schmieder fest: »Das Verwunderliche dabei war, daß man Rudolf Steiner von den großen Anstrengungen nie etwas anmerkte; er war immer der gleiche, immer frisch, freundlich, geduldig und gütig. Überhaupt scheinen diese vier Sommer der Vorbereitungen der Aufführungen seiner Mysterienspiele etwas wie ein Höhepunkt seines Lebens und Wirkens gewesen zu sein. Wir alle, die wir an dieser Arbeit teilnehmen durften, empfanden diese ganzen Sommerwochen als eine hohe Festeszeit. Ich kann mich nicht erinnern, Rudolf Steiner in späteren Zeiten in einer gleichen Stimmung erlebt zu haben.«[435]

Manche Teilnehmer bzw. Mitarbeiter haben bedauert, daß während der Proben kein Tagebuch geführt wurde, weil Steiner aus diesem Anlaß vieles in seinem sachlich-spirituellen Zusammenhang erläuterte, was andernorts nicht nachzulesen ist. Ein Element, das erst im dritten Mysteriendrama *Hüter der Schwelle* (1912) auftaucht und das erst in den folgenden Monaten und Jahren seine volle Entfaltung erfahren sollte, ist eine künstlerische Schöpfung eigener Art, die »Eurythmie«, sichtbar gemachte Sprache, eine Bewegungskunst, in der seelisches Erleben und Dichtung in rhythmische Bewegung umgesetzt werden konnte. Noch im Herbst 1912 – für Mitte September 1912 war in Basel der Beginn der Vorträge über das Markusevangelium angesagt – zeigte Rudolf Steiner einem siebzehnjährigen Mädchen, Lori Maier-Smits, die ersten Grundlagen dieser Bewegungskunst.[436] Sie sollte sich unter der Weiterführung durch Marie Steiner zu voller Blüte entfalten. – Wie eine Summe mutet jene briefliche Mitteilung an, die Christian Morgenstern am 24. August 1913 seinem Freund, dem Schauspieler Friedrich Kayßler, nicht ohne Überschwang machte. Morgenstern gewann während der Aufführungen den Eindruck: »Das Steinersche Mysterium [...] ist kein Spiel, sondern es spiegelt geistige Welten und Wahrheiten wider. Es leitet ein – mag sein mit mancher Mühsal eines Anfangswerkes, einer ersten Tat beladen – eine neue Stufe, eine neue Epoche der Kunst. Diese Epoche selbst ist noch fern; es können Hunderte von Jahren vergehen, bis die Menschen, die diese rein geistige Kunst wollen, so zahlreich geworden sind, daß etwa in jeder Stadt Mysterien solcher Art würdig geboren und empfangen werden können – aber hier in der ›Pforte‹ ist ihr historischer Ausgangspunkt, hier wohnen wir ihrer Geburt bei.«[437]

Daß Steiner diese vier Mysteriendramen als eine Art Auftakt zu weiteren Aufführungen ähnlicher Art verstand, geht daraus hervor, daß nach *Der Seelen Erwachen*, das am 22. August 1913 im Münchner Volkstheater uraufgeführt worden war, für den Sommer 1914 ein fünftes Drama geplant wurde. Seiner Arbeitsweise gemäß wollte Steiner den hierfür erforderlichen Text wieder erst unmittelbar vor den Proben konzipieren bzw. ausarbeiten. Doch da brach mit der Generalmobilmachung Österreichs am 31. Juli und der Generalmobilmachung Deutschlands am 1. August 1914 der Erste Weltkrieg aus. Die Festspielveranstaltungen mußten abgesagt werden. Somit kam auch die Niederschrift eines fünften Mysteriendramas nicht mehr zustande.

Die Vorbereitungen für den Johannesbau aber liefen, wie gesagt, seit April 1911. Sie nahmen noch vor Kriegsausbruch konkretere Formen an, weil die neu begründete Anthroposophische Gesellschaft seit 1912/13 auch in rechtlicher Hinsicht auf eigenen Füßen stand und somit ein derartiges Bauvorhaben in Angriff nehmen konnte. Ein – wie man damals meinte – geeignetes Grundstück hatte man am 8. Juli 1911 gekauft. Es lag im Münchner Stadtteil Schwabing, also am Nordrand der Stadt, unmittelbar hinter der evangelischen Erlöserkirche, dort, wo heute die verkehrsreiche Ungererstraße zusammen mit der Germania- und Fuchsstraße ein Dreieck bildet. Geplant war ein Doppelkuppelbau mit einer West-Ost-Achse, zum Teil umsäumt von Häusern, in denen Mitglieder und Freunde der Bewegung wohnen sollten. Und weil der Johannesbau nicht allein eine »Hochschule für Geisteswissenschaft« beherbergen sollte, sondern vor allem auch die Weihestätte für die Mysterienspiele, entwarf Rudolf Steiner eigens für die Vereinsmitglieder eine der Aufgabenstellung gemäße Mitgliedskarte[438]: ein goldenes T, das Tau-Zeichen, auf violettfarbenem Grund; über dem T ein durchsichtiges Pentagondodekaeder (fünfeckiger Zwölfflächner), an dessen zehn sichtbaren Endpunkten die Anfangsbuchstaben des bekannten Rosenkreuzerspruches standen:

> Ex deo nascimur – Aus Gott sind wir geboren.
> In Christo morimur – In Christus sterben wir.
> Per Spiritum Sanctum reviviscimus – Durch den
> Heiligen Geist werden wir wiedergeboren.

Die nach Angaben Rudolf Steiners erstellten Baupläne wurden der kommunalen Baubehörde vorgelegt. Aber die Verhandlungen zogen sich hin, viel länger als ursprünglich angenommen. Schwierigkeiten verschiedener Art traten auf, so von Seiten der evangelischen Kirchengemeinde, die sich durch die unmittelbare Nachbarschaft eines »Anthroposophen-Tempels« gestört fühlte; architektonisch-städtebauliche Einwände traten hinzu. Schließlich wurde die erforderliche Genehmigung versagt. Zu denen, die über einen gangbaren Ausweg nachsannen, gehörte Alexander von Bernus mit seinem schon erwähnten Angebot, ein Grundstück auf seinem Anwesen bei

Heidelberg geschenkweise zur Verfügung zu stellen. Doch da sind die Würfel bereits gefallen. Unter dem 19. September 1913 antwortet ihm Rudolf Steiner, und zwar schon von Dornach aus:

»Ihr so liebes Anerbieten bezüglich eines Baues in dem Bereich Ihrer Besitzung würde von mir sogleich dankend angenommen worden sein, wenn in dieser Zeit dasselbe noch in einer Beziehung zu dem Bau in Dornach gedacht werden könnte. Allein dieser Bau kann nicht mehr aufgegeben werden. Das Karma hat so deutlich auf diesen Punkt gewiesen, daß ich in dieser Zeit nicht mehr wagen würde, dem Johannes-Bau-Verein einen anderen Rat zu geben, als da zu bauen, ganz abgesehen davon, daß eine Änderung der diesbezüglichen Dispositionen schon seit Mai nicht mehr möglich ist.«[439]

Am 15. und 16. Mai war Rudolf Steiner in Begleitung von Marie von Sivers nach Dornach bei Basel gefahren. Dort besaß Dr. Emil Großheintz, ein Schweizer Mitglied und zugleich Mitglied des Bauvereins, ein großes Hügelgrundstück in der anmutigen Lage des Schweizer Jura. Daß nicht nur sachlich-geographische, sondern in erster Linie spirituelle, ja schicksalhafte (karmische) Gesichtspunkte für die endgültige Wahl des traditionsreichen Dornacher Hügels den Ausschlag gaben, hat Steiner wiederholt hervorgehoben. So heißt es auch im Brief an Alexander von Bernus u.a.:

»Mit jedem Tag treten mir mehr spirituelle Gründe vor die Seele, welche den uns gewissermaßen aufgedrungenen Punkt als den richtigen erscheinen lassen. So kann ich auch nichts mehr dagegen haben, morgen hier – nach Sonnenuntergang – den Grundstein zu legen. Und dies bedeutet für mich in occ[ulter] Beziehung eine Verantwortung, die mir recht schwer auf der Seele lastet.«

»Morgen«, das ist der 20. September 1913. Schaut man die verschiedenen Berichte und Erinnerungen zusammen, dann entsteht folgendes Bild: Drei Tage vor der Grundsteinlegung gibt Rudolf Steiner den genauen Zeitpunkt an. Nur wenige Freunde erfahren davon. Mit ein paar Spatenstichen bezeichnet er die Stelle. Aufgabe der anwesenden Mitglieder ist es nun, mit dem Ausheben einer kleinen Grube zu beginnen, die neun Stufen tief und betoniert werden soll. Als Grundstein dienen zwei aneinandergelötete kupferne Dodekaeder, Sinnbild der menschlichen Seele. Dieser Grundstein soll dort niedergelegt werden, wo im fertigen Bau das Rednerpult stehen wird. Das Pergament für die Urkunde, eine Kalbshaut, besorgt das Münchner Mitglied, der Landwirt Otto Graf Lerchenfeld. Steiner selbst beschriftet die Haut. Das von ihm gezeichnete Grundsteindokument enthält u.a. die Zeitangabe: »Gelegt vom J[ohannes]-B[au]-V[erein] für die anthroposophische Arbeit, am 20. Tage des Septembermonats 1880 n[ach] d[em] M[ysterium] v[on] G[olgatha], d.i. 1913 nach Chr., da Merkur als Abendstern in der Waage stand.«[440]

Am Abend des 20. September gegen 18.30 Uhr versammelt sich die Schar der Mitglieder aus Vorstand, Bauverein und Anthroposophischer Gesellschaft, auch auswärtige Mitglieder sind herangeeilt. Doch ist infolge der rasch eintretenden Dunkelheit des wolkenverhangenen regnerischen Tages dafür gesorgt, daß Neugierige ausgeschlossen bleiben. Fackeln und ein Holzfeuer sorgen für die allernotwendigste Beleuchtung. Der Grundstein wird in der Weise niedergelegt, daß der größere Dodekaeder nach Osten, der kleinere nach Westen liegt, also im umgekehrten Verhältnis zu den Proportionen der beiden Kuppeln des späteren Baues. Marie von Sivers legt einen Rosenstrauß nieder, bestehend aus zwölf roten und einer weißen Rose, ehe der leitende Architekt E. Schmidt-Curtius und Ingenieur Englert den Stein bedecken. Rudolf Steiner reicht den unmittelbar an der Grundsteinlegung Beteiligten in überkreuzter Form die Hände, ehe sie wieder die neun Stufen emporstiegen, Steiner als letzter. Dann ergreift Rudolf Steiner das Wort. Mit ihm unterstreicht er, daß die ganze Handlung den Duktus einer »esoterischen Stunde« habe. Deshalb auch die nur in solchem Rahmen geübte Anrede »Meine lieben Schwestern und Brüder!«. Es gehe darum, daß sich die Seelen der Beteiligten mit dem verbunden fühlen, was sie symbolisch in die Erde versenkt haben, damit dieser Bau als ein Wahrzeichen entstehen könne, »nicht in Überschätzung unseres Strebens, sondern in Demut, in Hingabe und Opferwilligkeit« zum Fortgang der Menschheitsevolution. Und nachdem er an das Vaterunser anknüpfend ein »makrokosmisch widerklingendes« Gebet gesprochen hat, schließt er mit den Worten:

> »Das Bewußtsein, das von diesem Abend bleibt, soll in uns entzünden das Streben nach Erkenntnis einer der Menschheit gegebenen Neuoffenbarung, nach der da dürstet die Menschenseele, von der sie trinken wird, aber erst dann, wenn sie gewinnen wird furchtlos den Glauben und das Vertrauen zu dem, was da verkünden kann die Wissenschaft vom Geiste, die wiederum vereinen soll, was eine Weile getrennt durch die Menschheitsevolution gehen mußte: Religion, Kunst und Wissenschaft. Nehmen wir dies, meine Schwestern und Brüder, mit als etwas, was wir als

ein Gedenken an diese gemeinsam gefeierte Stunde nicht wieder vergessen möchten.«[441]

Damit ist das Programm anthroposophischer Arbeit, die Arbeit einer zu schaffenden Synthese von Religion, Kunst und Wissenschaft, durch einen kultischen Akt intoniert. Der Bauvorgang selbst und die Ausgestaltung des Johannes-Baues wollen bereits als ein gemeinsames Schaffen in diesem Geist verstanden sein, und zwar bis in alle künstlerischen und manuellen Verrichtungen hinein. Als er daher zwei Tage nach der Grundsteinlegung im Rahmen der dritten Generalversammlung des Bauvereins in Basel spricht, betont Steiner: »Mit dem Stein, mit dem wir da hantiert haben, verbinden wir doch zunächst das Symbolum unserer Seele, die wir gewissermaßen der Erdenmission anvertrauten. Und auch das durfte bei dieser Gelegenheit mit Recht betont werden, daß dasjenige, dessen Eckstein dieser Stein sein soll, wirklich wie eine Antwort uns sein muß auf einen allgemeinen Schrei, der gegenwärtig durch das Geistesleben der Menschheit geht.«[442] – Ein Jahr später rechnet er das Geschehen »zu den erhabensten Augenblicken, die ich erleben durfte im Laufe unserer Bewegung.«[443]

Auf dem Hügel oberhalb der Ortschaft Dornach ist eine Großbaustelle entstanden. Steiner, der seine in- und ausländische Vortragstätigkeit mit gleicher Intensität fortsetzt, drängt zur Eile. Ein Wort, das Marie Steiner mitgeteilt hat, lautet: »Im Juli 1914 müssen wir fertig sein; im Juli 1914 muß der Bau fertig dastehen.« Aber in einer derart kurzen Zeit ist die Arbeitsleistung nicht zu erbringen, wenngleich schon im April 1914 das Richtfest gefeiert werden kann. Die Gerüste des Doppelkuppelbaues, der sich über einen Vortragsraum mit rund eintausend Sitzplätzen wölbt, ragen über dem Betonsockel auf. Die Wände und der ganze Innenausbau werden aus Holz errichtet, ein Projekt, das mehr als sieben Millionen Schweizer Franken verschlingt – eine Summe, die durch Schenkungen und private Spenden aller Art zusammenkommt. Dabei hat die Zahl der Mitglieder noch nicht das dritte Tausend erreicht.

Um die Baustelle herum gruppieren sich etliche kleinere Baracken, die Werkstätten der einzelnen Baugruppen, dazu oberhalb des Baus eine große Holzbaracke, die sogenannte Schreinerei. Sie sollte für die junge anthroposophische Bewegung besondere Bedeutung erlangen, weil hier auch – über Jahre hinaus – die Vorträge und Tagungen stattfanden und Rudolf Steiner später sein Arbeitszimmer einrichtete, von wo aus er alle wesentlichen Entscheidungen traf – sofern dies nicht an Ort und Stelle geschah: auf den hohen Gerüsten, im Kreis der Architekten und Handwerker, bei der

Anleitung seiner Mitarbeiter aus der Anthroposophischen Gesellschaft. Denn den Arbeitern der einzelnen Firmen hat sich ein ganzes Heer von arbeitswilligen Mitgliedern zugesellt, unter ihnen viele Künstler. Weil ein Großteil der Arbeit darin bestand, aus den Holzmassen lebendige Formen herauszugestalten, ist ein solches mit Hohleisen und Klöppeln bewaffnetes Heer von Helfern dringend notwendig. »Aus allen Weltteilen kommend, sammelten sich in Dornach die Mithelfer am Bau«, so berichtet die Russin Assja Turgenieff, Frau des Literaten Andrej Belyj (Bugajew).[444] »Es war eine bunte, vielseitige, vielsprachige Gesellschaft. [...] Unsere Schnitzergruppe wuchs auf etwa 70 Menschen an, abgesehen von denjenigen, die nur kurze Gastspiele gaben. Es wollte jeder, der nach Dornach kam, wenigstens ein paar Späne für den Bau abgehauen haben.«[445]

Steiners eigener »Beitrag« ist vielfältiger Natur. Er reicht von der spirituell-künstlerischen Konzeption[446] und der Ausformung des in Wachs gearbeiteten Modells bis hin zur Bestimmung der Hölzer, wie sie zu verwenden und wie sie zu formen seien. Zum Erstaunen vieler, die eben nur den »unmäßig Unbegabten« gekannt haben, gehen selbst methodisch-technische Anregungen aller Art auf ihn zurück. »Wenn Rudolf Steiner den Hammer schwang, das Stemmeisen bohrte, das Wort ergriff, befeuerte er alle; aus jedem Handgriff machte er ein bewußtseinsdurchwärmtes Erleben; man mußte lieben, was man tat, was er tat, und so schien alles leicht, wenn auch die Muskeln und Sehnen schmerzten.«[447] – Die Russin Margarita Woloschin erinnert sich: »Wir standen hinter ihm, und ich konnte sein Profil und seine Hände sehen. Lange schnitzte er schweigend, seine Züge waren konzentriert und froh, als ob er innerlich auf etwas Schönes lauschte; es war ein Zwiegespräch mit dem Holz. Behutsam und sicher nahm er das Holz schichtweise ab, als ob er ganz genau die Grenze der im Holz verborgenen Form sähe und sie nur von dem überflüssigen Stoffe befreien wolle. Dann sagte er etwa:

> »Bei der Plastik muß man die Fläche fühlen, auf die Fläche im Raum bedacht sein. Die Kanten in der Plastik müssen als Ergebnis, als Grenze zwischen zwei Flächen entstehen, man darf sie nicht vorher bestimmen; auf die Kanten muß man neugierig sein [...].«[448]

Marie von Sivers, die seit Jahren den brieflichen Kontakt mit Edouard Schuré aufrechterhält, informiert den französischen Schriftsteller immer wieder auch über den Fortgang des Steinerschen Werkes. Im Brief vom 17. November 1913 findet sich der Satz: »Herr Steiner arbeitet wie noch nie und gleicht einer brennenden Kerze.« Am 18. April 1914 schreibt sie: »Die Säulen des Tempels erheben sich, die Architraven entfalten wunderbare und majestätische Linien, und es ist schön, die Gruppen von Holzschnitzern im Zuge dieser Linien hängen zu sehen mit ihren verschiedenen Attitüden, ihre kräftigen und geschickten Bewegungen zu verfolgen, die Musik der Hammerschläge zu vernehmen, welche der harten Materie die Formen entreißen, und sich den Tag vorzustellen, wo das Drama und die Dichtkunst sich unter diesen Linien entfalten werden.«[449]

Soviel in den Berichten auch von einer »ganz neuen, freien Lebensweise« (A. Turgenieff) die Rede ist und von der Schaffensfreude, die die Angehörigen vieler Völker und Sprachen, Deutsche, Engländer, Franzosen, Polen, Russen, Skandinavier entwickeln – ein bloßes Gemisch aus dem Quartier Latin, aus der Moskauer Boheme oder aus Schwabing darf man sich wohl nicht vorstellen. Die Probleme, die sich an der Sache selbst und vor allem zwischen so verschiedenen Menschen entzünden, bleiben nicht aus – nicht zu vergessen der Unmut, den das illustre Künstlervolk samt seinem »Doktor« bei den ortsansässigen Bauern und deren Dorfpfarrer auslöst. Nur eine Episode: Am 24. Dezember wurden Marie und Rudolf Steiner getraut. Ende Dezember 1914, dem Zeitpunkt, an dem der Bau vollendet sein sollte, werden Unregelmäßigkeiten im Baubetrieb bekannt. Steiner beruft eine außerordentliche Versammlung ein, um das Erforderliche in aller Offenheit auszusprechen. Eine Augen- und Ohrenzeugin rechnet die Begebenheit zu einer ihrer schmerzlichsten Erinnerungen. Denn mit einem Male zeigt sich der sonst so geduldige, gütige, nachsichtige »Herr Doktor« von einer ganz anderen Seite: »Seine Augen flammten. Seine Stimme dröhnte. Marie Steiner saß, weiß bis in die Lippen, den ganzen Abend reglos erstarrt. Nachdem er in der schärfsten Weise alles zurückgewiesen hatte, was durch seine Trauung entfesselt worden war – ›es ist meine Privatsache, die niemanden etwas angeht‹ –, kam er auf die Mißstände am Bau. ›Draußen wird von der blinden Autoritätsgläubigkeit der Anthroposphen gefaselt! In Wirklichkeit ist es so, daß ich nur etwas zu sagen brauche, und es geschieht das Gegenteil davon!‹ – Es war wie Blitz und Donner im Raum. Er sprach von Vergiftung der Arbeit, von Gewissenlosigkeit vor der geistigen Welt. Dann, nach einer Totenstille (er hatte sich neben Marie Steiner niedergesetzt) stand jemand auf und suchte stammelnd nach Worten der Entschuldigung, der Reue und sagte endlich, Herr Doktor werde doch von allen so hoch verehrt. Da schoß schon Rudolf Steiner hoch und rief mit einer Stimme, die von Zorn, ja von Verzweiflung schwang: ›Ich will nicht verehrt werden! Ich will verstanden werden!‹ Ein Abgrund schien aufgerissen. Keiner erhob mehr den Blick. Keiner sprach ein Wort. Rudolf Steiner verließ mit Marie Steiner den Raum ohne Gruß. Lautlos schlich alles auseinander.«[450] – Die unvermeidliche Lektion ist erteilt. Devotion, Verehrung der Wahrheit gegenüber, von der in *Wie erlangt man Erkenntnisse der höheren Welten?* so eindringlich die Rede ist, kann auch bei »Geistesschülern« nur zu schnell in Personenkultus ausarten, deren bzw. dessen Opfer der Geisteslehrer selbst wird ... Aber zu blindgläubiger Steiner-Verhimmelung ist keine Zeit, am allerwenigsten auf der Dornacher Baustelle, wo seit Sommer 1914 das Hämmern und Klopfen der Arbeitenden vom dumpfen Kanonendonner der nahen deutsch-französischen Grenze übertönt wird.

Auch finanzielle Engpässe treten auf. Wir wissen aber auch, daß immer wieder großherzige Spender einspringen, um den Fortgang des Baus selbst während des Kriegs zu garantieren. Als ein solcher Helfer in der Not erweisen sich beispielsweise der wohlhabende Schweizer Nationalrat Johann Daniel Hirter (1855 – 1926) und seine Ehefrau Marie Hirter-Weber (1854 – 1946).[451] Und weil das ursprünglich als Johannesbau begonnene Werk in seiner Gesamtkomposition und in seiner besonderen Stilform nicht etwa einer allegorischen Abstraktion folge, indem es Anthroposophie »symbolisiere«, sondern weil es als Gefäß und Hülle für das lebendige Wesen Anthroposophie sein solle, entschließt sich Rudolf Steiner während des Weltkriegs zur Namensänderung. In einem öffentlichen Vortrag am 18. Oktober 1917 in Basel deutet er seinen Wunsch an, die von ihm vertretene Weltanschauung am liebsten »Goetheanismus« und den Dornacher Bau entsprechend »Goetheanum« zu nennen. Und so geschieht es, soweit es das Gebäude betrifft. Die Bezeichnung Goetheanismus bleibt indes jener mitteleuropäischen Erkenntnisströmung vorbehalten, die die geistige Nähe zu Goethe, zu Idealismus, Klassik und Romantik betont. Und Steiner hebt immer wieder hervor, daß es beispielsweise Goethes Metamorphosenlehre sei, die die elementaren Ansätze enthalte, für eine umfassende kulturelle Erneuerung fruchtbar gemacht zu werden, eben in der »anthroposophisch orientierten Geisteswissenschaft«.

Wer sich die Frage stellt, wie der Erbauer von Dornach mit dem Resultat seiner Bemühungen zufrieden war, ob und in welchem Maße Rudolf Steiner sein architektonisches Schaffen einer selbstkritischen Betrachtung zu unterziehen vermochte, der lese den Brief, den er von Dornach aus am 18. Juli 1922 an den Architekten Walter

Schwagenscheidt schrieb. Darin findet sich eine Stelle, die an die Schwierigkeiten erinnert, unter denen das Goetheanum zu planen und zu errichten war und daß, schon allein von daher gesehen, nicht alle Bauabsichten ihre optimale Ausführung erfahren hätten. Steiner schreibt, indem er Schwagenscheidts Projektionen einer »Raumstadt«-Gestaltung großes Interesse entgegenbringt:

»Man hat mich gehetzt, so daß mein Baugedanke – für München – zu schnell auf den Dornacher freien Hügel übertragen worden ist, und ich die Anpassung an die naturgegebenen Bedingungen erst während des Baues vollziehen mußte. Dadurch empfinde ich, was nun entstanden ist, nach vielen Richtungen hin als ein Unvollkommenes.«[452]

Steiner läßt durchblicken, daß es selbst in einer durch eine gemeinsame Weltanschauung verbundenen Gemeinschaft schwierig sei, den Grundsatz durchzusetzen, demzufolge der geistige Inhalt bei einem derartigen Bau das Erste, die materielle Form das Zweite sein müsse. Der Kampf um diesen Satz mit dem »Bauherrn« sei »ja wirklich ein aufreibender«. Und er selbst habe ihn »in einzelnen Fällen durchzukämpfen gehabt«.

In schicksaltragender Zeit
Erster Weltkrieg und das Epochenjahr 1917

Die Schüsse von Sarajewo, denen am 28. Juni 1914 der österreichische Thronfolger Erzherzog Franz Ferdinand zum Opfer fiel, lösten den Ersten Weltkrieg aus. Die Tragweite dieses Ereignisses faßt Renate Riemeck zusammen: »Die Geschehnisse, die zu diesem Kriege führten, vor allem aber sein Ereignis, haben das weitere Schicksal Europas im 20. Jahrhundert bestimmend beeinflußt: Die Entstehung der Sowjetunion und ihr späterer Aufstieg zur Weltmacht, das Eingreifen der USA in die europäischen Verhältnisse, ihr globales Engagement und ihre Vorrangstellung in der westlichen Welt sind Folgen des Ersten Weltkrieges. Aber auch der Zusammenbruch des alten europäischen Staatensystems und die Zerstörung bzw. Selbstzerstörung Mitteleuropas hängen mittelbar und unmittelbar mit den Vorgängen zusammen, die dem Attentat von Sarajewo vorausgingen und folgten.«[453]

Fragt man sich nun, welche Bedeutung dieses Ereignis im Leben Steiners und in der Geschichte der von ihm ins Leben gerufenen anthroposophischen Bewegung hat, dann ist die einschneidende Wirkung nicht zu verkennen. Eine Zäsur bedeutet der Krieg nicht nur in dem Sinn, daß ein Großteil der jungen Mitglieder der Anthroposophischen Gesellschaft zu den Waffen gerufen wird, daß die Aufbauarbeiten in Dornach erschwert und die Reisemöglichkeiten Steiners erheblich eingeschränkt sind. Daß die esoterische Arbeit, soweit sie im Rahmen der Esoterischen Schule und im engsten Kreis der sogenannten F.M. ausgeübt worden ist, seit Sommer 1914 – aus welchen Gründen auch immer – zum Erliegen kam, wurde bereits gesagt. Einen Einschnitt bedeutet der Erste Weltkrieg vor allem insofern, als die militärisch-politischen Ereignisse in ihren verheerenden Auswirkungen auf das gesellschaftliche und das kulturelle Leben eine einzigartige Herausforderung für eine spirituelle Bewegung darstellen. Nun muß sich zeigen, ob die im internen Kreis und vor der Öffentlichkeit gepflegte Geistigkeit nur oberflächlicher Zivilisationszierat ist, an dem sich einige Tausend bürgerlichgroßbürgerliche Zeitgenossen ergötzen, weil sie sich dergleichen leisten können, oder ob es sich um Ideen handelt, von denen wirksame Anstöße zur Situationserhellung wie zur Lösung brennender Zeitprobleme ausgehen können.

Vergegenwärtigen wir uns zunächst die Situation. Im Juli 1914 weilt Rudolf Steiner in Schweden, wo er in Norrköping seinen vierteiligen Vortragszyklus über *Christus und die menschliche Seele* abhält. Es sind Vorträge, die darauf hinweisen, daß Christus nicht erst seit dem Auftreten Jesu von Nazareth und seit den Ereignissen von Golgatha für die Menschheit von Bedeutung sei; er, der kosmische Christus, habe vielmehr »immer mit der Erdenentwickelung zu tun« gehabt.[454] Es komme freilich darauf an, daß der Mensch mit dem Christusgeist in Verbindung kommt.

> »Denn erst das Durchdrungensein mit dem Christus-Impuls macht die Seele fähig, die Dinge wirklich zu sehen, wie sie sind, die sich hingeordnet haben in der Erdenentwickelung – auch vor dem Mysterium von Golgatha – auf dieses Mysterium von Golgatha.«[455]

Diese Vorträge von Norrköping bilden gleichsam einen Schlußakkord in einer ganzen Symphonie christologischer Vortragszyklen, die Steiner im vorausgegangenen Jahrsiebt gehalten hat. Zu denken ist z.B. an die Erläuterungen zu den vier Evanglien, die Apokalypse des Johannes, über *Von Jesus zu Christus* (1911), vor allem aber (seit 1910) über das Christusereignis des 20. Jahrhunderts, die Wiederkehr Christi im ätherischen Bereich. Sie bildet den Anfang von Christuserfahrungen, die sich in den nachfolgenden Jahrzehnten bei immer mehr Menschen einstellen werden. Das besagen Steiners diesbezügliche Mitteilungen.

Aus Skandinavien zurückgekehrt, spricht Steiner am 26. Juli in Dornach über die schöpferische Welt der Farbe und über die Zukunftsaufgabe der Kunst überhaupt. Die politischen Vorgänge veranlassen den Referenten trotz der ernsten Lage in Europa zu dem Hinweis, es bestehe Anlaß zur Zuversicht.

> »Denn den Glauben dürfen wir haben, daß, so klein sich die Sonne dieser Geisteswissenschaft heute noch zeigt, sie wachsen und immer mehr wachsen wird und immer leuchtender und leuchtender werden wird, eine Friedenssonne [...].«[456]

Die tatsächliche allgemeine Lage ist freilich eine ganz andere: Mit Militär gefüllte Bahnhöfe und Straßen in Deutschland, verschärfte

Kontrollen an der Grenze, als Steiner mit einigen Freunden ein letztes Mal zu einer Parsifal-Aufführung nach Bayreuth fährt. Nach seiner Rückkehr ist die Mobilmachung in vollem Gang. Der Erste Weltkrieg hat begonnen. Marie Steiner schließt ihre Erinnerung an die Begebenheiten auf der Rückreise von Bayreuth nach Dornach mit den Worten: »Die Welt hatte sich während dieser unheimlichen, fahlen Nacht verändert, und der Alpdruck, der in jenen Tagen auf Dr. Steiners Antlitz lag, sein Schmerz um die Menschheit, waren fast zu schwer zu ertragen. Aber sein erster, unbeirrbarer Entscheid war, daß die Arbeit weitergehe.«

Es sind die Wochen und Monate, in denen das deutsche Volk von einer heute nur noch schwer verständlichen Kriegshysterie und Opferbereitschaft berauscht ist. Nach 43 Friedensjahren will das »deutsche Wesen« endlich wieder einmal siegen ... Zu dieser Stimmung trägt nicht zuletzt die kirchliche Verkündigung bei. Denn – so ruft beispielsweise der seit einigen Jahren mit Rudolf Steiner vertraute Nürnberger Pfarrer Friedrich Rittelmeyer seiner Heilig-Geist-Gemeinde in der ersten Kriegspredigt am 7. August 1914 zu:

»Krieg muß sein! Ist das Gottes Wille, daß wir in diesem Augenblick unser Vaterland im Stich lassen, das er uns geschenkt hat, Herd und Heimat und alles, was darinnen ist? [...] Gott sei Dank, daß wir heute sagen können: Unser Volk zieht mit reinem Gewissen in den Krieg. Wir danken unserer Regierung, wir danken unserem Kaiser, die sich in diesen Tagen glänzend bewährt haben, daß sie uns das gute Gewissen zum Krieg ermöglicht haben. [...] Wir sind stärker als 1870. Der Geist ist herrlich, das Gewissen rein – wer weiß, ob wir nicht schon in einigen Wochen sagen werden: Nein, das hätten wir uns nicht träumen lassen, daß es so glorreich gehen wird!«[457]

Sätze wie diese sind lediglich Ausdruck der allgemeinen Kriegs- und Siegeseuphorie der ersten Wochen. Die Überzeugung, daß Deutschland seine »Weltmission« mit Waffengewalt erfüllen müsse, hält sich dagegen viel länger. Und welche Position nimmt Rudolf Steiner ein? – Er fordert die Mitglieder auf, jeder einzelne möge seine Pflicht tun. Eine seiner ersten spontanen Maßnahmen besteht in der Organisation von Samariterkursen, die möglichst viele befähigen sollen, mit Verwundeten umzugehen. Seine Kriegsvorträge richtet er so ein, daß er vor jeder innerhalb der Anthroposophischen Gesellschaft gehaltenen Ansprache mit einem Spruch der im Felde Stehenden und der Gefallenen gedenkt. Daran schließt sich u.a. der Satz an:

»Und der Geist, den wir suchen durch unsere erstrebte Erkenntnis, der Geist, der dem Erdenleben Sinn, Bedeutung, Inhalt gibt, der Geist, der aus göttlichen Sonnenhöhen durch das Mysterium von Golgatha gegangen ist, er sei mit Euch und Euren schweren Pflichten.«[458]

In welchem Zusammenhang aber sieht der Geisteslehrer diese »schweren Pflichten« der Soldaten? – Es versteht sich, daß Steiners Äußerungen zum Krieg sich der jeweiligen Situation anpassen. Deshalb lassen sich seine Einzelaussagen während der vier Kriegsjahre nicht leicht auf einen gemeinsamen Nenner bringen. Stets behält er aber im Blick, daß es sich bei den Kampfhandlungen nicht allein um das Gegenüber der jeweils Kämpfenden handelt, sondern um die Konfrontation »spiritueller Welten«. Das kann und soll natürlich nicht bedeuten, daß die gegnerischen Heere in West und Ost auf der Seite des Bösen kämpften und allein der auf der Seite der Mittelmächte kämpfende Soldat für die – wie man zu sagen pflegte – »gerechte Sache« angetreten sei. Steiner denkt auch nicht allein an die unmittelbare politische und militärische Vorgeschichte, um die Ursachen des Weltkriegs zu klären. Wie die zwischen 1914 und vor allem 1917 gehaltenen Vorträge zeigen, ist es ihm darum zu tun, die spirituellen Zusammenhänge von mehr als drei Jahrzehnten sichtbar zu machen. Deshalb spricht er im besonderen in den vierzehn Dornacher Herbstvorträgen von 1917 von den »spirituellen Hintergründen der äußeren Welt« überhaupt.[459] Hierbei soll deutlich werden, daß vieles in diesem Zusammenhang Ausgesagte in einem schroffen Gegensatz zu dem steht, was die Tagesmeinung vertritt, weil sie lediglich aus äußeren Tatsachen und Vorgängen Schlüsse zieht. Steiner blickt indessen auf eine Geistes- und Bewußtseinshaltung, die im Laufe des 19. Jahrhunderts zur Ausbildung des Agnostizismus und Materialismus geführt hat. Die erwähnten Vorträge sprechen geradezu von einem »Sturz der Geister der Finsternis«, indem der Vortragende in biblisch-mythischen Bildern spirituelle Tatbestände zu artikulieren sucht, auf die sich der geisteswissenschaftlich Orientierte einzurichten habe. Kurz, es geht um die Auseinandersetzung mit dem Bösen selbst, um den Kampf Michaels mit dem Drachen. Davon ist in den Sommervorträgen von 1914 so noch nicht die Rede. Aber ein Motiv klingt immer wieder an. Es ist das Motiv der Prüfung, ob auch angesichts der schweren Ereignisse die bisher hochgehaltenen Ideale weiterhin verfolgt werden können und ob die Anthroposophen in der Lage seien, selbst dazu beizutragen, daß »der versöhnende Geist über die ganze Erde hin« verbreitet werden könne. Das sind freilich andere Töne, als man sie auf Seiten der kriegführenden Mächte, bei Christen und Sozialisten, bei jeweils nationalistisch eifernden Juden und Freimaurern zu hören bekommt, die – von wenigen Ausnahmen abgesehen – ihre hohen Ideale von der Feindesliebe, von Solidarität und Brüderlichkeit mit einem Schlag vergessen zu haben scheinen. Steiner spielt im übrigen auf einen anthroposophischen Grundsatz an, der seine Bewegung leitet: »Es können in der Gesellschaft alle diejenigen Menschen brüderlich zusammenwirken, welche als Grundlage eines liebevollen Zusammenwirkens ein gemeinsames Geistiges in allen Menschenseelen betrachten, wie auch diese verschieden sein mögen in bezug auf Glauben, Nation, Stand, Geschlecht.«

In diesem Zusammenhang wird gern »auf die grandiose Tatsache hingewiesen, daß während der Kriegszeit Angehörige von siebzehn verschiedenen Nationen friedlich nebeneinander an dem Bau des Goetheanum gearbeitet haben, weil sie durch ein großes Ideal verbunden waren«.[460] Nun pflegt die Alltagswirklichkeit ihr eigenes Gesicht zu haben. Der Russe Andrej Belyj (Bugajev) kann als Mitbeteiligter aus unmittelbarer Anschauung berichten, auch davon, daß die große »Dornacher Familie« nicht gerade den einzigen übriggebliebenen Hort der Menschenliebe und der Völkerverständigung darstellte, sondern daß Steiner seit dem Herbst 1914 angesichts erheblicher Spannungen zwischen Nationalitäten, Klassen und Lebensformen der Dornacher Anthroposophen vermitteln mußte:

»Diese Familie drohte zu zerfallen aus einem doppelten Grund. Erstens: die Spaltung nach Nationalitäten; zweitens: die Spaltung nach Aufnahmebereitschaft und Auffassung der Anthroposophie; zum ersten Mal traten sich die anthroposophische Jugend Dornachs (in erster Linie Bohème, darunter auch sechzigjährige ›Jünglinge‹) und die anthroposophischen ›Greise‹ (darunter auch dem Alter nach junge Menschen) gegenüber; die ›Greise‹ und ›Greisinnen‹, ein mystisch gesonnener Teil der Gesellschaft, zogen gegen uns (und gegen Steiner) mit einem Netz von Gerüchten zu Felde; es ging dabei nicht um den Generationenunterschied, sondern um den Unterschied von Lebensformen und Klassen; zum ersten Mal wurde Steiner von anthroposophischen Spießbürgern angegriffen; er gab ihnen Anlaß auch durch seine uneingeschränkte Sympathie für die aller äußeren Devotion abgeneigte demokratische Jugend jener Zeit, die ihm heiße Liebe entgegenbrachte; bei den Dornacher Konflikten stand er immer auf der Seite der Habenichtse gegen die reichen ›Scheinheiligen‹; die reichen Rentnerinnen, die sich damals in komfortablen Häusern um das Goetheanum angesiedelt hatten, schwelgten beim Kaffee in mystischem und weniger mystischem Tratsch; die Jugend arbeitete, lärmte, lachte, verliebte sich und machte sich nichts aus Mystik: man wollte Steiner nicht verzeihen, daß er diesen ›Zigeunern‹ warme Zustimmung entgegenbrachte!«[461]

In dem – freilich nur lückenhaft überlieferten – Stuttgarter Vortrag vom 30. September 1914, also rund acht Wochen nach Kriegsausbruch, läßt Steiner durchblicken, unter welchem Gesichtspunkt er die Kriegsereignisse zu diesem Zeitpunkt betrachtet. Danach könne der Krieg die Funktion eines »anderen Lehrmeisters« übernehmen, und zwar eines solchen, der den menschlichen Egoismus korrigiere, die Aufopferungsfähigkeit und Menschenliebe wie kein anderer anrege. Die Opfer selbst, die an den Fronten gebracht werden, deutet Steiner als eine karmische Notwendigkeit, ausgerichtet auf die Menschheitszukunft. Er geht so weit, geradezu von »Opferblut« zu sprechen, das um des Menschheitsfortgangs willen vergossen werden müsse. Wörtlich heißt es in diesem Vortrag:

> »Wenn wir auf die großen Opfer schauen, auf die Schmerzen, eines kann doch, wenn auch nicht freudig stimmen, so doch innerlich mit großer Befriedigung erfüllen: daß heiliges Blut fließt, geheiligt durch die Ereignisse; und die, die es vergossen haben, werden die wichtigsten Mitglieder werden für zukünftige Zeiten. Vieles wird uns verständlich werden, wenn wir uns entschließen können, in dem fließenden Blut geheiligtes Opferblut zu sehen [...].«[462]

Diese Sätze muten nach den Materialschlachten des Ersten und Zweiten Weltkriegs, nach der faschistischen Blutmystik ... mehr als befremdlich an. Abgesehen davon, daß sie in einem Kontext stehen, in dem es dem Sprecher darum geht, die harte Gegenwart vor einen viel tieferen Horizont zu rücken, sollte man derartige Sätze auch einmal im Gegenüber zu Briefen und Essays lesen, die etwa auf französischer Seite ein einfacher Sanitäter niedergeschrieben hat, der bis zum Kriegsende alle großen Kampfgebiete Frankreichs, auch Verdun, erlitt. Aus seinen in Todesnähe verfaßten Texten spricht die Gewißheit, daß Kreuz und Tod, somit auch das Sterben im Krieg, nicht Ende, sondern in der Tat Symbol des Wachstums, des Fortgangs, ja der Menschheitsevolution zum Ziel aller Geschichte hin sei: Es ist der Jesuit Teilhard de Chardin. Steiner, der an der bezeichneten Stelle seines Vortrags die Kämpfe von 1914 mit weltgeschichtlichen Auseinandersetzungen der Vergangenheit, mit den Punierkriegen der Römer, mit Kriegen der Völkerwanderungszeit in Parallele setzt, möchte in seinen Zuhörern einen Realitätssinn erwecken, der der Anthroposophischen Gesellschaft bis dahin noch fremd zu sein scheint. Es geht darum, »die Sieghaftigkeit des

Geistes« gerade angesichts von Tod und Zerstörung als eine Realität zu erleben. Dies fordert freilich Initiativen, durch die aus spiritueller Erkenntnis heraus Neues entstehen kann – an welche Initiativen, derer Anthroposophie fähig werden sollte, ist im Jahre 1914 freilich noch nicht abzusehen.

Vorerst sind es die individuellen Probleme, mit denen zahlreiche Mitglieder der Anthroposophischen Gesellschaft ihren Lehrer bemühen, Menschen, deren Angehörige durch die Kriegsereignisse schwer getroffen oder gefallen sind. Deshalb spricht Steiner in zahlreichen Vorträgen über nachtodliche Tatbestände. Unter den Ratsuchenden befinden sich auch Prominente, so kein Geringerer als der Chef des deutschen Generalstabs, Generaloberst Helmut von Moltke. Auf ausdrücklichen Wunsch seiner Frau Eliza von Moltke-Huitfeld, einem langjährigen Mitglied des Berliner anthroposophischen Zweigs, stellt sich Steiner für ein persönliches Gespräch zur Verfügung, als er am 27. August in Koblenz weilt. Diesen Zeitpunkt festzuhalten, ist deshalb von Belang, weil das deutsche Heer noch von Sieg zu Sieg eilt, während die von Moltke mitzuverantwortende Schlacht an der Marne (6.–9. September 1914) mit ihrem tragischen Ausgang noch nicht in greifbare Nähe gerückt ist. Nachträglich meinte man, Steiner dadurch schaden zu können, daß man das Gerücht in Umlauf setzte, er habe den Generalstabschef der deutschen Armee in gefährlicher Weise beeinflußt.

Wenn es letztlich der Gegnerschaft nicht gelingen konnte, Rudolf Steiner einer subtilen Art des Hochverrats oder der Sabotage zu beschuldigen, so gehört doch eine derartige Verdächtigung in ein ganzes Geflecht übler Nachreden, mit denen der Angegriffene in den Kriegsjahren und darüber hinaus fertig werden mußte. Hierfür nur einige Beispiele: Da ist die Eheschließung mit Marie von Sivers am 24. Dezember 1914. »Was für Wellenschläge dies im Kreise der Mitglieder (vornehmlich der weiblichen Mitglieder, aber nicht nur dieser!) hervorrief, war erschreckend. Von hysterischer Verzükkung, hysterischer Verzweiflung bis zur Konstatierung des ›Abgleitens eines Eingeweihten‹ waren die vielfältigsten Abwandlungen zu erleben!«[463] So berichtet Adelheid Petersen, die im Juli 1914 nach Dornach gekommen war und dort mit mancherlei Ungereimtheiten konfrontiert wurde.

Zu den persönlicher gehaltenen Attacken, die sich seit dem Goetheanum-Bau mehren, treten solche hinzu, die als Ausbruch nationalistisch-militaristischer Haßgefühle zu werten sind. Die anglo-indischen Theosophen melden sich zu Wort, angeführt durch Annie Besant. Diese derzeitige Präsidentin der Theosophical Society hat nicht nur (1913) das Gerücht verbreitet, Steiner sei ein

»Jesuitenzögling«. Während der Kriegsjahre verleumdet sie die anthroposophische Bewegung als solche; sie sei »eine Art Agentur für englandfeindliche politische Betrebungen Deutschlands«. In Gestalt der Anthroposophie erhebe ein pangermanistischer Chauvinismus sein Haupt.[464]

Und selbst ein dem Ehepaar Steiner so nahestehender französischer Freund wie der greise Edouard Schuré wendet sich agitatorisch gegen die deutschen Anthroposophen und ihren Lehrer. In seinem Tagebuch hat Schuré das Faktum und die Motive seines Angriffs genannt: Unter dem 30. März 1916 schreibt er:

»Bruch mit Rudolf Steiner, den ich bewunderte und verehrte. Ein tragischer, aber notwendiger Akt, der mich zwei Jahre lang Schwanken und Erschütterungen gekostet hat, der aber dann ausgeführt wurde im vollen Bewußtsein und ohne Schwäche. Die Trennung vom Meister schien mir wie ein Selbstmord. Hundert Male, tausend Male sagte ich mir, durch die Trennung würde ich mich selbst hinrichten. [...] Aber ich mußte es tun, um frei zu bleiben, treu Frankreich und der Menschheit gegenüber, treu mir selbst gegenüber.«[465]

Aus einer anderen Perspektive, nämlich der des Russen Andrej Belyj, der in seinen Erinnerungen einen Ausschnitt der fraglichen Zeit besonders unter die Lupe genommen hat, sieht die düstere Zwischenbilanz so aus:

»Von Ende Juli bis Mitte November 1915 kämpfte Steiner an mehreren Fronten gleichzeitig: er kämpfte gegen unsere äußere Trägheit, und er unternahm viele Schritte, damit die Schweizer Regierung entgegen der beharrlichen Forderung gewisser Geheimdienste uns nicht des Landes verwiese; er kämpfte gegen verschiedene okkulte Strömungen, die durch offene und maskierte Verleumdung sein ›Dornach‹ unterminierten (Jesuiten, Protestanten, verschiedene okkulte Gesellschaften); er kämpfte mit dem ihn einkreisenden Spießbürgertum und mit den spezifischen Krankheiten der Anthroposophischen Gesellschaft; er kämpfte mit dem Mangel an Geld und an Menschen, die fähig wären, den Bau zu vollenden; er kämpfte für die Jugend gegen die Alten; und er mäßigte unsere herausfordende Haltung ›den Alten zum Trotz‹!«[466]

Angesichts dieser Negativbilanz versäumt der Memoirenschreiber nicht hinzuzufügen, daß ja die eigentliche Aufbauarbeit konsequent fortgeführt würde. Für Steiner bedeutete das u.a. die fast täglich abzuhaltenden Konferenzen und Aussprachen, Dutzende von Vorträgen innerhalb weniger Monate, in Dornach selbst und in deutschen Städten, interne und öffentliche Veranstaltungen, zahllose Einzelgespräche ... Und will man sich vor Augen führen, woran sich Rudolf Steiner in den Tagen der Entfesselung der Kriegsleidenschaften orientiert und woran er seine Zeitgenossen orientiert sein lassen möchte, dann sind mindestens zwei Elemente zu nennen.

Das eine sind seine öffentlichen Vortragsreihen, namentlich die im Winterhalbjahr im Berliner Architektenhaus durchgeführten Veranstaltungen, in denen er sich bemüht, seine Zuhörer immer wieder auf die großen deutschen, jedoch faktisch übernationalen Geistestraditionen hinzuweisen, und zwar auch auf Vertreter einer weithin vergessenen Spiritualität. Hierher gehören Zyklen wie diejenigen mit dem Titel *Aus schicksaltragender Zeit* (Herbst 1914 bis Frühjahr 1915) oder *Aus dem mitteleuropäischen Geistesleben* (Dezember 1915 bis Mitte April 1916). Charakteristisch für Thema und Inhalt seiner Darstellungen ist die wiederholte Anknüpfung an Goethe, an die denkerische Tradition des deutschen Idealismus, wie sie durch Fichte, Hegel, Schelling, aber auch durch weniger bekannte, sogenannte goetheanistische Geistes- und Naturforscher repräsentiert wird. So ist es Steiner immer wieder darum zu tun, etwas von der tragenden Kraft zu vermitteln, die in *dieser* Region des deutschen Wesens beheimatet ist. An anderer Stelle, im Stuttgarter Vortrag vom 15. Mai 1917 bringt er das Gemeinte auf die knappe Formel: »Aus dem Quell des deutschen Geistes kann dasjenige hervorgehen, was die Impulse der Geisteswissenschaft sind.«[467]

Der zweite Faktor, dem im eigentlichen Sinn des Wortes eine zeichenhafte und orientierende Bedeutung im Schaffen Steiners beizumessen ist, hat mit dem Dornacher Bau selbst zu tun. Es ist die zentrale »Gruppe«, eine neun Meter hohe, aus Rüsterholz zu fertigende Statue, die den »Menschheitsrepräsentanten«, d.h. Christus zwischen den Widersacher-Mächten Luzifer und Ahriman darstellt. Luzifer verkörpert den erdflüchtigen Mystizismus, Ahriman (bzw. Satan) den zur Verfestigung des Stofflichen tendierenden Materialismus. Am 29. September 1917 beginnt Steiner selbst mit der Schnitzarbeit. Es ist der Michaelistag, ein deutlicher Hinweis auf die spirituelle Macht Michaels, der nach neutestamentlichem Zeugnis (Joh. Offb. 12) der Macht des Drachens widersteht. Es ist Steiners Absicht, diese »Gruppe« mit dem »Menschheitsrepräsentanten« an zentraler Stelle im fertigen Doppelkuppelbau aufzurichten. Das Standbild soll das Wahrzeichen dafür sein, »daß echte Geistes-Erkenntnis zu Christus führt, also mit dem Religionsgehalt sich zusammenfindet« – freilich ohne selbst eine Religion oder ein Religionsersatz sein zu wollen.[468] Rudolf Steiner möchte den Versuch wagen, durch Anthroposophie den »alten falschen Gegensatz zwischen Geist und Materie« zu überwinden und eine »Gleichgewichtslage« zwischen den einander polar entgegengesetzten Kräften herzustellen bzw. eine das Gleichgewicht schaffende spirituelle Potenz sichtbar zu machen. Eben dieser Bemühung soll das Goetheanum-Standbild dienen: Die überlebensgroß aufragende Gestalt des Christus steht in der Mitte zwischen den sich nach oben verflüchtigenden, ins Phantastisch-Schwärmerische tendierenden Kräften Luzifers und andererseits den zur Verfinsterung und Erstarrung neigenden Kräften Ahrimans. Daß die Vorarbeiten für die Aufstellung dieser »Gruppe« schon im Frühjahr 1917 beginnen, ist selbst schon ein Symbolon, berücksichtigt man die Ereignisse und den besonderen Charakter des dritten Weltkriegsjahres 1917. Denn – so urteilt der Historiker Hans Herzfeld: »Das Krisenjahr 1917 ist in der Geschichte des Ersten Weltkrieges das Jahr der eigentlichen Entscheidung gewesen.« Und weil nicht nur die europäische, sondern die weltgeschichtliche Problematik kulminierte, kommt Herzfeld zu dem Schluß, »daß die Geschichte dieses Jahres nicht nur zum Wendepunkt des Krieges, sondern auch zu einem der erregendsten, noch keineswegs ausdiskutierten, wohl aber von unserem heutigen Abstand her wenigstens übersehbaren Problem der modernen Geschichte und daß dieses Jahr symbolisch zum Eingangstor in die Geschichte der Gegenwart wurde [...].«[469] Aus eben diesem Grund formuliert Renate Riemeck lapidar: »Das Jahr 1917 ist ein Epochenjahr der Geschichte.«[470]

Steiner, der kein Hehl daraus machte, als österreichischer Staatsbürger seine besondere Aufmerksamkeit dem Schicksal der Mittelmächte zu widmen, beleuchtet in zahlreichen Vorträgen die aktuellen Vorgänge. Zu nennen sind für diesen Zeitabschnitt insbesondere die 25 Dornacher Vorträge, die er in Gestalt »Zeitgeschichtlicher Betrachtungen« im Dezember 1916 und Januar 1917 hielt. Es setzt sich allgemein die Befürchtung durch, daß mit einer Ausweitung des Krieges zu rechnen ist. In den bis dahin neutralen, jedoch mit den Entente-Mächten sympathisierenden USA ist Woodrow T. Wilson (1856 – 1924) 1916 durch Wiederwahl nochmals Präsident geworden. Seine Absicht, die von ihm vertretenen Ideale der Demokratie und der Selbstbestimmung der Völker auf europäische Verhältnisse anzuwenden, lehnt Steiner entschieden ab, und zwar noch ehe die vielgenannten Vierzehn Punkte (1918) allgemein publik werden. Der Anfang Februar eröffnete uneingeschränkte U-Bootkrieg Deutschlands beschleunigt den Kriegseintritt Amerikas. Steiner, der sich zwischen Februar und September 1917 meist in Deutschland, besonders in Berlin aufhält, beginnt dort am 6. Februar eine Reihe christologischer und geschichtlicher Vorträge mit dem Hinweis:

»Die Ereignisse, innerhalb welcher wir stehen, sind ja, man kann sagen, so, daß sie für viele heute noch, wenn es auch wenig bemerkt wird, eine Art Zustand der Betäubnis hervorrufen. Und was eigentlich geschieht, wie eingreifend die Dinge, die da geschehen, in die menschliche Entwicklung sind, das in vollem Umfang zu erkennen, dazu werden diejenigen Seelen, welche diese Menschheitskatastrophe hier auf dem physischen Plan überleben, wohl erst nach einiger Zeit aufwachen. Um so mehr müssen wir es uns angelegen sein lassen, dasjenige vor unsere Seele zu rufen, was wir Gedanken nennen können, die beleuchtend sind für die Aufgaben und Ziele dieser für die Menschheit so notwendigen geisteswissenschaftlichen Bewegung.«[471]

Und nun häufen sich die Ereignisse, die den Epochencharakter des dritten Kriegsjahrs begründen: Im März 1917 bricht in Rußland die Revolution aus: sie führt am 15. März zur Abdankung des Zaren. Am 6. April erklären die Vereinigten Staaten dem kaiserlichen Deutschland den Krieg. Zwei Tage später besteigt Lenin, begleitet von etwa dreißig russischen Revolutionären in Zürich den Zug, der ihn nach Petrograd, ins Zentrum der russischen Revolution bringt. Es handelt sich um jenes vieldiskutierte Unternehmen, das mit ausdrücklicher Billigung der deutschen Regierung und in Abstimmung mit der Obersten Heeresleitung erfolgte. Doch daß die dadurch erhoffte Entlastung an der Ostfront den Kriegseintritt des an Reserven aller Art reichen Amerika an der Front im Westen nicht auszugleichen vermag, liegt auf der Hand. Was gedenkt nun Steiner zu tun, angesichts von Ereignissen, die über den Fortgang des Kriegs hinaus von Bedeutung sind? »In der gegenwärtigen Zeit ist es ja notwendig, für die Zukunft in einer gewissen Weise vorauszudenken«, soll die Zeit der Prüfungen bestanden werden.[472] Was mit diesem »Vorausdenken« ganz konkret gemeint ist, müssen die folgenden sieben Jahre zeigen, die Rudolf Steiner noch zur Weiterführung seines Werkes verbleiben. Eines ist dabei bemerkenswert: Die Steinerschen Anstöße, Vorschläge und impulsgebenden Anregungen sind in der Regel keine Initiativen, die er an seine Mitwelt heranträgt, sie ihr etwa überstülpt. Es sind seine Antworten auf Fragen oder Bitten. Deshalb konnte er einmal einem verwunderten Zeitgenossen, der gefragt hatte, warum der Doktor in einem bestimmten Fall nicht so oder so tätig geworden sei, erwidern: »Sie haben mich ja nicht gefragt!«

Ein solcher Fragender ist auch im Jahre 1917 zur Stelle. Es ist Otto Graf Lerchenfeld, Reichsrat der Krone Bayerns, ein langjähriges Mitglied des Münchner Zweigs der Theosophischen bzw. Anthroposophischen Gesellschaft. Dank seiner Beziehungen zu Regierungskreisen weiß Graf Lerchenfeld, daß auch dort die Kriegslage überaus skeptisch, ja pessimistisch beurteilt wird. Er wendet sich Mitte Juni an Rudolf Steiner mit der Frage, welchen Ausweg er aus der verfahrenen politisch-gesellschaftlichen Situation sehe. Der Graf sucht Steiner in dessen Wohnung in der Berliner Motzstraße 17 auf. In einem dreistündigen Gespräch entwickelt er dem Besucher die Idee der sogenannten »Dreigliederung des sozialen Organismus«. Es handelt sich um eine Neugestaltung des politischen, wirtschaftlichen und geistigen Lebens, wobei diese drei Funktionsbereiche menschlichen Handelns eine gewisse Entflechtung erfahren. Ziel ist die Freiheit des individuellen Menschen in der Gesellschaft – letztlich ein Konzept, das die Gegenposition zu den ein Jahr später propagierten Wilsonschen Vierzehn Punkten darstellt bzw. darstellen möchte.

Nun geht es darum, die Grundgedanken der Dreigliederung über politisch Einflußreiche an die Regierungen in Berlin und Wien heranzutragen. Graf Lerchenfeld erinnert sich: »An einem der letzten Tage (Juli 1917), als das so Zustandegekommene nun bald an die im öffentlichen Leben stehenden Persönlichkeiten herangetragen werden sollte, erbat ich von Rudolf Steiner eine Art kurzen Memorandums über diese seine Idee, um es denen geben zu können, die Interesse haben und den Wunsch äußern würden, sich näher mit diesen Gedanken bekanntzumachen. Kurz darauf übergab er mir das Manuskript.«[473]

In den Julitagen verfaßt Rudolf Steiner zwei längere Memoranden, in denen er auf die Ursachen eingeht, die zum Kriegsausbruch geführt haben, und in denen er Perspektiven für Friedensverhandlungen zwischen den Mittelmächten und der Entente eröffnet. In der Hauptsache kommt es ihm jedoch darauf an, »[...] aus dem mitteleuropäischen Leben heraus die Impulse zu zeigen, die hier wirklich liegen und an denen die westlichen Gegner, wenn sie aufgezeigt werden, sehen werden, daß sie sich bei einer weiteren Fortsetzung des Krieges an ihnen verbluten müssen. Gegen Machtprätentionen können die Gegner ihre Macht setzen und werden es tun, solange es bei Prätentionen bleibt. Gegen wirkliche Machtkräfte werden sie die Waffen strecken [...].«[474]

In diesem Zusammenhang skizziert der Autor der beiden Memoranden ein »mitteleuropäisches Programm«, mit dem er den Wilsonschen Vorstellungen von »Freiheit und Demokratie« sowie der Parole vom »Selbstbestimmungsrecht der Völker« entgegentritt. An Mitteleuropa sei es, »ein Wollen für die Freiheit klar hinzustellen, ein Wollen, das nicht in Wilsonscher Art auf Programme gebaut sein kann, sondern auf die Wirklichkeit des Menschendaseins«[475]. Was damit gemeint ist, das wird in seiner ganzen Tragweite erst klar, wenn man die Memoranden in einem größeren, auch menschenkundlichen Zusammenhang zu verstehen sucht. Es ist der Gedanke der Dreigliederung nicht nur des sozialen, sondern primär des (individuell) menschlichen Organismus. Auch die Entwürfe dazu sind bei Steiner im Jahre 1917 so weit ausgereift, daß er ihm in Wort und Schrift Ausdruck verleiht; so zum Beispiel in seinem Buch *Von Seelenrätseln* (1917). Auf einen knappen Nenner gebracht: So wie die menschliche Wesenheit durch drei Funktionssysteme gegliedert ist – durch das Nerven-Sinnes-System (Denken), das Rhythmische System (Fühlen) und durch das Gliedmaßen-Stoffwechsel-System (Wollen) –, sei die Dreigliederung auch im sozialen Organismus zu verwirklichen, nämlich die Freiheit im geistigen Leben, die Gleichheit der Menschen in rechtlicher Hinsicht und die Brüderlichkeit in den Prozessen der Wirtschaft.

Aus Gedankengängen wie diesen geht hervor, daß Steiner die Basis für eine Neuordnung Europas in einer Gesellschaftsordnung erblickt, die strukturell in der Organisation des Menschen vorgegeben ist. Es soll das zu erarbeitende mitteleuropäische Programm daher nicht aus abstrakten Begriffen und Prinzipien abgeleitet werden, die im Fall der Wilsonschen Vorschläge nach Steiners Überzeugung im »Volksegoismus des Anglo-Amerikanertums« wurzeln. Steiners Devise im Memorandum lautet daher: »Völkerbefreiung durch die Menschenbefreiung.«

Einer der maßgeblichen deutschen Empfänger ist Richard von Kühlmann, Staatssekretär im Außenministerium. Offensichtlich hat der Politiker das Memorandum gelesen und in seinen Konsequenzen bedacht, denn er ließ verlauten, mache man mit der Idee der Dreigliederung ernst, »dann müßte ja Seine Majestät zurücktreten«. Ein Jahr später mußte Wilhelm II. ohnehin Thronverzicht leisten, und zwar aus ganz anderen Gründen. – Aber nicht nur Graf Lerchenfeld setzt sich für die Verbreitung der Steinerschen Gedanken ein. Am 10. Juli telegraphiert Rudolf Steiner an das österreichische Mitglied Ludwig Graf Polzer-Hoditz: »Wäre Ihnen möglich, nächsten Freitag für einige Tage nach Berlin zu kommen?«[476] Polzer-Hoditz reist nach Berlin, um sich mit dem Dreigliederungsgedanken vertraut zu machen. In München knüpft unterdessen Graf Lerchenfeld Kontakte zum deutschen Botschafter in Washington, Johann Heinrich Graf Bernstorff. Im Münchner Edenhotel kommt es am 19. Juli zur Unterredung zwischen Steiner und dem Botschafter. »Die Besprechung verlief aber, ohne daß man ihn [Bernstorff] zu irgendeiner Aktivität hätte veranlassen können«, notiert der begleitende Polzer-Hoditz. Polzer-Hoditz ist eingeschaltet worden, weil sein Bruder Arthur damals als Kabinettschef des österreichischen Kaisers Karl fungierte. In der Nacht vom 21. auf 22. Juli verfaßt Steiner das zweite Memorandum. Es ist für Arthur Graf Polzer-Hoditz bestimmt. »Rudolf Steiner sagte zu mir«, so berichtet Ludwig Polzer-Hoditz:

»Das, was ich da aufgeschrieben habe, könnte Ihrem Bruder als Grundlage dienen, um solche Gedanken als Minister des Äußeren in Brest-Litowsk zu verkünden als mitteleuropäische Willensäußerung. In Rußland sind viele verstreute geistige Zentren. Die würden es verstehen, und das könnte ein wirksames Friedensmittel werden; denn auf mitteleuropäische Ideen hat der Osten immer gehört.«

Tatsächlich gelangt das Schriftstück in die Hand des österreichischen Kabinettschefs. Dieser will auch den österreichischen Ministerpräsidenten Ernst von Seidler über die Steinersche Initiative informiert haben. Und dabei bleibt es vorerst. In seinen Erinnerungen gesteht Arthur Polzer-Hoditz, er habe sich anfangs »zurückhaltend und skeptisch« verhalten. Dann habe er das Memorandum doch »einem eingehenden Studium« unterzogen. Er habe sogar den Eindruck gewonnen, »daß es sich um einen Vorschlag handle, der – im Unterschied von so vielen anderen – den praktischen Bedürfnissen der anbrechenden Zeit voll Rechnung trug«. Aber statt auch den ihm freundschaftlich verbundenen Kaiser Karl mit den Steinerschen Ideen bekannt zu machen, zögert er: »Ich konnte mich insolange nicht entschließen, zur Sache eine entschiedene Stellung zu nehmen, als ich ein Amt bekleidete, das ich nicht dazu ausnutzen durfte, um Ansichten auszusprechen, die nicht zu Überzeugungen geworden waren. Erst mein Rücktritt gab mir die Möglichkeit, den Gedanken dem Kaiser zu vermitteln.«

Mit anderen Worten: Es vergeht viel Zeit. Denn erst im November 1917 trägt Polzer-Hoditz dem österreichischen Kaiser die Dreigliederungsidee vor, und am 17. Februar 1918 läßt er seine eigenen Ausarbeitungen dazu Karl zustellen. Aber da sind die Tage des Hauses Habsburg bereits gezählt.

Renate Riemeck, die die tragischen Verflechtungen im Epochenjahr 1917 beleuchtet hat, nimmt auch die Verhaltensweise des Grafen Arthur Polzer-Hoditz unter die kritische Lupe, indem sie zeigt, wie die Mittelmächte nicht nur militärisch, sondern im Grunde auch geistig unterliegen mußten: »Es gab Menschen in Mitteleuropa, die ›das Bedeutsame‹ eines neuen großen Gedankens sehr wohl erfassen konnten, aber letztlich doch nicht den *Mut* hatten, an die selbstwirkende Macht von Ideen zu glauben. So weit hatte man sich damals bereits in Mitteleuropa von der Geisteswelt Goethes und Schillers, Fichtes und Hegels entfernt! Erst als es zu spät war, erst als der Zusammenbruch unabwendbar bevorstand und er ›die Gewißheit hatte, daß der bisherige Weg uns in den Abgrund führe‹, suchte Polzer-Hoditz die Zuflucht bei jener rettenden Idee, die, ein halbes Jahr vorher ›in die Welt geworfen‹, Wilsons Programm des American way of life um seine Anziehungskraft für die europäische Menschheit gebracht hätte [...].«[477]

Inzwischen geht der Krieg weiter. Auch die Friedensbotschaft, die Papst Benedikt XV. am 1. August, zum dritten Jahrestag des Kriegsausbruchs, an die kriegführenden Völker hinausgehen läßt, bleibt ohne sichtliche Wirkung. Die russische Oktoberrevolution schafft neue Tatsachen, deren Folgen noch nicht abzusehen sind. Am 22. Dezember beginnen in Brest-Litowsk die Friedensverhandlungen mit dem Osten. Es wird bekannt, daß Staatssekretär R. von Kühlmann Steiners Memorandum mitgebracht habe. Aber offensichtlich macht er keinen Gebrauch davon. Eine letzte Gelegenheit bahnt sich wenige Tage danach an. Sie wird durch Hans Kühn, einen Mitarbeiter Steiners, vermittelt. Der 29jährige Offizier nimmt in eigener Initiative im Januar 1918 Kontakt mit dem Prinzen Max von Baden, dem späteren Reichskanzler, auf. Der Prinz gehörte zu den wenigen Persönlichkeiten an der Spitze der deutschen Führung, über die sich Steiner positiv geäußert hat. Er ist bereit, Steiner zu empfangen. Und so machen Rudolf und Marie Steiner auf dem Rückweg von Berlin nach Dornach in Karlsruhe Station. Steiner überreicht das Memorandum sowie den Text des bereits 1910 in Kristiania (Oslo) gehaltenen Vortragszyklus *Die Mission einzelner Volksseelen*, den er für den Prinzen eigens durchkorrigiert und mit einem Vorwort versieht. Es soll deutlich gemacht werden, auf welcher spirituell-völkerkundlichen Basis Steiners Ideen beruhen. Über den Gesprächsverlauf zwischen beiden Männern ist zwar nichts bekannt. Daß aber die Begegnung nicht ohne Eindruck geblieben sein kann, geht einerseits daraus hervor, daß der Prinz einen Gegenbesuch in der Berliner Motzstraße 17 abstattete und Steiner sich von dessen Berufung zum Reichskanzler am 3. Oktober 1918 zumindest ein Zeichen erhoffte. Mit Spannung sah er daher der Antrittsrede des letzten kaiserlichen Kanzlers entgegen. »Aber nichts war darin zu finden, was auch nur nach einer solchen Richtung hätte deuten können! So tief erschüttert sah ich Rudolf Steiner niemals wieder als bei dieser Enttäuschung, die den Niedergang und Leidensweg des deutschen Volkes vorzeichnete.«

So berichtet Hans Kühn.[478]

So sind Steiners Bemühungen, den maßgeblichen Politikern seine Dreigliederungsideen nahezubringen, auf der ganzen Linie gescheitert. »Selbstverständlich war der Dreigliederungsgedanke kein Wundermittel zur Abwendung der militärischen Niederlage der Mittelmächte. Auch hätte er sich nicht durch eine oktroyierte Verfassungsänderung oder eine ähnliche Maßnahme in die staatliche Praxis umsetzen lassen. Entscheidend war vielmehr, daß dieser Gedanke in seiner Richtunggebung aufgegriffen und weiterentwikkelt werden wollte, wodurch die Kräfte zur freien Entfaltung neuer, wirklichkeitsgemäßer Organisationsformen innerhalb der Gesellschaft freigesetzt worden wären.«[479]

Die weiteren äußeren Daten der Geschichte sind bekannt. Sie sind gekennzeichnet durch den Zusammenbruch der Mittelmächte. Im August erklärt die Oberste Heeresleitung die Fortführung des Kriegs für aussichtslos. Am 3./4. Oktober richtet die deutsche Regierung unter Reichskanzler Prinz Max von Baden ihr Waffenstillstandsangebot an Wilson, und zwar unter Anerkennung der Wilsonschen Vierzehn Punkte. Nach der Meuterei der deutschen Hochseeflotte bricht am 7. November in München, am 9. November in Berlin die Revolution aus. Wilhelm II. leistet mit seinem ganzen Haus Thronverzicht. Der Sozialdemokrat Philipp Scheidemann ruft die Republik aus. Der Vorsitzende der Sozialdemokratischen Partei Friedrich Ebert übernimmt die Regierungsgeschäfte. Zu den gravierenden Tatsachen der Zeit gehören soziale Mißstände von einem unabsehbaren Ausmaß: Hungersnot, Arbeitslosigkeit, Geldentwertung bis hin zur völligen Inflation, mit dem Schulddiktat von Versailles die Übernahme einer gigantischen Last von Reparationsleistungen, innenpolitische Wirren mit politisch-terroristischen Ausschreitungen; wo Mut und Ideen für einen Neuanfang notwendend wären, da wird die Saat der Ideologien von rechts und von links ausgestreut, eine Drachensaat ...

Kann nach dem kläglichen Scheitern der Steinerschen Memoranden erwartet werden, daß die von ihm vertretene Geisteswissenschaft anderes zu geben habe als einen sektiererischen Okkultismus, der die chaotische Menschheit sich selbst überläßt? – Eines sucht Steiner in den Krisen-Jahren nach dem Zusammenbruch immer wieder bewußt zu machen:

> »Was einströmen muß in die menschliche Kulturentwicklung, das ist das Bewußtsein der Menschen von dem Vorhandensein nicht nur einer allgemeinen, abstrakten geistigen Welt, sondern der konkreten geistigen Welt, in der wir drinnen leben mit dem, was

wir fühlen und wollen und tun. [...] Von außen kann uns eigentlich heute als Mensch nichts mehr blühen. Wir müssen die Fortschrittsimpulse für die Menschenentwicklung von innen heraus, von unserem Zusammenhang mit der geistigen Welt holen, und wir müssen eigentlich ein gutes Auge dafür haben, wie dasjenige, was wir erleben, ohne daß wir selber etwas dazu tun, eigentlich immer mehr und mehr Niedergangserlebnisse werden.«[480]

Zur Dreigliederung des sozialen Organismus

> «Eine fruchtbare Weltanschauung kann in unserem Zeitalter der Bewußtseinsseelenentwicklung nicht anders sein als eine solche, die auch Impulse gibt für das Zusammenleben der Völker. Ja, das war es, was von allem Anfange an unsere geisteswissenschaftliche Bewegung durchpulste: nicht sollte sie nur irgendeine sektiererische Bewegung sein. [...] Und so muß gerade im sozialen Leben aus dem Spirituellen heraus eine viel tiefer greifende, eine viel intensivere Idee den Menschen eigen werden.«[481]

Diese Sätze finden sich in einem jener Dornacher Vorträge, in denen Rudolf Steiner kurz vor Kriegsende zu einer symptomatologischen Geschichtsbetrachtung anregt, indem er zeigt, wie man geschichtliche Abläufe in ihrer vollen Bedeutsamkeit erst dann erfasse, wenn man die Tiefendimension solcher Prozesse mit berücksichtige. Historische Tatsachen seien so hinzustellen, daß sie

> »[...] bildhafte Offenbarungen desjenigen darstellen, was eigentlich hinter ihnen als die wahre Wirklichkeit liegt. [...] Und erkennt man die sogenannten historischen Tatsachen nicht als die wahre Wirklichkeit an, sondern sucht in ihnen als in Symptomen von der wahren Wirklichkeit Offenbarungen eines hinter ihnen Stehenden, dann kommt man ganz selbstverständlich zu einem übersinnlichen Elemente.«[482]

Und gerade weil Steiner die politisch-gesellschaftliche Aktualität nicht minder aufmerksam beobachtet als das Gebiet, das sich ihm als die geistige Welt darstellt, deshalb schärft er einer gewissen Gruppe seiner Mitglieder ein – er spricht von »vielen« –, daß Anthroposophie nicht mit einer »besseren Sonntagnachmittagspredigt« zu verwechseln sei, in der man sich das geben läßt, was man zur privat-persönlichen Erbauung braucht, während man sich den Zeitforderungen gegenüber verschließt. Damit berührt er ein Problem, das mit seinem eigenen Schicksal eng zusammenhängt. Steiner selbst kam nicht nur aus den bekannten kleinbürgerlichen Verhältnissen. Er trat auch, wie wir gesehen haben, für die Dauer einiger Jahre als Lehrer in der marxistischen Arbeiterbildungs-Schule auf und knüpfte eine enge menschliche Beziehung zu seinen proletarischen Schülern. Als er gegen Kriegsende Schritte unternimmt, die zur Verwirklichung seiner Dreigliederungsidee führen sollen, knüpft er an jenen Schicksalsfaden wieder an. Er tut es in dem Bewußtsein, daß das Proletariat »noch heute« einer geistigen Durchdringung seiner menschlichen Problematik reges Interesse entgegenbringe, soweit dieses nicht durch die materialistische Ideologie seiner Parteiführer überdeckt ist.

Und so setzt Rudolf Steiner, nach dem Scheitern seiner Bemühungen im Epochenjahr 1917, nach Kriegsende zu einer neuen sozialen Initiative an. Er läßt sich hierbei von dem Gedanken leiten, daß man in Zeiten von Kriegen und von Revolutionen eigentlich ohne Ideen auskomme. Diese Vorgänge überwältigen das Vermögen des einzelnen. Die Kraft der Eigendynamik, die sie zu entwikkeln pflegen, entreißt den vermeintlichen Akteuren das Steuer. Ganz anders aber im Frieden und angesichts einer friedlichen Gestaltung der Zukunft. Da sind schöpferische Ideen unentbehrlich. Denn »um den Frieden zu halten, braucht man Ideen, sonst kommen Kriege und Revolutionen. Das ist ein innerer spiritueller Zusammenhang. Und alle Deklamationen über den Frieden nützen nichts, wenn nicht diejenigen, die die Geschicke der Völker zu leiten haben, sich bemühen, gerade in Friedenszeiten Ideen zu haben.«[483]

Diese noch im Revolutionsmonat November 1918 gesprochenen Sätze lassen sich als Leitmotiv über die weiteren Aktivitäten zur sogenannten Dreigliederungsbewegung setzen. Darüber sei nicht vergessen, was im Schaffen Steiners stets – so auch hier – eine richtungweisende Rolle spielt: Die impulsgebenden Ideen und Erkenntnisse rühren letztlich »von jenseits der Schwelle« her. Sie sind freilich weder auf spiritistisch-mediumistischem Weg noch bei gedämpftem Bewußtsein zu empfangen. Ein solches herabgedämpftes Bewußtsein pflegt sich ja gerade dann illusionierend auszubreiten, wenn Menschen zu Opfern ihrer eigenen Emotionen, beziehungsweise ihrer undurchschauten Willensregungen werden oder wo man dem Schweren, Unheilvollen aber auch Zeitnotwendigen ausweichen möchte und die Augen vor dem Tatsächlichen verschließt. Derartigen Verdrängungsprozessen möchte Steiner entgehen und entgegenarbeiten, wenngleich er als ein erklärter Gegner der Tiefenpsychologie (Psychoanalyse) seiner Zeit eine andere Begrifflichkeit verwendet, um sozialpsychologische Tatbestände und Zeitforderungen zu benennen.[484]

Vergegenwärtigen wir uns vorweg einige Daten des Jahres 1919: Da inszenieren die linksgerichtete USPD (Unabhängige Sozialdemokratische Partei Deutschlands) und die Spartakisten (KPD) am 5. Januar in Berlin einen bewaffneten Aufstand – mit dem Ziel, die (vorläufige) Regierung Friedrich Ebert zu stürzen. Unter Einsatz von Regierungstruppen wird der Aufstand nach tagelangen Kämpfen blutig niedergeschlagen. Karl Liebknecht und Rosa Luxemburg, mit der Rudolf Steiner zu Jahrhundertbeginn (1901) im Zusammenhang seiner Arbeiterbildungsarbeit öffentlich aufgetreten ist, werden am 15. Januar ermordet. Am selben 15. Januar begründet der Schlosser Anton Drexler (1884 – 1942) in München die rechtsgerichtete Deutsche Arbeiterpartei (DAP). Sie dient der obskuren Thule-Gesellschaft zur Verbreitung ihrer antisemitisch-antibolschewistischen Parolen unter der Arbeiterschaft. An die DAP findet im September des gleichen Jahres der dreißigjährige Adolf Hitler Anschluß und setzt sich nach kurzer Zeit an die Spitze der zur NSDAP umfunktionierten Splitterpartei, die bald Zulauf bekommt und für Schlagzeilen sorgt. Am 19. Januar tritt im Pariser Außenministerium die von den 27 »Siegerstaaten« beschickte Friedenskonferenz – unter Ausschluß der Mittelmächte – zusammen, als Vorbereitung auf den verhängnisvollen Friedensschluß von Versailles. Im Schatten dieser Konferenz findet am 19. Januar in Deutschland die Wahl zur verfassunggebenden Nationalversammlung statt, Grundlage für die Weimarer Republik.

Rudolf Steiner hält sich in der fraglichen Zeit, das heißt zwischen August 1918 und Mitte April 1919, fast ausschließlich in der Schweiz auf, wo er auch – vor allem in Dornach – zahlreiche Vorträge hält, die sich großenteils auf die Kriegs- und Nachkriegssituation beziehen. Die ursprünglich fürs Winterhalbjahr vorgesehenen, schon Tradition gewordenen öffentlichen Vorträge im Berliner Architektenhaus und in anderen Sälen müssen zunächst verschoben werden. Schließlich telegraphiert Steiner am 21. Januar an Friedrich Rittelmeyer, jetzt evangelischer Pfarrer an der Neuen Kirche am Gendarmenmarkt, er möge anstelle der für Februar geplanten Veranstaltungen eigene anthroposophische Vorträge halten, also für ihn einspringen. Er, Steiner, habe »wichtige Vorträge« in Zürich zu halten. Abgesehen von diesen und anderen in schweizerischen Orten gehaltenen Vorträgen ist ein zwölfteiliger Dornacher Zyklus zu nennen, den die Gesamtausgabe unter dem Titel *Der Goetheanismus, ein Umwandlungsimpuls und Auferstehungsgedanke* führt. Der Untertitel spricht von Menschenwissenschaft und Sozialwissenschaft.[485] Bereits die Formulierung des Buchtitels bringt zum Ausdruck, daß sein Autor gewillt ist, seinen spezifischen Beitrag zu den Fragen der Zeit aus denselben geistigen Quellen zu schöpfen, aus denen seine bisherige Geistesforschung geflossen ist. Und dazu gehört immer wieder das Bekenntnis zu Goethe. Freilich ist mit Goetheanismus keine literarische, vor allem keine literarhistorische Angelegenheit gemeint. Tatsächlich sei die durch Goethe und andere initiierte Bewegung tot. »Der Goetheanismus ruht noch im Grabe für die äußere Kultur. Der Goetheanismus muß aber auferstehen«, und zwar so, daß nicht an Goethes Texte, sondern an Goethes Geist und Wesen angeknüpft wird. Für Steiner bedeutet dies noch viel mehr, nämlich die Aufgabe, zu einem neuen »Verständnis des Mysteriums von Golgatha« zu gelangen. Von daher habe der Goetheanismus Dornacher Prägung erneuernde Impulse für alle Gebiete des menschlichen Lebens freizusetzen. Der seiner Vollendung entgegensehende Bau auf dem Dornacher Hügel, das Goetheanum, wolle als ein Zeichen dieses Impulses gedeutet werden.[486] Das Goetheanum ist jedenfalls nicht ausschließlich als Ausdruck des anthroposophischen Kunstimpulses anzusehen; das ist es auch. Was in diesem Haus als das lebendige Wesen der Anthroposophie in Vortrag, eurythmischer Kunst oder im Schauspiel Gestalt gewinnen soll, das hat auch eine sozialtherapeutische Funktion. Deshalb weist Steiner in seinen Goetheanismus-Vorträgen immer wieder ausdrücklich auf die Lösung der sozialen Frage hin. Im strikten Gegensatz aber zu den von marxistisch-sozialistischer Seite angebotenen, auf materialistischer Basis fußenden Lösungsversuchen hebt Steiner hervor, daß es entscheidend darauf ankomme, mit der »Anerkennung der göttlich-geistigen Natur des Menschen« in einer Weise ernst zu machen, die geistige Erkenntnis zu einem »Umwandlungsimpuls« werden läßt, der sich im wirtschaftlichen, gesellschaftlich-politischen und im kulturell-geistigen Leben durchzusetzen vermag. Der heutige Leser dieser Vorträge mag sich indes wundern, warum sich ihr Autor nicht sehr viel stärker auf die aktuelle Thematik konzentriert. Denn mitten hinein in die Erörterung wichtiger Zeitprobleme mischt er geistesgeschichtliche Betrachtungen, Erwägungen zum Thema Heidentum, Judentum, Christentum, ferner Ausführungen zu so unterschiedlichen Geistern wie Johannes vom Kreuz und Goethe sowie zu dessen immer wieder zitierten und interpretierten Rätselmärchen. Für die aktuelle Thematik besonders bedeutsam ist freilich die Schilderung des dreigeteilten Menschen, der als Urbild und als Ausgangspunkt des dreigeteilten sozialen Organismus genommen werden solle. Es ist, als warte Steiner darauf, daß – wieder einmal – aus dem Kreis seiner Zuhörer eine konkrete Frage gestellt wird, die ihn zu konkreten Antworten veranlaßt, zu Antworten auf die Herausforderungen der Zeit.

Am 25. Januar melden sich bei Rudolf Steiner drei Männer zum Gespräch an. Es sind Vertreter der in Stuttgart tätigen anthroposophischen Wirtschaftler, nämlich Emil Molt, Direktor der Waldorf-Astoria Zigarettenfabrik, der Jurist Roman Boos und der schon erwähnte, für soziale Fragen engagierte, kaufmännisch tätige Hans Kühn. Ihnen, die seit Jahren der anthroposophischen Bewegung verbunden sind, legt Steiner zunächst dar, was in diesem geschichtlichen Augenblick als die eigentliche Situation anzusehen sei und was zu geschehen habe. Dazu rechnet er unter anderem eine für das internationale Publikum verständliche Aufklärung über die wirklichen Ursachen des Weltkriegs. Eine solche Aufklärung solle die Entlastung Deutschlands von der alleinigen Kriegsschuld in die Wege leiten. Und um zu praktischen Folgerungen zu gelangen, schlägt Emil Molt die Gründung eines Bundes vor, in dessen organisatorischem Rahmen Steiner auftreten könne. Offensichtlich ist man sich im klaren darüber, daß dieser Rahmen ganz andere Konturen haben müsse, als sie die Anthroposophische Gesellschaft besitzt, und zwar schon von der zweckmäßigen Zusammensetzung eines derartigen Bundes her gesehen. Steiner bejaht; ein gewisser Rückhalt müsse schon vorhanden sein, gibt er zu verstehen. Gemeint ist wohl der Rückhalt, den eine Arbeitsgemeinschaft zu bieten vermag. Zwei Tage später, am 27. Januar 1919 treten die Aussprachen mit den drei Stuttgartern in eine entscheidende Phase ein. Steiner, der den allermeisten seiner Anhänger nur als spiritueller Lehrer bekannt ist, nimmt zum Erstaunen dieser Fachleute aus der Wirtschaft zu deren konkreten Fragen Stellung, so zum Beispiel zu Problemen der Produktion und des Konsums, zu Privateigentum, Unternehmergewinn und Beteiligung der Arbeiterschaft im Betrieb. Steiner gibt zu verstehen, daß vom lohnabhängigen Arbeiter nur dann eine gewisse Identifikation mit seinem Betrieb zu erwarten sei, wenn er nicht nur ein namenloses Rädchen im Getriebe ist, sondern wenn er einen lebendigen Einblick in alle Zusammenhänge der innerbetrieblichen Prozesse bekomme. Roman Boos hat die Steinerschen Ausführungen aufgrund von stenographischen Notizen sogleich nach Beendigung der Gespräche protokolliert.[487] Diesen Aufzeichnungen und den Memoiren von Hans Kühn zufolge wissen wir, daß während der Besprechungen an diesem 27. Januar 1919 folgende wichtige Vorhaben ins Auge gefaßt wurden:

Zunächst ein Aufruf, mit dem sich Rudolf Steiner *An das deutsche Volk und an die Kulturwelt* zu wenden gedenkt; sodann der Entschluß, die Begründung einer staatsfreien Schule vorzubereiten;

schließlich der Plan, den Kriegsschuldgerüchten in der Weise entgegenzutreten, daß man die Erinnerungen des Generalobersten Helmut von Moltke der Öffentlichkeit übergibt. Der Druck, für den Steiner ein Vorwort in Aussicht stellt, solle so umgehend erfolgen, damit die bevorstehenden Friedensverhandlungen dadurch günstig beeinflußt werden könnten. Steiner gibt sich in dieser Hinsicht zuversichtlich, weil er die für die Schuldfrage relevanten Einzelheiten aus dem Mund des 1916 verstorbenen H. von Moltke selbst gehört hat. Daß dessen Witwe Eliza von Moltke, langjähriges Mitglied der Theosophischen bzw. Anthroposophischen Gesellschaft in Berlin, die fraglichen Texte freigeben werde, wird nicht bezweifelt. Dagegen scheint man nicht in Betracht zu ziehen, daß die deutsche Generalität bzw. die monarchistischen Kreise intervenieren könnten. Was nun den Aufruf betrifft, so schlägt Steiner eine andere Gangart vor, als sie 1917 mit den beiden Steinerschen Memoranden eingeschlagen wurde. Statt den Text nur an Regierungskreise gelangen zu lassen, plädiert Steiner diesmal dafür, eine größere Anzahl von Unterschriften für den zu entwerfenden Text zu gewinnen. Er selbst denkt dabei an ein Gegenstück zu dem berühmt-berüchtigten Manifest der 93 deutschen Intellektuellen, die sich im Sommer 1914 hinter Kaiser Wilhelm II. stellten, an ihrer Spitze prominente Persönlichkeiten aus dem deutschen Kultur- und Geistesleben.

Und weil Schulfragen nach Steiners Überzeugung die allerwichtigsten des geistigen Lebens seien, dürfe man nicht zögern. Seine Mahnung, »zuerst aus dem Geld, das wir noch haben, freie Schulen zu gründen [...]«, faßt zu diesem Zeitpunkt bereits die Gefahr einer raschen Geldentwertung ins Auge.

Bereits am 2. Februar kann Steiner den Aufruf an das deutsche Volk und die Kulturwelt Emil Molt, Roman Boos und Hans Kühn überreichen. Auch über die Verfahrensweise wird man sich rasch einig. So nutzt Dr. Boos seine Beziehungen zu akademischen Kreisen, von denen man sich Unterstützung erwartet. Er bereist aus diesem Grund verschiedene Universitätsstädte, bis hinauf ins ostpreußische Königsberg. Emil Molt wirbt von Stuttgart aus, tatkräftig unterstützt von seinem Unternehmerkollegen Carl Unger sowie dem Tübinger Staatsrechtler Prof. Dr. Wilhelm von Blume. Kühn macht u.a. Persönlichkeiten in der Schweiz ausfindig, an deren Unterschriften Steiner besonders gelegen ist. Und da angesichts der allgemeinen revolutionären Stimmung große Eile geboten ist, wartet man nicht in jedem Fall den vollständigen Ausdruck des Textes ab. Das Vorgehen mutet überstürzt an. Emil Leinhas berichtet beispielsweise, daß er in Berlin den Auftrag erhalten habe, mit den (noch unfertigen) Druckabzügen ausgestattet, auf Unterschriftenwerbung zu gehen. Leinhas gesteht freimütig die Schwierigkeit dieser Mission ein, die darin lag, »daß wir den für uns selbst völlig neuen Inhalt des Aufrufs, in dem die Dreigliederung des sozialen Organismus zum ersten Mal öffentlich erwähnt, aber nur andeutungsweise skizziert war, gegenüber prominenten Persönlichkeiten des künstlerischen, literarischen, wissenschaftlichen und politischen Lebens vertreten sollten. Wir waren zwar von dem Inhalt des Aufrufs berührt, hatten ihn aber doch in seiner Bedeutung nicht erfaßt.«[488] Kein Wunder also, wenn sich zahlreiche wichtige und gerade auch in wirtschaftlichen und gesellschaftlich-politischen Fragen kompetente Zeitgenossen versagen. Selbst Steiners alter Freund aus den frühen Berliner Tagen, der Stirner-Biograph und Anarchist John Henry Mackay, lehnt ab, ebenso Christian Morgensterns Freund Friedrich Kayßler, damals Direktor der Volksbühne am Bülowplatz. Die persönliche Empfehlung Margarete Morgensterns half nichts ... Und sogar der an den entscheidenden Gesprächen in Dornach beteiligte Hans Kühn bekennt in seinem Lebensrückblick offen:

»Wir kleinen Werkzeuge bei dem großen Unternehmen waren uns der Schwere dieser Aufgabe in keiner Weise bewußt. Unser Vertrauen in die Weisheit des Lehrers war so groß, daß wir nur glaubten, ihm dienen zu sollen. Wir waren uns nicht genügend klar darüber, daß er zwar der Lehrer war, daß aber diejenigen die volle Verantwortung übernahmen, denen all dieses übergeben wurde, um es in die Welt hinauszutragen.«[489] Derartige Eingeständnisse werfen mancherlei Fragen auf ...

Dennoch kommen binnen kurzer Zeit ansehnliche Namenslisten zustande, die zusammen mit dem Text des Aufrufs in zahlreichen Zeitungen Deutschlands, der Schweiz und Österreichs veröffentlicht werden. Alles in allem eine bunte Palette von Persönlichkeiten aus den verschiedensten Gebieten des öffentlichen Lebens, so zum Beispiel Beamte staatlicher und kommunaler Behörden, Unternehmer, Gelehrte wie die Professoren Hermann Beckh (Indologe), Hans Driesch (Naturwissenschaftler), Hans Ehrenberg (Philosoph), Kurt Goldstein (Neurologe), Paul Natorp (Philosoph), Wilhelm Vershofen (Wirtschaftswissenschaftler), Hans Wohlbold (Naturwissenschaftler). Unter den reichlich vertretenen Schriftstellern befinden sich Hermann Hesse, Georg Kaiser, Friedrich Lienhard, Alfons Paquet, Gabriele Reuter, Margarete Susman, Hans Hasso von Veltheim, Wilhelm von Scholz. Es unterzeichnen auf der Seite der Künstler Wilhelm Lehmbruck und Melchior Lechter. Nicht vergessen seien eine Anzahl evangelischer Theologen: Emil Bock, Christian Geyer, Le Seur, Martin Rade, Friedrich Rittelmeyer, Karl Bernhard Ritter u. a. Und der Ertrag dieser Aktion? Hans Kühn hat keinen Anlaß zum Jubel, wenn er schreibt: »Man war nicht gerade in einem Begeisterungstaumel, aber man erwartete doch einen stärkeren Widerhall, als er sich dann ergab [...].«[490]

Nun stellt der Aufruf freilich nur *einen* Faktor neben vielen anderen Aktivitäten und Initiativen dar, durch die für die Dreigliederungsidee geworben werden sollte. Da sind vor allem jene, wie Steiner sie selbst bezeichnet hat, »wichtigen Vorträge«, die er im Februar in Zürich, Winterthur, Bern und Basel hält und die dann die Grundlage für die eigentliche Dreigliederungsschrift *Die Kernpunkte der sozialen Frage in den Lebensnotwendigkeiten der Gegenwart und Zukunft* bilden. Deutet der »Aufruf« nur eben knapp an, *daß* eine Entflechtung der drei großen Funktionssysteme der Wirtschaft, des politisch-rechtlichen Gefüges sowie des kulturell-geistigen Lebens ins Auge zu fassen sei, so sagen die *Kernpunkte, wie* diese Neuordnung vor sich gehen könne. Ende April 1919 liegt die durch den Stuttgarter Verlag Greiner & Pfeiffer hergestellte etwa 120seitige Broschüre vor. Binnen weniger Monate erreicht sie eine Auflage von rund 50000 Exemplaren. Dazu kommen Übersetzungen. So ist einerseits für die erforderliche Breitenwirkung gesorgt, aber auch dafür, daß Steiners Gedanken bis in die internationale Politik hinein bekannt werden. Jedenfalls wissen wir, daß der tschechoslowakische Außenminister Eduard Benesch mit einem Exemplar der *Kernpunkte* zur Konferenz nach Spa gereist ist und daß die englische Presse das Büchlein aufmerksam rezensiert hat. Stuttgart, wo sich in der Champignystraße 17 ein »Arbeitsausschuß für Dreigliederung des sozialen Organismus« sein Organisationszentrum eingerichtet hat, wird zum Mittelpunkt der jungen Bewegung. Damit verlagert sich der Schwerpunkt der anthroposophischen Arbeit von Berlin und (zwischenzeitlich) München in die württembergische Landeshauptstadt. Doch bevor Steiner für mehrere Monate Dornach verläßt, wo der Innenausbau des Goetheanums immer noch nicht abgeschlossen werden konnte, sind Kontakte zu Politikern zu erwähnen, die er in der Schweiz aufnimmt.

Während Steiner ein Treffen mit dem späteren deutschen Gesandten in Moskau, von Bülow, ausschlägt, sucht er anläßlich einer Sozialistentagung in Bern Kurt Eisner auf, den er aus dessen Berliner Zeit als Redakteur des sozialdemokratischen *Vorwärts* und als Literat kennt. Eisner, der seit 1910 in München als Journalist tätig ist und der während des Weltkriegs eine betont pazifistische Position vertrat, proklamierte am 7. November 1918 die bayerische Republik. Er trat als Vorsitzender an die Spitze der »Arbeiter-,

Soldaten- und Bauernräte« in München und wurde bayerischer Ministerpräsident. Hans Kühn, der an den Besprechungen der beiden Männer im Berner Diplomatenhotel Bellevue am 6. oder 7. Februar teilnahm, berichtet, daß »Rudolf Steiner zu meinem Erstaunen zuerst immer über die Notwendigkeit einer Darstellung des Kriegsausbruches sprach, weil er Hilfe suchte für eine rechtzeitige Veröffentlichung dieser Vorgänge. Von Eisner erwartete er die Bekanntgabe mancher Dokumente, die ebenfalls den Friedenswillen Deutschlands belegen konnten, so z.B. der Tatsache, daß kurz vor Ausbruch des Krieges große Munitionsbestellungen annulliert worden waren [...].«[491]

Zweifellos nur ein relativ kleines Mosaiksteinchen für das Bild Steiners, das – zur Entlastung der Mittelmächte – die Ursachen des Weltkriegs deutlich machen sollte. Schon vierzehn Tage nach diesem kurzen Zusammentreffen in Bern wird Eisner am 21. Februar 1919 in München auf offener Straße von dem rechtsradikalen Grafen Arco-Valley erschossen. Ebenfalls ohne konstruktive Folgen bleibt eine Begegnung mit dem in Zürich lebenden Pazifisten Friedrich Wilhelm Foerster, der die diplomatische Vertretung Bayerns in der Schweiz übernommen hatte. Hans Kühn, der auch diese Begegnung arrangiert hatte, wie einst schon das Zusammentreffen Steiners mit dem Prinzen Max von Baden, hebt in seinen Schilderungen hervor, mit welchem Desinteresse und mit welcher Arroganz Foerster Steiner begegnet sei.[492]

Aber statt sich durch derartige Eindrücke irritieren zu lassen, setzt Steiner die Folge seiner Vorträge in der Schweiz fort. Vor allem bereitet er die Herausgabe der *Kernpunkte* vor. Inzwischen läuft die Dreigliederungsbewegung auf vollen Touren, als er am Ostersonntag, dem 20. April, begleitet von seiner Frau und von Roman Boos, in Stuttgart eintrifft, um dort für die nächsten Monate weitere Aktivitäten zu entfalten und seine Mitarbeiter (E. Molt, C. Unger, E. Leinhas u.a.) mit Rat und Tat zu unterstützen. So hat Molt beispielsweise den von Steiner bei dem Treffen im Januar ausgesprochenen bzw. unterstützten Schulgedanken weiterverfolgt und Überlegungen zu dessen Verwirklichung angestellt. Steiners Wirksamkeit, die sich bis zum 7. September 1919 ununterbrochen in Stuttgart und Umgebung erstreckt, spielt sich auf verschiedenen Ebenen ab und reicht, durch die Fülle der Aufgaben bedingt, in mehrere Sektoren hinein. Solche Ebenen stellen beispielsweise die Aktivisten der Dreigliederungsbewegung dar, sodann württembergische Unternehmer mit ihren Belegschaften, die Arbeiterschaft als solche; hinzu kommt noch die Vortrags- und Lehrtätigkeit, die die zahlenmäßig starke Stuttgarter Anthroposophenschaft von Steiner erwartet. Im Zweighaus, Landhausstraße 70, wo auch die Veranstaltungen der Gesellschaft seit Jahren stattfinden, wohnt das Ehepaar Steiner. Daß schon aus Platzgründen die öffentlichen Veranstaltungen der Dreigliederungsarbeit in zentral gelegenen Sälen der Stadt anzuberaumen sind, so etwa im Gustav-Siegle-Haus oder im Stadtgartensaal, versteht sich von selbst.

Noch am Tag der Ankunft, dem ersten Osterfeiertag (!), hält Steiner eine erste Besprechung mit Unterzeichnern des »Aufrufs« ab. Ihm liegt daran, eine möglichst breite personelle Basis zu gewinnen, das heißt durch Einfluß, Sachkompetenz und Engagement ausgezeichnete Persönlichkeiten zu verpflichten. Daß dieser Personenkreis nicht gerade innerhalb der Anthroposophischen Gesellschaft zu finden ist, deutet auf die besonderen Schwierigkeiten hin, mit denen der Kulturerneuerer fertig werden muß – und zwar, wie sich zeigen sollte, nicht selten sogar gegen den Widerstand seiner eigenen Mitglieder. Man braucht nur die Vortragsnachschriften jener Jahre zu lesen, um sich einen Eindruck davon zu verschaffen.

Tags darauf, am 21. April, beginnt Steiner seinen siebzehnteiligen Zyklus *Geisteswissenschaftliche Behandlung sozialer und pädagogischer Fragen*, indem er gleich eingangs darauf aufmerksam macht, welchen Prüfstein die Ereignisse der Gegenwart für die anthroposophische Lebenshaltung darstellen.[493] Und nun jagt ein Termin den andern. Am Vormittag des 22. April: Erste interne Zusammenkunft mit den auswärtigen Unterzeichnern des »Aufrufs« im Haus der Anthroposophischen Gesellschaft an der Landhausstraße. Am Abend: Erste öffentliche Versammlung im großen Stuttgarter Stadtgartensaal. Steiner spricht vor etwa 800 Menschen. Nach einer lebhaften Diskussion kommt es zur offiziellen Gründung des »Bundes für Dreigliederung des sozialen Organismus«. Der siebenköpfige Arbeitsausschuß setzt sich aus den Anthroposophen Molt, Unger, Kühn und Leinhas zusammen. Eine wichtige Rolle spielt der schon erwähnte Tübinger Staatsrechtslehrer Wilhelm von Blume, ein Nichtanthroposoph, der Steiner zuvor gar nicht kannte und der sich als Schöpfer der württembergischen Landesverfassung in Regierungskreisen hoher Wertschätzung erfreute. Schließlich sind als Vertreter der Arbeiterschaft und der betrieblichen Angestellten Max Benziger und Theodor Binder zu nennen. Wieder einen Tag später, am 23. April, ist für 11 Uhr vormittags im Tabaklagerraum der Waldorf-Astoria-Zigarettenfabrik in der Hackstraße eine Betriebsversammlung anberaumt. Zum ersten Mal folgt Steiner einer Einladung, die von Stuttgarter Arbeiter- und Angestellten-Ausschüssen ausgesprochen wurde, eine mit großer Spannung erwartete

Zusammenkunft, in der die Bildungsmisere, das Recht auf Bildung angesprochen werden. Dem Redner gelingt es nach und nach, den existentiellen Nerv seiner Zuhörer zu treffen. Herbert Hahn erinnert sich: »Ich höre noch heute in mir die atemlose Stille, die aus dem tiefen Lauschen der Anwesenden entstand. Der Tabakauslesesaal, in dem der Vortrag stattfand, konnte so viele Menschen eigentlich nicht gut fassen. So hatten sich die Anwesenden in bunter Gruppierung gelagert. Man saß nicht nur auf Stühlen oder Bänken; man kauerte, wie es sich gerade ergab, und einige – wohl die jüngeren – waren auf die gefüllten Tabaksäcke hinaufgeklettert, die an der hintersten Wand aufgestapelt waren. Dieses Durcheinandergewürfeltsein zugleich mit der Geschlossenheit, mit dem warmen Gedränge gab der ganzen Versammlung eine unvergeßliche Intimität.‹ [494]

Am gleichen Tag richtet der Arbeitsausschuß für Dreigliederung eine Resolution an die Württembergische Regierung und fordert diese auf, Rudolf Steiner unverzüglich zur Durchführung der Dreigliederung zu »berufen«. Eine einigermaßen unglückliche Formulierung, wie sich bald herausstellt. Abgesehen davon, daß der Wortlaut der Resolution nicht von Steiner, sondern von dem genannten Arbeitsausschuß verfaßt worden ist, hatte er jedenfalls nicht die Absicht, (als Österreicher!) Regierungsmitglied in Württemberg zu werden, wie man dort vermutete. In seinen Memoiren erinnert sich freilich der württembergische Regierungschef Wilhelm Blos[495], daß in der fraglichen Zeit bei ihm, dem Ministerpräsidenten, Anthroposophen vorgesprochen hätten, um die Übernahme eines Regierungsamts durch Steiner vorzuschlagen. Doch dergleichen stand nicht zur Diskussion, einmal aufgrund der bestehenden politischen Mehrheitsverhältnisse, zum anderen, weil dadurch Steiners Wirksamkeit in einer kaum wünschenswerten Weise eingeengt worden wäre. Und sollten gewisse Anhänger von einer derartigen Rolle ihres »Doktors« geträumt haben, so zeugt das nicht gerade für den in dieser Situation erforderlichen Realitätssinn eben dieser Anhänger.

Als sehr viel folgenreicher und wirklichkeitsnäher erweist sich dagegen der Entschluß Emil Molts, mit der Schulidee ernst zu machen und eine stattliche Summe für die Einrichtung einer staatsfreien Schule zur Verfügung zu stellen – falls Steiner den Aufbau und die Leitung dieser Schule übernehmen wolle. In der Betriebsratssitzung dieses 23. April sagt Steiner spontan zu. So spricht man von diesem Datum als von dem »eigentlichen Geburtstag« der Waldorfschule. Und um das Arbeitspensum dieses Tages vollzumachen, tritt Steiner in der Landhausstraße 70 vor die Mitglieder der

Anthroposophischen Gesellschaft hin, um den zweiten seiner Vorträge zu sozialen und pädagogischen Fragen zu halten.

So ist fortan ein Tag nach dem andern mit einem anspruchsvollen Programm gefüllt, denn zu den öffentlichen Auftritten und zu den internen Beratungen mit ihren oft weittragenden Beschlüssen kommen zahllose Einzelgespräche hinzu, zu denen Steiner Ratsuchenden, vor allem jungen Menschen im Zentrum der Anthroposophischen Gesellschaft an der Landhausstraße immer wieder zur Verfügung steht. So manche Lebenserinnerung der Betreffenden legt davon Zeugnis ab. An vielen Tagen steht Steiner vor der Belegschaft großer Stuttgarter und anderer württembergischer Industriebetriebe, so in den Bosch-Werken, deren Senior-Chef Robert Bosch Steiner zu einer Aussprache empfängt, ohne freilich ein tieferes Verständnis für dessen Anliegen aufbringen zu können. Es folgen Vorträge bei Daimler in Stuttgart-Untertürkheim, in der Kartonagenfabrik José del Monte, in der Brauerei Dinkelacker, im Stuttgarter Gewerkschaftshaus usw. Die unmittelbaren Zeugen berichten von dem erheblichen Zeit- und Kraftaufwand, dem sich der Redner zu unterziehen hatte, etwa Emil Leinhas:

»Die Anstrengungen, die er sich damit zumutete, waren gewaltig; am schlimmsten für seine Stimme. In den Arbeiterversammlungen, die meist unmittelbar nach Betriebsschluß in Werkskantinen oder anderen Betriebsräumen stattfanden, auch bei den Besprechungen mit Arbeiter-Ausschüssen, die oft in Nebenzimmern von Wirtschaften abgehalten wurden – überall wurde geraucht, und zwar meist Kastanienblätter und anderes deutsches Laub. Obwohl Rudolf Steiners Stimme außerordentlich tragfähig war und sonst eigentlich nie irgendein Zeichen von Ermüdung aufwies, war sie durch diese ungewohnte Belastung nach einiger Zeit doch so überanstrengt, daß er zu Beginn seines Vortrags meist kaum einen lauten Ton hervorbringen konnte. Aber von Schonung wollte er nichts wissen. Er begann infolgedessen seine Vorträge meist stockheiser, redete sich aber im Verlauf einer halben Stunde frei und hielt dann bis zum Schluß des Vortrags durch. An die Vorträge schlossen sich fast immer ausgedehnte Diskussionen, die Rudolf Steiner mit einem längeren zusammenfassenden Schlußwort beendete.«[496]

Eine besondere Thematik für die Arbeiterschaft stellt im Frühjahr und Sommer 1919 das im Reichsgebiet in Vorbereitung befindliche Betriebsrätegesetz. Daß die Verfechter der Dreigliederungsidee dem zu schaffenden Betriebsrat eine ganz andere Struktur und Funktion beimessen als etwa die Gewerkschaften und die Führung der Arbeiterparteien, liegt auf der Hand. So sollen im Sinne der

Dreigliederung nicht nur Vertreter der Arbeiterklasse den Betriebsrat bilden, sondern auch Angehörige der Unternehmerseite, der Konsumenten und des Handels. An die Stelle des reinen Produktionsinteresses solle das treten, was Steiner immer wieder als das »assoziative Prinzip« des wirtschaftlichen Lebens bezeichnet hat.[497]

Je mehr sich auf der Seite der Arbeiterschaft ein gewisses Interesse für Steiners Anliegen zu regen beginnt, desto entschiedener formieren sich die Fronten der Gegner: auf bürgerlicher bzw. kapitalistischer Seite verdächtigt man die Dreigliederer als verkappte Bolschewisten; die marxistischen Ideologen des Proletariats wittern indessen eine anarchistisch anmutende Konkurrenz und treten zum Gegenangriff an, so daß der Bund für Dreigliederung seinerseits gegen Karikierung und böswillige Verleumdung öffentlich protestieren muß. Der Widerstand gegen Anthroposophie und Dreigliederung wächst. Ein »dritter Weg« jenseits von Kapitalismus und Kollektivismus stößt auf erbitterten Widerstand.

Neue Anstöße werden nötig, so der Aufruf zur Begründung eines Kulturrats. Wie dem zu Pfingsten 1919 veröffentlichten neuerlichen »Aufruf« zu entnehmen ist, lauten die Forderungen:

1. Befreiung der Unterrichtstätigkeit von jeder staatlichen Aufsicht. Einrichtung der Grundschule nur nach pädagogisch-didaktischen Gesichtspunkten und Verwaltung derselben nur durch Persönlichkeiten, die innerhalb der Selbstverwaltung der Geisteskultur stehen.
2. Abschaffung des staatlichen Berechtigungswesens für Mittel- und Fachschulen.
3. Autonomie der Hochschulen.

Damit ist nur noch einmal in klarer Form ausgesprochen, was bereits Bestandteil der Dreigliederungsbemühung ist, nämlich die Befreiung des geistigen Lebens aus der bisherigen Abhängigkeit von politischer (d.h. ideologischer) Kontrolle und von den Interessen der Wirtschaft. Wieder findet sich eine stattliche Anzahl von Mitunterzeichnern, auch aus dem nichtanthroposophischen Kulturleben, unter ihnen der in München lebende Thomas Mann.

Um für die Aufklärungsarbeit nicht nur auf öffentliche Zeitungen, Plakatanschläge und Flugblätter angewiesen zu sein, begründet der Bund im Juli eine eigene Zeitschrift, betitelt *Dreigliederung des sozialen Organismus*. Auf diese Weise bekommt Steiner ein Publikationsorgan, mit dem er mit einer gewissen Regelmäßigkeit seine Aufsätze in Abstimmung auf die Zeitforderungen und auf die aktuellen Befürfnisse veröffentlichen kann.[498] Über ganz Deutschland ist ein Netz von Ortsgruppen und Auskunftsstellen des Bundes für Dreigliederung ausgebreitet. Die tatsächlichen Erfolge stehen aber offensichtlich in keinem Verhältnis zum Einsatz. So scheitert auch der Versuch, durch die Veröffentlichung der Memoiren des Generalobersten Helmut von Moltke einen Beitrag zur Aufdeckung der kriegauslösenden Faktoren zu leisten und auf diese Weise die Friedensverhandlungen in Versailles mäßigend zu beeinflussen. Im letzten Augenblick intervenieren monarchistisch-militärische Kreise, die bei Steiner in Stuttgart vorstellig werden, und vereiteln so die Auslieferung des Buches, zu dem Steiner ein Begleitwort geschrieben hatte. Auch zur tatsächlichen Begründung des beabsichtigten Kulturrates kommt es nicht mehr. Alles Anzeichen, daß der anfängliche Elan, mit der die Dreigliederungssache ins Werk gesetzt worden ist, gegen Jahresmitte an Schwung verliert. Wie Steiner selbst über die Vorgänge, Absichten und Ziele denkt, läßt sich manchen privaten Äußerungen entnehmen. Der in Dornach arbeitenden Bildhauerin Edith Maryon, seiner rechten Hand bei der Ausgestaltung der »Gruppe« (Christusstatue), vertraut der Achtundfünfzigjährige in einem Brief vom 10. Mai an:

> »Ich bin in solcher Überarbeit darinnen [...] jeden Tag wenigstens einen Vortrag mit daran sich schließender Diskussion zu halten, mutet dem alten Organismus viel zu, und ich wäre froh, wenn ich dazwischen an unserer künstlerischen Arbeit in Dornach auch noch andere Körperglieder anstrengen könnte, als hier nur den Kehlkopf. Doch alles muß eben sein [...].«[499]

Mit Befriedigung hört er aus dem Goetheanum, daß die Bildhauerarbeiten zügig weitergehen. Er läßt am 4. Juni Edith Maryon wissen, wie »sehr lieb« es ihm sein werde, wenn er »wieder fern dem augenblicklichen Tagesgetriebe dort künstlerisch arbeiten« kann. Bei dieser Gelegenheit beklagt er sich über das Geschwätz, das »von Gegnern und auch Anhängern« über ihn verbreitet wird.

> »Hätte man nicht zu allem übrigen [d.h. zur Arbeitslast] noch immerfort die entstehenden Mißverständnisse gegen sich, so wäre natürlich alles leichter. Allein, alles was man sagt, wird sogleich zu etwas anderem, wenn es wiedererzählt wird. Man sieht, daß einen die Leute bekämpfen von allen Seiten, weil sie falsch berichtet werden. Die Menschen haben das Bestreben, alles in eine Parteischablone hineinzuschieben, und wenn es eben etwas ist, was mit gar keiner Parteischablone zu tun hat, dann machen sie etwas anderes daraus.«

Und nun der im Laufe der Zeit immer häufiger zu hörende Vorwurf Steiners: »Das tun nicht nur Gegner, das tun auch Menschen, die wohlwollend sich zu der Sache verhalten, die ich vertrete.«[500]

Wer anders als Steiners unmittelbare Mitarbeiter in Stuttgart können damit gemeint sein? Den Klartext hierzu findet man immer wieder in den Aufzeichnungen der an exponierter Stelle Beteiligten, so bei Leinhas, der als wichtiger Funktionär im Dreigliederungsbund und dann als Vorstandsmitglied der Anthroposophischen Gesellschaft in Deutschland tätig ist. Nicht nur die minimalen finanziellen Mittel und die geringe Zahl der zur Verfügung stehenden Mitarbeiter reduzierte die Effektivität der Dreigliederungsbewegung. Denn »gegenüber dem ganzen Außergewöhnlichen, das der geschichtliche Augenblick damals erfordert hätte, erwiesen sich die Kräfte der Mitarbeiter, die Rudolf Steiner zur Verfügung standen, doch nicht als ausreichend.«[501] Wie der Kontext erhellt, ist damit die Frage der menschlichen wie der fachlichen Qualifikation angesprochen. Daß Steiner angesichts der aktuellen Notwendigkeit bereit ist, in der Wahl der Mitarbeiter recht weitherzig zu agieren, erweckt bei den »treuen Mitgliedern« bisweilen Kopfschütteln und Verwunderung. So gelingt es nicht, die Weltöffentlichkeit »in genügender und in würdiger Weise« auf die Dreigliederung aufmerksam zu machen. Und das liegt offensichtlich nicht an den Verhältnissen oder an den Gegnern, sondern allzuoft an der Begrenztheit der Akteure, das von Steiner Angeregte, das beispielhaft Gezeigte wörtlich zu übernehmen oder dogmatisch als den Rat des »Eingeweihten« zu dozieren, statt das Geforderte der betreffenden Lebenslage und Situation anzupassen. Man habe nicht vermocht, die »Eierschalen der Theosophischen Gesellschaft« abzustreifen, lamentiert Leinhas, und er kommt zu dem nüchternen Schluß:

»Rückblickend auf das Ganze dieser Volksbewegung für die Dreigliederung des sozialen Organismus und auf den ungeheuren Einsatz, den Rudolf Steiner dafür wagte, muß man doch sagen: die Tragik Rudolf Steiners, in entscheidenden Augenblicken immer wieder ohne genügendes Verständnis der Zeitgenossen und ohne genügende Unterstützung seiner Mitarbeiter geblieben zu sein, ist ihm auch auf diesem Gebiet nicht erspart geblieben.«[502]

Schließlich gehört zur Dreigliederungsthematik noch eine weitere Aktivität, die in der Krisenlage der Jahre nach dem Zusammenbruch von vornherein ein außerordentlich großes Risiko darstellte. Denn die Bewegung erschöpfte sich nicht nur in Agitation und Diskussion. Abgesehen von dem von Anfang an ins Auge gefaßten Schulprojekt, ist – zeitlich vorausgreifend – noch auf einen praktischen Versuch hinzuweisen, der im Wirtschaftsleben selbst so etwas wie eine Probe aufs Exempel wagen wollte, und das in der politisch instabilen, durch die Inflation der frühen zwanziger Jahre bedrohten Zeit: am 13. März 1920 – also in den Tagen, da der sogenannte Kapp-Putsch und ein Generalstreik der Gewerkschaften ganz Deutschland in Atem hielten – wurde in Stuttgart *Der Kommende Tag* als eine Aktiengesellschaft zur Förderung wirtschaftlicher und geistiger Werte ins Leben gerufen. Sie sollte den Zweck verfolgen, »rein wirtschaftliche und geistig-wirtschaftliche Geschäfte und Unternehmungen« im Sinne der anthroposophischen Weltanschauung auf eine lebensfähige Basis zu stellen. Zu den Begründern, die großenteils den Vorstand sowie den Aufsichtsrat bildeten, gehörten die schon genannten Initiatoren der Dreigliederungsbewegung, an ihrer Spitze Rudolf Steiner selbst. Ausgehend von einem Grundkapital von anfänglich 300000 Mark, bestehend aus 300 Namensaktien zu je 1000.– Mark, wurden Darlehensscheine bis zu einer Höhe von 10 Millionen Mark ausgegeben. Ende 1921 bezifferte sich das Aktienkapital auf 35 Millionen, 1922 sogar auf 70 Millionen Mark. Dabei ist freilich zu berücksichtigen, daß die Mark, gegenüber dem amerikanischen Dollar als Leitwährung, rapide an Wert verlor. 1921 kostete ein Dollar bereits 65.–, 1922 200.– Mark. Demgegenüber ist aber wiederum in Betracht zu ziehen, daß das im Sinne der Dreigliederung assoziativ arbeitende Unternehmen durch Anschluß mehrerer, meist gut situierter Betriebe einen ansehnlichen Umfang mit weit über eintausend Mitarbeitern erzielte. Kurze Zeit gelang es, sogar die Waldorf-Astoria-Zigarettenfabrik mit ihren rund 1500 Beschäftigten anzugliedern. Zu den »geistig-wirtschaftlichen« Unternehmungen gehörten: ein naturwissenschaftliches Forschungsinstitut, ein klinisch-therapeutisches Institut – beide in Stuttgart; der *Kommende Tag* richtete in seinem Zentrum in der Champignystraße 17 eine moderne Druckerei ein, der Verlag Der Kommende Tag brachte jährlich bis zu dreißig neue Werke sowie Neuauflagen meist anthroposophischer Bücher heraus; eine Versandbuchhandlung war angegliedert. Besonders zu erwähnen ist die chemisch-pharmazeutische Fabrik in Schwäbisch-Gmünd, die (heute unter dem Namen Weleda-Werke) eine Reihe von Heilmitteln herstellte, die großenteils auf Rudolf Steiners Angaben zurückgehen. Wie sehr sich Steiner um Details kümmerte, ist der Tatsache zu entnehmen, daß er sogar Buchumschläge entwarf. Nach anfänglichen Erfolgen, die auf die Lebensfähigkeit eines derartigen Unternehmens hinweisen, mußte sich Steiner zu einer »Programmbegrenzung des Kommenden Tages« entschließen. Doch wie den Schilderungen der unmittelbar Verantwortlichen zu entnehmen ist[503], scheiterte der Kommende

Tag – wie übrigens auch das Schweizer Parallelunternehmen, die Futurum AG – nicht allein infolge der Inflation, die im November 1923 ihren absoluten Höhe- bzw. Tiefpunkt erreichte, sondern in hohem Maße infolge menschlichen Versagens und mangelnder Entschlußkraft im Kreis der Unternehmer. Steiner, dem die vielfältigen rechtlichen und finanziellen Probleme des Kommenden Tages zusätzlich Lasten aufbürdeten, sah sich gezwungen, seine unmittelbare Mitarbeit als Aufsichtsratsmitglied aufzukündigen, um sich seinen eigentlichen anthroposophischen Aufgaben, einer Vielfalt eigener Art, besser widmen zu können. Die Liquidation dieser Aktiengesellschaft selbst war indes nicht aufzuhalten. Am 31. Oktober 1925 fand ihre letzte Generalversammlung statt; Steiner war sieben Monate vorher gestorben. Wenn auch das faktische Scheitern der bis zu internationalen Kontakten hin weitreichenden Dreigliederungsbewegung unumwunden festgestellt werden muß, so ist doch nicht zu übersehen, daß zumindest zwei Institutionen des »geistig-wirtschaftlichen« Arbeitens bzw. des freien Geisteslebens durch die Dreigliederungsimpulse begründet wurden und lebensfähig erhalten geblieben sind: Der Kommende Tag schuf die wirtschaftliche Basis für die Herstellung anthroposophischer Heilmittel sowie anderer Pharmazeutika; vor allem aber gelang es, die staatsfreie Schule auf der Grundlage der Steinerschen Waldorf-Pädagogik zu realisieren und ihr den Modell- und Alternativcharakter zu verleihen, den sie in aller Welt bis heute besitzt.

Schließlich sei wenigstens kurz angemerkt, daß Rudolf Steiner mit seinen Anstößen zu einer gesellschaftlichen Erneuerung nicht etwa allein stand. Er selbst wies mehrfach darauf hin, daß der von ihm vertretene Sozialimpuls »unbewußt in allen Menschen lebt«. Ist es da ein Wunder, wenn auch noch andere Zeitgenossen von ihren besonderen Voraussetzungen her derartige Impulse empfangen und weitergeben – wie etwa Silvio Gesell (1862–1930). Er hat völlig unabhängig von Steiner für den »Abbau des Staates« in der Wirtschaft plädiert, indem er u.a. in seinem gleichnamigen Werk »Natürliche Wirtschaftsordnung durch Freiland und Freigeld« aufgrund seiner Erfahrungen und Einsichten propagierte. Dabei legt Gesell in einer bemerkenswerten geistigen Nähe zu Steiners *Philosophie der Freiheit* und zu dem daraus abgeleiteten »ethischen Individualismus« einen Freiheitsbegriff zugrunde, durch den sich der Mensch als ein für das Du verantwortliches Ich zu erkennen und zu verwirklichen vermag.[504]

Erziehungskunst
Vom Werden der Waldorfpädagogik

»Nicht allgemeine Redensarten, wie etwa ›harmonische Ausbildung aller Kräfte und Anlagen‹ und dergleichen, können die Grundlage einer echten Erziehungskunst sein, sondern nur auf einer wirklichen Erkenntnis der menschlichen Wesenheit kann eine solche aufgebaut werden. [...] Man muß wissen, auf welchen Teil der menschlichen Wesenheit man in einem bestimmten Lebensalter einzuwirken hat und wie eine solche Einwirkung sachgemäß geschieht.«[505]

Als diese Sätze in einer Reihe von öffentlichen Vorträgen erstmals ausgesprochen werden und dann auch (1907) im Druck erscheinen, ist durch den Vortragenden ebensowenig wie durch den Hörer und Leser abzusehen, daß sich zwölf Jahre später die Möglichkeit einer praktischen Verwirklichung dieser Gedanken bieten wird. Dabei ist der Vortragende offensichtlich der geborene Erzieher, der die Stadien der Selbsterkenntnis, der Menschenführung und des Unterrichtens aus eigenem Erleben und aus vielseitiger Übung kennt, und zwar angefangen bei den autodidaktischen Bemühungen des Realschülers, der sich selbst in den Stand setzt, Gymnasiasten Nachhilfestunden geben zu können, über die Lehrtätigkeit an der Arbeiterbildungsschule und die Rolle des spirituellen Lehrers bis hin zu den künstlerischen Anweisungen des Goetheanum-Erbauers. Es unterliegt daher keinem Zweifel, daß das pädagogische Motiv bereits Steiners Schaffen beherrscht, ehe er sich der Aufgabe einer Schulgründung stellen kann.[506] Und daß die Lösung der Bildungsfrage zu den wichtigsten Aufgaben des geistigen Lebens gehört, das findet sich in seinen Vorträgen nach Kriegsende oft genug ausgesprochen und als eine unabweisbare Zeitforderung zum Bewußtsein gebracht – in den internen anthroposophischen Zweig-Vorträgen und in den Ansprachen vor der württembergischen Arbeiterschaft. Und selbst ein mahnend-prophetischer Unterton schwingt mit, wenn er in dem Krisenjahr 1919 den Satz prägt:

»Lassen Sie drei Jahrzehnte noch so gelehrt werden, wie an unseren Hochschulen gelehrt wird, lassen Sie noch durch dreißig Jahre so über soziale Angelegenheiten gedacht werden, wie heute gedacht wird, dann haben Sie nach diesen dreißig Jahren ein verwüstetes Europa.«

Man könne noch so viele Ideale auf diesem oder jenem Gebiet aufstellen, alles werde vergeblich sein, wenn nicht die notwendige Umwandlung »aus dem Fundamente der Menschenseelen heraus« vollzogen werde; »dann kommt die moralische Sintflut über Europa!«[507]. Die Exaktheit dieser Mitteilung hat sich inzwischen in ungeahnter Weise bestätigt. Und nicht nur das, die langjährige, mit großem Aufwand betriebene Bildungsforschung hat die Forderung Steiners aus dem ersten Viertel dieses Jahrhunderts immer noch nicht widerlegt. Und sie leitet sich von der Aussage ab:

»Weder die natürlichen noch die sozialen Probleme der heutigen Zeit sind zu lösen ohne ein Befruchten des menschlichen Denkens, Empfindens und Wollens von der geistigen Welt aus. [...] Aus den Tiefen der Seelen müssen die neuen Kräfte heraufgeholt werden. Und einsehen muß der Mensch, wie er in den Tiefen seiner Seele zusammenhängt mit den Wurzeln des geistigen Lebens.«[508]

Mit seiner Bemühung um eine Neuordnung des gesellschaftlich-kulturellen Lebens ist die Verwirklichung des Steinerschen Schulgedankens aufs engste verknüpft, und zwar sachlich wie historisch-biographisch. Geht es doch darum, die gegenwärtige und zukünftige Erziehung und Menschenbildung so zu gestalten, daß sie von staatlicher Reglementierung und auch von wirtschaftlicher Bevormundung, etwa in der Gestalt von Unternehmerinteressen, frei bleibt. Gleichzeitig sollte auf dem Schulsektor das assoziative Element zur Geltung kommen, zum Beispiel im Zusammenwirken derer, die eine solche staatsfreie, auf ganzheitliche Menschenbildung hin ausgerichtete Schule für ihre Kinder wollen (Eltern), die andererseits die wirtschaftlichen Voraussetzungen in gesellschaftlicher Mitverantwortung schaffen helfen (Schulverein, Freundeskreis, Stifter) sowie die Lehrerschaft, die im Zusammenwirken mit Eltern und Schulverein die Erziehungs- und Bildungsarbeit leisten.

Dieses ursprüngliche bzw. prinzipielle Verwobensein der Dreigliederungsbewegung mit dem Schulprojekt bringt es mit sich, daß beide Unternehmungen im Lebensweg Steiners faktisch synchron verlaufen. Das heißt, indem er sich den gesellschaftlichen Zeitforderungen stellt, in der geschilderten Weise an Politiker, Unternehmer, Arbeiter herantritt und die Mitglieder der Anthroposophischen Gesellschaft für eine tätige Mitverantwortung zu gewinnen sucht, sind durch ihn gleichzeitig die geistigen Grundlagen für eine neue Pädagogik zu schaffen, und zwar bis ins Methodische und Didaktische der Unterrichtspraxis hinein. Steiner hat also gar keine Wahl, sich entweder ausschließlich auf die strapaziösen, mehr gesellschaftspolitischen Aktionen oder auf die Konzipierung des zu schaffenden Schulmodells zu konzentrieren, ganz zu schweigen von der Gesamtverantwortung für die Sache der Anthroposophie als solcher. Sie ist schon deshalb im Blick zu behalten, weil allein aus ihr – Steiner sagt, »aus der geistigen Welt heraus« – die erforderlichen Erkenntnisse und Impulse zu schöpfen sind. Deshalb sein Bestreben, nicht etwa eine »Reformschule« aufzubauen oder den bisherigen Schulmethoden nur eine weitere, neuartige an die Seite zu stellen, sondern immer wieder den spirituellen Quellgrund in Erinnerung zu rufen. Und der ist – streng genommen – gar nicht allein ein weltanschaulicher, sondern ein solcher, der von dem Christusimpuls her zu begreifen ist.[509] Vor allem soll keine »Anthroposophenschule« als Resultat herauskommen.

Wie schon in dem zuvor besprochenen Zusammenhang erwähnt, kann der 23. April 1919 als »der eigentliche Geburtstag« der Stuttgarter Waldorfschule bezeichnet werden. Emil Molt hat als ihr Initiator zu gelten, zumal er sich schon vorher um eine innerbetriebliche Informations- und Bildungsarbeit bemühte, um seine Mitarbeiter für das Ganze des Betriebs zu interessieren.[510] Molt erinnert sich:

»Anschließend an jenen ersten Arbeitervortrag Rudolf Steiners in der Waldorf-Astoria hatten wir eine Betriebsratssitzung zusammen mit Dr. Steiner, in der ich von der Absicht, eine Schule zu gründen, etwas sagte und die Bitte aussprach, er möge die Einrichtung und Leitung der Schule übernehmen. Als finanzielle Grundlage hatte ich vom Reingewinn aus dem Jahr 1918 den Betrag von 100000 Mark zurückgestellt. Ich war stolz auf diese große Summe und wurde etwas belämmert, als Dr. Steiner in aller Seelenruhe meinte: ›Das ist ja ein ganz netter Betrag.‹«[511]

Zu dem finanziellen Grundstein fügt sich alsbald ein menschlicher. Als nämlich der unlängst von Emil Molt mit der innerbetrieblichen Schulung beauftragte Lehrer Herbert Hahn am andern Tag mit Arbeitern der Firma ins Gespräch kommt, da hört er – gleichsam als Antwort der Belegschaft auf die Besprechung vom Vortag – von dem großen Interesse der Arbeiter: »Könnten nicht schon unsere Kinder eine Schule bekommen?« – Zusammen mit Hahn und einem weiteren Pädagogen, Karl Stockmeyer, kommt es am 25. April in der Landhausstraße 70 zu einem weiteren »Schul-Gespräch«. Es ist schon spät abends. Steiner kommt gerade aus Untertürkheim, wo er vor der Belegschaft der Daimler-Werke gestanden hat. Die Beratung verläuft so, daß erste Konturen – keinesfalls schon die endgültigen – der neuen Schule sichtbar werden. Steiner weist darauf hin, daß das herkömmliche Schulsystem in mancher Hinsicht überholt sei. Es gelte, eine »Einheitsschule der Zukunft« zu schaffen. Gründlich zu revidieren sei das Prüfungswesen, und zwar unter Wegfall der staatlichen Prüfungen. Vor allem sucht Steiner noch in dieser Nachtsitzung die beiden anwesenden Lehrer für sein und Molts Projekt zu gewinnen. Denn jedem ist klar, ganz entscheidend wird es davon abhängen, daß sich ein Stamm von pädagogisch befähigten, zu einem gründlichen Umlernen bereiten Lehrkräften für die schwierige Aufgabe finden läßt, und zwar in kürzester Zeit. Die Zielsetzung ist freilich zunächst eine recht bescheidene. Denn Molt versteht »seine« Schule als eine Art Anhängsel der Firma Waldorf-Astoria. Es soll vorerst nur für 100 bis 120 oder höchstens 150 Kinder aus den Kreisen der Belegschaft Platz sein. Lediglich Kinder von Stuttgarter Anthroposophen sollen »auch« die Möglichkeit zum Schulbesuch haben. Unter diesem Gesichtspunkt einer Einheitsschule als Versuchsschule finden weitere Aussprachen statt, zum Beispiel auch solche mit dem württembergischen Kultusminister Heymann. Als Sozialdemokrat begrüßt er, daß die private Initiative von einem Unternehmer, also von einem Kapitalisten getragen wird. Das Entgegenkommen ist so groß, daß man von den anzustellenden Lehrern die obligatorische Staatsprüfung nicht verlangt. Sie müssen sich lediglich hinsichtlich ihrer Vorbildung und ihrer charakterlichen Qualität vor dem Ministerium als geeignet erweisen. Auch daß die Schule koedukativ und überkonfessionell geführt werden soll, findet die erforderliche Zustimmung.

Da es Emil Molt gelungen ist, das Restaurant und Café auf der Uhlandshöhe, ein beliebtes Ausflugslokal oberhalb Stuttgarts, zu erwerben, das nach den allernötigsten Umbauten als Schulhaus zur Verfügung steht, bleibt es Sache Steiners, das erste Lehrerkollegium zu sammeln und für die neue Aufgabe in Theorie und Praxis vorzubereiten. Ein Unternehmen, das – gleichsam neben den schon bestehenden Vortragsverpflichtungen – in den Sommermonaten des Jahres 1919 abläuft. Will man sich ein Bild von dem Entwicklungsprozeß machen, wie sich die Schulidee in Steiner selbst darstellt, dann braucht man nur die im Frühjahr und Sommer gehaltenen Vorträge nachzulesen.

Da ist der schon erwähnte siebzehnteilige Stuttgarter Vortragszyklus über die *Geisteswissenschaftliche Behandlung sozialer und pädagogischer Fragen*, der zwischen April und September 1919 stattfindet. Allein schon die Tatsache, daß ihm auch drei Vorträge über Volkspädagogik eingefügt sind, zeigt, wie Steiner alles Unterrichten und jegliche Menschenbildung in einem viel größeren Zusammenhang sieht und als eine zentrale soziale Aufgabe begreift. Für ihn, den pädagogischen Praktiker, ist klar, daß der Bildungsprozeß nicht auf einen Vorgang bloßer Wissensvermittlung reduziert sein darf. Was der werdende Mensch braucht, vor allem, was er in bestimmten Phasen seiner Entwicklung verlangt und zu integrieren vermag, ist für die Steinersche Erziehungskunst maßgebend. An der leiblich-seelischen Entwicklung des Kindes sind die erforderlichen pädagogischen Schritte abzulesen. Der Zahnwechsel um das siebente, der Beginn der Geschlechtsreifung um das vierzehnte Lebensjahr markieren dabei wichtige Einschnitte. Praktisch heißt das für Rudolf Steiner, daß der Erzieher während der ersten sieben Jahre nur durch das erziehen kann, was das Kind nachzuahmen vermag. Im zweiten Jahrsiebt dominiert das, was der Erzieher als Autorität erleben läßt, an der sich das Kind orientieren kann. Vom Beginn des dritten Jahrsiebts an, also nach dem vierzehnten Lebensjahr, muß alle Erziehung die freie bzw. freiwerdende Urteilskraft des werdenden Menschen respektieren. Oder unter einem anderen Aspekt:

> »Vor dem einundzwanzigsten Jahr darf in der Zukunft nichts an den Menschen herangetragen werden, was nur Forscherergebnis ist, was nur von der Spezialisierung im Wissenschaftlichen herkommt.«[512]

Der junge Mensch lernt nicht allein rational-intellektuell, sondern er lernt nur dort ganzheitlich, wo er am Leben teilhaben kann. Bloße Wissensdaten oder Forschungsresultate bleiben abstrakt. Steiners Forderung wirkt bis heute in der Unterrichtspraxis der Waldorfschulen nach, beispielsweise in der Anlage von sogenannten Epochenheften. Sie treten bis in die Mittelstufe hinein an die Stelle von Schul- und Lernbüchern, die die Wissensdaten fix und fertig vorprogrammieren. Das Epochenheft für die einzelnen, in größeren Unterrichtseinheiten (Epochen) durchgenommenen Fächer ist hingegen der lebendig gestaltete Niederschlag des gemeinsam Erarbeiteten. Bereits in diesen volkspädagogischen Vorträgen wird die Notwendigkeit eines solchen Epochenunterrichts umrissen, geht es doch darum, ein »konzentriertes Verweilen auf einer Sache« in der Weise zu ermöglichen, wie es der Schüler von seiner ganzen Konstitution her verlangt, wie es aber auch aus einer gewissen Unterrichtsökonomie heraus wünschenswert erscheint. Denn, so heißt es in diesem Zusammenhang unter anderem:

»Es handelt sich nicht darum, [...] die Seele zu erfüllen mit irgendeinem Lehrstoff, sondern darum, die ganze Entwicklung so einzurichten, daß die Seele von selbst sich in einer bestimmten Lebensepoche auf eines konzentrieren kann, und daß man, bevor man zu etwas anderem übergeht, es wirklich dahinbringt, daß ein gewisser Abschluß erreicht ist in einem einzelnen Zweige der Menschenbildung.«[513]

So finden sich in den Äußerungen Steiners aus dieser Zeit viele einzelne praktische Vorschläge für den Schulunterricht. Doch selbst wenn man alle systematisch zusammenstellte, verfehlte man das, was den Steinerschen pädagogischen Impuls ausmacht.

»Es ging ihm darum, eine wirkliche Volkspädagogik aufzubauen, und nur als der aus einem freien Geistesleben herausgesetzte Keim einer solchen hatte die Waldorfschule für ihn überhaupt Interesse«, so bemerkt Herbert Hahn, der die Stuttgarter Anfänge miterlebt und als Waldorflehrer mitgestaltet hat. »Nicht einzelne Reformen galt es durchzuführen, nicht zweifellos schon vorhandene gute Methoden weiter zu vervollkommnen. Es galt, für die Pädagogik ganz im Großen ein neues geistiges Klima zu schaffen.«[514] Hier läßt sich in der Tat an ein Wort von Alfred Lichtwark erinnern, das besagt: »Eine nur teilweise durchgeführte Reform des Bestehenden verstärkt nur die vorhandenen Tendenzen.« Und die Tendenzen, gegen die Steiner um die Jahresmitte 1919 nach vielen Seiten hin ankämpft, sind in der Hauptsache die, die von den bisherigen rückwärts gewandten Denkgewohnheiten geprägt sind. In einem Brief an Eliza von Moltke vom 28. Mai klagt er über gewisse Zeitgenossen: »Wichtigstes, was ich will, hören sie einfach gar nicht. Es ist als ob sie nur fähig wären, Dinge zu verstehen, an die sie bis zur Satzgestaltung seit 30 Jahren gewöhnt sind [. . .].«[515]

Steiner gibt sich nicht mit dem von ihm immer wieder angeprangerten »Seelenschlaf« zufrieden, dem viele seiner Anhänger – er apostrophiert sie als »die Anthroposophen« – ebenso verfallen sind wie seine ideologischen Gegner und ein Großteil der Zeitgenossen überhaupt. In diesen Wochen und Monaten, die immer noch angefüllt sind mit öffentlichen Vorträgen, internen und betrieblichen Besprechungen, mit Verhandlungen bezüglich der Aufzeichnungen des verstorbenen Generalobersten Helmuth von Moltke werden gleichzeitig die Grundlagen für die Waldorfschule gelegt. Diese

Schwerpunktverlagerung und Konzentrierung der Arbeit zum pädagogischen Sektor hin ergibt sich aus der enttäuschenden Tatsache, daß die von Steiner erhoffte Initiierung einer Volksbewegung für die Ziele der Dreigliederung ausbleibt. Die immer wieder beklagten Trägheitsmomente und die Verstärkung der Gegnerschaft im Bürgertum wie in Arbeiterschaft und Parteienwesen läßt alle diese Bemühungen scheitern. Zwar setzt der Bund seine Informations- und Agitationsarbeit fort, doch stellt Steiner Ende Juli 1919 seine gezielten Einsätze für diese Volksbewegung ein. Am 6. August schreibt er an Johanna Mücke, die rechte Hand Marie Steiners und Geschäftsführerin des Philosophisch-Anthroposophischen Verlags in Berlin:

> »Recht schwer war hier die weitere Arbeit, da sich von allen Seiten die Widerstände ergaben. Es ist, als ob die Menschen ganz unfähig sein wollten zum Aufnehmen neuer Gedanken. Nun, ich denke: die Not muß noch größer werden, dann wird der Keim, der mit der Dreigliederung gelegt ist, doch aufgehen. Soviel aber ist sicher: anders geht es nicht. Das werden die Menschen sehen.«[516]

Haben Sie denn »gesehen«? – Inzwischen sammelt sich in Stuttgart die erste Gruppe von Lehrern, die darauf warten, durch Rudolf Steiner mit den Grundlinien seiner Pädagogik in einer Weise vertraut zu werden, die sie auch unmittelbar in der Unterrichtspraxis umsetzbar macht. Doch bevor Steiner mit dem Lehrerkurs beginnen kann, wird eine Reise nach Dornach erforderlich. Wenn die lange Abwesenheit von der Baustelle es auch nötig macht, viele damit zusammenhängende Fragen zu klären, bleibt er doch auch in Dornach bei seinem Schwerpunktthema, bei dem der Erziehungsfrage als einer sozialen Frage. In einer Folge von sechs gleichnamigen Vorträgen beleuchtet er die spirituellen, kulturgeschichtlichen und sozialen Hintergründe der zu verwirklichenden Waldorfpädagogik.[517]

In Begleitung von Marie Steiner und Emil Molt trifft Steiner im Auto am 20. August in Stuttgart ein. Noch am gleichen Abend begrüßt er die siebzehn Teilnehmer des ersten Lehrerkurses. Gleich zu Beginn seiner Ausführungen hebt Steiner hervor, es handle sich letztlich um eine »Kulturtat«, deren Gelingen von nun an in die Hand jedes einzelnen Teilnehmers gelegt werde. »Die Möglichkeit der Waldorfschule muß dabei genutzt werden, um reformierend, revolutionierend im Schulwesen zu wirken.« Und am nächsten Morgen, dem 21. August, beginnt pünktlich um 9 Uhr der eigentliche Kurs. Die Lehrer, unter ihnen acht Damen, haben sich zusammen mit einigen Gästen – unter ihnen Marie Steiner, das Ehepaar Emil und Bertha Molt sowie der Kasseler Arzt Ludwig Noll – im Haus der Anthroposophischen Gesellschaft, Landhausstraße 70, versammelt. Es ist derselbe Raum, in dem vier Monate zuvor das entscheidende Gespräch stattgefunden hatte, das zur Schulgründung führen sollte. Der Kurs selbst ist dreigeteilt: zunächst jeden Morgen ein Vortrag, der mit den allgemeinen menschenkundlichen Grundlagen der Pädagogik vertraut macht; nach einer kurzen Pause ein weiterer Vortrag mit jeweils methodisch-didaktischen Beiträgen; am Nachmittag zwischen 15 und 18 Uhr ein Seminar, in dem Steiner das Behandelte mit den werdenden Waldorflehrern vertieft und erweitert. »Und abends«, so berichtet Alexander Strakosch als einer der Teilnehmer, »bis spät in die Nacht hinein bereiteten wir uns für den nächsten Tag vor. Steiners Ausführungen wurden stenographisch aufgenommen und lagen am nächsten Morgen vervielfältigt vor. Er selbst überreichte vor Beginn der Arbeit, von einem zum andern gehend, jedem von uns ein Exemplar und war sichtlich befriedigt, daß diese Arbeit pünktlich und ordentlich vollführt worden war.«[518]

Diese über drei Wochen sich erstreckende intensive gemeinsame Arbeit bezeichnet Rudolf Steiner gleich in seinem Einleitungsvortrag als eine solche, die »als eine im höchsten Sinne moralisch-geistige« angesehen werden müsse.

> »Wir müssen uns bewußt sein bei einer solchen Aufgabe, daß wir nicht arbeiten bloß als hier auf dem physischen Plan lebende Menschen. [...] Daher wollen wir uns im Beginne dieser unserer vorbereitenden Tätigkeit zunächst darauf besinnen, wie wir im einzelnen die Verbindung mit den geistigen Mächten, in deren Auftrag und deren Mandat jeder einzelne von uns gewissermaßen wird arbeiten müssen, herstellen.«[519]

Im gleichen Zusammenhang bittet er die Zuhörer, diese einleitenden Worte mit einem Gebet zu verbinden, einem Gebet »zu denjenigen Mächten, die imaginierend, inspirierend, intuitierend hinter uns stehen sollen, indem wir diese Aufgabe übernehmen«. Steiner möchte die Bedeutung dieses großen Unternehmens dadurch unterstreichen, daß er geradezu von einem »Festes-Akt der Weltenordnung« spricht. So große Worte hält der Begründer der Waldorfpädagogik für angemessen, weil sich erst zu diesem Zeitpunkt die Erkenntnis durchzusetzen beginnt, daß es nicht damit getan sei, Bestehendes lediglich mit einem modischen Anstrich zu versehen.

Sondern die pädagogische Aufgabe müsse »aus den geistigen Untergründen heraus« als ein Werk echter Menschenbildung begriffen werden. Deshalb seine Forderung, die sich an vielen Stellen seines literarischen und Vortragswerks findet: »Was gelehrt und erzogen werden soll, das soll nur aus der Erkenntnis des werdenden Menschen und seiner individuellen Anlagen entnommen sein. Wahrhaftige Anthropologie soll die Grundlage der Erziehung und des Unterrichtes sein«[520] – ein Prinzip, das Steiner in seinem dreiteiligen Lehrerkurs mit aller Deutlichkeit zur Geltung bringt. Und weil es weder um bloße Wissensinhalte noch allein um die Anwendung methodischer Schritte geht, muß Steiner von seinen Lehrern eine besondere Ethik verlangen. So schärft er ihnen ein: »Sie werden nicht gute Erzieher und Unterrichter werden, wenn Sie bloß auf dasjenige sehen werden, was sie *tun,* wenn Sie nicht auf dasjenige sehen, was Sie *sind* [...].« Ein großer Unterschied ergebe sich unter den Lehrern nicht daraus, wie geschickt eine bestimmte Pädagogik angewandt wird, »sondern der hauptsächlichste Unterschied, der wirksam ist beim Unterricht, rührt her von dem, was der Lehrer in der ganzen Zeit seines Daseins an Gedankenrichtung hat, die er durch die Klassentür hereinträgt. Ein Lehrer, der sich beschäftigt mit Gedanken vom werdenden Menschen, wirkt ganz anders auf die Schüler als ein Lehrer, der von alledem nichts weiß.«[521]

In den Erinnerungen der beteiligten Lehrer wie auch des Schulgründers Emil Molt ist immer wieder von dem Schwung und von der Begeisterung die Rede, die den Anfängen dieses Schulversuchs das Gepräge gaben. »Es herrschte eine geistige Festesstimmung während dieses in drei Abteilungen gegebenen Kurses«, so berichtet Herbert Hahn: »Man erlebte etwas von dem vorweg, was man später in den vielen Konferenzen der Freien Waldorfschule erfahren und empfinden durfte, die von Rudolf Steiner selbst geführt wurden. In einer Zeit der Zersplitterung des Wissens und der Beziehungslosigkeit seiner Gebiete, eine das gesamte Zeitwissen umfassende organische Universalität. [...] Rudolf Steiner besaß die seltene Kunst, nicht aus Herablassung, sondern aus verstehender, ja suchender Menschlichkeit seine eigene Größe auf das Niveau des Menschen herunterzuschrauben, mit dem er sprach.«[522] Und der Österreicher Alexander Strakosch spricht in seinen Memoiren von der »beschwingenden und begeisternden Kraft des neuen Erziehungsimpulses«.[523]

Am 7. September ist es schließlich soweit. Im vollbesetzten Stuttgarter Stadtgartensaal, der mehr als tausend Besucher faßt, wird die erste Waldorfschule feierlich eröffnet. Am liebsten hätte es Rudolf Steiner gesehen, daß Kinder, Eltern und Lehrer in einem langen

Zug zum Stadtgartensaal gezogen wären, um den Neuanfang auf diese Weise auch öffentlich zu demonstrieren. Doch man nimmt davon Abstand. Nach einem Bach-Präludium begrüßt Kommerzienrat Emil Molt seitens der Waldorf-Astoria-Zigarettenfabrik die Anwesenden. Dann spricht Rudolf Steiner und charakterisiert Ansatz und Zielrichtung der »lebendigen Erziehungstat« nochmals deutlich als die Verwirklichung einer lebendig werdenden Einheit von Wissenschaft, Kunst und Religion. Dabei kommt er dem Mißverständnis zuvor, diese Gründung solle als eine »Weltanschauungsschule« verstanden werden. Doch das hindert ihn nicht, die zu leistende Erziehungsarbeit in ihrem tiefsten und umfassendsten Sinn des Worts als religiöses Tun und als »Altardienst« zu betrachten. Denn »ist es nicht schließlich eine höchste, heilige, religiöse Verpflichtung, das Göttlich-Geistige, das ja in jedem Menschen, der geboren wird, neu erscheint und sich offenbart, in der Erziehung zu pflegen? Ist dieser Erziehungsdienst nicht religiöser Kult im höchsten Sinne des Wortes?«[524] Worte wie diese wird man nur dann recht verstehen, wenn man Steiners Gesamtwerk als Auswirkung und Konkretion des Christusimpulses – also nicht nur als dessen Interpretation – betrachtet.[525] Grundsätzlich gilt dies für alle Felder des kulturellen Lebens, auf denen anthroposophische Wirklichkeitserkenntnis in Lebenspraxis überführt worden ist. Denn – so sagt Steiner einmal in seinen in England gehaltenen Vorträgen über *Gegenwärtiges Geistesleben und Erziehung*:

> »Wir haben ganz gewiß damit nicht irgendwie nach einem blind rationalistischen Christentum hinarbeiten wollen, sondern gerade nach dem richtigen Erfassen des Christusimpulses in der ganzen Erdenentwickelung der Menschheit. [...] Der Lehrer muß eigentlich dazu kommen, daß alles Unterrichten für ihn eine sittliche, eine religiöse Tat werde, daß er sozusagen in dem Unterrichten selber eine Art Gottesdienst sehe. [...] Den ganzen Menschen erziehen, diesen als ganzen Menschen erzogenen Menschen religiös zu vertiefen, das haben wir als eine der bedeutsamsten Aufgaben des Waldorfschul-Prinzips zu erfassen gesucht.«[526]

Die Einführung eines »freichristlichen« Religionsunterrichts als Angebot für alle jene Schüler, die nicht eine konfessionelle religiöse Unterweisung erhalten, bedeutet für Steiner und seine Schule daher nicht ein Anhängsel, das beziehungslos zum Unterrichtsganzen dasteht. Es drückt eher noch zusätzlich aus, was unabhängig von einem äußeren Bekenntnis das Unterrichtsgeschehen in allen Fächern durchdringen soll.

Zurück zur Eröffnungsfeier am 7. September: Nach der Vormittagsveranstaltung sind die Lehrerschaft und das Ehepaar Steiner zu Gast im Hause Molt. Für den Nachmittag sind die Schuleltern mit den Kindern und ihren künftigen Lehrern zum Kaffee in den Schulgarten auf der Uhlandshöhe eingeladen. Alexander Strakosch erinnert sich: »Bei herrlichem Wetter waren alle unter den Bäumen des Hofes versammelt. Dr. Steiner ordnete an, daß sich jeder der von ihm bestimmten Klassenlehrer unter einen Baum stellen und die Kinder des entsprechenden Alters zu sich rufen sollte. So fanden sich in dem fröhlichen Treiben dieses denkwürdigen Nachmittags die Klassengemeinschaften von Kindern und Lehrern unter den Augen Rudolf Steiners und der Eltern zusammen.«[527] Am Abend sind die Mitglieder des Kollegiums nochmals Gäste Emil Molts, der zum Besuch einer Aufführung von Mozarts *Zauberflöte* ins Stuttgarter Staatstheater eingeladen hat. In seinen Erinnerungen an die Gründung der Waldorfschule schreibt der Fabrikant Emil Molt den Satz nieder: »Dieser Tag mit seinen vielerlei Erlebnissen war wohl der innerliche Höhepunkt meines Lebens.«[528]

Von der Feierstimmung zur Alltagswirklichkeit: Sie beginnt für die Lehrerschaft bereits am folgenden Tag, vormittags um 10 Uhr mit der ersten Konferenz des Kollegiums im anthroposophischen Zweig an der Landhausstraße. Von den anfänglich siebzehn Kandidaten, die den vorbereitenden Kurs besucht haben, bleiben schließlich noch zwölf übrig, die von Steiner ausgewählt und mit einem Handschlag für ihre Aufgabe verpflichtet worden sind. Da die Umbauarbeiten auf der Uhlandshöhe noch nicht ganz abgeschlossen sind, beginnt der Unterricht erst am 16. September, und zwar mit 252 Schülern, von ihnen 191 aus Familien, bei denen die Eltern in der Waldorf-Astoria arbeiten. Rudolf Steiner gilt als der pädagogische Leiter der Schule. Man hat für die Zeit zwischen 1919 und 1924 allein siebzig Konferenzen des Lehrerkollegiums gezählt, an denen er teilnahm, ganz abgesehen von den zahlreichen Unterrichtsbesuchen und den Gesprächen mit den Schülern. Marie Steiner zeichnet für die eurythmische Abteilung der Schule verantwortlich, Emil Molt als Protektor, dem es obliegt, für die finanzielle Basis und für die zunächst provisorische Besoldung der Lehrkräfte zu sorgen. Bertha Molt fungiert als Schulmutter.

Die drängenden Aufgaben machen es erforderlich, daß Steiner schon Tage vor dem eigentlichen Schulbeginn Stuttgart verläßt, um in Berlin und Dresden in Zusammenhang der Dreigliederungsbewegung öffentliche sowie interne Vorträge zu halten. Doch ehe er Anfang Oktober in sein eigentliches Arbeitszentrum nach Dornach zurückkehrt, macht Steiner nochmals für kurze Zeit in Stuttgart

Station. Jetzt hat er als Schulleiter ratend und weiterführend auf die ersten praktischen Erfahrungen seiner Mitarbeiter einzugehen. Dazu kommen weitere Vorträge über die schon vor Monaten begonnene *Geisteswissenschaftliche Behandlung sozialer und pädagogischer Fragen.*

Wie sehr Steiner an dem tatsächlichen Gelingen des Stuttgarter Schulversuchs gelegen ist, hat er durch Wort und Tat, durch die ständige helfende und beratende Begleitung unter Beweis gestellt. Deshalb hat er seiner Lehrerschaft immer wieder vor Augen geführt, wieviel von der Lebensfähigkeit der Schule – trotz der Krisensituation der Nachkriegsjahre – abhängt. Es gelte, den Beweis für die Zeitforderung zu erbringen, mit der nach anthroposophischer Geisteswissenschaft gefragt wird. Aber damit ist der Rahmen einer bloß auf eine einzige Firma begrenzten Schule längst gesprengt. Steiner regt bereits den Gedanken an, einen »Weltverein« der Waldorfschulen ins Leben zu rufen, mit der Forderung: »Wir brauchen hundert Waldorfschulen auf der Welt, damit der Waldorf-Gedanke sich verwirklichen kann«[529], so erinnert sich Rudolf Treichler, ein anderer Lehrer aus dem ersten Kollegium.[530]

Daß dieses Ziel erreicht werden konnte, das zeigte die rasche Folge von Neugründungen; daß sie tatsächlich erreicht wurde, das war freilich erst möglich, nachdem Steiners düstere Zukunftsprognose vom »verwüsteten Europa nach diesen dreißig Jahren« katastrophale Wirklichkeit geworden war – nach dem Zweiten Weltkrieg.

Wie aber steht es mit der umfassenderen Unternehmung der Dreigliederung des sozialen Organismus, in die die Waldorfschule als Bestandteil eingebettet werden sollte? – Die ehemalige Waldorfschülerin Karin Ruths-Hoffman hat folgende Äußerung Steiners überliefert:

> »Die Dreigliederungsidee ist nicht tot; sie ist nur zunächst nicht verstanden worden. Und ich hoffe, daß gerade aus den Kreisen der Waldorfschüler Verständnis für die Dreigliederung erwachsen wird.«[531]

Aspekte der Michael-Offenbarung

Angesichts der praktischen Aktivitäten, durch die die Steinersche Anthroposophie auf den einzelnen Lebensgebieten fruchtbar geworden ist, muß immer wieder auf den spirituellen Ursprung wie auch auf die geistige Zielsetzung hingewiesen werden. Indem Steiner sich den Erfordernissen der Zeit stellte, wollte er nicht nur augenblickliche Problemlösungen anbieten. Der Seher wurde nicht etwa zu einem kurzsichtigen Pragmatiker. Wäre der starke Zug zur Konkretion des geistig Errungenen nicht schon in den Vorkriegsjahren an seinem Tun abzulesen, so würde dies spätestens durch die zahlreichen Äußerungen belegt, die gerade aus der Zeit stammen, in der er sich auf die Zeitforderungen eingelassen hat. Dazu gehören beispielsweise die bereits erwähnten, im dritten Weltkriegsjahr 1917 gehaltenen vierzehn Dornacher Vorträge über *Die spirituellen Hintergründe der äußeren Welt*, in denen er geradezu vom »Sturz der Geister der Finsternis« spricht. Es ist kein Zufall, daß der ganze Zyklus am 29. September, also am Michaelistag beginnt. Damit ist jene, aus der christlichen Tradition wohlbekannte Wesenheit des Erzengels Michael genannt, der (gemäß Offenbarung Johannis, Kap. 12) den Kampf mit dem Repräsentanten der widergöttlichen, finsteren Macht aufnimmt, die Steiner – der persischen Tradition folgend – Ahriman nennt. Der Kampf Michaels mit dem Drachen entspricht dem geistigen Kampf mit den Kräften, die den Menschen und all sein Tun allein von der materiellen Seite der Wirklichkeit her zu erklären und zu bestimmen suchen. Der Anthroposophie weist Steiner in diesem Zusammenhang die Aufgabe zu, Wachheit erzeugend, Bewußtsein weckend zu wirken. Und vollständig wach sei die Menschheit eigentlich erst dann, wenn sie sich nicht nur Begriffe von der physischen Basis der Welt verschafft, sondern wenn sie darüber hinaus Ideen von der geistigen Welt entwickelt. Und dies in einem Augenblick, in dem die sogenannten Kulturvölker der Erde sich gegenseitig zu vernichten suchen.

In eben diesem Augenblick, in dem Steiner es unternimmt, die

Hintergründe der Weltkatastrophe von 1914/18 zu erhellen, hebt er am Michaelistag hervor:

> »Das Nicht-Sehen dessen, was geistig um uns herum ist, das Nicht-Rechnen mit diesem Geistigen, das ist ja im letzten Grunde die Ursache dieses furchtbaren Weltenkampfes. [...] Und man kann nicht sagen, daß die Menschheit schon hinreichend viel gelernt hat von dem, was in so furchtbarer Weise sich abgespielt hat. Man könnte leider sogar das Gegenteil davon sagen[...].«[532]
> »Ordnung wird aus dem Chaos der Gegenwart nicht, bevor eine genügend große Anzahl von Menschen sich bequemen wird, die geisteswissenschaftlichen Wahrheiten anzuerkennen. Das wird das weltgeschichtliche Karma sein.«[533]

Es besteht Anlaß, darauf hinzuweisen, daß damit nicht die Anerkennung einer »anthroposophischen Dogmatik« gemeint sein kann. Wohl aber sind Bewußtseinserhellung und Durchblick gemeint, ein spirituell vertieftes Bewußtsein, nicht jedoch ein materiefeindlicher Spiritualismus. Letztere Geisteshaltung entspräche dem, was Steiner das Luziferische genannt hat. Der bloße »Glaube« an eine geistige Welt bewirke nichts, solange es nicht gelingt, vom Geiste her die Imaginationen, Inspirationen und Impulse zu empfangen, die für die Gestaltung irdischer Verhältnisse erforderlich sind. Letztlich können Steiners praktische Anregungen und Anstöße als die Probe aufs Exempel seiner Lehre verstanden werden. Dabei ist er, als er diese Gedanken ausspricht, realistisch genug zuzugeben, daß »innerhalb dieser Gesellschaft« – gemeint ist die der Anthroposophen – die notwendigen Erkenntnisvoraussetzungen noch kaum vorhanden sind. Anthroposophie wird noch von allzu vielen mit der Möglichkeit verwechselt, seine okkultistische Neugierde und sein pseudospirituelles Sensationsbedürfnis zu befriedigen. Deshalb die nüchterne Bestandsaufnahme, die alles andere als ein Kompliment für die Anhänger darstellt.

> »Von dem Ernst und von der Gewichtigkeit desjenigen, was die anthroposophisch orientierte Geisteswissenschaft sein soll, haben ja doch noch – verzeihen Sie, daß ich das ausspreche – die wenigsten, die sich zu dieser Geisteswissenschaft bekennen, eine wirkliche Ahnung.«[534]

Lediglich das Vokabular des »Herrn Doktor« gebrauchen, ihn bis in Tonfall und Mode zu imitieren, ist offenbar noch nicht jene anthroposophische Geisteswissenschaft, die Steiner meint ...

Den Ernst der Lage, der sich keineswegs nur in dem erschöpft, was an Nachrichten von den Kriegsschauplätzen kommt oder was sich später in chaotisch-revolutionären Erscheinungen äußert, sucht Steiner durch den Hinweis auf einen Kampf deutlich zu machen, der sich seit den vierziger Jahren des 19. Jahrhunderts im Geistbereich abspielt. Das Jahr 1879 stellte hierbei ein entscheidendes Datum dar. Denn »das Ende der siebziger Jahre war vorzugsweise diejenige Zeit, in welcher sie menschlichen Seelen mit Bezug auf gewisse Erkenntniskräfte von ahrimanischen Impulsen ergriffen wurden.«[535]

Steiner spricht von einem »Vorgang von ungeheurer Bedeutung«. Er vergleicht das Umsichgreifen eines »Verstandesmaterialismus auf geistig-seelischem Gebiete« mit der Ausbreitung von Krankheitsepidemien im zwischenmenschlichen Bereich. Deshalb seine wiederholte Aufforderung zum Wachsamwerden. Die bisherigen Kulturerrungenschaften können nicht von ewiger Dauer sein; sie werden gleichsam aufgebraucht. Die materialistisch-naturwissenschaftliche Denkungsart hat zwar im großen Gang der Bewußtseinsgeschichte ihre Bedeutung; es gebe kein Zurück hinter die Errungenschaften dieser Naturwissenschaft. Aber für die Gestaltung des sozialen Lebens sei der intellektuelle Materialismus ungeeignet. Auf dem Gebiet der Erziehung und der Menschenbildung müsse deutlich werden, daß das Spirituelle eine Kraft darstellt, die im Zeichen des Siegs von Michael über den Drachen gesehen werden kann. Ein michaelisches Zeitalter hat begonnen, das den Menschen vor die Aufgabe stellt, in den Realitäten dieser Welt den schaffenden Geist zu erkennen und in den Herausforderungen dieser Zeit diesen schaffenden Geist – den Christus-Impuls – zur Geltung zu bringen, und zwar allen äußeren, nach Veräußerlichung strebenden Zeittendenzen und Modeströmungen zum Trotz, aber auch in der Abwehr einer weltfremden, pseudomystischen Verinnerlichung.

Nach den vielfältigen Aktivitäten, die im Blick auf die Initiierung der Dreigliederungsbewegung und der Begründung der Waldorfschule erforderlich waren, kommt Steiner im November und Dezember 1919 in zwölf weiteren Vorträgen auf diese michaelische Thematik zurück. In der Gesamtausgabe der Werke tragen sie den Titel *Die Sendung Michaels.* Diese Vorträge dürfen deshalb besondere Aufmerksamkeit beanspruchen, weil Steiner hier in neuer Weise eine geistige Standortbestimmung unternimmt, durch die sowohl ein Blick auf den zurückgelegten Weg als auch eine Vorschau auf das angepeilte Ziel möglich werden. »Den Höhepunkt der Erdenentwickelung, den haben wir bereits überschritten«, so heißt es da. »Damit die Erdenentwickelung weitergehen kann, muß Geistiges immer klarer und deutlicher aufgenommen werden.«[536] Nur so sei es möglich, die sozialen Probleme und die großen Fragen der Zeit anzugehen. Wieder findet sich das Eingeständnis, daß die Zahl derer klein ist, »die den ganzen Ernst dessen durchdringen, was heute für die Evolution der Menschheit auf dem Spiele steht«.[537]

Selbst im »anthroposophischen Gemüt« wuchere noch das bloß Sektiererische. Es gelte, den falschen Gegensatz zwischen Geist und Materie zu überwinden.

> »Nur dann spricht man in Wahrheit vom Geiste, spricht man berechtigt vom Geiste, wenn man den Geist als Schöpfer meint desjenigen, was materiell ist. Es ist schlimmste Rede vom Geiste – wenn auch diese schlimmste Rede vom Geiste oftmals heute als die schönste angesehen wird –, wenn man von dem Geiste als im Wolkenkuckucksheim spricht, in einer solchen Weise spricht, daß dieser Geist gar nicht berührt werden sollte von dem Materiellen.«[538]

Vom Geist müsse man – in echt michaelischer Grundhaltung – so sprechen, daß man den Geist meint, »der die Kraft hat, unmittelbar unterzutauchen in das Materielle«. Der Mensch muß sich mit ihm verbinden können, und zwar mit dem gelebten Leben in allen seinen Sektoren. Ein Geist, »von dem man bloß im Salon spricht als dem, welchem man durch das Gutsein und durch die Bruderliebe wohlgefallen will, und der sich wohl hütet unterzutauchen in das unmittelbare Leben, ein solcher Geist ist nicht der wahre Geist.«[539]

Alle diese und ähnliche Aussagen, die sich übrigens auch auf Dornach selbst und auf den noch vor der Vollendung stehenden Goetheanum-Bau beziehen, sind jeweils im großen Kontext der praktischen Wirksamkeit Steiners zu sehen. Sie verhalten sich zu diesem Kontext wie Kommentar und Interpretation.

Das gilt, um einen weiteren Vortragszusammenhang anzuführen, auch für eine Folge von fünf Vorträgen, die Steiner zwischen dem 21. Dezember 1919 und dem 1. Januar 1920 unter der Überschrift *Weltsilvester und Neujahrsgedanken* gehalten hat. Der Vielbeschäftigte ist wieder nach Stuttgart geeilt, wo die Waldorflehrerschaft und die anthroposophischen Freunde von ihm unter anderem einen naturwissenschaftlichen und einen sprachkundlichen Kurs erwarten. Vertieft man sich heute in die Vortragsnachschriften, dann kann man nicht übersehen, aus welcher Situation heraus diese Veranstaltungen inszeniert worden sind: Da äußern »einige der Freunde« den Wunsch, von ihrem Lehrer nach und neben dem naturwissenschaftlichen Kurs auch noch einen solchen über Wesen und Werdegang der Sprache zu hören. Dem Vortragenden ist nur ein Minimum an

Zeit zur Vorbereitung gegönnt. So sind seine in sechs Folgen dargelegten *Geisteswissenschaftliche Sprachbetrachtungen* – wie so vieles in seinem Vortragswerk Vorgebrachte – Improvisationen, die freilich aus einem reichen Wissensfundus geschöpft sind, dessen eigentliche Quelle im letzten die übersinnliche Anschauung darstellt.

Zu diesen Verpflichtungen tritt die starke Beanspruchung, die Steiner mit der Leitung der erst seit wenigen Monaten arbeitenden Waldorfschule übernommen hat: Konferenzen, Einzelgespräche mit Schülern, Eltern, Lehrern, nicht zu vergessen die große Zahl derer, die sich ratsuchend an ihn wenden. Günther Wachsmuth, der Sekretär und nahe Mitarbeiter in Steiners letzter Lebenszeit, erinnert sich: »Noch deutlich steht vor mir der Eindruck solcher Gespräche inmitten seiner Arbeitsfülle in jener Zeit. Wenn man im Vorraum seiner Wohnung [in der Stuttgarter Landhausstraße 70], zugleich mit anderen Freunden, die auch auf eine persönliche Besprechung warteten, mehr oder weniger geduldig des Augenblicks geharrt hatte, wo er die Türe nun einem selbst freundlich auffordernd öffnete, da wäre es manchem ganz natürlich vorgekommen, wenn man in Antlitz, Geste und Gesprächsführung des so von Ereignissen bedrängten, arbeitsüberlasteten Mannes, vor dem man Platz nahm, irgendwelche Zeichen von Ermüdung, Beeinträchtigung der Aufmerksamkeit im Gespräch, einer baldigen Tendenz zur Abkürzung oder Beendigung desselben angetroffen hätte. Denn draußen harrten noch viele, in der nächsten Stunde hatte er entweder einen Vortrag zu halten oder Konferenzen beizuwohnen, wichtige Entscheidungen zu treffen. Doch nichts von Müdigkeit, Ablenkung, Ungeduld war zu entdecken, im Gegenteil, in dieser Atmosphäre von Ruhe, Güte, geduldig zuhörenden Verständnisses, die Rudolf Steiner ausstrahlte, wurde man selbst frei von der mitgebrachten Aufregung und inneren Unruhe. Und was hat man nicht in solchen Gesprächen oft an Unsinnigem, Unausgegorenem an ihn herangebracht!«[540]

Es gibt freilich bald auch ganz andere Eindrücke, Eindrücke eines übermüdeten, bis an die Grenzen der Belastbarkeit angestrengten Mannes, dem seine Anhänger das Letzte, das er zu geben vermochte, abforderten – und dies nicht nur aus den Motiven heraus, denen die Anthroposophie entstammt! Was ihn selbst dazu treibt, sein Bestes zu geben, das geht gerade auch aus jenen Stuttgarter Weihnachts- und Silverstervorträgen hervor. Es ist die Einsicht, daß jene Zeit der Michael-Offenbarung angebrochen sei. Und da gelte es, »Michael rege zu machen im menschlichen Seelenleben«. Der Mensch der Gegenwart habe zwar nicht die Aufgabe, den Einbruch der ahrimanisch-materialistischen Verstandeskraft zu verhindern, »aber wir haben die Aufgabe, die Menschheit so vorzubereiten, daß Ahriman in der richtigen Weise eingeschätzt wird«.[541] Deshalb Steiners Ringen mit den Schläfrigen, die sich durch Rückzug auf eine selbstgenügsame »Frömmigkeit« oder durch eine spiritualistische Regression aus der Verantwortung vor dem Zeitgewissen herauszulösen versuchen. Und wieder die selbstkritische Note:

»O, ich sehe gar manchen gerade in unseren Reihen, der am liebsten gerade diejenigen Dinge verschlafen möchte, die aus dem vollen Mitleid heraus sich offenbaren, aus dem Mitleid mit demjenigen in unserer Zeit, was, wenn es sich selbst überlassen bleibt, dem Untergange zuführen muß.«[542]

Es gebe »Schwachmütige«, die sich in die Anthroposophische Gesellschaft einschreiben lassen und die Anthroposophie mit einer Fluchtbewegung verwechseln. Diese Geisteswissenschaft habe aber eine ganz andere Funktion, nämlich einerseits zu sehen, daß in der Tat Kräfte des Untergangs am Werk sind – Oswald Spenglers *Untergang des Abendlandes* wird seit einem Jahr lebhaft diskutiert! – Auf der anderen Seite geht es aber darum, mit Blick auf die Zukunft, spirituelle Offenbarungen aus jener Welt aufzunehmen, die diese irdische, materielle Welt durchpulst und trägt.

»So wie das Ich sich erfüllt hat für den Menschen der Vergangenheit mit atavistisch-hellseherischem Inhalt, der ihm garantiert hat seinen Zusammenhang mit dem Göttlichen, so soll sich in unserer Zeit erfüllen unser Ich mit einem neuen, vollbewußt aufgenommenen geistigen Inhalt, der uns wiederum das Band abgibt, das unsere Seele mit der göttlichen Seelenwesenheit verbindet.«[543]

Die menschliche Intellektualität wird voll bejaht. Worauf es Steiner ankommt, das ist eine Transformation des Bewußtseins, die die Grundlage für eine neue Aktivität schafft. Und niemals – so auch in den Vorträgen *Weltsilvester und Neujahrsgedanken* – läßt Steiner eine Unklarheit darüber aufkommen, von woher er einen spirituellen Kraftzufluß erwartet, nämlich von der Christus-Kraft:

»Die Menschen der Gegenwart haben es sehr notwendig, Christus mitten hineinzustellen zwischen Ahriman und Luzifer. Christus-Kraft muß uns durchdringen. Aber wir müssen immer als Menschen das Gleichgewicht suchen zwischen demjenigen, was gewissermaßen schwärmerisch-mystisch über uns hinaus will [nämlich wie Luzifer], und dem, was uns materialistisch-verstandesmäßig, philiströs-schwer zur Erde herunterziehen will«[544] –

das heißt, wie die nach unten ziehenden Kräfte Ahrimans. In der zu diesem Zeitpunkt noch in Arbeit befindlichen überlebensgroßen Statue des »Menschheitsrepräsentanten«, die im Goetheanum an zentraler Stelle aufgestellt werden soll, findet dieses Gleichgewicht-Schaffen seinen künstlerischen Ausdruck. In ihr manifestiert sich zugleich das, was Steiner als die Offenbarung Michaels bezeichnet hat. Es ist, nach dem bisher Gesagten zu folgern, kein Ereignis, das sich mit der Selbsttätigkeit eines Naturprozesses einstellt. Vielmehr soll der Hinweis auf Michael als ein Appell verstanden werden, der sich sowohl an den Erkenntniswillen wie an die Bereitschaft zu einem erkenntnisgetragenen Tun wendet.

Bis in seine letzten Vorträge hinein hat Steiner den Entscheidungscharakter dessen, was sich in diesen Jahrzehnten begibt, hervorgehoben und sichtbar gemacht, etwa in seinem zweiten Arnheimer Karma-Vortrag im Juli 1924, den er mit den Worten schließt:

»Entscheidend muß dasjenige werden, was Menschenherzen mit dieser Michael-Angelegenheit der Welt im Laufe des zwanzigsten Jahrhunderts tun. Und im Laufe dieses zwanzigsten Jahrhunderts [...] wird die Menschheit entweder am Grabe aller Zivilisation stehen oder am Anfang desjenigen Zeitalters, wo in den Seelen der Menschen, die in ihrem Herzen Intelligenz mit Spiritualität verbinden, der Michael-Kampf zugunsten des Michael-Impulses ausgefochten wird.«[545]

In Erweiterung der Wissenschaften

»Das, was unserer Zeit so nötig ist, das ist voller Ernst auf dem Gebiete des Geisteslebens [...]. Wir können heute nicht aus demjenigen, was außen an Einrichtungen erhalten ist, etwas Heilsames bilden, wir müssen ein Neues einprägen dieser Menschheitsentwicklung. Das muß erkannt werden. Und das zu fühlen, daß es erkannt werden müsse, das ist wohl der würdigste Neujahrsgedanke, der in Ihren Herzen entstehen kann heute, im Beginne des Jahres 1920, das manche wichtige Entscheidung bringen wird, wenn sich Menschen finden, die das für die Menschheit Notwendige [...] erkennen.«[546]

Diese Sätze, mit denen Rudolf Steiner seinen Stuttgarter Neujahrsvortrag beschließt, können als Motto über dem ganzen Jahr und über den Ereignissen stehen, die seit 1920 die anthroposophische Bewegung vorwärtsgebracht haben. Dazu gehört der Versuch, nicht nur spirituelle Erkenntnis zu begründen oder – wie in der Dreigliederungsbewegung etwa – sozialpädagogisch nach außen in Erscheinung zu treten, sondern auch das allgemeine Wissenschaftsleben als solches zu befruchten.

Eine dreigestaltige Synthese: »lebendig werdende Wissenschaft«, »lebendig werdende Kunst«, »lebendig werdende Religion«. Sieht man von der inneren Gesetzmäßigkeit ab, mit der Steiners Werk sich zu entfalten begann, so bedurfte es nur eines aktuellen Anlasses oder einer Anfrage und Bitte, um – wie so oft bei Steiner – eine derartige Idee Wirklichkeit werden zu lassen. Hinzu kamen die Bedürfnisse der aus dem Krieg Heimgekehrten, im besonderen der studentischen Jugend. Ein Großteil derer, die in den Jahrzehnten nach Steiners Tod die Geschicke der anthroposophischen Bewegung mitgestalteten, hatte nach Kriegsende zu Rudolf Steiner gefunden. Aus eben solchen Kreisen setzte sich daher die Zuhörerschaft zusammen, als Steiner zwischen dem 21. März und dem 9. April 1920 in Dornach vor etwa 35 Ärzten und Medizinstudierenden seinen Zyklus über *Geisteswissenschaft und Medizin* hielt, eine Folge von zwanzig Vorträgen. Er entsprach damit der Bitte, das anthroposophische Wirklichkeitsverständnis und die in der Pädagogik zugrunde gelegte Menschenkunde nun auch auf dem medizinischen Feld fruchtbar zu machen. Damit erfuhren die Prager Vorträge von 1911 über *Okkulte Physiologie* eine Fortführung. Und sehr viel konkreter als dort konnte nun vor dem Fachpublikum auf physiologische und pathologisch-therapeutische Gesichtspunkte eingegangen werden, zumal Steiner seine Ausführungen als Antwort auf einen Katalog von Fragen und Wünschen gestaltete, die die Teilnehmer nach Dornach mitgebracht hatten. Dieser erste Mediziner-Kursus und die nachfolgenden Fachvorträge hinterließen den Eindruck, Ausgangspunkt für die anthroposophische Medizin überhaupt zu sein und sowohl Anstöße für die Einrichtung erster anthroposophischer Kliniken als auch Anregung zur Herstellung von Heilmitteln zu geben. Die Ärztin Grete Kirchner-Bockholt bemerkt hierzu rückblickend: »Für Rudolf Steiners Erkenntnismöglichkeiten waren auch die Prozesse der Natur offenkundig und anschaubar. Dieses sein Wissen war für uns junge Menschen geradezu überwältigend; ob es sich um Mineralien, Metalle mit ihren mannigfaltigen Salzen und Verbindungen, oder um Pflanzen handelte, immer traf er sichere Wahl. Von den Algen, Pilzen und Schwämmen bis zu den höchstentwickelten Pflanzen – aus allen Bereichen wurden die Heilmittel genommen.«[547]

Als einer der wichtigsten Teilnehmer ist die Ärztin Ita Wegman zu nennen. Die gebürtige Holländerin war bereits 1905 in Berlin mit Rudolf Steiner bekannt geworden. Er hatte ihr den Rat gegeben, ihre medizinische Ausbildung in der Schweiz zu machen, und zwar mit dem um 1905 noch ganz unverständlichen Hinweis, die anthroposophische Bewegung werde ja ohnehin dorthin kommen. Diese Entscheidung sollte sich als bedeutsam erweisen, weil Ita Wegman jene anthroposophische Ärztin war, der dank ihres schweizerischen Diploms die Eröffnung einer Praxis und die Einrichtung einer eigenen Klinik auf kantonalem Boden gestattet wurde. Und eben darauf kam es an, nämlich nicht nur Prinzipien für eine anthroposophisch erweiterte Medizin zu formulieren, sondern die Steinerschen Anregungen in der Praxis zu erproben. Sieht man einmal davon ab, welche tiefe karmische Bedeutung der Geistesforscher seiner Begegnung mit Ita Wegman beimaß[548], so war sie es, mit deren Unterstützung er sein letztes Werk *Grundlegendes für eine Erweiterung der Heilkunst nach geisteswissenschaftlichen Erkenntnissen* verfaßte.

Da sowohl in Stuttgart als auch in Dornach mehrere Aktionen

gleichzeitig zu steuern sind – dort die Dreigliederungs- und Schulbewegung, hier der abschließende Ausbau des Goetheanums und an beiden Orten immer neue Vortragsveranstaltungen über sehr verschiedene Themen – ist Steiner viel unterwegs. Inzwischen hat sich eine Anzahl akademischer Mitarbeiter formiert und an Steiner gewandt, einen ersten großen Hochschulkurs abzuhalten, bei dem sie selbst mit Fachvorträgen zu Wort kommen sollten. Kaum hat Steiner seinen zweiten pädagogischen Kurs für Lehrer an der Stuttgarter Waldorfschule absolviert, erwartet man ihn schon in Dornach. Der Anlaß ist ein doppelter: Es geht nicht allein darum, nun auch mit einer freien Hochschularbeit zu beginnen, nachdem die Waldorfschule mit größerer Schülerzahl in ihr zweites Unterrichtsjahr eintreten kann; das Goetheanum ist zwar noch nicht ganz fertig, aber es ist so weit gediehen, daß erste Großveranstaltungen darin abgehalten werden können.

Am Sonntag, dem 26. September 1920, kann Steiner, sieben Jahre nach der Grundsteinlegung, das Goetheanum als »Haus des Wortes« seiner Bestimmung übergeben. Günther Wachsmuth berichtet:

»Unvergeßlich steht mir das Bild jenes Augenblicks in der Erinnerung, als wir bei einem musikalischen Vorspiel von Orgel und Orchester dieses Geschehens harrten. Die ernste feierliche Stimmung der etwa eintausend Menschen, die zum erstenmal in diesem Raume versammelt waren, die mächtigen, künstlerisch geformten Säulen, die in organischem Anstieg in die Sphäre der Deckengemälde des Kuppelgewölbes einmündeten, die Lichtfülle, die durch die künstlerisch gestalteten großen Fenster hereinflutete und diese plastische Formenwelt mit ihrem farbigen Glanz überstrahlte, eine erhabene *Einheit,* die als ein lebendiges Wesen die erwartungsvoll harrenden Menschen in sich aufnahm [...].«[549]

»Aus bewegter Stimmung heraus und mit ernster Seele spreche ich jetzt dieses erste der Worte, die in diesem Raum der Geisteswissenschaft gewidmet sein sollen« – so beginnt Rudolf Steiner die schlichte Eröffnungshandlung am Vorabend des Hochschulkurses. Er tut dies mit dem Hinweis auf die weltweite Not und auf die großen Widerstände, die einem derartigen Unternehmen entgegenstehen. Man denke nur an die Valuta-Schwierigkeiten, die deutsche Teilnehmer im Jahre 1920 zu überwinden haben. Die deutsche Mark ist kaum zehn Schweizer Rappen wert. Trotzdem finden sich im Zuhörerkreis zahlreiche junge Menschen. Das Programm der folgenden Wochen ist vielversprechend. Dreiunddreißig Persönlichkeiten stehen als Vortragende und Kursleiter auf der Rednerliste. Was in thematischer Hinsicht geboten werden soll, mutet wie eine Universitas im kleinen an. Offen bleibt, ob das zu den einzelnen

Disziplinen zu Sagende ausreichend durchgearbeitet, metamorphosiert ist, um Ansätze zu einer goetheanistischen Erweiterung der Fachgebiete sichtbar werden zu lassen. Denn

> »[...] es gehört zu den Fortschritten, die wir vor allen Dingen anstreben, daß das Leben als Einheit aufgefaßt wird, daß dasjenige, was in philosophische Höhe hinaufführt, eine Einheit bilde mit dem, was der Fabrikdirektor in seiner Fabrikpraxis bis in die Einzelheiten hinein im praktischen Leben zu verwerten hat. Daß Fabrikpraktiker innerhalb unseres Kursus sprechen werden, wir begrüßen es mit ganz besonderer Freude.«[550]

Das Leben als eine Einheit begreifen, so daß der materielle und der spirituelle Aspekt voll zu seinem Recht kommen, ist bereits ein wichtiges Ziel der Waldorfschul-Pädagogik. Steiner selbst steuert zum Hochschulkurs mehrere Vorträge bei, darunter den einleitenden Zyklus über *Grenzen der Naturerkenntnis,* eine Art Demonstration, wie sich anthroposophische Erkenntnisart der Naturwissenschaft in der Weise nähert, daß sie ihre Berechtigung auf ihrem Sektor bejaht, gleichzeitig aber eine Erkenntnismethodik zum Übersinnlichen hin entwickelt. Eine besondere Note erhält der ganze Kurs nicht allein durch künstlerisch-eurythmische Aufführungen, geleitet von Marie Steiner, durch Steiners Darlegungen über die Kunst der Rezitation, durch Marie Steiners Rezitationen oder durch einen Vortrag des Dichters Albert Steffen. Es ist die Farben- und Formsprache des Goetheanums selbst, die der Veranstaltung ihr Gepräge gibt – auch in einem richtungweisenden, ja kritischen Sinn. Denn nicht damit kann es getan sein, Anthroposophen in der Weise wissenschaftliche Vorträge halten zu lassen, wie dies in der herkömmlichen Schulwissenschaft in ähnlich dozierender Form der Fall ist. Bis in die Art der Darstellung hinein soll etwas von den Lebenskräften und Formelementen anthroposophischer Geisteswissenschaft sichtbar werden, um jenes Ideal der Einheit von Wissenschaft, Kunst und Religion zu erzielen, an der Steiner um der Ganzheit des Menschen willen so viel liegt. Aber gerade in dieser Hinsicht bleiben während des Dornacher Kongresses viele Wünsche offen. In einer rückblickenden Bestandsaufnahme, die sich auf das zehnjährige Bestehen des Goetheanums bezieht, kommt Rudolf Steiner zu dem Ergebnis:

> »Wenn aus dem Geiste der anthroposophischen Gesamtvorstellungen, bei Beleuchtung einzelner Natur- oder Geschichtserkenntnisse, aus diesem Geiste heraus gesprochen wurde, so fühlte

man Harmonie zwischen Bau und Erkenntnisdarstellung. Wenn Einzelfragen behandelt wurden, so war das nicht der Fall.«[551]

Anthroposophie sei aber so veranlagt, daß ihre Entwicklungstendenzen bis in die speziellen Erkenntnisgebiete hineinzutragen seien. Und was den ersten Dornacher Hochschulkurs anlangt, so spricht Steiner geradezu von einer »Disharmonie« zwischen dem aus goetheanistischer, dem Metamorphosegedanken folgender, Formgebung geschaffenen Bau und einem Teil der Veranstaltungen, die dort nur fortsetzten, was und wie man es von der jeweiligen Zunft gewohnt ist.

»So haben wir wissenschaftliche Ausführungen von anthroposophisch wirkenden Persönlichkeiten bekommen, bevor die einzelnen Erkenntnisgebiete aus der Anthroposophie selbst heraus geboren worden sind.«[552]

Mit anderen Worten heißt dies: Wo das geschehen ist, hat man das gesteckte Ziel einer Erweiterung der Wissenschaft aus dem Geist der Anthroposophie noch nicht erreicht. Dies sei erst dann der Fall, wenn die wissenschaftlich-kulturelle Arbeit in innerem Einklang steht mit der ursprünglichen Bauidee, über die sich Steiner während des Kurses selbst, aber auch bei zahlreichen anderen Anlässen geäußert hat.

Die Erfahrungen von 1920 sind trotz der genannten Einschränkung doch ermutigend genug, um die begonnene Hochschularbeit fortzusetzen, ist doch dem Goetheanum von seinem Erbauer bestimmt, als Freie Hochschule für Geisteswissenschaft in die Kulturwelt hineinzuwirken. So kommt es in den folgenden Jahren, noch zu Steiners Lebzeiten zu weiteren Hochschulkursen, in Dornach selbst, aber auch auf deutschem Boden, beispielsweise in Stuttgart, in Berlin und Darmstadt. Eine wichtige Ergänzung stellen die ersten wissenschaftlichen Forschungsinstitute dar, wenngleich die weitgehend auf private Zuwendungen angewiesenen Einrichtungen – die Aktiengesellschaft *Der Kommende Tag* hat erst seine Arbeit aufgenommen – nur über eine schmale finanzielle Basis verfügen.

Weitere große Kursveranstaltungen sind zu nennen: Ein achtzehnteiliger Kurs über das Verhältnis der verschiedenen naturwissenschaftlichen Gebiete zur Astronomie eröffnet die Stuttgarter Arbeit im Januar 1921. Parallel dazu laufen vier halböffentliche Vorträge für Akademiker. Erörtert wird die Beziehung zwischen Anthroposophie und einzelnen Fachrichtungen.

In diese Vortragstätigkeit hinein fällt Steiners 60. Geburtstag. Er begeht ihn in Holland, aber nicht etwa, um sich für eine Weile aus der Aktivität zurückzuziehen, sondern um in mehreren Städten, unter anderem in Amsterdam, den Haag, Delft, Rotterdam und Hengelo, vorzutragen. Im Mittelpunkt der Thematik stehen pädagogisch-sozialpädagogische Fragen. Steiner liegt wesentlich daran, das mit der Stuttgarter Waldorfschule Begonnene zu vervielfältigen und zur Gründung vieler freier Schulen anzuregen, die in einem Weltschulverein miteinander verbunden sind. Allein am 27. Februar, dem Geburtstag, hat Steiner in drei Veranstaltungen zu sprechen: am Vormittag in Den Haag vor Anthroposophen, nachmittags im Rahmen einer Eurythmieaufführung in der Koninklijke Schouwburg, dem Königlichen Schauspielhaus, am Abend vor der Öffentlichkeit über Erziehungsfragen. Zum Feiern bleibt keine Zeit ... »Der Besuch Rudolf Steiners in Holland hatte zur Folge, daß man sich nun kräftiger für die Anthroposophie einzusetzen begann. Steiner hatte bei seinem Besuch auch in dem Industrieort Hengelo im Osten des Landes gesprochen, eine Zusammenkunft mit holländischen Industriellen gehabt und eine Kleinkinderschule besucht«[553] – berichtet Emanuel Zeylmans. Die Anthroposophische Gesellschaft selbst ist zu diesem Zeitpunkt in Holland noch eine kleine Schar von knapp 150 Mitgliedern.

Steiners deutsche Freunde haben dem Sechzigjährigen unter der Federführung von Friedrich Rittelmeyer eine Festschrift gewidmet, die – gemäß ihrem Untertitel – das Lebenswerk Rudolf Steiners als *eine Hoffnung neuer Kultur* zu würdigen sucht. Der stattliche Sammelband[554], zu dem neben Rittelmeyer u.a. der Biologe Hans Wohlbold, der Nürnberger Theologe Christian Geyer, der Indologe Hermann Beckh, der Philosoph Richard Eriksen, ferner Michael Bauer, Roman Boos, Ernst Uehli, Erich Schwebsch und Richard Dedo Aufsätze und eine erste Bibliographie Steiners beigesteuert haben, machen einmal mehr deutlich, welche neuen Perspektiven durch Anthroposophie gewonnen werden können. Und um darüber hinaus der in der freien Hochschularbeit angestrebten Erneuerung von Wissenschaft, Kunst und sozialem bzw. religiösem Leben auch eine Monatsschrift als repräsentatives Diskussions- und Informationsorgan zu bieten, gibt ein Stuttgarter Initiativkreis die Zeitschrift *Die Drei* heraus, deren erstes Heft dem Jubilar gewidmet ist. In den einzelnen Folgen wird laufend über die Inhalte der einzelnen anthroposophischen Veranstaltungen berichtet, so daß man einen Einblick in Thematik und Diskussionsstand gewinnt.

Die freie Hochschularbeit findet nach Steiners Rückkehr aus Holland ihre Fortsetzung, und zwar zunächst in der Form eines Ferienkurses über naturwissenschaftliche Themen.[555] Er gibt den

Rednern Gelegenheit, sich mit Zeittendenzen, mit einer zunehmenden gegnerischen Aktivität sowie mit Konkurrenzunternehmen auseinanderzusetzen. Bis zu einem gewissen Grad kann die *Schule der Weisheit,* die Hermann Graf Keyserling in Darmstadt eröffnet hat, als ein solches Unternehmen gelten, demgegenüber sich Steiners Anhänger mit aller Deutlichkeit abgrenzen.

Die Fülle der von Steiner selbst angebotenen Vortragsveranstaltungen, soweit sie allein akademisch-wissenschaftliche Bereiche betreffen, muß verwundern. Denn bereits im April 1921 nimmt der zweite Dornacher Hochschulkurs seinen Lauf[556], im Vergleich zum Vorjahr in konzentrierterer Form, mit einem kleineren Mitarbeiterstab und vor einem merklich geringeren Teilnehmerkreis. Dabei ist freilich auch die fortschreitende Entwertung der Mark mitzuberücksichtigen, wodurch Auslandsaufenthalte deutscher Teilnehmer immer kostspieliger und problematischer werden. Doch die Kette derartiger Großveranstaltungen will nicht abreißen, wobei dem internationalen West-Ost-Kongreß im Juni 1922 in Wien besondere Bedeutung zugemessen werden muß.[557] Freilich, Anlaß zu eitel Freude über den Eifer seiner Mitarbeiter hat Steiner nicht, ganz zu schweigen von den sich mehrenden Spannungen innerhalb der expandierenden, auf vielen Sektoren arbeitenden Bewegung. Bisweilen macht er seinem Unmut in der Weise Luft, wie er es gegenüber dem Arzt Eugen Kolisko getan hat. Er trifft Steiner auf der Treppe des Goetheanums, und noch ehe er ihn ansprechen kann, klagt Steiner:

> »Die Leute behandeln mich hier wie ihren Stiefelputzer! Sie arrangieren Tagungen, ohne mich zu fragen und legen mir dann das fertige Programm vor, und ich soll dann auf diesen Tagungen Vorträge halten. Ich lasse mir das nicht mehr gefallen.«[558]

Die so apostrophierten »Leute« sind keine anderen als Steiners engste Mitarbeiter in Dornach und Stuttgart, die freilich meinen, ihrem Doktor die mit den Vorträgen verbundene organisatorische Arbeit abzunehmen.

Offensichtliche Schwerpunkte in der Bildungsarbeit bilden zweifellos Steiners Mitteilungen für die Pädagogen und für die Mediziner. Auf beiden Feldern kann anthroposophische Menschenkunde alsbald in praktisches Tun umgewandelt werden. Seit Sommer 1921 existiert das von Ita Wegman begründete Klinisch-Therapeutische Institut im benachbarten Arlesheim, unweit des Goetheanums. Und so wie er sich als der Leiter der Stuttgarter Schule um die vielen sachlichen und persönlichen Fragen des Unterrichtsbetriebs kümmert, so kann auch das kleine Ärzteteam um Ita Wegman mit seiner diagnostisch-therapeutischen Unterstützung rechnen, wenn immer Steiner erreichbar ist. Dabei hat er nie den Anspruch erhoben, als Heiler zu wirken oder seine übersinnlichen Fähigkeiten unmittelbar, also magisch zu übertragen. Eine derartige Prozedur schied schon aus prinzipiellen Gründen aus; sie hätte die Freiheit der einzelnen Persönlichkeit verletzt. Wie Steiner vorging, hat Grete Kirchner-Bockholt, damals junge Ärztin am Klinisch-Therapeutischen Institut, aus ihrem unmittelbaren Erleben heraus geschildert. Über die zahlreichen Patientenbesuche Steiners in der Arlesheimer Klinik berichtet sie u.a.:

»Für jeden seiner Besuche bereiteten wir sorgfältig alles vor. Analysen und Untersuchungsbefunde lagen bereit; er sah sich alles genauestens an. Dann aber, als die Patienten vor ihm standen, war seine Methode völlig verschieden von der hergebrachten. In scharfer Konzentration schaute er auf den Patienten, sein Blick wandte sich den [übersinnlichen] Wesensgliedern dieses Menschen zu; ihm war es möglich, mit exaktem Hellsehen die Ursache der Krankheit zu erforschen. Die Symptome drängten sich ihm zusammen zu einem in der Totalität überschaubaren Ursachen-Komplex, der Zeitenablauf wurde fortdauernde Gegenwart. So konnte er einmal bei einem Patienten, der jahrelang an Ekzemen gelitten hatte, sagen, die Ursache liege in einer Vergiftung, die er sich als Kind zugezogen habe. Der Patient konnte sich zunächst an nichts erinnern, dann aber fiel ihm ein, daß er etwa in seinem neunten Schuljahr versehentlich im Physiksaal Salzsäure getrunken habe. Die jahrzehntelang zurückliegende Ursache der Erkrankung hatte Rudolf Steiner in dem heute vor ihm stehenden Menschen wahrgenommen. Somit wird verständlich, daß die üblichen Diagnosen meist hinfällig wurden; denn was sich der Anschauung ergab, war immer das Bild der ganz speziellen Erkrankung in ganz speziellem Fall. Und im Lichte solcher Erkenntnis ergab sich zugleich die Therapie. Während wir heute die typischen Bilder bestimmter Krankheiten beschreiben und bestimmen, sie sozusagen losgelöst vom Einzelmenschen, der sie erleidet, sehen, war es hier gerade umgekehrt.«[559]

Wichtig ist in diesem Zusammenhang der Hinweis, daß Steiner wohl von Fall zu Fall diagnostische Hilfen gab, wo die Schulmedizin nicht weiterwußte, und ganz bestimmte Rezepturen empfahl, die später in der Heilmittelherstellung Verwendung fanden. Aber in der Hauptsache kam es ihm darauf an, die als eine Erweiterung der von ihm voll anerkannten Schulmedizin verstandene anthroposophische Heilweise auf eigene Füße zu stellen. Deshalb mußten alle vermittelten Heilmethoden überschaubar und erlernbar sein. Ita Wegman war es, die den äußeren Anstoß zu der Befruchtung der Medizin durch Anthroposophie gab, als sie Steiner die Frage vorlegte: »Können wir nicht die Mysterien der Medizin im christlichen Sinn erneuern?«[560] Steiner bejahte diese Frage.[561]

So nimmt die anthroposophische Medizin ihren Lauf. Schritt um Schritt werden ihr neue Behandlungsmethoden angegliedert, solche zur Krebstherapie, die Heileurythmie und die Heilpädagogik, die sich »seelenpflegebedürftigen« Kindern und Erwachsenen zuwendet und die – ähnlich der Waldorfpädagogik – längst weltweite Anerkennung gefunden hat. Ita Wegman bemerkt hierzu:

»Dieser Keim zu einer Erweiterung der Heilkunst, die erst in der Zukunft sich voll ausgestalten kann, liegt in der Erkenntnis, daß bestimmte Zusammenhänge bestehen zwischen Krankheit und Geistigkeit, und daß die Krankheit, die, vom physischen Standpunkt aus beurteilt, meistens als ein Unglück oder Leid angesehen wird, auch noch einen anderen Aspekt hat, daß sie, vom geistigen Standpunkt aus betrachtet, oft angesehen werden muß als ein gütiger Eingriff der Götter zur Ermahnung und zur Hilfe, sei es, gemachte Irrtümer gutzumachen, oder als Weckruf zum Erfassen des Geistigen, oder sogar schon als ein Erfassen des Geistigen selber.«[562]

Während sich Steiner in weiteren Kursen, die bis zu seiner plötzlichen Erkrankung reichen, jeweils an Fachleute wendet – außer an Pädagogen und Ärzte insbesondere an Theologen und Landwirte – bildet der erwähnte Wiener West-Ost-Kongreß von Pfingsten 1922 bereits einen gewissen Abschluß jener Bemühungen um die Impulsgebung der akademischen Wissenschaften, soweit sie einer größeren Öffentlichkeit zugänglich gemacht worden sind. Marie Steiner spricht von diesem Kongreß als von einem »Glanzpunkt in der Entwickelungsgeschichte der Anthroposophischen Gesellschaft« überhaupt. Noch einmal ist Steiner auf heimatlichem Boden, und zwar dort, wo er mit der Geistesart Goethes erstmals bekannt wurde und wo sein erkenntnistheoretisches Arbeiten zu ersten Ergebnissen gelangte. Nicht zu vergessen die Wiener Geselligkeit, die ihm einst soviel gegeben hat. Marie Steiner schreibt im gleichen Zusammenhang (1927) anläßlich der Herausgabe der Wiener Vorträge über *Westliche und östliche Weltgegensätzlichkeit*:

»Es war, als ob der Heimatboden Kräfte des Willkommens ausstrahlte, der Freude, der bewundernden Anerkennung desjenigen, der als Mensch vollbracht hat, was Österreich als Staat zu vollbringen nicht in der Lage gewesen ist: den Nationalitätenstandpunkt überwindend und aus dem Geiste heraus seine Probleme lösend, ein umfassendes, volles Menschentum darzuleben.«[563]

Der Zyklus, der an zehn Abenden im vollbesetzten Haus des Wiener Musikvereinsgebäudes, das heißt vor mehr als 1500 Zuhörern stattfindet, stößt auf einen starken Widerhall. Darunter mischen sich kritische sowie gegnerisch-ablehnende Stimmen. Die Vortragsfolge ist so angelegt, daß die ersten fünf Veranstaltungen der Gegenüberstellung von Anthroposophie und einzelnen Disziplinen gewidmet sind, während die restlichen fünf Vorträge auf soziale Zeitforderungen eingehen, nämlich auf die Dreigliederungsidee und auf die West-Ost-Problematik als solche. Gemeint ist hierbei der asiatische Osten. Demnach gilt es nun, die Mittelpunktslage, die geographische wie die geistige, zwischen West und Ost in der Weise ins Bewußtsein zu heben, daß die alten fernöstlichen Traditionen im Gegenüber zu der noch relativ jungen abendländischen Geistigkeit ins rechte Licht gerückt werden. Da heißt es:

> »Verehren wir den Orient wegen seiner Geistigkeit, so müssen wir uns dennoch klar darüber sein: Wir müssen unsere eigene Geistigkeit aus unserem abendländischen Anfang heraus bilden. Wir müssen sie aber so gestalten, daß wir uns über die ganze Erde hin mit jeglicher Anschauung, die vorhanden ist, insbesondere mit altehrwürdigen Anschauungen, verständigen können. Das wird der Fall sein können, wenn wir als mittlere und westliche Menschen uns bewußt werden, was es bedeutet: Unsere Welt- und Lebensanschauung hat Mängel, aber es sind Mängel der Jugend. [...] Stellen wir dem, was wir vom Osten haben müssen bei aller Ehrfurcht, Liebe, Bewunderung vor seiner Geistigkeit, nicht ein passives Empfangen gegenüber, sondern ein emsiges Arbeiten aus dem heraus, was heute vielleicht noch ungeistig ist im Westen, was aber den Keim der Geistigkeit in sich trägt, – stellen wir zu der Ehrfurcht die Kraft hin, dann werden wir das Richtige tun für die Menschheitsentwicklung.«[564]

Hans Erhard Lauer, der damit betraut worden war, den Wiener Kongreß journalistisch und öffentlichkeitswirksam vorzubereiten, weist darauf hin, daß die Veranstaltungsreihe im ganzen keineswegs das verdiente Echo gefunden habe, denkt man daran, daß sich wenige Wochen später die Wiener Steiner-Gegner formierten und im Wiener Rathaus »in Tönen schärfster Ablehnung und Verhöhnung über die Anthroposophen und ihren Kongreß herzogen.«[565]

Wenigstens angemerkt sei, daß das in den Wiener Vorträgen Ausgeführte gleichzeitig ein gewisses Licht auf jene West-Ost-Spannung wirft, die seit dem Epochenjahr 1917 Mitteleuropa eine besondere Mission zuweist.[566] Für die richtige Einschätzung öffentlicher Aktivitäten Steiners, seien sie wissenschaftlicher, gesellschaftlicher oder allgemein-kultureller Natur, ist es jeweils nötig, den ihnen zugrundeliegenden spirituell-esoterischen Gesichtspunkt mit zu berücksichtigen. Deshalb ist eine Erinnerung an einen internen, während des Kongresses vor Mitgliedern der Anthroposophischen Gesellschaft gehaltenen Vortrag angebracht. Er ist deshalb auch biographisch von Belang, weil hier Steiner aus gegebenem Anlaß zeigen kann, inwiefern sich seine Arbeitsweise geändert hat. Während es ihm früher, vor allem in der Zeit vor dem Ersten Weltkrieg, geboten erschien, in den noch sehr kleinen Zirkeln der Anthroposophischen Gesellschaft, ja selbst in öffentlichen Vorträgen das esoterische, auf die Erfahrung der geistigen Welt hin ausgerichtete Element in seinen Ausführungen zur Geltung zu bringen, hat sich seit einigen Jahren eine starke Hinwendung nach außen, an die Aufgabenstellung der Gegenwart ergeben. Hinzu kam, daß er nach Kriegsende die sogenannten esoterischen Stunden und die in freimaurerischen Formen gestalteten internen Zusammenkünfte seines inneren Kreises nicht wieder aufleben ließ, und zwar zur Enttäuschung der älteren Mitglieder. Steiner selbst gesteht, daß eine »gewisse Kluft« entstanden sei.

»Und diese Kluft, die waren wir noch nicht imstande auszufüllen, weil uns dazu die Arbeitszeit und die Arbeitskräfte fehlen. Auf der einen Seite muß man sich widmen der Fortbildung des Esoterischen, auf der anderen Seite haben namentlich unsere jüngeren Mitarbeiter ungeheuer viel damit zu tun, auf allen Gebieten des sozialen Wissens und Lebens die anthroposophische Weltanschauung auszubauen.«[567]

Steiner geht so weit zu sagen: »Die anthroposophische Bewegung ist uns in einer gewissen Weise über den Kopf gewachsen.« Trotzdem spricht er sich zuversichtlich aus, denn es sei ebenso nötig wie möglich, diese Kluft zwischen Esoterik und Exoterik, zwischen anthroposophischer Geist-Erkenntnis und der allgemeinen Wissenschaft bzw. Lebenspraxis zu überbrücken. Nicht der Wissenschaft sei Anthroposophie anzunähern, aber die Wissenschaft lasse sich mit Anthroposophie durchdringen, nämlich im Sinne einer Erweiterung:

»Es muß jeder empfinden können, daß zwischen dem, was rein aus der geistigen Welt heraus gesprochen ist, und dem, was im Einklang mit der äußeren Wissenschaft gelehrt wird, die Brücke gebaut werden kann.«[568]

Eine Aufgabe, deren Erledigung durch Steiner eben erst nur angedeutet werden konnte! Mindestens ebenso wichtig ist ein anderer Aspekt dieses Wiener Mitgliedervortrags. Er zielt auf die Wirksamkeit des gegenwärtigen Christus. Während die zeitgenössische Theologie – Steiner erwähnt Nietzsches Freund, den Basler Theologen Franz Overbeck, und den Repräsentanten des theologischen Liberalismus, Adolf von Harnack – Christus immer mehr verliere, sei es an der Zeit, das *Mysterium von Golgatha* gerade jetzt von seiner spirituellen Dynamik her begreifen zu lernen. Für Steiner bedeutet dies jedoch nicht ein Rückzug in die weltfremde Innerlichkeit. In seinem Vortrag brandmarkt er gerade eine Naturbetrachtung, die die Natur zu einer »toten Natur« macht, die Pflanze und Tier von ihrem Chemismus her zu begreifen suche:

> »Wir möchten das Tote in alles hineintragen. Und wenn die Menschen in ihrer heutigen Erkenntnis ein Ideal aufstellen, so ist es, an die Stelle des Lebens einen toten Mechanismus und Chemismus zu stellen.«[569]

Diese geradezu beschwörenden Gedanken sind zu einem Zeitpunkt ausgesprochen worden, in dem die verheerenden Auswirkungen eines schöpfungsfeindlichen Umgangs mit den Stoffen und Kräften der Erde noch nicht im entferntesten abzusehen waren! Und doch ist in diesem Zusammenhang die offensichtlich überhörte Mahnung zu vernehmen:

> »Derjenige, der nicht die Auferstehung begreift, der nicht den Christus als den Lebendigen begreift, der ist in seiner Seele selber tot – so müssen wir auch begreifen: Wenn wir uns nur mit dem Toten verbinden, dann werden wir selber tot und ahrimanisch, wenn wir aber den Mut haben und die Liebe zu allen Wesen, um uns das zu verbinden, was die Wesen selber sind, nicht, was unsere tote Idee von ihnen ist, dann finden wir den Christus überall, dann finden wir den Sieg des Geistes überall. [...] So müssen wir auch alles Wissenschaftliche durchchristen, müssen das, was wir uns heranbilden können durch unsere Gemeinschaft mit dem Christus, in alles Wissen, alle Erkenntnis, in all unser Leben hineintragen. Dadurch aber wird das Mysterium von Golgatha erst wirklich fruchtbar gemacht [...].«[570]

Die Gedanken sind nicht neu, sie finden sich bei Steiner schon in einer Reihe anderer Vorträge, etwa dort, wo er darauf hinweist, daß die Naturwissenschaft heute so arbeite, als sei Christus gar nicht dagewesen, als habe er für Mensch und Erde gar keine Bedeutung.[571] Insofern konkordieren die Wiener Ausführungen mit den Dornacher Vorträgen von 1920 über *Entsprechungen zwischen Mikrokosmos und Makrokosmos*, in denen sich der richtungweisende Satz findet:

»Nicht eher ist das Christentum begriffen, als bis es bis zur Physik herunter unsere Erde durchdringt [...].«[572]

Allein diese wenigen Belege mögen genügen, um zu zeigen, vor welchem Horizont Steiners Bemühungen um eine Erweiterung der Wissenschaften letztlich gesehen werden müssen. Steiner formuliert sein eigentliches Ziel – und zwar in Fortführung rosenkreuzerischer Intentionen –, indem er zusammenfaßt:

»Anthroposophie ist in allen Einzelheiten ein Streben nach der Durchchristung der Welt. [...] Wir richten über uns auf das Zeichen des Christus.«[573]

Religiöse Erneuerung durch Anthroposophie

Rudolf Steiner hat es seinen Kritikern, vor allem denen aus dem kirchlich-theologischen Lager, nicht leicht gemacht, ihn zu verstehen und sein Werk richtig einzuordnen. Die einen klassifizierten ihn als einen »modernen Gnostiker«, der letztlich nur frühchristliche Ketzereien aufleben lasse. Andere bezeichneten Anthroposophie als eine Art Religionsersatz, wenn nicht gar als eine synkretistische, das heißt verschiedene Glaubens- und Weltanschauungsformen miteinander vermischende Religion. Oberflächliche Beurteiler verweisen auf die *Christengemeinschaft*, die als »Bewegung für Religiöse Erneuerung« von Steiner alle wesentlichen Grundlagen empfangen hat, und zwar bis hin zu den von ihm geformten Ritualtexten, die im Gottesdienst (»Menschenweihehandlung«) Verwendung finden. Grob vereinfacht, sagt man, es liege damit der Kultus der Anthroposophie vor. Dabei wird jedoch übersehen, daß Anthroposophische Gesellschaft und Christengemeinschaft einst wie heute zwei völlig eigenständige Bewegungen sind, ganz abgesehen von ihrer je besonderen Zielsetzung und Arbeitsweise.

Auf die zentrale Stellung, die Christus und die Evangelien im Steinerschen Vortragswerk einnehmen, wurde bereits hingewiesen; auch darauf, daß sich Steiner vor der Jahrhundertwende in Wort und Schrift in einer Weise über das Christentum geäußert hat, die seinen Interpreten zusätzliche Mühe bereitet. Unmißverständlich jedoch ist die erwähnte Formulierung Steiners: »Anthroposophie ist in allen Einzelheiten ein Streben nach der Durchchristung der Welt. Wir richten über uns auf das Zeichen des Christus.«[574] Oder auch:

> »Nicht Sekten bildend will Anthroposophie auftreten; eine Dienerin will sie sein der Religionen, die schon da sind, eine Wiederbeleberin des Christentums will sie sein [...] zur Auferstehung des religiösen Lebens will sie beitragen, weil dieses religiöse Leben durch das moderne Dasein, durch die moderne Zivilisation gar zu sehr gelitten hat.«[575]

Rein biographisch gesehen, stellt die Begründung der Christengemeinschaft als Bewegung für religiöse Erneuerung im Leben Rudolf Steiners einen wichtigen Meilenstein seines Schaffens dar. Es ist jedoch eigens hervorzuheben, daß das Religiös-Christliche bei Steiner nicht auf einen Sektor seines Werks zu verweisen ist. Vielmehr besteht die Besonderheit seines Christusverständnisses gerade darin, daß der Christusimpuls alle Lebens- und Erkenntnisbereiche erreichen und durchdringen müsse. »Die Erdenmenschheit« – so liest man in einem Weihnachtsvortrag aus dem Jahre 1914 – »ist noch nicht viel weiter, als bis zur kindlichen Auffassung des Christus-Jesus-Geheimnisses« vorgedrungen.[576] Der Christusimpuls, der vor zwei Jahrtausenden von dem Jesus Christus ausgegangen ist, so heißt es an anderer Stelle, sei noch gar nicht voll zur Geltung gekommen. Demnach wird die bisherige Geschichte des Christentums wie eine Zeit der Vorbereitung betrachtet. Was sich bisher dargestellt hat, was beispielsweise im Rahmen der kirchlichen Konfessionen in Erscheinung getreten ist und zu den bekannten Verfallssymptomen geführt hat, das ist mit dem Christusimpuls keinesfalls völlig identisch. Deshalb folgert Alfred Schütze: »Was heute zu Ende geht, ist nicht das Christentum, es sind seine bisherigen Entwicklungsformen, deren es sich bis dahin bediente. Sie werden wie Hüllen abgestreift[...].«[577]

Unter solchen Gesichtspunkten ergibt sich die Notwendigkeit einer kritischen Auseinandersetzung mit den herkömmlichen kirchlichen Institutionen und mit den Trägern des kirchlichen Christentums. Nun hat zwar Steiner mit derartigen Anmerkungen nicht gespart, vor allem dann nicht, wenn er sich veranlaßt sah, wenigstens auf einen Teil der theologischen Angriffe zu antworten. Doch weil er sich nicht in erster Linie mit den Kräften einer zu Ende gehenden Ära abgeben wollte, vielmehr von der Zukunft des Christentums überzeugt war, bleiben kritische Anmerkungen dieser Art in seinem Werk Nebensache. In einer Situation des »Weltensilvesters« gab er »Neujahrsgedanken« wie den folgenden den Vorzug:

> »Nicht diejenigen werden für die Zukunft der Menschheit sorgen, die ertöten wollen religiöses Interesse, die wegschaffen wollen religiöses Erleben, sondern einzig und allein diejenigen, die durchschauen, wie durch unsere intellektualistische Zeit das alte religiöse Interesse verglommen ist, das alte religiöse Leben gelähmt ist, wie ein neues Interesse die Menschheit ergreifen muß, wie ein neues religiöses Erleben ersprießen muß in der Menschheit, damit die Menschen in den Kosmos neue Keime eines künftigen Daseins hineintragen können.«[578]

Schon diese wenigen Äußerungen, die sich durch ähnlich motivierte reichlich vermehren ließen, zeigen, um was es Steiner angesichts von Gegenwart und Zukunft des Christentums geht; es ist einerseits die Bewußtmachung der tatsächlichen Situation, in der sich die Christenheit im 20. Jahrhundert befindet, und wie diese Krise andererseits überwunden werden kann. Mit äußeren Veränderungen ist nichts getan. Weihnachten 1919 bringt er diesen Doppelaspekt in einem Vortrag so zum Ausdruck, daß er sich an die Zeitgenossenschaft im allgemeinen und an die in der anthroposophischen Bewegung ihm Verbundenen wendet:

»Wir haben heute geradezu die Verpflichtung, auch die Geburt des Christus Jesus so in unsere Herzen, in unsere Seelen aufzunehmen, daß wir nicht außer acht lassen den furchtbaren Niedergang, von dem die sogenannte Kulturmenschheit ergriffen worden ist.«

Das ist der eine Gesichtspunkt; andererseits ist dem Vortragenden klar, »daß nur mit Hilfe der Christuskraft es möglich sein wird, die verfallene Kultur wiederum mit demjenigen Impuls zu durchdringen, der sie zu einem neuen Aufstieg bringen kann.«[579]

Wenn Steiner an dieser Stelle auf die notwendige Kulturerneuerung zu sprechen kommt – zu einem Zeitpunkt übrigens, in dem Oswald Spenglers *Untergang des Abendlandes* (1918) die Gemüter zu beunruhigen beginnt[580] –, darf man nicht vergessen, daß Steiner unter dem Christusimpuls weder einen bloß theologischen Begriff versteht, noch einen nur an den menschlichen Erneuerungswillen gerichteten Appell. Er meint vielmehr die »Kraft« des universalen, den Kosmos-, Zeit- und Erdorganismus durchdringenden Christus, im Sinne des paulinischen Kolosserbriefes etwa. Deshalb erblickt Steiner im Christusimpuls eine Wirklichkeit, die nicht nur auf den sogenannten religiösen Bezirk begrenzt werden kann, sondern die die Totalität von Mensch und Welt erfaßt. Unter diesem Aspekt ist auch die Begründung der Christengemeinschaft zu sehen.

Geht man nun den Spuren nach, die in Steiners Leben erste Hinweise auf Möglichkeiten einer praktikablen religiösen Erneuerung im Christentum – aber außerhalb der Konfessionen – zu entdecken, fällt der Blick nochmals auf das Epochenjahr 1917. Es ist das Jahr, in dem sich am 31. Oktober Luthers Thesenanschlag zum 400. Mal jährt. Das protestantische Deutschland feiert im dritten Kriegsjahr seinen Reformator und rühmt den »heldenhaften Luther-Geist«. Daß Steiner nicht auf die große religiöse Vergangenheit zurückblickt, sondern auf das, was Christus *heute* wirken will, bezeugen die Vortragsnachschriften, aber auch Zeugnisse von aufmerksamen Teilnehmern. Einer von ihnen ist Friedrich Rittelmeyer. Er hat, von Nürnberg kommend, am 22. August 1916 seine Berliner Antrittspredigt gehalten. »Und in dem Kreise derer, die sich damals bei Rittelmeyer zusammenfanden und mit ihm Schüler Rudolf Steiners wurden, herrschte bereits die Stimmung: nicht die einstige Reformation feiern, sondern eine neue durchführen!«[581]

Der zu jenem Zeitpunkt erst 22jährige Emil Bock, der auf diese knappe Formel das Programm bringt, um das es gehen soll, ist selbst einer aus dem Rittelmeyer-Kreis, der sich in der Berliner Kronenstraße 70 bei dem Pfarrer an der Neuen Kirche am Gendarmenmarkt regelmäßig trifft und Steiners interne christologischen Vorträge besucht. Und so kann man sich gut vorstellen, wen Steiner meint, als er am 20. Februar 1917 mitten im Vortrag einen Einschub macht, indem er zeigt, daß Anthroposophie keinen Ersatz für die »religiöse Übung« darstelle. Solle das Geistbewußtsein im Menschen entfacht werden, so könne er nicht bei abstrakten Vorstellungen von Gott oder Christus stehenbleiben, »sondern er muß immer erneut in der religiösen Übung darinnenstehen. [...] Im religiösen Empfinden wird das Geistbewußtsein, in der Geisteswissenschaft die Geisterkenntnis, so wie in der Naturwissenschaft die Naturerkenntnis errungen; und das Geistbewußtsein führt zu dem Drange, Geisterkenntnis sich zu erwerben. Subjektiv kann man sagen, daß gerade ein inniges religiöses Leben den heutigen Menschen zur Geisteswissenschaft treiben kann.«[582]

Die in Frage Kommenden aus dem Rittelmeyer-Kreis in Berlin, aber auch Theologiestudenten und religiös Suchende aus anderen Gegenden Deutschlands (z.B. Tübinger und Marburger Studenten) werteten diese Worte als ein Signal: Richtig verstanden, kann Anthroposophie die Religiosität befruchten; außerdem wohnt ihr eine belebende Kraft inne. Es wird, so konnten sich diese Menschen sagen, darauf ankommen, Rudolf Steiner durch weitere Fragen und Bitten zu einer Konkretisierung des eben nur Angedeuteten zu bewegen, soll jene »neue Reformation« Wirklichkeit werden. Und eben das geschieht: Im Laufe der folgenden fünf Jahre bildet sich ein Kreis, der sich – zunächst ohne Mitwirkung des gerade erkrankten Friedrich Rittelmeyer – im Juni 1921 in Stuttgart eine erste Einführung in die Aufgabe einer religiösen Erneuerung geben läßt. Bemerkenswerterweise spricht Steiner zunächst von einer »anthroposophisch orientierten Predigt«, so wie sie Rittelmeyer in Berlin, aber auch dessen Nürnberger Freund Christian Geyer, der Hauptprediger von Sankt Sebald in Nürnberg, seit Jahren praktiziere. Das setzt voraus, daß sich die religiöse Erneuerung *innerhalb* der Kirche zu vollziehen habe. Aber die Träger der späteren Bewegung lassen nicht locker. Sie haben offenbar keine innerkirchliche Reform im Sinn, wie sie einerseits in der sogenannten Hochkirchlichen Bewegung um Friedrich Heiler oder in der späteren Berneuchener Bewegung und (seit 1931) Michaelsbruderschaft um die beiden Rittelmeyer-Kollegen Wilhelm Stählin und Karl Bernhard Ritter angestrebt worden ist. Die von vier Theologiestudenten unterzeichnete Frage an Rudolf Steiner lautet wörtlich:

»Sagen Sie uns bitte, ob für die Zukunft der Menschheit eine neue religiöse Bewegung, Priestertum und Kirche möglich ist oder ob nicht vielmehr Pflege und Ausgestaltung echter anthroposophischer Lebenspraxis, wie sie aus der Pflege der Anthroposophie selber hervorgeht, an deren Stelle treten müsse?«[583]

Den ersten Teil dieser Frage beantwortet Steiner alsbald mit einem klaren Ja. Es handle sich darum, »freie Gemeinden« zu gründen; ein neuer Kultus solle und könne diesen Gemeinden das sakramentale Zentrum geben; es gelte, eine neue Predigtweise zu entwickeln, die die bisherige Kanzelrede ersetzt; und als vierten wesentlichen Punkt betont Steiner, daß künftig auch die Frau im Kultus und in der Mitarbeit bei der Führung von Gemeinden völlig gleichberechtigt beteiligt sein könne. Damit sind schon seit den Pfingsttagen 1921 grundlegende Konturen der späteren Bewegung gezogen. Nach weiteren Vorbereitungskursen für einen größeren Kreis, der sich aus Theologen wie aus Angehörigen anderer, wissenschaftlicher, künstlerischer oder pädagogischer Berufe zusammensetzte, ist es im Herbst 1922 so weit, daß Steiner, von England kommend, zum entscheidenden dritten Theologenkurs für Anfang September nach Dornach einladen kann. Was die anfangs recht heterogen zusammengesetzte Schar von großenteils jungen Menschen dazu veranlaßt hat, an Rudolf Steiner heranzutreten, und welche Eindrücke sie in den einzelnen vorbereitenden Veranstaltungen von dem Begründer der Anthroposophie empfangen haben, das ist in einer Reihe von Augenzeugenberichten festgehalten. In Emil Bocks Schilderung heißt es u.a.:

»Unser aller brennendes Verlangen zielte auf eine religiöse Wirksamkeit. Und die Krisis des Zeitalters hatte in uns die Überzeugung vertieft, daß der wesentlichste Beitrag zur menschlichen Erneuerung auf dem innersten, dem religiösen Felde zu leisten wäre. Aber in den Kirchen zu wirken, schien uns unmöglich; die zünftige Theologie verschlug uns den Atem. [...] Unsere staunende Bewunderung [R. Steiners] und Spannung war insbesondere dadurch erregt worden, daß durch die Geistesforschung, die den Bann des Materialismus real durchbrach, die unerwartetsten Lichter auf die Mysterien des Christentums fielen. Wege zu einer erstaunlichen neuen Evangelien- und Christuserkenntnis waren erschlossen. Die Hoffnung, bei Rudolf Steiner Rat und Hilfe für eine freie, neue, in das abwärtsrollende Rad der Zeit eingreifende religiöse Wirksamkeit zu finden, führte uns zusammen.«[584]

Während der ersten Zusammenkünfte, dem ersten und zweiten Theologenkurs, überwogen noch das Fragen und Diskutieren. Über den zweiten Dornacher Kurs vom Herbst 1921 berichtet Christian Geyer, der den Weg zur Christengemeinschaft schließlich nicht mitging:

»Was Steiner in diesen Wochen leistete, war bewunderungswürdig. Ob Fragen aus der Praxis, solche exegetischen oder kirchengeschichtlichen oder dogmatischen Inhalts, gestellt wurden, stets war er nicht etwa nur ›gesattelt‹, sondern imstande, Antworten zu geben, die durch ihre Originalität in Erstaunen setzten und zu einem neuen Durchdenken der Probleme nötigten. Ich habe damals oft gedacht und auch gesagt, wo in aller Welt wir einen Theologen anträfen, der sich den Situationen aussetzen könnte, in denen sich dieser ›Laie‹ mit einem Ernst und einer Sicherheit bewegte, als habe er sein ganzes Leben lang nur Theologie getrieben [...].«[585]

An anderer Stelle verweist Geyer darauf, daß allein die quantitative Arbeitsleistung, die Steiner bei der Vielfalt seiner Themenangebote zu erbringen vermochte, als staunenerregend bezeichnet werden müsse.[586] Rittelmeyer faßt seine Eindrücke so zusammen:

»Rudolf Steiner stand unter uns und antwortete auf unsere Fragen wie eine ganze Universität, aber eine Universität neuen Stils. Und er waltete unter uns wie ein unmittelbar bevollmächtigter Gesandter, der das Geschenk eines Höheren rein zu überbringen hat. Kein Mensch, der diese Tage miterlebt hat, konnte daran Zweifel haben, daß wir in einem Heiligtum waren. Der Blick auf Rudolf Steiner hätte es ihm gesagt, wenn es ihm nicht die Stimme seines Gewissens gesagt hätte.«[587]

Damit ist bereits von der Lehrmitteilung und Erkenntnisvermittlung auf den Höhepunkt jener Septembertage des Jahres 1922 übergeleitet, als Rittelmeyer zum ersten Mal die »Menschenweihehandlung« als die neue Gestalt des Altarsakraments (Abendmahl, Messe) in Anwesenheit Rudolf Steiners zelebrierte. Ebensowenig wie Steiner niemals den Anspruch erhob, als Heiler unmittelbar zu wirken, sondern den Ärzten lediglich mit Rat und Hilfe zur Seite stand, so hat er konsequenterweise auch auf die Ausübung einer priesterlichen Funktion verzichtet. Er ging durch die Reihen der Neugeweihten und legte jedem die Hand auf. Er begnügte sich im übrigen mit der Rolle des Mediums, und zwar in des Wortes strenger (nicht etwa parapsychologischer) Bedeutung: Er hat das aus der geistigen Welt Empfangene lediglich weitergereicht, gleichsam durch sich hindurch. Darauf deutet ein anderer Augen- und Ohrenzeuge, Kurt von Wistinghausen, hin, wenn er das Erlebte so widergibt:

»Die Christengemeinschaft gründet sich in sich selbst. Sie hat von keinem Menschen, von keiner Gruppe einen Auftrag empfangen, auch von Rudolf Steiner nicht, der in vollendeter Selbstlosigkeit nur Rater und Helfer sein wollte in einer Sache, deren Ernst und Größe er uns enthüllte. Unauslöschlich hat sich uns das Bild eingeprägt, wie er schlicht in seinem schwarzen Gehrock unter uns war und neben dem Altar stand, als Friedrich Rittelmeyer in tiefer Andacht die erste Weihehandlung hielt. Mit mehr als wacher Aufmerksamkeit ruhte sein Blick auf dem Geschehen. Wie ein Pate höherer Ordnung trug er das hier geborene Geisteskind liebevoll auf die Welt und übergab es uns zu treuen Händen.«[588]

So geschehen im sogenannten »Weißen Saal«, einem Dachzimmer unter der südlichen Halbkuppel des ersten Goetheanums, am 16. September 1922.

Länger als ein Jahr vor diesem Gründungstag der Christengemeinschaft, als sich die Entstehung einer »Bewegung für religiöse Erneuerung« noch nicht abzeichnete, stellte Christian Geyer an den Anfang seines Beitrags für die Steiner-Festschrift des Jahres 1921 die charakterisierenden Sätze: »Der Name Rudolf Steiner ist nicht nur die Überschrift eines neuen Kapitels der Geschichte der Religionsphilosophie, das Spekulationen enthielte, die sich friedlich oder gegensätzlich zu dem gesellten, was andere Geister über die Religion gedacht haben, sondern er bedeutet etwas in der Geschichte der Religion selber. Nicht als ob Steiner eine neue Religion stiften wollte! [...] Er ist als Persönlichkeit vermöge der in ihm verkörperten Fähigkeiten ein Phänomen der Religionsgeschichte [...].«[589]

Wie immer die seit 1922 bestehende, über die eigentliche Mitgliedschaft weit hinaus Einfluß ausübende Bewegung von der offiziellen Konfessionskunde beurteilt werden mag[590], daß mit ihr und durch sie ein religiös-sakramentaler Impuls gegeben worden ist, steht außer Zweifel. Und wie hat Steiner selbst diese Vorgänge bewertet? In seinem Rückblick *Das Goetheanum in seinen zehn Jahren* findet sich die lapidare Feststellung:

»Ich selbst muß, was ich mit diesen Theologen in dem kleinen Saale des Südflügels [...] im September 1922 erlebt habe, zu den Festen meines Lebens rechnen. Hier konnte mit einer Reihe edelbegeisterter Menschen der Weg gegangen werden, der Geist-Erkenntnis in das religiöse Erleben hineinführt.«[591]

Wiederum muß man sich vor Augen führen, daß diese Septemberwochen des Jahres 1922 für Steiner nicht allein der Inauguration des neuen Kultus und der Unterweisung der neuen Priesterschaft gewidmet waren. Lediglich für wenige Tage vor der ersten Weihehandlung weist die von Hans Schmidt besorgte Übersicht über das Vortragswerk[592] keine zusätzlichen Veranstaltungen nach. Steiners vielseitige Verpflichtungen brachten es jedoch mit sich, daß von ihm allein zwischen dem 6. September, dem Beginn dieses dritten Theologenkurses, und dem Monatsende mehr als fünfzig Vorträge, Besprechungen und Fragenbeantwortungen zu bewältigen waren, an manchen Tagen drei oder vier Veranstaltungen dieser Art. So gehört in den Zeitraum dieser knapp vier Wochen der ganze *Französische Kurs* (Semaine française) über Philosophie, Kosmologie und Religion. Weil sich ein internationales, aus zahlreichen Franzosen zusammengesetztes Publikum – darunter Edouard Schuré – eingefunden hatte, wurden Steiners Ausführungen durch Jules Sauerwein, Redakteur des *Matin*, jeweils abschnittweise ins Französische übertragen. Da die Nachschriften der Vorträge und Ansprachen des Theologenkurses der künftigen Priesterschaft der Christengemeinschaft vorbehalten bleiben, also nicht allgemein zugänglich sind, ist es aufschlußreich zu sehen, wie Steiner im Französischen Kurs die Zielsetzungen einer religiösen Erneuerung ansieht. Da heißt es etwa:

> »Soll das religiöse Leben aus den geistigen Bedürfnissen der Gegenwart heraus erneuert werden und eine lebendige Anfachung erfahren, so muß das Geistesleben der Gegenwart vollbewußte imaginative, inspirierte und intuitive Erkenntnis anerkennen – und insbesondere für das religiöse Gebiet nicht nur anerkennen, sondern für den lebendigen religiösen Gehalt muß dieses unser modernes Geistesleben diese geisteswissenschaftlichen Ergebnisse auch in entsprechender Weise verwenden.«[593]

Damit ist doch hervorgehoben, daß die Christengemeinschaft bei aller lehrmäßigen und organisatorischen Selbständigkeit ohne die anthroposophischen Erkenntnisgrundlagen nicht zu denken ist. Allein auf dem Feld der Bibelauslegung, die als eine spirituelle Interpretation anzusehen ist, kommt dies zum Tragen.[594] – Ein anderer wichtiger Kurs dieser Wochen ist der achtteilige über *Die Grundimpulse des weltgeschichtlichen Werdens der Menschheit.* Eigens zu nennen sind eine Anzahl von Arbeitervorträgen, die Steiner für die handwerklichen Mitarbeiter am Goetheanumbau eingerichtet hat, um auch diesem außer der Mitgliedschaft stehenden Menschenkreis die Möglichkeit zu geben, Fragen loszuwerden und eigene Themenvorschläge für spezielle Vorträge nennen zu können. Die Dornacher Arbeitervorträge sind im Rahmen der Gesamtausgabe ebenfalls großenteils dokumentiert.

Kaum waren Rittelmeyer und die Schar der mehr als vierzig Priester der Christengemeinschaft aus Dornach nach Deutschland zurückgekehrt, um ihre Arbeit in neu zu gründenden Gemeinden aufzunehmen, da kam es zu einer ernsthaften Kontroverse in der Frage nach der Beziehung zwischen anthroposophischer Bewegung und der soeben begründeten Bewegung für religiöse Erneuerung. So kam es beispielsweise vor, daß in einigen der größeren Gemeinden die Mehrzahl der Mitglieder bereits in der Anthroposophischen Gesellschaft organisiert waren. Manche faßten die Christengemeinschaft mit ihrem offensichtlich faszinierenden Kultus so auf, als stelle sie »die Krone der Anthroposophie« dar.[595] Um nun Mißverständnisse zu zerstreuen, nahm Steiner noch am 30. Dezember des gleichen Jahres zu den Vorgängen Stellung. Auf einen knappen Nenner gebracht, besagt diese Stellungnahme folgendes:

Nachdem die anthroposophische Bewegung mit ihren vielfältigen Verzweigungen und Aktivitäten über die Anthroposophische Gesellschaft hinausgewachsen ist, muß man sich klarmachen, daß diese Gesellschaft nur dann ihren Auftrag erfüllen kann, wenn sie den »Kern der anthroposophischen Bewegung« darstellt. Gäbe es schon eine genügend große Anzahl von Menschen, die den Weg zur Anthroposophie fänden, dann wäre eine zusätzliche Bewegung für religiöse Erneuerung samt ihrem Kultus gar nicht nötig, denn »für diese anthroposophische Bewegung ist, wenn nur dieser Weg richtig verstanden wird, kein anderer notwendig«.[596] Unter dem Hinweis darauf, daß er lediglich Ratschläge gebe, aber »niemals irgendeine Kultushandlung« ausgeführt habe, wolle und könne er auch nicht als der Gründer dieser Christengemeinschaft gelten. Was er getan habe, »hat nichts zu tun mit der anthroposophischen Bewegung. Ich habe es ihnen [den Priestern] gegeben als Privatmann [...].«[597] Um des Gedeihens von anthroposophischer Bewegung und Christengemeinschaft willen müsse diese darauf verzichten, »ihre Proselyten innerhalb der Reihe der Anthroposophen« zu machen.[598] Eine harte, viele Mitglieder enttäuschende Formulierung.

Wie den Schilderungen Gottfried Husemanns zu entnehmen ist, wirkte dieser Vortrag vom 30. Dezember durchaus nicht klärend. Er hatte vielmehr »eine tiefe Erschütterung in der Priesterschaft ausgelöst«.[599] Steiner mußte Anfang 1923 eigens nach Stuttgart, um vor der vollzählig versammelten Priesterschaft »viel zu trösten, zu ermutigen und zu ordnen [...]«. Es war zu den bereits bestehenden Spannungen hinzu eine neue entstanden. Und mit einem Male ließ sie sich nicht auflösen, wenn man sich klarmacht, daß der Kultusvollzug tiefere Wesensschichten anzusprechen vermag als das argumentierende Wort. Deshalb bei anderer Gelegenheit die warnende Anmerkung:

> »Von dieser Seite der Gemeinschaftsbildung erwächst vielleicht eine der größten Gefahren für die anthroposophische Bewegung von seiten der Bewegung für religiöse Erneuerung her. Denn in diesem Kultus liegt ein ungeheuer bedeutsames Element der Gemeindebildung.«[600]

So zeigt sich, daß Gaben der Erkenntnis und der religiösen Vertiefung, wie sie Rudolf Steiner ermöglicht hat, Probleme in sich bergen, die für die anthroposophische Bewegung bedrohlich werden können.

Bedrohung von innen und von außen

Wenn es wahr ist, daß Rudolf Steiner seine eigentliche »Inaugurationstat« darin erblickte, »Geistesschüler auf die Bahn der Entwicklung zu bringen«, dann stellt sich die Frage, in welchem Maße – der Intensität nach – ihm dies zu seinen Lebzeiten tatsächlich gelungen ist. Waren seine Schüler dem überaus reichen Angebot, aber auch den hohen Anforderungen ihres Lehrers gewachsen? Haben sie jene Reife erlangt, die der Inaugurator einer umfassenden kulturellen Erneuerungsbewegung bei seinen Mitarbeitern voraussetzen mußte? War er sich selbst der Tatsache bewußt, daß er seine Anhänger in vieler Hinsicht – bewußtseinsmäßig, geistig, moralisch überforderte? Hatte er als Begründer der Anthroposophie in den entscheidungsvollen Jahren seines letzten Lebensjahrzehnts innerhalb seiner Gesellschaft das notwendige kritisch-konstruktive Gegenüber oder hatte er – nolens volens – nicht längst eine Autorität erlangt, die eine derartige partnerschaftliche Kritik, die Kritik an einem »Eingeweihten« (!), nicht völlig unmöglich machte?

Das sind nur einige der Fragen, die sich im Blick auf den Teil seines Lebens und Schaffens stellen, der das weitere Schicksal über die Kulturbedeutung der Anthroposophie mitbestimmt hat. An dieser Stelle muß der Hinweis genügen, daß die von Steiner ins Leben gerufene Bewegung und die Gesellschaft, mit der er sich schicksalhaft verbunden hatte, selbst Tatsachen schuf, die die anthroposophische Sache als solche über Jahrzehnte hin in Mißkredit brachten. Widerstände und »Gegnerschaft« – ein von Steiner oft verwandter Begriff – erwuchsen jedenfalls nicht allein von außen, sondern aus den Reihen der Mitgliedschaft selbst, und zwar bis hin zu den mit Aktivitäten und Leitungsfunktionen betrauten Mitarbeitern. Derartige Enttäuschungen gehören ebenso ins Lebensbild Rudolf Steiners wie die spektakulären Aktionen von außen.

Da sind zunächst die unvermeidlichen menschlich-allzumenschlichen Schwächen, denen Angehörige spirituell ausgerichteter Vereinigungen nicht weniger (eher mehr) erlegen sind als die anderer

Verbindungen. Da gibt es pseudomystische Verschrobenheiten. Sie sind keiner Diskussion würdig. Aber zu erwehren wußte sich Steiner solcher Gebärden, je nachdem es die Situation gebot. Wie erbarmungslos er die ihm zugedachten Liebesgaben allzu eifriger Verehrerinnen bisweilen hinwegfegen konnte, berichtet u.a. Fred Poeppig:

»Auch setzte er sich einmal höchst pietätlos auf einen Blumenstrauß, den ihm eine Dame auf seinen Autoplatz gelegt hatte. ›Ich will nicht verehrt, ich will verstanden werden‹, sagte er öfters in seinen Vorträgen.«[601] Als die ebenso stolze wie fürsorgliche Mutter zweier Söhne sich nach den früheren Erdenleben der beiden erkundigt, antwortet er mit der größten Selbstverständlichkeit: »Schiller und Goethe.« Zart besaitete Damen, die lieber hingebungsvoll ihren Doktor esoterische Mitteilungen machen hören, finden seine Späße bisweilen ziemlich »plump«, vor allem aber diejenigen, die er sich über allzu »anthroposophische« Tanten und Onkel machte. Andrej Belyj hat über eine Anzahl von Beispielen berichtet.[602] Auf einem anderen Blatt steht, daß mit Ablehnung erwiderter Personenkult bei den blind Verehrenden in Aversion und Aggression umschlagen kann. Und eben das ist Steiner offensichtlich mehrfach widerfahren.

Sieht man einmal von diversen Vorgängen und internen Problemen innerhalb der Theosophischen Gesellschaft (d.h. vor 1912) ab, mit denen Steiner fertig werden mußte, so tauchen auch bald nach der Begründung der Anthroposophischen Gesellschaft Schwierigkeiten auf, die nicht von außen kamen, sondern deren Wurzeln in der Mitgliedschaft selbst zu suchen waren. Noch während des Ersten Weltkriegs sieht sich Steiner veranlaßt, eine Reihe von Vorfällen beim Namen zu nennen.[603] Vor allem muß er zu Verleumdungen und zu Tatsachenverzerrungen Stellung beziehen. Sie gehen zum Teil auf jene privaten Unterredungen zurück, die er Ratsuchenden gewährte, die jene aber in einzelnen Fällen dazu mißbrauchten, ihrem spirituellen Lehrer »das tollste Geflunker« aller Art anzudichten. In seinem Stuttgarter Vortrag vom 11. Mai 1917, aber auch bei anderen Anlässen sagt er – zumindest für geraume Zeit – die Fortführung weiterer persönlicher Unterredungen ab. Um Gerüchten einer problematischen Geheimhaltungspraxis zu begegnen, fügt er hinzu:

»In bezug auf diejenigen Privatgespräche, die seit Jahren mit den Mitgliedern stattgefunden haben, entbinde ich jeden des Versprechens, nicht über den Inhalt des Gespräches zu sprechen. Jeder kann, soviel ihm selber lieb ist, dasjenige mitteilen, was jemals vorgekommen ist in einem Privatgespräch mit einem Mitglied. Nichts wird sich finden, was das Licht der Öffentlichkeit zu scheuen hätte. [...] Prüfen Sie vieles von dem, was vorgegangen ist, Sie werden finden: die Anlässe stammen immer aus der Gesellschaft heraus. Angegriffen wird sehr selten die Gesellschaft, der Angriffspunkt bin gewöhnlich ich oder meine allernächste Umgebung.«[604]

Es sei freilich die Sache der anthroposophischen Geisteswissenschaft selbst, die man treffen wolle, indem man ihren Gründer ins Zwielicht zu stellen sucht. Und dies – so muß man hinzufügen – zu einem Zeitpunkt, da Steiner im Begriff ist, eben diese Anthroposophie im allgemeinen sozialen und kulturellen Bereich als erneuernde Kraft zur Geltung zu bringen.

Wenige Wochen später, im Leipziger Vortrag vom 10. Juni, wirft Steiner die Frage auf, ob die Anthroposophische Gesellschaft als solche überhaupt noch weitergeführt werden könne. Diese sich so nennende Gesellschaft sei doch »wahrhaftig etwas anderes als Anthroposophie oder Geisteswissenschaft«.[605] Und dies nach erst knapp fünf Jahren seit ihrer Begründung! Daß »ganze Schippel von Menschen« dem Hochverehrten von Stadt zu Stadt, ja selbst ins Ausland nachreisen, um nur ja möglichst jedes seiner Worte in den Vorträgen zu erhaschen, das heißt noch lange nicht, daß sie begriffen haben, um was es Steiner eigentlich geht.

»So ist es insbesondere jetzt [Oktober 1917] der Fall, daß ein Outsider-Faulenzertum sich auch innerhalb unserer Kreise hat finden können, das sich die Zeit jetzt mit allerlei Gegnerschaften vertreibt. Weil man es nicht mehr mit Sensationen zu tun haben kann im Reisen von Vortragszyklus zu Vortragszyklus, verschafft man sich andere Unterhaltungen [...].«[606]

Anthroposophie und Steiner als Unterhaltungsobjekte für Faulenzer, einmal im scheinbar Positiven, einmal im Negativen! In diesem Zusammenhang fällt das harte Wort – ebenfalls im Jahre 1917 ausgesprochen –, wonach »die wenigsten, die sich zu dieser Geisteswissenschaft bekennen«, vom vollen Ernst der Anthroposophie wirklich erfaßt seien.[607] Kann eine Bedrohung von außen größer sein als diese Gefährdung von innen? Damit sind aber erst einige Gesichtspunkte genannt. Die gesellschaftsinternen Spannungen reichen noch viel weiter und tiefer, wie die folgenden Jahre und Jahrzehnte zeigen sollten. Emil Leinhas, neben Carl Unger und Ernst Uehli seit Anfang der zwanziger Jahre im Stuttgarter Zentralvorstand der Anthroposophischen Gesellschaft, klagt über »Eifersüchteleien« und über »wenig freundliche Reaktionen«, wenn er für die fragliche Zeit bemerkt:

»Einig waren die Mitarbeiter immer in der Liebe zu Rudolf Steiner [d.h. wenn man von den genannten Tatbeständen absieht!] in der Anerkennung und Bewunderung seiner Leistungen, in der Einordnung unter seine Führung. Aber unter den einzelnen Mitarbeitern, die allerdings in mancher Beziehung sehr heterogene Elemente darstellten, fehlte es oft an einem gegenseitigen Einverständnis. Auch die Einordnung unter irgendeine andere Führung als die durch Rudolf Steiner selbst bereitete in den Zeiten seiner Abwesenheit von Stuttgart oft erhebliche Schwierigkeiten.«[608]

Diese Sätze aus der Feder einer führenden Persönlichkeit, bei der die Fäden sowohl der Anthroposophischen Gesellschaft wie der Dreigliederungsbewegung zusammenliefen, besagen viel, wenn man bedenkt, daß seit dem Ende des Ersten Weltkriegs teils am Rande, teils unabhängig von der Anthroposophischen Gesellschaft die verschiedenartigsten Initiativgruppen als anthroposophische Bewegung ihr Eigenleben zu führen begannen: Die Dreigliederungsbewegung mit den zahlreichen ihr angeschlossenen Gruppen, Wirtschaftsunternehmungen und im Aufbau begriffene Institute, sodann die Schulbewegung, ab Herbst 1922 die Bewegung für religiöse Erneuerung (Christengemeinschaft), die ihrerseits von ernsthaften Spannungen mit der Anthroposophischen Gesellschaft nicht verschont blieb; schließlich ist auch das Gegenüber von junger und älterer Generation innerhalb der Gesellschaft zu erwähnen, das sich bisweilen als ein Gegeneinander darstellt, nur mühsam zusammengehalten durch die Autorität Steiners. Alles in allem ein Komplex mit vielen divergierenden Faktoren, die angesichts der zu lösenden brennenden Zeitprobleme ein hohes, wenn nicht ein zu hohes Maß an Eigenproblematik erzeugten und damit viel Kraft verbrauchten, nicht am wenigsten die Rudolf Steiners selbst.

Vor diesem Hintergrund ist die äußere Gegnerschaft zu sehen, die sich einerseits geistiger Waffen bediente, andererseits aber vor brachialer Gewalt nicht zurückschreckte. Wenn auch die Fronten und die Kampfesart in jedem Fall von recht unterschiedlicher Natur waren, das Ziel ihrer Angriffe war dasselbe – Rudolf Steiner und sein Werk.

Was die geistigideologische Gegnerschaft betrifft, so wuchs sie in dem Maße, in dem Anthroposophie selbst zu einer öffentlichen Angelegenheit wurde, die konkrete Alternativen zur Diskussion zu stellen hatte, namentlich von 1918/19 an. Zu unterscheiden ist zum einen die theologisch-religiöse, zum anderen die wissenschaftliche

Kritik an Steiner. Unter den theologischen Disputanten überwiegen die Protestanten bei weitem. Namhafte Universitätstheologen haben sich beteiligt, beispielsweise Erich Schaeder, Breslau; Hermann Schwarz, Greifswald; Philipp Bachmann, Erlangen; der spätere Göttinger Theologe und frühe Gefährte Karl Barths, Friedrich Gogarten; Friedrich Niebergall, Heidelberg; Heinrich Frick, Gießen; der Kieler Theologe und Indologe Hilko W. Schomerus, Kiel; Friedrich Traub, Tübingen; Kurt Leese, Hamburg; der Schweizer religiöse Sozialist Leonhard Ragaz und der weithin wirksame, durch seine Bemühungen um Menschenbildung und Persönlichkeitskultur bekannte Johannes Müller[609] im oberbayerischen Elmau. Auf katholischer Seite traten hervor: der Benediktiner Alois Mager sowie die beiden Jesuiten Albert Ailinger und der von Steiner gelegentlich in Vorträgen erwähnte Otto Zimmermann.

Für eine vorwiegend philosophisch-wissenschaftliche Bestreitung der Anthroposophie sorgten u.a. die Philosophen Hans Leisegang, Leipzig; Arthur Drews (Karlsruhe), der sich schon mit Steiners *Philosophie der Freiheit* als Rezensent beschäftigt hatte; Rudolf Ehrenberg, Göttingen; August Messer, Gießen; die Psychologen Albert Sichler und Traugott Konstantin Österreich; starke Beachtung fanden die Kritiken des Tübinger Religionswissenschaftlers Wilhelm Hauer, der später als Begründer einer germanisch-deutschen Glaubensgemeinschaft hervortrat sowie der Berliner Philosoph und Psychologe Max Dessoir, dessen Werk *Vom Jenseits der Seele* (1917) den Anspruch erhebt, die Geheimwissenschaft einer kritischen Betrachtung zu unterziehen. Es ist eine der wenigen Schriften, mit denen sich Rudolf Steiner seinerseits kritisch auseinandersetzte.[610] Grundsätzlich beschränkte er sich von Fall zu Fall darauf, die Arbeitsweise seiner Widersacher zu charakterisieren. Bisweilen beklagte er sich darüber, daß ihm die Gesellschaft auch noch apologetische Schritte zu tun überließ, sieht man von wenigen Ausnahmen ab, z.B. von Friedrich Rittelmeyer[611] oder Louis M. J. Werbeck, der den Versuch unternahm, Steiners Gegner durch sie selbst zu widerlegen und die zeitgenössische Anthroposophie-Kritik als eine Verfallserscheinung der Kultur auszuweisen.[612] Im Februar 1923 läßt die Leitung der Anthroposophischen Gesellschaft an ihre Mitglieder ein Rundschreiben hinausgehen, indem sie zu einer Mobilisierung aller Kräfte aufruft, die »im Hinblick auf die Stärke der Gegnerschaft« angemessen sei: »Der Verleumdungsfeldzug unserer Gegner verlangt einen mit sachlicher Deutlichkeit geführten, energisch betriebenen Gegenfeldzug. Diejenige Gegnerschaft, welche Dr. Steiner aus der Begründung der anthroposophischen Geisteswissenschaft erwachsen ist, wäre von keiner erheblichen Bedeutung gewesen. Eine gefährliche Gegnerschaft entstand erst seit der Begründung der verschiedenen Unternehmungen seit 1919. Diese letztere Art der Gegnerschaft griff törichte Behauptungen ehemaliger Mitglieder auf und verwendete sie als Mittel für ihre Absicht, die Anthroposophie aus der Welt zu schaffen. So brachte es eine skrupellose Gegnerschaft fertig, mit einer Flut von Verleumdungen die Person Dr. Steiners zu überschütten. Es ist die Aufgabe der Anthroposophischen Gesellschaft und besonders derjenigen, welche die Anthroposophie auf allen Gebieten nach außen vertreten wollen, diesen Verleumdungen energisch entgegenzutreten, um endlich Dr. Steiner in wirksamer Weise vor solchen Angriffen zu schützen [...]«.[613] Der Ton liegt, nicht ohne Grund, auf »endlich«!

Zum Zeitpunkt der Abfassung dieses Aufrufs, der schwerlich die erforderliche Wirkung ausgelöst haben dürfte, hat Steiner bereits Formen der Bedrohung durch physische Gewalt kennengelernt. Zunächst ist von Drohungen die Rede, freilich von solchen, die Schlimmstes befürchten lassen. Am Schluß des zweiten Dornacher Hochschulkurses liest Steiner ein Stück aus einem Feuilleton vor, in dem die Sätze stehen: »Geistige Feuerfunken, die Blitzen gleich nach der hölzernen Mäusefalle [gemeint ist der Doppelkuppelbau des ersten Goetheanums] zischen, sind also genügend vorhanden, und es wird schon einiger Klugheit Steiners bedürfen, versöhnend zu wirken, damit nicht eines Tages ein richtiger Feuerfunke der Dornacher Herrlichkeit ein unrühmliches Ende bereitet.«[614] – Steiner, der bei der Gelegenheit daran erinnert, daß er seine Freunde schon früher mehrmals auf eine derartige Bedrohung hingewiesen habe, appelliert an den »Enthusiasmus für die Wahrheit« bei seinen jugendlichen Kommilitonen. Eineinhalb Jahre nach dieser Mitteilung sollten die Befürchtungen Wirklichkeit werden – das Goetheanum ein Trümmerhaufen.

Das Jahr 1922, das in mehrfacher Hinsicht einen neuen Höhepunkt in Steiners öffentlicher Wirksamkeit bedeutete, bezeichnet aber auch eine tiefe Zäsur. Die Berliner Konzertagentur Hermann Wolff und Jules Sachs hatte eine Reihe von Vortragsveranstaltungen in deutschen Städten organisiert. Damit war für zusätzliche Publizität gesorgt. Steiner wurde einmal mehr in den Mittelpunkt der öffentlichen Diskussion gerückt, und zwar auch auf der Seite der sich formierenden Gegnerschaft. Über den »Erfolg« der ausverkauften Vortragssäle kann man daher unterschiedlicher Meinung sein. Die jeweils größten Räume reichten nicht aus, um das neugierige Publikum zu fassen. »In Berlin«, so berichtet Marie Steiner, »hatte sogar die Köthenerstraße, die zum Philharmoniesaal führte, polizeilich abgesperrt werden müssen, weil der Andrang ein zu großer war. Mit ihren Köfferchen standen die Leute aus der Umgebung vor der Sperre und konnten nicht hinein. Dieser sichtbare äußere Erfolg entfachte den Vernichtungswillen der Gegner«[615] – namentlich auf der Seite der sogenannten Alldeutschen und der Rechtsradikalen. Es ist die Zeit des politischen Mordes in Deutschland. Am 26. August 1921 war der Zentrumspolitiker Matthias Erzberger, Befürworter des Versailler Friedensvertrags, das Opfer eines Attentats rechtsgerichteter Offiziere. Am 24. Juni 1922 wurde der deutsche Außenminister Walther Rathenau in Berlin auf offener Straße ermordet. Auch ein Teil der militanten Gegner Steiners rekrutierte sich aus nationalistisch-rassistischen Kreisen.

Von Berlin und Breslau kommend, trifft Rudolf Steiner, von seiner Frau begleitet, im Rahmen der vereinbarten Tournee am 15. Mai 1922 in München ein. Es ist für ihn im Nobelhotel »Vier Jahreszeiten« in der Maximilianstraße gebucht. Dort soll auch der öffentliche Vortrag über das Wesen anthroposophischer Geisteserkenntnis stattfinden. Zwar verpflichtet sich der Veranstalter, das Terrain genau zu sondieren, um Zwischenfälle nach Möglichkeit zu vermeiden. Dabei scheint man jedoch nicht in Betracht gezogen zu haben, daß gerade in den »Vier Jahreszeiten« die berüchtigte Thule-Gesellschaft ihr Quartier aufgeschlagen hatte. Es ist jene seit 1918 in München bestehende Tarnorganisation eines bereits seit 1912 existierenden antisemitisch-rassistischen Germanenordens, an dessen Spitze der Okkultist Rudolf Freiherr von Sebottendorf steht. Es ist dieselbe Thule-Gesellschaft, die auf die 1919 gegründete »Deutsche Arbeiterpartei« (später NSDAP) Einfluß genommen hat. Bekannte Nationalsozialisten – unter ihnen Julius Streicher, Rudolf Heß, Alfred Rosenberg, Dietrich Eckhart, Hans Frick – standen mit der Thule-Gesellschaft in Verbindung.[616]

Aus Kreisen, die im bekannten Münchner Literaten- und Künstlercafé Stephanie verkehrten, erfuhr das damals in München lebende Mitglied Hans Büchenbacher, daß Rudolf Steiner als Nummer 8 oder 9 auf der Liste der zu Ermordenden stehe. Zusammen mit anthroposophischen Freunden bildete er rasch eine Art privaten Saalschutz und verständigte die Polizei, während die Konzertagentur zusätzlich einige Boxer und Ringer besorgte, wie es in der Zeit der Münchner Saalschlachten durchaus üblich war. »Also Sie meinen, man will mich abmurksen?« äußert sich Steiner zu Büchenbacher, erhebt keinen Einwand gegen die Vorsichtsmaßnahmen, fügt aber in ähnlichem Zusammenhang energisch hinzu: »Man glaubt mir nicht, was ich sage, und sie [die führenden Stuttgarter Anthroposophen] verstehen es vielleicht hinterher, wenn etwas Schlimmes passiert ist.«[617] Über die Vorgänge selbst berichtet Büchenbacher:

»Der Vortrag war ausverkauft. Als Rudolf Steiner bereits längere Zeit gesprochen hatte, ging plötzlich das Licht im Saal aus. Nur unterhalb des Rednerpultes brannte die kleine Lampe des Stenografen weiter. Ohne im geringsten beirrt zu sein, sprach Rudolf Steiner mit größter Geistesgegenwart und Sicherheit ruhig weiter. Die Nachschrift des Vortrages[618] läßt die Störung nicht erkennen. Die Beleuchtung im Saal wurde wieder eingeschaltet. Um auch noch vom Vortrag etwas zu hören, hatten die jungen Wächter, in der Meinung, es werde nichts mehr passieren, den Schalterraum verlassen. Sie waren inzwischen schleunigst in diesen zurückgekehrt und hatten von dem Schalter wieder Besitz ergriffen. Rudolf Steiner konnte seinen Vortrag ohne weiteren Zwischenfall zu Ende führen. Als er jedoch danach für den lebhaften Beifall gedankt hatte und zum zweiten Mal zum Künstlerzimmer zurückging, brach der von den Gegnern bestellte und bereits für einen früheren Zeitpunkt vorgesehene Tumult los. Von der rechten Seite stürmten die Angreifer auf das Podium, von der linken Seite und von der Mitte stürzten die Freunde ebenfalls auf die Bühne und hinderten die Angreifer, bis zu Rudolf Steiner vorzudringen. Es kam zu einem lebhaften Handgemenge, in dem die Freunde bald die Oberhand gewannen.«[619] Die bestellten Boxer und Ringer erschienen. Es gab einige Leichtverletzte. Steiner zog es vor, schon vor Morgengrauen mit einem einfachen Personenzug bis Augsburg zu fahren und erst dort den D-Zug nach Mannheim zu nehmen, wo am 16. Mai der Vortrag wiederholt werden sollte. An seine nach Dornach zurückgekehrte Frau schreibt Steiner am 19. Mai aus Bremen:

> »Mannheim und Köln gingen gut. In Elberfeld gabs Radau; doch ist auch dort der Vortrag bis zu Ende gehalten worden. Die Agitation ist eben zu mächtig. [...] Es ist ziemlich anstrengend, da man fast überall früh am Morgen abreisen muß.«[620]

Wenige Tage nach Steiners Münchner Vortrag veranstaltete die »Bayerische Mittelpartei« (BMP), der bayerische Ableger der Deutschnationalen (DNVP), im Wagnersaal eine Gegenversammlung, in der der Generalsekretär der württembergischen Deutschnationalen mit dem »Hochverräter Steiner« abrechnete.

Nach München, Mannheim und Wuppertal-Elberfeld kommt es noch zu den geplanten Vorträgen in Köln, Bremen, Hamburg und Leipzig. Doch aufgrund der Vorkommnisse und der Informationen sieht sich die Agentur Wolff und Sachs außerstande, die Sicherheit des Vortragenden zu garantieren. Da die Hetze anhält, verzichtet Rudolf Steiner auf weitere öffentliche Auftritte in Deutschland. So nimmt die an sich verständliche, sachliche Kritik an der Anthroposophie Formen an, die Marie Steiner aus der Rückschau des Jahres 1927 so summiert und bewertet:

»Schlag auf Schlag folgten die Ereignisse: die Unterminierung der Reformbestrebungen auf dem Gebiete der Dreigliederung des sozialen Organismus, die Sabotierung der wirtschaftlichen Unternehmungen, die durch inszenierte Tumulte schon vorbereitete planmäßige Unterbindung der öffentlichen Vortragstätigkeit, des katholischen Pfarrers sich selbst richtende Hetzereien, der Brand des Goetheanums, der Tod. Man braucht nur die Ereignisse in ihrer historischen Perspektive anzusehen, und man weiß, daß es so kommen mußte; denn ein solches Leben ist nicht ein Einzelleben; es ist ein für die Menschheit vorbildlich dargelegtes und ist zugleich symbolisches Geschehen [...].«[621]

Vor zwei Trümmerhaufen

In der 1918 verfaßten Vorrede zur Neuauflage seines philosophiegeschichtlichen Werks über die *Welt- und Lebensanschauungen im 19. Jahrhundert* (jetzt: *Die Rätsel der Philosophie*) findet sich der Satz:

»Ein fruchtbarer Gedanke muß seine Wurzel in den Entwicklungsvorgängen haben, die von der Menschheit im Verlaufe ihres geschichtlichen Werdens durchzumachen sind.«[622] Zu solchen Entwicklungsvorgängen gehören Absterbeprozesse, damit sich Altes in Neues transformieren kann – ein Gedanke, der Steiner von Goethes Metamorphosenlehre her geläufig ist, aber auch eine Idee, die an das Mysterium von Tod und Auferstehung rührt. Von diesem Geheimnis des »Stirb und Werde« ist daher in Steiners Vorträgen immer wieder die Rede, verständlicherweise dort, wo dem »Weltsilvester« »Neujahrsgedanken« gegenüberzustellen sind, etwa an der Wende zweier Jahre. Entscheidend komme es darauf an, so sagt er immer wieder, den »fruchtbaren Niedergang« ernst zu nehmen, von dem die sogenannte Kulturmenschheit ergriffen worden ist. Und klarmachen müsse man sich, »daß nur mit Hilfe der Christus-Kraft es möglich sein wird, die verfallene Kultur wiederum mit demjenigen Impuls zu durchdringen, der sie zu einem neuen Aufstieg bringen kann.«[623]

> »Heute ist es vor allen Dingen an den Menschen, diese Zukunft zu erfassen, daran zu denken, daß das sprießende und sprossende Leben, wie es uns äußerlich entgegentritt, den Tod ja in sich enthält, daß wir aber das Leben aus unserer eigenen Tatkraft suchen müssen. Und jedes Jahres Erneuerung ist uns Symbol dafür [...]. Das ist heute unsere große Aufgabe: zu bemerken, wie in der Welt Silvesterstimmung, Hingehendes, Absterbendes ist, wie aber im Herzen derjenigen Menschen, die sich ihres wahren Menschentums, ihres Gottes-Menschentums bewußtwerden, Neujahrsstimmung sein muß, Neuzeitstimmung [...] zum

Weltenneujahr. Das wird aber nur kommen, wenn der Mensch sich entschließt dazu, daran zu schaffen.«[624]

Mit diesem Appell läßt Rudolf Steiner den Silvester-Vortrag des Jahres 1922 ausklingen. Es handelt sich um die Folge jener Dornacher Vorträge, die er über das Verhältnis des Menschen zur Sternenwelt und über *Die geistige Kommunion der Menschheit* gehalten hat. Zeitlich gesehen, sind diese durch einen Zyklus weiterer neun Vorträge eingerahmt, die dem Thema *Der Entstehungsmoment der Naturwissenschaft in der Weltgeschichte* gewidmet sind. Einleitend betont Steiner, er wolle nicht etwa die Naturwissenschaft, von der er selbst herkomme, in Frage stellen, hat er doch schon in seinen frühen theosophisch-anthroposophischen Schriften die volle Vereinbarkeit dieser Erkenntnisart mit anderen hervorgehoben. Deshalb beabsichtige er, »aus der fruchtbaren naturwissenschaftlichen Forschungsart der neueren Zeit Keime zu einem Geistesleben« zu gewinnen.[625]

Dabei muß man wissen, daß Rudolf Steiner im Laufe der Jahre seiner anthroposophischen Wirksamkeit großen Wert auf die festliche Gestaltung der Weihnachtstage gelegt hat, das heißt einmal auf das Weihnachtsfest als solches, sodann auf die Zeit der zwölf heiligen Nächte, die sich zwischen Heiligabend und dem Epiphanias- oder Dreikönigsfest am 6. Januar erstreckt.[626] Dabei durften die volkstümlichen Weihnachtsspiele (»Paradeis-«, »Christgeburts-« und »Dreikönigs-Spiel«) nicht fehlen. Hier handelt es sich um ein jahrhundertealtes Volksgut, um Texte, auf die Steiner noch von seinem Wiener Mentor aufmerksam gemacht wurde und deren er sich erinnerte, indem er sie szenisch einrichtete und mit seinen Mitarbeitern Jahr für Jahr um die Weihnachtszeit einstudierte. In einer solchen Erinnerung zu Weihnachten 1922 heißt es:

»Vor fast vierzig Jahren, etwa zwei oder drei Tage vor Weihnachten, erzählte mir mein lieber Lehrer und väterlicher Freund Karl Julius Schröer in seinem kleinen Bibliothekszimmer in der Wiener Salesianergasse von den Weihnachtsspielen, deren Aufführung in Oberufer in Westungarn er in den fünfziger Jahren des 19. Jahrhunderts beigewohnt und die er 1862 in Wien herausgegeben hatte. [...] In Schröers Erzählung war etwas, das eine unmittelbare Empfindung davon erregte, wie vor seiner Seele im Anblick der Spiele ein Stück Volkstum aus dem 16. Jahrhundert stand. Und er schilderte ja aus dem vollen heraus. [...] Und diese Stimmung wurzelt in einer echt frommen Hingebung an die Weihnachtswahrheit [...].«[627]

So waren auch die Dornacher Weihnachtstage zur Jahreswende 1922/23 erfüllt von konzentrierter anthroposophischer Bildungsarbeit und von musisch-künstlerischer Betätigung. Dem erwähnten Abendvortrag über die geistig-kosmische Kommunion der Menschheit war eine Eurythmieaufführung vorausgegangen. Doch als Steiner etwa zwei Stunden vor Jahresende mit jenen denkwürdigen Worten vom Hingehenden, Absterbenden schließt, da ahnt noch niemand der Anwesenden, welchen erschreckenden Doppelsinn diese Sätze bergen. Noch niemand der Zuhörer kann wissen, daß dies der letzte Vortrag gewesen sein würde, der im Goetheanum-Bau gehalten worden ist. Denn noch stehen einige der Freunde in unmittelbarer Nähe des Gebäudes, auf das der fast volle Mond sein blasses Licht wirft, da meldet einer der Wächter: »Da drinnen stimmt etwas nicht!« Rauchgeruch wird wahrgenommen, nach Lage der Dinge ein Alarmzeichen höchster Gefahr für den großenteils aus Holz errichteten Bau. In einer Reihe von Augenzeugenberichten sind die Ereignisse der nächsten Stunden festgehalten[628]: »Die Weckerlinie der Goetheanum-Feuerwehr wurde vom Wächter und einem Angestellten des Goetheanums in Tätigkeit gesetzt, worauf sofort die in der Feuerwehr organisierten Menschen zur Stelle waren. Die Meldung lautete: ›Rauch im Weißen Saal.‹ [Es ist jener Raum in Kuppelnähe des Südflügels, in dem am 22. September die Begründung der Christengemeinschaft erfolgt ist.] Sofort wurden im Südflügel des Baues sämtliche Räume geöffnet und durchsucht. In keinem der Räume war Feuer zu bemerken. Aus der westlichen Außenwand des Südflügels drang Rauch in einen der äußeren Eckräume. Diese Wand wurde sofort durchschlagen, und es ergab sich, daß die Konstruktion im Inneren der Außenwand in Flammen stand.«[629]

In größtmöglicher Eile werden Schlauchleitungen gelegt. Wer nur kann, beteiligt sich an den Löscharbeiten. Was tragbar ist, versucht man ins Freie zu bringen. Anfangs glaubt man, dem Brandherd Einhalt gebieten zu können. Doch die Schnelligkeit, mit der Innenwände und Kuppelkonstruktion vom Feuer erfaßt und in ein unwiderstehliches Flammenmeer verwandelt werden, vereitelt das Vorhaben. Infolge der großen Hitze und der starken Rauchentwicklung müssen die freiwilligen Helfer weichen. Und gerade als die Neujahrsglocken von den umliegenden Ortschaften zu läuten beginnen, durchbrechen die Flammen die große Kuppel. Eine riesige Lohe flammt zum nächtlichen Himmel empor. »Weithin ins Elsaß«, so berichtet Alexander Strakosch »und in die Rheinebene war nun der Brand sichtbar. Ein unheimlicher Anblick war dazu die bleiche

Mondscheibe, die im Gegenschein zur roten Flammenglut, in grünlichem Schimmer hoch am klaren Himmel stand. Es schmolzen später die großen Orgelpfeifen, das einzige Metallene im Baue, und verbrannten, mit farbig leuchtenden Flammen. Krachend zersprangen die geschliffenen Glasfenster. [...] Nach und nach entflammte das ganze Außengewände und stürzte zusammen. Jedesmal verstärkten sich dann die Flammen, und der Gluthaufen unten wuchs an. Aus ihm heraus erhoben sich gegen Morgen nur noch die mächtigen, massiven Säulen gegen den Himmel als Riesenfackeln. Neigte sich dann eine nach der anderen, so lösten sich im Fallen die Kapitäle los und donnerten aus der Höhe auf die widerhallende Betondecke, die den Fußboden der Kuppelräume bildete. Die Decke hat standgehalten.«[630]

Steiner selbst ist seit Beginn der Löscharbeiten zur Stelle. Zusammen mit einigen Freunden, unter ihnen Albert Steffen, umkreist er die Brandstätte, um seine Anweisungen zu geben, aber auch um dafür Sorge zu tragen, daß niemand zu Schaden kommt. Alsbald erweist es sich als erforderlich, die nahegelegene, ebenfalls nur aus Holz errichtete Schreinerei-Baracke und Steiners Atelier zu schützen. Zu diesem Zweck zerlegt man die noch in Arbeit befindliche Christusstatue, die sogenannte »Gruppe«, und trägt sie ins Freie. Auch Bücher und sonstiges Inventar ist in Sicherheit zu bringen. Vor allem richtet sich Steiners Absicht darauf, die Arbeit in den nächsten Stunden und Tagen in allen Programmpunkten weiterzuführen. Schon aus diesem Grund ist es wichtig, daß die geräumige Schreinerei als Tagungsstätte erhalten bleibt und bereits am Vormittag gereinigt und für die neue Aufgabe provisorisch hergerichtet wird. Auch Günther Wachsmuth, der als unmittelbarer Augenzeuge aussagen kann, notiert: »Rudolf Steiner umschritt in dieser Nacht den Bau, schweigsam. Nur einmal hörte man ihn sagen: ›Viele Arbeit und lange Jahre.‹ Bis zum Morgen stand er vor dem zerstörten Werk, still, nur besorgt, daß kein Mensch gefährdet werde. Seine Größe, Würde und Güte gab uns allen in dieser Nacht die Kraft des Ertragens. Als der Morgen des Neujahrstages heraufstieg, sagte er: ›Wir werden unsere innere Pflicht weiter tun auf dem Platze, der uns noch gelassen ist.‹«[631] Und Albert Steffen faßt seine Empfindungen, angesichts der Haltung zusammen, mit der Steiner die Brandkatastrophe trug: »Er gab uns allen eine Tatlehre. Keiner, der sie mit angeschaut, kann sie vergessen.« Hatte der Erbauer des Goetheanums seinen Mitarbeitern nicht immer eingeschärft, daß die Kräfte eines Weltenneujahrs den Niedergangserscheinungen zum Trotz abgerungen werden müssen?

Nach durchwachter Nacht geht für Steiner die begonnene Arbeit ohne Unterbrechung weiter. Seine Mitarbeiter beraten über Ursachen und Verlauf des Brandunglücks. Die Tatsache einer Brandstiftung steht außer Zweifel. Sie wird später offiziell anerkannt. Da erinnert man sich einerseits der Drohung, auf die Steiner selbst öffentlich hingewiesen hat, und derzufolge »ein richtiger Feuerfunke« die Dornacher Herrlichkeit eines Tages vernichten könne. Andererseits taucht in den Ascheresten unter der Kuppel ein männliches Skelett auf. »Durch die Zahnuntersuchung konnte festgestellt werden, daß es sich um eine Persönlichkeit aus Dornach handelte, die seit jenem Tage verschwunden war. Man vermutete, daß es sich um den Brandstifter handelte [...].«[632] René Maikowski, der sich dieses Mannes erinnert hat, besprach mit Rudolf Steiner die Angelegenheit. Doch er riet, man solle darüber nichts weiter verlauten lassen. Die Feindschaft würde nur noch größer, ohne daß der Sache in irgendeiner Weise gedient wäre.

Man bringt Rudolf Steiner das Protokoll, das nach dem Schadenfall zu fertigen war. »Er nahm es entgegen und las es halblaut vor sich hin«, so notiert Albert Steffen. »Als er zu der Stelle kam: ›Hiermit ist die Arbeit von zehn Jahren vernichtet‹, versagte ihm die Stimme auf einige Sekunden. Wir alle fühlten, daß die Tränen über unsere Wangen niederrannen. Aber er las weiter.«[633] Für 14 Uhr haben sich Korrespondenten verschiedener Zeitungen angesagt. Steffen führt die Journalisten in Steiners Wohnung in der Villa Hansi, wo sie von ihm selbst eine minutiöse Schilderung der Vorgänge der vergangenen Brandnacht erhalten. Pünktlich um 17 Uhr, ganz wie ursprünglich vorgesehen, füllt sich die Schreinerei zur Aufführung des Dreikönigsspiels. Steiner hat sich vergewissert, daß seine bestürzten Mitarbeiter in der Lage seien, unmittelbar nach den Ereignissen das traditionelle Laienspiel aufzuführen. Als er den – wie er sich später einmal ausdrückt – »Holzverschlag« betritt, erheben sich alle Versammelten, um dem selbst tief Getroffenen ihren Respekt und ihre innere Solidarität zu bekunden. Nicht minder selbstverständlich ist es für ihn, noch am selben Abend auch die schon begonnene Reihe der neun naturwissenschaftlichen Vorträge fortzuführen. Wer sich heute in die Vortragsnachschriften dieses Zyklus vertieft, der muß bestätigen, daß sich der Vortragende streng an sein Thema und an die zu behandelnde Sache gehalten hat, unbeeinträchtigt von dem Vorgefallenen. Lediglich am Anfang der folgenden Vorträge hat er die Anwesenden darüber zu informieren, von wie vielen Seiten ihm Zeichen der Anteilnahme und der Verbundenheit »mit unserem Schmerze über den Verlust des Goetheanums eingelaufen« seien, über die er noch gesondert berichten wolle.

Doch die Standfestigkeit, die Steiner im konsequenten Verfolgen seiner Arbeitsvorhaben bewiesen hat, konnte nicht darüber hinwegtäuschen, daß der Goetheanum-Brand ihn schwer traf. Den nahestehenden Freunden und Mitarbeitern ist das auch nicht entgangen. So erzählt Emil Leinhas, der an jenem ersten Vortrag am Abend des 1. Januar 1923 an der Tür zur Schreinerei gestanden hat: »Da verließ ihn einen Augenblick die Kraft. Er lehnte sich gegen die Wand, so daß man ihn zu stützen suchte. Aber bald hatte er sich wieder gefaßt.«[634] Und wenn man bis dahin von seinem jugendlich heiteren Lachen berichtete, das die ernsten Gesichtszüge immer wieder aufhellte, oder von seinen raschen, leichten Bewegungen, seinem rhythmischen Gang – »niemand konnte so gehen wie er –, das alles erlebten wir seit der Brandnacht nicht mehr«, so erinnert sich Assja Turgenieff, die als künstlerische Mitarbeiterin in Steiners unmittelbarer Nähe einen augenfälligen Wechsel bei dem nunmehr knapp Zweiundsechzigjährigen feststellen mußte. »Eine schwere Last lag auf seinen Schultern. Er mußte Kraft aufbringen, seine aufrechte Haltung zu bewahren, und der Gang war mit Anstrengung verbunden.«[635] Auch in den Memoiren anderer werden derartige Beobachtungen bestätigt.[636] Er selbst vertraute einmal der Ärztin Ita Wegman an, daß er sich während des Feuers in der Silvesternacht für kurze Zeit habe zurückziehen müssen, um seine Lebenskräfte zu sammeln. Angespielt ist damit auf eine gewisse Lockerung der übersinnlichen Wesensglieder, des sogenannten Bildekräfteleibes (Ätherleib), der den physischen Leib regenerierend, belebend durchpulst.[637] Seiner Frau Marie schildert er in einem Brief vom 15. Oktober 1924, also während der letzten Krankheit, den Tatbestand wie folgt:

> »Ich sagte Dir ja schon vor längerer Zeit, wie seit Januar 1923 die Verbindung der höheren Glieder meiner Wesenheit mit meinem physischen Körper nicht mehr voll war; ich verlor gewissermaßen im Leben im Geistigen den unmittelbaren Zusammenhang mit meiner physischen Organisation. Nicht mit der physischen Welt. Im Gegenteil: die gesunde Beurteilungsmöglichkeit dieser wurde immer stärker und auch umfassender.«[638]

Diese Geistesfrische braucht Steiner nun dringender denn je, bedenkt man, daß dem körperlich stark Mitgenommenen nur mehr weniger als zwei Jahre eines konzentrierten, neue Impulse verströmenden Schaffens gegönnt sind. Gleichsam wie eine Selbstvergewisserung muten Verse an, die er nach dem Brand niedergeschrieben hat:

Gedanke ward an Gedanken gewunden,
Im Schaffen freudig die Seele verbraucht
...
Gefühl ist in Flammen verraucht,
Schaffensglück hat ein Ende gefunden.
In Trümmer schaut das Auge.[639]

Wohl findet Steiner am ersten Jahrestag nach dem Brandanschlag Worte der Ermutigung, um seine Mitglieder auf den Geist zu verpflichten, aus dem heraus das Goetheanum geschaffen worden ist, wenn er sagt: »Dieses Goetheanum konnte uns genommen werden. Der Geist dieses Goetheanum kann uns, wenn wir wirklich ehrlich und aufrichtig wollen, nicht genommen werden [...].«[640]

Aber wie steht es denn mit dem ehrlichen und aufrichtigen Wollen, an das Steiner die Bedingung für einen Neuanfang geknüpft sieht? Denn nicht nur auf die Trümmer eines mit hohem menschlichen und materiellen Einsatz errichteten Gebäudes »schaut das Auge«. Einen eher noch größeren, von noch mehr Tragik gekennzeichneten Trümmerhaufen stellt die Anthroposophische Gesellschaft dar, die vor große, allzu große Aufgaben gestellt ist.

Eine Vorstellung davon kann man sich am ehesten verschaffen, wenn man sich zunächst einmal vor Augen führt, welche starke Differenzierung und welche starke Wendung nach außen die anthroposophische Bewegung nach dem Ende des Ersten Weltkriegs genommen hat. Bis dahin war die anthroposophische Aktivität weitgehend mit dem deckungsgleich, was innerhalb der Anthroposophischen Gesellschaft geschah – die einzelnen künstlerischen Bestrebungen, der Aufbau des Dornacher Goetheanums, ganz abgesehen von der weit ausgreifenden öffentlichen und internen Vortragstätigkeit Steiners selbst. Diese sachliche wie organisatorische Übereinstimmung änderte sich in dem Augenblick, in dem der Schwerpunkt der Arbeit vom Berliner Zentrum immer stärker nach Stuttgart verlegt wurde, von wo ein Großteil der gesellschaftlichen und kulturerneuernden Aktivitäten ihren Ausgang nahm. Es sind in erster Linie diejenigen der Dreigliederung des sozialen Organismus, die sich rasch ausbreitende Waldorfschulbewegung, die Aktiengesellschaft »Der Kommende Tag« mit seinen ihm angeschlossenen Unternehmungen und Instituten, seit Herbst 1922 auch die an sich eigenständige, jedoch auf die Ratschläge Steiners zurückgehende »Bewegung für religiöse Erneuerung« (Christengemeinschaft). Das »Zentralanthroposophische«, das in der Gesellschaft gepflegt werden sollte, verlor jedoch angesichts der expandierenden anthroposophischen Bewegung immer mehr an Integrationskraft, und dies angesichts sich verstärkender äußerer Widerstände aller Art, nämlich wirtschaftlicher (Geldentwertung), ideologischer, religiöser und politischer (vor allem von deutschnationaler Seite). Wie schon angedeutet, hatte Steiner vielfachen Anlaß, seine Anhängerschaft aufzurütteln, um sie zu einer realistischen Einschätzung der Gegenwartsaufgaben zu bewegen. So enthalten die Vorträge aus den frühen zwanziger Jahren zahlreiche beschwörende Appelle, etwa von der Art:

> »Möchte es doch innerhalb der einzelnen Kreise der Anthroposophischen Gesellschaft versucht werden, sich des Ernstes des gegenwärtigen historischen Momentes bewußt zu werden und sich selber und die Verhältnisse zu fragen, ob es nicht möglich wäre, diese Anthroposophische Gesellschaft in einem gewissen Sinne wiederum zu galvanisieren, so daß sie aus einem gewissen schläfrigen Zustande herauskommen und erwachen würde zu einem wirklichen Leben.«[641]

Steiner hat in diesen Jahren wiederholt Anlaß, von dem Phänomen einer »inneren Opposition« zu sprechen, die sich letztlich gegen das Wesen der Anthroposophie als solches richtet.[642] In den führenden Kreisen, und zwar bis in den Vorstand der Gesellschaft selbst hinein, fehlte es an dem nötigen Bewußtsein, wie eine aus dem Spirituellen heraus wirkende, sich an die Kulturwelt wendende Anthroposophische Gesellschaft zu führen sei.[643] Wenn Steiner in den zehn Jahren seit der Begründung der Anthroposophischen Gesellschaft 1912/13 auch selbst nicht offiziell als Mitglied oder als Leiter fungierte, so richtete man sich in dem von Michael Bauer, Carl Unger und Ernst Uehli gebildeten Dreiervorstand doch im wesentlichen nach seinen konkreten, bis in Einzelheiten gehenden Vorschlägen oder Anregungen. Dies mußte sich ändern, als sich Steiner genötigt sah, den einzelnen Tochterbewegungen einen Großteil seiner Zeit und Kraft zu widmen. Da hier nicht die Geschichte der Anthroposophischen Gesellschaft zu schreiben ist, muß im Blick auf die Situation Steiners dieser Gesellschaft und Bewegung gegenüber ein pauschalierendes Urteil gewagt werden: Das Gros in Leitung und Mitgliedschaft war den hohen spirituellen wie moralisch-sachlichen Anforderungen, die Steiner stellen mußte, letztlich nicht gewachsen. Steiner selbst sprach vom »System von Stuttgart«, das der Arzt Eugen Kolisko anläßlich einer Stuttgarter Delegiertenversammlung im Februar 1923 u.a. folgendermaßen charakterisiert hat: »In Stuttgart hatte man für die Anthroposophische Gesellschaft kein Herz. Wir hatten gute Vertreter der einzelnen

Tochterbewegungen, gute Lehrer, Vertreter der Dreigliederungsbewegung, der religiösen Erneuerung usw., aber fast keine guten Mitarbeiter in der Anthroposophischen Gesellschaft. [...] Es fehlte bei den Führenden und auch bei den meisten Mitgliedern das Bewußtsein davon, daß man die Gesellschaft auf ein Niveau bringen mußte, das der Fruchtbarkeit der Anthroposophie auf allen Gebieten gerecht werden konnte. Dagegen war überall ein Mangel von Zusammenleben zwischen Leitung und Mitgliedern der Zweige vorhanden [...].«[644]

Um ein Mindestmaß an Koordination und Kooperation unter den »tätig sein wollenden Mitgliedern« in Stuttgart zu erzielen, wurde auf Steiners Initiative hin ein Mitarbeiterkollegium gebildet, der sogenannte Dreißiger-Kreis.[645] Mit ihm traten mit einer gewissen Regelmäßigkeit gegen dreißig der führenden, mit konkreten Aufgaben betrauten Anthroposophen zusammen, so zum Beispiel Carl Unger, Emil Leinhas und Ernst Uehli, die 1923 den Stuttgarter Zentralvorstand der Anthroposophischen Gesellschaft bildeten, nachdem Marie Steiner infolge ihrer Verehelichung und Michael Bauer wegen seiner schweren Lungenerkrankung ausgeschieden waren. Zum Kreis gehörten ferner Mitarbeiter aus den einzelnen Einrichtungen der Bewegung, unter ihnen Emil Molt, der sowohl schulische wie wirtschaftliche Interessen zu vertreten hatte, der Kasseler Arzt Ludwig Noll, ein langjähriges Mitglied, von dem Steiner die Abfassung eines lange benötigten medizinischen Kompendiums auf anthroposophischer Basis erwartete, aber nicht bekam. Einige Waldorflehrer waren ebenso im Dreißiger Kreis vertreten wie Friedrich Rittelmeyer und Emil Bock als Vertreter der von Stuttgart aus wirkenden Christengemeinschaft. Man hört von endlosen Verhandlungen, von ermüdenden Nachtsitzungen, die an Steiners Kräften offensichtlich stärker zehrten als die eigentliche produktive Tätigkeit, denn für Konfliktstoffe, die bis hin zu menschlich-allzumenschlichen Rivalitäten und Eifersüchteleien unter den Mitgliedern dieses »Aktiv«-Kreises reichten, war ständig gesorgt. In den Schilderungen von Hans Kühn findet sich die Notiz:

»Diese Sitzungen waren meist sehr mühsam. Frau Marie Steiner, die immer dabei war, zeigte sich manchmal sehr ungehalten. ›Hören Sie [R. Steiner!] doch auf, die Leute zu plagen. Sie machen sie ja krank mit solchen langen Versammlungen!‹ Rudolf Steiner ließ sich aber nicht aus der Ruhe bringen. Es schien, als erwarte er ein Wort, das wir nicht fanden. Oft stützte er seinen Kopf in die Hand und schien vollkommen abwesend, vielleicht im Verkehr mit einer anderen Welt. Man nahm Rücksicht und schwieg oft längere Zeit. Kaum aber sagte jemand wie zum Beispiel Carl Unger ein wichtiges Wort über die Intensivierung der anthroposophischen Arbeit, war er augenblicklich ganz wach und beteiligte sich frisch und lebendig am Gespräch. Punkt vier Uhr [morgens] ertönte stets ein lautes Rasseln. Es war der Taschenwecker von W. J. Stein (einem Waldorflehrer), der sonst um diese Zeit aufzustehen pflegte. Kam man noch so spät nach Hause, am Morgen waren die Lehrer pünktlich in der Schule, und oft begegneten sie unterwegs Rudolf Steiner [...].«[646]

Zu den menschlichen Unzulänglichkeiten und Problemen im Stuttgarter Kreis kam schließlich noch die seit längerer Zeit bestehende und sich noch verstärkende Spannung zwischen junger und älterer Generation hinzu. Dabei verhehlte Steiner nicht, wie wichtig ihm der jugendliche Enthusiasmus all derer war, die unbelastet von dem theosophisch-sektiererischen Ballast vieler Älterer zu Aktionen aller Art bereit waren, obwohl den Übereifrigen freilich meist die erforderlichen Erkenntnisvoraussetzungen fehlten.

Alles in allem: Steiner steht zu Beginn des Jahres 1923 vor *zwei* Trümmerhaufen, wobei die Ruine des niedergebrannten Goetheanums noch eher zu verkraften ist als eine Mitgliedschaft, deren »stark verbreitete Illusionsfähigkeit« das genaue Gegenteil dessen repräsentiert, was zur Übernahme der anspruchsvollen Gegenwartsaufgaben erforderlich erscheint. So sieht er sich im Mai 1923 gezwungen, sich aus den mehr administrativ-agitatorischen Tätigkeiten zurückzuziehen, die ihn lange Zeit stark in Anspruch genommen haben.[647] Das ist aber nur eine arbeitsökonomische Maßnahme, die keiner besonderen Begründung bedarf. Sehr viel gravierender sind jene Überlegungen, die er in Anbetracht der niederschmetternden innergesellschaftlichen Probleme spätestens seit dem Goetheanum-Brand anstellt: Er denkt ernstlich daran, sich zusammen mit Marie Steiner von dieser Anthroposophischen Gesellschaft zu trennen, um gegebenenfalls in einem ordensähnlichen Zusammenhang die ihm verbleibenden Kräfte für die Pflege der anthroposophischen Esoterik einzusetzen. Gelegentlich macht er vor Vertrauten diesbezügliche Angaben. So erwähnt Elisabeth Vreede eine Äußerung vom 23. Dezember 1923, in der es u.a. heißt:

> »Es ist schon so, daß gegenwärtig die Dinge sehr, sehr ernst, bitter ernst genommen werden müssen. Sonst müßte eigentlich dennoch dasjenige eintreten, wovon ich ja oftmals gesprochen habe, daß ich mich von der Anthroposophischen Gesellschaft zurückziehen müßte.«[648]

Wagnis und Tragik eines Neuanfangs

Mit gutem Grund kann von vielen Jahren im Leben Rudolf Steiners gesagt werden, sie seien durch besondere Ereignisse oder Entschlüsse gekennzeichnet; das trifft speziell für die zweite Lebenshälfte zu. Es unterliegt aber keinem Zweifel, daß das Jahr 1923 für ihn durch Entscheidungen gekennzeichnet ist, die für ihn selbst wie für die anthroposophische Sache als folgenreich bezeichnet werden müssen. Den Ausgangspunkt stellen jene beiden Trümmerhaufen dar, die je auf ihre Weise als Ausdruck eines offenbaren Scheiterns zu bezeichnen wären. Der Geisteslehrer mußte sich eingestehen, daß es ihm nicht gelungen war, im Laufe von zwei Jahrzehnten eine genügend große Schar von fähigen Mitarbeitern um sich zu scharen; denn eben dies hat Steiner zu Jahrhundertbeginn als seine »Inaugurationstat« angesehen.[649] Es gab nicht einmal die erforderliche »spirituelle und geistig wache Führung der anthroposophischen Gesellschaft, die der Fülle anthroposophischer Geistesforschung durch ein entsprechendes großes Format und Können in der Gestaltung der Gesellschaftsangelegenheiten gewachsen gewesen wäre«, so resümiert Rudolf Grosse.[650]

Dazu kommt die andere Beobachtung, daß sich Steiner nicht nur nicht richtig verstanden fühlte, sondern von seinen »Anthroposophen« geradezu negiert, übersehen wußte. »Dann bin ich nur eine quantité négligeable«, entfuhr es ihm einmal im Mitarbeiterkreis im sogenannten Glashaus in Dornach. »Dies Wort ist mir deshalb so tief in Erinnerung geblieben« – so berichtet Fred Poeppig –, »weil seine dunklen, schmerzumwölkten Augen gerade auf mich gerichtet waren, da ich vor ihm stand. – Das war seine Einsamkeit in den Kreisen seiner nächsten Mitarbeiter und Anhänger.«[651] Zugleich Ausdruck eines tragischen Scheiterns. Als man Steiner am selben Ort im Juli 1923 fragt, wie der entstandenen Krisensituation zu begegnen sei, gibt er zur Antwort: »Zwei Dinge sind nötig: Einerseits eine Gesellschaft, die weltmännisch offen ist, so daß sich jeder darin wohlfühlen kann [zu Weihnachten nannte er als Beispiel den

Namen von Henry Ford als eines Weltmenschen]. Andererseits muß ein geschlossener Kern sich bilden, der den esoterischen Mittelpunkt bildet und die Bewegung weiterträgt.«[652]

Dieses Votum erinnert einerseits an die erste, bis Sommer 1914 reichende Zeit anthroposophischen Schaffens, in der Steiner einen solchen esoterischen Kreis betreut hat, einmal in Gestalt der sogenannten »Esoterischen Schule« (E.S.), zum anderen des Zirkels, in dem er sich gemeinsam mit Marie von Sivers freimaurerischer Formen bediente. Auf der anderen Seite deutet diese Äußerung bereits auf ein wichtiges Ereignis am Ende des Jahres 1923, auf die völlige Neubegründung der Anthroposophischen Gesellschaft. Doch zu Jahresbeginn ist die Situation noch durchaus offen. Noch schwelt der Konflikt zwischen den alten und den ganz jungen Mitgliedern, von denen viele aus der zeitgenössischen Jugendbewegung des Wandervogels hervorgegangen sind, fest entschlossen, ihre unkonventionelle Denkweise und Lebensart in die von Vergreisungstendenzen beherrschte Gesellschaft der Anthroposophen hineinzutragen. Steiner, der seit langem der zur Anthroposophie strebenden Generation große Aufmerksamkeit schenkt, unter anderem im Zusammenhang des ersten Hochschulkurses (1920), macht kein Hehl daraus, daß er als Sechzigjähriger den erst Zwanzigjährigen große Sympathie entgegenbringt, nicht zuletzt im Blick auf eine »Galvanisierung« und Verjüngung der Anthroposophischen Gesellschaft selbst.

Wie sehr eine offene Parteinahme für die Anliegen der mit Berufs- und Studienproblemen belasteten jungen Leute erforderlich war, geht beispielsweise aus einer Begebenheit hervor, die einer von ihnen, Ernst Lehrs, berichtet. Danach habe ein Mitglied des Stuttgarter Vorstands der Jugend Schuld am Brand des Goetheanums zugeschoben, »weil wir durch unsere ungebührliche Inanspruchnahme Rudolf Steiners ihm die Zeit zu der nötigen Geistesforschung genommen und ihn dadurch verhindert hätten, die dem Bau drohende Gefahr vorauszusehen. Offensichtlich verbreitete sich diese Ansicht unter den Mitgliedern, was sich daran zeigte, wie man sich plötzlich grußlos und auch sonst zu uns zu verhalten begann.«[653]

In diese vergiftete Atmosphäre hinein hält Steiner am 6. Januar 1923, also nur wenige Tage nach dem Goetheanum-Brand, seinen Dornacher Vortrag, in dem er die besondere Erkenntnisaufgabe der akademischen Jugend herausstellt. Man müsse sich endlich klar sein, was es bedeute, wenn sich junge Menschen bereitfanden, in der anthroposophischen Bewegung aktiv mitzuarbeiten. Und eine ganz wesentliche Voraussetzung für die Erfüllung der großen Gegenwarts- und Zukunftsaufgaben bestehe darin, daß sich endlich

»Jung und Alt zusammenfinden können, damit e i n Geist herrscht innerhalb dessen, was Anthroposophische Gesellschaft ist«[654].

Zwar verfehlen die aufrüttelnden Appelle dieses Vortrags ihre unmittelbare Wirkung nicht. Doch hält es Steiner für angebracht, schon wenige Wochen später eine weit tiefgreifendere Entscheidung zu treffen, um die weithin ausgeschalteten, als Rebellen verschrieenen jungen Mitglieder aufzuwerten. Als nämlich zwischen dem 26. und 28. Februar in Stuttgart die Delegiertenkonferenz zu ihren Beratungen zusammentritt, um sich unter anderem darüber klarzuwerden, welche Konsequenzen nach der Zerstörung des Goetheanums zu ziehen sind, da überrascht Steiner die Versammelten, Alte wie Junge, mit dem Vorschlag, der anthroposophischen Jugend einen eigenen gesellschaftlichen Rahmen zu geben, sie geradezu aus der »alten Gesellschaft« herauszulösen. Es entsteht auf diese Weise neben der einstweilen weiterhin bestehenden Gesellschaft die »Freie Anthroposophische Gesellschaft«, ein zweites Gremium also, mit dem ersten nur lose verbunden. Die Spaltung scheint perfekt, und noch dazu induziert durch Rudolf Steiner selbst. »Wir waren von dem Vorschlag zunächst sehr betroffen«, so berichtet René Maikowski (übrigens auch Ernst Lehrs[655], Wilhelm Rath[656] u.a.), »eilten gleich nach dem Vortrag zu Rudolf Steiner hin und versicherten ihm, daß dies nie unsere Absicht gewesen sei. Er wies aber all diese, von uns und von anderer Seite kommenden Einwände zurück und sagte: ›Wenn Sie sich selbst verstehen, müssen Sie diesen Schritt tun.‹ Er war der Überzeugung, daß unter den obwaltenden Verhältnissen dies der beste Weg zur friedlichen Lösung der Schwierigkeiten und zur gedeihlichen Arbeit beider Seiten sein könne. Man werde sich besser verstehen, wenn jede Gruppe sich ungehindert, ihrem Wesen entsprechend, frei entfalten und arbeiten könne und nur in entscheidenden gemeinsamen Fragen wie auch nach außen hin als sich ›liebende Geschwister‹ zusammenwirke.«[657]

Wozu sich Steiner, wie er selbst sagte, nur schweren Herzens entschloß, wird verständlich, wenn man daran denkt, daß ein wesentlicher Teil, der durch ihn in den vorausgegangenen Jahren initiierten Aktivitäten von vielen jungen Menschen mitgetragen wurde, namentlich auf dem Arbeitsfeld künstlerischer Betätigung, in der Pädagogik, im medizinischen Bereich sowie auf dem Feld der religiösen Erneuerung. Und wer sollte die gegebenen Anstöße in die Zukunft hinein weitertragen, wenn nicht das Gros derer, die zu diesem Zeitpunkt die Lebensmitte noch kaum erreicht haben?

Doch Steiners Hoffnung bezüglich der Lebensfähigkeit der »jungen Gesellschaft« sollte sich als ein großer Irrtum erweisen. Die »innere Opposition« wurde eher noch verstärkt. Sie sorgte dafür, daß die »Freie Anthroposophische Gesellschaft« wie übrigens auch die bald darauf gegründete Jugendsektion erst gar nicht voll in Funktion treten konnte. Um so sichtbarer wurde eine viel tiefer liegende schicksalhafte Gegensätzlichkeit zweier Menschentypen: »Während die Jugend [...] tobte, suchten viele Theosophen in ihrer Theosophie ein Schlafmittel, eine Art Opium«, sagt Steiner einmal.[658] Und von der Stuttgarter Delegiertenversammlung nach Dornach zurückgekehrt, berichtet er ausführlich über die dortigen Vorgänge. Da charakterisiert er zunächst die bisherige alte Gesellschaft:

> »Es sind darinnen die prominenten Persönlichkeiten von Stuttgart, die ausgezeichnet ihre einzelnen Unternehmungen leiten, furchtbar viel Arbeit leisten, eigentlich sogar in den Verhandlungen [...] zeigten, daß sie von den vorhergehenden Anstrengungen müde Leute waren. Ich sagte: Wenn ich nach Stuttgart komme und etwas soll gemacht werden [...], brauche ich nur auf einen Knopf zu drücken. Ein feines Verständnis haben diese führenden Persönlichkeiten. [...] Sie verstehen gleich alles, man braucht nicht viel zu reden. [...] Aber sie tun es meistens nicht. – Dann sind [da] die andern, das ist die andere Partei: voller anthroposophischer Seelenhaftigkeit, ganz bei der Anthroposophie dabei [...]. Sie verstehen zunächst nichts von dem, was ich sage, aber sie tun gleich alles. Ja, da ist ein gewaltiger Unterschied [...]. Es wird alles getan, was nicht verstanden ist.«[659]

Im übrigen geht aus Steiners Bericht über die Stuttgarter Begebenheiten deutlich hervor, welch klägliches Bild die Delegiertenkonferenz abgegeben hat, die doch die ganze deutsche und österreichische Anthroposophenschaft zu repräsentieren beansprucht. Er, Steiner, habe den Bürokratismus und Schematismus, mit dem Anthroposophie »verwaltet« wird, gebrandmarkt: »Da mußte ich mit dem Ellenbogen dreinschlagen. [...] Da mache ich nicht mehr mit [...].«[660] – In die vielen Anzeichen der Enttäuschung und auch der Entmutigung mischen sich Anzeichen großer Hoffnung. So melden sich beispielsweise eine Anzahl Schüler der obersten Klassen der Freien Waldorfschule Stuttgart, die im darauffolgenden Jahr als erste Klasse die 1919 gegründete Waldorfschule verlassen. In ihrer Erklärung, die Steiner noch während der Delegiertenkonferenz verliest, bringen diese Schüler zum Ausdruck, vor welchen inneren und äußeren Schwierigkeiten sie als Schulabgänger stehen. Denn einerseits werde den Abiturienten das Maturitätsexamen außerordentlich erschwert, andererseits eröffnet allein diese, der

Waldorfpädagogik widersprechende »Augenblicksprüfung« den Zugang zum Hochschulstudium. Daraus ergebe sich die Forderung der Begründung einer Freien Hochschule, gleichsam als Vervollständigung der zwölfklassigen Waldorfschule.[661] Steiner ist sich der besonderen Problematik bewußt, für die es kaum ein Patentrezept gibt. Durch die verständniserweckende Art, mit der er vor den Delegierten diese Eingabe der Stuttgarter Schüler kommentiert, bewirkt er, daß Emil Molt abermals einen größeren Betrag als Grundstock für eine solche Hochschulgründung zur Verfügung stellt. Sieht man einmal davon ab, daß dies im Zeichen der sich immer stärker ausprägenden Geldentwertung geschieht – für einen Eurythmiekurs muß man im Sommer 1923 60000.– Mark hinlegen! – so ist auch zu bedenken, daß die im Frühjahr 1923 bereits in Angriff genommene, später am Goetheanum eingerichtete »Freie Hochschule für Geisteswissenschaft« letztlich doch andere Aufgaben zu erfüllen hat, als dies bei den traditionellen Hochschulen der Fall ist.[662]

Die Hauptforderung, die Steiner seinen Mitgliedern auch in diesem Zusammenhang immer wieder einzuschärfen hat, ist die:

> »Die Anthroposophische Gesellschaft braucht eine Reorganisation. Sie braucht die Möglichkeit, daß in ihr menschliche Individualitäten ganz in ihrer Eigenart und mit der Möglichkeit, sich ganz auszuleben, wirklich darinnen wirkten und auch eine Atmosphäre fänden, in der sie, sich fortbildend, atmen könnten.«[663]

Damit ist die Aufgabe ins Auge gefaßt, die in den nächsten Wochen und Monaten Schritt für Schritt gelöst werden soll, obwohl Steiner weiterhin durchblicken läßt, wie er mit dem Gedanken ringt, sich nicht doch gänzlich von der in Selbstisolation begriffenen Gesellschaft zurückziehen zu müssen.

Faktisch schlägt er einen anderen Weg ein. Das geht aus seinem dicht besetzten Reise- und Terminkalender des Jahres 1923 hervor: Da sind zunächst zahlreiche Vorträge und Konferenzen für die Stuttgarter Waldorflehrer zu nennen, denen sich im April ein pädagogischer Kurs für Schweizer Lehrer anschließt, gefolgt von Vorträgen in Prag und von einer Veranstaltungskette interner wie öffentlicher Art in Kristiania (Oslo). Hier kommt es zur Begründung der Anthroposophischen Gesellschaft in Norwegen. Aber auch in England (im September) und in Holland (im November) ermöglicht er durch seine Mitwirkung die Begründung eigenständiger Landesgesellschaften, die sich später mit der erst noch ins Leben zu rufenden internationalen Gesellschaft vereinigen können.

Inhaltlich gesehen, ist diese Vortrags- und Reisetätigkeit von großer Vielfalt und Weite gekennzeichnet. Der mehr esoterischen Zentrierung dienen die Vorträge, die einer Verinnerlichung der Jahresfeste den Boden bereiten sollen. Gemeint sind die christlichen Feste wie Weihnachten, Ostern, Pfingsten und das Michaelisfest. Es gilt, das Christusmysterium im Rhythmus des Jahreslaufs erlebend in sich aufzunehmen, nachdem die kirchlichen Bekenntnisse und die an ihnen sich orientierenden aufklärerisch-liberalistische Theologie (etwa im Protestantismus) den »lebendigen inneren Zusammenhang mit dem Christus Jesus« immer mehr verloren haben. Dabei komme es ganz wesentlich darauf an, nicht allein auf die Überlieferung zurückzublicken, sondern vor allem das Augenmerk auf die heute im Geistbereich sich manifestierende Christus-Offenbarung zu richten. »Christus ist bei uns, und wenn wir heute, ausgerüstet mit geistiger Erkenntnis, hinhorchen darauf, was uns die geistige Welt über ihn offenbart, so ist das Christus-Offenbarung«, so heißt es in dem Prager Ostervortrag vom 29. April 1923. »Die Menschheit würde den Christus verlieren, wenn sie nicht auf neue Weise in geistiger Erkenntnis den Christus gewinnen könnte.«[664] Eine derartige Vergegenwärtigung und Neubelebung der christlichen Jahresfeste ist auch vor dem Hintergrund jener Spannungen zu sehen, die durch die kultischen Feiern der Christengemeinschaft entstanden waren. Es sollte nicht der Eindruck erweckt werden, als sei Anthroposophie lediglich eine an das Denkerleben und an »Geisteswissenschaft« gebundene Erkenntnislehre, die auf den Kontakt zu einem kosmischen Erleben verzichtet. In Erinnerung war zu rufen, daß der gegenwärtig-kommende Christus das offenbar-geheime Zentrum der Anthroposophie überhaupt darstellt.

Eine Anzahl von Dornacher Juni-Vorträgen soll dazu dienen, Urteilsgrundlagen für die Verhältnisbestimmung von Anthroposophischer Bewegung zur Anthroposophischen Gesellschaft zu liefern. Nochmals ins Volle greift Steiner, als er im August für einige Wochen nach England aufbricht, wo er in Ilkley Yorkshire einen zwölfteiligen Zyklus über *Gegenwärtiges Geistesleben und Erziehung* hält. Die Nachschriften dieser Veranstaltungen gehören zu den grundlegenden Texten, die Steiner über das Wesen und die Ziele der nunmehr seit vier Jahren erfolgreich arbeitenden Waldorfschul-Pädagogik verfaßt hat. Steiner will darin nicht nur alternative Erziehungsprinzipien vorlegen. Viel wichtiger ist ihm das Bild des Menschen selbst. Diese Texte bringen einmal mehr zum Bewußtsein, daß für den Lehrer, wie Steiner ihn sieht, alles Unterrichten und alle Bildungsarbeit letztlich »eine religiöse Tat werde, daß er sozusagen in dem Unterrichten selber eine Art Gottesdienst sehe [...]. Wir haben ganz gewiß damit nicht irgendwie nach einem blind rationalistischen Christentum hinarbeiten wollen, sondern gerade nach dem richtigen Erfassen des Christus-Impulses in der ganzen Erdenentwickelung der Menschheit. [...] Den ganzen Menschen erziehen, diesen als ganzen Menschen erzogenen Menschen religiös zu vertiefen, das haben wir als eine der bedeutsamsten Aufgaben des Waldorfschul-Prinzips zu erfassen gesucht«[665] – heißt es in einem jener Vorträge. Ergänzend hierzu berichtet Günther Wachsmuth von mancherlei Kontakten mit englischen Pädagogen und Theologen der anglikanischen Kirche.[666]

Unmittelbar nach dem pädagogischen Kurs reist Steiner mit seinen Begleitern, unter ihnen seine Frau und G. Wachsmuth, nach Penmaenmawr an die Küste von Wales zu einem weiteren Sommerkurs. In diesem Land mit einer großen keltisch-druidischen Vergangenheit spricht er in dreizehn Vorträgen über intime Zusammenhänge seines eigenen spirituellen Forschens. Es gilt, vor dem Hintergrund der alten Kultstätten die geistig-physische Menschheitsentwicklung aus der Perspektive der Anthroposophie darzustellen.[667]

Günther Wachsmuth erzählt, wie Steiner mit kleineren und größeren Gruppen nach den Vormittagsvorträgen zu den auf den Klippen gelegenen Dolmen der alten Druidenstätten hinaufstieg, um sich an Ort und Stelle mit der längst verströmten keltischen Spiritualität vertraut zu machen:

»Es bleibt eines dieser unvergeßlichen Erlebnisse, als Rudolf Steiner mich eines Tages aufforderte, mit ihm allein die Hochebene auf den Felsen von Penmaenmawr zu ersteigen, um die Druidenzirkel aufzusuchen. Trotz seiner 62 Jahre stieg er rasch und rüstig bergan. Der geistigen Atmosphäre des Ortes gemäß konzentrierte sich das Gespräch auf die Mysterien der Druiden und ihres Gegenpols in Europa, des Mithrasdienstes, den der Süden den nordischen Mysterien gegenüberstellte. [...] Es war ein Augenblick im Leben, dessen Erinnerung immer lebendig bleibt, ein einzigartig seltsames Bild, als nun Rudolf Steiner in der Einsamkeit dieser Hochebene in die Mitte des Druidenkreises trat. Er forderte mich auf, über die ragenden Steine des Zirkels die Spitzen der die Hochebene umschließenden Bergkuppen anzuvisieren, und schilderte mit einer Intensität der Rückschau, wie wenn sich dies im Augenblick vollzöge, wie einst die Druidenpriester durch dieses Anvisieren der am Horizont im Jahreslauf vorbeiwandernden Sternbilder den Geistkosmos, die darin wirkenden Wesenheiten und ihren Auftrag an die Menschen erlebten. Er erzählte, wie sie die Weihefeste und Kulte des Jahres nach diesen kosmischen Rhythmen gestalteten und ihre priesterlichen Weisungen an die Angehörigen ihrer Gemeinde gaben; wie das Geschehen der Jahreszeiten sich geistig im Kultus, physisch bis in die Handhabung der landwirtschaftlichen Arbeit hinein spiegeln müsse. Er sprach vom Sonnen- und Schattenerlebnis in der inneren Steinkammer der alten Weihestätte und von der Ausbreitung der dort erhaltenen Schauungen und Impulse in die Weiten des Erdenkreises.«[668]

Obgleich diese mehrwöchigen Reisen durch die genannten Veranstaltungen selbst und durch zusätzliche Zusammenkünfte und Aussprachen angefüllt sind, üben die Aufenthalte in England auf Steiner eine geradezu regenerierende Wirkung aus. Dabei reißt der Kontakt mit Stuttgart und Dornach nicht ab. Selbst telegraphische Konsultationen treffen ein, etwa die Bitte, für neugeborene Kinder von Mitgliedern den ihrer Individualität gemäßen Namen zu ermitteln. »Hätte Rudolf Steiner in englisch sprechenden Ländern so wirken können, wie er es in Mitteleuropa getan hat, sein Name lebte jetzt auf aller Zungen«, gibt Marie Steiner zu bedenken, als sie 1926 daran geht, die Vorträge von Penmaenmawr herauszugeben. »Er wäre weder totgeschwiegen noch gebrandmarkt worden; man hätte nicht nach seiner Ehre und seinem Leben gefahndet, um ihn unschädlich zu machen. So aber mußte er in einer für die Zuhörer fremden Sprache dort reden zur Zeit des stärksten Deutschenhasses [...].«[669]

So wie englische Freunde immer wieder als Kursteilnehmer – trotz der Nachkriegshysterie – nach Dornach reisen[670], gehören auch holländische Mitglieder zu den Hörern und ersten Mitarbeitern Rudolf Steiners. Einer von ihnen ist der Arzt Willem Zeylmans van Emmichoven, »ein Pionier der Anthroposophie« in den Niederlanden. Obwohl der Kreis, der zur Bildung einer eigenen Landesgesellschaft im Jahre 1923 noch verhältnismäßig klein ist, reist Steiner im November für etwa eine Woche dorthin. Ein Pensum von zwölf Vorträgen und Besprechungen ist zu absolvieren. Zeylmans erinnert sich: »Ich holte Dr. Steiner mit einigen Freunden vom Bahnhof ab. Als der Zug langsam einfuhr und ich ihn am Fenster sitzen sah, erschrak ich sehr, weil er so müde und blaß aussah, – und erkannte zugleich das Überzeitliche seiner Physiognomie. Es war, als ob das Antlitz aus einem Felsen herausgearbeitet sei, der Eindruck ging mir durch Mark und Bein.«[671]

Ungeachtet des momentanen Eindrucks großer Müdigkeit nimmt Steiner an allem Geschehen lebhaften Anteil, und zwar bis hin zu Ratschlägen für die heileurythmische und medikamentöse Behandlung einzelner Kinder aus der neugegründeten holländischen Waldorfschule, die man ihm einzeln vorstellt. Die Gründungsverhandlungen für die Landesgesellschaft verfolgt er meist schweigend und abwartend, gibt aber dann doch seine Anregungen für die Statuten, deren Ausarbeitung er den holländischen Freunden überläßt. Dabei läßt er die Mitglieder nicht im unklaren darüber, welche Sorgen ihm der Zustand der Gesellschaft im Ganzen macht: »Die Mitglieder wollen nicht. [...] Sie sind voller guter Absichten, aber [...]. Was soll ich tun? Soll ich denn einen Orden gründen?« Zeylmans fügt an dieser Stelle hinzu:

»Wir saßen ganz zerschlagen da; wir mußten verspüren, welch tiefer Schmerz ihn erfüllte und welch schwere Sorge auf ihm lastete. Nur ganz langsam kam das Gespräch wieder in Gang, und Dr. Steiner erklärte deutlicher, inwiefern er von der Gesellschaft überall und immer wieder enttäuscht sei und was er in ihr vermisse. Auch sagte er, er habe doch bestimmte Anregungen gegeben und auch angedeutet, wen er für die Leitung der Arbeit als geeignet betrachte; jetzt komme man, statt diese Anregungen aufzugreifen, mit ganz anderen, völlig unzureichenden Vorschlägen.«[672] Es gelte, den nebulosen Mystizismus und die weltfremde Sektiererei aus der Gesellschaft zu eliminieren. Und nun sei er entschlossen, noch diese Weihnachten, also in etwa sechs Wochen, die internationale – oder wie es später heißt, die Allgemeine Anthroposophische Gesellschaft in Dornach ins Leben zu rufen.

Und so geschieht es, und zwar in der Weise, daß er, der bisher nur als Forscher und Lehrer der Anthroposophischen Gesellschaft tätig gewesen ist, ohne eigentlich offiziell ihr Mitglied zu sein, selbst die Leitung übernimmt. Das bedeutet für Steiner eine völlige Verbindung mit einer Gemeinschaft, deren erhebliche Mängel und Unzulänglichkeiten ihm schon bisher eine große Bürde bedeutet haben. Der Tragweite dieser Entscheidung ist sich Steiner wohl bewußt, denn noch wenige Tage vor der Weihnachtstagung kommt der Stoßseufzer über seine Lippen: »Muß ich mich wirklich mit dieser Gesellschaft verbinden?«[673] Droht die Begründung der Allgemeinen Anthroposophischen Gesellschaft, für ihren Begründer etwa zu einem Martyrium zu werden?

Während Rudolf Steiner von Holland aus nach Dornach zurückgekehrt ist, um sich an die Vorbereitung der Weihnachtstagung zu machen, reist Marie Steiner nach Berlin. Hier geht es um die Überführung des Philosophisch-Anthroposophischen Verlags nach Dornach. Marie von Sivers hatte diesen Verlag 1908 eigens ins Leben gerufen, um Steiners Werken eine angemessene verlegerische Betreuung angedeihen zu lassen. Zum Zeitpunkt der Übersiedlung, die erhebliche Probleme aufwirft, handelt es sich allein um einen Buchbestand von 90000 Exemplaren, dazu kommen noch etwa 18000 mehrteilige Vortragszyklen und 19000 Einzelvorträge.[674] Der erhaltene Briefwechsel gewährt Einblick in alle damit verbundenen Schwierigkeiten. »Am liebsten, wenn es ginge, machte ich mich auf, Dir zu helfen«, schreibt Steiner am 1. Dezember nach Berlin. Aber er ist in der Schweiz mehr als voll in Anspruch genommen. Er spricht eigens bei der Bundeszollverwaltung in Bern vor, um die erforderlichen Modalitäten eines solchen Umzugs genauer zu erkunden. Andererseits muß er sich in diesen Tagen entschließen, »in welchem Umfang das Goetheanum wieder gebaut werden soll, und das ist schwer, weil man so gar nicht sagen kann, wie es mit den Mitteln stehen wird. Alles ist recht schwer.«[675] Der von der Brandversicherung auszuzahlende Betrag reichte bei weitem nicht aus, um einen neuen Bau von vergleichbarer Qualität zu errichten. Die völlig andersartige Bauweise des zweiten Goetheanums aber mußte erst konzipiert, empfangen sein, um wenigstens in annähernder Weise die Frage nach Umfang und Ausmaß des zu errichtenden Baues beantworten zu können. Aber zunächst ist die Baracke der Schreinerei, dieser mehr als bescheidene »Holzverschlag«, so weit herzurichten und zu erweitern, daß die zur Weihnachtstagung erwarteten Mitglieder, auch die aus den ausländischen Landesgesellschaften – etwa 800 Menschen – Platz finden.

Wesentlich ist dem Neubegründer der Gesellschaft die Sache selbst, eben die esoterische Seite anthroposophischen Arbeitens. Einen solchermaßen vorbereitenden Charakter trägt der vierzehnteilige Zyklus über *Mysteriengestaltungen*, eine Art mysteriengeschichtliches Seminar, das damit beginnt, die Verbindung des Menschen mit dem Geist-Kosmos zu vergegenwärtigen und von diesem Erleben aus Durchblicke zu den großen Mysterienzusammenhängen der Vergangenheit zu eröffnen: zu den Artemis-Mysterien in Ephesus, den Mysterienstätten von Hybernia, über das mittelalterliche Mysterienwesen mit seinen besonderen Ausgestaltungen in Naturphilosophie und Alchymie bis hin zum Rosenkreuzertum, das seit langem zu den zentralen Themen anthroposophischer Lehrmitteilungen gehört. Damit ist zugleich eine Brücke gespannt, die von der Vergangenheit zu dem hinführt, was in Dornach vor einem ganz anderen, dem heutigen Bewußtseinshorizont zu inaugurieren ist. Die Vorträge, die bis zum Vorabend der Weihnachtstagung (d.h. bis zum 23. Dezember 1923) reichen, weisen gleich eingangs nochmals darauf hin, daß es um einen Versuch geht, der buchstäblich »in letzter Stunde noch geschehen kann«.[676]

Die internen Vorbesprechungen finden in Steiners Wohnung in der Villa Hansi statt. Es geht darum, den Plan der Neubegründung der Bewegung, der Gesellschaft, den ideellen Aufbau einer Hochschule für Geisteswissenschaft und die esoterische Ausformung des zu erneuernden Gesamtorganismus zu umreißen. An dem Gesprächskreis sind neben Steiner jene fünf späteren Vorstandsmitglieder beteiligt, die Steiner in der Gründungsversammlung den Anwesenden zu präsentieren gedenkt, die inzwischen aus Berlin zurückgekehrte Marie Steiner, Albert Steffen, Ita Wegman, Elisabeth Vreede und Günther Wachsmuth, der darüber berichtet:

»Rudolf Steiner sprach über die Grundstruktur der zu begründenden Anthroposophischen Gesellschaft und die Einteilung und Aufgaben der zu konstituierenden Sektionen der Hochschule: die Begründung einer allgemeinen anthroposophischen Sektion, einer Sektion für redende und musikalische Künste, einer Sektion für schöne Wissenschaften, einer medizinischen Sektion, einer naturwissenschaftlichen Sektion, einer mathematisch-astronomischen Sektion und einer Sektion für bildende Kunst. [...] Rudolf Steiner übergab mir vor den Weihnachtsfeiern einen von ihm mit der Hand geschriebenen Entwurf der Statuten, die dann – später ›Prinzipien‹ genannt – bei der Weihnachtstagung beschlossen wurden. Dieses handschriftliche Exemplar, das er mir dann schenkte, ist von ihm fast ohne Korrekturen im vollständigen Text niedergeschrieben. Das Urbild des zu schaffenden Organismus stand in seiner Ganzheit da. Nun bedurfte es noch der Zustimmung und Mitwirkung der Mitglieder aller Länder.«[677]

Am Weihnachtstag 1923 ist es endlich soweit. Zwei Tage zuvor macht Steiner die in Dornach versammelten Mitglieder erstmals mit seinem Vorschlag bekannt, als Vorsitzender eines aus den sechs genannten Persönlichkeiten bestehenden Vorstandes an die Spitze von Anthroposophischer Gesellschaft und Bewegung zu treten, wobei beide Formationen künftig durch eine enge Zusammenarbeit eine Einheit bilden sollen. Und er läßt keinen Zweifel darüber aufkommen, daß er nach all dem Vorgefallenen nur unter den von ihm genannten Bedingungen bereit sei »mitzumachen«. Nochmals bringt er in Erinnerung, daß er sich andernfalls »von der Anthroposophischen Gesellschaft zurückziehen müßte«[678].

Bei winterlichem Schneetreiben pilgern am Vormittag des 24. Dezember die zu den Gründungsfeierlichkeiten aus nah und fern erschienenen Mitglieder den Dornacher Hügel hinauf, vorbei an der Stelle, an der noch Weihnachten 1922 das Goetheanum gestanden hat. Tagungsort ist die provisorisch erweiterte, für alle künftige Arbeit hergerichtete Schreinerei. Nach einem Rückblick auf die Schicksalsgeschichte des Goetheanums, den Albert Steffen gibt[679], hält Steiner den eigentlichen Eröffnungsvortrag, in dem er die Versammelten mit den Statuten der neuen Anthroposophischen

Gesellschaft vertraut macht. Danach soll sie künftig »eine Vereinigung von Menschen sein, die das seelische Leben im einzelnen Menschen und in der menschlichen Gesellschaft auf der Grundlage einer wahren Erkenntnis der geistigen Welt pflegen wollen. [...] Die Anthroposophische Gesellschaft soll diese Pflege zu ihrer Aufgabe haben. Sie wird diese Aufgabe so zu lösen versuchen, daß sie die im Goetheanum zu Dornach gepflegte anthroposophische Geisteswissenschaft mit ihren Ergebnissen für die Brüderlichkeit im menschlichen Zusammenleben, für das moralische und religiöse, sowie für das künstlerische und allgemein geistige Leben im Menschenwesen zum Mittelpunkte ihrer Bestrebungen macht.«[680]

Sieht man von weiteren internen Beratungen, etwa der Vorstandsmitglieder und Generalsekretäre der ausländischen Gesellschaften ab, gestalten sich die folgenden Tage bis zum 1. Januar 1924 so, daß an den Nachmittagen je eine künstlerische Aufführung vorgesehen ist, die altbekannten, in der Bewegung schon Tradition gewordenen Oberuferer Weihnachtsspiele, sowie Eurythmieaufführungen, während an den neun Abenden Steiner einen Zyklus über *Die Weltgeschichte in anthroposophischer Beleuchtung und als Grundlage der Erkenntnis des Menschengeistes*[681] gibt.

Die eigentliche Grundsteinlegung der – wie sie zunächst angekündigt wird – Internationalen Anthroposophischen Gesellschaft erfolgt am Vormittag des ersten Weihnachtsfeiertags. Das Programm[682] dieser für die weitere Entwicklung der anthroposophischen Sache so bedeutungsvollen Tagung bezeichnet diese Grundsteinlegung ausdrücklich als einen »Weihe«-Akt. – Werfen wir einen Blick auf das Geschehen selbst: Pünktlich um 10 Uhr werden auf Steiners Veranlassung hin die Türen zur Schreinerei abgeschlossen. Die Handlung soll durch später Hinzukommende nicht gestört werden. Erwartungsvolle Stille herrscht, als Rudolf Steiner den Saal betritt, zum Rednerpult geht und mit drei symbolischen Hammerschlägen seine Grundsteinansprache eröffnet. Damit ist zumindest den alten Mitgliedern, die einst dem internen Kreis der Esoterischen Schule bzw. der Mystica Aeterna angehört haben, klar, daß Steiner bis in den rituellen Vollzug hinein gewillt ist, die einst hergestellte Kontinuität mit älteren esoterischen Traditionen fortzusetzen. In eben diesem Zusammenhang ist auch die Begründung der Freien Hochschule für Geisteswissenschaft zu sehen, die eben nicht als bloßes Gegenstück oder als Abklatsch herkömmlicher akademischer Bildungsstätten angesehen werden will. Denn diese neue Schule gliedert sich nicht allein in die erwähnten Sektionen, die an universitäre Fachbereiche erinnern. Ihr Spezifikum besteht gerade darin, daß in ihrem Rahmen die Bildung von drei Klassen vorgesehen ist, analog zu den drei Graden etwa in freimaurerischen oder Mysterien-Zusammenhängen. Es kann also in der aufzubauenden Hochschule nicht allein darum gehen, Wissen vermittelt zu bekommen, sondern es ist darüber hinaus ein Prozeß des Erkenntnisfortschritts und der spirituellen Reifung zu durchlaufen. Die Mitgliedschaft in den genannten drei Klassen ist somit an entsprechende Voraussetzungen des jeweils Aufzunehmenden geknüpft. Vorerst kann freilich nur an die Einrichtung der »ersten Klasse« gedacht werden (und zu einem weiteren Ausbau ist es infolge von Steiners frühem Tod nicht mehr gekommen). Daß er aber gewillt war, die früher genannte Mysterienströmung von John Yarker, d.h. der Hochgradlogen des östlichen Templerordens (Ordo Templi Orientis, O.T.O.) fortzuführen, geht aus mancherlei Hinweisen hervor, die gesprächsweise überliefert sind.[683]

Aber zunächst gilt es, das von ihm selbst und der Anthroposophischen Gesellschaft bereits Begründete aufleben zu lassen. Denn schon die Bezeichnung »Grundsteinlegung« weckt Erinnerungen an den gerade vor zehn Jahren vollzogenen Akt, als man bei herbstlichem Unwetter und bei Fackelschein jenen metallenen Grundstein in Gestalt eines doppelten Pentagon-Dodekaeders auf dem Dornacher Hügel in die Erde versenkte, wo er unversehrt den Goetheanum-Brand überdauert hat. Während es aber damals darum ging, einen äußeren Bau zu errichten, geht es nun um einen ideellen, um den Bau der Anthroposophischen Gesellschaft selbst. Deshalb die Erinnerung an das alte Mysterienwort vom »Erkenne dich selbst!«, deshalb die Hervorhebung der Erkenntnis der Dreigliedrigkeit des Menschen und allen Seins, deshalb auch der eindrückliche Appell, das in der »Urweihenacht« erschienene Christuslicht zu empfangen. Die von mantramartigen Wahrspruchworten durchsetzte Rede zu dieser Grundsteinlegung macht schließlich deutlich, an welchem Ort das eigentliche Geschehen stattfindet:

> »Der rechte Boden, in den wir den heutigen Grundstein hineinverlegen müssen, der rechte Boden, das sind unsere Herzen in ihrem harmonischen Zusammenwirken, in ihrem guten, von Liebe durchdrungenen Willen, gemeinsam das anthroposophische Wollen durch die Welt zu tragen. Das wird uns wie mahnend entgegenstrahlen können aus dem Gedankenlichte, das uns von dem dodekaedrischen Liebesstein, den wir heute in unsere Herzen versenken wollen, jederzeit entgegenstrahlen kann.«[684]

Um des ausgesprochen esoterischen Charakters inne zu werden, um den es Steiner zu tun ist, wird man darauf zu achten haben, daß nicht er, der neue Vorsitzende, allein einen solchen Grundstein zu legen beabsichtigt. Der Ton liegt auf dem »Wir« und damit auf dem letztlich von jedem einzelnen in Freiheit zu vollziehenden Akt, das heißt letztlich unabhängig von äußerer Institution, Autorität oder Administration. Und daß es sich um eine durchaus christozentrische Esoterik handelt, geht aus den Textzusammenhängen unzweideutig hervor, wenn Steiner fortfährt:

»Und wir wollen diese vor zwei Jahrtausenden stattgefundene Urweihenacht in unserem Herzen, in unserem Sinn, in unserem Willen beleben, damit sie uns helfe. [...] Und so sei denn unser Herzensfühlen zurückgewendet zur Urweihenacht im alten Palästina.

In der Zeiten-Wende
Trat das Welten-Geistes-Licht
In den irdischen Wesensstrom;
Nacht-Dunkel
Hatte ausgewaltet;
Taghelles Licht
Erstrahlte in Menschenseelen;
Licht,
Das erwärmet
Die armen Hirtenherzen;
Licht,
Das erleuchtet
Die weisen Königshäupter.

Göttliches Licht,
Christus-Sonne,
Erwärme
Unsere Herzen,
Erleuchte
Unsere Häupter,
Daß gut werde,
Was wir
Aus Herzen gründen,
Was wir
Aus Häuptern
Zielvoll führen wollen.«[685]

Jeden Morgen, bevor die Gründungsversammlung fortgesetzt wird, nimmt Steiner Wortlaute und Rhythmen aus der Grundsteinlegung nochmals auf, um die von ihm auf eine Tafel geschriebenen

Texte als Meditationsstoffe seinen Mitgliedern Schritt für Schritt einzuprägen. Gleichzeitig gestaltet sich diese Weihnachtstagung zu einer großen Arbeitsgemeinschaft, die Steiner selbst leitet, indem er über die Statuten diskutieren läßt, die Berichte der Generalsekretäre aus fünfzehn Ländern entgegennimmt und eine Fülle von einzelnen Gesichtspunkten zur Geltung bringt, die für die neue Gesellschaft von Belang sein sollen. Denn wohl soll diese Neugründung eine auf individuellem Geist-Erleben gegründete esoterische Gemeinschaft sein, die jedoch nichts geheimnistuerisch zu verbergen hat. Deshalb werden die bisher nur der Mitgliedschaft zugänglichen, freilich widerrechtlich doch veräußerten Nachschriften der sogenannten Zyklen nun für jedermann freigegeben. Diese vom Autor meist nicht durchgesehenen, nicht immer vollständigen Texte erhalten jedoch den Vermerk, daß sie für die Angehörigen der Freien Hochschule Goetheanum gedruckt seien und daß niemandem für die Schriften ein kompetentes Urteil zugestanden werde, der die erforderlichen Voraussetzungen nicht mitbringt. In einer Fülle anderer Verlautbarungen, in Vorträgen, Mitteilungen im Dornacher Nachrichtenblatt, in Briefen hat Steiner später ergänzend und interpretierend die Intentionen der Weihnachtstagung verdeutlicht.[686]

Daß die Dornacher Neugründung von 1923 nicht allein als eine organisatorische Maßnahme zu bewerten ist, etwa im Sinne einer bloßen Reorganisation der Anthroposophenschaft, hat Steiner mehrfach hervorgehoben. Soweit der Vorgang ihn selbst betrifft, bedeutet seine Entscheidung für ihn ein ganz erhebliches Risiko, und zwar nicht nur ein gesundheitliches. Er selbst nannte die Entscheidung, an die Spitze der Gesellschaft zu treten, »ein absolutes Wagnis«. Offensichtlich war er sich von vornherein im unklaren darüber, ob bei ihm der Zustrom an Intuitionen und Impressionen aus der geistigen Welt anhalten werde oder ob sie infolge der Führungsaufgaben eine Beeinträchtigung erfahren würden. Monate nach der Weihnachtstagung, zum Beispiel im Londoner Karma-Vortrag vom 12. August 1924, gibt Steiner seiner Genugtuung darüber Ausdruck, daß die »Offenbarungen, die durch die anthroposophische Bewegung fließen sollen, intimer, einschneidender, reichlicher geflossen sind, als das vorher der Fall war«.[687] Gleichzeitig hebt Steiner hervor, daß eben durch diese Tatsache, selbst Vorsitzender der Gesellschaft geworden zu sein, anthroposophische Bewegung und Anthroposophische Gesellschaft zu einer Einheit werden. Das hat wichtige Konsequenzen, so auch die, daß der Vorstand nicht nur eine (exoterische) Verwaltungsfunktion zu erfüllen hat, sondern nunmehr »esoterischer Vorstand« sei, der für sein Tun »nur den geistigen Mächten gegenüber verantwortlich ist«. – Ein großes

Wort. Aber was besagt es? – Berücksichtigt man den eben dargestellten Zusammenhang, dann dürfte damit zum Ausdruck gebracht sein, daß diese Regelung für Bewegung, Gesellschaft und Vorstand nur so lange gültig sein kann, als die bezeichnete Inspirationsquelle fließt, die allein durch Steiners Persönlichkeit repräsentiert wird. Spätestens mit seinem Tod müssen neue Verhältnisse respektiert werden. Von dem Fortbestand eines »esoterischen Vorstands« nach Steiners Tod zu sprechen – wie es geschehen ist –, hätte demnach keinen Sinn. Doch damit ist bereits die Kontroverse berührt, die die Gesellschaft zwei Menschenalter nach Steiners Tod noch intensiv beschäftigt. In ihrem Mittelpunkt steht die Frage, ob die Weihnachtstagung und damit die Begründung der Gesellschaft im Sinne ihres Begründers überhaupt »gelungen« sei oder ob nicht viel mehr – und zwar nach verschiedenen Eingeständnissen Steiners selbst – dieser Versuch in »letzter Stunde« als ein tragisches Scheitern bezeichnet werden müsse. Die oft mit Leidenschaft vorgetragenen Überzeugungen gehen weit auseinander, obwohl die Ereignisse selbst, die noch zu Steiners Lebzeiten sich abzeichnenden Zerwürfnisse, eine eindeutige Tatsachensprache sprechen dürften ...[688]

Eines Vorfalls aber muß hier gedacht werden, weil er Steiners Biographie unmittelbar betrifft, wenngleich das Geschehen als solches in den Schleier des Schweigens und mysteriöser Andeutungen gehüllt erscheint:

Programmgemäß findet die Weihnachtstagung am neunten Tag, dem 1. Januar 1924, ihren Abschluß. Am Vormittag die abschließende Versammlung mit Referaten und weiteren Diskussionen. Steiners Konzept eines Goetheanumbaus ist so weit gediehen, daß er Angaben über die völlig veränderte Formgebung machen kann. Außerdem steht er praktizierenden Ärzten für eine Besprechung zur Verfügung. In dem für 20.30 Uhr angesagten abschließenden Abendvortrag beabsichtigt er, die neunte und letzte Folge zum Thema *Die Weltgeschichte in anthroposophischer Beleuchtung* zu geben. Zuvor, am späten Nachmittag, ist ein geselliges Zusammensein in der Schreinerei geplant. Und wenn auch Steiners abschließenden Ausführungen zum Gründungsgeschehen von großem Ernst getragen sind, so spricht aus ihnen doch auch ein hohes Maß an Zuversicht für das Gelingen dieses Neuanfangs. Nun findet sich aber in Marie Steiners zusammenfassender Schilderung der Weihnachtstagung eine Mitteilung, die im Kontext der weiteren Ereignisse, aber auch im Vergleich zu anderen Darstellungen rätselhaft erscheint. Da wird von der »Opfertat« Steiners gesprochen, dank der die große Aufgabe einer umfassenden Erneuerung »hätte gelöst werden können«. Und dann fährt Marie Steiner fort:

»Aber unser menschliches und Gesellschaftskarma entlud sich auf ihn – und zwar unmittelbar nach Abschluß der Weihnachtstagung. Denn am letzten jener Tage, dem 1. Januar 1924, erkrankte er schwer und ganz plötzlich. Es war wie ein Schwerthieb, der sein Leben traf bei jener geselligen Zusammenkunft, die verbunden war mit einer Teebewirtung und dazugehörigen Zutaten, auf dem Programm als ›Rout‹ verzeichnet. Trotzdem ist er bis zum 28. September, dem Tage, da er zum letzten Male zu uns sprach, unausgesetzt und bis zum Übermaß tätig gewesen.«[689]

Rätselhaft an dieser Mitteilung ist, daß von plötzlicher schwerer Erkrankung gesprochen wird, ohne daß auch nur Symptome erwähnt werden. Vergebens sucht man in der sonst minutiös berichtenden Chronik von Steiners stets begleitendem Mitarbeiter und nunmehrigen Sekretär im neuaufgestellten Vorstand Günther Wachsmuth (siehe a.a.O.) eine gebührende Berücksichtigung. Und warum schweigen sich die Steiner umgebenden Ärzte aus, etwa Dr. Ita Wegman oder Dr. Ludwig Noll, die beide Steiners letzte Krankheit aus eigenem therapeutischen Bemühen heraus gekannt haben? Wenn Marie Steiner in einem privaten Brief vom 3. September 1947 den Entschluß ihres Mannes, sein Schicksal mit dem der Anthroposophischen Gesellschaft zu verknüpfen, mit der bitteren Feststellung kommentiert, er »mußte dies mit seinem Leben bezahlen«, so kann das zwar als eine summarische Bilanz verstanden werden. Es existiert aber auch eine Erinnerung an Marie Steiner aus eben diesem Jahr, aufgezeichnet von ihrer italienischen Schülerin Lidia Gentilli-Baratto, in der diese die achtzigjährige Witwe zu jenen Vorgängen am Ende der Weihnachtstagung befragt. Und was in keiner anderen Aufzeichnung in vollem Klartext zum Ausdruck gebracht ist, gibt Marie Steiner gleichsam nachträglich zu Protokoll. Ihre spontane Antwort lautet:

»Ja, Rudolf Steiner wurde vergiftet, am letzten Tag der Weihnachtstagung, bei dem Rout, der in der Schreinerei stattfand. Lange Zeit war ich auch in dem Saal gesessen, während die anderen, um den Doktor herum, kamen und gingen. Ich konnte auf keinen Menschen acht geben, grüßte die Herannahenden mit größter Mühe, denn ein Unbegreifliches, ein Furchtbares stand vor meiner Seele. Es war mir, als ob ich etwas abwehren sollte, und ich wußte nicht wie und nicht was. Da hielt ich es so ruhig sitzend nicht mehr aus und ging in meinen Raum nach hinten. [...] Ich war in ein Gespräch mit Dr. Wachsmuth vertieft, als der Doktor plötzlich hereinkam, grün wie dieses Blatt. Er lehnte sich an den Türpfosten, schaute uns verzweifelt an und sagte: ›Wir sind vergiftet!‹ Ich war vom Schrecken wie gelähmt. Er fragte uns sofort, ob wir etwas getrunken hätten, und als ich verneinte und er bemerkte, daß Dr. Wachsmuth nichts widerfahren war, atmete er erleichtert auf: ›Also nur ich, das ist gut‹, hauchte er und trat wankend in das Zimmer hinein. Dr. Wachsmuth wollte sofort eilen und einen Arzt rufen, aber Dr. Steiner verbot es ihm mit allem Nachdruck. Dr. Wachsmuth entfernte sich mit dem Versprechen, daß kein Mensch davon erfahren dürfte, daß kein Arzt gerufen werden dürfte. Der Doktor ließ sich dann alle Milch geben, die im Raume vorhanden war, und unternahm damit selber eine Magenspülung, während andere Milch aus der Villa Hansi geholt wurde. Alle vorhandene Milch wurde herbeigeschafft, und den ganzen Abend und die ganze Nacht setzte er diese Spülung fort [...]. Er war seitdem dem Tode geweiht.«[690]

Die letzten Worte müssen, was die Zeitdauer der Prozedur betrifft, nicht wörtlich gemeint sein, denn um 20.30 Uhr steht Steiner bereit, den erwähnten abschließenden Vortrag über die Menschheitsgeschichte zu halten. Und auch am nächsten Tag setzt er seine Tätigkeit ohne jede Unterbrechung fort.

Merkwürdig aber ist die Parallelität bzw. die Analogie der Ereignisse doch: Genau ein Jahr zuvor galt der Angriff dem Goetheanum, und Steiner hatte darauf bestanden, die Frage der Täterschaft nicht weiter zu verfolgen. Nun die Attacke, die auf seine Gesundheit, auf sein Leben zielt, und weder er noch der Vorstand will, daß der Vorfall am Ende der Weihnachtstagung an die Öffentlichkeit getragen wird. »Ja, nach seinem Tode hätte ich die Pflicht gehabt, das der Gesellschaft zu sagen«, so heißt es in der von L. Gentilli-Baratto aufgezeichneten Äußerung von Marie Steiner; »aber schon die Andeutung, die ich später am Ende des *Lebensgangs* darüber machte, stieß auf Widerstand seitens des Vorstandes [...]. Man wollte nicht darüber die Wahrheit erfahren. [...] Dieser Vorgang war gefürchtet wie sein Testament. So mußte ich darüber fest schweigen.« – Schlägt man nun in Steiners *Lebensgang* an der Stelle nach, wo er plötzlich abbricht, dann findet sich im dortigen kurzen Nachwort von Marie Steiner die Verszeile, die erst durch die Zusammenschau des Berichteten an Deutlichkeit gewinnt: »Sie wüteten mit Gift und Flamme [...].«[691] Wer sind diese »sie«? Sicher nicht allein eine anonyme Masse äußerer Gegner! – Auf einem anderen Blatt steht, daß Marie Steiner und die ihr Nahestehenden die oft erwähnte »innere Opposition« und Gegnerschaft bis in die Führungsgremien der Anthroposophischen Gesellschaft hinein verfolgt hat, womit der jahrzehntelang dauernde Streit über die gültige Repräsentanz der anthroposophischen Sache und des Werks von Rudolf Steiner berührt ist.[692]

Wie eine Flamme, die sich selbst verzehrt

Sieht man einmal von jenem Vorfall ab, der sich am Ende der Weihnachtstagung am 1. Januar 1924 zutrug und den Marie Steiner als einen »Schwerthieb« bezeichnete, gewinnt man den Eindruck, daß Rudolf Steiner in den darauffolgenden neun Monaten von Höhepunkt zu Höhepunkt einer überreichen schöpferischen Wirksamkeit eilt. Denn allein der Veranstaltungskalender dieses Dreivierteljahres, das die letzte Schaffenszeit vor seiner Erkrankung werden sollte, präsentiert sich in einer bis dahin nicht dagewesenen Dichte bei gleichzeitig sachlicher wie geographischer Weite. Der Mensch Rudolf Steiner, sein leiblich-physisches, sein psychosomatisches Ergehen verschwindet noch mehr hinter seiner Aktivität, als dies seit einem Jahrzehnt, mindestens aber seit dem Aufblühen der anthroposophischen Bewegung nach dem Ersten Weltkrieg der Fall gewesen ist. Er ist nichts, sein Auftrag ist alles.

Um so häufiger ist freilich zu beobachten, wie Steiners Körperkräfte mehr und mehr versiegen. Das Bild von einer sich selbst verzehrenden Flamme ist daher angebracht. Doch damit ist nur *ein* Aspekt berücksichtigt; nicht zu übersehen ist der schicksalhafte. Steiner spricht in der fraglichen Zeit auffälligerweise oft von »Karma«. Denn nicht allein Überbeanspruchung zehrt an seiner schwindenden Vitalität. Das Krankmachende, das ihn belastet und schließlich überfordert, ist seinem eigenen Zeugnis zufolge eben jene Gesellschaft, mit deren »Karma« er sich durch die Weihnachtstagung von 1923 verbunden hat.

Im Januar wendet sich Steiner zunächst an einen Kreis von Jungmedizinern, denen er acht Vorträge über eine meditative Durchdringung der Heilkunst hält.[693] Sechs weitere Vorträge bilden einen Zyklus über die Mysterienstätten des Mittelalters und über die Eigenart der rosenkreuzerischen Esoterik.[694] Thematisch hängen sie mit den während der Weihnachtstagung gehaltenen Vorträgen über die Mysteriengeschichte zusammen. Daran schließt sich wiederum ein bis in den Februar hineinreichender Einführungskurs in die Anthroposophie an.[695] Auf den ersten Blick scheint der Vortragende nichts wesentlich Neues zu bieten, weil die Grundtatsachen der anthroposophischen Weltanschauung zur Sprache kommen. Doch ihr eigentliches Gewicht bekommen diese Texte durch eine Revision unter neuen Gesichtspunkten. Offensichtlich sieht sich der Autor veranlaßt, bis ins Methodische hinein zu gehen, in die Art, wie Meditation gestaltet werden kann, die beim Erleben des Denkens beginnt, ein Meditationsobjekt konzentrierend in die Mitte der Übung rückt, dann aber jede Bildhaftigkeit oder Gegenständlichkeit tilgt und ein »leeres Bewußtsein« herstellt, damit die geistige Welt erfahren werden kann.[696]

Eine Thematik besonderer Art intoniert Steiner am 16. Februar, als er den Zyklus seiner sogenannten Karma-Vorträge eröffnet. Zusammen mit einer Reihe im Ausland (England, Frankreich, Tschechoslowakei, Holland) sowie in Deutschland gehaltener Vorträge – es sind mehr als achtzig – stellen die Dornacher Vorträge in der Gesamtausgabe seiner Werke einen Organismus eigener Art dar.[697] Beschäftigt hat Steiner das Schicksalsmotiv spätestens seit Beginn seiner theosophisch-anthroposophischen Arbeit im Oktober 1902, als er mit der Übernahme der Funktion eines Generalsekretärs der damaligen Theosophischen Gesellschaft in Deutschland begann, sein eigenes Programm zu entwickeln. Bezeichnenderweise beabsichtigte er bereits damals, »Praktische Karma-Übungen« abzuhalten. Es zeigte sich aber bald, daß die Widerstände innerhalb der Theosophenschaft zu groß waren. Umgekehrt – und das wird man auch sagen müssen – konnte sich das, was er zu sagen hatte, im Verlauf von mehr als einundzwanzig Jahren in ihm klären und potenzieren. Daß es Steiner darauf ankam, das einst Beabsichtigte in jenen Karma-Vorträgen von 1924 gleichsam nachzuholen und seinem bisherigen Schaffen einzufügen, ist einigen Hinweisen zu entnehmen, die sich in den Vortragsnachschriften finden, etwa in dem in Bern gehaltenen Vortrag vom 16. April, in dem es u.a. heißt:

> »Dazumal waren in der deutschen Sektion der Theosophischen Gesellschaft einzelne ältere Mitglieder [...], die fingen an, förmlich zu beben davor, daß ich die Absicht hätte, in einer so esoterischen Weise anzufangen. Und in der Tat war keine Stimmung dazu da. Man konnte konstatieren, wie wenig vorbereitet die Seelen für so etwas waren. Es konnte in der Form, wie es damals beabsichtigt war, das Thema ›Praktische Karma-Übungen‹ überhaupt nicht zur Geltung kommen. Die Verhältnisse machten es dazumal notwendig, daß eigentlich in einer viel exoterischeren Weise gesprochen wurde, als es damals beabsich-

tigt war. Aber es muß einmal mit dem wirklichen Esoterischen begonnen werden [...] und so kann eigentlich jetzt dort angeknüpft werden, wo damals beabsichtgt war, diesen esoterischen Zug in die Gesellschaft hineinzutragen.«[698]

Wenngleich diese Karma-Vorträge des Jahres 1924 ihrerseits in einem größeren, sie vorbereitenden Kontext gelesen werden müssen[699], so stellen sie in der Tat ein großes Wagnis dar, und zwar nicht zuletzt im Blick auf Steiners derzeitige Hörer und Leser, für die er Schicksalsverknüpfungen aller Art, aus Vergangenheit und aus der Gegenwart, die verschiedenen Strömungen in der Anthroposophischen Gesellschaft einbezogen, durchschaubar machen möchte. Die Verständnisvoraussetzungen, soweit sie die Idee der wiederholten Erdenleben (Reinkarnation) betreffen, sind in den anthroposophischen Grundschriften, etwa in *Theosophie, Geheimwissenschaft im Umriß* u.a. niedergelegt. Aber diese Karma-Vorträge, soweit sie außerhalb von Dornach gehalten wurden, verweisen bereits auf Steiners letzte Reisetätigkeit. Verweilen wir noch einen Moment bei dem, was er in der fraglichen Zeit in Dornach und von Dornach aus unternimmt: Da sehen wir Rudolf Steiner mit umfangreichen publizistischen Arbeiten beschäftigt. Daß er im Laufe des vergangenen Jahrzehnts – gemessen an der umfangreichen Vortragstätigkeit und bedingt durch die vielseitige Inanspruchnahme als Künstler, Initiator und Organisator – verhältnismäßig wenig zum Schreiben kam, hat er oft bedauert. Es ist auch keine Frage, daß es ihm eher gegeben war, mit seiner ganzen Person durch das gesprochene Wort, denn durch literarische Produktionen zu wirken. Nun, da die Arbeitslast ihn zuzudecken droht, abermals die künstlerische, organisatorische und öffentliche, greift er erneut zur Feder. Seit Dezember 1923 läßt er in der Wochenzeitung *Das Goetheanum*[700] in wöchentlicher Folge Abschnitte seiner Lebenserinnerungen erscheinen. Sie sind unter dem Titel *Mein Lebensgang* bekannt. Welch eine lösende Wirkung die in späten Nacht- oder frühen Morgenstunden gemachten autobiographischen Aufzeichnungen auf ihn ausüben, entnehmen wir einer Briefnotiz aus diesen Tagen. Als das erste Kapitel erscheint, schreibt er an seine Frau: »Ich fühle mich, indem ich diese Lebensbeschreibung schreibe, wie von der Erde abgereist.«[701]

Aber dieser vielsagende kurze Satz ist nicht etwa so zu verstehen, als beginne sich Steiner von seinen Aufgaben nach und nach zu distanzieren, um »reisefertig« zu sein oder um »sein Haus zu bestellen«.

Gerade die Aktivitäten der nächsten Wochen und Monate möchten davon ablenken, zumal immer neue Anforderungen kommen. Da sind beispielsweise unter den Teilnehmern des Kurses für die Jungmediziner auch drei junge Männer aus Jena, die dort eine heilpädagogische Arbeit zu beginnen im Begriffe sind und die mit Steiners Unterstützung rechnen, das heißt mit der Abhaltung eines heilpädagogischen Kurses und mit konkreten Ratschlägen für die Praxis. Keine Frage, er wird an vielen Orten und in recht verschiedenen Zusammenhängen gebraucht. Was die weitere publizistische Arbeit betrifft, so fügt er der Wochenschrift *Das Goetheanum* noch ein gesondertes Nachrichtenblatt hinzu, um die Mitglieder auch auf diesem Weg mit den Zielsetzungen der Weihnachtstagung vertraut zu machen. Der Titel dieser Beilage *Was in der Anthroposophischen Gesellschaft vorgeht*, will unterstreichen, wie wichtig es ist, daß die verstreut lebenden 12000 Mitglieder sich aktiver als bisher um die gesellschaftsinternen Begebenheiten kümmern. Aber auch Vorgänge des allgemeinen kulturell-geistigen Lebens sind zu beleuchten und bewußtseinsmäßig zu durchdringen. Ein Großteil der teilweise ausführlichen Darlegungen Steiners bezieht sich auf Selbstverständnis und Arbeitsweise der Gesellschaft, und zwar bis hin zu methodischen Arbeitsvorschlägen. So heißt es einmal:

> »Überall, wo aus den Quellen des Menschlichen heraus das Schöpferische wirksam werden will, da kann sich dieses Schöpferisch-Wirksame mit dem Quell der Anthroposophie verbinden. Denn die Anthroposophie geht auf das Allgemein-Menschliche.«[702]

Als solches sei es noch lange nicht voll entwickelt, etwa durch die Weihnachtstagung und mit deren Statuten, vielmehr sei erst ein Anstoß gegeben, der sukzessive weitergetrieben werden müsse. Die Menschen sollen nicht etwa durch bloße Ideen oder durch Empfindungen von der Berechtigung des Anthroposophischen überzeugt werden, sondern dadurch, daß die Lebensbedürfnisse der Menschen von heute befriedigt werden. Gleichzeitig wendet sich Steiner entschieden gegen eine »maskierte Cliquenbefriedigung«, gegen »esoterisches Schwätzen«, gegen alles Sektiererische, Geheimnistuerische, das sich schon viel zu lange in der Anthroposophischen Gesellschaft breitgemacht hat und das – so könnte man hinzufügen – wirksamer als alle Angriffe von außen die Steinersche Sache in Mißkredit zu bringen vermag ... Schließlich gibt der Schreiber dieser Mitteilungen im Nachrichtenblatt und der dort veröffentlichten *Anthroposophischen Leitsätze* immer wieder zu bedenken, daß letztlich die Mitgliedschaft selbst entscheide, ob sie die während der

Weihnachtstagung gegebenen Impulse aufnehmen und weiterentwickeln wolle oder nicht. Bloße Kenntnisnahme allein könne nicht genügen.

Bedenkt man, daß Steiner 1924 auch damit beschäftigt ist, dem künftigen Goetheanumbau erste Konturen zu geben, die Freie Hochschule einzurichten und der vorerst gebildeten »Ersten Klasse« gesonderte Stunden zu widmen, den Medizinern und den Pädagogen, der Christengemeinschaft durch Rat und Tat beizustehen – Steiner ist nach wie vor Leiter der Stuttgarter Waldorfschule und eng mit dem Klinisch-Therapeutischen Institut von Dr. Ita Wegman in Arlesheim verbunden –, dann fragt man, wie allein die dadurch geforderte physische Arbeitsleistung zu erbringen ist. Denn sein Bestreben muß es sein, eben nicht nur von Fall zu Fall Ratschläge zu erteilen, sondern, wie im Falle der Medizin, auch theoretische Fundamente für eine »Erweiterung der Heilkunst« zu legen, eine Aufgabe, mit deren Lösung er den Kasseler Arzt Ludwig Noll betraut hat. Doch das erwartete medizinische Grundlagenbuch mußte er schließlich auch noch selbst in Angriff nehmen, unterstützt von Ita Wegman. Wie Steiner in dieser seiner letzten Schaffenszeit verfahren ist, erzählt Günther Wachsmuth:

»Rudolf Steiner hatte eine außergewöhnliche Fähigkeit, in den allzu wenigen Stunden, die der Tag für die zahllosen Anforderungen zur Verfügung stellte, eine Fülle von Arbeit konzentriert und rasch zu erledigen. Wenn ich morgens mit der Korrespondenzmappe in sein Atelier trat, hatte er meist schon eine Reihe von Besuchern empfangen oder war mitten im Verfassen eines Aufsatzes, oder er schnitzte gerade an der in diesem Arbeitsraum aufgerichteten Holzstatue, modellierte oder malte, hatte Besprechungen oder schrieb. Inmitten solcher anderer Aufgaben war er sofort auf die Inhalte der nun zu erledigenden Korrespondenz konzentriert, ging medias in res und gab in rascher, eindeutig klarer Art seine Antworten, Stichworte und Aufträge. [...] Er widmete sich ebenso den geistigen Richtlinien der Ganzheit wie auch den speziellsten Fragen der täglichen Arbeit. Er schuf das Modell für den Bau, aber interessierte sich durchaus auch z.B. für die Frage, ob das Geschirr in der Speisekantine in Dornach eine schöne oder häßliche Form habe. Er konnte einem Menschen in einem Augenblick die weittragendsten Richtlinien für die geistige Arbeit geben und beim Herausgehen die Mahnung aussprechen, in der Hitze nicht ohne Hut herumzulaufen.«[703]

Als sich Marie Steiner – wie so oft – auch einmal während einer Vorstandssitzung besorgt äußert, ihr Mann lade sich zu große Lasten auf, bekommt sie von ihm zu hören, eigentlich müsse er

»viermal mehr arbeiten«, als er es schon tue. Daß hinter dieser Antwort in der Tat immer neue Anforderungen stehen, die keinen Aufschub dulden, ist kaum zu bezweifeln: Da sind zum Beispiel neue Eurythmieformen zu gestalten, die Marie Steiner mit ihrer Truppe für ihre Eurythmie-Tourneen inszeniert; Vertreter der Christengemeinschaft (Emil Bock und J. W. Klein) besuchen Steiner, um weitere Ritualtexte entgegenzunehmen, etwa für die Konfirmationsfeier sowie für die Kirchenjahreszeiten; Entscheidungen sind zu treffen bezüglich schwerwiegender wirtschaftlicher Probleme, wie sie sich nach dem Scheitern der Aktiengesellschaft Der Kommende Tag und der Futurum A.G. in der Schweiz ergeben haben. Immer wieder richtet die Arbeiterschaft des Goetheanums ihre Fragen und Bitten an Steiner. Die sogenannten Arbeitervorträge sind ohnehin längst eine feststehende Einrichtung geworden. Zwischen August 1922 und September 1924 waren weit über hundert solcher Vorträge für die Arbeiterschaft zu halten. In der Gesamtausgabe füllen sie acht Bände. Eigene Bedürfnisse artikuliert die Jugendsektion, die am Goetheanum neu errichtet worden ist. Einmal soll der von der Jugendbewegung zur Anthroposophie gestoßenen Generation der Weg in die Bewegung gebahnt werden; andererseits geht es auch darum, zwischen den Generationen zu vermitteln, ein Problem, das durch die Begründung der Freien Anthroposophischen Gesellschaft im Februar 1923 nicht in zureichender Weise gelöst werden konnte.

Und wiewohl allein in Dornach die Arbeitsfülle nicht geringer werden will, drängt es den rastlos Tätigen auf die Reise. Zwar ist seit dem Münchner Vorfall (1922) und angesichts der fortgesetzten Diffamierung Steiners nicht mehr an eine größere öffentliche Vortragstätigkeit in Deutschland zu denken. Aber es ist ihm klar, daß der Impuls der Weihnachtstagung nicht allein durch Briefe und auf literarischer Ebene weitergetragen werden kann. Die Sache der Anthroposophie ist viel zu stark an die Person ihres Begründers geknüpft, als daß auf seine Präsenzwirkung verzichtet werden könnte, am allerwenigsten in einer Gesellschaft, die sich erst selbst finden muß.

Am selben 26. März 1924, an dem in Dornach bekannt wird, daß Steiner das Modell für den Goetheanum-Neubau mit gänzlich neuen Bauformen fertiggestellt habe, am selben Tag, an dem er zusammen mit Ita Wegman in Arlesheim wieder eine Reihe von Patienten besucht hat, bricht er nachts um 22.00 Uhr, von Günther Wachsmuth und Ernst Lehrs begleitet, mit dem Auto nach Stuttgart auf, um von dort aus im Zug nach Prag weiterzureisen. In welcher körperlichen Verfassung sich Steiner befindet, lassen die Reisevorbereitungen erkennen: An das Auto schnallt man eine Art großen Reisekorb an, damit eigens für ihn zubereitete Speisen mitgeführt werden können. Seit der Erkrankung (Vergiftung) am letzten Tag der Weihnachtstagung muß der ohnehin vegetarisch Lebende auf strengste Diät achten. Von der Ärztin Ita Wegman geleitet, tritt Steiner an das Fahrzeug. Ernst Lehrs berichtet: »Als er den Fuß auf die äußere Stufe des Wagens setzte, um hineinzusteigen, sah ich, wie er vor Schwäche etwas den Halt verlor, so daß Frau Dr. Wegman ihn stützen mußte. Sein Platz war vorher mit Decken ausgelegt worden, und als er sich gesetzt hatte, umgab ihn Frau Dr. Wegman – es war ein winterlich kalter Tag und Schnee war gefallen – mit mehreren Wärmflaschen und hüllte ihn in weitere Decken ein.« Nach zwei Fahrtunterbrechungen in der Nachtkälte (Grenzkontrolle und Reifenschaden) Ankunft in Stuttgart gegen 4 Uhr morgens vor dem Hause der Gesellschaft (Landhausstraße 70), in dem sich Rudolf und Marie Steiners Wohnung befindet.

»Da sah ich durch die noch offene Haustüre, wie er sich, schwer schleppenden Schrittes, am Geländer der Treppe Stufe für Stufe mit der Hand emporzog.«[704]

Nun ist aber Stuttgart samt dem ganzen ungeliebten »Stuttgarter System« für Steiner in diesen Jahren alles andere als ein Ort der Erholung. Bereits vier Stunden später, um 8.00 Uhr morgens, steht er im Saal der Waldorfschule auf der Uhlandshöhe, um mit einer Ansprache die Monatsfeier »seiner« Schule zu eröffnen. Für 10.00 Uhr ist eine Lehrerkonferenz vereinbart. Den Schülern der letzten Klasse hat er eine gesonderte Unterredung zugesagt. Für den Nachmittag sind weitere Besprechungen sowie der Besuch der Stuttgarter Klinik vorgesehen. Am Abend mit dem Nachtzug Weiterreise nach Prag, wo Steiner zur Tagung der Anthroposophischen Gesellschaft in der Tschechoslowakei erwartet wird, unter anderem zu einem Pensum von elf Vorträgen und mehreren Privatgesprächen an neun Tagen. Die beiden von Marie Steiner geleiteten Eurythmieaufführungen finden im Deutschen Theater statt. Steiner selbst spricht u.a. im Konzertsaal des Prager Konservatoriums über das Wesen der Eurythmie. Aber während dieses neuerlichen Prager Aufenthaltes versäumt er nicht, in die reiche kulturelle Atmosphäre einzutauchen, die die alte Kaiserstadt umgibt. So darf auch ein Streifzug durch die Antiquariate nicht fehlen. Günther Wachsmuth entsinnt sich noch »eines kleinen, romantischen Gäßchens an der Prager Burg, einer von Geschichte gesättigten Häuserreihe, wo Rudolf Steiner so manches vergangene Geschehen aus der geistigen Schau in Erzählungen wieder erstehen ließ«.[705]

»Mit großer Befriedigung bin ich soeben von der Arbeit zurückgekehrt, die ich im Dienste der Anthroposophie in Prag verrichten durfte«, so schreibt Steiner unter dem 13. April im Dornacher Nachrichtenblatt. Als diese Zeilen erscheinen, hat er nicht nur einige Dornacher Vorträge und Gespräche absolviert, sondern eine ganze Erziehungstagung, und zwar nicht nur vor Lehrern der Stuttgarter Waldorfschule, sondern vor rund 1700 Zuhörern über *Die Methodik des Lehrens und die Lebensbedingungen des Erziehens*. Im fünften Jahr nach der Begründung dieser freien Gesamtschule, die weit über 700 Schüler in 24 Klassen zählt, hat dieses Unternehmen eine Breitenwirkung erzielt, die den Besucherandrang im Stuttgarter Gustav-Siegle-Haus erklärlich macht. Es sollten dies Steiners letzte öffentliche Vorträge in der württembergischen Landeshauptstadt werden. Einen Zyklus mit fünf weiteren pädagogischen Vorträgen läßt er zwischen dem 13. und 17. April in Bern folgen. Die Ostertage sind in Dornach den Medizinern gewidmet, um die begonnene Studienarbeit fortzusetzen. Auch in der Bauangelegenheit sind Fortschritte zu erzielen. Die zunächst dem Dornacher Gemeinderat vorgelegten Baupläne finden eine überraschend positive Beurteilung, bedenkt man, daß die öffentlichen Diffamierungen zu diesem Zeitpunkt in der Schweiz noch immer anhalten. Mit elf gegen zwei Stimmen werden die Entwürfe für den künftigen Betonbau angenommen. Nun sind noch die Genehmigung der kantonalen Baubehörde sowie die Gutachten des schweizerischen Architekten- und Ingenieurvereins einzuholen. Da Marie Steiner sich auf einer Eurythmie-Gastspielreise durch eine Anzahl deutscher Städte befindet, fährt Steiner zusammen mit Ita Wegman zur kantonalen Baubehörde nach Solothurn, wo man ihn am 21. Mai durchaus entgegenkommend behandelt. Mit ernsthaften Widerständen ist zu diesem Zeitpunkt nicht mehr zu rechnen.

Was Steiner Sorge macht, er berichtet es am 22. Mai seiner Frau, die gerade in Eisenach weilt, das ist sein Magen, »immer der gleiche unleidliche Patron«. Dabei ist Steiner gerade im Begriff, zu weiteren Karma-Vorträgen nach Paris aufzubrechen. Dort geht alles gut. Vor rund 400 Zuhörern spricht er. Jules Sauerwein, der seit 1906 mit Steiner bekannte Journalist des Pariser *Matin,* fungiert wieder als Übersetzer; nur bei einer Veranstaltung fällt er infolge Krankheit aus. Wesentlich gravierender ist eine Botschaft aus Dornach, wo Albert Steffen und Dr. Großheintz, Mitglied des Goetheanum-Bauvereins, einen Strafbefehl erhalten haben. Ein Passus in dem Anti-Gegner-Buch von Louis Werbeck, das trotz Konfiskation verkauft worden ist, hat es den schweizerischen Behörden angetan.[706] Und nun geht es darum, die Sache so zu wenden, daß die Arbeit der Anthroposophischen Gesellschaft als solcher unbeeinträchtigt bleibt. »Unsere Gegner sind am Werk«, schreibt Steiner Ende Mai an seine immer noch auf Eurythmiereisen befindliche Frau.

Während von ihr in Dornach ausführliche Berichte über die Resonanz der einzelnen Aufführungen z.B. in Ulm, Nürnberg, Eisenach, Erfurt, Hannover eintreffen, macht sich Steiner von neuem reisefertig. Diesmal ist das Ziel Koberwitz, ein kleines Dorf in Schlesien, wenige Kilometer südlich von Breslau gelegen. Das Arrangement sieht so aus, daß an den Abenden die künstlerischen Darbietungen der Mitarbeiter von Marie Steiner sowie die für die im östlichen Deutschland lebenden Mitglieder vorgesehenen Karma-Vorträge in Breslau stattfinden können, während die für die anthroposophische Bewegung bedeutsame landwirtschaftliche Tagung jeweils an den Vormittagen auf dem Gut von Carl Graf Keyserlingk abgehalten wird. Darüber hinaus werden Zusammenkünfte mit anthroposophischen Jugendgruppen arrangiert. Es ist nicht das erste Mal, daß sich Steiner den Anliegen von Landwirten zuwendet. So wie die pädagogischen, medizinischen oder künstlerischen Impulse Steiners hat auch der landwirtschaftliche Impuls eine gewisse Vorgeschichte. »Seit längerer Zeit war es der Wunsch einer Anzahl von Anthroposophen, die in landwirtschaftlichen Berufen stehen, daß von mir ein Kursus abgehalten werde«, so berichtet Steiner den Mitgliedern im Nachrichtenblatt vom 22. Juni 1924.[707]

Wieder steht eine – übrigens mehrmals wiederholte – Bitte am Anfang, ehe Steiner diesen Kurs zu geben vermag. Was er aber gibt, das ist in der Sache wie in der Zielrichtung weit mehr, als die ursprünglichen Bittsteller, Bauern und Gärtner, erwarten oder ermessen können. Daß der Koberwitzer Landwirtschaftskurs nichts weniger als einen zukunftsweisenden Impuls darstellt, beginnt man erst zu begreifen, seitdem im letzten Viertel dieses Jahrhunderts das Bewußtsein für ökologische Zusammenhänge zunimmt und das Bedürfnis immer stärker wird, giftfreie, qualitativ hochwertige Nahrung von lebendigen Böden und von gesunden Tieren zu erhalten. Und eben dafür hat Steiner in Koberwitz Grund gelegt, also lange bevor auch nur das Problembewußtsein entwickelt war.

Dabei ist noch ein ganz persönliches Moment zu berücksichtigen, das in Steiners *Lebensgang* eher nur zwischen den Zeilen berührt wird: Der Sohn des österreichischen Bahnbediensteten hat nicht vergessen, daß er bei allem Interesse für die technischen Dinge bei der Eisenbahn und Telegraphie, bei aller Vorliebe für Geometrie und Erkenntnisfragen, in bäuerlicher Umgebung aufgewachsen ist. Sie hat ihn geprägt. Deshalb sieht er in sich jemanden, der aus dem Bauerntum herausgewachsen ist. »Ich bin der Gesinnung nach immer drin geblieben«, so gesteht er seinen Koberwitzer Zuhörern.

»Ich habe [...] wenn auch nicht auf so großen Gütern wie hier, aber in kleinerem Bereiche Kartoffeln gepflanzt, habe, wenn auch nicht gerade Pferde aufgezogen, so doch Schweine oder wenigstens mitgetan dabei, auch teilgenommen in unmittelbarer Nachbarschaft an der Kuhwirtschaft. Alle diese Dinge haben mir lange Zeit in meinem Leben nahegestanden, und ich habe mitgetan und bin gerade dadurch wenigstens sozusagen in Liebe der Landwirtschaft geneigt, aus der Landwirtschaft herausgewachsen.«

Und im Haus der Großbauern Keyserlingk hält er es für angebracht zu sagen, daß er von Kleinbauern sehr viel mehr hält.[708] Ja, man möge ihn, Rudolf Steiner, als einen solchen Kleinbauern betrachten, den die Liebe zur Landwirtschaft erfaßte. Die ganz konkreten Erfahrungen, die der Bauer im Umgang mit seinem Acker machen kann, seien ohnehin sehr viel weisheitsvoller als »alle die ahrimanischen Statistiken, die aus der Wissenschaft herauskommen«.

Unnötig zu sagen, daß Steiner nichts ferner liegt, als moderne Agrarwissenschaft durch alte »Bauernregeln« etwa zu ersetzen. Was er aber denen zumutet, die ihre Felder und Gärten künftig »biologisch-dynamisch« bestellen wollen, das ist zunächst ein völliges Umdenken. Das materialistisch-quantitative Denken werde den organischen Vorgängen, die stets in großen kosmischen Relationen zu betrachten sind, nicht gerecht. Das beginne schon beim Düngen.

»Es weiß zum Beispiel kein Mensch heute, daß alle die mineralischen Düngarten gerade diejenigen sind, die zu dieser Degenerierung, zu diesem Schlechterwerden der landwirtschaftlichen Produkte das Wesentliche beitragen. Denn heute denkt eben jeder einfach: Nun ja, zum Pflanzenwachstum gehört eine bestimmte Menge Stickstoff –, und die Leute finden einfach ganz gleichgültig, auf welche Weise dieser Stickstoff bereitet wird, wo er herkommt. Das ist aber nicht gleichgültig, wo er herkommt [...].«[709]

Steiners Mitteilungen im Landwirtschaftlichen Kurs reichen von einer Orientierung über mikrokosmisch-makrokosmische Wechselbezüge und Rhythmen, in die Mensch, Tier und Pflanze in einer bestimmten, jedoch abgestuften Weise eingebunden sind, bis zu konkreten Angaben zur Bodenbereitung, bis zu Fragen des Umgangs mit Mist und Kompost, der Bedeutung von Unkraut, der Schädlingsbekämpfung, der Behandlung von Pflanzenkrankheiten und dergleichen. Schließlich stellt sich Steiner nach seinen Vormittagsvorträgen den zahlreichen Fragen, die die Praktiker an ihn richten.[710] Seine Antworten enthalten exakte Angaben darüber, wie spezielle Düngerpräparate selbst hergestellt werden können, wie man mit ihnen umgeht, was in welchem Fall, zu welcher Zeit, in welcher Weise auf den Boden, das Pflanzenwachstum usw. wirkt. Er gibt keinenfalls nur fertige Rezepte, sondern bisweilen regt er zu eigenen Versuchen an, um die nach Lage und Beschaffenheit der Felder und der bäuerlichen Betriebe unterschiedlichen Bedingungen genauer kennenzulernen.

Ehrenfried Pfeiffer, der schon ein Jahr vor der Koberwitzer Tagung in seinem Dornacher Labor das erste biologisch-dynamische Zusatzpräparat gemäß den Angaben Steiners entwickelt hat, berichtet u.a.: »Rudolf Steiner hatte in dem ›Landwirtschaftlichen Kurs‹, an dem etwa sechzig Persönlichkeiten teilnahmen, die grundlegenden neuen Gedankengänge über die Zusammenhänge der Erde, des Bodens mit den Bildekräften des Ätherischen, des Astralischen und der Ich-Wirkung in der Natur angeführt. Er hatte insbesondere gezeigt, wie die Gesundheit des Bodens und der Pflanzen- und Tierwelt davon abhängt, daß die Natur wieder in Zusammenhang mit den kosmischen, schöpferischen und gestaltenden Kräften gebracht werde.«[711] Es komme im übrigen wesentlich darauf an, die in der Natur und in der »modernen« Landwirtschaft verlorengehenden Naturkräfte wieder anzuregen. Nur so werde es möglich sein, auch gesundheitsbildende und aufbauende, der Degeneration entgegenarbeitende Kräfte wieder wirksam zu machen. Aufgabe der Landwirtschaft sei es, die bewegliche Sonnenenergie in die innerliche Kraft der menschlichen Nahrungsmittel umzuwandeln, weil das Licht »der grundlegende Rohstoff der landwirtschaftlichen Industrie« sei. Weiter überliefert Pfeiffer das Wort Steiners: »Um die Mitte des Jahrhunderts muß die geisteswissenschaftliche Erkenntnis Lebenspraxis geworden sein, um unsagbares Unheil an der Gesundheit der Natur und des Menschen zu verhindern [...].«[712]

Auf Anregung des Grafen Keyserlingk bilden die versammelten Landwirte einen Versuchs- und Forschungsring für biologisch-dynamische Wirtschaftsweise, um die Fülle der Anregungen in ihren Betrieben zu erproben, ehe die Hinweise an andere weitergegeben werden können. Am Ende der Tagung kann Rudolf Steiner sagen: »Es war ein wirkliches Fest.« Und als ein Pfingstfest besonderer Art haben auch die weit über hundert Teilnehmer – neben den Landwirten: die Künstler, Jugendlichen und Priester der Christengemeinschaft – diese Koberwitzer Pfingsttagung erlebt.[713]

Johanna Gräfin Keyserlingk, die Hausherrin, die als langjähriges

Mitglied ähnlich wie die ihr befreundete Eliza von Moltke Aufschlußreiches über ihre Dialoge mit Rudolf Steiner zu berichten hat, erzählt: »Die ganzen Tage glitzerte das Haus förmlich vor freudiger Tätigkeit. In solcher Stimmung glaubt man, es gäbe kein Leid [...]. Rudolf Steiner selbst hatte sich ganz gewandelt. Er schien mit großer Freude die Tagung abzuhalten und sah ganz jung aus. Von Tag zu Tag schien er gesünder und froher zu werden und verbreitete Zuversicht und Freude über alle Anwesenden.«[714] Und da die Tagung zusammen mit den diversen Breslauer Nachmittags- und Abendveranstaltungen sich in der Regel bis gegen 23 Uhr und länger ausdehnt, und man ihn fragt, ob er nicht wenigstens zwischendurch einmal ordentlich ausruhen wolle, gibt er zur Antwort: »Ach nein, davon würde ich ja nur müde werden.« So wird seine sprichwörtliche Nachttätigkeit auch für die zehn oder elf Koberwitzer Tage bzw. Nächte durch mehrere Zeugen bestätigt. Die Gräfin schreibt weiter: »Rudolf Steiner schlief wenig. Wir hatten an sein Bett einen großen Tisch für Bücher und Schriftstücke gerückt, so daß er dort arbeiten konnte. Unsere Gäste erzählten, sie hätten öfter nachts nach Rudolf Steiners Fenster geschaut und immer habe Licht gebrannt. Und wenn man den Stoß Post sah, der jeden Morgen um 5 Uhr von Herrn von Grunelius abgeholt wurde, konnte man sich vorstellen, daß für Rudolf Steiner die Stille der Nacht nicht zum Schlafen da war.«[715] Für ihn keine Frage, denn auch von Koberwitz aus sind die vereinbarten Aufsätze für die Wochenschrift *Das Goetheanum* sowie für das Nachrichtenblatt der Mitglieder zu schreiben. Und die anwesenden Priester der Christengemeinschaft, Rudolf von Koschützki, Rudolf Meyer und Kurt von Wistinghausen erhalten den noch fehlenden Ritualtext der Menschenweihehandlung zum Johannisfest. »An jedem der Tage lebte uns Rudolf Steiner die Gegenwart und das absolute Ernstnehmen des Geistigen im Erdendasein vor«, bemerkt Gräfin Keyserlingk.

»Und als nach dem festlich-geselligen Ausklang der Gesamttagung die unersättliche Jugend den Lehrer nochmals mit Fragen bedrängte, die er sehr ernst nahm, kam es zu jener schon oftmals geschilderten letzten Jugendansprache[716], zu der ein kleiner Kreis am Morgen seiner Abreise zusammengebeten wurde. Diese bildgewaltige Rede, die mehr den Stil einer esoterischen Unterweisung an sich trug, wird allen, die an jenem Morgen anwesend sein durften, als ein heiliger Schatz im Herzen bewahrt sein. Damals sprach er von Rousseau und von seinem Rufe, der die europäische Jugend des 18. Jahrhunderts so sehr berauschte: ›Zurück zur Natur!‹ Man konnte, so sagte er, als dieser Ruf erklang, hinter den Kulissen des äußeren Daseins die Dämonen kichern hören. Dieses Kichern der Dämonen aber steigerte sich im 19. Jahrhundert zum Hohnlachen, als sich die Naturseligkeit in den naturwissenschaftlichen Materialismus verwandelte. Denn die Seele läuft heute Gefahr, ihr Menschentum zu verlieren, wenn sie sich blind der Natur hingibt, ehe sie in sich selber den lebendigen Geist gefunden hat. Heute müsse, so sagte er, in mächtigen Bildern erfaßt werden, was das innerste Streben der Jugend sei.«[717]

Ein Jugendbewegter macht den Einwand, einst habe man im »Wandervogel« das Leben im Freien genossen, man sei gewandert, habe am Lagerfeuer gesessen, habe im Stroh geschlafen usw. Nun aber zerbreche bei vielen zur Anthroposophie gekommenen Jugendlichen die einstige Bindung. Steiner antwortet, er könne nicht verstehen, daß durch die Beschäftigung mit anthroposophischen Ideen gemeinsam gepflegte Jugendideale verblassen sollten. Sein Buch *Wie erlangt man Erkenntnisse der höheren Welten?* sei doch eigentlich »ein rechtes Wandervogelbuch«. Es sei Satz für Satz »erwandert« worden. Allerdings werde man, wenn man die Übungen dieses Buches mache, allmählich dazu gelangen, vielleicht schon bei der ersten Blume, die man am Wege findet, stille zu stehen; denn sie könne einem einen ganzen Sternenkosmos enthüllen, der in sie hineingeheimnißt sei. Dann brauche man nicht gerade immer so weit wandern, weil man an den einfachsten Erscheinungen bereits die Möglichkeit habe, in die Höhen und Tiefen des Kosmos zu dringen. Es sei wirklich erwandert, beteuert er nochmals, wenn dieses Buch auch – wie er schelmisch hinzufügt – größtenteils nachts geschrieben worden sei, das heißt so, wie ein Großteil der literarischen Produktion Steiners überhaupt, weil ihm die Tagespflichten nicht immer die dazu erforderliche Zeit gelassen hätten – so berichtet Rudolf Meyer.

»Ich komme zu Ihnen!« An dieses Versprechen, das Steiner jenen drei heilpädagogisch aktiven jungen Männern einst gab, fühlt er sich erinnert, als er nach dem Abschied von Koberwitz am 17. Juni gegen Abend in Breslau im D-Zug die Rückfahrt antritt. Statt aber direkt nach Stuttgart und von dort weiter nach Dornach zu fahren, macht er in Jena Station. Gegen Mitternacht trifft er in Begleitung der beiden Vorstandsmitglieder Elisabeth Vreede und Günther Wachsmuth dort ein. Hier lernt er tags darauf auf dem Lauenstein bei Jena jene eben begonnene, in bescheidenstem Rahmen betriebene heilpädagogische Initiative kennen: Siegfried Pickert, Albrecht Strohschein und Franz Löffler – so heißen die drei – haben zunächst mit neun Kindern begonnen, medizinisch beraten durch die im nahen Saalfeld praktizierende Ärztin Ilse Knauer. Steiner möchte vor allem eingehend die besonderen Lebensschicksale der Kinder besprechen, die ihm einzeln vorgeführt werden. Zur Diagnose, über die Pickert und Strohschein berichtet haben[718], fügt Steiner Vorschläge hinsichtlich pädagogischer und therapeutischer Maßnahmen hinzu – und zwar »samt den genauen Potenzen«. In seinem Bericht für die Mitglieder heißt es knapp: »Ich konnte die Sache etwas inaugurieren und konnte die ersten aufgenommenen Kinder sehen. So daß wir die Sache in Lauenstein [...] sozusagen haben auf die Beine bringen können.«[719]

Doch um nach der Grundlegung der biologisch-dynamischen Landwirtschaft auch einen Anfang mit einer anthroposophisch orientierten Heilpädagogik zu machen, lädt er einen kleinen Kreis von Ärzten und Pädagogen – unter ihnen die drei Jenaer, einige Ärzte vom Klinisch-Therapeutischen Institut Arlesheim, Karl Schubert, der die Sonderklasse an der Stuttgarter Waldorfschule betreut – alsbald nach Dornach ein. Dort hält er zwischen dem 25. Juni und dem 7. Juli vor wenig mehr als zwanzig Teilnehmern den Heilpädagogischen Kurs.[720] Wenngleich der heute vorliegende Text dieser Vorträge nur auf den Stenogrammen dreier Teilnehmer basiert und ein lückenloses Protokoll nicht immer gewährleistet ist, so gilt dieser Kurs nach den Worten des Arztes und Heilpädagogen Karl König (Gründer der bekannten Camphill-Bewegung) geradezu als »Katechismus für werdende Heilpädagogen«. Dabei ist freilich zu beachten, daß Steiner die von ihm gegebene Menschenkunde als bekannt voraussetzt und verlangt, daß der Heilerzieher die Erziehungspraxis für gesunde Kinder beherrschen müsse. Nicht zu vergessen die eigene meditative Arbeit, denn nicht das, was der für die »Seelenpflege bedürftiger Kinder« tätige Erzieher weiß, wirkt, sondern was er ist.

Rudolf Meyer hat diese heilpädagogische Bewegung, die längst weltweite Verbreitung und Anerkennung gefunden hat, als eine soziale Opfereinrichtung bezeichnet. Man könne sie als den immerfort bekräftigten Protest gegen die materialistische Woge empfinden, die vom wahren Wesen des Menschen nicht nur nichts weiß, sondern das mögliche Wissen vom wahren Wesen auslöschen möchte. Und »ein spirituelles Leben, das sich mit seinem Streben zu den Höhen der Schönheit und der Weisheit erheben will, bedarf eines bestimmten Gegengewichtes. Ein solches wird durch die opfernde Hingabe an die hilflosesten unter den erdverhafteten Menschenbrüdern geschaffen. Diesen Ausgleich leistet immerfort die heilpädagogische Bewegung. In ihr beginnt das christliche Geheimnis der Stellvertretung wirksam zu werden.«[721]

Während parallel zum Heilpädagogischen Kurs ein weiterer für Lauteurythmie läuft und Klassenstunden, Arbeitervorträge sowie

Esoterische Betrachtungen karmischer Zusammenhänge in das jeweilige Tagesprogramm eingestreut sind, steht längst fest, daß Steiner noch Mitte Juli erneut auf Reisen gehen muß. Nach einem mit Konferenzen vollgepackten Tag in Stuttgart bricht Steiner von dort nach Holland auf, wo er zusammen mit seiner Frau am Mittag des 17. Juli in Arnheim (Arnhem) ankommt, erschöpft und angegriffen. Marie Steiner muß nicht eigens darauf aufmerksam machen. Und doch mutet man ihm zu, den infolge Verspätung ausgefallenen ersten Vormittagsvortrag nachzuholen. Dabei ist das Programm – wie nicht anders zu erwarten – vielseitig: u.a. eine pädagogische Tagung in Osterbeek bei Arnheim, zu der gegen 250 Teilnehmer erschienen sind, drei Karma-Vorträge, die an die Zielsetzungen der Weihnachtstagung anknüpfen und insbesondere den Schicksalsgang der anthroposophischen Bewegung beleuchten, dazu Vorträge für die neu in die erste Klasse der Freien Hochschule Aufgenommenen und eine Jugendansprache. Wenn Steiners Freunde auch immer wieder erleben können, wie der durch fortgesetzte Überbeanspruchung Gezeichnete sich im Laufe eines Vortrags oder einer Tagung erholt und jenen ihm eigenen Enthusiasmus ausstrahlt, von dem die Nachschriften kaum etwas wiederzugeben vermögen, so ist doch Steiners tatsächlicher Gesundheitszustand offenkundig. Der holländische Generalsekretär und Arzt W. Zeylmans van Emmichoven berichtet davon:

»Während dieser Tagung [in Arnheim] war nicht mehr zu verkennen, wie krank Rudolf Steiner war. Wenn andere vortrugen – Dr. Schubert, Dr. von Baravalle (beide von der Stuttgarter Waldorfschule), van Bemmelen, Stibbe und ich im Rahmen der Pädagogik –, war es herzbedrückend zu sehen, wie erschöpft er schien; auch bemerkte ich voll Schrecken, wie abgemagert er war. Allerdings stellte sich dann jedesmal heraus, daß seiner Aufmerksamkeit trotz aller Müdigkeit nichts entgangen war, und als er dann auf dem Podium stand, war er sprühend wie immer, begeistert, voll Leben – man konnte nicht fassen, daß dies der gleiche Mensch sein sollte. Tief beeindruckend war, daß er sowohl in den pädagogischen Vorträgen wie in der Jugendansprache über Schiller und Schillers Tod sprach, über die Begeisterung, in der man sich verzehrt, über Schillers Herz, von dem schließlich kaum mehr physische Substanz vorhanden war. Man mußte den Eindruck haben, daß man vor sich sah, worüber er sprach: die Flamme, die den Leib verzehrte!«[722]

Diese sich selbst verzehrende Flamme, dessen Träger sich keine Schonung gönnen will, brennt und leuchtet in einer Gesellschaft, die diese Haltung für das Natürlichste von der Welt zu halten scheint. Das ergibt sich nicht allein aus der Tatsache, daß die Stimmen der um Steiners Gesundheit Besorgten kaum voll zu Gehör kommen. Andererseits werden aus nahezu allen Kreisen der Anthroposophischen Gesellschaft des In- und Auslandes immer neue Anforderungen laut: zu Kursen, Vorträgen und zu großen Vortragszyklen, die Steiner widerspruchslos, ja eher mit Genugtuung entgegennimmt. Dazu kommt das andere: Was keine Chronik festhält und was aus den Vortragsübersichten als solchen nicht hervorgeht, das ist die Flut der Bittsteller, der Fragenden und der Ratsuchenden, die jedesmal in Scharen auftauchen, wo Steiner spricht, und die sich nicht selten unverständig gebärden. »Und rücksichtslos – ich könnte Beispiele dafür erzählen –«, so schreibt Friedrich Rittelmeyer, »nutzten ihn die Menschen für ihre persönlichen Angelegenheiten aus.«[723]

Nach einem der Arnheimer Vorträge erleidet Steiner im Hotel einen Schwächeanfall und bricht zusammen. Doch als sei dies eine Episode, der keine besondere Beachtung zu schenken sei, geht die Tagung wie geplant weiter. Als er am Vormittag des 31. Juli wieder in der Dornacher Schreinerei vor den Arbeitern steht, läßt er durchblicken, wie lebenswichtig ihm gerade die streng eingehaltene Diät sei:

> »Die Anstrengungen, die ich seit langer Zeit, in den letzten 24 Jahren durchmachen mußte, hätte ich nicht durchmachen können ohne vegetarisch zu leben. Dann würde ich nicht ganze Nächte haben durchfahren können und am nächsten Tag einen Vortrag halten usw.«[724]

Nur wenige Wochen hält es ihn in Dornach, wo unter anderem das Genehmigungsverfahren für den Goetheanum-Neubau weiterzutreiben ist. Da bricht er – vermutlich am 10. August – zu seiner letzten Auslandsreise nach England auf. In Torquay, an der englischen Südküste gelegen, hält die Anthroposophische Gesellschaft von England ihren Sommerkurs ab. Steiner beginnt bereits am 11. August mit dem elfteiligen Zyklus, der in der Gesamtausgabe *Das Initiaten-Bewußtsein* betitelt ist und in dem der Vortragende die Verschiedenartigkeit geistiger Forschungswege charakterisiert. Damit ist eine Konfrontation älterer und neuer Methoden gegeben, wodurch die Eigenart der Anthroposophie herausgestellt wird. In den Vorträgen schildert Steiner u.a., wie die Substanzen der mineralischen Welt mit Bewußtseinsvorgängen verknüpft sind. Gleichzeitig fällt ein Licht auf die Rolle, die Mediumismus und Spiritismus einst für die Menschen vergangener Epochen gehabt haben, als die Entwicklung des Ich-Bewußtseins noch weniger weit fortgeschritten war. Ähnlich wie im Vorjahr in Penmaenmawr nützt Steiner auch diesmal die Gelegenheit zu einem Exkurs nach einem nahegelegenen mysteriengeschichtlich bedeutsamen Zentrum, nämlich nach Tintagel an der westlichen Felsenküste von Cornwall, wo einst die Burg des sagenumwobenen Königs Artus gestanden haben soll.

»Jene eigenartig verdichtete geistige Atmosphäre werden wir niemals vergessen«, so erzählt Günther Wachsmuth, »die an diesem Tag so intensiv spürbar war, als Rudolf Steiner mit uns den seltsamen Felsvorsprung an der einsamen Küste von Cornwall bestieg, wo die letzten Mauern der Artus-Burg über das brandende Meer ragen [...]. Und Rudolf Steiner sprach nun dort, auf den Felsen stehend, über die Erlebnisse der Artus-Ritter, die in diesem äußeren Ringen der Lichtgewalten mit den Elementen der Erde ein Spiegelbild ihrer inneren Kämpfe erlebten, wo im Geistig-Seelischen Licht und Finsternis um die Vorherrschaft ringen und die Ich-Kraft, das lichte Bewußtsein des Menschen die Meisterschaft über die Wolken und Nebel der Leidenschaften im ewigen Kampf zu erringen strebt. Er sprach von der Lehre Merlins, die dort gepflegt wurde, vom geistigen Sonnendienst des Artus-Kreises und ihrem Wissen von der kosmischen Tat Christi. Als Rudolf Steiner dann auf der Höhe des Felsens die Mauerreste der alten Burg überschaute, welche die Struktur der einstigen Mysterienstätte des Königs Artus in ihren äußeren Linien andeuteten, da wurde ihm aus der geistigen Schau die Vergangenheit gegenwärtig, und er schilderte uns nun in lebendigen Bildern, mit der Hand auf die einzelnen Teile der Burg weisend, wo einst der Saal der Tafelrunde, die Räume des Königs und seiner Ritter gewesen waren. Die Unmittelbarkeit der geistigen Schau an dieser Stätte war so stark, daß in seinen Schilderungen die ganze Wirklichkeit, das äußere Leben und Tun, das innere Wollen und Vollbringen des Kreises der Artus-Ritter als Erlebnis vor uns stand.«[725]

Und da die auf Steiner gerichteten Erwartungen anläßlich einer Vortragsreihe stets recht vielseitiger Art sind, bleibt es auf dieser letzten Auslandsreise nicht allein bei dem genannten Zyklus über das Initiaten-Bewußtsein. Parallel zu ihm ist in Torquay ein pädagogischer Kurs abzuhalten, da man inzwischen auch in England so weit ist, mit der Begründung von Waldorfschulen zu beginnen. Einen Kreis von Lehrern macht Steiner mit Grundelementen anthroposophischer Erziehungskunst vertraut. Weitere Vorträge sind esoterisch-interner Art, wie z.B. die Vorträge über die karmischen Betrachtungen, die er teils hier, teils in London hält. Auch diesmal trägt Steiner in deutscher Sprache vor. George Kaufmann-Adams, der auch schon bei zahlreichen früheren Anlässen als Dolmetscher eingesprungen ist, überträgt jeweils in freier Rede die Ausführungen des Vortragenden. Kaufmann-Adams, der selbst aus Osteuropa stammt, ist früh mit Steiner in Verbindung getreten. Er hat dessen nahe Beziehung zum englischen Geistesleben in einem Erinnerungsbild eigens gewürdigt.[726]

Schließlich ist über eine Beobachtung im Zusammenhang mit Steiners sich zusehends verschlechternder gesundheitlicher Verfassung zu referieren: »Nach außen war hiervon gewiß nichts zu bemerken; er erfüllte täglich das umfangreiche Programm seiner Vortragstätigkeit, er sprach die Einführungsworte bei den künstlerischen Darbietungen, hatte zahllose Besprechungen und nahm an den gemeinsamen Exkursionen teil, aber jede Mahlzeit bereitete ihm infolge der Erkrankung des Stoffwechselsystems erneute Qualen, die er ritterlich, niemals klagend, trug. Frau Dr. Wegman, seine treue Pflegerin, hatte mit mir eine Möglichkeit besprochen und auf Reisen durchgeführt, ihm in den Zwischenpausen und bei Mahlzeiten unauffällig Linderung seiner Schmerzen zukommen zu lassen. Die Umwelt ließ er von diesen Schmerzen nichts wissen, erwähnte nichts davon, hielt alle die zahlreichen Veranstaltungen ein, bei denen er meist selbst der Gebende war und die größten Anstrengungen tragen mußte.«[727]

Steiners Rückkehr nach Dornach am 1. September und seine alsbaldige, auf zwei Tage berechnete Weiterreise nach Stuttgart bezeichnet den Anfang vom Ende im Schaffen Rudolf Steiners, eine letzte Kulmination seiner geistigen, den Menschen zugewandten Tätigkeit. »Abgemüht traf er in Dornach ein«, so lautet die lapidare Mitteilung Marie Steiners. Denn nach dem Scheitern der im Rahmen der Dreigliederungsbewegung verbundenen wirtschaftlichen Unternehmungen war in Stuttgart der Fortbestand der Schulgründung zu sichern. Die Inflation der Nachkriegsjahre hatte Schule und Lehrerschaft harten Prüfungen ausgesetzt. Ein letztes Mal trifft Steiner mit Absolventen der Waldorfschule zusammen, ein letztes Mal mit dem Lehrerkollegium. Ihm verspricht er für Ende September oder Anfang Oktober einen neuen Kurs, der eine weitere Vertiefung der begonnenen Arbeit einleiten soll. Doch da weiß er noch nicht, daß er diese Zusage nicht mehr wird einhalten können.

Steiner stürzt sich geradezu in die Fülle der Arbeit, die er bei seinem Eintreffen in Dornach vorfindet. Denn schon sind die Teilnehmer an den längst anberaumten Kursen angereist: Schauspieler, sprachgestalterisch Tätige und Eurythmisten, denen er den »Kursus für Sprachgestaltung und dramatische Kunst« zu geben hat; Theologen bzw. Priester der Christengemeinschaft sind zum Kurs über die Johannesoffenbarung (Apokalypse) erschienen. Beide je streng getrennt abgehaltenen Zyklen beginnen am 5. September, zunächst jeweils gegen Mittag der Dramatische Kurs, an den Nachmittagen die Apokalypse-Unterweisungen für die vierzig bis fünfzig Priester. Am Abend dieses ersten Tages ist der 72. der sogenannten Karma-Vorträge zu halten. Und weil sich unter den genannten Teilnehmerkreisen zahlreiche Zuhörer befinden, die zu Weihnachten 1923 nicht in Dornach sein konnten, vollzieht Steiner zum letzten Mal, was diese Weihnachtstagung will. Auch erfahren die Zuhörer bei dieser Gelegenheit, wie wichtig dem Vorsitzenden der neu gegründeten Anthroposophischen Gesellschaft der Kontakt mit jedem einzelnen Mitglied ist. Er hat es damit bekundet, daß er im Laufe der zurückliegenden Wochen die zwölftausend Mitgliedskarten persönlich unterschrieb, um seine Verbindung mit dem Gesellschaftsganzen auch auf diese Weise zu dokumentieren.[728]

»Dr. Steiner ließ es sich trotz seiner großen körperlichen Schwäche nicht nehmen«, so berichtet Emil Bock seitens der Christengemeinschaft, »viele einzelne von uns persönlich zu empfangen, um ihnen zu den inneren und auch in den gesundheitlichen Fragen, mit denen sie zu tun hatten, Rat und Hilfe zu geben. Wir konnten aber auch noch mehrere Male ausführlich mit ihm über Fragen sprechen, die sich auf die Führung unserer Bewegung bezogen.«[729] Auf die ausdrückliche Bitte der Priesterschaft hin stellte er – ausnahmsweise – sogar seine persönliche Mitwirkung bei der offiziellen Amtseinführung Rittelmeyers als Leiter (»Erzoberlenker«) der Bewegung für religiöse Erneuerung in Aussicht. Doch auch dieser Termin – er fiel auf den 24. Februar 1925 in der Berliner Singakademie – liegt, wie sich später zeigt, außerhalb seiner Verfügung.

Und um das Maß dessen, was in einem Zeitraum von knapp drei Wochen zu bewältigen ist – rund siebzig Vorträge insgesamt, vier bis fünf täglich – übervoll werden zu lassen, arrangiert Steiner, beginnend mit dem 8. September, noch einen pastoralmedizinischen Kurs. Rund hundert Ärzte und Priester nehmen an ihm teil. Folgen wir der aphoristisch gehaltenen Schilderung von Albert Steffen, dann betont Steiner einleitend, ein Zusammenarbeiten von Arzt und Seelsorger dürfe niemals von der einen zur anderen Seite hin dilettantisch betrieben werden. Der Arzt wie der Priester müsse sich jeweils auf den Bereich seiner Sachkompetenz beschränken, wenngleich beider Werk Gottesdienst sei. Aber in Christus seien Heilung des Leibes und das Heil der Seele letztlich eins. »Rudolf Steiner schloß: Des Christus Weg nach Golgatha: Die höchste Kulmination des Ärzteweges. Des Christus Weg von Golgatha weiter zur Auferstehung: Die höchste Kulmination des Priesterweges.«[730]

So bedürfe die Menschheit des Zusammenwirkens beider Berufe, das heißt sie bedürfe des Medikaments wie des Sakraments. Von daher ergebe sich schließlich auch die Hilfe, auf die der Pädagoge und Erzieher angewiesen ist. Immer deutlicher kommt damit jene Synthese von Kunst, Wissenschaft und Religion in Sicht, in deren Dienst sich Anthroposophie gemäß Rudolf Steiners eigener Zielsetzung gestellt hat.

Diese Septembertage des Jahres 1924 nähern sich mehr und mehr dem Michaelsfest (am 29. September), das wie kein anderes auf die Inspirationskraft jener Erzengel-Wesenheit hinlenkt, unter deren Einfluß stehend Steiner sein gesamtes Werk verstanden wissen wollte. Mit einem Wort aus den Anthroposophischen Leitsätzen:

> »Sich der Michael-Wirksamkeit im geistigen Weltzusammenhang recht bewußt werden, heißt das Rätsel der menschlichen Freiheit aus den kosmischen Zusammenhängen herauslösen, soweit die Lösung dem Erdenmenschen notwendig ist.«[731]

Als einer, der den Menschen zum Erlebnis der Freiheit führen möchte, hat Steiner alle drei großen Zyklen termingemäß vollendet. Der Dramatische Kurs wurde sogar um einige zusätzliche Veranstaltungen erweitert. Und die unter einem großen geistesgeschichtlichen Spannungsbogen angestellten *Esoterischen Betrachtungen karmischer Zusammenhänge* (insgesamt 81, davon 50 in Dornach gehalten) konnte er am Abend des 23. mit einem Vortrag über seinen Wiener Lehrer Karl Julius Schröer abschließen.

Als sich nun am Freitag, den 26. September, die Mitglieder wieder den Hügel empor zur Schreinerei hin bewegen, um den nächsten Michael-Vortrag zu hören, da passiert das Vorhersehbare, mit dem doch niemand zu rechnen scheint. »Einige kamen den Hinaufschreitenden bereits entgegen«, so schreibt Fred Poeppig in seinen Erinnerungen. »Verstört und aufgeregt. Der Vortrag finde nicht statt. Warum? – Niemals war dies in der jahrzehntelangen Vortragstätigkeit Dr. Steiners geschehen, daß ein angekündigter Vortrag ausgefallen war.« Weder Heiserkeit noch Fieber hatten ihn bisher davon abgehalten. »Das Unerhörte wurde nicht geglaubt, man ging hinauf, um sich persönlich zu erkundigen, wartete beim Portier, wo bereits eine Gruppe stand. Kurz zuvor war Dr. Steiner hier gewesen, hatte traurig und müde den Kopf geschüttelt: ›Es geht nicht [...] ich kann wirklich nicht [...]‹ und war schweren schleppenden Schrittes in sein Atelier zurückgegangen.«[732]

Und Albert Steffen fügt erläuternd hinzu: »Viele glaubten, Krankheit gehöre gar nicht in sein Schicksal. Die Wahrheit ist, daß Rudolf Steiner zwar eine zartere Konstitution als andere Menschen hatte, daß aber gerade sie der Keimkraft seines Geistes die Möglichkeit gab, einzugreifen und ihn fast augenblicklich wieder herzustellen. Wie oft sah man ihn erschöpft dasitzen, mit einem Antlitz, das wie Asche erloschen war: er fuhr sich plötzlich über Stirn und Schläfe, sprang auf und war wie ein Jüngling in der Blüte seiner Kraft. Aber jetzt hatte ihn das Übermaß der Anforderungen (vor allem persönliche Besuche und Besprechungen) überwältigt [...].«[733]

Als Steiner etwa acht Tage nach diesem Vorfall seiner inzwischen auf einer Eurythmiereise befindlichen Frau über den Vorfall berichtet, da schreibt er u.a.: »Es ist mir wahrlich sauer geworden, am Freitag zum ersten Male einen Vortrag absagen zu müssen; und Wegman hat um diese Absage genug kämpfen müssen.« Er sei seit langem »etwas außer Verbindung« mit seinem physischen Körper gekommen. Die Vorträge könne er, auch wenn es noch so viele seien, nach seinen verfügbaren Kräften berechnen. Aber mit der Beendigung des Apokalypse-Kurses seien seine Kräfte »nach einer gewissen Richtung« erschöpft gewesen.

»Ich hatte wirklich zu der spirituellen Höhe viel Kraft nötig – und ich hätte nun nicht noch den ganzen Sturm von Einzelbesuchen dieser bedürftigen Theologen haben sollen [...]. Das ist es ja, daß diese Theologen auf der einen Seite wirklich so tief befriedigen durch ihr so ernstes Arbeiten: auf der andern Seite ist das Wirken für sie so anstrengend, weil sie vieles bedürfen und so schwer an ihre Ideale herankommen.«[734]

Es steht außer Zweifel: die große Aufgabe einer religiösen Erneuerung ist Steiner wichtig genug, bis in die Seelsorge und Menschenführung ihrer einzelnen Mitarbeiter hinein sein Letztes zu geben.

Vorerst sind seine weiteren Vorträge abgesagt. Aber die Planung (auch von Veranstaltungen in Berlin) legt für die kommenden Wochen und Monate zahlreiche Termine fest – doch umsonst. Da, am Sonntagabend, den 28. September, fühlt sich Steiner gekräftigt genug, den ersten Teil seines Michaelisvortrags zu halten. »Es wird allen Teilnehmern unvergeßlich bleiben« – so Emil Leinhas –, »wie Rudolf Steiner in seinen Mantel gehüllt, in tiefstem Ernst den Saal der Schreinerei betrat. Wie auf Verabredung erhoben sich die Zuhörer von ihren Plätzen [...].«[735] In die lautlose Stille hinein spricht eine zarte, helle Stimme:

»Es war mir unmöglich, gestern und vorgestern zu Ihnen zu

sprechen. Aber die Michael-Weihestimmung für heute, die dann ja in unsere Herzen, und unsere Seelen auf morgen ausstrahlen muß, wollte ich doch nicht vorübergehen lassen, ohne wenigstens kurz zu Ihnen, meine lieben Freunde, gesprochen zu haben.«[736]

Ein Wort des Dankes für die »hingebungsvolle Pflege der ärztlichen Freundin Frau Ita Wegman«, und Steiner kommt zu seinem großen Thema. Es gelte, sich für das Einströmen der Michael-Kraft zu öffnen. Ein anderer Gedankenstrang knüpft an karmische Zusammenhänge an und leitet hin zu den Mysterien des Christentums: Elias, Johannes, Raffael, Novalis, wobei er den Dichter der »Blauen Blume« als »glänzenden Vorboten der Michael-Strömung« charakterisiert. Und er, Steiner, habe sich nochmals aufgerafft, Michael als Christusboten zu vergegenwärtigen, der das Christuswort in dieser Zeit zum Menschen trägt. Die Eindringlichkeit seiner Anrede und die Innigkeit des Verbundenseins mit den Anwesenden schlägt sich selbst in der Nachschrift dieser letzten Ansprache Rudolf Steiners nieder, indem er am Schluß von der konventionellen Anrede »Sie« und »Ihnen« zum freundschaftlich-intimen »Ihr« und »Euch« überleitet, so wie es die früheren Teilnehmer des esoterisch-freimaurerischen Kreises der Brüder und Schwestern kennen. Er schließt mit den Worten der Michael-Imagination, in der es heißt:

Ihr, der Geist-Erkenntnis Schüler,
Nehmet Michaels weises Winken,
Nehmt des Welten-Willens Liebe-Wort
In der Seelen Höhenziele wirksam auf.[737]

Auf dem Hingang
»Du Widersinnszauber des Lebens«

Der letzte Vortrag mit dem mantrischen Spruch der Michael-Imagination ist Abschied und Appell zugleich. Die allermeisten der Anwesenden haben Rudolf Steiner nach dem Verlassen der Schreinerei an diesem Abend nicht mehr gesehen oder gehört. Und der Appell? – In jener letzten kurzen Ansprache vom 28. September 1924 spricht Steiner mit großer Eindringlichkeit davon, es möge sich ein Kreis von verantwortlichen Mitgliedern bilden, in denen der Michael-Gedanke als lebenskräftiger willensstarker Impuls in die Zeit hineingestellt werden solle, allen dämonisch-drachenhaften Erscheinungen zum Trotz. Er spricht dabei ausdrücklich von »wenigstens vier mal zwölf Menschen«[738], also von einem klar strukturierten und konturierten Zirkel, der wohl nicht allein im üblichen Sinn als eine Arbeitsgemeinschaft anzusehen ist, sondern eher ein ordensähnliches Gepräge erhalten sollte. Denn »verantwortlich« sind ja alle Mitglieder; ein gesteigertes Maß an Verantwortung bekunden jene, die sich in die I. Klasse der Freien Hochschule für Geisteswissenschaft aufnehmen ließen, um als Repräsentanten der Anthroposophie für die Sache Steiners einzutreten.

Die Tragik, die hier sichtbar wird, ist nicht zu verkennen. Denn allein schon mit diesem Appell des von der letzten Krankheit Gezeichneten ist das Eingeständnis ausgesprochen, daß die Absichten der Weihnachtstagung von 1923 an einem zentralen Punkt durch ihren Inaugurator nicht in die Tat umgesetzt werden konnten. Und diese Absichten umfaßten die Errichtung einer modernen Mysterienschule in drei Klassen. Die zu bildende, durch Marie Steiner zu führende II. Klasse war wohl auch noch während dieser Septembertage ins Auge gefaßt worden, das heißt, es sollte damit begonnen werden. Es kam jedoch nicht dazu; ganz zu schweigen von der III. Klasse als dem innersten Kreis des Ganzen, dessen Leitung Steiner selbst zu übernehmen gedachte. Das Begonnene ist Fragment geblieben.

Die Hoffnung, der Erkrankte würde sich nach einer gewissen Zeit der Erholung kräftigen können, bleibt unerfüllt. »Ich habe nun alle Vorträge zunächst durch Anschlag auf dem schwarzen Brette abgesagt«, teilt er am 2. Oktober seiner Frau mit, die bis Mitte November eine Gastspielreise durch Deutschland macht.[739] Und weil Steiner so geschwächt ist, daß er nicht einmal das tägliche Hin und Her zwischen seiner Wohnung in der Villa Hansi am Fuße des Hügels und seinem Atelier in der Schreinerei verkraftet, wird sein Arbeitszimmer zum Krankenzimmer – natürlich in der Absicht, das Krankenzimmer möge so lange wie nur möglich Arbeitszimmer bleiben. Seiner Haushälterin Helene Lehmann gegenüber äußert er, er wolle »für zwei Tage« hinaufgehen, sich eine Schwitzpackung geben lassen und dann nach Möglichkeit wiederkommen.

Die Ärzte Ita Wegman und Ludwig Noll teilen sich die Pflege und Behandlung. Größte Schwierigkeiten bereitet die Ernährungsfrage. Die eine und die andere Köchin wetteifern geradezu miteinander, Mal um Mal eine Speise zu bereiten, die dem Patienten bekommt. Die Ärztin spricht von einer »unüberwindlichen Appetitlosigkeit«. »Es war, als ob jede Nahrungsaufnahme wie Gift wirkte, er hatte eine ausgesprochene Antipathie gegen einen großen Teil der Nahrungsmittel, gegen die Art der Zubereitung. Was heute noch gut schmeckte, konnte morgen schon einen Ekel hervorrufen, so daß wir, die wir für das Essen zu sorgen hatten, in ständiger Sorge waren, wie es gut zu treffen wäre. Ich als Ärztin, als anthroposophische Medizinerin konnte begreifen, was vorlag, und gerade dieses Begreifen machte mein Leid und meine Ratlosigkeit noch größer [...]. Der ganze Verdauungs- und Stoffwechselapparat funktionierte nur sehr schwach, weil der Ätherkörper nicht mehr in richtiger Weise eingreifen konnte in diese Organe. Dieser Ätherkörper wurde für andere, geistige Funktionen gebraucht, wurde uns zum Opfer gebracht. So waren diese Organe nun zuviel den physischen Kräften unterworfen, die Abbaukräfte sind [...]. Und es war täglich ein Schmerz für die Umgebung, zu sehen, daß sofort nach der Nahrungsaufnahme die Frische verschwand, die Müdigkeit eintrat, die erst wieder gegen die Nacht und die Morgenstunden verschwand, wenn die Verdauung abgelaufen war. Trotzdem durfte man nicht aufhören mit der Nahrungsaufnahme, um einer Unterernährung entgegenzuarbeiten, die sowieso schon chronisch da war.«[740]

Steiner gesteht Anfang Oktober einmal, daß es gewiß »gescheiter im rein persönlichen Sinne« gewesen wäre, wenn er früher den dringenden Rat Ita Wegmans, sich Ruhe zu gönnen, befolgt hätte. »Allein, Du weißt, es ist ein Pflichtgefühl gegenüber höheren Mächten gewesen, daß ich diese September-Kurse hindurch ausgehalten habe«, so schreibt er an Marie Steiner.[741] Und um seine Frau, die auf ihren Reisen auf sich gestellt mit eigenen Problemen fertig werden muß, nicht zu beunruhigen, schreibt er ihr, so oft und so ausführlich es ihm möglich ist. Und wenn er ihr berichtet, daß weitere Fortsetzungen von *Mein Lebensgang* im *Goetheanum*, der Dornacher Wochenschrift, erscheinen oder daß er nachts weitere Texte (Briefe an die Mitglieder) fürs Nachrichtenblatt diktiert habe, so tut er es, um anzudeuten, daß kein Grund zur Besorgnis vorliege. Tatsächlich ist das Krankenzimmer über mehrere Stunden des Tags, wie zuvor, Steiners Arbeitszimmer – dieser hohe, durch ein Oberlicht erhellte Raum. »Nichts von der Erde schaut hinein, kein Baum, kein Berg, kein Haus, nur das Licht des Himmels. Auf den Simsen stehen plastische und architektonische Modelle, von seiner eigenen Hand geschaffen, einige selbstgeformte Büsten; zu Füßen seines Krankenlagers ragt die selbstgemeißelte, hehre Christus-Statue hoch empor. Ringsherum Tische und Ständer mit Büchern und Schriften.«[742]

Das Tagewerk des Patienten beginnt bereits um fünf Uhr morgens. Seine Pflegerin nennt es die Zeit der »Umwandlung«, in der der Organismus für kurze Zeit jene Verfassung zurückgewinnt, in der Steiner in voller geistiger Regsamkeit zu arbeiten vermag. »Während dieser Zeit wurden alle die herrlichen Aufsätze geschrieben, die für uns unerwartete Geschenke waren. Ohne zu ruhen wurde geschrieben bis sieben, acht Uhr morgens, und nachher war er nicht müde, im Gegenteil, frisch und aufgeweckt. Der Vormittag verlief dann weiter mit Lesen, Erledigen notwendiger Geschäfte, Empfangen der erwähnten Besuche. Die erste Müdigkeit kam nach dem Essen [...].«[743]

Die Besuche sind freilich auf ein Minimum beschränkt, auf Mitglieder des Vorstandes, unter ihnen Albert Steffen, der als Redakteur der Wochenschrift ohnehin mit dem Herausgeber in engem Arbeitskontakt bleibt; hinzu kommen engste Mitarbeiter und Freunde. Zu ihnen gehört beispielsweise Ludwig Graf Polzer-Hoditz, dem gegenüber Steiner u.a. zusätzliche Angaben über die geplante Einrichtung der drei Klassen der Hochschule macht.[744] Emil Leinhas, der im November von Stuttgart kommend zu Steiner gebeten wird, erinnert sich dieses für ihn bestürzenden Wiedersehens: »Rudolf Steiner empfing mich, im Schlafrock in seinem Lehnstuhl sitzend. Ich erschrak über seinen Anblick. Er war zum Skelett abgemagert. Aber er war über alle in Betracht kommenden Verhältnisse noch völlig im Bilde. Er nahm zu dem, was ich vorzutragen hatte, klar und dezidiert Stellung.«[745] Es ist die Zeit, da die letzten entscheidenden Schritte zur endgültigen Liquidation der Aktiengesellschaft »Der Kommende Tag« zu tun sind. Es sind aber auch die

Wochen und Monate, in denen bestimmte Teile der Schweizer Bevölkerung gegen den Neubau des Goetheanums protestieren, unterstützt von der Tagespresse. Ein »Aktionskomitee gegen das geplante Goetheanum« konstituiert sich. Die Schweizerische Vereinigung für Heimatschutz sucht Steiner noch Ende 1924 zur Ausschreibung eines Ideenwettbewerbs zu bewegen, an dem sich in- und ausländische Architekten beteiligen können. Man geht von der Anschauung aus, als ließen sich Steiners Intentionen durch eine beliebige architektonische Formgestaltung realisieren. Dabei läßt Steiner nichts unversucht, auch noch vom Krankenbett aus die Öffentlichkeit mit dem zugrundeliegenden Baugedanken vertraut zu machen, beispielsweise in Zeitungsaufsätzen, die im Oktober bzw. November in den *Basler Nachrichten* sowie in der Basler *Nationalzeitung* abgedruckt werden. Darin heißt es u.a.:

> »So wird wieder, wie beim alten Goetheanum, das, was Anthroposophie zu sagen hat, auch in den Bauformen und in dem ganzen Baugedanken empfunden werden können, in denen sie das Haus errichtet, in dem sie wirken soll. Daß in dem Baugedanken etwas Monumentales sich herausgebildet hat, ist durch die Idee des Baues gekommen; was aber im ganzen und in jeder Einzelheit angestrebt worden ist, das ist, in der Baugestaltung nicht unwahr zu sein, sondern in ihr ein künstlerisch völlig wahrheitsgetreues Abbild von dem zu schaffen, was innerhalb aus Geist-Erkenntnis heraus erarbeitet wird.«[746]

In diesem Bemühen wird Steiner durchaus von Persönlichkeiten der Fachwelt in Wort und Schrift unterstützt, beispielsweise durch Ernst Fiechter, dem Professor für Baugeschichte an der Technischen Hochschule in Stuttgart.[747] Steiner läßt ihn nach Dornach kommen, um mit ihm die einschlägigen Fragen des Neubaus persönlich zu besprechen. Aber als Fiechter am 6. Januar den Schwerkranken aufsucht, muß sich Steiner entschuldigen lassen. Die Baugerüste ragen bereits empor. Im zeitigen Frühjahr 1925 soll mit den eigentlichen Arbeiten begonnen werden, nachdem die Grundmauern, die dem Brand des ersten Goetheanums standhielten, gesprengt sind. Um den Mitgliedern in den in- und ausländischen anthroposophischen Zweigen einen gewissen Einblick zu geben, werden Abbildungen und Skizzen des Modells versandt. Ita Wegman weist darauf hin, daß Steiners Gedanken bis zuletzt um die Gestaltung des Goetheanums kreisten. Das geht auch daraus hervor, daß der leitende Architekt Ernst Aisenpreis bis wenige Tage vor Steiners Tod von ihm zu Besprechungen gerufen wurde.

Dem Umstand, daß Marie Steiner sowohl im Spätherbst 1924 wie auch im Frühjahr 1925 auf Eurythmie-Reisen ist, was Steiner »mit tiefer Befriedigung« erfüllt, verdanken wir mehrere Briefe, die über seine gesundheitliche Verfassung Aufschluß geben. Da ist in den ersten Wochen der wiederkehrende optimistische Ton: »Wir scheinen vorwärts zu kommen. [...] Es geht schon ein wenig vorwärts«, nämlich dank der Pflege, die ihm seine Betreuer angedeihen lassen. Aber schon nach vierzehn Tagen meldet der Patient: »Ich bin ungeduldig über die lange Dauer meiner Pflege.« Er sei so gar nicht darauf eingerichtet, sich in einem so hohen Maße der »eigenen Pflege« zu widmen. Gegenmächte seien im Spiel, zumindest was seine Physis betreffe. Im November dann das Eingeständnis: »Ich dachte, ich würde weiter sein, wenn Du zurückkommst.« Indessen bleibt er – denkt man an die wenigen Stunden seiner geistigen Frische – bis in die letzten Wochen hinein rastlos tätig: Woche um Woche erscheint ein neuer Abschnitt zur Autobiographie für die Wochenschrift. Die Briefe an die Mitglieder nehmen die Gestalt einer letzten Unterweisung an, die der Geisteslehrer und Seelenführer seinen Schülern darbietet. In den Leitsätzen, die das Vermittelte in knapper aphoristischer Form verdichten, bietet Steiner den Empfängern eine Hilfe zur meditativen Aneignung und Verinnerlichung. Anthroposophie darf ja gerade nicht bloße Wissensvermittlung bleiben, sondern soll, vom Denken ausgehend, den ganzen Menschen erfassen und durchdringen.[748] Schließlich entsteht in dieser letzten Lebenszeit noch ein Werk, das Steiner zusammen mit Ita Wegman verfaßt, um der medizinischen Bewegung nach den vorausgegangenen Vortragszyklen auch noch so etwas wie ein Elementarbuch (bzw. dessen ersten Teil) zu liefern, *Grundlegendes für eine Erweiterung der Heilkunst.* Noch drei Tage vor seinem Tod ist er mit dem Korrekturlesen beschäftigt. Und ein Vergleich zwischen seinem Manuskript und der endgültigen Gestalt des Buches zeigt, wie intensiv der Autor noch im Krankenbett an seinem letzten Werk weitergearbeitet hat. »Es war stets das Bestreben Rudolf Steiners«, so kommentiert die Mitautorin, »das alte Mysterien-Wesen zu erneuern und in die Medizin einfließen zu lassen. Denn von altersher ist dieses Mysterien-Wesen mit der Heilkunst in engstem Zusammenhang gewesen, und wurde das Erringen geistiger Erkenntnisse mit dem Heilen in Zusammenhang gebracht. Nicht sollte in dilettantisch laienhafter Art die wissenschaftliche Medizin unterschätzt werden; diese wurde voll anerkannt. Es kam aber darauf an, zu dem Bestehenden dasjenige hinzuzufügen, was aus einer wahren Geist-Erkenntnis für das Erfassen der Krankheits- und Heilungsvorgänge erfließen kann.«[749] Ebenfalls vom Krankenbett aus entwirft Steiner eurythmische Figuren, die er sogleich seiner Frau schickt. Und als seine letzte Gabe für die Christengemeinschaft formuliert er das Ritual für die Einsetzung des Erzoberlenkers, zu dem Friedrich Rittelmeyer am Vormittag des 24. Februar in einem Weiheakt in Berlin erhoben wird.

Die letzte Lebenszeit ist angebrochen. Der Nähe seines Todes ist man sich in seiner unmittelbaren Umgebung offensichtlich nicht bewußt. Nur so wird begreiflich, daß Marie Steiner nicht einmal den 27. Februar 1925 – es ist der 64. und damit letzte Geburtstag ihres Mannes – in Dornach verbringt. Sie ist einige Tage zuvor nach Berlin abgereist und nun länger als einen Monat unterwegs. Geradezu testamentarisches Gewicht aber gewinnt der Brief, den der Jubilar an diesem Tag an Marie Steiner schreibt. Er bestätigt nicht nur die tiefe menschliche Verbundenheit, die er mit ihr empfindet, weil sie – wie übrigens auch die Tragik seiner Krankheit – im letzten karmischer Natur sei. Und dann die bedeutsamen Sätze:

»Aber Du hast Dich zum Verständnis durchgerungen; das ist ein Segen für mich. Im Urteil zusammenfühlen und -denken kann ich doch nur mit Dir. [...] Denn innere Kompetenz gestehe ich für mich doch nur Deinem Urteil zu. Aber sei sicher, so unendlich lieb es mir ist, wenn ich Dich hier habe: ich könnte es gar nicht ertragen, wenn Du auch nur eine Stunde Deine Tätigkeit abkürztest.«[750]

Im Blick auf spätere Zerwürfnisse, die selbst den von Steiner berufenen »esoterischen« Vorstand aufspalten und Marie Steiner der Gesellschaft gegenüber isolieren sollten, sind Sätze wie diese von großer Tragweite, bringt in ihnen doch der erste Vorsitzende klar zum Ausdruck, welche »Kompetenz« er Marie Steiner beimißt, und zwar über das hinaus, was durch die Weihnachtstagung von 1923 begründet werden sollte. Doch was soll werden, wenn er nicht mehr lebt? Ita Wegman, die auch in ihrer Eigenschaft als Vorstandsmitglied diese Frage behutsam stellt, bekommt zur Antwort: »Dann wird Karma sich auswirken.« Wie rasch Steiners Ableben zum Karma jener Gesellschaft werden würde, mit der er sich eineinviertel Jahre zuvor verbunden hat, scheint er Anfang März noch nicht zu ahnen. Denn er läßt das an sein Atelier und Krankenzimmer angrenzende Hochatelier herrichten, um an der Gestaltung des Innenmodells arbeiten zu können. Am 5. März schreibt er an Marie Steiner in Berlin:

»Mein Zustand geht nur langsam vorwärts. Und ich muß bald

arbeitsfähig sein, denn was es nach allem, das sich abgespielt hat, wäre, wenn durch meine Krankheit der Bau unterbrochen werden müßte, ist gar nicht zu ermessen.«[751]

Dabei geht es ja nicht allein um den Bau, sondern, was sich als ein noch größeres Problem herausstellt, um die innere Konsolidierung der Anthroposophischen Gesellschaft. Von ihr kommen u.a. neuerdings aus Stuttgart allerlei negative Nachrichten, Signale der Ratlosigkeit und krisenhafter Spannungen im dortigen Vorstand. Was kann der Todkranke, von Fieberschüben Heimgesuchte tun? Jedenfalls denkt er in diesen Tagen weniger an sich als an andere, zum Beispiel an seine in Horn lebende Schwester Leopoldine Steiner, die ebenfalls erkrankt und nahezu erblindet ist. Er sorgt für einen Arzt und beauftragt u.a. Ludwig Polzer-Hoditz, sich um sie zu kümmern. Testamentarisch ist sie ohnehin seit langem bedacht. Am Herzen liegen ihm seine Schüler und Lehrerkollegen in der Stuttgarter Waldorfschule. Beiden schreibt er unter dem 15. März je einen Brief, in dem er dem Lehrerkollegium Entscheidungen überläßt, die er bislang selbst getroffen hat.

»So wollen wir denn die Gemeinsamkeit im Geiste um so inniger erstreben, so lange anderes nicht sein kann. Die Waldorfschule ist zwar ein Kind der Sorge, aber vor allem ist sie auch ein Wahrzeichen für die Fruchtbarkeit der Anthroposophie innerhalb des geistigen Lebens der Menschheit.«

Dazu der Appell an die Mitarbeiter, von denen seit den Tagen der Begründung Qualität und Quantität des Einsatzes nach oft Überdurchschnittliches gefordert wird:

»Wenn die Lehrerschaft treu im Herzen das Bewußtsein trägt von dieser Fruchtbarkeit, dann werden die guten über dieser Schule waltenden Geister wirksam sein können, und in den Taten der Lehrer wird göttliche geistige Kraft walten.«[752]

23. März: Steiner, der nach wie vor an allen einzelnen Veranstaltungen und Begebenheiten, über die seine Frau fortlaufend berichtet, aus der Entfernung heraus lebhaften Anteil nimmt, gesteht seine Niedergeschlagenheit: »Ich bin eigentlich recht verzweifelt über diese Langsamkeit«, mit der – wie er meint – sein Gesundungsprozeß fortschreite. Dabei sind seine Tage bereits gezählt. Noch am 25. März schreibt Marie Steiner aus Stuttgart in gleicher Ahnungslosigkeit, daß sie sich entschlossen habe, entgegen ihrer

ursprünglichen Absicht, nun doch noch etliche Tage dort zu bleiben. Es ist die letzte Nachricht, die Steiner von seiner Frau erhält.

Noch ein Stimmungsbild. Albert Steffen gibt es vom 26. März: »Als ich eintrat, suchte er sich, um besser mit mir sprechen zu können, etwas höher zu betten. Es war, als ob sein zerbrechlicher Körper eine fremde Last wäre, die sein mächtiger Wille aufhob und die er mit Schmerzen tragen mußte. Mir wollte das Herz vor Leid vergehen, als ich es sah. Aber was war sein erstes Wort, das er zu mir sprach? – Wie es anderen gehe! Fragen, wie er selbst sich fühle, überhörte er geflissentlich. Er sprach an diesem Tage von den großen Erfolgen der eurythmischen Schule, die unter Frau Marie Steiner durch Deutschland reiste, ferner von der Herausgabe des medizinischen Buches, das er mit Frau Dr. Wegman vorbereitet hatte. Druckbogen mit Korrekturen von seiner Hand lagen auf der Decke.«[753]

Als Steffen anderntags, am 27. März, zur gewohnten Zeit um 17 Uhr wiederkommt, macht der Patient einen frischen und gekräftigten Eindruck. Das Gespräch über Weltanschauung und Dichtung nimmt an der Stelle seinen Fortgang, an der man am Vortag endete. Die vorausgegangene Krise scheint überwunden. – Wieder einen Tag später: Zwar ist Steiner noch mit Korrekturen an *Erweiterung der Heilkunst* beschäftigt. Aber die wenigen Menschen, die um ihn sind, bemerken »eine leichte Traurigkeit [...]. Die Leuchtekraft seiner Augen fand ich schwächer wie sonst, und eine große, nicht zu erklärende Sorge erfaßte mich«, so berichtet Ita Wegman, obwohl, medizinisch gesehen, in der Tat eine leichte Besserung zu konstatieren ist.

Am Sonntag, dem 29. März erwacht Rudolf Steiner mit Schmerzen. Entgegen seiner bisherigen Gewohnheit arbeitet er nicht. An diesem Morgen gibt er der Mitautorin die Korrekturen zum gemeinsamen Buch. Am Spätnachmittag verschlechtert sich der Zustand des Patienten. Aber als wolle er sich mit einer letzten Willensanspannung dagegen stemmen, richtet er seine Gedanken auf den Fortgang der Arbeiten. Er erkundigt sich, ob das Atelier nebenan nicht bald fertig sei, damit er darin am Innenmodell des künftigen Goetheanums arbeiten könne. Man benachrichtigt Marie Steiner am späten Abend in Stuttgart und wiederholt den telefonischen Anruf am frühen Morgen. In dieser Nacht vom 29. auf den 30. März tritt die eigentliche Verschlechterung ein, die zum Ende führt. Es gehe ihm gar nicht schlecht, er könne nur nicht schlafen, sagt Steiner, als sich Ita Wegman morgens um 3 Uhr erkundigt. Von ihm gerufen, bemühen sich die beiden Ärzte eine Stunde später, um die neu aufgetretenen Schmerzen zu mildern. Der Puls verschlechtert sich, die Atemzüge gehen schneller. Um 5 Uhr versammeln sich die Vorstandsmitglieder im Vorraum zum Atelier. Die Stimme Steiners, der seine Anweisungen, auch für seine weitere Behandlung, gibt, ist deutlich zu vernehmen. Als um 6.30 Uhr die Arbeiter zum Bauplatz heraufkommen, schickt man sie weg, damit alle Maschinengeräusche vermieden werden. Etwa um 7 Uhr fahren Marie Steiner und Emil Leinhas im Auto von Stuttgart ab. Als sie gegen 12 Uhr mittags in Dornach eintreffen, ist Rudolf Steiner bereits seit etwa zwei Stunden tot. Um diese Zeit teilt die Schweizerische Depeschenagentur mit: »Der Leiter der anthroposophischen Bewegung Dr. Rudolf Steiner ist heute um 10 Uhr vormittags im Alter von 64 Jahren gestorben.«[754]

»Das Weggehn war wie ein Wunder. Als ob es sich von selbst verstände, ging er. Es war mir, wie wenn im letzten Augenblick die Würfel der Entscheidung fielen. Und als sie gefallen waren, war kein Kampf, kein Versuch mehr da, auf der Erde bleiben zu wollen. Er schaute einige Zeit ruhig vor sich hin, sagte noch ein paar liebe Worte zu mir und schloß mit Bewußtsein die Augen und faltete die Hände.«[755] Links zu seinen Füßen die überlebensgroße Christusstatue, die er selbst entworfen und geschnitzt hatte, so wie er, Rudolf Steiner, den »Menschheitsrepräsentanten« schaute.

Die Bestürzung über den Tod Rudolf Steiners ist groß, und zwar nicht allein wegen des unersetzlichen menschlichen Verlustes. Der engste Kreis der Mitarbeiter und die Anthroposophische Gesellschaft sind tief beunruhigt, auch wenn die ersten internen Verlautbarungen dies eher in verschlüsselter Form zu erkennen geben. Denn er, der als Seher und als Geistesforscher über Vergangenes und Zukünftiges vielfältige Aussagen gemacht hat, hatte seine Anhänger über seinen bevorstehenden Hingang völlig im unklaren gelassen. Sollte er sich selbst erst viel zu spät dessen bewußt geworden sein? Dafür spricht, daß er bis zuletzt versuchte, auch gestalterisch sein Werk fortzuführen. Und was noch folgenreicher werden sollte: er traf keine Vorsorge für einen eventuellen Nachfolger. Nicht einmal auf die definitive Frage seiner Vorstandsmitglieder gab er Antwort. Während er dem Stuttgarter Lehrerkollegium immerhin die erforderliche Entscheidungsfreiheit zuerkannte, nahm er »weder mündlich noch schriftlich Abschied vom Gründungsvorstand, den er an der Weihnachtstagung gebildet hatte. Er gab auch keine Richtlinien, keine Ratschläge. Er ging – ohne ein Wort.«[756] Dabei war nur klar, daß die Beschlüsse jener Weihnachtstagung von 1923 Steiners Existenz voraussetzten.

Nimmt man hinzu, daß in mancherlei Hinsicht – angesichts vieler offener grundsätzlicher Fragen – für Konfliktstoff reichlich gesorgt war[757], dann begreift man die Ratlosigkeit im Dornacher Zirkel. Im Mitteilungsblatt vom 26. April 1925, also vier Wochen nach Steiners Tod, faßt Ita Wegman den Vorgang so zusammen: »In vollem Bewußtsein, aber ohne ein Wort über die Zukunft gesprochen, ohne Anweisungen oder Botschaften für diese oder jene Persönlichkeit hinterlassen zu haben, ist der Meister von uns weggegangen. Und eine direkte Frage diesbezüglich wurde bewußt mit ›nein‹ beantwortet. Warum das?«[758] Und Rudolf Grosse kommentiert das Unfaßbare: »Dieses Verhalten zu verstehen, ist nicht leicht. Es ist ungewöhnlich und gibt ein schweres Rätsel auf. Ja, man darf sagen, daß die Seele ohne rechtes Verstehen sich kaum einer Schwermut erwehren könnte. Was drückt dieses Schweigen von Rudolf Steiner aus? Hat er vielleicht ein anderes, ein reiferes Verstehen erwartet?«[759] »In Trümmer schaut das Auge«, so schrieb Steiner einst nach dem Brand des Goetheanums; in den Tagebuchaufzeichnungen aus der Zeit der letzten Krankheit finden sich die Verse:

Du Widersinnszauber des Lebens,
Du scheinest in der Nacht,
...
Daß seelenquälend sich verbreitet,
Was dämonisch Unheil schafft
Und nach Schlangenart näher gleitet.[760]

Gewiß ist dies nicht Steiners letztes Wort, aber eines seiner letzten »Wahrspruchworte«, ehe das goße Schweigen anbrach. Fragen über Fragen. Aber statt die kontrovers diskutierten Spekulationen der Mitglieder zu referieren, sei schließlich auf ein Faktum hingewiesen, das heute besteht, obwohl die Weihnachtstagung die Vereinigung von anthroposophischer Bewegung und Anthroposophischer Gesellschaft in Gang bringen sollte: Es gibt heute *neben* der Anthroposophischen Gesellschaft eine anthroposophische Bewegung, die völlig unabhängig von ihr existiert. Der von Steiner in Kraft gesetzte Impuls hat zwar nicht in der Weise um sich gegriffen, daß er selbst und sein Werk zu einer »Hoffnung neuer Kultur« geworden wären. Es ist aber nicht von der Hand zu weisen, welche nachhaltige Wirkung von der Steinerschen Anthroposophie ausgegangen ist und in einem sich verstärkenden Maße noch ausgehen wird. Diese Wirkung beschränkt sich durchaus nicht allein auf die sogenannten Lebensfrüchte der Anthroposophie, sondern auch auf ihr Zentrum, den Erkenntnisweg, der in die anthroposophische Esoterik hineinführt. Ihn kann beschreiten, auch wer nicht die Absicht hat, sich einer anthroposophischen Gruppierung anzuschließen.[761] Im Sinne einer solchen Breiten- wie Tiefenwirkung sorgen schon die allgemein zugänglichen, in großen Auflagen, Taschenbucheditionen und Übersetzungen erscheinenden grundlegenden Werke Rudolf Steiners.

Und bestanden Steiners Absichten – seit den frühen Goethestudien, seit seiner Freiheitsphilosophie und schließlich seit seiner methodischen Grundlegung der Anthroposophie – letztlich nicht darin, »Geistesschüler auf die Bahn der Entwicklung zu bringen«?

Daß Rudolf Steiner dieses Leitmotiv am Anfang seiner geisteswissenschaftlichen Tätigkeit nicht preisgegeben, sondern eher noch erweitert hat, belegen Aufzeichnungen aus den letzten Wochen.[762]

Ich möchte jeden Menschen
Aus des Kosmos' Geist entzünden,
Daß er Flamme werde
Und feurig seines Wesens
Wesen entfalte.

EPILOG

Bleibende Anfrage und Herausforderung

Jedes Menschenleben hat seinen geschichtlichen Ort. Das besagen bereits schon die biographischen Daten. Gewiesen an Ort und Zeit, steht es in einem großen geistig-kulturellen und in einem gesellschaftlich-sozialen Zusammenhang, aus dem es nicht beliebig herausgelöst werden kann. Die Binsenwahrheit »Jeder ist ein Kind seiner Zeit« bekommt von daher eine tiefere Bedeutung. Das trifft in erhöhtem Maß auf die kulturschöpferisch tätigen, ihrer Zeit und Mitwelt Impulse gebenden Persönlichkeiten zu.

So notwendig es ist, die Zeit und Mitwelt eines Menschen zu betrachten (Friedrich Hiebel formuliert: »Rudolf Steiner im Geistesgang des Abendlandes«), damit ein Bild von dem jeweils konkreten Menschen gewonnen werden kann, es hieße einen Menschen zu einem Oberflächenwesen machen, wollte man ihn lediglich auf einen »Zeitgenossen« reduzieren. Die anthroposophische Menschenkunde hat in Übereinstimmung mit älteren philosophischen und auch religiösen Anthropologien gezeigt, daß die leiblich-seelisch-geistige Ganzheit eines Menschen erst dann wenigstens annähernd erfaßt wird, wenn man dessen Individualität, das heißt seine überzeitliche Einmaligkeit und Einzigartigkeit zu würdigen sucht, und zwar ganz gleich, welche Rolle man der Idee wiederholter Erdenleben (Reinkarnation) zuweist. Praktisch heißt das: Alle Bemühungen, ein menschliches Wesensbild zu gewinnen, bleiben zwangsläufig auch vor-läufig. Der Biograph kann wohl Daten und Tatsachen erheben, er kann Wechselbeziehungen sichtbar machen, er mag schicksalhafte Konturen umreißen, aber das Geheimnis des Menschen, eben dieses konkreten Menschen, entzieht sich doch einer hinreichenden Beschreibung oder Ausdeutung. Wenn das so ist, dann erhebt sich die Frage, was die Hieroglyphe eines solchen Lebens besagen will und welchen Lebensauftrag eine solche Individualität zu erfüllen hatte, vor allem, was sie der Nachwelt bedeutet. Bei Rudolf Steiner liegt es, wie schon eingangs angedeutet, nahe, auf die Lebensfrüchte der Anthroposophie zu verweisen, die in den

Jahrzehnten seit seinem Tod im Jahre 1925 eher noch an Relevanz und an allgemeinem Interesse gewonnen haben. Anthroposophie ist in der Tat stärker gefragt denn je, soweit sich dies auf eine ganze Reihe von lebenspraktischen Ergebnissen bezieht. Ihr Alternativcharakter steht außer Zweifel, ja er ist weltweit anerkannt. Doch damit nicht genug.

Es könnte ja sein, daß man sich zwar eine gewisse Auswahl solcher Ergebnisse gefallen läßt, an dem eigentlichen Wollen und Wesen Steiners bzw. seines Werks jedoch vorübergeht. Und dieser Lebensleistung wird man eben keinesfalls gerecht, wenn man in ihr lediglich eine Weltanschauung sieht, der gegenüber man je nach eigenem Standort oder persönlichem Vorverständnis zustimmend, ablehnend sein kann. Ganz unabhängig von dem ebenso imponierenden wie verwirrend weitläufigen Gesamtumfang ihrer Lehrmitteilungen will Anthroposophie »ein Erkenntnisweg« und eine Erkenntnismethode sein, mit deren Hilfe das menschliche Bewußtsein in qualitativer Weise erweitert, also vertieft und intensiviert werden kann. Erst von daher fällt ein erhellendes Licht auf die neue Sicht von Mensch und Welt, die Steiner in Wort und Schrift eröffnet hat und die ihrerseits die Ausgangsbasis für ein erkenntnisgetragenes Handeln abgibt. Mit einer bloßen Steiner-Rezitation oder mit einer bei den Wortlauten verharrenden Steiner-Scholastik ist es nicht getan. Ein derartiges Zyklen- und Schriftgelehrtentum hält eher davon ab, das »lebendige Wesen der Anthroposophie« als eine impulsgebende Kraft zu erfassen. Und das um so mehr, als sich an der Schwelle zum dritten Jahrtausend immer stärker eine Ahnung und ein Wissen davon ausbreiten, daß die Menschheit an einer entscheidenden Zeitwende steht, die ein gründliches Umdenken und ein konsequentes Umschwenken verlangt. Der Evangelienruf »Metanoeite« – denkt um, kehrt um! – hat überraschende Aktualität gewonnen. Was liegt näher, Rudolf Steiner als eine Stimme und als ein Zeichen dieser Zeit ernst zu nehmen?

Wie immer man Steiner einschätzen mag, sein Leben und Schaffen sind eine Herausforderung, die aufs engste mit den großen Herausforderungen dieses Jahrhunderts verknüpft ist.

> Es bedarf der Mensch der inneren Treue,
> Der Treue zu der Führung der geistigen Wesen.
> Er kann auf dieser Treue auferbauen
> Sein ewiges Sein und Wesen
> Und das Sinnensein dadurch
> Mit ewigem Licht
> Durchströmen und durchkraften.[763]

Marie Steiner-von Sivers an der Seite Rudolf Steiners

Ein Blick auf die Geschichte der Anthroposophischen Gesellschaft

Es liegt im Wesen einer Lebensbeschreibung, daß die zu porträtierende Persönlichkeit den Mittelpunkt beherrscht und oft auch alle anderen Zeitgenossen in ihrer weiteren Umgebung überragt. Dabei bedarf es keines besonderen Hinweises, daß der betreffende Mensch nicht nur auf den Schultern anderer steht, sondern daß er erst aus dem schicksalhaften Beziehungsgeflecht seiner Mitwelt verständlich wird. Mehr noch: Viele dieser Mitmenschen haben das Lebenswerk großer Persönlichkeiten erst möglich gemacht, haben an ihm und an seinem Schaffen aufbauend mitgewirkt. Diese Einsicht mag Christian Morgenstern erfüllt haben, als er die Verse schrieb:

> Die in Liebe dir verbunden,
> werden immer um dich bleiben,
> werden klein' und große Runden
> treugesellt mit dir beschreiben.
> Und sie werden an dir bauen,
> unverwandt, wie du an ihnen, –
> und, erwacht zu einem Schauen,
> werdet ihr wetteifernd dienen!

Gerade bei Gestalten, die in vieler Hinsicht als herausragend angesehen werden dürfen, ist es erforderlich, den schicksalhaften Kontext aufzuhellen und die individuelle Eigengestalt zu verdeutlichen. Die Zahl derer, die durch eigene Produktivität ein geistiges Profil erlangt haben und daher dem Steinerschen Lebensbild zugeordnet zu werden verdient, ist nicht eben überwältigend groß. Hier seien nur Menschen wie Michael Bauer,[764] Christian Morgenstern,[765] Friedrich Rittelmeyer,[766] Carl Unger[767] oder Ita Wegman[768] genannt. Allen voran steht aber Marie Steiner-von Sivers.

Als sie Rudolf Steiner begegnete, hatte sie mit 33 Jahren bereits die Lebensmitte erreicht; 23 Jahre lang stand sie als seine engste Mitarbeiterin ihm zur Seite, und 33 Jahre hat sie Steiner überlebt. Viereinhalb Jahrzehnte stellte sie somit ihre Kraft in den Dienst der Anthroposophie. Wenn man hinzunimmt, daß dieser Einsatz mit den größten Widrigkeiten und mit persönlichen Anfeindungen aus den eigenen Reihen verbunden war, dann wird deutlich, welche schicksalhafte Aufgabe der Lebensgefährtin Rudolf Steiners auferlegt war, nämlich als Organisatorin, als Künsterlin, als Verlegerin sowie als Treuhänderin des literarischen und künstlerischen Nachlasses.

Marie von Sivers entstammt einer deutsch-baltischen Familie evangelischer Konfession. Am 14. März 1867 wurde sie in Wlotzlawek bei Warschau geboren.[769] Sie war das dritte Kind des in russischen Diensten stehenden Generalleutnants Jacob von Sivers (1813–1882) und seiner aus dem Rheinland stammenden Ehefrau Caroline, geborene Baum (1834–1912). Marie wuchs zunächst in St. Petersburg auf, wo sie eine Privatschule der dortigen deutschen Kolonie besuchte. Nach dem im Baltikum üblichen Brauch wurde sie erst mit 17 Jahren in Petersburg konfirmiert. In diesem Jahr 1884 trat sie mit ihrer inzwischen verwitweten Mutter verschiedene Reisen nach Mittel- und Westeuropa an. Sie besuchte Deutschland, die Schweiz und Österreich, später Südfrankreich, Paris und London. Sie erwarb das Diplom als Lehrerin. Die ursprüngliche Absicht, Sprachen und vergleichende Religionswissenschaft zu studieren, fand nicht die Einwilligung der Familie. In einer autobiographischen Aufzeichnung, in der Marie von Sivers dies berichtet, schreibt sie, die revolutionäre Stimmung im damaligen zaristischen Rußland habe die Ablehnung der sehr konservativ eingestellten Familie bestimmt. »In der guten Meinung, damit einer Gefahr vorzubeugen, die durch solch unseligen Hang zum Studium bewirkt wurde, geschah alles, was dieser Neigung Hindernisse in den Weg legen konnte. Als Zeuge jener Zeit blieben nur viele Hefte übrig mit Arbeiten an alten und neuen Sprachen und alten Kulturinhalten, die in voller Einsamkeit betrieben werden mußten. Bis zu einem gewissen Grade gefördert wurde die Vorliebe für Rezitationen und die Teilnahme an gesellschaftlichen Schauspielveranstaltungen. Das gesellschaftliche Leben von Petersburg wurde aber von Marie von Sivers als etwas Tötendes und dem Untergang Geweihtes empfunden.«[770]

Der Weg zur Kunst schien der jungen Frau vorgezeichnet zu sein. Veranlaßt durch mancherlei äußere Umstände sowie aus gesundheitlichen Gründen reiste sie erneut nach Paris. Hier lernte sie die Klassiker-Aufführungen an der Comédie Française kennen und entwickelte ihr Interesse für die dramatische Dichtung. »Das ging Hand in Hand mit dem Unterricht in der französischen Rezitationskunst. Durch eine glückliche Fügung konnte Marie von Sivers die Erlaubnis erlangen, nach Belieben dem Unterricht im Pariser Conservatoire beizuwohnen, die Art der Ausbildung kennenzulernen jener Schüler, aus deren Auslese dann die Schauspieler an der

Comédie Française hervorgingen.«[771] Der etwa zweijährige Paris-Aufenthalt (1895–1897) sowie die weitere künstlerische Ausbildung ebnete zwar Marie von Sivers eine schauspielerische Karriere, die in Berlin ihren Anfang nehmen sollte. Daß sie schließlich dennoch scheiterte, führte sie auf einen persönlichen Entschluß zurück. Das war ein Jahr bevor sie – ebenfalls in Berlin – Rudolf Steiner kennenlernte. Wie bereits berichtet,[772] geschah dies in einem ganz anderen gesellschaftlichen Zusammenhang, nämlich bei den Theosophen in Berlin-Charlottenburg. Die angehende Schauspielerin war im Begriff, die Werke des französischen Theosophen und Schriftstellers Edouard Schuré ins Deutsche zu übertragen. Die Auseinandersetzung mit dem spirituell-dichterischen Gedankengut dieses Autors half die Begegnung mit Steiner vorzubereiten. Sie sollte für beide und für beider Schaffen zur entscheidenden Lebensbegegnung werden.

Um 1900 war keineswegs abzusehen, wie die schauspielerische Begabung von Marie von Sivers mit der Theosophie bzw. mit der späteren Anthroposophie verbunden werden könnte. Steiner riet, »die Arbeit an der Sprache durchaus nicht fallenzulassen, im Gegenteil die erworbenen Erfahrungen auf diesem Gebiet zu verwenden, um das rhythmische und plastisch-malerische Element in der Sprache bewußt zu pflegen und dadurch auf die Kunst der Rezitation reformierend zu wirken. Er hatte schon Ende der neunziger Jahre in den ›Dramatischen Blättern‹, dem Organ des deutschen Bühnenvereins und Beiblatt des von ihm redigierten ›Magazins für Literatur‹, die Probleme echter Bühnekunst erörtert und grundlegende Gesichtspunkte dafür aufgestellt. – Mein Weg mußte mich zu ihm führen, da er der einzige war, der auf die unsere Generation in dem Zeitalter des intellektualistischen Materialismus bestürmenden Lebensfragen Antwort geben konnte.«[773]

Von der Bühnenkunst zur Grundlegung einer modernen »Geisteswissenschaft« – so kann mithin Marie von Sivers' Wegführung überschrieben werden. In seinem »Lebensgang« schildert Steiner, wie er die gemeinsame innere und äußere Weggestaltung sah, als beide die Führung der deutschen Sektion der Theosophischen Gesellschaft übernahmen:

> »Marie von Sivers war *die* Persönlichkeit, die durch ihr ganzes Wesen die Möglichkeit brachte, dem, was durch uns entstand, jeden sektiererischen Charakter fernzuhalten und der Sache einen Charakter zu geben, der sie in das allgemeine Geistes- und Bildungsleben hineinstellt. Sie war tief interessiert für dramatische und deklamatorisch-rezitatorische Kunst und hatte nach

dieser Richtung eine Schulung, namentlich an den besten Lehrstätten in Paris durchgemacht, die ihrem Können eine schöne Vollendung gegeben hatte. Sie setzte die Schulung noch zu der Zeit fort, als ich sie in Berlin kennen lernte, um die verschiedenen Methoden des künstlerischen Sprechens kennen zu lernen. Marie von Sivers und ich wurden bald tief befreundet. Und auf der Grundlage dieser Freundschaft entfaltete sich ein Zusammenarbeiten auf den verschiedensten geistigen Gebieten im weitesten Umkreis. Anthroposophie, aber auch dichterische und rezitatorische Kunst gemeinsam zu pflegen, war uns bald Lebensinhalt geworden.«[774]

Den äußeren Rahmen für diese Gemeinsamkeit bot die Theosophische Gesellschaft, in die Rudolf Steiner und Marie von Sivers all das einbrachten, was als Gabe und als individueller Lebensauftrag in ihnen lebte. Was die zwei Menschen, von außen her gesehen, verband, war die Tatsache, daß beide in einer slawischen Umgebung aufgewachsen waren. Gesellschaftlich gesehen konnte die Distanz zwischen dem aus bescheidensten Verhältnissen kommenden Sohn eines österreichischen Kleinbürgers, eines »Dörflers«, und der weitgereisten, städtisch-großbürgerlichen Offizierstochter aus Petersburg kaum größer sein. Indem Marie von Sivers sich der Theosophischen Gesellschaft zum gleichen Zeitpunkt wie Rudolf Steiner anschloß und als Sekretärin zur Verfügung stellte, ergab sich die Zuweisung der von ihr zu leistenden Arbeit wie von selbst. Die noch in ihren Anfängen stehende geisteswissenschaftliche Bewegung konnte nur dadurch eine breitere Basis gewinnen, daß Steiner in Wort und Schrift für die Verbreitung des theosophisch-anthroposophischen Gedankengutes warb. Das erforderte vom deutschen Generalsekretär vor allem eine ausgedehnte Reisetätigkeit, die Veranstaltung von Vorträgen, die Begründung neuer Ortsgruppen (»Logen«) und den ständigen Kontakt mit den bisherigen und den neu gewonnenen Mitgliedern. Hier war gerade die organisatorische Begabung nötig, die Marie von Sivers mitbrachte. Liest man beispielsweise ihre Briefe an Mitglieder, Freunde und Mitarbeiter, die sie in jenen Anfangsjahren teils von Berlin aus, teils als Reisebegleiterin Rudolf Steiners unterwegs verfaßt hat, dann bekommt man einen Eindruck von der Vielfalt der Verpflichtungen beider. Denn wenn von der starken Beanspruchung Steiners die Rede ist, dann obliegt der Sekretärin, die abzusprechenden Termine für Vorträge, Ratsuchende oder auch für die Ablieferung von druckreifen Manuskripten so zu legen, daß zeitliche Kollisionen nach Möglichkeit vermieden werden. Bekanntlich geht es dabei um die wenig beachteten, als selbstverständlich angesehenen »Kleinigkeiten«, von der Besorgung der Vortragsräume, den Zimmerbestellungen bis hin zu den Abrechnungen für die zu versendenden Schriften, Handzettel und Plakate. So schreibt sie von unterwegs an ihre Berliner Mitarbeiterin, Johanna Mücke, am 25. September 1907 aus Hannover:

»Der Doktor hat ja immerfort gearbeitet, auch in Rom, wo wir zwei Wochen waren; er hat nie pausiert, wenn er von den Spaziergängen und Besichtigungen nach Hause kam . . . Nach Rom waren wir je einen Tag in Pisa, Genua, Mailand, dann kamen Luzern und Bern, wo der Doktor zwei öffentliche Vorträge hielt; eine Woche bei Schuré, wo er jeden Abend Vortrag gehalten hat; ein kleiner Kursus in Stuttgart, wo wieder massenhaft Menschen ihn in Anspruch genommen haben, ein schnelles Durchfliegen durch Berlin und Potsdam, und jetzt der 14tägige Kurs in Hannover. Wenn der zu Ende ist, kommt nun endlich wieder Berlin. Was sind wir doch für heimatlose Menschen geworden!«[775]

Zu bedenken ist ferner, daß Steiners engste Mitarbeiterin nicht nur als »Sekretärin« zu fungieren hat. Auf den Reisen nach Rußland, nach Frankreich oder Italien ist sie seine Dolmetscherin. Schreibt sie nach München, wo die Vorträge mit künstlerischen Vorführungen zu verbinden sind mit Aufführungen von Schurés »Mysterium von Eleusis« oder mit Steiners Mysteriendramen, dann ist klar, daß u. a. bühnentechnische Fragen aller Art geklärt werden müssen. Oft fehlt es an den erforderlichen Hilfskräften. Tausend Dinge müssen rechtzeitig, das heißt lange vor der Ankunft, bedacht sein. Eine Ahnung von den diesbezüglichen »Dienstbesprechungen« mit Steiner bekommt man im Brief an das Münchner Mitglied Sophie Stinde vom 27. Dezember 1909: ». . . Die Kurse sind schon alle bestimmt bis auf den vom Augustmonat. Gestern nun bat ich den Doktor, sich zu entscheiden, weil so viele Anfragen vorliegen. Da sagte er, er würde gern wieder diesen Kursus mit Theater verbinden. Ja, nun meinte ich, ›die Münchener Damen werden an ihre Strapazen vom vorigen Jahr noch zu tragen haben‹, und wo es denn sein sollte, ob in Karlsruhe, Stuttgart oder Frankfurt. Wenn z. B. ›Iphigenie auf Tauris‹ gespielt würde, könnte man es ja überall machen. Da sagte der Dr., daß er doch gern das ›Märchen‹ von Goethe stellen würde, evtl. eine Wiederholung des ›Mysteriums von Eleusis‹. Das ›Märchen‹ wird natürlich wieder so viele Dekorationen und Kostüme verlangen, daß es schwer halten würde, sie an einem anderen Ort fertig zu stellen . . .«[776]

Als es dann so weit ist, daß Rudolf Steiner und Marie von Sivers im August 1910 von der Arbeit in München geradezu verschlungen werden, besteht Anlaß zur Entschuldigung bei der in Berlin ausharrenden, d. h. mit mancherlei Fragen und Sachentscheidungen allein gelassenen Mitarbeiterin Johanna Mücke: »Es liegt ein absolutes Verhängnis über meiner Korrespondenz. Wir haben zu starke Aufgaben gekriegt für die knappe Zeit. Es ist gar nicht möglich auszudenken, wie alles fertig sein soll... Und trotzdem wir in unseren eigenen Angelegenheiten zurückstehen müssen vor den Anforderungen der Vielen, wächst und gedeiht doch das Ganze.« – Wie ein Hilferuf mutet der nächste Brief aus München an, wo Steiners erstes Mysteriendrama uraufgeführt werden soll: »... In nächster Woche werde ich nichts besprechen können, was außerhalb unserer Münchener Arbeit liegt. Denken Sie: nicht *eine* Woche bleibt uns mehr, und viereinhalb Akte habe ich noch gar nicht als Text erhalten. 12 Verwandlungen hat das Stück, man kann es also nicht Akte nennen, wir sind bei der 8. angelangt. Und was gibts nicht sonst alles!...«[777]

Der nächste Brief, der das Datum vom 9. September 1910 trägt, ist bereits in Bern abgefaßt: »... Es sind nicht so viele Menschen wie in München, wohl nur 250, obwohl es nach mehr ausschaut und der Großratssaal voll ist, aber diese 250 Menschen genügen vollkommen, um einem wenig Möglichkeit für andere Arbeit zu lassen.« Diese andere Arbeit aber drängt. Es handelt sich beispielsweise um die Vorbereitung der Generalversammlung der Theosophischen Gesellschaft. »Der Doktor hat mir noch gar keinen Programmentwurf gegeben, und ich mache meine gewöhnlichen Schmerzen durch, weil ich gar nicht die Möglichkeit habe, die äußeren Dinge durch exakte Erledigung abzuwälzen. Ich mache mir noch keine großen Sorgen wegen der Programme, da die Generalversammlung eine Woche später angesetzt ist...«[778] – Drei Tage später ist der aus zwölf Vorträgen bestehende Berner Zyklus über das Matthäusevangelium abgeschlossen. Die Briefschreiberin lamentiert:

»Man könnte denken, daß ein Monat wirklich notwendig sei, um von diesem Auseinandergerissenwerden auszuruhen, – aber es werden doch wohl nur zehn Tage daraus. Und statt still in Berlin Altes aufarbeiten zu dürfen, müssen wir, vor Menschen flüchtend, strawanzen. Ich würde so gern in Berlin alles ruhig einrichten, aber der Dr. hätte dort keinen Frieden und würde auch gleich die Logenarbeit beginnen«,[779] – das heißt, er würde seine interne Vortragstätigkeit alsbald fortsetzen. Daran war auch nicht zu zweifeln. Im übrigen traf zu, was Steiner einmal auf die schon bekannte knappe Formel brachte: »Ich hatte die Vorträge zu halten, Frau Doktor organisierte die ganze Anthroposophische Gesellschaft.«[780]

Der Begriff des Organisierens ist hier denkbar weit zu fassen. Er umschließt die Sammlung und Drucklegung der zahlreichen Vorträge ebenso wie die nach und nach sich entwickelnde künstlerische Tätigkeit, in der Steiner seiner Gefährtin völlig freie Hand ließ, auch wenn er ihr mit seinen Anregungen zur Seite stand. Als er Anfang 1905 seine Berliner Vorträge zum Schiller-Gedenkjahr hielt, schrieben Marie von Sivers und Johanna Mücke mit, um den meist frei improvisierten Text festzuhalten. Damit gab Marie von Sivers den Anstoß für die Herausgabe und Drucklegung der vielen Vortragsnachschriften.« Wenn Du wirklich findest, daß die Schillervorträge zu drucken gehen, so lasse sie immerhin drucken«, schreibt er am 16. April 1905 aus Mannheim. In der Vorrede des Autors heißt es dann:

»Der Abdruck ist erfolgt lediglich nach Notizen, die sich zwei Zuhörer während der Vorträge gemacht haben. Ich selbst war gar nicht in der Lage, die Aufzeichnungen durchzusehen. Nur einem dringenden Wunsche entspreche ich, wenn ich meine Einwilligung zur Drucklegung gebe. Eigentlich bin ich nicht der Ansicht, daß Vorträge gedruckt werden sollen. Was gesprochen wird, ist auf das Gehört-werden und nicht auf das Gelesen-werden zu stilisieren. Gesprochene Abhandlungen oder Bücher (die aus nachgeschriebenen Vorträgen entspringen) sind ein Unding.«[781]

Und zu eben diesem »Unding« in heute mehr als dreihundert Bänden hat Marie Steiner-von Sivers den Anstoß gegeben! Als Verlegerin und als Herausgeberin hat sie die damit verbundene Arbeitsfülle auf sich genommen. Als die Protokollantin befürchtet, sie könne mit ihrer Initiative übereilig gehandelt haben, beruhigt Steiner sie: »Mache Dir doch keine Sorge darüber, daß mir etwas nicht recht sein könnte. Was Du tust, entspringt schon immer den rechten Impulsen.« Dies ist nicht als eine beiläufig oder zufällige Äußerung zu verstehen. Längst gibt es unbezweifelbare Belege für eine tiefe innere Gemeinsamkeit. Da heißt es etwa in Briefen vom 18. und 19. April 1903: »Du verstehst mich; und das gibt mir Kraft, das macht mir die Flügel frei.« Und: »Für heute nur einen Richtsatz: wir halten treu zusammen . . .« Ein andermal ist von »treuer, fester Waffenbrüderschaft« die Rede.[782] Die erste testamentarische Verfügung, die Steiner trifft, findet sich in einem seiner Notizbücher aus dem Jahre 1904:

Testament. Ich wünsche, daß alles Marie von Sivers verfügt, was nach meinem Tode zu verfügen ist. Sie hat alles zu tun. Rudolf Steiner.[783]

Daß diese und viele andere Äußerungen dieser Art nicht auf bloßer Sympathie basieren, geht aus dem Briefwechsel hervor, der vom Jahrhundertanfang bis zu Steiners letztem Krankenlager reicht. Steiner verweist immer wieder auf die schicksalhafte, in esoterischen Tatbeständen gegründete Verbindung der beiden Menschen hin. Diese findet u. a. in Marie von Sivers' verantwortlicher Mitwirkung in der Esoterischen Schule Ausdruck. Von 1906 bis zur Auflösung dieses inneren Kreises der theosophisch-anthroposophischen Gesellschaft im Sommer 1914 leitete sie die zweite Abteilung oder Klasse der E.S.[784]

Während die Pflege des Künstlerischen in der anglo-indischen Theosophie zu kurz kam, sorgte Marie von Sivers mit all ihren Gaben für Abhilfe. Ihre Übersetzungsarbeit an Dramen von Edouard Schurés ist bereits erwähnt worden; 1905 verdeutschte sie das Drama »Die Kinder des Luzifer«. Aber die erste gemeinsame Veranstaltung, in der der Vortrag Steiners und die künstlerische Rezitation eine Einheit bilden sollten, fand am 7. Mai 1906 mit Hegels Dichtung »Eleusis« statt. Steiner stellte die Aufgabe der von ihm vertretenen Geisteswissenschaft als eine Synthese von Kunst, Wissenschaft und Religion dar, während Marie von Sivers »Eleusis« rezitierte.[785] Damit sollte auf den Traditionsstrang hingewiesen werden, der von den Mysterien des Altertums bis zu der zu schaffenden Mysterienkunst der Gegenwart reicht. Im Rückblick erweist sich diese Veranstaltung als ein Auftakt für eine sich entfaltende anthroposophische Bühnenkunst, für die Rudolf Steiner die schöpferischen Impulse gab und deren weitere Ausgestaltung Marie Steiner später übernahm.[786]

Die erste persönliche Begegnung zwischen Edouard Schuré und Rudolf Steiner in Paris bzw. in Barr im Jahre 1906 half, die Konkretisierung einiger Bühnenwerke des französischen Schriftstellers in München vorzubereiten. Auch begann man mit der Feier der Jahresfeste (Ostern, Johanni, Michaeli, Weihnachten), zu denen Steiner »Wahrspruchworte« schuf. Einen weiteren, wichtigen Schritt auf dem eingeschlagenen Weg stellte dann der Münchner Kongreß (Pfingsten 1907) dar;[787] er wurde gekrönt mit der Aufführung des »Heiligen Dramas von Eleusis«, rekonstruiert durch Schuré, übersetzt von Marie von Sivers, in freie Rhythmen gebracht von Rudolf Steiner. Der Gedanke eines Tempelbaues wurde gefaßt.[788] Vor allem weil München der Ort für die Uraufführung der vier Steinerschen Mysteriendramen geworden war, nahm die Idee für ein »Haus des Wortes« nach und nach Gestalt an. Marie von Sivers war als Schauspielerin, als Rezitatorin von Anfang an Mitträgerin dieses künstlerischen Impulses. Es ist sicher kein Zufall, daß die Grundsteinlegung des Dornacher Goetheanums und die Grundlegung der Eurythmie in einem engen sachlichen und zeitlichen Zusammenhang stehen. Marie Steiner übernahm die Ausgestaltung und Führung der künstlerischen wie der therapeutisch-pädagogischen Eurythmie sowie die Ausbildung junger Mitarbeiter für die rezitatorische bzw. dramatische Kunst. Auch wenn es im Laufe der Zeit unumgänglich wurde, die Aufgabenvielfalt auf diesen Gebieten mit anderen zu teilen, so sorgte Marie Steiner doch stets dafür, daß das gesprochene Wort der »sichtbaren Sprache«, d. h. der Eurythmie, verbunden blieb. Über diese von Rudolf Steiner (ab 1912) geschaffene Bewegungskunst,[789] die sowohl künstlerische Form als auch therapeutische Wirkung anstrebt, schreibt seine Mitarbeiterin:

»In der Verbindung mit dem Drama führte sie dazu, demjenigen Wesensausdruck verleihen zu können, was sich sonst einer sinngemäßen Ausdrucksweise entziehen muß. Die Darstellung des Hereinwirkens des Übersinnlichen und Untersinnlichen in das Erdenleben wurde nun möglich. So hatten wir im Laufe der Jahre auf der Bühne, die in der großen Schreinerei des Goetheanums entstanden war, alle Szenen des ›Faust‹ durcharbeiten können, in die das Übersinnliche hereinspielt, und die sonst gestrichen oder verstümmelt werden.« – Hier ist anzumerken, daß es in erster Linie der Initiative Marie Steiners zu verdanken war, daß 1938 im neuerstandenen (dem zweiten) Goetheanum Goethes Faust I und II erstmals in einer Gesamtaufführung auf die Bühne gebracht werden konnten, ein bühnengeschichtliches Ereignis von Rang! Marie Steiner berichtet demnach von Vorstadien zu dem Gesamtkunstwerk, wenn sie fortfährt: ». . . Die ›Romantische Walpurgisnacht‹ mit ihrem Reichtum an gespenstischem Geschehen; Elfen, Engel und himmlische Heerscharen wirkten in dieser Darstellung einfach, erhaben und überzeugend. Je mehr wir arbeiteten und schufen, desto mehr erhielten wir; jedes in die Tat umgesetzte Streben bewirkte neue Gaben von seiten des gütigen Spenders. Der Arbeitsmöglichkeiten gab es so viele, daß die zu Gebote stehende Zeit damit nicht Schritt halten konnte.«[790]

Das zu einem Teil noch zu Steiners Lebzeiten in der »Sektion für redende und musische Künste am Goetheanum« Erarbeitete galt es an die Öffentlichkeit heranzutragen. Es entstand u. a. ein Sprechchor. Marie Steiner ging mit ihren Schülern auf Tournee, vor allem in den ersten Jahren. Die Reisen führten sie im Norden bis nach Oslo und Reval. Weil Steiner seine Frau trotz seiner Krankheit ermutigte, ihrer künstlerischen Mission zu leben, trat der Fall ein, daß sie ihrem Mann im Todesaugenblick nicht beistehen konnte, weil die Nachricht von der kritischen Phase in der Krankheit Steiners seine Frau in Stuttgart zu spät erreichte.[791]

Alle künstlerischen Aktivitäten und alle Verdienste Marie Steiners um Person und Werk Rudolf Steiners, durch die sie sich vor allen anderen Mitarbeitern und Freunden auszeichnet, können andererseits die schwere Problematik nicht verdecken, die mit ihrem Namen auch verknüpft ist. Wie die Biographie Steiners zeigt, gab es schon lange vor seinem Tod erhebliche Schwierigkeiten in der Anthroposophischen Gesellschaft, in die Steiners Ehefrau auch immer wieder involviert war. Spätestens mit Steiners Tod nahmen die zwischenmenschlichen Probleme katastrophale Züge an. Wenn es einmal möglich werden sollte, die jahrzehntelang anhaltende Krise innerhalb der Anthroposophischen Gesellschaft und Bewegung von einem relativ neutralen Standort aus zu betrachten,[792] wird man sehen, daß den hohen geistig-moralischen Ansprüchen ihrer mit der Leitung betrauten Persönlichkeiten deren tatsächliches Verhalten nicht im entferntesten entsprach. Auf die heftige Kontroverse zwischen Marie Steiner und Ita Wegman unmittelbar nach der Einäscherung des Leichnams wurde bereits hingewiesen.[793] Bald zeigte sich auch, daß der von Steiner im Zusammenhang der sogenannten Weihnachtstagung von 1923 eingesetzte sechsköpfige »esoterische« (!) Vorstand – mit Albert Steffen als zweiten Vorsitzenden, Ita Wegman als Schriftführer, Marie Steiner und Lili Vreede als Beisitzer sowie Günther Wachsmuth als Sekretär und Schatzmeister – den ihm übertragenen Aufgaben in keiner Hinsicht gewachsen war. Alle Mitglieder waren auf den ersten Vorsitzenden (Steiner) fixiert. Für den Fall seines Todes gab es keinen adäquaten Nachfolger, keine sonstige Regelung, nicht einmal eine Handhabe für eine zu treffende Maßnahme. Elementare soziale Qualitäten, ohne die ein menschliches Miteinander, zumal ein solches an leitender Stelle in einer Geistesbewegung, unmöglich ist, vermißt man bei den Genannten, Marie Steiner inbegriffen. Unterstellt man, daß die Mitglieder eines »esoterischen« Vorstands einer nach Tausenden zählenden Gesellschaft von Anthroposophen den anthroposophischen Erkenntnisweg aus eigenem Erfahren kennen, so sucht man vergebens nach entsprechenden Resultaten!

Namentlich zwischen Steffen, Ita Wegman und Marie Steiner herrschte von Anfang an Mißtrauen, ja zeitenweise offene Feindschaft und Haß. Wie konnte es dazu kommen? Sollte Rudolf Steiner die menschliche Problematik nicht klar genug gesehen haben? Sollte er nichts unternommen haben, bei seinen Vertrauten ein Höchstmaß an Klarheit und Wirklichkeitssinn zu entwickeln? – Man muß sicher keiner von den – von Steiners Anhängern gern zitierten – »Gegnern«

sein, um seiner Verwunderung über so manche Handlungsweise Steiners im Hinblick auf das rechtlich-gesellschaftliche Chaos Ausdruck zu geben, das nach seinem Tod offenbar geworden ist. Und was soll die Rede von angeblich »karmischen« Bedingtheiten, wo mehr im Spiel ist als Mangel an Takt und an Nüchternheit? Nur wenige, aber gravierende, die interne Krise bestimmende Fakten seien deshalb an dieser Stelle genannt, weil sie aufs engste mit der Person und dem weiteren Schicksal Marie Steiners verwoben sind:

Rudolf Steiner hatte mehrfach seine Frau als Universalerbin eingesetzt bzw. als solche bestätigt. Darüber hinaus bekundete er seine innere Verbundenheit mit ihr, indem er ihr sein Lebenswerk anvertraute. Bis in die letzten Briefe hinein findet sich seine Willensbekundung belegt. Noch an seinem letzten Geburtstag (27. Februar 1925) schreibt Steiner vom Krankenbett aus an die in Berlin weilende Gattin das gewichtige Wort:

> Im Urteil zusammenfühlen und -denken kann ich ja doch *nur* mit Dir... Innere Kompetenz gestehe ich für mich doch nur *Deinem* Urteil zu.[794]

Auf der anderen Seite schien die Weihnachtstagung von 1923, bei der die Anthroposophische Gesellschaft völlig neu begründet worden ist (bzw. werden sollte), ganz andere Fakten geschaffen zu haben. Jedenfalls entstand die Frage: Welche Relevanz haben die letztwilligen Verfügungen des Privatmannes Rudolf Steiner angesichts der Tatsache, daß er sich nunmehr mit seiner ganzen Existenz mit der Anthroposophischen Gesellschaft verband? In den maßgeblichen Texten anläßlich jener geistigen Grundsteinlegung sowie in vielen nachfolgenden Deutungen ließ Steiner keinen Zweifel über die Tragweite der von ihm getroffenen Entscheidung aufkommen.[795] Daneben trug Steiner zu den in der Anthroposophischen Gesellschaft gepflegten Reinkarnationsspekulationen einen erheblichen Teil bei. Sieht man einmal von den zahlreichen Karma-Vorträgen des Jahres 1924 ab, die in der Gesamtausgabe seiner Werke sechs Bände füllen, dann kursierten mancherlei Gerüchte, z. B. darüber, wie Steiner mit Ita Wegman karmisch in besonderer Weise verbunden sei.[796] An dem überaus spannungsvollen Gegenüber von Marie Steiner und Frau Wegman entzündete sich denn auch immer wieder der zwischen den beiden Persönlichkeiten im Grunde unbewältigt gebliebene Konflikt.

Mit esoterischen Leitungsbefugnissen betraute Steiner indes *beide* Frauen. Ita Wegman aber übergab er offensichtlich zusätzliche interne Aufzeichnungen. Ihr schenkte er auch sein Brustkreuz, das ihm selbst einmal in Verbindung mit einem bestimmten Ritus übereignet worden war. Als Erbin meinte Marie Steiner, diese ihrer Rivalin zugedachten Dinge seien dem allein ihr persönlich zustehenden Nachlaß Steiners zuzurechnen. Dagegen hatte Ita Wegman Anlaß, sich als enge Mitarbeiterin, wenn nicht gar als Stellvertreterin auf dem esoterischen Gebiet zu betrachten. All das mußte Mißgunst wecken, besonders bei Marie Steiner. Sie, die schon vor 1914 an der esoterischen Arbeit der Anthroposophischen Gesellschaft aktiv mitgewirkt hatte,[797] ließ ihrerseits Albert Steffen nach Steiners Tod im unklaren über bestimmte Zusammenhänge der sogenannten alten Esoterik. Als zweiter, dann als erster Vorsitzender der Gesellschaft hätte er aber die erforderliche Information zur Ausübung seines Amtes im »esoterischen« Vorstand nötig gehabt. Mit anderen Worten, Rudolf Steiner hatte es versäumt, seine engsten Mitarbeiter so aufzuklären, daß derartige Mißstimmungen erst gar nicht hätten entstehen können.

Es versteht sich, daß die hier lediglich anzudeutende Problematik sehr viel verwickelter ist, weil sie sich nicht allein auf die erwähnten Punkte der genannten Persönlichkeiten beschränkt, sondern weil auch viele andere, z. B. die Sympathisanten Steffens, die von I. Wegman und die von M. Steiner für die Ausweitung der Problematik sorgten, und zwar auf Jahrzehnte hinaus! Das Klima in der Gesamtgesellschaft wurde vergiftet! Weitere Personen aus dem Umkreis Steiners waren involviert. Das zeigen z. B. die nicht zu unterschätzenden Aufzeichnungen des Steiner-Intimus Ludwig Graf Polzer-Hoditz,[798] der aus vertrauten Gesprächen mit Steiner bis in die letzte Krankheitszeit hinein wesentliche Interna mitbekam, von denen die Vorstandsmitglieder offensichtlich nicht oder nur unzureichend informiert waren. So sind also die eigentlichen Konflikte nicht von außen an das Werk Rudolf Steiners herangetragen, sondern vielmehr durch die von Steiner bestellten Verantwortlichen, d. h. durch die Vorstandsmitglieder selbst, erzeugt worden, und zwar bis zum Ausschluß von Ita Wegman und Lili Vreede im Jahre 1935 sowie bis zur praktischen Kaltstellung Marie Steiners und vieler anderer aktiver Mitglieder. Abspaltungen waren unvermeidlich. Wie fatal dieser sich über viele Jahre erstreckende Prozeß der Selbstdiskriminierung für die Sache Rudolf Steiners auswirken mußte, zeigt die Tatsache, daß die genannten Vorgänge in die Zeit des Dritten Reiches und des europäischen Faschismus hineinfallen. Im selben Jahr 1935, in dem der Vorstandskonflikt in Verbindung mit der Selbstzertrümmerung der Anthroposophischen Gesellschaft in Europa einen gewissen Tiefpunkt erreichte, wurde die Anthroposophische Gesellschaft im nationalsozialistischen Deutschland verboten, das Ende der Waldorfschulbewegung und anderer anthroposophisch orientierter Aktivitäten war abzusehen!

Wie früh und wie gründlich die Verwalter der »Erkenntnisse höherer Welten« das ihnen von Steiner überlassene geistige Erbe verkannten, geht schließlich aus einer Art Gegengründung hervor, die der Tragikomik nicht entbehrt: In dem nicht endenwollenden Dornacher Verwirrspiel hatte Albert Steffen Anfang 1926 die irrtümliche Nachricht erhalten, man habe gleichsam hinter seinem Rücken einen – übrigens von Steiner einst angeregten – Weltschulverein gegründet. Steffen vermutete, daß das Vorstandsmitglied Lili Vreede damit zu tun habe. Das Gerücht hätte innerhalb des Vorstands aufgeklärt werden müssen. Nun gab es aber schon Ende 1925 keine regulären Vorstandssitzungen mehr, weil Steffen keine mehr einberief und Marie Steiner sich weigerte, an weiteren Sitzungen teilzunehmen. Allein die auf einer irrtümlichen Vermutung basierende Mitteilung nahm Steffen zum Anlaß, alsbald (am 24. Januar 1926) die erstaunte Mitgliedschaft mit der Gründung einer »Rudolf Steiner-Vereinigung« zu überraschen. Marie Steiner bot er als Verwalterin des Steiner-Nachlasses ein »Ehrenprotektorat« an. Diese akzeptierte tatsächlich die ihr zugedachte neue Würde.[799] Es liegt somit der kuriose Fall vor, daß zwei prominente Mitglieder des Leitungsgremiums eine Gegengründung zu eben jener Gesellschaft initiierten, für deren Ordnung sie verantwortlich waren! »Versucht man sich in die Seelenhaltung Albert Steffens hineinzuversetzen, so muß dieser bereits damals, einige Monate nach Dr. Steiners Tod, den Glauben an eine gesunde Weiterentwicklung der Anthroposophischen Gesellschaft soweit verloren haben, daß er in der Gründung einer Nebengesellschaft die einzige Garantie für den Fortbestand der anthroposophischen Bewegung erblicken konnte.«[800]

Fred Poeppig, der den Vorgang mit diesen Worten kommentiert, verschweigt als Schüler Marie Steiners, inwiefern auch sie, die Witwe Steiners, sich dabei diskreditiert hat. Aus diesen und vielen anderen, hier nicht zu erwähnenden Tatbeständen wird deutlich, wie sehr Menschlich-Allzumenschliches und respektable menschliche Leistung im Leben Marie Steiners vermischt sind. Und auch wenn Steiners eigene Handlungsweise im angedeuteten Sinne zu vielen kritischen Rückfragen Anlaß gibt, so hat sich der von ihm ausgegangene Kulturimpuls dennoch als stärker erwiesen, stärker als die oftmals fragwürdige Repräsentanz seiner Träger. Und damit ist nochmals die Lebensleistung Marie Steiners zu würdigen, ohne die die Anthroposophie nach Rudolf Steiner gar nicht denkbar wäre: die Pflege und Weitergabe des künstlerischen wie des literarischen Nachlasses. Dabei geht es um die Schaffenseinheit: Marie Steiner als Herausgeberin und Verlegerin. Schon in der Frühzeit, als sie selbst noch als Sekretärin an der Seite des Generalsekretärs der deutschen Theosophen fungierte, begründete sie am 1. August 1908 in Berlin den Philosophisch-Theosophischen Verlag.[801] Damit schuf sie die publizistische Voraussetzung dafür, daß Steiner seine Bücher und Vortragsnachschriften unabhängig von den Programmen und Terminzwängen anderer Verlage herausgeben konnte. »Unser erster Schritt war, einen Grundstock für unseren Bücherbestand zu bilden durch Ankauf der verschwundenen Restbestände von ›Philosophie der Freiheit‹, was nicht so leicht war; denn der verkrachte Verleger verbarg sich vor seinen Gläubigern und muß(te) erst aufgestöbert werden. Ich kaufte ihm dann die im Buchhandel nicht erhältlichen, irgendwo verstauten Restbestände von ›Philosophie der Freiheit‹ ab, ebenso wie ›Goethes Weltanschauung‹ und ›Wahrheit und Wissenschaft‹. Damit begannen wir . . . also ganz öffentlich«, berichtet Marie Steiner. Der spätere, nach Dornach übersiedelte Philosophisch-Anthroposophische Verlag veröffentlichte unter der Leitung Marie Steiners im Laufe der Jahre etwa 500 Titel, in der Hauptsache Erstveröffentlichungen der Steinerschen Vorträge und Vortragszyklen. Um das jeweils unter besonderen Bedingungen gesprochene Wort Steiners der Nachwelt zu vermitteln, waren erläuternde Einleitungen nötig; sie schrieb Marie Steiner.

Die über Jahrzehnte sich erstreckenden Vorstands-, Gesellschafts- und Nachlaßkonflikte erforderten es, daß auch nach dem Ableben Marie Steiners die Fortführung des Begonnenen gesichert blieb. So begründete die Sechsundsiebzigjährige 1943 den Rudolf Steiner-Nachlaßverein. Damit legte sie die Verantwortung auf die Schultern einiger zuverlässiger Mitglieder, wobei die personelle Zusammensetzung sich jeweils nach der Situation richtete. In einem Testament vom 20. Februar 1945 setzte sie den »Verein zur Verwaltung des literarischen und künstlerischen Nachlasses von Dr. Rudolf Steiner, Dornach« zum Universalerben ein.[802] Da auch diese Gründung ohne vorherige Absprache mit den beiden übriggebliebenen Persönlichkeiten des einstigen Vorstandsgremiums der Anthroposophischen Gesellschaft, Albert Steffen und Günther Wachsmuth, erfolgt war, flammte der Nachlaßkonflikt in neuer Form auf. Damit war der Grund gelegt für eine weitere schizophren anmutende Situation: Während in dem imposanten Goetheanum-Gebäude die Freie Hochschule für Geisteswissenschaft mit ihren verschiedenen Sektionen untergebracht war und die Anthroposophische Gesellschaft von hier aus weltweit repräsentiert wurde (bzw. werden sollte), lag die alleinige Verfügungsgewalt über die Autorenrechte

Rudolf Steiners nunmehr beim Nachlaßverein im benachbarten Haus Duldeck bzw. im Haus an der Rudolf Steiner-Halde. Bis in die sechziger Jahre hinein gab es zwischen beiden Institutionen keinerlei arbeitsmäßigen Kontakt. Um so erstaunlicher ist das andere Faktum, nämlich daß das Interesse am Lebenswerk Rudolf Steiners in den Jahren nach dem Zweiten Weltkrieg mehr und mehr anwuchs.

Dieses Sichtbar- und Fruchtbarwerden des anthroposophischen Kulturimpulses hängt nicht zuletzt damit zusammen, daß mit der Begründung des Nachlaßvereins und des daraus erwachsenen heutigen Rudolf Steiner-Verlags in Dornach die Voraussetzungen gegeben waren, das Werk Steiners erstmals so gut wie vollständig der Öffentlichkeit zugänglich zu machen. Noch in ihrem letzten Lebensjahr öffnete sich Marie Steiner für eine Initiative, deren Verwirklichung einem Expertenteam viele Jahre der Forschung und der editorischen Arbeit abverlangte. Es handelt sich um die heutige Gesamtausgabe der Werke Steiners. Den Anstoß dazu gab Ehrenfried Pfeiffer (1899–1961), ein damals in den USA lebender Pionier der biologisch-dynamischen Landwirtschaftsforschung. Seine vorausschauende Idee trug er im Brief vom 1. November 1947 Marie Steiner vor:

»1961 werden wir den hundertjährigen Geburtstag Dr. Steiners feiern. Es wäre schön, zu diesem Datum eine Jubiläumsausgabe aller Bücher und Schriften zu haben. Als Vorbild schwebt mir vor die Weimarer Goethe-Ausgabe und auch eine Ausgabe mit Kommentar, wie Dr. Steiners Kommentar zu den Naturwissenschaftlichen Schriften. Man könnte in einer solchen Ausgabe jeweilen in einem Anhang Erklärungen und Beiträge geben, die die Stellung der Außenwelt beleuchten und darstellen, welchen Fortschritt Dr. Steiners Werk demgegenüber bedeutet.«[803]

Auch wenn sich der Initiator angesichts der sehr begrenzten personellen und finanziellen Möglichkeiten allzu optimistischen Vorstellungen hingab, so trieb der Gedankenkeim Pfeiffers, vielen Widerständen zum Trotz, dennoch Wurzeln. Und Marie Steiners positive Aufnahme der Idee war dabei zweifellos eine wesentliche Vorentscheidung für das Gelingen des mittlerweile ausgereiften, in mehr als dreihundert Bänden vorliegenden Werks der Gesamtausgabe.

Wer sich schließlich um ein Gesamturteil bemüht, der steht auch angesichts des Lebens von Marie Steiner-von Sivers vor einer schwierigen Aufgabe. Wer nicht kritikloser Lobhudelei geziehen werden will, der muß sich zu einer Parteinahme in Maßen bequemen. Unter diesem Aspekt hat ein Wort Gültigkeit, das Lili Kolisko, eine um die die Erprobung naturwissenschaftlicher Angaben Rudolf

Steiners verdiente Anthroposophin der ersten Generation, gefunden hat: »Es ist schwierig, eine so komplizierte Persönlichkeit, wie die Marie Steiners wirklich zu verstehen. In ihrem Wesen spielten sich dauernd Konflikte ab, die sich dann äußerlich in der verschiedensten Art entluden. Was immer auf der einen Seite als Nachteiligem gegen sie geschildert werden muß, findet auf der anderen Seite vieles, für das die Gesellschaft ihr zu großem Danke verpflichtet ist. Sie war es, die frühzeitig die Größe Rudolf Steiners erkannt hatte und ihr Leben in den Dienst der Anthroposophie stellte ... Was immer gegen sie gesagt werden muß, das darf auch nicht übersehen oder vergessen werden.«[804]

Bis ins hohe Alter hinein blieb Marie Steiner künstlerisch und publizistisch tätig. Ungezählte suchten ihren Rat in allen Fragen der anthroposophischen Bewegung, auch als Alterskrankheiten ihre physische Schaffenskraft erheblich beeinträchtigt hatten und der interne Meinungsstreit sie selbst vor persönlichen Verunglimpfungen nicht verschonte. Im August 1947 zog sich Marie Steiner von Dornach in ihre letzte Bleibe nach Beatenberg/Schweiz zurück. Ihre Biographin Hella Wiesberger berichtet: »Jedoch ließ sie dadurch die Fülle ihrer Aufgaben keine Unterbrechung erleiden. Mit ihrer unnachahmlichen Gestaltungskraft widmete sie sich weiterhin der Herausgabe von Werken Rudolf Steiners, studierte dort im Frühjahr 1948 noch Goethes ›Iphigenie‹ ein, erledigte diktierend – da ihre überanstrengten Augen die Sehkraft nahezu eingebüßt hatten – täglich eine umfangreiche Korrespondenz und empfing Menschen aus allen Ländern zu Gesprächen und Beratungen. Diese Besucher äußerten sich gelegentlich erstaunt über das von Frau Marie Steiner täglich bewältigte Arbeitspensum, über ihre lebendige Teilnahme am Zeitgeschehen und die Kraft und Sicherheit ihres Gedächtnisses, durch welche sie Einzelheiten aus weit zurückliegender Vergangenheit genau beschreiben konnte.«[805]

Am Nachmittag des 27. Dezember 1948 verstarb Marie Steiner 81jährig in Beatenberg. In dem letzten, wenige Tage zuvor diktierten und unterschriebenen Brief an einen Mitarbeiter in Hellerau bei Dresden finden sich die Sätze:

»Es war wirklich sehr bitter, zu erfahren, wieviel böser Geist in unsere Gesellschaft eingezogen ist. Aber ich setze meine Hoffnung auf die heranwachsende Generation.«[806]

ANHANG

Anmerkungen

Abkürzungen häufig zitierter Werke Rudolf Steiners nach der Gesamtausgabe (GA)

Beiträge: Beiträge zur Rudolf-Steiner-Gesamtausgabe. Dornach 1961 ff.
Br I: Briefe I (1881–1891). Hrsg. von E. Froböse und W. Teichert. Dornach 1955.
Br II: Briefe II (1892–1902). Hrsg. von E. Froböse und W. Teichert. Dornach 1953.
BuD: Rudolf Steiner / Marie Steiner-von Sivers, Briefwechsel und Dokumente – 1901–1925 (GA 262). Dornach 1967.
Christentum: Das Christentum als mystische Tatsache und die Mysterien des Altertums (GA 8). Dornach 1959.
Dreigliederung: Aufsätze über die Dreigliederung des sozialen Organismus und zur Zeitlage – 1915–1921 (GA 24). Dornach 1961.
Goethe: Goethes Weltanschauung (GA 6). Dornach 1963.
Goetheanum: Der Goetheanum-Gedanke inmitten der Kulturkrisis der Gegenwart. Gesammelte Aufsätze aus der Wochenschrift *Das Goetheanum* – 1921–1925 (GA 36). Dornach 1961.
Grundlagen: Methodische Grundlagen der Anthroposophie. Gesammelte Aufsätze zur Philosophie, Naturwissenschaft, Ästhetik und Seelenkunde – 1887–1901 (GA 31). Dornach 1961.
Karma: Esoterische Betrachtungen karmischer Zusammenhänge, Bd. I–VI (1924; GA 235–240). Dornach 1966.
Konstitution: Die Konstitution der Allgemeinen Anthroposophischen Gesellschaft und der Freien Hochschule für Geisteswissenschaft. Der Wiederaufbau des Goetheanum (1924/5; GA 260a). Dornach 1966.
Leitsätze: Anthroposophische Leitsätze. Der Erkenntnisweg der Anthroposophie. Das Michael-Mysterium (GA 26). Dornach 1954.
Literatur: Gesammelte Aufsätze zur Literatur – 1884–1902 (GA 32). Dornach 1971.
Lebensgang: Mein Lebensgang (GA 28). Dornach 1962.
Luzifer: Luzifer-Gnosis. Grundlegende Aufsätze zur Anthroposophie und Berichte aus der Zeitschrift *Luzifer* und *Luzifer-Gnosis* – 1903–1908 (GA 34). Dornach 1960.
Mystik: Die Mystik im Ausgange des neuzeitlichen Geisteslebens und ihr Verhältnis zur modernen Weltanschauung (GA 7). Dornach 1924.
Nietzsche: Friedrich Nietzsche, ein Kämpfer gegen seine Zeit (GA 5). Dornach 1963.
Philosophie: Philosophie und Anthroposophie. Gesammelte Aufsätze – 1904–1918 (GA 35). Dornach 1965.
Symptomatologie: Geschichtliche Symptomatologie (1918; GA 185). Dornach 1962.
Weihnachtstagung: Die Weihnachtstagung zur Begründung der Allgemeinen Anthroposophischen Gesellschaft. Jahresausklang und Jahreswende 1923/4 (GA 260). Dornach 1963.
Zeitgeschichte: Gesammelte Aufsätze zur Kultur- und Zeitgeschichte – 1887–1901 (GA 31). Dornach 1966.

1 F. Rittelmeyer (Hrg.): *Vom Lebenswerk Rudolf Steiners. Eine Hoffnung neuer Kultur.* München 1921, S. 3 u. 6.
2 Chr. Geyer in: *Die Zeitwende;* 2. Jg. (1926), S. 191.
3 H.E. Lauer: *Rudolf Steiners Lebenswerk;* a. a. O., S. 13.
4 F. Rittelmeyer, op. cit., S. 7.
5 G. Wehr: *Veränderung beginnt innen. Gestalten und Dimensionen christlicher Spiritualität.* Stuttgart 1977.
6 *Leitsätze,* S. 46.
7 W. Szabo: »Im Hinblick auf das Waldviertel«, in: *Merian,* 29. Jg. (1976), Nr. 77, S. 30.
8 *Lebensgang*, S. 8.
9 *Die geistigen Wesenheiten in den Himmelskörpern und Naturreichen* (1912), zit. nach F. Poeppig: *Rudolf Steiner, der große Unbekannte;* a. a. O., S. 17.
10 M. Steiner: »Rudolf Steiner und Österreich« (1927), in: M. Steiner, *Die Anthroposophie Rudolf Steiners;* a. a. O., S. 64.
11 *Die Mission einzelner Volksseelen im Zusammenhang mit der germanisch-nordischen Mythologie* (1910). Dornach 1962.
12 *Westliche und östliche Weltgegensätzlichkeit* (Wien 1922), bes. 3. Vortrag vom 3.6.1922; vgl. TB-Ausgabe, Stuttgart 1961, S. 52 ff. – Ferner *Philosophie, Kosmologie und Religion* (Dornach 1922). Dornach 1962.
13 *Lebensgang*, S. 8.
14 Faksimile in: *Beiträge;* Nr. 49/50 (Ostern 1975), S. 6.
15 Op. cit., S. 5.
16 K. König: *Geister unter dem Zeitgeist;* Stuttgart 1973, S. 385.
17 G. Mann: *Deutsche Geschichte des 19. und 20. Jahrhunderts.* Frankfurt a. M. 1958.
18 M. Heidegger: *Holzwege.* Frankfurt a. M. 1963, S. 91.
19 *Beiträge;* Nr. 64 (Weihnachten 1978), S. 30.
20 *Lebensgang*, S. 9 f.
21 Op. cit., S. 10.
22 Op. cit., S. 11.
23 Vortrag vom 4.2.1913, in: *Br I,* S. 4 f.
24 Op. cit., S. 3 f.
25 *Die Prüfung der Seele* (1911). Dornach 1956, S. 50 f.
26 *Beiträge;* Nr. 49/50 (Ostern 1975), S. 8.
27 *Br I,* S. 10 f.
28 *Beiträge;* Nr. 49/50, S. 9.
29 Br I, S. 12.
30 *Lebensgang*, S. 10.
31 Op. cit., S. 16.
32 Op. cit., S. 16 f.
33 Op. cit. S. 18.
34 Vortrag vom 13.7.1924, in: *Karma;* Bd. III, S. 102.
35 *Lebensgang,* S. 20 f.
36 Op. cit., S. 21 f.
37 *Br I,* S. 8.
38 *BuD.,* S. 7.
39 *Lebensgang,* S. 28.
40 *Beiträge;* Nr. 49/50, S. 11.
41 G. Wehr: *Christusimpuls und Menschenbild;* a. a. O., S. 136–147.
42 *Lebensgang,* S. 26.
43 »Das menschliche Leben vom Gesichtspunkte der Geisteswissenschaft«, in: Rudolf Steiner, *Philosophie*; Dornach 1965, S. 225 ff. – H. E. Lauer: *Erkenntnis und Offenbarung in der Anthroposophie.* Basel 1958. – G. Wehr: *C. G. Jung und Rudolf Steiner;* a. a. O., S. 35 ff.
44 *Lebensgang,* S. 33.
45 Vortrag vom 1.11.1918, in: *Symptomatologie,* S. 157.
46 Op. cit., S. 160.
47 *Lebensgang,* S. 37 f.
48 Op. cit., S. 42.
49 Op. cit., S. 44 f.
50 Op. cit., S. 47.
51 G. Wehr: *Der pädagogische Impuls Rudolf Steiners;* a. a. O.
52 *Symptomatologie,* S. 159.
53 Op. cit., S. 168.
54 Noch im ausgehenden Mittelalter unterschied man eine Folge von Erzengelzeitaltern. Gemeint waren Zeiträume von ca. 400 Jahren, die im Zeichen eines Erzengels und damit eines bestimmten Planeten stehen. Vgl. Agrippa von Nettesheim: *De occulta philosophia;* Bd. II, S. 24.
55 Vortrag vom 20.10.1917, in: *Die spi-*

rituellen Hintergründe der äußeren Welt. Der Sturz der Geister der Finsternis (GA 177). Dornach 1966, S. 169 f.
56 *Lebensgang,* S. 63.
57 Op. cit., S. 51.
58 Vortrag vom 8.7.1922 in: *Menschenfragen und Weltenantworten* (GA 213). Dornach 1969, S. 124.
59 Eine Zusammenschau solcher Belege sowie deren Interpretation bietet Hella Wiesberger, in: *Beiträge;* Nr. 49/50 (Ostern 1975) und Nr. 51/2 (Michaeli 1975).
60 *Br I,* S. 63.
61 Vgl. E. Bock: *Rudolf Steiner;* a. a. O., S. 15 ff.
62 *Br I,* S. 68.
63 *Lebensgang,* S. 60.
64 Im Nachlaß von Felix Koguzki fand sich u. a. Albertus Magnus' *Bewährte und approbierte sympathetische und natürliche egyptische Geheimnisse für Menschen und Vieh.* Reprint in: Edition Ambra, Freiburg 1979.
65 Vortrag von 1913, in: *Br I,* S. 34.
66 Zit. nach E. Bock; *Rudolf Steiner;* a. a. O., S. 31.
67 *Lebensgang,* S. 61.
68 Op. cit., S. 60.
69 *Br I,* S. 35.
70 *Vom Menschenrätsel* (1916; GA 20). Dornach 1957, S. 146 ff.
71 *Lebensgang,* S. 55.
72 Schlußsatz aus: R. Zimmermann, *Anthroposophie im Umriß;* Wien 1882. Zimmermann ist jedoch nicht der erste, der sich des Terminus *Anthroposophie* bedient. Zu nennen sind in diesem Zusammenhang der schweizerische Naturphilosoph I.P.V. Troxler und der Engländer T. Vaughan, der 1650 eine *Anthroposophia Theomagica* veröffentlichte.
73 *Lebensgang,* S. 58 f.
74 *Br I,* S. 65 f.
75 *Lebensgang,* S. 54 und 56.
76 *Ansprachen zu den Weihnachtsspielen aus altem Volkstum* (GA 274). Dornach 1974, S. 9.
77 Vortrag vom 23.9.1924, in: *Karma;* Bd. IV, S. 163.
78 E. Bock: »Ein Bahnbrecher»», in: *Die Christengemeinschaft;* 22. Jg. (1950), S. 122.
79 *Vom Menschenrätsel;* op. cit., S. 88 f.
80 Steiners letzter Brief datiert vom 3.11.1894, vgl. *Br II,* S. 172 ff.
81 *Lebensgang,* S. 93.
82 Vortrag vom 30.12.1914, in: *Kunst im Lichte der Mysterienweisheit* (GA 275). Dornach 1966.
83 *Lebensgang,* S. 98 u. 100.
84 *Br I,* S. 73.
85 Abdruck in *Beiträge;* Nr. 63 (Michaeli 1978), S. 5 ff.
86 H. Wiesberger, in: *Beiträge;* Nr. 49/50 (Ostern 1975), S. 12 ff. und Nr. 51/52 (Michaeli 1975), S. 18 ff.
87 *Br I,* S. 196. – Abdruck des diesbezüglichen Briefwechsels zwischen Kürschner, Schröer und Steiner, in: *Beiträge;* Nr. 46 (Sommer 1974), S. 5–12.
88 *Br I,* S. 70.
89 *Goethes Naturwissenschaftliche Schriften,* hrg. und eingeleitet von Rudolf Steiner; Bd. I, S. XIX f. (Reprint). Dornach 1975.
90 *Lebensgang,* S. 113.
91 Ebd. Bd II, S. XV.
92 Ebd. Bd II, S. IV.
93 *Grundlinien einer Erkenntnistheorie der Goetheschen Weltanschauung* (1886; GA 2). Dornach 1960, S. 20 f.
94 Vgl. *Goetheanum.*
95 Vortrag vom 1.11.1918, in: *Symptomatologie.* – H.E. Lauer: *Anthroposophie im Weltanschauungskampfe der Gegenwart.* Basel 1927, bes. das Kapitel: »Von Goethe zur Anthroposophie.«
96 G. Wehr: *Der pädagogische Impuls Rudolf Steiners;* a. a. O.
97 *Lebensgang,* S. 104.
98 op. cit., S. 191.
99 R. Specht, in: *Neues Wiener Journal* (26.4.1925), zit. nach F. Poeppig: *Rudolf Steiner;* a. a. O., S. 61 f.
100 Belege dafür bilden zahlreiche an Rudolf Steiner gerichtete Briefe; Erstabdruck in: *Beiträge;* Nr. 49/50 ff.
101 L. Müllner: *Rudolf Steiner in Brunn im Gebirge.* Brunn-Stuttgart 1968.
102 *Br II,* S. 67.

103 *Br I,* S. 78.
104 Zit. nach F. Poeppig; a. a. O., S. 63.
105 Stefan Zweig: *Die Welt von Gestern.* Erinnerungen eines Europäers (1944); TB-Ausgabe, Frankfurt a. M. 1973 (Fischerbücherei 1152).
106 F. Eckstein: *Alte unnennbare Tage.* Erinnerungen aus 70 Lehr- und Wanderjahren. Wien-Leipzig-Zürich 1936. – Vgl. u. a. E. Bock; op. cit., S. 65 ff.; ferner: *Die Jugendzeit Rudolf Steiners in Österreich* (1861–1890). Mit einem Vorwort und einem biographischen Anhang von W. Rath. Schaffhausen 1971 (2. Aufl. 1975), S. 94 ff. u. 135 f.
107 *Br I,* S. 78.
108 K. König: »Marie Eugenie delle Grazie«, in: K. König, *Geister unter dem Zeitgeist;* a. a. O., S. 248–265.
109 *Lebensgang,* S. 124.
110 F. Lemmermayer: *Erinnerungen an Rudolf Steiner, an Robert Hamerling und an einige Persönlichkeiten des österreichischen Geisteslebens der achtziger Jahre.* Stuttgart 1929, S. 27.
111 *Lebensgang,* S. 125.
112 Op. cit., S. 126.
113 Op. cit., S. 129.
114 Op. cit., S. 122.
115 *Grundlagen,* S. 237–140.
116 *Lebensgang,* S. 135.
117 op. cit., S. 140 f.
118 Vortrag vom 10.6.1923, in: *Die Geschichte und Bedingungen der anthroposophischen Bewegung im Verhältnis zur Anthroposophischen Gesellschaft* (GA 258). Dornach 1959, S. 27.
119 F. Eckstein: *Alte unnennbare Tage;* op. cit.
120 *Lebensgang,* S. 158.
121 Vgl. *Anweisungen für eine esoterische Schulung.* Aus den Inhalten der »Esoterischen Schule»» (GA 42/245). Dornach 1968, S. 135 ff.
122 *Br II,* S. 148 f.
123 *Lebensgang,* S. 159.
124 F. Eckstein: »Das Unbewußte, die Vererbung und das Gedächtnis im Lichte der mathematischen Naturwissenschaft«, in: *Almanach der Psychoanalyse;* Wien 1930, S. 44–60. Ders.: »Die Flucht in das unendliche Kleine. Eine Leibniz-Studie«, in: *Die psychoanalytische Bewegung;* 3. Jg. (1931), S. 538–563. Ders.: »Ältere Theorien des Unbewußten«, in: *Almanach der Psychoanalyse;* Wien 1936, S. 241–244.
125 *Br I,* S. 136 f.
126 E. Schwab: »Erinnerungen an Friedrich Eckstein»», in: *Blätter für Anthroposophie,* 5. Jg. (1953), Heft 5, S. 183. Vgl. auch R. Seisser: »Friedrich Eckstein«, in: *Die Christengemeinschaft,* 33. Jg. (1961), S. 219 ff.
127 Vgl. Steiners Vorrede zu *Wahrheit und Wissenschaft* vom Dezember 1891 (TB-Ausgabe, Stuttgart 1961).
128 E. Bock; op. cit., S. 83.
129 *Lebensgang,* S. 389.
130 Faksimile in: *Br I,* S. 136.
131 G. Wehr: *Der pädagogische Impuls Rudolf Steiners;* a. a. O., S. 34 ff. u. 41 ff.
132 Abdruck in: *Zeitgeschichte,* S. 17–110.
133 Op. cit., S. 131 u. 134.
134 Vortrag vom 1.11.1918, in *Symptomatologie,* S. 162 f.
135 »Goethe als Vater einer neuen Ästhetik« (1888), in: *Kunst und Kunsterkenntnis.* TB-Ausgabe, Stuttgart 1967, S. 23.
136 *Lebensgang,* S. 138.
137 Op. cit., S. 143.
138 *Br I,* S. 89.
139 Op. cit., S. 92.
140 Brief vom 4.9.1884, in: *Br II,* S. 48.
141 Brief vom 5.2.1891, in: *Br II,* S. 83.
142 *Lebensgang,* S. 156.
143 Op. cit., S. 156 f.
144 *Br II,* S. 46.
145 *Br I,* S. 106.
146 Vgl. *Goethes Geistesart in ihrer Offenbarung durch seinen Faust und durch das Märchen »Von der Schlange und der Lilie«* (1899, 1902, 1918; GA 22).
147 *Br I,* S. 117.
148 Op. cit., S. 122.
149 Op. cit., S. 177.
150 C.F. von Weizsäcker: *Die Tragweite der Wissenschaft;* Bd. I. Stuttgart 1964, S. 223 f.

151 Vortrag vom 1.1.1918, in: *Symptomatologie,* S.163.
152 Op. cit., S.166 f.
153 *Grundlagen,* S.305.
154 Op. cit., S.306.
155 Op. cit., S.307.
156 *Br II,* S.51.
157 *Br I,* S.198.
158 *Lebensgang,* S.212.
159 Vortrag vom 27.10.1904, in: *Grundbegriffe der Theosophie* (GA 53). Dornach 1957, S.71.
160 *Lebensgang,* S.226.
161 Op. cit., S.243.
162 *Br II,* S.150.
163 G. Reuter: *Vom Kinde zum Menschen. Lebenserinnerungen.* München 1921, S.450 ff.
164 L. Kleeberg: *Wege und Worte;* a.a.O., S. 100. – Vgl. *Lebensgang,* S.300 f.
165 M. Halbe: *Jahrhundertwende.* 1935, S.132 f.
166 *Br II,* S.120 f.
167 Reprint in 5 Bänden. Dornach 1975.
168 *Lebensgang,* S.227.
169 *Lebensgang,* S.166.
170 Op. cit., S.164.
171 Op. cit., S.170.
172 R. Steiner, in: *Goethes Naturwissenschaftliche Schriften;* Bd. II, S.IV.
173 *Wahrheit und Wissenschaft* (1892), Vorrede; op. cit. S.112 f.
174 Vortrag vom 27.10.1918, in: *Symptomatologie,* S.126.
175 Vorrede zur Neuausgabe 1918.
176 Vortrag vom 27.10.1918, in: *Symptomatologie,* S.130.
177 Op. cit., S.132.
178 C. Schneider, in: *Kindlers Literaturlexikon,* Bd. V. Zürich 1969, Sp. 1957.
179 *Lebensgang,* S.246.
180 Die Rezension von A. Drews in: *Br II,* S.321.
181 *Symptomatologie,* S.134.
182 »Geisteswissenschaft als Anthroposophie und die zeitgenössische Erkenntnistheorie»», in: *Philosophie,* S.307.
183 Op. cit., S.330.
184 *Br I,* S.229 ff.
185 op. cit., S.231.
186 *Lebensgang,* S.185.
187 *Br II,* S.127.
188 *Zeitgeschichte,* S.460 f.
189 Op. cit., S.468.
190 F. Nietzsche: *Du sollst der werden, der du bist.* Psychologische Schriften. Ausgewählt u. Hrg. von G. Wehr. München 1977. – G. Wehr: *Friedrich Nietzsche. Der »Seelenerrater« als Wegbereiter der Tiefenpsychologie.* (Fermenta cognitionis, Bd. 12) Freiburg 1982.
191 In: Rudolf Steiner, *Nietzsche;* S. 127 ff.
192 Op. cit., S.149.
193 Chr. Lindenberg: *Individualismus und offenbare Religion;* a.a.O., S. 31.
194 *Nietzsche,* S.27.
195 F. Nietzsche: *Also sprach Zarathustra.* Bd. II, S.300 der Werke in 3 Bänden, hrg. von K. Schlechta, München 1973.
196 *Nietzsche,* S.72.
197 Chr. Lindenberg; a.a.O., S.32.
198 H. Schipperges: *Am Leitfaden des Leibes. Zur Anthropologik und Therapeutik Friedrich Nietzsches.* Stuttgart 1975. – *Nietzsche,* S.100.
199 *Zeitgeschichte,* S.470.
200 *Lebensgang,* S.252 f.
201 *Br II,* S.189.
202 *Zeitgeschichte,* S.520.
203 E.F. Podach, zit. in: *Zeitgeschichte,* S.676 f.
204 *Lebensgang,* S.266.
205 *Br II,* S.128.
206 Vortrag vom 5.6.1920, in: *Grundlagen,* S.20.
207 Op. cit., S.441.
208 Op. cit., S.152–164.
209 Op. cit., S.448.
210 J. Hemleben: *Rudolf Steiner und Ernst Haeckel;* a.a.O. – Vgl. die Artikelfolge in: *Blätter für Anthroposophie,* 17. Jg. (1965), eröffnet durch Hans Berendt: *Rudolf Steiner und Ernst Haeckel,* Heft 3, S.84; ferner die Aufsätze von H.E. Lauer, S. 135 ff.; Hermann Jülich, S.208 ff. u. 357 ff.; Edwin Froböse, S.259 ff.; Hans Geßner, S.389 ff.; Hans Berendt, S.444 f.

211 *Grundlagen,* S. 451.
212 K. Aland: *Wer fälscht? Zu den Enthüllungen Erich und Mathilde Ludendorffs.* Berlin o. J. (ca. 1937/38).
213 *Br II,* S. 196.
214 *Goethe,* S. 9.
215 Op. cit., S. 12.
216 Op. cit., S. 122.
217 *Grundlagen,* S. 235.
218 Vortrag vom 1.11.1918, in: *Symptomatologie,* S. 165 f.
219 Op. cit., S. 173.
220 Op. cit., S. 137 f.
221 *Zeitgeschichte,* S. 223 f.
222 Op. cit., S. 201.
223 *Lebensgang,* S. 243.
224 Op. cit., S. 234.
225 G. Heberer, in: *Kindlers Literaturlexikon. Zürich 1972, Bd. VII, Sp. 1054.*
226 *Br II,* S. 181.
227 Vortrag vom 20.7.1924, in: *Karma,* Bd. VI, S. 73.
228 Vgl. die unter Anm. 210 erwähnte Aufsatzfolge, in: *Blätter für Anthroposophie;* ferner: Chr. Lindenberg, op. cit.
229 *Grundlagen,* S. 254 f. – Op. cit., S. 297.
230 *Goethes Naturwissenschaftliche Schriften,* Bd. IV., S. XV.
231 Op. cit., Bd. II, S. IV.
232 *Philosophie der Freiheit* (GA 4). Weimar 1894, S. 239.
233 *Grundlagen,* S. 559.
234 *Literatur,* S. 3.
235 *Goethes Naturwissenschaftliche Schriften,* Bd. II, S. IV.
236 *Veröffentlichungen aus dem literarischen Frühwerk,* Bd. V. Dornach 1958, S. 44.
237 Faksimile in: *Lebensgang,* nach S. 392.
238 *Lebensgang,* S. 363 ff.
239 *Literatur,* S. 65.
240 *Goetheanum,* S. 337.
241 *BuD,* S. 10.
242 *Lebensgang,* S. 365.
243 Op. cit., S. 366.
244 Zur Frage der latenten und der manifesten Christlichkeit bei Rudolf Steiner vgl. G. Wehr: *Christusimpuls und Menschenbild;* a.a.O., S. 36–46.
245 W. Harlan, zit. nach E. Bock: *Rudolf Steiner;* a. a. O., S. 143.
246 *Symptomatologie,* S. 138.
247 *Lebensgang,* S. 363.
248 Op. cit., S. 341.
249 Op. cit., S. 347.
250 *Literatur,* S. 310.
251 Op. cit., S. 302.
252 *Lebensgang,* S. 384.
253 Stefan Zweig: *Die Welt von Gestern;* op. cit., S. 91.
254 Op. cit., S. 92.
255 G. Wehr: *Der deutsche Jude Martin Buber.* München 1977, S. 83 ff.
256 Fercot / Geist / Kerbst: *Fidus. Zur ästhetischen Praxis bürgerlicher Fluchtbewegungen.* München 1972.
257 St. Przybyszewski: *Erinnerungen an das literarische Berlin.* München 1965, S. 110; ferner W. Stoll: »Der polnische Dichter Stanislav Przybyszewski«, in: *Die Drei,* 39. Jg. (1969); Heft 3, S. 175 ff.
258 *Literatur,* S. 303.
259 Zit. nach Albert Soergel: *Dichtung und Dichter der Zeit* (1911). Leipzig 1928, S. 613 f.
260 *Lebensgang,* S. 385.
261 *Symptomatologie,* S. 140.
262 J.H. Mackay: *Max Stirner, sein Leben und sein Werk.* Berlin 1898.
263 *Grundlagen,* S. 146.
264 *Literatur,* S. 260 f.
265 *Zeitgeschichte,* S. 285.
266 *Br II,* S. 233.
267 *Symptomatologie,* S. 149.
268 *Lebensgang,* S. 375.
269 J. Mücke / A. A. Rudolph: *Erinnerungen an Rudolf Steiner …;* a. a. O., S. 11.
270 *Lebensgang,* S. 375.
271 Op. cit., S. 376 f.
272 *Zeitgeschichte,* S. 351 und 354.
273 *Lebensgang,* S. 379 f.
274 *Grundlagen,* S. 90.
275 J. Böhme: *Sex puncta theosophica I,* Kap. 1, S. 90 – jetzt in: J. Böhme: *Mysterium pansophicum.* Hrg. und eingeleitet von G. Wehr. Freiburg 1980.
276 *Grundlagen,* S. 94.
277 Op. cit., S. 121.
278 Op. cit., S. 152.

279 Berlin 1901, jetzt in: *Nietzsche,* S. 171 ff.
280 Vortrag vom 4.2.1913, in: *Br I,* S. 53.
281 *Mystik;* Vorwort.
282 *Lebensgang,* S. 325.
283 Op. cit., S. 326.
284 *Literatur,* S. 194 ff.
285 *Mystik,* S. XVI (Vorrede zur 1. Aufl.).
286 Op. cit., S. 119.
287 G. Wehr: *Alle Weisheit ist von Gott. Gestalten und Strömungen christlicher Theosophie.* Gütersloh 1980 (GTB 1016).
288 G. Wehr: *Valentin Weigel.* Freiburg 1979. – Ders: *Jakob Böhme, Geisteslehrer und Seelenführer.* Freiburg 1979. – Ders.: *Friedrich Christoph Oetinger.* Freiburg 1978. – Ders.: *Christian Rosenkreuz.* Freiburg 1980.
289 Vortrag vom 11.10.1915, in: *Die okkulte Bewegung im 19. Jahrhundert und ihre Beziehung zur Weltkultur.* (GA 254). Dornach 1969, S. 48.
290 Vortrag vom 8.5.1910, in: *Der Christusimpuls und die Entwickelung des Ich-Bewußtseins (GA 116).* Dornach 1961, S. 154.
291 H. F. Ellenberger: *Die Entdeckung des Unbewußten,* Bd. I. Bern 1973, S. 445.
292 H. Bergson, zit. nach H.F. Ellenberger; op. cit., S. 448.
293 *Lebensgang,* S. 367.
294 Zit. nach E. Bock: *Rudolf Steiner;* a. a. O., S. 193.
295 Vortrag vom 11.10.1915, in: *Die okkulte Bewegung im 19. Jahrhundert;* op. cit., S. 48.
296 *Aus dem Leben von Marie Steiner-von Sivers,* hrg. von H. Wiesberger; a. a. O., S. 22.
297 Op. cit., S. 26.
298 Op. cit., S. 27.
299 J. Mücke / A. A. Rudolph; a. a. O., S. 51.
300 Op. cit., S. 52 f.
301 *Br II,* S. 254.
302 J. Mücke / A. A. Rudolph; a. a. O., S. 53: »Es war eine lange Rede. Die eisige Benommenheit hielt nach dem Schluß noch an. Keine Hand rührte sich. Kaum bewegte sich jemand. Nicht ein geflüstertes Wort fiel. Wie mit einer Last behaftet, erhob sich der Leiter der Versammlung, fragte, ob das Wort gewünscht werde – es meldete sich niemand, ohne den üblichen Dank an den Redner leerte sich der Saal.«
303 *BuD,* S. 23.
304 Brief vom 16.8.1902, in: *Br II,* S. 270.
305 E. Bock: Rudolf Steiner; a. a. O., S. 195.
306 G. Wachsmuth: *Rudolf Steiners Erdenleben und Wirken,* a. a. O., S. 20 f.
307 Zit. nach E. Bock: *Rudolf Steiner;* a. a. O., S. 199.
308 Vortrag vom 22.11.1919, in: *Die Sendung Michaels* (GA 194); Dornach 1962, S. 33.
309 *Luzifer,* S. 510.
310 *Br II,* S. 269.
311 Op. cit., S. 271.
312 Op. cit., S. 273.
313 *Christentum,* S. 13.
314 Op. cit., S. 15.
315 *Philosophie,* S. 44 f.
316 *Br II,* S. 279.
317 Op. cit., S. 310.
318 Faksimile des englischen Originals, in: E. Bock: *Rudolf Steiner;* a. a. O., nach S. 196.
319 Die Autoreferate Steiners sind enthalten in: *Philosophie;* op. cit.
320 Eine Zusammenstellung weiterer theosophischer Termini in der Gegenüberstellung zu anthroposophischen Bezeichnungen, in: *Grundelemente der Esoterik* (GA 93 a); Dornach 1972, S. 281 f.
321 *Br II,* S. 304.
322 *Luzifer,* S. 146.
323 Op. cit., S. 148.
324 Op. cit., S. 540 f.
325 *Lebensgang,* S. 428.
326 Vortrag vom 11.10.1915, in: *Die okkulte Bewegung im 19. Jahrhundert;* op. cit., S. 39.
327 *Rudolf Steiner – Das literarische und künstlerische Werk.* Eine bibliographische Übersicht. Zu seinem 100. Geburtstag hrg. von der Rudolf-Steiner-Nachlaßverwaltung. Dornach 1961. – Hans Schmidt: *Das Vortragswerk Rudolf Steiners.* Ver-

zeichnis der von Rudolf Steiner gehaltenen Vorträge, Ansprachen, Kurse und Zyklen. Hrsg. von der Freien Hochschule für Geisteswissenschaft Goetheanum, 2. erw. Aufl., Dornach 1978.

328 »Theosophische Seelenlehre»», jetzt in: *Spirituelle Seelenlehre und Weltbetrachtung* (Ga 52). Dornach 1972.

329 *Grundbegriffe der Theosophie;* op. cit.

330 *Die Welträtsel und Theosophie* (GA 54). Dornach 1966.

331 Es handelt sich um die ebenfalls in der Gesamtausgabe enthaltenen öffentlichen Vorträge (GA 55–67), z. B. *Die Erkenntnis des Übersinnlichen in unserer Zeit* (1906/07); *Die Erkenntnis der Seele und des Geistes* (1907/08); *Wo und wie findet man den Geist?* (1908/09); *Pfade der Seelenerlebnisse* (1909/10); *Metamorphosen des Seelenlebens* (1909/10).

332 Aus einem Vorwort von Marie Steiner (1927), in: *Rudolf Steiner, Spirituelle Seelenlehre und Weltbetrachtung.* Dornach 1972, S. 9 f.; vollständiger Text: Marie Steiner, *Die Anthroposophie Rudolf Steiners;* a. a. O., S. 11 ff.

333 *Lebensgang,* S. 413.

334 Op. cit., S. 412 f.

335 Op. cit., S. 416 f.

336 Op. cit., S. 413.

337 G. Wehr: (Hrg.): *Die Bruderschaft der Rosenkreuzer.* Esoterische Texte. (Diederichs Gelbe Reihe 53) Köln 1984.

338 Vortrag vom 22.5.1907, in: *Die Theosophie des Rosenkreuzers* (Zyklus 2; GA 99). 6. Aufl., Dornach 1979, S. 11. Vgl. ferner G. Wehr: *Christian Rosenkreuz;* op. cit.

339 *Die Theosophie des Rosenkreuzers;* op. cit., S. 15 u. 16 f.

340 Vortrag vom 28.9.1911, in: *Das esoterische Christentum und die geistige Führung der Menschheit* (GA 130). Dornach 1962. S. 78 f.

341 *Luzifer,* S. 28 f.

342 Op. cit., S. 32 f.

343 *Lebensgang,* S. 422.

344 Übersichten über Steiners Reiserouten finden sich in: *BuD,* S. 317 ff. Vgl. ferner H. Schmidt: *Das Vortragswerk Rudolf Steiners;* op. cit.

345 R. Rißmann: »Rudolf Steiner Anfang des Jahrhunderts«, in: *Erinnerungen an Rudolf Steiner;* a. a. O., S. 21 ff. – Ferner R. Rißmann: *Michael Bauer, Friedrich Rittelmeyer und Rudolf Steiner in Nürnberg* (Manuskript April/Mai 1977).

346 L. Kleeberg: *Wege und Worte;* a. a. O., S. 49 f.

347 L. Kleeberg: »Sophie Stinde. Zur 40. Wiederkehr ihres Todestages am 17. November 1915«, in: *Blätter für Anthroposophie und Mitteilungen aus der anthroposophischen Bewegung.* 7. Jg. (1955), Nr. 11, S. 413.

348 Steiners Autoreferat in: *Philosophie,* S. 7–18.

349 *Luzifer,* S. 552.

350 Steiners Autoreferat in: *Philosophie,* S. 19–42.

351 Steiners Autoreferat in: *Philosophie,* S. 43–65.

352 Op. cit., S. 44 f.

353 G. Wehr: *Alle Weisheit ist von Gott;* op. cit.

354 *Bilder okkulter Siegel und Säulen. Der Münchner Kongreß Pfingsten 1907 und seine Auswirkungen* (GA 284/85). Dornach 1977, S. 43–52.

355 Brief vom 16. August an Wilhelm Hübbe-Schleiden, in: *Br II, S. 270.*

356 Vorwort von Marie Steiner (1931), in: *Die Stufen der höheren Erkenntnis* (GA 12); 6. Aufl., Dornach 1979, S. 9.

357 Der Abdruck dieser Vorrede sinnvollerweise auch in: *Stufen der höheren Erkenntnis,* op. cit., S. 13 f.

358 Vortrag vom 2. September 1906, in: *Vor dem Tore der Theosophie.* Dornach 1964, S. 116 f.

359 Vgl. G. Wehr: *Der anthroposophische Erkenntnisweg;* a. a. O.

360 *Mystik,* S. 11 f.

361 Vgl. *Wahrspruchworte. Wahrsprüche und Widmungen.* Dornach 1961.

362 E. Bock: »Der Schritt von der Theosophischen zur Anthroposophischen Gesellschaft«, in: *Erinnerungen an*

Rudolf Steiner; op. cit., S. 13; ders: *Rudolf Steiner; a. a. O., S. 143 ff.*

363 *Anweisungen für eine Esoterische Schulung. Aus den Inhalten der »Esoterischen Schule«* (GA 245); Dornach 1968, S. 85 ff.

364 Op. cit., S. 83.

365 Marie Steiner, in: op. cit., S. 123.

366 Vorwort zu »Anthroposophischer Seelenkalender«, in: *Wahrspruchworte;* op. cit., S. 9. – Vgl. das Sonderheft über den Anthroposophischen Seelenkalender, in: *Beiträge,* Nr. 37/38.

367 Marie Steiner: »War Rudolf Steiner Freimaurer?«, in: *Anthroposophie.* Monatsschrift für freies Geistesleben, vereint mit der Monatsschrift *Die Drei.* 16. Jg. (1933/34); S. 280–84. – Laut einer Vorbemerkung der Schriftleitung bezieht sich die Autorin vor allem auf das Buch *Freimaurer* von E. Huber (Stuttgart 1934), in dem »in anspruchsvollerer Form« Steiners angebliche Zugehörigkeit zu Freimaurerverbänden wiederholt worden sei.

368 Vortrag vom 16.12.1904, in: *Die Tempellegende und die Goldene Legende. Aus den Inhalten der »Esoterischen Schule«* (GA 93); Dornach 1979, S. 103 ff.

369 *BuD,* S. 73.

370 Op. cit., S. 80 f.

371 Laut op. cit., S. 320, trat Rudolf Steiner am 3. Januar 1906 eine größere Reise an, die ihn (vermutlich über Budapest und Horn, dem Wohnort der Eltern) über St. Gallen und Zürich am 9. und 10. nach Lugano führte. Dagegen gibt Gian Andreas Balastèr den 3. Januar 1906 als Datum der Aushändigung an, was aus zeitlichen bzw. lokalen Gründen unwahrscheinlich ist (vgl. ders.: »Problem und Wahrhaftigkeit im Okkultismus«, in: *Die Drei,* 49. Jg. (1979); Heft 7/8, S. 470.

372 *Die Tempellegende und die Goldene Legende,* (1904/6; GA 93). Dornach 1979, S. 267.

373 Op. cit., S. 291.

374 *Lebensgang,* S. 446 u. 449.

375 Vgl. die ausführlichen Schilderungen von K. R. H. Frick: *Licht und Finsternis. Gnostisch-theosophische und freimaurerisch-okkulte Geheimgesellschaften bis an die Wende zum 20. Jahrhundert;* Teil II, Graz 1978. – Hierzu kritisch: G. A. Balastèr, in: *Die Drei;* Stuttgart, 49.Jg. (1979), S. 466–471. – H. Wimbauer: »Das Freimaurertum, eine manichäische Strömung«; in: *Wege zum Studium der Geisteswissenschaft und zur Bewußtmachung anthroposophischer Verantwortung,* hrg. von F. H. Hillringhaus. Freiburg, Nr. 2/1979, S. 15–30. – F. King: *Ritual Magic in England.* London 1970. – F. Poeppig: *Rudolf Steiner, der große Unbekannte;* a.a.O., S. 244–251.

376 *BuD,* S. 74.

377 G. Wehr: *Rudolf Steiner als christlicher Esoteriker;* a.a.O.

378 A. Belyj: *Verwandeln des Lebens;* a.a.O., S. 192 f.

379 Op. cit., S. 215 f.

380 Marie Steiner in einem autobiographischen Manuskript, zit. in: *Aus dem Leben von Marie Steiner.* Veröffentlichung aus dem Archiv der Rudolf-Steiner-Nachlaßverwaltung. Dornach 1956, S. 15.

381 Vgl. *Lebensgang,* S. 297.

382 Zit. nach Camille Schneider: *Edouard Schuré;* a.a.O., S. 116 f.

383 M. Woloschin. *Die Grüne Schlange;* a.a.O., S. 165 f.

384 N. Berdjajew: *Selbsterkenntnis. Versuch einer philosophischen Autobiographie.* Darmstadt 1953, S. 211.

385 Op. cit., S. 214 f.

386 A. Belyj: *Verwandeln des Lebens,* a.a.O., S. 29 f.

387 Abdruck in *BuD.*

388 Op. cit., S. 18.

389 A. Steffen: *Begegnungen mit Rudolf Steiner;* a.a.O., S. 15.

390 A. Steffen: »Einige Gedanken über Rudolf Steiners Weltanschauung«, in: A. Steffen, *Geistesschulung und Gemeinschaftsbildung;* a.a.O., S. 10.

391 Op. cit., S. XXIII.

392 R. Eppelsheimer: »Das Geistige in der modernen Kunst. Kandinsky und

Rudolf Steiner«, in: *Die Drei;* 47. Jg. (1977), Nr. 9, S. 490–511.

393 Christian Morgenstern: *Alles um des Menschen willen.* Gesammelte Briefe. München 1962, S. 295.

394 Op. cit., S. 298.

395 Op. cit., S. 300.

396 *Rudolf Steiner in München.* Hrsg. von der Anthroposophischen Gesellschaft, Zweig München. München 1961, S. 39 f.

397 F.A. Schmitt: *Alexander von Bernus, Dichter und Alchimist. Leben und Werk in Dokumenten.* Nürnberg 1971, S. 110.

398 Vgl. Die Aufsatzsammlung *Philosophie und Anthroposophie;* op. cit. Ferner Alexander von Bernus: »Von der Mitarbeit Rudolf Steiners an der Vierteljahresschrift ›Das Reich‹«, in: *In Memorian Alexander von Bernus.* Hrg. von Otto Heuschele. Heidelberg 1966, S. 49 ff.

399 Franz Kafka: *Tagebücher 1910–1923.* Hrg. von M. Brod; Frankfurt a. M. 1973, S. 38 f. (Fischerbücherei 1346).

400 F. Rittelmeyer: *Meine Lebensbegegnung mit Rudolf Steiner;* a. a. O.

401 Ebd., S. 28 ff.

402 Ebd., S. 229.

403 *BuD,* S. 89.

404 Albert Schweitzer im 37. Rundbrief für den Freundeskreis von Albert Schweitzer; Abdruck in: *Erinnerungen an Rudolf Steiner.* Stuttgart 1979, S. 33 ff.

405 Über den Münchner Kongreß Pfingsten 1907 vgl. *Beiträge;* Nr. 57. Dornach, Pfingsten 1977. – Rudolf Steiner: *Bilder okkulter Siegel und Säulen;* op. cit.

406 *Lebensgang,* S. 465.

407 E. Bock: *Rudolf Steiner;* op. cit., S. 196.

408 *Aus dem Leben von Marie Steiner-von Sivers;* op. cit., S. 55.

409 M. Lutyens: *Krishnamurti. The Years of Awakening.* London 1975, S. 20 ff. – Vgl. Theodore Besterman: *Mrs. Annie Besant. A Modern Prophet.* London 1934, S. 235 ff.

410 Alcyone: *At the Feet of the Master* (1910). 23. Aufl., Adyar 1959.

411 Die hochgesteckten Erwartungen, die der indische Messiasanwärter etwa achtzehn Jahre nährte, wurden durch Krishnamurti persönlich und in aller Öffentlichkeit im Beisein seiner Lehrmeister (Besant, Leadbeater) zunichte gemacht, als er anläßlich des alljährlichen Treffens in Ommen / Niederlande am 3. August 1929 resignierte und als Haupt des Stern-Ordens diesen auflöste. Vgl. Theodore Besterman und Mary Lutyens (Anm. 5), dazu die persönliche Erinnerung von Hans Hasso von Veltheim-Ostrau, in: *Der Atem Indiens.* Tagebücher aus Asien. Neue Folge, 2. Aufl., Hamburg 1955, S. 221 f.

412 *Die geistige Führung des Menschen und der Menschheit* (1911; GA 15). Dornach 1960, S. 84.

413 G. Wehr: *Esoterisches Christentum.* Stuttgart 1975, S. 33–41.

414 Op. cit., S. 80.

415 Vortrag vom 20.2.1910, in: *Das Ereignis der Christus-Erscheinung in der ätherischen Welt* (GA 118). Dornach 1965, S. 83.

416 G. Wehr: *Die Aktualität der Kulturimpulse Rudolf Steiners.* Freiburg 1977.

417 Vortrag vom 28.3.1916, in: *Gegenwärtiges und Vergangenes im Menschengeiste* (GA 167). Dornach 1962, S. 79. – Nach dem bisher Gesagten scheint die Zeitangabe 1909 in Budapest im Zusammenhang mit Alcyone unwahrscheinlich, da Annie Besant Krishnamurti erst nach ihrer Rückkehr von ihrer Europa- und Amerika-Reise am 27. November 1909 kennenlernte und die Begründung des Ordens mit Krishnamurti als Haupt (Head) erst im Januar 1911 erfolgte. Sieht man von der Möglichkeit ab, daß Steiner die beiläufige Erwähnung des Vorgangs nicht im Sinne einer exakten chronologischen Angabe gemeint haben mag, so ist zu bedenken, daß es vor bzw. (anfangs) neben Krishnamurti noch mindestens einen anderen Messias-Anwärter gab, nämlich Hubert von Hook, Sohn des amerikanischen Gene-

ralsekretärs. Auch ihn hatte Leadbeater entdeckt. Doch ehe A. Besant von der Neuentdeckung (Krishnamurti) wußte, machte die Präsidentin den Eltern entsprechende Vorschläge für eine spezielle Vorbereitung ihres Sohnes (vgl. M. Lutyens: *Krishnamurti;* op. cit., S. 12).

418 M. Steiner (1933), in: *Die Anthroposophie Rudolf Steiners;* a. a. O., S. 193.

419 *Das Ereignis der Christus-Erscheinung in der ätherischen Welt;* op. cit. – Vgl. hierzu Hella Wiesberger in: *Nachrichten der Rudolf-Steiner-Nachlaßverwaltung,* Nr. 13. Dornach Ostern 1965, S. 28 ff.

420 Vortrag vom 8.2.1910, in: *Der Christusimpuls und die Entwickelung des Ich-Bewußtseins;* op. cit., S. 96.

421 Vortragstext und Bericht finden sich in dem Aufsatzband *Philosophie und Anthroposophie.*

422 Vgl. Anm. 412 u. 413.

423 G. Wachsmuth: *Rudolf Steiners Erdenleben und Wirken;* op. cit., S. 198.

424 Aus dem Vorwort Marie Steiners zur ersten Buchausgabe von *Die Bhagavadgita und die Paulusbriefe* (GA 142). Dornach 1960, S. 132.

425 Vortrag vom 31.12.1912, in: Ebd., S. 105.

426 Vortrag vom 15.4.1922, in: *Das Sonnenmysterium und das Mysterium von Tod und Auferstehung* (GA 211). Dornach 1963, S. 160 f.

427 *BuD,* S. 74.

428 Vgl. Die Vorträge aus der Esoterischen Schule: *Die Tempellegende und die Goldene Legende;* op. cit.

429 Vortrag vom 12.12.1911, zit. bei D. van Bemmelen; a. a. O., S. 8. Später hat Steiner den Aspekt eines Tempelbaus deutlich relativiert, damit der Dornacher Bau nur ja nicht mit einem Kultbau verwechselt werde. Vgl. *Goetheanum,* S. 315.

430 Vgl. den Vortrag vom 13.12.1919, in: *Die Sendung Michaels;* op. cit., S. 172 f.

431 R. Specht: *Neues Wiener Journal,* 26.4.1925, zit. bei F. Poeppig: *Rudolf Steiner;* a. a. O., S. 63.

432 Ebd., S. 189.

433 M. Steiner: »Über die Mysterienspiele in München und die Ursprünge des Baues»», in: *Erinnerungen an Rudolf Steiner,* S. 76 f.

434 M. Gümbel-Seiling: »Münchner Uraufführungen der Mysteriendramen«, in: *Erinnerungen an Rudolf Steiner;* a. a. O., S. 85.

435 O. Schmieder: »Erinnerungen an die Proben zu den Mysterienspielen in München 1910 bis 1913«, in: *Erinnerungen an Rudolf Steiner;* a. a. O., S. 100.

436 L. Maier-Smits: »Erste Lebenskeime der Eurythmie«, in: *Erinnerungen an Rudolf Steiner;* a. a. O., S. 104 ff.

437 Christian Morgenstern: *Alles um des Menschen willen;* op. cit., S. 373.

438 Farbige Abbildung der Mitgliedskarte des Johannesbau-Vereins, München 1911, in: W. Roggenkamp/H. Gerbert: *Bewegung und Form in der Graphik Rudolf Steiners.* Stuttgart 1979.

439 Zit. nach F. A. Schmitt: *Alexander von Bernus. Dichter und Alchymist;* op. cit., S. 108 f.

440 Das von Rudolf Steiner gezeichnete Grundsteindokument ist abgebildet in: R. Grosse: *Die Weihnachtstagung als Zeitenwende;* a. a. O., S. 45.

441 Ansprache zur Grundsteinlegung in: *Anweisungen für eine esoterische Schulung;* op. cit., S. 125 ff.

442 Zitiert bei R. Grosse: *Die Weihnachtstagung als Zeitenwende;* a. a. O., S. 47.

443 Ebd., S. 46.

444 A. Turgenieff: *Erinnerungen an Rudolf Steiner ...;* a. a. O., S. 47 ff.

445 Op. cit., S. 53.

446 Vgl. hierzu u. a. D. van Bemmelen: *Das erste Goetheanum als Menschheitsbau;* a. a. O.

447 M. Steiner: *Über die Mysterienspiele ...;* op. cit., S. 79.

448 M. Woloschin: *Die grüne Schlange;* a. a. O., S. 279 f.

449 Marie von Sivers an Edouard Schuré, zit in: C. Schneider: *Edouard Schuré;* a. a. O., S. 186 f.

450 A. Petersen: »Dornach in den Jahren

1914/1915«, in: *Erinnerungen an Rudolf Steiner;* a. a. O., S. 188 f.

451 Vgl. hierzu die Berichte und Briefe in: *Beiträge;* Nr. 71/72, Dornach, Jahreswende 1980/81.

452 Der vollständige Brief an W. Schwagenscheidt ist abgedruckt in: *Blätter für Anthroposophie* (Hrg. von H.E. Lauer); 7. Jg. (1955), Nr. 11, S. 408 f.

453 R. Riemeck: *Mitteleuropa. Bilanz eines Jahrhunderts.* Freiburg 1965, S. 7.

454 Vortrag vom 12. Juli 1914, in: *Christus und die menschliche Seele* (GA 155). Dornach 1960, S. 147.

455 Vortrag vom 15. Juli 1914; op. cit., S. 185.

456 Vortrag vom 26. Juli 1914, zit. bei G. Wachsmuth: *Rudolf Steiners Erdenleben und Wirken;* a. a. O., S. 254.

457 F. Rittelmeyer: *Christ und Krieg. Predigten aus der Kriegszeit.* München o. J. (1916), S. 3 u. 5.

458 *Die geistigen Hintergründe des Ersten Weltkrieges. Kosmische und menschliche Geschichte* (Bd. VII; GA 174 b). Dornach 1974, S. 13.

459 *Die spirituellen Hintergründe der äußeren Welt. Der Sturz der Geister der Finsternis* (GA 177). Dornach 1966.

460 E. Molt: *Entwurf meiner Lebensbeschreibung;* a. a. O., S. 151.

461 A. Belyj: *Verwandeln des Lebens;* a. a. O., S. 55.

462 Op. cit., S. 25.

463 A. Petersen: *Dornach in den Jahren 1914/15;* op. cit., S. 188.

464 Vortrag vom 12.3.1916, in: *Die geistigen Hintergründe des Ersten Weltkrieges;* op. cit., S. 138.

465 E. Schuré, zit. bei C. Schneider: *Edouard Schuré;* a. a. O., S. 277.

466 A. Belyj: *Verwandeln des Lebens;* a. a. O., S. 57.

467 Vortrag vom 23.2.1918, in: *Die geistigen Hintergründe des Ersten Weltkrieges;* op. cit., S. 281.

468 »Das Goetheanum in seinen zehn Jahren«, in: *Goetheanum,* S. 315.

469 H. Herzfeld: *Der Erste Weltkrieg* (dtv-Weltgeschichte des 20. Jahrhunderts, Band 1). München 1968, S. 196 f.

470 R. Riemeck: *Mitteleuropa;* op. cit., S. 114.

471 Vortrag vom 6.2.1917, in: *Bausteine zu einer Erkenntnis des Mysteriums von Golgatha.* Kosmische und menschliche Metamorphose (GA 175). Dornach 1961, S. 15 f.

472 Op. cit., S. 14.

473 Otto Graf Lerchenfeld, in: R. Boos, *R. Steiner während des Weltkrieges.* Dornach 1933. Zit. in: *Nachrichten der Rudolf Steiner-Nachlaßverwaltung* (Nr. 15, Dornach, Sommer 1966, S. 7). – Auf diese Nummer der *Nachrichten* (später: *Beiträge)* sei besonders verwiesen. Sie enthält eine detaillierte Chronik des Jahres 1917.

474 *Aufsätze über die Dreigliederung des sozialen Organismus und zur Zeitlage* (GA 24). Dornach 1961, S. 340 f.

475 Op. cit., S. 347.

476 Vgl. die Chronologie in: *Nachrichten der Rudolf-Steiner-Nachlaßverwaltung;* Nr. 15, S. 7.

477 R. Riemeck: *Mitteleuropa;* op. cit., S. 142. – A. Polzer-Hoditz: *Kaiser Karl.* Zürich – Leipzig – Wien 1929, S. 505, 507 u. 537. – E. Leinhas: *Aus der Arbeit mit Rudolf Steiner;* a. a. O., S. 30 f. – H. Kühn: *Dreigliederungszeit;* op, cit., S. 143.

478 Ebd., S. 20.

479 R. Riemeck: Mitteleuropa; op. cit., S. 143.

480 Vortrag vom 6.12.1919, in: *Die Sendung Michaels;* op. cit., S. 119 f.

481 Vortrag vom 25. Oktober 1918, in: *Symptomatologie,* S. 88 u. 95.

482 Op. cit., S. 83.

483 Vortrag vom 24. November 1918; vgl. *Nachrichten der Rudolf-Steiner-Nachlaßverwaltung;* Sonderheft: *50 Jahre / Die Kernpunkte der sozialen Frage* April 1919 – April 1969 (Nr. 24/25). Dornach, Ostern 1969, S. 6.

484 Es ist bemerkenswert, daß Steiners kritische Auseinandersetzung mit der Psychoanalyse ebenfalls in das Jahr 1917 fällt. Zu berücksichtigen sind vor allem die Dornacher Vorträge vom 10. und 11. November 1917 (in: *Individuelle Geistwesen;* GA 178, Dornach 1966); der Zürcher Vortrag vom 12. November

1917 (in: *Anthroposophie und akademische Wissenschaften,* Zürich 1950, sowie in: *Die Ergänzung heutiger Wissenschaften durch Anthroposophie,* GA 73, Dornach 1973). Vgl. G. Wehr: *C. G. Jung und Rudolf Steiner;* a. a. O., S. 22 ff.

485 Vorträge vom 3. bis 12. Januar und vom 24. Januar bis 2. Februar 1919, in: *Der Goetheanismus, ein Umwandlungsimpuls und Auferstehungsgedanke. Menschenwissenschaft und Sozialwissenschaft* (GA 188). Dornach 1967.

486 Vortrag vom 12. Januar 1919; op. cit., S. 142.

487 R. Boos: *Michael gegen Michel.* Basel 1926. – Ders.: *Rudolf Steiner während des Weltkrieges;* op. cit. – Ders.: *Sozialwissenschaftliche Texte Rudolf Steiners.* 1. Heft (1935 u. 1961). – Vgl. H. Kühn: *Dreigliederungszeit;* a. a. O., S. 27 ff.

488 E. Leinhas: *Aus der Arbeit mit Rudolf Steiner,* a. a. O., S. 31.

489 H. Kühn: *Dreigliederungszeit;* a.a.O., S. 31.

490 Ebd., S. 32.

491 H. Kühn, in: *Mitteilungen aus der anthroposophischen Arbeit in Deutschland,* Juni 1959, zit in: *Nachrichten der Rudolf-Steiner-Nachlaßverwaltung;* Nr. 24/25, Ostern 1969, S. 23. Vgl. ders.: *Dreigliederungszeit;* a. a. O., S. 33 f.

492 Ebd., S. 36.

493 Vortrag vom 21. April 1919, in: *Geisteswissenschaftliche Behandlung sozialer und pädagogischer Fragen* (GA 192). Dornach 1964, S. 11 ff.

494 H. Hahn: *Rudolf Steiner, wie ich ihn sah und erlebte;* a. a. O., S. 82.

495 W. Blos: *Von der Monarchie zum Volksstaat.* Stuttgart 1922. Zit. bei H. Kühn: *Dreigliederungszeit;* a. a. O., S. 70.

496 E. Leinhas: *Aus der Arbeit mit Rudolf Steiner;* a.a.O., S. 47 f.

497 Ebd., S. 54.

498 Gesammelt sind diese Arbeiten in Bd. 24 der Gesamtausgabe: *Aufsätze über die Dreigliederung des sozialen Organismus und zur Zeitlage;* op. cit.

499 Brief vom 10. Mai 1919, in: *Nachrichten der Rudolf-Steiner-Nachlaßverwaltung;* Nr. 27/28, S. 19.

500 Brief vom 4. Juni; ebd., S. 34.

501 E. Leinhas; a. a. O., S. 73.

502 Ebd., S. 75.

503 Vgl. die ausführlichen Schilderungen von Leinhas und Kühn:

504 H.H. Vogel: »Die ordnungspolitischen Bedingungen der Freiheit unter dem Gesellschen Freiheitsbegriff«, in: *Fragen der Freiheit;* Heft 144, Mai/Juni 1980, S. 6 ff. (Sonderheft: *In memoriam Silvio Gesell* mit weiteren Beiträgen).

505 »Die Erziehung des Kindes vom Gesichtspunkte der Geisteswissenschaft«, in: *Luzifer,* S. 322.

506 Vgl. G. Wehr: *Der pädagogische Impuls Rudolf Steiners;* a. a. O. – Ders.: »Das Waldorfschul-Modell als Alternative«, in: *Die Psychologie des 20. Jahrhunderts,* Bd. XI, hrg. von W. Spiel. Zürich 1980, S. 656–683.

507 Vortrag vom 14. Dezember 1919, in: *Die Sendung Michaels;* op. cit., S. 181.

508 Ebd., S. 182 u. 183.

509 G. Wehr: *Christusimpuls und Menschenbild;* a. a. O., S. 153 ff.

510 E. Molt: *Entwurf meiner Lebensbeschreibung;* a. a. O., S. 202 f.

511 Ebd., S. 203.

512 Vortrag vom 11. Mai 1919, in: *Geisteswissenschaftliche Behandlung sozialer und pädagogischer Fragen;* op. cit., S. 97.

513 Vortrag vom 1. Juni 1919; op. cit., S. 129.

514 H. Hahn: »Die Geburt der Waldorfschule«, in: *Wir erlebten Rudolf Steiner;* a. a. O., S. 99.

515 Brief vom 28. Mai 1919 an Eliza von Moltke, in: *Nachrichten der Rudolf-Steiner-Nachlaßverwaltung;* Nr. 27/28, S. 28.

516 Brief vom 6. August 1919 an Johanna Mücke; Berlin, op. cit., S. 52.

517 Die drei grundlegenden Kurse, gehalten in Stuttgart zwischen dem 21. August und 5. September 1919, umfassen in der Gesamtausgabe der Werke Rudolf Steiners folgende

Bände: *Allgemeine Menschenkunde als Grundlage der Pädagogik* (GA 293); *Erziehungskunst. Methodisch-Didaktisches* sowie *Erziehungskunst. Seminarbesprechungen und Lehrplanvorträge.* – Vgl. Notizbucheintragungen Rudolf Steiners zu den Stuttgarter Lehrerkursen 1919–21; in: *Beiträge,* Nr. 31. Dornach, Michaeli 1970.

518 A. Strakosch: *Lebenswege mit Rudolf Steiner;* a. a. O., zit. nach *Nachrichten der Rudolf-Steiner-Nachlaßverwaltung;* Nr. 27/28, S. 54.

519 Vortrag vom 21. August 1919, in: *Allgemeine Menschenkunde als Grundlage der Pädagogik* (GA 293). Dornach 1960, S. 17.

520 »Freie Schule und Dreigliederung« (1919), in: *Dreigliederung,* S. 37.

521 Vortrag vom 21. August 1919 in: *Allgemeine Menschenkunde ...;* op. cit., S. 26 f.

522 H. Hahn: *Die Geburt der Waldorfschule;* op. cit., S. 98 f.

523 A. Strakosch: *Lebenswege mit Rudolf Steiner;* a. a. O., S. 34.

524 Vortrag vom 7. September 1919 in: *Allgemeine Menschenkunde ...;* op. cit., S. 10.

525 Vgl. Anm. 485.

526 Vortrag vom 15. August 1923; in: *Gegenwärtiges Geistesleben und Erziehung* (GA 307). Dornach 1957, S. 191.

527 A. Strakosch: *Lebenswege mit Rudolf Steiner;* a. a. O., S. 37.

528 E. Molt: »Von der Gründung der Waldorfschule«, in: *Erinnerungen an Rudolf Steiner;* a. a. O., S. 256.

529 R. Treichler: *Wege und Umwege zu Rudolf Steiner, in:* Ebd., S. 268.

530 Eine eingehende Charakteristik der Mitglieder des ersten Suttgarter Lehrerkollegiums sowie persönliche Erinnerungen finden sich in dem Sammelband *Der Lehrerkreis um Rudolf Steiner in der ersten Waldorfschule* (1919–1925). Hrg. von G. Husemann und J. Tautz, Stuttgart 1977.

531 K. Ruths-Hoffman: »Aus der Waldorfschülerschaft«, in: *Wir erlebten Rudolf Steiner;* op. cit., S. 209.

532 Vortrag vom 29. September 1917, in: *Die spirituellen Hintergründe der äußeren Welt;* op. cit., S. 11.

533 Op. cit., S. 13.

534 Vortrag vom 1. Oktober 1917; op. cit., S. 53.

535 Vortrag vom 14. Oktober 1917; op. cit., S. 150.

536 Vortrag vom 29. November 1919, in: *Die Sendung Michaels;* op. cit., S. 81.

537 Vortrag vom 14. Dezember 1919; op. cit., S. 177.

538 Vortrag vom 12. Dezember 1919; op. cit., S. 145.

539 Ebd., S. 145 f.

540 G. Wachsmuth: *Rudolf Steiners Erdenleben und Wirken;* a. a. O., S. 394.

541 Vortrag vom 25. Dezember 1919, in: *Weltsilvester und Neujahrsgedanken* (GA 195). Dornach 1962, S. 39.

542 Vortrag vom 1. Januar 1920; op. cit., S. 82.

543 Vortrag vom 31. Dezember 1919; op. cit., S. 62.

544 Vortrag vom 25. Dezember 1919; op. cit., S. 40.

545 Vortrag vom 19. Juli 1924, in *Karma,* Bd. VI, S. 58 f.

546 Vortrag vom 1. Januar 1920, in: *Weltsilvester und Neujahrsgedanken;* op. cit., S. 83.

547 M. Kirchner-Bockholt: *Die Erweiterung der Heilkunst;* op. cit., S. 105.

548 M. Kirchner-Bockholt / E. Kirchner-Bockholt: *Die Menschheitsaufgabe Rudolf Steiners und Ita Wegmans;* a. a. O.

549 G. Wachsmuth: *Rudolf Steiners Erdenleben und Wirken;* op. cit., S. 412.

550 Vortrag vom 26. September 1920, zit. im Anhang zu *Grenzen der Naturerkenntnis* (GA 322). Dornach 1969, S. 129.

551 »Das Goetheanum in seinen zehn Jahren«, in: *Goetheanum,* S. 326.

552 Op. cit., S. 328.

553 E. Zeylmans: *Willem Zeylmans van Emmichoven;* a. a. O., S. 97.

554 F. Rittelmeyer (Hrg).: *Vom Lebenswerk Rudolf Steiners;* op. cit.

555 Vgl. die ausführlichen Berichte in der anthroposophischen Monats-

schrift *Die Drei;* 1. Jg. (1921), S. 282 ff., 367 ff., 479 ff. u. 613 ff.

556 *Die befruchtende Wirkung der Anthroposophie auf die Fachwissenschaften.* Vorträge und Ansprachen im zweiten anthroposophischen Hochschulkurs vom 3.–10. April 1921 (GA 76). Dornach 1977.

557 *Westliche und östliche Weltgegensätzlichkeiten;* op. cit.

558 Zit. bei L. Kolisko: *Eugen Kolisko, ein Lebensbild;* a. a. O., S. 68.

559 M. Kirchner-Bockholt: *Die Erweiterung der Heilkunst;* op. cit., S. 104 f.

560 Op. cit., S. 108.

561 I. Wegman: *Im Aufbruch des Wirkens ...;* a. a. O.

562 Op. cit., S. 64.

563 M. Steiner: *Die Anthroposophie Rudolf Steiners;* a. a. O., S. 59.

564 Vortrag vom 4. Juni 1922, in: *Westliche und östliche Weltgegensätzlichkeit;* op. cit., S. 91.

565 H. E. Lauer: *Ein Leben im Frühlicht des Geistes;* a. a. O., S. 57. – Vgl. ders. in: *Beiträge,* Nr. 39, Michaeli 1972, S. 3 ff.

566 R. Riemeck: *Mitteleuropa ...;* op. cit.

567 Vortrag vom 11. Juni 1922, in: *Das Sonnenmysterium...;* op. cit., S. 198.

568 Op. cit., S. 198.

569 Ebd., S. 215.

570 Ebd., S. 216.

571 Vortrag vom 8. Mai 1920, in: *Entsprechungen zwischen Mikrokosmos und Makrokosmos.* Der Mensch – eine Hieroglyphe des Weltenalls (GA 201). Dornach 1958, S. 178.

572 Vortrag vom 15. Mai 1920; op. cit., S. 238.

573 Vortrag vom 11. Juni 1922, in: *Das Sonnenmysterium...;* op. cit., S. 216.

574 Vortrag vom 11. Juni 1922; ebd., S. 216.

575 Vortrag vom 15. April 1922; ebd., S. 177 f.

576 Vortrag vom 26. Dezember 1914. Einzelausgabe; Dornach 1935, S. 3.

577 A. Schütze: *Zugang zum Christentum.* Stuttgart 1964, S. 12.

578 Vortrag vom 31. Dezember 1919, in: *Weltsilvester und Neujahrsgedanken;* op. cit., S. 69.

579 Vortrag vom 25. Dezember 1919; op. cit., S. 30 f.

580 Vgl. Steiners Artikel vom 27.8.1922, jetzt in: *Goetheanum,* S. 89 f.: »Ein Buch der Ratlosigkeit ist Spenglers ›Untergang des Abendlandes‹. Sein Verfasser hat ein Recht dazu, von diesem ›Untergang‹ zu sprechen. Denn die Niedergangskräfte, denen andre passiv unterliegen, wirken in ihm aktiv. Er versteht sie und lehnt es ab, zu den Aufgangskräften zu kommen.«

581 E. Bock: *R. Steiner;* a. a. O., S. 301.

582 Vortrag vom 20. Februar 1917, in: *Bausteine zu einer Erkenntnis des Mysteriums von Golgatha;* op. cit., S. 56 f.

583 G. Husemann: »Die Begründung der Christengemeinschaft«, in: *Erinnerungen an R. Steiner;* a. a. O., S. 303.

584 E. Bock, in: *Die Chistengemeinschaft* (Einführungsheft); 19. Jg. (1947), Nr. 1, S. 25.

585 Chr. Geyer: *Heiteres und Ernstes aus dem Leben;* a. a. O., S. 189.

586 Chr. Geyer: »Anthroposophie und Christengemeinschaft«, in: *Zeitwende;* 2. Jg. (1926), S. 198.

587 F. Rittelmeyer; op. cit., S. 147.

588 K. von Wistinghausen: »Vor 25 Jahren«, in: *Die Christengemeinschaft.* 19. Jg. (1947), Nr. 8/9, S. 260. Vgl. auch die Schilderung bei J. Sydow: *Aus der Begründungszeit der Christengemeinschaft.* Basel 1972, S. 54 ff.

589 Chr. Geyer: »Rudolf Steiner und die Religion«, in: *Vom Lebenswerk Rudolf Steiners;* op. cit., S. 81.

590 Die gängigen apologetisch-religionskundlichen Darstellungen über die Christengemeinschaft sind von sehr unterschiedlicher Qualität und infolge ihrer Korrektur- bzw. Ergänzungsbedürftigkeit mannigfachen Wandlungen unterworfen. So ist das Standardwerk des evangelischen Theologen und Religionswissenschaftlers Kurt Hutten: *Seher, Grübler, Enthusiasten* (Stuttgart 1950) im

Blick auf die Behandlung der Christengemeinschaft erst von der 10. Auflage (Stuttgart 1966) an von Bedeutung. – Vgl. u.a. Hans-Diether Reimer / Oswald Eggenberger: *Neben den Kirchen. Gemeinschaften, die ihren Glauben auf besondere Weise leben wollen.* Konstanz 1979. – H. Reller (Hrg.): *Handbuch religiöser Gemeinschaften.* Gütersloh 1978. – Vgl. ferner die Selbstdarstellung durch Michael Heidenreich, in: *Was glauben die andern?* 27 Selbstdarstellungen. Gütersloh 1977 (GTB 233).

591 *Goetheanum,* S. 332.

592 H. Schmidt: *Das Vortragswerk Rudolf Steiners;* op. cit.

593 Vortrag vom 9. September 1922, in: *Philosophie, Kosmologie und Religion* (Französischer Kurs; GA 215). Dornach 1962, S. 78.

594 Hier sei vor allem auf die einschlägigen Arbeiten von F. Rittelmeyer, E. Bock, F. Frieling, Chr. Rau, R. Meyer verwiesen. – Vgl. auch G. Wehr: *Spirituelle Interpretation der Bibel als Aufgabe.* Ein Beitrag zum Gespräch zwischen Theologie und Anthroposophie. Basel 1968; ders.: *Veränderung beginnt innen;* op. cit., S. 169 ff.

595 G. Husemann: *Die Begründung der Christengemeinschaft;* op. cit., S. 309.

596 Vortrag vom 30. Dezember 1922, in: *Das Verhältnis der Sternenwelt zum Menschen und des Menschen zur Sternenwelt. Die geistige Kommunion der Menschen* (GA 219); 1955, S. 167.

597 Op. cit., S. 168.

598 Op. cit., S. 172.

599 G. Husemann: *Die Begründung der Christengemeinschaft;* op. cit., S. 309.

600 Vortrag vom 27. Februar 1923, in: *Anthroposophische Gemeinschaftsbildung (GA 257).* Dornach 1965, S. 112.

601 F. Poeppig: *Schicksalswege zu Rudolf Steiner;* a.a.O., S. 77 f. – Vgl. ders.: *Abenteuer meines Lebens. Versuch einer Lebensrückschau aus karmischer Sicht.* Schaffhausen 1975.

602 A. Belyj: *Verwandeln des Lebens;* a.a.O., S. 98 ff.

603 Vortrag vom 11. Mai 1917, in: *Die geistigen Hintergründe des Ersten Weltkrieges;* op. cit., S. 197 ff.

604 Op. cit., S. 206.

605 Vortrag vom 10. Juni 1917, zit. in: *Nachrichten der Rudolf-Steiner-Nachlaßverwaltung;* Nr. 15, Sommer 1966, S. 6.

606 Vortrag vom 1. Oktober 1917, in: *Die spirituellen Hintergründe der äußeren Welt;* op. cit., S. 52.

607 Op. cit., S. 53.

608 E. Leinhas: *Aus der Arbeit mit Rudolf Steiner;* a.a.O., S. 110.

609 J. Müller: *Vom Geheimnis des Lebens.* Erinnerungen. Bd. I/II. Stuttgart 1937. – F. Rittelmeyer: *Aus meinem Leben;* a.a.O., S. 269 ff. – Ders.: *Was will Johannes Müller?* München 1911.

610 *Von Seelenrätseln* (1917; GA 21). Dornach 1960, S. 34 ff. Über A. Magers Schrift: *Theosophie und Christentum,* vgl. *Goetheanum,* S. 244 ff.

611 F. Rittelmeyer: *Max Dessoir und Rudolf Steiner* (1917); ders.: *Johannes Müller und Rudolf Steiner* (1918); ders.: *Steiner, Krieg und Revolution* (1919).

612 M.I. Werbeck: *Die christlichen Gegner Rudolf Steiners und die Anthroposophie – durch sie selbst widerlegt.* Eine Gegnerschaft als Kultur-Verfallserscheinung; Bd. I. – Ebd., Bd. II.

613 Das Faltblatt trägt das Datum: Stuttgart, den 13. Februar 1923 und ist im Verlag der Kommende Tag, A.G. Stuttgart, erschienen und von J. von Grone, E. Kolisko, H. Mücke, E. Leinhas, O. Palmer, F. Rittelmeyer, C. Unger und W. Wachsmuth unterzeichnet.

614 Aus dem Jahrbuch von E. Ebertin: *Ein Blick in die Zukunft.* Freiburg 1921, von R. Steiner zit. in der Dornacher Studentenversammlung vom 9. April 1921, in: *Die befruchtende Wirkung der Anthroposophie auf die Fachwissenschaften;* op. cit., S. 216 f.; ebd., S. 258.

615 M. Steiner: »Jahresausklang und

Jahreswende 1923/1924«, in: *Weihnachtstagung*, S. 9.
616 R. von Sebottendorf: *Bevor Hitler kam.* München 1933. – D. Bronder: *Bevor Hitler kam.* Hannover 1964. – H. Grebing: *Der Nationalsozialismus. Ursprung und Wesen.* München 1924, S. 24 f. – W. Maser: *Frühgeschichte der NSDAP, Hitlers Weg bis 1924.* Frankfurt 1965. – Ch. Lindenberg: *Die Technik des Bösen. Zur Vorgeschichte und Geschichte der Nationalsozialisten.* Stuttgart 1978 (*Studien und Versuche* – Eine anthroposophische Schriftenreihe, Bd. 15).
617 H. Büchenbacher: »München 1922«, in: *Erinnerungen an Rudolf Steiner;* a.a.O., S. 325.
618 Vortrag vom 15. Mai 1922, in: *Blätter für Anthroposophie und Mitteilungen aus der anthroposophischen Bewegung.* Hrg. von H.E. Lauer. 18. Jg. (1966), Heft 11 u. 12.
619 *Rudolf Steiner in München;* op. cit., S. 59 f.
620 BuD, S. 169.
621 M. Steiner: *Die Anthroposophie Rudolf Steiners;* a. a. O., S. 59 f.
622 *Die Rätsel der Philosophie in ihrer Geschichte als Umriß dargestellt* (1914; GA 18). Vorrede zur Neuauflage 1918. Stuttgart 1955, S. 12.
623 Vortrag vom 25. Dezember 1919, in: *Weltsilvester und Neujahrsgedanken;* op. cit., S. 31.
624 Vortrag vom 31. Dezember 1922, in: *Das Verhältnis der Sternenwelt ...;* op. cit., S. 193 f.
625 Vortrag vom 24. Dezember 1922, in: *Der Entstehungsmoment der Naturwissenschaft in der Weltgeschichte und ihre seitherige Entwicklung* (GA 326). Dornach 1977, S. 10 f.
626 Ausführlicher bei E. Bock: »Die Weihnachtsfeste im Lebenswerk Rudolf Steiners«, in: *Rudolf Steiner;* op. cit., S. 203 ff.
627 *Ansprachen zu den Weihnachtsspielen aus altem Volkstum* (GA 274). Dornach 1974, S. 9 u. 11.
628 Vgl. u. a. A. Turgenieff: *Erinnerungen an Rudolf Steiner ...;* a. a. O., S. 101 ff. – A. Strakosch: *Lebenswege mit Rudolf Steiner;* a. a. O., S. 139 ff. – H. Müller: *Spuren auf dem Weg;* a. a. O. – A. Steffen: *Begegnungen mit Rudolf Steiner;* a. a. O., S. 282 ff. – E. Leinhas: *Aus der Arbeit mit Rudolf Steiner;* a. a. O, S. 154 ff. – R. Maikowski: *Schicksalswege ...;* a. a. O., S. 60 ff.
629 G. Wachsmuth: *Rudolf Steiners Erdenleben und Wirken;* a. a. O., S. 511.
630 A. Strakosch: *Lebenswege mit Rudolf Steiner,* a.a.O., S. 142.
631 F. Wachsmuth: Rudolf Steiners Erdenleben und Wirken; a. a. O., S. 152.
632 R. Maikowski: *Schicksalswege ...;* a. a. O., S. 62; vgl. hierzu A. Turgenieff: *Erinnerungen an Rudolf Steiner;* a. a. O., S. 107.
633 A. Steffen: *Begegnungen mit Rudolf Steiner;* a. a. O., S. 285.
634 E. Leinhas: *Aus der Arbeit mit Rudolf Steiner;* a. a. O., S. 156.
635 A. Turgenieff: *Erinnerungen an Rudolf Steiner;* a. a. O., S. 107.
636 R. Maikowski: *Schicksalswege ...;* a. a. O., S. 65.
637 I. Wegman: *An die Freunde;* a. a. O., S. 18 f.
638 BuD, S. 242.
639 *Wahrspruchworte;* op. cit., S. 260.
640 Vortrag vom 31. Dezember 1923, in: *Weihnachtstagung,* S. 235.
641 Vortrag vom 1. Oktober 1922, in: *Grundimpulse des weltgeschichtlichen Werdens der Menschheit* (GA 216). Dornach 1965, S. 139.
642 Vortrag vom 16. Juni 1923, in: *Die Geschichte und die Bedingungen der anthroposophischen Bewegung ...;* op. cit., S. 147 f.
643 E. Kolisko: Referat über die Lage der Anthroposophischen Gesellschaft (1923), in: E. Kolisko: *Eugen Kolisko,* a. a. O., S. 74 ff.
644 E. Kolisko; op. cit., S. 75. – Vgl. auch F. Poeppig: *Rückblick ...;* a. a. O., S. 29 ff.
645 Studienmaterial aus den Sitzungen des Dreißiger-Kreises. Dornach 1947. – Über den Dreißiger-Kreis vgl. u. a. E. Leinhas: *Aus der Arbeit mit Rudolf Steiner;* a. a. O., S. 118 ff.;

H. Kühn: *Dreigliederungszeit;* a. a. O., S. 139 ff.

646 Ebd., S. 145 f.

647 Der diesbezügliche Text an die Mitglieder der Anthroposophischen Gesellschaft in Deutschland findet sich u. a. ebd., S. 268 f., und bei E. Leinhas: *Aus der Arbeit mit Rudolf Steiner;* a. a. O., S. 229 ff.

648 E. Vreede: *Zur Geschichte der Anthroposophischen Gesellschaft seit der Weihnachtstagung 1923.* Arlesheim 1935; zit. bei H. Wiesberger (Hrg.): *Aus dem Leben von Marie Steiner-von Sivers;* a. a. O., S. 103.

649 Vgl. den Brief an Wilhelm Hübbe-Schleiden vom 16. August 1902, in: *Br II,* S. 270.

650 R. Grosse: *Die Weihnachtstagung als Zeitenwende;* a. a. O., S. 70.

651 F. Poeppig: *Rückblick ...;* a. a. .O., S. 61.

652 Zit. nach F. Poeppig: *Rudolf Steiner, der große Unbekannte;* a. a. O., S. 252.

653 E. Lehrs: *Gelebte Erwartung;* a. a. O., S. 201.

654 Vortrag vom 6. Januar 1923, in: *Die Erkenntnisaufgabe der Jugend.* Dornach 1957, S. 66.

655 E. Lehrs: *Gelebte Erwartung;* a. a. O., S. 214 ff.

656 W. Rath: »Von der Begegnung der Jugend mit Rudolf Steiner Michaeli 1922«, in: *Erinnerungen an Rudolf Steiner;* a. a. O., S. 395.

657 R. Maikowski: *Schicksalswege ...;* a. a. O., S. 89. – Vgl. auch F. Poeppig: *Rückblick ...;* a. a. O., S. 14 ff.

658 Vortrag vom 2. März 1923, in: *Anthroposophische Gemeinschaftsbildung;* op. cit., S. 157 f. – Vgl. auch H.P. van Manen: *Christussucher und Michaeldiener. Die karmischen Strömungen der anthroposophischen Bewegung.* Dornach 1980, S. 125 f.

659 Vortrag vom 2. März 1923, in: *Anthroposophische Gemeinschaftsbildung;* op. cit., S. 152 f.

660 Ebd.

661 Aus eigenem Erleben berichtet dies der Mitunterzeichner der Erklärung, Rudolf Grosse: *Erlebte Pädagogik;* a. a. O., S. 106 ff.

662 Vgl. R. Maikowski: *Schicksalswege ...;* a. a. o., S. 89 ff.

663 Vortrag vom 2. März 1923, in: *Anthroposophische Gemeinschaftsbildung;* op. cit., S. 154.

664 Vortrag vom 29. April 1923, in: *Die menschliche Seele in ihrem Zusammenhang mit göttlich-geistigen Individualitäten. Die Verinnerlichung der Jahresfeste* (GA 224). Dornach 1966, S. 138 f.

665 Vortrag vom 15. August 1923, in: *Gegenwärtiges Geistesleben und Erziehung* (GA 307). Stuttgart 1957, S. 191.

666 G. Wachsmuth: *Rudolf Steiners Erdenleben und Wirken;* a. a. O., S. 545.

667 M. Steiner: *Initiations-Erkenntnis. Die geistige und psychische Welt- und Menschheitsentwicklung in der Vergangenheit, Gegenwart und Zukunft vom Gesichtspunkt der Anthroposophie* (GA 227). Dornach 1960.

668 G. Wachsmuth: *Rudolf Steiners Erdenleben und Wirken;* a. a. O., S. 547 f.

669 M. Steiner: *Initiations-Erkenntnis;* Vorwort. Op. cit., S. 10.

670 G. Adams: »Rudolf Steiner in England«, in: M.J. Krück von Poturzyn (Hrg.), *Wir erlebten Rudolf Steiner;* a. a. O., S. 9 ff.

671 E. Zeylmans: *Willem Zeylmans van Emmichoven;* a. a. O., S. 118.

672 Ebd., S. 124.

673 Zit. bei F. Poeppig: *Rückblick ...;* a. a. O., S. 53.

674 Vgl. BuD, S. 186.

675 Op. cit., S. 186.

676 Vortrag vom 23. November 1923, in: *Mysteriengestaltung* (GA 232). Dornach 1958, S. 7.

677 G. Wachsmuth: *Rudolf Steiners Erdenleben und Wirken;* a. a. O., S. 561 f.

678 Vgl. die zusammenfassende Schilderung von Hella Wiesberger in den Vorbemerkungen zu *Konstitution;* op. cit., S. 17–24.

679 A. Steffen: *Geistesschulung und Gemeinschaftsbildung;* a. a. O., S. 73 ff.

680 Vortrag vom 24. Dezember 1923, in:

Weihnachtstagung (GA 260), S. 43.

681 *Die Weltgeschichte in anthroposophischer Beleuchtung und als Grundlage der Erkenntnis des Menschengeistes.* (GA 233). Dornach 1962.

682 Das Programm ist als Reprint enthalten in: *Weihnachtstagung,* S. 24 f.

683 F. Poeppig: *Rückblick...;* a.a.O., S. 53.

684 Vortrag vom 25. Dezember 1923, in: *Weihnachtstagung,* S. 58.

685 Op. cit., S. 59 f.

686 Ein Großteil der wichtigsten Texte ist enthalten in: *Konstitution.*

687 Vortrag vom 12. August 1924, in: *Karma,* Bd. VI, (GA 240), S. 81.

688 Es sind u. a. miteinander zu konfrontieren auf der einen Seite die Darstellungen G. Wachsmuth: *R. Steiners Erdenleben und Wirken* (a. a. O.), R. Grosse: *Die Weihnachtstagung als Zeitenwende* (a. a. O.), H.P. van Manen: *Christussucher und Michaeldiener* (a. a. O., S. 133 ff.); auf der anderen Seite etwa F. Poeppig: *Rudolf Steiner, der große Unbekannte* (a. a. O.) und *Rückblick* ... (a. a. O.), L. Kolisko: *Eugen Kolisko* (a. a. O., S. 90 ff.) und E. Lehrs: *Gelebte Erwartung* (a. a. O., S. 259 ff.). Vgl. auch die von der Anthroposophischen Vereinigung in der Schweiz herausgegebenen Mitteilungen aus der anthroposophischen Bewegung, die in zahlreichen Nummern dokumentarisch-kritische Beiträge enthalten, die sich auch großteils mit der Einschätzung der Weihnachtstagung von 1923 beschäftigen.

689 M. Steiner im Vorwort zu: *Weihnachtstagung,* S. 14.

690 L. Gentilli Baratto: *Eine Erinnerung an Marie Steiner aus dem Jahre 1947;* a. a. O., S. 20 f.

691 Marie Steiner im Nachwort zu: *Lebensgang,* S. 467.

692 Verwiesen sei u. a. auf L. Kolisko: *Eugen Kolisko* (a. a. O.) und auf F. Poeppig: *Rückblick* ... (a. a. O.).

693 Vgl. den Bericht von K. Magerstädt: »Einer von den Jungmedizinern«, in: M.J. Krück von Poturzyn (Hrg.), *Wir erlebten Rudolf Steiner;* a. a. O., S. 138.

694 »Mysterienstätten des Mittelalters«, in: *Die Weltgeschichte in anthroposophischer Beleuchtung ...;* op. cit., S. 161.

695 *Anthroposophie.* Eine Einführung in die anthroposophische Weltanschauung (GA 234). Dornach 1959.

696 Vortrag vom 1. Februar 1924, in: *Anthroposophie,* op. cit., S. 64 ff. – Vgl. G. Wehr: *Der innere Weg.* Reinbek 1983.

697 Ebd.

698 Vortrag vom 16. April 1924, zit. bei E. Bock: *Der Schritt von der Theosophischen zur Anthroposophischen Gesellschaft;* op. cit., S. 18. Ebd. weitere Bezüge.

699 Weitere Vortragszyklen über karmische Zusammenhänge: *Das Prinzip der spirituellen Ökonomie im Zusammenhang mit Wiederverkörperungsfragen,* 23 Vorträge (1909); *Die Offenbarung des Karma,* 11 Vorträge (1910); *Okkulte Geschichte.* Persönlichkeiten und Ereignisse der Weltgeschichte im Lichte der Geisteswissenschaften, 6 Vorträge (1910/11); *Wiederverkörperung und Karma und ihre Bedeutung für die Kultur der Gegenwart,* 5 Vorträge (1912).

700 Die Wochenschrift für Anthroposophie *Das Goetheanum* begründet Rudolf Steiner im Jahre 1921. Ihr erster Redakteur war Albert Steffen von 1921–1963, dann Paul Bühler von 1963–1966, seitdem Friedrich Hiebel. – Vgl. A. Steffen: *Begegnungen mit Rudolf Steiner;* a. a. O., S. 192 ff. und 198 ff.

701 Brief vom 13. Dezember 1923, in: Briefwechsel, Dornach 1967, S. 210.

702 *Konstitution,* S. 94.

703 G. Wachsmuth: *R. Steiners Erdenleben und Wirken;* a.a.O., S. 576 f.

704 E. Lehrs, zit. in: *Konstitution,* S. 605.

705 G. Wachsmuth: *Rudolf Steiners Erdenleben und Wirken;* a. a. O., S. 580.

706 L. Werbeck: *Die christlichen Gegner Rudolf Steiners und der Anthroposophie – durch sie selbst widerlegt;* op.

cit. – Vgl. Brief vom 27. Mai 1924 an Marie Steiner, in *BuD* S. 218.

707 Vgl. die Vortragsauszüge und die Berichte über die Koberwitzer Tagung, in: *Konstitution,* S. 242–322.

708 Ansprache vom 11. Juni 1924, in: *Geisteswissenschaftliche Grundlagen zum Gedeihen der Landwirtschaft* (Landwirtschaftlicher Kurs; GA 327). Dornach 1975, S. 238 f.

709 Vortrag vom 20. Juni 1924; op. cit., S. 20 f.

710 Die Fragen und deren Beantwortung sind im Landwirtschaftskurs, op. cit., enthalten, ebenso Faksimile-Wiedergaben aus den Notizbüchern Steiners; vgl. auch *Nachrichten der Rudolf-Steiner-Nachlaßverwaltung.* Nr. 18, Herbst 1967.

711 E. Pfeiffer: »Rudolf Steiners landwirtschaftlicher Impuls«, in: *Wir erlebten Rudolf Steiner;* a. a. O., S. 175.

712 Op. cit., S. 179.

713 H. Bartsch: *Erinnerungen eines Landwirts;* a. a. O., S. 26.

714 Adalbert Graf Keyserlingk (Hrg.): *Koberwitz 1924;* a. a. O., S. 63 f.

715 Op. cit., S. 66.

716 Vortrag vom 17. Juni 1924, in: *Die Erkenntnisaufgabe der Jugend;* op. cit., S. 107 ff.

717 R. Meyer: »Die Pfingsttagung in Koberwitz 1924«, in: *Erinnerungen an Rudolf Steiner;* a. a. O., S. 445.

718 S. Pickert: *50 Jahre Heilpädagogischer Kurs.* Arlesheim 1975 – A. Strohschein: »Die Entstehung der anthroposophischen Heilpädagogik«, in: *Wir erlebten Rudolf Steiner,* a. a. O., S. 211 ff.

719 Bericht über Breslau-Koberwitz in Dornach, am 20. Juni 1924, in: *Konstitution,* S. 307.

720 *Heilpädagogischer Kurs* (GA 317). Dornach 1975. – Dieser Ausgabe sind auch die Tafelzeichnungen Rudolf Steiners im Anhang beigefügt. – Vgl. ferner: *Zum Heilpädagogischen Kurs R. Steiners.* Mit Aufsätzen von R. Grosse, H. Klimm, H. Poppelbaum, G. von Arnim, W. Holtzapfel und G. Unger. Stuttgart 1974 (Heilpädagogik aus anthroposophischer Menschenkunde, Bd. 1).

721 R. Meyer: *Rudolf Steiner – Anthroposophie, Herausforderung im 20. Jahrhundert,* a. a. O., S. 183 f.

722 F. W. Zeylmans-van Emmichoven: »Rudolf Steiner in Holland«, in: *Wir erlebten Rudolf Steiner;* a. a. O., S. 269.

723 F. Rittelmeyer: *Meine Lebensbegegnung mit Rudolf Steiner;* a. a. O., S. 152.

724 Vortrag vom 31. Juli 1924, in: *Schöpfung der Welt und des Menschen. Erdenleben und Sternenwirken.* Dornach 1969 – hier zit. nach: *Konstitution,* S. 638.

725 G. Wachsmuth: *Rudolf Steiners Erdenleben und Wirken;* a. a. O., S. 606.

726 G. Adams: *Rudolf Steiner in England;* op. cit., S. 9–32.

727 G. Wachsmuth: *Rudolf Steiners Erdenleben und Wirken;* a. a. O., S. 605.

728 Vortrag vom 5. September 1924, in: *Karma,* Bd. IV, S. 14.

729 E. Bock: »Religiöse Erneuerung«, in: *Wir erlebten Rudolf Steiner;* a. a. O., S. 51.

730 A. Steffen: *Begegnungen mit Rudolf Steiner;* a. a. O., S. 349.

731 109. Leitsatz, in: *Leitsätze,* S. 160.

732 F. Poeppig: *Schicksalswege zu Rudolf Steiner;* a. a. O., S. 127.

733 A. Steffen: *Begegnungen mit Rudolf Steiner;* a. a. O., S. 350 f.

734 Brief vom 2. Oktober an Marie Steiner, in: *Briefwechsel;* op. cit., S. 227 f.

735 E. Leinhas: *Aus der Arbeit mit Rudolf Steiner;* a. a. O., S. 191.

736 Vortrag vom 28. September 1924 (letzte Ansprache), in: *Karma,* Bd. IV, S. 166.

737 Ebd., S. 174. – Vgl. *Wahrspruchworte,* S. 180.

738 Vortrag vom 28. September 1924, in: *Karma,* Bd. IV, S. 165.

739 Brief vom 2. Oktober 1924, in *Briefwechsel,* op. cit., S. 227.

740 I. Wegman: *An die Freunde;* a. a. O., S. 5 f.

741 Brief vom 6. Oktober, in: *BuD,* S. 232.

742 A. Steffen: *In Memoriam Rudolf Steiner;* op. cit., S. 15.

743 I. Wegman: *An die Freunde;* a. a. O., S. 4 f.

744 *Ludwig Graf Polzer-Hoditz,* zit. in *Konstitution,* S. 667.

745 E. Leinhas: *Aus der Arbeit mit Rudolf Steiner;* a. a. O., S. 191.

746 *Basler Nachrichten* vom 25./26. Oktober 1924, in: *Konstitution,* S. 551 f.

747 E. Fiechter (1875–1948) war ein Vetter von C. G. Jung, dessen Wohnhaus in Küsnacht am Zürcher See er auch gebaut hat. In den letzten Jahren seines Lebens stand Fiechter als Priester im Dienst der Christengemeinschaft.

748 Vgl. hierzu C. Unger: »Aus der Sprache der Bewußtseinsseele, unter Zugrundelegung der Leitsätze Rudolf Steiners«, in: C. Unger, *Schriften,* Bd. III; Stuttgart 1954 (1971).

749 I. Wegman (September 1925) in ihrem Nachwort zu: *Grundlegendes für eine Erweiterung der Heilkunst (1925; GA 27).* Dornach 1972, S. 136.

750 Brief vom 27. Februar 1925, in: *BuD,* S. 264.

751 Brief vom 5. März 1925, in: *BuD,* S. 266.

752 *Konstitution,* S. 405 f.

753 A. Steffen: *In Memoriam Rudolf Steiner;* op. cit., S. 15 f.

754 Eine detaillierte Chronik über die letzte Lebenszeit Rudolf Steiners findet sich in dem von H. Wiesberger herausgegebenen Band *Konstitution.*

755 I. Wegman: *An die Freunde;* a. a. O., S. 9.

756 R. Grosse: *Die Weihnachtstagung als Zeitenwende;* a. a. O., S. 142.

757 Hierfür nur einige gravierende Beispiele: Die Trauerfeierlichkeiten wurden am Vormittag des 3. April 1925 im Krematorium Basel, Horburg-Friedhof, vollzogen. Assistiert von zwei Priestern der Christengemeinschaft, vollzog Friedrich Rittelmeyer die Totenhandlung nach dem Ritual, das die Bewegung für religiöse Erneuerung von Rudolf Steiner erhalten hatte. Am Nachmittag erfolgte die Überführung der Asche nach Dornach. »Es war bereits eine Unstimmigkeit eingetreten, da Frau Dr. Steiner das Atelier zum Sortieren des Nachlasses benutzen wollte, Frau Dr. Wegman aber dasselbe unberührt für die Mitgliedschaft erhalten möchte. Auf der Nachhausefahrt von der Kremation kam es zu einem offenen Streit über die Urne mit Dr. Steiners Asche, vor dem Personal der Villa Hansi [...]. (Hier fielen u. a. die Worte: ›Ihre bürgerliche Ehe mit Dr. Steiner ist jetzt zu Ende, Dr. Steiner gehört uns allen, der ganzen Gesellschaft und nicht nur Ihnen!‹) Herr Steffen bekam einen Herzkrampf. Frau Dr. Steiner wollte mit der Urne direkt ins Haus Hansi fahren, während die übrigen Vorstandsmitglieder dachten, sie würde ins Atelier gebracht werden.« (L. Kolisko: *Eugen Kolisko;* a. a. O., S. 4; vgl. hierzu F. Poeppig: *Rückblick;* a. a. O., S. 85. – Marie Steiner, die sich aus dem Vorstand zurückzieht, schreibt am 4. April 1925 an Eugen Kolisko: »Ich habe klar erkannt, daß unser Vorstand, so wie er jetzt ist, verwaist ist in seiner Kindheitsstufe, ein Nichts ist.« Unabhängig davon brach ein über Jahrzehnte sich hinziehender Streit um den literarischen Nachlaß Rudolf Steiners aus. Steiner hatte seine Frau zur Universalerbin erklärt. Da aber die diversen notariell beglaubigten Testamente vor der Weihnachtstagung von 1923 niedergelegt worden waren, wurden sie angefochten, und zwar bis hin zum offiziellen Rechtsstreit.

758 I. Wegman: *An die Freunde;* a. a. O., S. 11.

759 R. Grosse: *Die Weihnachtstagung;* a. a. O., S. 143. Vgl. auch F. Poeppig: *Rückblick;* a. a. O., S. 74.

760 *Wahrspruchworte;* op. cit., S. 74.

761 G. Wehr: *Der innere Weg;* a. a. O.

762 *Wahrspruchworte;* op. cit., S. 269.

763 Ebd., S. 262.

764 Margareta Morgenstern: *Michael Bauer, ein Bürger beider Welten.* München 1950.

Michael Bauer – Menschentum und Freiheit. Ausgewählt und herausgegeben von Kurt von Wistinghausen. Stuttgart 1971.
Ders.: Gesammelte Werke I/VI. Hrsg. von Christoph Rau. Stuttgart 1985 ff.

765 Michael Bauer: *Christian Morgensterns Leben und Werk* (1933), jetzt in M. Bauer: Gesammelte Werke, Band III. Stuttgart 1985.

766 Friedrich Rittelmeyer: *Meine Lebensbegegnung mit Rudolf Steiner* (1928), Stuttgart ^{9}1980.
Gerhard Wehr: *Friedrich Rittelmeyer* – Religiöse Erneuerung als geistiger Brückenschlag zwischen den Zeiten. Wies/Schwarzwald 1985.

767 Carl Unger: *Schriften* I/III, hrg. von Heinrich O. Proskauer. Stuttgart 1964.
Clara Kreutzer: *Carl Unger,* in: Die Drei, Stuttgart 1979, Nr. 1.

768 Ita Wegman: *Im Anbruch des Wirkens für eine Erweiterung der Heilkunst*. Gesammelte Aufsätze. Arlesheim/Schweiz 1974.
Ita Wegmans Lebenswirken aus heutiger Sicht. Eine Festschrift zu ihrem 100. Geburtstage, hrg. von Andreas Grunelius. Arlesheim/Schweiz 1976.

769 Abweichende Angaben bezüglich des Geburtstags hat Marie Steiner selbst aufgeklärt, vgl. Hella Wiesberger (Hrg.): *Aus dem Leben von Marie Steiner*. Dornach 1956, S. 211.

770 A.a.O. S. 8.

771 A.a.O. S. 11.

772 Vgl. oben S. 164 ff.

773 H. Wiesberger a.a.O. S. 14 f.

774 *Lebensgang* S. 411.

775 Marie von Sivers im Brief vom 25. September 1907, in: Nachrichten der Rudolf Steiner Nachlaßverwaltung, Dornach, Nr. 17 (1967), S. 4.

776 Dieselbe im Brief vom 27. Dezember 1909, a.a.O. S. 5.

777 Dieselbe im Brief vom August 1910, a.a.O. S. 8.

778 Dieselbe im Brief vom 9. September 1910, a.a.O.

779 Dieselbe im Brief vom 13. September 1910, a.a.O. S. 9.

780 Vortrag vom 15. Juni 1915, in: *Die Geschichte und die Bedingungen der anthroposophischen Bewegung* (GA 258).

781 Vorwort zu: *Schiller und unser Zeitalter,* in: *Über Philosophie, Geschichte und Literatur* (GA 51), Dornach 1983, S. 217.

782 BuD S. 31 und 34.

783 BuD S. 46.

784 Vgl. oben S. 197 ff; ferner Marie Steiner: *Briefe und Dokumente*. Dornach 1981, S. 26.

785 Enthalten in: *Ursprungsimpulse der Geisteswissenschaft* (GA 96), Dornach 1974, S. 47–59.

786 Literatur in: Beiträge Nr. 47/48 (1974), S. 73.

787 Der Kongreß ist dokumentiert in: *Bilder okkulter Siegel und Säulen* (GA 284), Dornach 1977.

788 Vgl. oben S. 231 ff.

789 Vgl. oben S. 236.

790 Marie Steiner: *Eurythmie als sichtbare Sprache* (1927), in: *Aus dem Wirken Marie Steiners*. Gesammelte Aufsätze, hrg. von Edwin Froböse, Dornach 1951, S. 30.

791 Vgl. oben S. 387 f.

792 Was an internen Darstellungen, Dokumentationen und Interpretationen vorliegt bzw. zugänglich ist, trägt meist das Stigma einseitiger Parteinahme, ist von Unterstellungen und wechselseitigen Schuldzuweisungen durchsetzt. Zuletzt Bodo von Plato: Zur Entwicklung der anthroposophischen Gesellschaft. Stuttgart 1986.

793 Vgl. oben S. 388; 413, Anmerkung 757.

794 Rudolf Steiner/Marie Steiner-von Sivers: *Briefwechsel und Dokumente 1901–1925* (GA 262), Dornach 1967, S. 264.

795 *Die Konstitution der Allgemeinen Anthroposophischen Gesellschaft und die Freie Hochschule für Geisteswissenschaft* (GA 37/260 a). Dornach 1966.

796 Margarete und Erich Kirchner-Bockholt: *Die Menschheitsaufgabe Rudolf Steiners und Ita Wegmans* (Privatdruck). Dornach 1976.

797 Vgl. oben S. 197ff.

798 Ludwig Polzer-Hoditz: *Erinnerungen an Rudolf Steiner*. Dornach 1985; ergänzend hierzu: Paul Michaelis: *Die geistigen Hintergründe der Rede des Grafen L. Polzer-Hoditz zur Generalversammlung vom 14. April 1935*, in: Erde und Kosmos, 12. Jahrg. Nr. 1/1986, S. 15–27.

799 Das Nachrichtenblatt der Wochenzeitung »Das Goetheanum« vom 7. Februar 1926 enthält die Notiz: »Am 24. Januar 1926 wurde im Vortragssaal der Schreinerei des Goetheanum innerhalb der Allgemeinen Anthroposophischen Gesellschaft vom ersten Vorsitzenden derselben, Albert Steffen, die Rudolf Steiner-Vereinigung gegründet, unter dem Protektorat Frau Marie Steiners.«

800 Fred Poeppig: *Rückblick auf Erlebnisse, Begegnungen und Persönlichkeiten in der anthroposophischen Bewegung 1923–1963*. Basel 1964, S. 106.

801 Der heutige Philosophisch-Anthroposophische Verlag am Goetheanum in Dornach geht auf diese Gründung zurück. Rechtlich gesehen ist er eine Zweigniederlassung der Allgemeinen Anthroposophischen Gesellschaft und als solcher ins Handelsregister eingetragen. Er betreut Publikationen der Freien Hochschule für Geisteswissenschaft am Goetheanum und der Mitarbeiter ihrer Sektionen, während der Rudolf Steiner Verlag Dornach das literarische und künstlerische Werk Rudolf Steiners betreut und vor allem die Gesamtausgabe (GA) herausgibt.

802 Marie Steiner: *Briefe und Dokumente*, S. 173ff.

803 Ehrenfried Pfeiffer a.a.O. S. 225.

804 Lili Kolisko: *Eugen Kolisko*. Ein Lebensbild, zugleich ein Stück Geschichte der Anthroposophischen Gesellschaft. (Privatdruck) 1961, S. 428f.

805 *Aus dem Leben von Marie Steiner-von Sivers*, S. 123.

806 Marie Steiner: *Briefe und Dokumente*, S. 359.

Bibliographie

Das literarische Werk Steiners, das sich in Schriften und Veröffentlichungen aus dem Nachlaß, in öffentliche und interne Vorträge gliedert sowie künstlerische Arbeiten umfaßt, liegt in über 300 Bänden nahezu vollständig vor. Darunter befinden sich zahlreiche Taschenbuchausgaben, vor allem von den anthroposophischen Grundschriften. Die Gesamtausgabe (GA) erscheint im Rudolf Steiner Verlag, Dornach/Schweiz; die Rechte liegen bei der Rudolf-Steiner-Nachlaßverwaltung, Dornach. Sie gibt u.a. die Schriftenreihe *Beiträge zur Rudolf Steiner-Gesamtausgabe* heraus, die großenteils bis dahin unveröffentlichtes Archivmaterial zu Leben und Werk enthalten.

Als bibliographische Hilfen dienten:

Arenson, Adolf: *Leitfaden durch 50 Vortragszyklen Rudolf Steiners. 7. Aufl. Stuttgart 1977.*

Zbinden, Hans.: Zur Rudolf Steiner-Gesamtausgabe. Dornach 1962.

Schmidt, Hans: Das Vortragswerk Rudolf Steiners, 2. erw. Aufl. Dornach 1978.

Groddeck, Wolfram: *Eine Wegleitung durch die Rudolf Steiner-Gesamtausgabe.* Dornach 1979.

Übersichtsbände zur Rudolf Steiner-Gesamtausgabe.
Band I: Bibliographische Übersicht.
Band II: Sachwort- und Namenregister der Inhaltsangaben.
Band III: Inhaltsangaben; sämtlich Dornach 1980 f.

Abendroth, Walter: *Ich warne Neugierige.* Erinnerungen eines kritischen Zeitbetrachters. München 1966.

– *Rudolf Steiner und die heutige Welt.* München 1969.

Bartsch, Helmut: *Erinnerungen eines Landwirts.* Stuttgart 1978.

Bauer, Michael: *Christian Morgensterns Leben und Werk.* 4. Aufl. München 1948.

– *Menschentum und Freiheit.* Gedenkbuch, hrg. von Kurt von Wistinghausen. Stuttgart 1971.

Beck, Walter: *Rudolf Steiner – Das Jahr der Entscheidung.* Neue Briefe und Dokumente aus seiner Jugendzeit. Dornach 1984.

Beck, Walter: *Rudolf Steiner – Die letzten drei Jahre.* Persönliche Erinnerungen. Dornach 1985.

Beheim-Schwarzbach, Martin: *Christian Morgenstern in Selbstzeugnissen und Bilddokumenten.* Reinbek 1964 (rm 97).

Beltle, Erika / Vierl, Kurt (Hrg.): *Erinnerungen an Rudolf Steiner.* Gesammelte Beiträge aus den *Mitteilungen der anthroposophischen Arbeit in Deutschland* 1947–79. Stuttgart 1979.

Belyj, Andrej: *Verwandeln des Lebens.* Erinnerungen an Rudolf Steiner. Basel 1977.

Bemmelen, Daniel van: *Das erste Goetheanum als Menschheitsbau.* Dornach 1975.

Biesantz, Hagen / Klingborg, Arne: *Das Goetheanum.* Der Bau-Impuls Rudolf Steiners. Dornach 1978.

Bock, Emil: *Rudolf Steiner.* Studien zu seinem Lebensgang und Lebenswerk. Stuttgart 1961.

Boos-Hamburger, Hilde: *Aus Gesprächen mit Rudolf Steiner über Malerei.* Basel 1962.

Boos, Roman: *Bibliographie und biographische Notizen.* Hrg. v. M. Balster. Basel 1973.

Brons, Bernhard: *Der soziale Organismus der Anthroposophie und der Gesellschaftsgedanke Rudolf Steiners.* Basel 1965.

Carlgren, Frans: *Rudolf Steiner.* Dornach 1972.

– *Rudolf Steiner und die Anthroposophie.* Dornach 1968.

Dubach-Donath, Annemarie: *Erinnerungen einer Eurythmistin an Rudolf Steiner.* Dornach 1970.

Friedenreich, Carl Albert: *Rudolf Steiner, der christliche Eingeweihte.* Freiburg 1981.

Froböse, Edwin: *Mein Weg zur Goetheanumbühne.* Stuttgart o. J. (1979).

Gentilli-Baratto, Lidia: *Eine Erinnerung an Marie Steiner.* Freiburg o. J.

Geyer, Christian: *Heiteres und Ernstes aus meinem Leben.* München 1929; 1962.

Grosse, Rudolf: *Erlebte Pädagogik. Schicksal und Geistesweg.* Dornach 1975.

– *Die Weihnachtstagung als Zeitenwende.* Dornach 1977.

Hahn, Herbert: *Rudolf Steiner, wie ich ihn sah und erlebte.* Stuttgart 1961.

– *Der Weg, der mich führte.* Lebenserinnerungen. Stuttgart 1969.

Hauschka, Rudolf: *Wetterleuchten einer Zeitenwende.* Lebenserinnerungen eines Naturforschers. Frankfurt a. M. 1966.

Hemleben, Johannes: *Rudolf Steiner in Selbstzeugnissen und Bilddokumenten.* Reinbek 1963 (rm 79).

– *Rudolf Steiner und Ernst Haeckel.* Stuttgart 1968.

Hiebel, Friedrich: *Christian Morgenstern. Wende und Aufbruch unseres Jahrhunderts.* Bern 1975.

– *Albert Steffen. Die Dichtung als Schöne Wissenschaft.* Bern 1975.

– *Rudolf Steiner im Geistesgang des Abendlandes. Bern 1965; 1975.*

Hillringhaus, F. Herbert: *Die Menschheitsmission und die Aufgaben der anthroposophischen Bewegung.* Freiburg 1977.

– *Die Verantwortlichkeit des Anthroposophen gegenüber der anthroposophischen Bewegung.* Freiburg 1973.

Holtzapfel, Walter: *Erweiterung der Heilkunst.* R. Steiner und die Medizin. Dornach 1975.

Houwald, Erich von: *Rudolf Steiners Mysteriendramen I/IV,* Dornach 1972 f.

– *Von der Philosophie zur Geisterkenntnis.* Ein Hinweis auf R. Steiners *Philosophie der Freiheit.* Dornach 1975.

Husemann, Gisbert / Tantz, Johannes (Hrg.): *Der Lehrerkreis um Rudolf Steiner in der ersten Waldorfschule 1919–1925.* Stuttgart 1977.

Kemper, Carl: *Der Bau.* Studien zur Architektur und Plastik des ersten Goetheanum. Stuttgart 1974.

Keyserlingk, Adalbert Graf (Hrg.): *Koberwitz 1924.* Geburtsstunde einer neuen Landwirtschaft. Stuttgart 1974.

Kirchner-Bockholt, Margarete und Erich: *Die Menschheitsaufgabe Rudolf Steiners und Ita Wegmans* (Privatdruck für Mitglieder der Allgemeinen anthroposophischen Gesellschaft). Dornach 1976.

Kisseleff, Tatiana: *Aus der Eurythmie-Arbeit.* Basel 1965.

Kleeberg, Ludwig: *Wege und Worte.* Erinnerungen an Rudolf Steiner aus Tagebüchern und Briefen. Basel 1928.

Klein, Elisabeth: *Begegnungen.* Mitteilenswertes aus meinem Leben. Freiburg 1978.

Kolisko, Lili: *Eugen Kolisko, ein Lebensbild, zugleich ein Stück Geschichte der Anthroposophischen Gesellschaft.* Gerabronn-Crailsheim 1961.

König, Karl: *Geister unter dem Zeitgeist.* Biographisches zur Phänomenologie des 19. Jahrhunderts. Stuttgart 1973.

Koschützki, Rudolf von: *Fahrt ins Erdenland.* Ein Menschenschicksal. Stuttgart 1952.

Krück-von Poturzyn, Marie J. (Hrg.): *Wir erlebten Rudolf Steiner.* Stuttgart 1977.

Kühn, Hans: *Dreigliederungszeit.* Rudolf Steiners Kampf für die Gesellschafts-

ordnung der Zukunft. Dornach 1978.
Kugler, Walter: *Rudolf Steiner und die Anthroposophie.* Köln 1978.
Kux, Ralph und Willi: *Erinnerungen an Rudolf Steiner.* Eurythmie und Musik. Stuttgart 1976.
Lauer, Hans Erhard: *Rudolf Steiners Lebenswerk.* Basel 1926.
– *Ein Leben im Frühlicht des Geistes.* Gedanken und Erinnerungen eines Schülers Rudolf Steiners. Freiburg 1977.
Lehrs, Ernst: *Gelebte Erwartung.* Stuttgart 1979.
Leinhas, Emil: *Aus der Arbeit mit Rudolf Steiner.* Basel 1950.
Lindenberg, Christoph: *Individualismus und offenbare Religion.* Rudolf Steiners Zugang zum Christentum. Stuttgart 1970.
Maikowski, René: *Schicksalswege auf der Suche nach dem lebendigen Geist.* Freiburg 1980.
Manen, Hans Peter van: *Christussucher und Michaeldiener.* Dornach 1980.
Meyer, Rudolf: *Albert Steffen, Künstler und Christ.* 1963.
– *Rudolf Steiner.* Anthroposophie, Herausforderung im 20. Jahrhundert. Stuttgart 1975.
Molt, Emil: *Entwurf meiner Lebensbeschreibung.* Stuttgart 1972.
Morgenstern, Margareta: *Michael Bauer, ein Bürger beider Welten.* München 1950.
Mücke, Johanna und Alwin A. Rudolph: *Erinnerungen an Rudolf Steiner und seine Wirksamkeit an der Arbeiterbildungsschule in Berlin 1899–1904.* Basel 1955; 1979.
Müller, Heinz: *Spuren auf dem Weg.* Lebenserinnerungen. Stuttgart 1972.
Niederhäuser, Hans Rudolf: *Michael Bauer.* Ein Wegbereiter der Waldorf-Pädagogik. Basel 1978.
Palmer, Otto: *Rudolf Steiner über seine Philosophie der Freiheit.* Stuttgart 1976.
Petersen, Adelheid: *Rudolf Steiners Mysteriendramen.* Dornach 1976.
Picht, C.S.: *Das literarische Lebenswerk Rudolf Steiners.* Dornach 1926.
Pickert, Siegfried: *50 Jahre Heilpädagogischer Kurs.* Dornach 1975.
Plato, Bodo von: *Zur Entwicklung der Anthroposophischen Gesellschaft.* Ein historischer Überblick (Anregungen zur anthroposophischen Arbeit 14). Stuttgart 1986.
Poeppig, Fred: *Abenteuer meines Lebens.* Schaffhausen 1976.
– *Rudolf Steiner, der große Unbekannte.* Wien 1960.
– *Schicksalswege zu Rudolf Steiner.* Erinnerungen. Stuttgart 1955.
– *Rückblick auf Erlebnisse, Begegnungen und Persönlichkeiten in der anthroposophischen Bewegung 1923–1963.* Basel 1964.
Polzer-Hoditz, Ludwig: *Erinnerungen an Rudolf Steiner,* ergänzt durch Beiträge von K. Berthold und K. Th. Willmann, hrg. von Peter Tradowsky (Pioniere der Anthroposophie 3). Dornach 1985.
Prokofieff, Sergie O.: *Rudolf Steiner und die Grundlegung der neuen Mysterien* (Anregungen zur anthroposophischen Arbeit 11). Stuttgart 1982.
Ranzenberger, Hermann: *Lebenserinnerungen an Rudolf Steiner.* Dornach 1956.
Reimann, Hugo: *Rudolf Steiners Mysteriendramen, I/IV. 1977.*
Rittelmeyer, Friedrich: *Meine Lebensbegegnung mit Rudolf Steiner.* Stuttgart 1928; 1980.
– *Aus meinem Leben.* Stuttgart 1937.
Samweber, Anna: *Aus meinem Leben.* Erinnerungen an Rudolf Steiner und Marie Steiner-von Sivers, hrg. von Jakob Streit. Basel 1981.
Savitsch, Marie: *Marie Steiner-von Sivers.* Mitarbeiterin von Rudolf Steiner. Dornach 1965.
Schneider, Camille: *Edouard Schuré.* Seine Lebensbegegnung mit Rudolf Steiner und Richard Wagner. Freiburg 1971.
Schöffler, Heinz H. (Hrg.): *Rudolf Steiner IV. Bildband zu R. Steiners Lebensgang.* Dornach (1987 in Vorbereitung).
Schubert, Ilona: *Selbsterlebtes im Zusammensein mit Rudolf Steiner und Marie Steiner.* 3. Aufl. Basel 1982.

Schühle, Erwin: *Entscheidung für das Christentum.* Friedrich Rittelmeyer – Leben und Werk. Stuttgart 1969.
Shepherd, A.P.: *Ein Wissenschaftler des Unsichtbaren.* Leben und Werk Rudolf Steiners. Stuttgart 1977.
Simonis, Werner Christian: *Im Schutze der Meister.* Freiburg 1977.
Steffen, Albert: *Geistesschulung und Gemeinschaftsbildung.* Aufsätze und Ansprachen. Dornach 1974.
– *Begegnungen mit Rudolf Steiner.* Dornach 1926; 1975.
– *Über den Keimgrund der Mysteriendramen Rud. Steiners.* Dornach 1971.
– *In Memoriam Rudolf Steiner.* Dornach 1925; 1975.
Stein, Walter Johannes: *Der Tod Merlins.* Das Bild des Menschen in Mythos und Alchemie – mit den Lebenserinnerungen und einer Bibliographie hrg. von Thomas Meyer (Pioniere der Anthroposophie 1). Dornach 1984.
Stein, W. J./Rudolf Steiner: *Dokumentation eines wegweisenden Zusammenwirkens.* W. J. Steins Dissertation ... mit Briefen und Aufzeichnungen, R. Steiners Korrekturen und Ergänzungen... hrg. von Thomas Meyer (Pioniere der Anthroposophie 2). Dornach 1985.
Steiner, Marie: *Briefe und Dokumente, vornehmlich aus ihrem letzten Lebensjahr.* Hrg. von Hella Wiesberger im Auftrag der R. Steiner-Nachlaßverwaltung. Dornach 1981 (Privatdruck).
Steiner, Rudolf: Bildbände zu seinem Lebensgang (I/III). Schaffhausen 1975.
–: *Zur Geschichte und aus den Inhalten der ersten Abteilung der Esoterischen Schule 1904–1914.* Briefe, Rundbriefe, Dokumente und Vorträge (GA 264); hrg. von Hella Wiesberger. Dornach 1984.
–: Briefe I, 1881–1890; hrg. von Edwin Froböse und Paul C. Bellmann (GA 38). Dornach 1985.
Steiner-von Sivers, Marie: *Die Anthroposophie Rudolf Steiners.* Einleitungen und Vorworte zu den Erstveröffentlichungen von R. Steiners Werken. Gesammelte Schriften, Bd. I. Dornach 1967.
– *Erinnerungen I/II.* Dornach 1949 und 1952.
Strakosch, Alexander: *Lebenswege mit Rudolf Steiner.* 1919–1925. Dornach 1952.
Sydow, Joachim: *Aus der Begründungszeit der Christengemeinschaft.* Basel 1972.
Turgenieff, Assja: *Erinnerungen an Rudolf Steiner und die Entstehungszeit des Dornacher Baus.* Stuttgart 1973.
Uehli, Ernst: *Leben und Gestaltung im Dienste eines neuen Welt- und Menschenbildes.* Festschrift zum 100. Geburtstag. Hrg. von E. Uehli-Schnell. Stuttgart 1975.
Unger, Carl: Schriften Band III. *Aus der Sprache der Bewußtseinsseele.* Unter Zugrundelegung der *Leitsätze* Rudolf Steiners. Stuttgart 1971.
Vreede, Elisabeth: *Ein Lebensbild.* Arlesheim 1976.
Wachsmuth, Günther: *Rudolf Steiners Erdenleben und Wirken.* Von der Jahrhundertwende bis zum Tode. Dornach 1951; 1964.
Walther, Kurt: *Über die vier Mysteriendramen Rudolf Steiners.* Freiburg 1975.
Wegman, Ita: *Im Anbruch des Wirkens für eine Erweiterung der Heilkunst nach geisteswissenschaftlicher Menschenkunde.* Arlesheim 1974.
– *An die Freunde.* Aufsätze und Briefe. Arlesheim 1968.
– *Ita Wegmans Erdenwirken aus heutiger Sicht.* Arlesheim 1976.
Wehr, Gerhard: *C.G. Jung und Rudolf Steiner.* Stuttgart 1972.
– *Christusimpuls und Menschenbild.* Rudolf Steiners Beitrag zur Erweiterung des religiösen Bewußtseins. Freiburg 1974.
– *Der pädagogische Impuls Rudolf Steiners.* Theorie und Praxis der Waldorfpädagogik. Frankfurt 1983 (Fischerbücherei 5521).
– *Der innere Weg.* Anthroposophische Erkenntnis, geistige Orientierung und meditative Praxis. Reinbek 1983.
– *Rudolf Steiner als christlicher Esoteriker.* Freiburg 1978 (Fermenta cognitionis 2).

–: *Friedrich Rittelmeyer. Religiöse Erneuerung als geistiger Brückenschlag zwischen den Zeiten*. Wies 1985.

Wiesberger, Hella: *Aus dem Leben von Marie Steiner-v. Sivers*. Dornach 1956.

Wimbauer, Herbert: *Die Individualität Rudolf Steiners, das offene Geheimnis der Anthroposophie*. Freiburg 1979.

Woloschin, Margarita: *Die grüne Schlange*. Lebenserinnerungen. Stuttgart 1976.

Zeylmans van Emmichoven, F. Willem: *Rudolf Steiner*. Stuttgart 1961.

– *Der Grundstein*. Stuttgart 1971.

Zeylmans, Emanuel: *Willem Zeylmans, ein Pionier der Anthroposophie*. Arlesheim 1979.

Zimmer, Erich: *Der Modellbau von Malsch und das erste Goetheanum*. Zum Bauimpuls Rudolf Steiners. Stuttgart 1979.

– *Rudolf Steiner als Architekt von Wohn- und Zweckbauten*. Stuttgart 1971.

Weitere wichtige biographisch-historische Ergänzungen sind u. a. enthalten in »Beiträge zur Rudolf Steiner Gesamtausgabe«, Dornach.

Zeittafel

1861	Rudolf Steiner wird am 27. Februar im österreich-ungarischen Kraljevec als Sohn des österreichischen Bahnbediensteten Johann Steiner und seiner Ehefrau Franziska, geb. Blie, geboren.
1872	Besuch der Realschule in Wiener-Neustadt.
1879	Abitur und Beginn des Studiums an der Technischen Hochschule Wien: Mathematik, Naturwissenschaften, Philosophie.
1882–1897	Herausgabe der Naturwissenschaftlichen Schriften Goethes im Rahmen von Kürschners *Deutsche Nationalliteratur.*
1884–1890	Als Privatlehrer bei der Familie Specht in Wien.
1886	*Grundlinien einer Erkenntnistheorie der Goetheschen Weltanschauung.*
1888	Als Redakteur der *Deutschen Wochenschrift,* Wien.
1890–1897	Als Freier ständiger Mitarbeiter am Goethe- und Schiller-Archiv in Weimar; Herausgeber naturwissenschaftlicher Schriften Goethes (Sophienausgabe).
1891	Promotion zum Doktor der Philosophie an der Universität Rostock mit der Dissertation: *Die Grundfrage der Erkenntnistheorie mit besonderer Rücksicht auf Fichtes Wissenschaftslehre.*
1892	*Wahrheit und Wissenschaft.*
1894	*Die Philosophie der Freiheit.*
1895	*Friedrich Nietzsche, ein Kämpfer gegen seine Zeit.*
1897	*Goethes Weltanschauung.* – In Berlin Herausgabe des *Magazins für Literatur* und der *Dramaturgischen Blätter* sowie weitere freie publizistische Tätigkeit.
1899–1904	Als Lehrer und Referent in der Berliner Arbeiter-Bildungsschule.
1900–1901	*Welt- und Lebensanschauungen im 19. Jahrhundert.*
1901	*Die Mystik im Aufgange des neuzeitlichen Geisteslebens;* Vortragstätigkeit u. a. in theosophischen Kreisen.
1902	*Das Christentum als mystische Tatsache;* Eintritt in die Theosophische Gesellschaft, deren deutscher Generalsekretär Steiner wird; Beginn einer sich stetig ausweitenden Reise- und Vortragstätigkeit, die letztlich der Ausgestaltung der von ihm vertretenen Anthroposophie dient.
1904	*Theosophie.*
1904/05	*Wie erlangt man Erkenntnisse der höheren Welten?*
1910	*Die Geheimwissenschaft im Umriß.*
1910–1913	Uraufführung der vier Mysteriendramen in München.
1911	*Die geistige Führung des Menschen und der Menschheit.*
1912	*Anthroposophischer Seelenkalender.*
1912/13	Begründung der Anthroposophischen Gesellschaft und Ausschluß aus der Theosophischen Gesellschaft. – *Die Schwelle der geistigen Welt.*

1913	2. September: Grundsteinlegung zum ersten Goetheanum in Dornach bei Basel.
1914	*Die Rätsel der Philosophie in ihrer Geschichte als Umriß dargestellt.*
1916	*Vom Menschenrätsel.*
1917	*Von Seelenrätseln.*
1918/19	Steiner setzt sich in Wort und Schrift für die Durchsetzung seiner Idee der *Dreigliederung des sozialen Organismus* ein. – Am 7. September Eröffnung der ersten Stuttgarter Waldorfschule.
1920 ff.	Beginn der anthroposophischen freien Hochschularbeit am Goetheanum in Dornach, mit Kursen für Pädagogen, Mediziner, Naturwissenschaftler und Künstler.
1922	*Kosmologie, Religion und Philosophie.* – 16. September: Begründung der Christengemeinschaft als Bewegung für religiöse Erneuerung. – 31. Dezember: Das erste Goetheanum wird durch Brandstiftung vernichtet.
1923	Begründung der *Allgemeinen Anthroposophischen Gesellschaft* während der sogen. Weihnachtstagung in Dornach.
1923–1925	In der Wochenschrift *Das Goetheanum* erscheint in Fortsetzungen Steiners Autobiographie *Mein Lebensgang.*
1924	Pfingsten: Begründung der biologisch-dynamischen Landwirtschaft in Koberwitz bei Breslau. – 28. September: letzter Mitgliedervortrag in Dornach; letztes Krankenlager.
1925	30. März: Tod Rudolf Steiners. – 3. April: Einäscherung im Krematorium Basel, Horburg-Friedhof; die Urne ist im neuerbauten Goetheanum beigesetzt.

Stimmen und Zeugnisse

Ferdinand Tönnies (1892)

Herr Steiner geht in grober Unwissenheit spazieren [...]. Herr Steiner kennt nicht einmal das Abc der Weltgeschichte [...]. Dieses Maß von Unwissenheit und Unklarheit ist nicht bloß ein Mangel des Verstandes. Es ist einem moralischen Richterspruch verfallen.

Rosa Mayreder (1894)

Ich betrachte Ihren Geist als die Frucht einer langen Entwicklungsreihe und Ihr philosophisches System als das endliche Gelingen eines oftmals und in den mannigfaltigsten Formen angestellten Versuches.

Ernst Haeckel (1900)

Für die wertvolle Unterstützung, welche Sie der Wahrheit und Aufklärung durch Ihr *Magazin für Literatur* leihen, und besonders durch Ihr mannhaftes Eintreten für den Monismus sage ich Ihnen meinen besonderen Dank.

Edouard Schuré (1906)

Ich hatte zwar einen Menschen erwartet, der nach allem, was ich durch Fräulein von Sivers gehört und auch anderweitig gelesen hatte, ein Weggenosse nach meinem Ziele sein könnte, aber eigentlich war ich noch etwas gleichgültig [...], als Rudolf Steiner zu mir kam. Als er dann in der Tür stand und mich ansah mit den Augen, die ein Wissen von unendlichen Tiefen und Höhen der spirituellen Entwicklung verrieten, mit einem fast asketischen Gesicht, das zugleich Güte und unbegrenztes Vertrauen ausdrückte und einflößte, da machte er mir einen erschütternden Eindruck, wie ich ihn nur zweimal noch in meinem Leben, und teilweise weniger stark, empfunden hatte, bei Richard Wagner und bei Margérita Albana-Mignaty.

Alexander von Bernus an Melchior Lechter (1913)

Ich habe eine unbedingte Verehrung für ihn gewonnen wie für keinen Zweiten, der heut lebt [...]. Alles, was gegen ihn gedruckt und gearbeitet wird, ist äußerst ungerecht und diktiert von persönlicher Gehässigkeit. Dieser Mann trägt in sich eine so rührende und tiefe Liebe und Güte, daß man ihm jedes Opfer bringen möchte. Und dann ist er tatsächlich einer der ganz wenigen jetzt lebenden großen Seher.

Christian Morgenstern an Friedrich Kayssler (1913)

Es gibt in der ganzen heutigen Kulturwelt keinen größeren geistigen Genuß, als diesem Manne R. Steiner zuzuhören, als sich von diesem unvergleichlichen Lehrer ›Vortrag halten zu lassen‹ [...]. Da kulminiert eben das europäische Geistesleben von 1913, dergleichen einmalig und unersetzlich.

Rudolf Kjellén (1915)

Ich habe jetzt Dr. Steiners *Gedanken während der Zeit des Krieges* gelesen und finde sie wohl wert, unserer schwedischen Literatur einverleibt zu werden. Diese Schrift wird ohne Zweifel das Meiste von dem, was in diesen Tagen an Flugschriften über das große Thema geboten wird, überleben. Sie liegt nämlich mehrere Fuß tiefer im Wasser als die gewöhnlichen Kriegsbroschüren. Sie ist, um einen speziell deutschen Begriff zu gebrauchen, eine vornehme Arbeit. Ich glaube nicht, daß man in der entsprechenden Literatur aus den Ententeländern ein einziges Gegenstück zu der erhabenen Ruhe, leidenschaftslosen Sachlichkeit, womit der Verfasser hier die Antwort sucht auf die Frage »Wer hat den Krieg gewollt?« aufzuweisen vermag.

Carl Ludwig Schleich (1917)

Ich habe [Die Vorträge Steiners] sehr aufmerksam gelesen und vertiefe mich immer mehr in Ihre Gedankenkreise. Ich bewundere in Ihnen einen allumfassenden Geist, den tiefen Ernst und die schöne Menschlichkeit.

Gabriele Reuter (1921)

Ich verdanke diesem hervorragenden Geiste und seinem unglaublich ausgebreiteten Wissen eine Fülle von Gedanken und Anregungen auf philosophischem Gebiet. Besonders lehrte er mich Goethe in einer ganz neuen Weise kennen [...]. Ein Gedanke Steiners ist mir viel nachgegangen: die Forderung von moralischer und religiöser Phantasie, an der es in unserem heutigen Geschlecht so sehr mangele. Rudolf Steiner hat diese moralische und religiöse Phantasie seiner späteren Entwicklung reich bestätigt [...]. Er hat Hunderten von Menschen aus hoffnungsloser Dürre zu einem Leben voll vertieften geistigen Inhalts verholfen.

Alexander von Bernus (1922)

Meine Stellung zu Ihrem Werk ist heute noch genau dieselbe wie sie von jeher war; meine Liebe und Verehrung zu Ihnen selbst und für Ihre Persönlichkeit, die mit einer heute noch nicht überschaubaren Größe und mit einem erschütternden Opfertum in ihrer Zeit steht, ist so unbedingt und ausschließlich wie früher.

Eliza von Moltke-Huitfeldt (1923)

Seit mehr als zwanzig Jahren habe ich Gelegenheit gehabt, die Lauterkeit der Gesinnung, die Größe des Geistes, das unermüdliche und unerschrockene Wirken Dr. Steiners für das Deutschtum und den Menschheitsfortschritt kennenzulernen. Um so empörender empfinde ich es, erleben zu müssen, wie gewissenlose Menschen, aus allen Schichten des deutschen Volkes, aus den verschiedensten Beweggründen heraus, gegen Dr. Steiner kämpfen, um seine Kulturaufgabe zu vereiteln, ja sie scheuen nicht davon zurück, die niedrigsten Kampfesmittel anzuwenden, um ihr Ziel zu erreichen. Das richtende Urteil der Menschen der Zukunft über dieses Verhalten der Deutschen der Jetztzeit gegen Dr. Steiner wird vernichtend sein.

Theodor Lessing (1925)

[Ich habe] immer den Wunsch und das Bemühen gehabt, Steiners großer Sache gerecht zu bleiben, aber er verzapfte vor seinem Volk eine unerträgliche Mischung von Halbmystik und Halblogik und wenn er gereizt wurde, so begann der schwächliche, leicht erregbare Mann zu brüllen wie ein Stier und quasselte alles heraus, was durch seinen Kopf ging: Buchfetzen und Begriffsfetzen, und fordert, daß man diese Lesefrüchte oder Denkparoxismen für Offenbarung, Intuition, Schauungen halten sollte.

Friedrich Rittelmeyer (1925)

Hätte ich keinen anderen Beweis für den Wirklichkeitsernst dessen, was Rudolf Steiner verkündigte, so wäre mir von erschütternder Überzeugungskraft die Art, wie er von Christus sprach. Es sind die stärksten und tiefsten Eindrücke, die ich in der Erinnerung an ihn habe. Da war Christus absoluteste Realität. Mit der größten Ehrfurcht, aber ohne jeden Hauch von gefühligem oder angezwungenem Wesen wurde von ihm gesprochen [...]. Alles religiöse Reden, das ich vorher gehört hatte, erschien mir unwahr oder mindestens unwesenhaft neben der Art, wie Steiner über diese Welt sprach.

Albert Steffen (1926)

Das Wort Rudolf Steiners erweckte in den Menschen, die es mit aufrichtigem Interesse in sich aufnahmen, den Drang, es auch ins Leben umzusetzen. Man erfuhr unmittelbar an sich selber, was er einmal so ausdrückte: ›Man kann nicht wirklich fruchtbar nach dem Geiste streben, wenn man nicht in innerer Wahrhaftigkeit strebt!‹

Jules Sauerwein (1926)

Von allen Königen, Fürsten, Präsidenten, Ministern, Wissenschaftlern, Künstlern, Schriftstellern und prominenten Persönlichkeiten des wirtschaftlichen und praktischen Lebens, die ich im Laufe meiner jahrzehntelangen (journalistischen) Tätigkeit kennengelernt habe, hat niemand einen so tiefen Eindruck auf mich gemacht wie der deutsche Philosoph Rudolf Steiner.

Christian Geyer (1926)

Mancher Leser wird sich vielleicht darüber wundern, daß jemand, der niemals Anthroposoph war und es auch nicht mehr werden wird, soviel Zeit und Mühe diesem Gegenstand geopfert hat. Es wäre das natürlich nicht geschehen, wenn mir nicht die persönliche Begegnung mit Rudolf Steiner den Eindruck einer außergewöhnlichen geistigen Potenz und eines durchaus lauteren und ehrlichen Charakters gemacht hätte.

Christian Geyer (1929)

Soweit ich ihn persönlich kennen zu lernen Gelegenheit hatte, kann ich nur sagen, daß die Erinnerung an ihn zu den erfreulichsten gehört und daß es mir leid wäre, wenn ich, wie die meisten Zeitgenossen, an ihm vorbeigegangen wäre. Jedenfalls war er von den vielen Menschen, denen ich begegnete, geistig weitaus der bedeutendste.

Andrej Belyj (1929)

In dem »Seelenlehrer« Rudolf Steiner trat ein Pädagoge vor uns hin, der seine Schüler unmerklich zur Freiheit und Vorurteilslosigkeit beflügelte; hier traf sich der Pädagoge mit dem Denker; der Autor der *Philosophie der Freiheit* bewies seinen Schülern in den Jahren des Umgangs mit diesen Schülern, daß der Prozeß des Sich-Einlebens in eine Philosophie der Freiheit nicht mehr nur Philosophie, sondern unser Weg zur Freiheit selbst ist; mehr noch: in unserer Zeit ist der Einweihungsweg ein Einweihungsweg zur Freiheit.

Max Halbe (1935)

Steiners körperliches Bild, sein pechschwarzes Haar, seine flackernden schwarzen Augen, das hohlwangige Gesicht, die hagere, zugeknöpfte Erscheinung gleichsam alles Schwarz in Schwarz – in der merkwürdigen Mischung von Magisterium und Dämonie [...], ist mir von damals [d.h. aus der Berliner Zeit um 1900] her unvergeßlich geblieben.

Egon Fridell (1936)

[Steiners Forschungen] eröffnen ganz neue Perspektiven. Steiner schöpft aus ›okkulten Quellen‹, nämlich aus den Erkenntnissen, die man zu erlangen vermag, wenn man durch Versenkung in sich selbst, an gegenwärtigen und vergangenen Ereignissen das erschaut, was an ihnen nicht sinnlich wahrnehmbar ist, aber eben darum durch keine Zeit zerstört werden kann. Auch diese Schau kann sich täuschen, sie ist so wenig unfehlbar wie irgend ein menschliches Tun. Aber es ist doch bemerkenswert, daß die historischen Geheimlehren seit Jahrtausenden miteinander übereinstimmen, während die Geschichtsforschung schon in einem einzigen Jahrhundert erheblichen Wandlungen unterworfen ist [...]. Mit Personen, die an derlei Dinge nicht glauben, läßt sich schwer diskutieren.

Stefan Zweig (1943)

In Rudolf Steiner begegnete ich einem Mann, dem vom Schicksal die Mission zugeteilt werden sollte, Millionen Menschen Wegweiser zu werden [...]. In seinen dunklen Augen wohnte eine hypnotische Kraft, und ich hörte ihm besser und kritischer zu, wenn ich nicht auf ihn blickte, denn sein asketisch-hageres von geistiger Leidenschaft gezeichnetes Antlitz war wohl angetan, ihm zuzuhören, denn seine Bildung war stupend und vor allem gegenüber der unseren, die sich allein auf Literatur beschränkte, großartig vielseitig; von seinen Vorträgen und manchem guten privaten Gespräch kehrte ich immer zugleich begeistert und etwas niedergedrückt nach Hause zurück.

Albert Schweitzer (1951)

Unser beider Ziel ist das gleiche, unsere Wege sind scheinbar verschieden. Während Rudolf Steiner als Geistesforscher auf dem Weg der Übung, des Denkens und der Mystik zum Christuserlebnis vordringt, habe ich versucht, durch denkerisches Erkennen dem Christus Jesus im echatologischen Inhalt seiner Lehre zu begegnen. Und ich begegne ihm auch täglich in meiner Arbeit unter den Negern Afrikas. Aus diesem doppelten Erlebnis entnahm ich die Grundlage meiner Lebensethik. Auf sie kommt es bei mir an.

Bernhard Martin (1953)

Reformgeister gibt es manche, und viele von ihnen erstreben und leisten, wenn man so sagen darf, Wichtiges und Gutes. Rudolf Steiner gehört nur dem äußeren Anschein nach in ihre Reihe; im Grunde, im Kern, im Format, in Quellkraft und Ziel hat er nicht seinesgleichen. Es scheint mir sicher, daß man ihn, einerlei, was heute die Außenwelt über ihn denkt, zu den Größten der Weltgeschichte zählen wird, solange es menschlich-irdische Geschichte gibt [...]. So hat Rudolf Steiner die Welt mit einer unbegreiflichen und nur für Wenige überschaubaren Fülle von übersinnlichen Erkenntnissen beschenkt, denen sie, im Innern der anthroposophischen Bewegung und erst recht außerhalb ihrer, nicht gewachsen war. Der Weg zum Geistigen ist nun einmal ein Weg der Schmerzen, und wer nimmt freiwillig die Schmerzen auf sich, die allein das Herz zur lebendigen Beziehung zum Übersinnlichen geleiten?

Bruno Walter (1957)

Mir ist im hohen Alter das Glück zuteil geworden, in die Welt der Anthroposophie eingeführt zu werden und mich im Laufe der letzten Jahre in die Lehre Rudolf Steiners versenken zu können. Hier lebt und wirkt jenes Rettende im Hölderlinschen Sinn; sein Segen hat sich auch auf mich ergossen [...]. Es gibt kein Gebiet meines Innenlebens, das nicht von der hohen Lehre Rudolf Steiners neues Licht und entscheidende Förderung empfangen hätte.

Gottfried Haaß-Berkow (1957)

Als Bühnenfachmann kann man nur immer wieder staunen – und es erfüllt uns mit tiefster Dankbarkeit – wenn man erlebt, mit welcher Intensität und Liebe Rudolf Steiner unser ganzes Gebiet durchdrungen hat. Wird in seinem Geiste die Schauspielkunst geübt, getragen und ausgebaut, so kann sich das Zukunftsideal erfüllen, das er selbst für sie aufgestellt hat: Notwendige Beigabe zu sein für jedes menschenwürdige Dasein.

Herbert Hahn (1961)

Die unmittelbare Begegnung mit Rudolf Steiner hatte etwas Befreiendes, Aufrufendes und zugleich bis tief in den Wesenskern hinein Beruhigendes. Mag sie vielleicht auch in dem einen oder anderen Fall zunächst eine fruchtbare Erschütterung ausgelöst haben [...]. Von meinen eigenen Gesprächen mit Rudolf Steiner habe ich den Eindruck eines reinen, fast heiteren Hinüber und Herüber behalten. Nie zuvor noch nachher habe ich einen Menschen kennengelernt, der so bis in die letzte Faser seines Wesens hinein aufmerksam war, auf alles, was man zu sagen hatte.

Johannes Hemleben (1963)

Blickt man auf das Leben und Werk Rudolf Steiners, ist man versucht, der Gegenwart, die sich selbst am Rande eines Abgrundes weiß, zuzurufen: Wen und was sucht ihr? – Die Überwindung des Materialismus? Die Lösung der sozialen Frage? Eine Neugeburt der Wissenschaft, Kunst und Religion? – Auf alle diese Fragen hat Rudolf Steiner seine Antworten gegeben. Sie fielen anders aus als erwartet. Reicht das aus, sie zu verwerfen? Weil seine Sprache so ungewohnt ist? Weil manche seiner Schüler nicht überzeugen? War das in alten Zeiten bei den großen Propheten und Menschheitsführern je anders? Hat unsere Zeit sich der Mühe unterzogen, ihn und sein Werk wirklich zu prüfen?

Wilhelm Stählin (1968)

[Mein Gespräch mit ihm] über die Frage, ob nicht seine Forderung alles durchs Bewußtsein gehen zu lassen, jede Unmittelbarkeit des Lebens stören oder zerstören müsse, verlief durchaus unglücklich, und ich hatte den Eindruck, daß Steiner diese Frage entweder überhaupt nicht verstand oder ihr nicht standhalten wollte, mehr noch: daß er einen Menschen, der ihm nicht verfiel, nicht wirklich anhören wollte. Kurzum: Rudolf Steiners Persönlichkeit hat mir – sehr entgegen meiner Erwartung – überhaupt keinen Eindruck gemacht.

Walter Abendroth (1969)

Auch der kürzeste Verstand sollte doch begreifen, welche unermeßliche Wandlungskraft von dieser Weltanschauung ausgehen müßte, wenn ihr einmal Raum gegeben würde. Rudolf Steiner, der diese Weltanschauung begründet und verkündet hat, war weit davon entfernt, sich damit als eine Art Erlöser aufspielen zu wollen. Alle seine praktischen Unternehmungen hat er erst auf entsprechende Fragen und Bitten von anderer Seite ins Werk gesetzt. Die unkontrollierbare Autorität eines neuen Glaubensstifters, welche ihm manche Anhänger allerdings oft geradezu aufdrängen, lehnte er stets auf das entschiedenste ab und appellierte hingegen immer wieder an das gesunde Urteil und an die Bestätigung durch eigene Erfahrung.

Personenregister

INHALT

EINLEITUNG

I GRUNDLEGUNG

II AUFBAU

III
VERWIRKLICHUNG

EPILOG

ANHANG